Interessenkollisionen bei der Bestellung des (vorläufigen) Insolvenzverwalters beziehungsweise (vorläufigen) Sachwalters aus strafrechtlicher Sicht unter besonderer Berücksichtigung der unterlassenen Insolvenzanfechtung

Schriftenreihe des Centrum für Deutsches & Europäisches Insolvenzrecht

Herausgegeben von Stefan Smid, Silke Wehdeking und Mark Zeuner

Band 19

PETER LANG

Helge Hölken

Interessenkollisionen bei der Bestellung des (vorläufigen) Insolvenzverwalters beziehungsweise (vorläufigen) Sachwalters aus strafrechtlicher Sicht unter besonderer Berücksichtigung der unterlassenen Insolvenzanfechtung

PETER LANG

Bibliografische Information der Deutschen Nationalbibliothek
Die Deutsche Nationalbibliothek verzeichnet diese Publikation in der Deutschen Nationalbibliografie; detaillierte bibliografische Daten sind im Internet über http://dnb.d-nb.de abrufbar.

Zugl.: Kiel, Univ., Diss., 2020

D 8
ISSN 2194-4881
ISBN 978-3-631-84417-5 (Print)
E-ISBN 978-3-631-87314-4 (E-PDF)
E-ISBN 978-3-631-87315-1 (EPUB)
DOI 10.3726/b19421

Peter Lang – Berlin · Bern · Bruxelles · New York · Oxford · Warszawa · Wien

Diese Publikation wurde begutachtet.

www.peterlang.com

Vorwort

Die vorliegende Arbeit wurde im Sommersemester 2020 an der Juristischen Fakultät der Christian-Albrechts-Universität zu Kiel als Dissertation angenommen. Rechtsprechung und Literatur sind bis Dezember 2020 berücksichtigt.

Sehr herzlich danken möchte ich meinem Doktorvater, Herrn Prof. Dr. Andreas Hoyer, für die Betreuung dieser Arbeit sowie die schöne und lehrreiche Zeit als wissenschaftlicher Mitarbeiter an seinem Lehrstuhl. Die einzigartige Atmosphäre dieses Lehrstuhls hat bei mir einen prägenden Eindruck hinterlassen. Herrn Prof. Dr. Stefan Smid danke ich für die Übernahme und die zügige Erstellung des Zweitgutachtens. Weiterhin danke ich Herrn Prof. Dr. Dennis Bock für die vielen netten Stunden in seiner „Brühgruppe".

Herrn Ingmar Jarchow, Herrn Christian M. Scholz und Herrn Prof. Dr. Mark Zeuner danke ich für den großzügigen Druckkostenzuschuss. Die Nebentätigkeit in deren Sozietät TURNER Rechtsanwälte ermöglichte mir viele Einblicke in die Praxis, die das Schreiben der Arbeit erheblich gefördert haben.

Schließlich bedanke ich mich bei meinen Mitstreiterinnen und Mitstreitern vom Institut für Kriminalwissenschaften sowie meinen Freunden, die mich bei der Anfertigung dieser Arbeit begleitet, ermutigt und auf vielfältige Weise unterstützt haben.

Gewidmet ist die Arbeit meiner Familie, auf deren liebevolle Unterstützung, Rückhalt und Zuspruch während meiner gesamten Ausbildung stets Verlass war.

Kiel, im April 2021
Helge Hölken

Inhaltsverzeichnis

1. Teil: Einleitung

Eine der Kernaufgaben des Insolvenzverwalters beziehungsweise Sachwalters besteht in der Rückabwicklung von Vermögensverfügungen nach den insolvenzanfechtungsrechtlichen Normen. Der Anfechtungsanspruch ist aber nicht stets vom Verwalter (gerichtlich) geltend zu machen; vielmehr kann der Anspruch auf vielfältige Weise verwertet werden. Dem Verwalter steht insoweit ein unternehmerischer Ermessenspielraum zu, wobei das Ermessen pflichtgemäß auszuüben ist. Spätestens seit der Entscheidung des BGH in der Sache Mannesmann/Vodafone[1] ist auch der Öffentlichkeit bekannt, dass unternehmerische Ermessensentscheidungen eine strafrechtliche Dimension aufweisen können. Unternehmerische Ermessensentscheidungen werden im operativen Geschäft eines Unternehmens von dessen Geschäftsleitern getroffen. In der Insolvenz eines Unternehmens tritt beim fremdverwalteten Verfahren an deren Stelle der Insolvenzverwalter. Wie zuvor die Geschäftsleiter hat der Insolvenzverwalter eine Vielzahl unternehmerischer Ermessenentscheidungen zu treffen, die gleichermaßen eine strafrechtliche Relevanz aufweisen können. Beim Eigenverwaltungsverfahren hingegen werden jene Entscheidungen weiterhin weitgehend von den Geschäftsleitern getroffen, allerdings unter der Aufsicht eines Sachwalters. Daneben hat aber auch der Sachwalter selbst unternehmerische Ermessensentscheidungen zu treffen, insbesondere bei der ihm obliegenden Insolvenzanfechtung, so dass insoweit eine strafrechtliche Relevanz des Sachwalterhandelns in Betracht kommt. Aufgrund der Eröffnung eines Insolvenzverfahrens handelt es sich dann um Insolvenzdelikte. Jene sind in besonderem Maße strafwürdig, weil sie die Volkswirtschaft schwerwiegend schädigen können.[2] Gläubiger des Schuldners können durch die ausbleibenden Forderungen aufgrund der Insolvenz des Schuldners selbst in Vermögensverfall geraten, wenn die ausfallenden Forderungen nicht durch Erträge auf anderem Wege ausgeglichen werden können; Insolvenzen können insoweit Folgeinsolvenzen auslösen und so zu einem Dominoeffekt führen.[3] Mit der Insolvenzanfechtung können die

---

1 BGH, Urt. v. 21.12.2005 – 3 StR 470/04, BGHSt 50, 331.

2 *Ogiermann/Weber*, wistra 2011, 206 (207) m. w. N.

3 *Zeuner*, in: Rattunde/Smid/Zeuner-InsO, § 104 Rn. 3; *Lüer*, in: Uhlenbruck-InsO, 14. Aufl. 2015, § 104 Rn. 35; *Ogiermann/Weber*, wistra 2011, 206 (207) m. w. N.; vgl. BGH, Urt. v. 10.07.2014 – IX ZR 192/13, BGHZ 202, 59 (68) Rn. 27.

negativen Folgen einer Insolvenz zwar nicht beseitigt werden, sie sorgt aber mit der Mehrung der Insolvenzmasse dafür, dass jeder Insolvenzgläubiger gleichmäßig nur einen prozentualen Anteil am Verlust zu tragen hat und die negativen Auswirkungen für alle Gläubiger in gleichem Maße möglichst gering gehalten werden können. Der Strafbarkeit des Verwalters aufgrund der unterlassenen Insolvenzanfechtung kommt vor diesem Hintergrund als ultima ratio eine erhebliche Bedeutung zu. Das insolvenzrechtliche Regelungskonzept enthält trotz der gesetzlich geforderten Unabhängigkeit, der insolvenzspezifischen persönlichen Haftung, der Aufsicht sowie der Möglichkeit der Entlassung, der Einsetzung eines Sonderinsolvenzverwalters und der Versagung der Vergütung kein ausreichendes Regelungskonzept, das den Verwalter systematisch von einem pflichtwidrigen Unterlassen abhalten kann. Die strafrechtliche Sanktionierung dient daher auch der Verwirklichung der ordnungsgemäßen Verfahrensabwicklung, insbesondere der Verwirklichung des das gesamte Insolvenzverfahren beherrschenden Grundsatzes der gleichmäßigen Gläubigerbefriedigung. Mit der Insolvenzanfechtung soll aufgrund der damit verbundenen Mehrung der Insolvenzmasse auch die Anzahl mangels Masse abgewiesener Insolvenzverfahren verringert werden. Insoweit kommt dem Strafrecht Bedeutung im Hinblick auf die Ordnungsfunktion des Insolvenzrechts zu. Zu beachten ist darüber hinaus, dass das Insolvenzverfahren mit der Durchsetzung berechtigter Forderungen auch ein Element zur Verwirklichung des Justizgewährungsanspruchs ist. Die Garantie effektiven Rechtsschutzes ist wiederum ein wesentlicher Bestandteil des Rechtsstaatsprinzips.[4] Dieser Anspruch des Rechtssuchenden auf Justizgewähr kann von Seiten des Staates nur erfüllt werden, wenn der Verwalter sein Amt pflichtgemäß ausübt.[5]

Das Verwalteramt erfordert insoweit eine Person, die das Vermögen unabhängig von einer umfassenden Kontrolle in der gesetzlich vorgesehenen Weise verwaltet. Aus diesem Grund ist als Verwalter eine von den Gläubigern und dem Schuldner unabhängige Person zu bestellen, die ausschließlich im Interesse der Verwirklichung der Ziele des Insolvenzverfahrens tätig wird. Trotz der gesetzlichen Normierung des Unabhängigkeitsgebotes in § 56 InsO kommt es auch im Kreis der Verwalter zu Interessenkollisionen, die Veranlassung sein können, in strafbarer Weise gegen die ihm nach der InsO obliegenden

4 BVerfG, Beschl. v. 12.01.2016 – 1 BvR 3102/13, BVerfGE 141, 121 (134 f.) Rn. 44.
5 BVerfG, Beschl. v. 12.01.2016 – 1 BvR 3102/13, BVerfGE 141, 121 (135) Rn. 45.

(insolvenzspezifischen) Pflichten zu verstoßen. So hat es immer einzelne Verwalter gegeben, die Gelder aus der Insolvenzmasse veruntreut haben oder Vermögensgegenstände aus der Insolvenzmasse ohne angemessene Gegenleistung entnommen oder auf nahestehende Personen übertragen haben. Gerade in Situationen, in denen der Verwalter selbst in finanzielle Schwierigkeiten gerät, kann die Versuchung groß sein, Gelder oder andere Vermögensgegenstände der Insolvenzmasse zu veruntreuen. Über diese recht eindeutigen Fälle strafbaren Verwalterhandelns hinaus kann sich der Verwalter auch in weniger leicht zu überblickenden beziehungsweise zu erkennenden Situationen strafbar machen, wenn er in besonders schwerwiegender Weise gegen insolvenzspezifische Pflichten verstößt. Als ein solcher Verstoß kann ein Unterlassen der Geltendmachung von werthaltigen Anfechtungsansprüchen zu werten sein. Da die Anfechtungsrechte der §§ 129 ff. InsO ausschließlich dem Zweck dienen, eine Schmälerung der Insolvenzmasse zugunsten der Insolvenzgläubiger auszugleichen, hat sich der Verwalter bei der Entscheidung, ob er mögliche Anfechtungsrechte ausüben will, allein von dem Interesse der Gläubiger leiten zu lassen.[6]

Auf den ersten Blick scheint es sich bei der Verletzung der Pflicht zur Ermittlung und Geltendmachung werthaltiger Anfechtungsansprüche allein um die Verletzung einer zivilrechtlichen Pflicht mit der Folge einer zivilrechtlichen Haftung zu handeln. Verletzt der Verwalter seine Pflicht zur Mehrung der Masse, kommt insoweit zunächst eine zivilrechtliche Schadensersatzpflicht gem. § 60 InsO in Betracht.[7] Neben diese insolvenzspezifische Haftung können Ansprüche aus §§ 823 ff. BGB treten.[8] Bei genauerer Betrachtung fällt überdies

---

6 BGH, Urt. v 18.12.1995 – II ZR 277/94, BGHZ 131, 325 (328); *Schoppmeyer*, in: MüKo-InsO, § 60 Rn. 12.

7 LG Krefeld, Urt. v. 06.02.2014 – 3 O 271/13, NZI 2014, 410 (411); *Keramati/Klein*, NZI 2018, 421 (422, 426); *Buchalik/Hiebert*, ZInsO 2014, 109 (110); *Knospe*, ZInsO 2009,2276 (2278); genauso etwa bei einem Verstoß gegen die Pflicht, im Rahmen einer Betriebsfortführung Geschäfte, die die Masse ohne sonderlichen Aufwand und ohne großes Risiko erheblich vermehrt hätten, abzuschließen, BGH, Urt. v. 16.03.2017 – IX ZR 253/15, BGHZ 214, 220 (224) Rn. 15, sowie bei einem Verstoß gegen die Pflicht zur zinsgünstigen Anlage von zur Insolvenzmasse gehörenden Geldern, BGH, Urt. v. 26.06.2014 – IX ZR 162/13, NZI 2014, 757 (757 ff.) Rn. 10 ff.; vgl. allg. *Trams*, NJW-Spezial 2019, 149 (149 f.)

8 Soweit eine deliktische Handlung zugleich eine insolvenzspezifische Pflicht verletzt besteht Anspruchskonkurrenz zu § 60 InsO, *Schoppmeyer*, in: MüKo-InsO, § 60 Rn. 75; *Thole*, in: K. Schmidt-InsO, § 60 Rn. 48; *Keramati/Klein*, NZI 2018, 421 (422), vorausgesetzt in BGH, Urt. v. 09.05.1996 – IX ZR 244/95, NJW 1996, 2233 (2234 f.).

aber auf, dass auch abseits der bekannten Fälle strafbaren Verwalterhandelns eine Strafbarkeit solcher Handlungen in Betracht zu ziehen sein kann, bei denen der Verwalter seine insolvenzspezifischen Pflichten vorsätzlich verletzt und dadurch den Grundsatz der gleichmäßigen Gläubigerbefriedigung nicht mehr vollumfänglich verwirklichen kann.

Unter gewöhnlichen Umständen wird der Verwalter zwar schon im eigenen Interesse nicht bereit sein, auf die Durchsetzung eines werthaltigen Anspruchs zu verzichten. Schließlich hängt die Höhe seiner Vergütung von der Höhe der Insolvenzmasse ab. Dazu kann es aber kommen, wenn der Verwalter einer Interessenkollision erlegen ist. Jene können sich insbesondere daraus ergeben, dass der spätere Anfechtungsgegner bei der Bestellung des (vorläufigen) Insolvenzverwalters oder im Eigenverwaltungsverfahren bei der Bestellung des (vorläufigen) Sachwalters mitwirkt, und seinen Vorschlag oder seine Zustimmung zu einem Verwalter von dessen Bereitschaft abhängig macht, im Falle der Bestellung auf die Geltendmachung der Anfechtungsansprüche zu verzichten.

Unterlässt der Verwalter die Durchsetzung von werthaltigen Anfechtungsansprüchen, steht das, was der Verwalter bei ordnungsgemäßem Verwalterhandeln auf Grundlage der anfechtungsrechtlichen Normen zur Masse hätte ziehen müssen, nicht zur Befriedigung der Insolvenzgläubiger zur Verfügung. Diesen gegenüber trifft den Verwalter kraft seines Amtes eine Vermögensbetreuungspflicht im Sinne der Untreue. Unter der Voraussetzung, dass die Vermögensbetreuungspflicht eine Anfechtung erfordert hätte, steht bei einem entsprechenden Unterlassen daher eine Untreuestrafbarkeit im Raum. Daneben kann – insbesondere seit der BGH die Interessentheorie aufgegeben hat[9] – eine Bankrottstrafbarkeit aufgrund des Beiseiteschaffens einer Forderung treten; nach dem BGH können Untreue und Bankrott mittlerweile tateinheitlich verwirklicht werden[10].

9 Angekündigt in BGH, Urt. v. 10.02.2009 – 3 StR 372/08, NJW 2009, 2225 (2227) Rn. 22; auf Anfrage des 3. Strafsenats in BGH, Anfrage-Beschl. v. 15.09.2011 – 3 StR 118/11, NStZ 2012, 89 (90 f.) haben alle Strafsenate mitgeteilt, an der Interessentheorie nicht festhalten zu wollen, s. etwa BGH, Beschl. v. 29.11.2011 – 1 ARS 19/11, ZInsO 2012, 650 (650); BGH, Beschl. v. 10.01.2012 – 4 ARs 17/11, wistra 2012, 191 (191), so dass der 3. Strafsenat die Interessentheorie aufgegeben hat, BGH, Beschl. v. 15.05.2012 – 3 StR 118/11, BGHSt 57, 229 (233 ff.) Rn. 12 ff.

10 BGH, Urt. v. 10.02.2009 – 3 StR 372/08, NJW 2009, 2225 (2228) Rn. 24; BGH, Beschl. v. 30.08.2011 – 3 StR 228/11, NStZ-RR 2012, 80 (80); BGH, Beschl. v. 15.05.2012 – 3 StR 118/11, NJW 2012, 2366 (2369) Rn. 31; für ein Exklusivitätsverhältnis dagegen

Bislang wurde in Bezug auf die strafrechtlichen Konsequenzen der unterlassenen Insolvenzanfechtung § 266 StGB in allgemeinerer Form – ohne tiefergehende inhaltliche Auseinandersetzung – in Erwägung gezogen. So könne in seltenen Fällen durch das Unterlassen der Anfechtung der Treubruchstatbestand der Untreue in Betracht kommen[11], etwa bei einem kollusivem Zusammenwirken von Verwalter und Anfechtungsgegnern[12]. Eine umfassende Auseinandersetzung steht daher noch aus. In dieser Abhandlung soll die Strafbarkeit des Verwalters unter Berücksichtigung der insolvenzrechtlichen Hintergründe einer genaueren Betrachtung unterzogen werden. Im Anschluss an die materiell-rechtliche Beurteilung der unterlassenen Anfechtung soll auf die strafprozessualen Schwierigkeiten bei der Beweisaufnahme eingegangen werden.

Als Ergebnis soll herausgearbeitet werden, dass der Zweck des Insolvenzanfechtungsrechts nur bei einer effektiven strafrechtlichen Sanktionierung der unterlassenen Anfechtung erreicht werden kann. Das insolvenzrechtliche Regelungskonzept bietet keinen ausreichenden Schutz der Insolvenzgläubiger vor Pflichtverletzungen des Verwalters sowie der Verwirklichung der Ordnungsfunktion des Insolvenzrechts. Eine umfassende Untersuchung der Strafbarkeit des Verwalters bei der unterlassenen Anfechtung erscheint in rechtstatsächlicher Hinsicht insbesondere vor dem Hintergrund als erforderlich, dass in Gesetzgebungsverfahren und in der Literatur immer wieder auf erhebliche Missbrauchsgefahren hingewiesen wird, dennoch aber aus der Rechtsprechung keine Verurteilung eines Verwalters aufgrund der unterlassenen Anfechtung bekannt ist. Dies kann zwar auch daran liegen, dass es zu strafbarem Verwalterhandeln in der Praxis gar nicht kommt; naheliegender erscheint es aber, dass tatsächliche

---

Hoyer, in: SK-StGB, § 283 Rn. 122 m. w. N.; ders., FS-Rogall, 159 (165 ff.); *Rogall*, FS-Paeffgen, 363 (368 ff.).

11 *Keramati/Klein*, NZI 2017, 421 (421 ff.); *Biermann*, Die strafrechtlichen Risiken der Tätigkeit des (vorläufigen) Insolvenzverwalters, S. 204; *Pelz*, Handbuch Wirtschafts- und Steuerstrafrecht, Rn. 379; *Weyand/Diversy*, Insolvenzdelikte, Rn. 226; *Buchalik/Hiebert*, ZInsO 2014, 109 (110); *Weyand*, ZInsO 2014, 1934 (1938 f.); *Weyand/Diversy*, in: Haarmeyer/Huber/Schmittmann, Teil VIII Rn. 17; *Köllner/Cyrus*, NZI 2017, 521 (524); dies., NZI 2018, 514 (516); *Bittmann*, wistra 2018, 425 (426); *Zeuner*, in: Rattunde/Smid/Zeuner-InsO, § 129 Rn. 16; *Wittig*, in: BeckOK-StGB, § 266 Rn. 44.5; *Perron*, in: Schönke/Schröder-StGB, § 266 Rn. 35a; *Borries/Hirte*, in: Uhlenbruck-InsO, § 143 Rn. 17; *Seier/Lindemann*; in: Achenbach/Ransiek/Rönnau, Handbuch Wirtschaftsstrafrecht, 5. Teil 2. Kapitel Rn. 77.

12 *Keramati/Klein*, NZI 2017, 421 (421 ff.).

und rechtliche Schwierigkeiten schon der Ermittlung entsprechender Verhaltensweisen entgegenstehen. Nur wenn Verwalter aber auch in rechtstatsächlicher Hinsicht eine Verurteilung aufgrund der unterlassenen Anfechtung zu befürchten haben, kann das Strafrecht seine das Insolvenzrecht flankierende Funktion, Verwalter zu einer ordnungsgemäßen Anfechtung zu veranlassen, wirksam entfalten.

2. Teil: Insolvenzrechtlicher Hintergrund

Mit Inkrafttreten der InsO zum 01.01.1999 wurden die VerglO, die GesO und die KO zugunsten eines einheitlich geregelten Insolvenzverfahrens abgelöst. In Abkehr von dem zuvor weitgehend gerichtlich dominierten Verfahren zur Bestellung des Konkursverwalters sollte nach dem Willen des InsO-Reform-Gesetzgebers die Gläubigerautonomie in den Vordergrund gerückt werden. Schließlich müsse in einer Marktwirtschaft grundsätzlich das Urteil derjenigen Personen maßgeblich sein, deren Vermögenswerte auf dem Spiel stünden und die deshalb die Folgen von Fehlern zu tragen hätten.[13] War der Einfluss der Gläubiger auf die Auswahl und Bestellung des Insolvenzverwalters auch nach Inkrafttreten der InsO dennoch zunächst noch sehr begrenzt, führten weitere Gesetzesänderungen zu einer erheblichen Stärkung der Gläubigerautonomie. Insbesondere mit den Änderungen der InsO durch das Gesetz zur weiteren Erleichterung der Sanierung von Unternehmen (ESUG)[14] hat die Gläubigerautonomie an vielen Stellen erheblich zugenommen. Nach Ansicht des ESUG-Gesetzgebers ist der Umstand, dass der Ablauf eines deutschen Insolvenzverfahrens für Schuldner und Gläubiger nicht berechenbar sei und vor allem von den Gläubigern kaum Einfluss auf die Auswahl des Insolvenzverwalters genommen werden könne, einer der Gründe, aufgrund derer gerade ausländische Investoren die deutsche Rechtsordnung als weniger geeignet für Sanierungen ansähen.[15] Das ESUG hat vor diesem Hintergrund das Merkmal der Unabhängigkeit in seinem Wesen grundlegend verändert; es kann geradezu von einem Paradigmenwechsel bei der Praxis der Bestellung des (vorläufigen) Insolvenzverwalters im Regelinsolvenzverfahren beziehungsweise des (vorläufigen) Sachwalters bei der Eigenverwaltung gesprochen werden.[16] Ein wesentliches Anliegen war dabei die Ausdehnung des Gläubigereinflusses auf das Eröffnungsverfahren. Schließlich würden die Weichen für eine erfolgreiche Unternehmensfortführung regelmäßig bereits in den ersten Wochen nach dem Eröffnungsantrag und nicht erst nach Verfahrenseröffnung gestellt.[17] Kennzeichnend für das Insolvenzverfahren

---

13 Begr. RegE-InsO, BT-Drucks. 12/2443, S. 80.

14 Gesetz zur weiteren Erleichterung der Sanierung von Unternehmen v. 07.12.2011, BGBl. 2011 I, 2582 ff.

15 Begr. RegE. ESUG, BT-Drucks. 17/5712, S. 17.

16 *Flöther*, ZIP 2012, 1833 (1839); *Pape*, ZInsO 2011, 1033 (1033).

17 Begr. RegE. ESUG, BT-Drucks. 17/5712, S. 24.

ist daher mittlerweile eine erheblich weitergehende Gläubigerautonomie unter Überwachung durch das Insolvenzgericht zur Wahrung der Rechte der Beteiligten.[18] Durch diesen Paradigmenwechsel wurden den Gläubigern bei der Verwalterbestellung allerdings verschiedene Möglichkeiten eröffnet, ihre spezifischen Eigeninteressen rechtsmissbräuchlich durch Einflussnahmen bei der Bestellung des (vorläufigen) Verwalters zu verwirklichen. So sind mittlerweile Großgläubiger und insbesondere Banken häufig weit mehr als zu Zeiten der KO, der VerglO, und der GesO an der Mitwirkung bei der Bestellung eines (vorläufigen) Verwalters interessiert und können in bestimmten Konstellationen nahezu frei über die Bestellung eines bestimmten Kandidaten entscheiden.

Haben Dritte in bestimmten Zeiträumen vor Insolvenzeröffnung noch Leistungen vom Schuldner erhalten, müssen sie diese bei Erfüllung einer der insolvenzanfechtungsrechtlichen Vorschriften der §§ 129 ff. InsO der Insolvenzmasse zurückgewähren. Mit der Rückgewähr ihrer Leistung lebt ihre Forderung gegen den Schuldner regelmäßig im Rang einer Insolvenzforderung wieder auf (§ 144 InsO). Da für die Insolvenzforderung meist nur eine eher geringe Insolvenzquote zu erwarten ist, haben Anfechtungsgegner im Allgemeinen zur Reduzierung des eigenen Verlustes ein erhebliches Interesse daran, die Geltendmachung der Anfechtungsansprüche zu verhindern. Zum Unterlassen der Geltendmachung von werthaltigen Anfechtungsansprüchen wird der Verwalter aber aufgrund der damit verbundenen erheblichen Risiken nur unter besonderen Umständen ausnahmsweise bereit sein. Diese können seit der Stärkung der Gläubigerautonomie eintreten, wenn ein Gläubiger, der über ein hohes Beeinflussungspotential verfügt, die Bestellung des Verwalters davon abhängig macht, dass Anfechtungsansprüche gegen ihn nicht geltend gemacht werden, und der Verwalter in die Interessenkollision, entweder nicht Verwalter zu werden oder sein Amt nicht ordnungsgemäß ausführen zu können, gerät. Insoweit ist die durch das ESUG gestiegene Gläubigerautonomie anfällig für eine missbräuchliche Einwirkung auf den Verwalter, gerade bei regelmäßig an Insolvenzverfahren beteiligten Gläubigern wie Banken.

In Insolvenzverfahren hat es der Verwalter mit einer Vielzahl sich teilweise entgegenstehender Interessen verschiedener Verfahrensbeteiligter zu tun. Kraft seines Amtes ist er verpflichtet, Interessenkollisionen im Rahmen seines unternehmerischen Ermessensspielraums angemessen zu lösen. Auch im Kreis der Verwalter gibt es jedoch Einzelne, die ihr Amt nicht ordnungsgemäß ausüben. In der Regel lassen sich diese Verwalter dabei von Interessenkollisionen

18 *Cranshaw*, ZInsO 2019, 1033 (1033).

manipulieren und verfolgen sachwidrige Eigen- oder Fremdinteressen. Mittlerweile wird selbst von Richtern des für das Insolvenzrecht zuständigen IX. Zivilsenats des BGH davon gesprochen, zu oft werde das Insolvenzverfahren von Verwaltern als Mittel zur Selbstbedienung verstanden.[19] Das ist gerade vor dem Hintergrund problematisch, dass das derzeit geltende Insolvenzrecht keine über eine Selbstauskunft hinausgehenden Vorkehrungen enthält, um Befangenheiten des Verwalters im Rahmen der insolvenzgerichtlichen Amtsermittlung festzustellen und systematisch zu unterbinden.[20] Da in nahezu jedem Insolvenzverfahren naturgemäß eine Vielzahl verschiedener Interessenkollisionen auftreten, erscheint eine solche Vorkehrung auf der anderen Seite auch in rechtstatsächlicher Hinsicht kaum vorstellbar. Zu vielseitig sind die Erscheinungsformen persönlicher Befangenheiten. Schließlich lassen sich Loyalitäten, ökonomische und persönliche Abhängigkeiten (Familie, Freundschaft, Vereinsmitgliedschaft, Kredite, Anwaltsmandate, Empfehlungen, Netzwerk usw.) kaum mit Anspruch auf Vollständigkeit abstrakt erfassen.[21]

Die Bestimmung einer Untreue- bzw. Bankrottstrafbarkeit kann nur unter Berücksichtigung der Besonderheiten des insolvenzrechtlichen Regelungskonzeptes und der damit verbundenen speziellen Interessenlage erfolgen. Insoweit sollen im Folgenden zunächst die für eine Untreue- oder Bankrottstrafbarkeit aufgrund der unterlassenen Insolvenzanfechtung relevanten insolvenzrechtlichen Hintergründe und insbesondere die Interessenkollisionen, aufgrund derer der Verwalter überhaupt zu einem missbräuchlichen Unterlassen der Anfechtung bereit sein kann, dargestellt werden.

A. Mitteilung an die Staatsanwaltschaft bei Verfahrenseröffnung/-ablehnung

Zu berücksichtigen ist zunächst, dass die Ermittlungsbehörden oft keine Kenntnis ausreichender Anhaltspunkte für weitere Ermittlungen erlangen. In Insolvenzverfahren erfolgen zwar verschiedene Mitteilungen an die Staatsanwaltschaft. So erfolgen gem. Teil 2, Abschnitt 3, Ziffer IX der Anordnung über Mitteilungen in Zivilsachen (MiZi) Mittelungen über die Anordnung und Aufhebung von Verfügungsbeschränkungen (Nr. 1), bei Ablehnung der Eröffnung des Insolvenzverfahrens mangels Masse (Nr. 2), über die Eröffnung des

19 *Pape*, ZInsO 2016, 2149 (2149).
20 *Römermann*, GmbHR 2013, 1249 (1257).
21 *Römermann*, GmbHR 2013, 1249 (1257).

Insolvenzverfahrens (Nr. 3), über weitere Entscheidungen in Insolvenzverfahren (Nr. 4) und über vorzeitige Löschungen im Schuldnerverzeichnis (Nr. 5). Die Staatsanwaltschaft hat dann zu beurteilen, ob und inwieweit Ermittlungen aufgenommen werden.[22] Praktisch gestalten sich Ermittlungen im Zusammenhang mit Insolvenzen schon im Allgemeinen häufig aber schwierig.[23] Noch schwieriger sind in vielen Fällen Ermittlungen gegen den Insolvenzverwalter oder Sachwalter durchzuführen. Dies gilt auch und in besonders hohem Maße für eine Strafbarkeit aufgrund der unterlassenen Ermittlung oder Geltendmachung von werthaltigen Insolvenzanfechtungsansprüchen. Die Begründetheit und Durchsetzbarkeit dieser Ansprüche kann zumeist nur anhand der Buchhaltungsunterlagen und von Zeugenbefragungen bestimmt werden; dies ist häufig schon für den Insolvenzverwalter schwierig, regelmäßig aber noch schwieriger für die Staatsanwaltschaft, die nicht ohne weiteres auf die Beweismittel zurückgreifen darf und ein Ermittlungsverfahren erst bei einem Anfangsverdacht im Sinne der §§ 152 Abs. 2, 160 Abs. 1 Satz 1 StPO einleiten muss (Legalitätsprinzip),[24] allerdings zu Vorermittlungen, ob aufgrund vorliegender tatsächlicher Anhaltspunkte die Einleitung eines Ermittlungsverfahrens veranlasst ist, berechtigt ist[25]. Die Ermittler sind zunächst auf die Auswertung der Insolvenzakten und sonstiger Informationsquellen angewiesen.[26] Dadurch kann der Verwalter weitere

---

22 Vgl. *Wellensiek/Büteröwe*, FS-Pannen, 319 (327 f.); *Bittmann*, in: Bittmann, Praxishandbuch Insolvenzstrafrecht, § 1 Rn. 10 ff.; kritisch zu einer Mitteilungspflicht *Püschel/Paradissis*, ZInsO 2015, 1786 (1786 ff.): nach § 152 StPO setze die Ermittlung strafrechtlicher Ermittlungen „zureichende tatsächliche Anhaltspunkte" für eine verfolgbare Straftat voraus. Das sei bei den zu übermittelnden Daten nicht der Fall, so dass die Staatsanwaltschaft die Daten mangels Anfangsverdacht gar nicht auswerten dürfe. Es bestehe ein Verbot, Ermittlungen zu beginnen, um Anhaltspunkte für einen Anfangsverdacht zu gewinnen; kritisch ebenfalls *Richter*, wistra 2017, 329 (332.

23 *Weyand*, ZInsO 2000, 413 (419); ausf. Weyand/Diversy, Insolvenzdelikte, Rn. 166 ff.; zu Mitarbeiterbefragungen im Rahmen interner Ermittlungen s. *Kasiske*, NZWiSt 2014, 262 ff. m. w. N.

24 *Diemer*, in: Karlsruher Kommentar-StPO, § 152 Rn. 7; *Beukelmann*, in: BeckOK-StPO, § 152 Rn. 2.

25 *Schmitt*, in: Meyer-Goßner/Schmitt-StPO, § 152 Rn. 4b; Weyand/Diversy, Insolvenzdelikte, Rn. 169; *Keller/Griesbaum*, NStZ 1990, 416 (417); a. A. *Fincke*, ZStW 95 (1983), 918 (924); Vorfeldermittlungen zur Erlangung dieser Anhaltspunkte sind dagegen unzulässig, *Schmitt*, in: Meyer-Goßner/Schmitt-StPO, § 152 Rn. 4b; *Diemer*, in: Karlsruher Kommentar-StPO, § 152 Rn. 7; *Keller/Griesbaum*, NStZ 1990, 416 (418 f.).

26 Ausf. *Weyand/Diversy*, Insolvenzdelikte, Rn. 171 ff.; zur Durchsicht vorläufig sichergestellter Unterlagen *Hölken*, jurisPR-InsR 23/2016 Anm. 4.

ermittlerische Aktivitäten in großem Maße beeinflussen. Bezüglich Straftaten im Zusammenhang mit der Insolvenz, die andere Täter als der Insolvenzverwalter begangen haben, decken sich die gegenseitigen Interessen meist und es kann ein kooperatives Verhältnis zwischen Insolvenzverwalter und Ermittlungsbehörden entstehen.[27] Bei Straftaten des Verwalters sieht dies naturgemäß anders aus; hier können Ermittlungen in der Regel meist nur aufgrund von Anzeigen von Gläubigern oder anderer Betroffener aufgenommen werden.[28] Diese verfügen in vielen Fällen aber nicht ohne weiteres über ausreichende Informationen, um überhaupt Kenntnis von dem strafrechtlich relevanten Verhalten durch die unterlassene Geltendmachung von Anfechtungsansprüchen zu erlangen. In der Praxis wird eine Strafbarkeit des Insolvenzverwalters daher häufig schon aufgrund des Fehlens von zureichenden tatsächlichen Anhaltspunkten und damit aufgrund eines mangelnden Anfangsverdachts beziehungsweise aufgrund mangelnder Vorermittlungen nicht ohne weiteres hinreichend ermittelt werden können. Umso bedeutsamer ist es, dass die Ermittlungsbehörden bei Verdachtsmomenten jedenfalls Vorermittlungen im Hinblick auf einen etwaigen Anfangsverdacht im Sinne der §§ 152 Abs. 2, 160 Abs. 1 Satz 1 StPO durchführen.

B. Par conditio creditorum

Die Beurteilung strafrechtlichen Verhaltens des Insolvenzverwalters kann nicht unabhängig von dem das gesamte Insolvenzverfahren beherrschenden Grundsatz der gleichmäßigen Gläubigerbefriedigung erfolgen. Das GG bindet die Staatsgewalt in Art. 14 GG, den Eigentumsschutz durch ein diesem Grundrecht entsprechendes Verfahren zu gewährleisten. Naturgemäß treffen in jedem Gesamtvollstreckungsverfahren Grundrechtpositionen verschiedener Grundrechtsträger aufeinander. Zum einen genießt der Schuldner grundrechtlichen Schutz, wenn durch das staatliche Gesamtvollstreckungsverfahren in sein Eigentum eingegriffen wird. Zum anderen sind die Inhaber der Forderungen des Schuldners, die Insolvenzgläubiger, grundrechtlich geschützt. Dieser Schutz geht dahin, dem Insolvenzgläubiger ein gerichtliches Verfahren zur effektiven Durchsetzung seines Rechts zur Verfügung zu stellen. Dieser mehrseitige Grundrechtsschutz verpflichtet den Staat, bei der Ausgestaltung eines Vollstreckungs-Verfahrensrechts auf einen effektiven Grundrechtsschutz für alle Verfahrensbeteiligten hinzuwirken.[29] Diese Vorgaben ergeben sich auch aus dem

27 *Weyand*, ZInsO 2000, 413 (419); ausf. *Weyand/Diversy*, Insolvenzdelikte, Rn. 179.
28 *Weyand*, ZInsO 2000, 413 (419).
29 *Gundlach/Frenzel/Strandmann*, NZI 2008, 461 (462).

Rechtsstaatsprinzip.[30] Das Insolvenzverfahren ist mit der Durchsetzung berechtigter Forderungen auch ein Element zur Verwirklichung des Justizgewährungsanspruchs. Die Garantie effektiven Rechtsschutzes ist wiederum ein wesentlicher Bestandteil des Rechtsstaatsprinzips.[31] Jener Anspruch des Rechtssuchenden auf Justizgewähr kann von Seiten des Staates nur erfüllt werden, wenn der Insolvenzverwalter sein Amt pflichtgemäß ausübt.[32] Zur Sicherstellung der pflichtgemäßen Erfüllung der Aufgaben des Insolvenzverwalters und zur Sicherung eines gesetzmäßigen Ablauf des Insolvenzverfahrens hat das Insolvenzgericht nach § 58 Abs. 1 InsO das Recht, aber auch die Pflicht, den Insolvenzverwalter bei seiner Amtsführung zu überwachen.[33] Insbesondere vor dem Hintergrund der besonderen Bedeutung der Überwachung des Insolvenzverwalters wurde auch juristischen Personen der Zugang zum Amt des Insolvenzverwalters verwehrt.[34] Schließlich ist die Befähigung und Zuverlässigkeit der konkreten natürlichen Person, die das Insolvenzgericht aufgrund seiner persönlichen Reputation und nach seiner fachlichen Qualifikation als vertrauenswürdig erachtet und entsprechend laufend beaufsichtigt, entscheidend für eine sachdienliche Durchführung und Erledigung des Insolvenzverfahrens.[35] Die Geeignetheit der konkreten Person des Verwalters ist vor dem Hintergrund besonders bedeutsam, dass die Folgen seiner Entscheidungen nur in sehr gegrenztem Umfang korrigiert und gegebenenfalls kompensiert werden können.[36] Im Gegensatz zu Berufen wie für dem des Notars und anderen vergleichbar qualifizierten Freien Berufen gibt es für den Beruf des Insolvenzverwalters weder spezielle gesetzlich geregelte Qualifikationsnachweise noch Bestimmungen zur berufsrechtlichen Organisation.[37] Zudem gibt es keine unterstützende Aufsicht durch eine eigene Berufskammer.[38] Da der Insolvenzverwalter, vor allem, wenn er zuvor als Sachverständiger beauftragt wurde, stets auch in erheblichem Umfang als Ermittlungsorgan des Gerichts bei der von Amts wegen zu leistenden Aufklärung des maßgeblichen

30 *Gundlach/Frenzel/Strandmann*, NZI 2008, 461 (462).
31 BVerfG, Beschl. v. 12.01.2016 – 1 BvR 3102/13, BVerfGE 141, 121 (134 f.) Rn. 44; s. bereits BVerfG, Beschl. v. 23.05.2006 – 1 BvR 2530/04, BVerfGE 116, 1 (13).
32 BVerfG, Beschl. v. 12.01.2016 – 1 BvR 3102/13, BVerfGE 141, 121 (135) Rn. 45.
33 BVerfG, Beschl. v. 12.01.2016 – 1 BvR 3102/13, BVerfGE 141, 121 (135) Rn. 45.
34 BVerfG, Beschl. v. 12.01.2016 – 1 BvR 3102/13, BVerfGE 141, 121 (128 ff.) Rn. 28 ff.
35 BVerfG, Beschl. v. 12.01.2016 – 1 BvR 3102/13, BVerfGE 141, 121 (136 f.) Rn. 49.
36 BVerfG, Beschl. v. 12.01.2016 – 1 BvR 3102/13, BVerfGE 141, 121 (137 f.) Rn. 50.
37 S. allerdings zu den „Grundsätze ordnungsgemäßer Insolvenzverwaltung“ des Verbandes der Insolvenzverwalter Deutschlands e. V. (VID) *Frind*, NZI 2011, 785 (785 ff.).
38 BVerfG, Beschl. v. 12.01.2016 – 1 BvR 3102/13, BVerfGE 141, 121 (138) Rn. 51.

Sachverhalts (§ 5 Abs. 1 InsO) fungiert, und sich seine Ermittlungstätigkeit auch und gerade auf Vorgänge und Verhaltensweisen bezieht, die häufig gläubigerschädigend sind und deshalb vom Schuldner oder seinen Geschäftsführungsorganen nicht freiwillig aufgedeckt werden, ist das Insolvenzgericht mangels anderer Möglichkeiten zur Überprüfung oft in besonderer Weise auf die Richtigkeit, Vollständigkeit und Wahrhaftigkeit der von den Verwaltern und Sachverständigen erstellten Berichte angewiesen.[39]

Die Verwirklichung des Rechtsstaatsprinzips wurde auf gesetzgeberischer Ebene primär durch den in § 1 Satz 1 InsO normierten Grundsatz der gleichmäßigen Gläubigerbefriedigung realisiert. So folgt sämtliches Verwalterhandeln dem Grundsatz der „par conditio creditorum", also dem Grundsatz der gleichmäßigen Gläubigerbefriedigung.[40] Die Beurteilung von Handlungen des Insolvenzverwalters muss daher stets an der besonderen Bedeutung des Grundsatzes der Gläubigergleichbehandlung ausgerichtet sein; als oberstes Verfahrensziel muss der Insolvenzverwalter sein Handeln an dieser Zielrichtung ausrichten.

Die par conditio creditorum kontrastiert das für die Einzelzwangsvollstreckung geltende Prioritätsprinzip zugunsten einer Gesamtvollstreckung und soll, obwohl auch sie im Einzelfall nicht immer vollumfänglich gerecht sein kann, größere Ungerechtigkeiten, die sich bei Anwendung anderer Verteilungssysteme ergäben, vermeiden, um eine annehmbare gemeinsame Vollstreckung zu ermöglichen.[41] Gleichwohl meint der Grundsatz der Gläubigergleichbehandlung keine uneingeschränkte Gleichbehandlung aller gesicherten wie ungesicherten Gläubiger. Vielmehr bedeutet der Grundsatz zum einen, dass in der Insolvenz alle Gläubiger eines Schuldners gemeinschaftlich aus dem Haftungsvermögen beziehungsweise dem Verwertungserlös befriedigt werden, und zum anderen, dass die Befriedigung gleichmäßig, ohne die Bevorzugung einzelner Gläubiger oder

39 BVerfG, Beschl. v. 12.01.2016 – 1 BvR 3102/13, BVerfGE 141, 121 (138 f.) Rn. 52.

40 *Webel*, in: Graf-Schlicker-InsO, § 80 Rn. 16; *Bauer*, ZInsO 2008, 119 (123 ff.); *Vallender*, NZI 2005, 599 (600 f.), *von Gleichenstein*, NZI 2015, 49 (52); *Flöther/Bräuer*, NZI 2006, 136 (142); *Bork*, ZIP 2014, 797 (798); *Jungclaus*, KTS 2014, 257 (267 ff.); ausf. zu diesem Grundsatz mit historischen Bezügen *Zipperer*, FS-Vallender, 843 (844 ff.); rechtsvergleichend *Kodek*, KTS 2014, 215 (215 ff.); *Cranshaw*, ZInsO 2019, 1033 (1034).

41 *Zipperer*, FS-Vallender, 843 (855); *Bork*, in: Kübler/Prütting/Bork-InsO, Vor 129 Rn. 1; a. A. *Knospe*, ZInsO 2014, 861 (876): „Bei dieser Sachlage lässt sich folgern, dass der Grundsatz der Gläubigergleichbehandlung im Tatsächlichen zu einer Rechtfertigung massiver Ungleichbehandlung von Gläubigern im Insolvenzverfahren dient und damit weder seinem rechtlichen Anspruch noch seinem Namen nur annähern gerecht wird."

Gläubigergruppen, erfolgt.[42] Das Gebot der Gläubigergleichbehandlung wird auch als „Magna carta des Insolvenzrechts“ bezeichnet und ist als übergeordnete Verfahrensmaxime grundsätzlich auch im Rahmen der Insolvenzanfechtung zu beachten.[43] Es wird daher verletzt, wenn einzelne anfechtbar begünstigte Insolvenzgläubiger bevorzugt werden.[44] Der anfechtbar begünstigte Insolvenzgläubiger hat keinen Anspruch auf seinen anfechtbar erlangten Sondervorteil und hat das Erhaltene daher den im Rahmen der Verlustgemeinschaft mithaftenden Insolvenzgläubigern wieder zur Verfügung zu stellen, so dass eine wechselseitige Forderungs- und Haftungsverrechnung erfolgt.[45] So wird der gleichmäßige Zugriff der Gläubiger im Anfechtungszeitraum gewahrt, indem die Bevorzugungen einzelner Gläubiger beseitigt werden.[46] Durch die Insolvenzanfechtung wird also im Sinne des Gerechtigkeitsgebots das Ausfallrisiko solidarisch und gleichmäßig auf alle Gläubiger verteilt.[47]

Die besondere Bedeutung des Grundsatzes der Gläubigergleichbehandlung zeigt sich auch daran, dass mit Einführung der InsO die umfangreichen Konkursvorrechte des § 61 KO[48] zugunsten der Verteilungsgerechtigkeit generell abgeschafft wurden[49] und im Grundsatz nun die Insolvenzgläubiger gleich behandelt werden.[50] Selbst nach Anzeige der Masseunzulänglichkeit wirkt dieser

---

42 *Kodek*, KTS 2014, 215 (217); *Bork*, in: Kübler/Prütting/Bork-InsO, Vor 129 Rn. 1.

43 BGH, Urt. v. 09.09.1997 – IX ZR 14/97, BGHZ 136, 309 (312); BGH, Urt. v. 10.07.2014 – IX ZR 192/13, BGHZ 202, 59 (67) Rn. 25; *Schoppmeyer*, NZI 2015, 185 (186); *Huber*, ZInsO 2015, 713 (715); ders., NZI 2006, 162 (163 f.); *Flöther/Bräuer*, NZI 2006, 136 (142); dies., DZWIR 2003, 353 (354); ausf. *von Gleichenstein*, NZI 2015, 49 (49 ff.).

44 BGH, Urt. v. 19.07.2001 – IX ZR 36/99, NZI 2001, 585 (587) Rn. 25; *Bork*, in: Kübler/Prütting/Bork-InsO, Vor 129 Rn. 1.

45 *Busch*, Der Insolvenzverwalter und die Überwindung der Massearmut, S. 177; *Schoppmeyer*, NZI 2015, 185 (186).

46 *Busch*, Der Insolvenzverwalter und die Überwindung der Massearmut, S. 176; *Bork*, in: Kübler/Prütting/Bork-InsO, Vor 129 Rn. 1.

47 BGH, Urt. v. 10.07.2014 – IX ZR 192/13, BGHZ 202, 59 (67 f.) Rn. 26; *Schoppmeyer*, NZI 2015, 185 (186).

48 S. dazu *Kilger/K. Schmidt*, Insolvenzgesetze, § 61 KO Rn. 1 ff; *Hess*-KO, § 61 Rn. 1 ff.

49 Begr. RegE-InsO, BT-Drs. 12/2443, S. 90.

50 BGH, Urt. v. 10.07.2014 – IX ZR 192/13, BGHZ 202, 59 (67) Rn. 25; zur Abschaffung der Privilegien s. *Kodek*, KTS 2014, 215 (221 f.); *Cranshaw*, ZInsO 2019, 1033 (1035); nach *Pape* haben verschiedene Gesetzesänderungen in den letzten Jahren allerdings zu einer Verringerung der Wirksamkeit der Anfechtung und einer Wiederherstellung der Konkursprivilegien geführt, ZInsO 2019, 57 (61 f.); zust. *Cranshaw*, ZInsO 2019, 1033 (1033 ff.); in diese Richtung auch bereits *Bauer*, ZInsO 2010, 1917 (1918 ff.); exemplarisch für die Wiedereinführung von Privilegien ist das durch das

Grundsatz fort. Die Anzeige der Masseunzulänglichkeit ist für die Anfechtung daher grundsätzlich bedeutungslos.[51] Lediglich die in § 39 Abs. 1 InsO aufgezählten nachrangigen Forderungen werden nun erst nach Begleichung der Insolvenzforderungen – praktisch also nie – beglichen. Eine weitere Privilegierung ist nicht mehr vorgesehen.[52] Hin und wieder wird seitens der Bundesregierung versucht, Fiskusprivilegien (wieder) einzuführen,[53] wie etwa durch den Vorschlag, Zwangsvollstreckungsmaßnahmen nicht mehr als inkongruente Deckungen zu behandeln und dem Anwendungsbereich der Inkongruenzanfechtung nach § 131 InsO zu entziehen.[54] Der Fiskus kann sich seine Titel selbst schaffen und ist daher der weit häufigste Vollstreckungsgläubiger. Bislang konnte durch massive Kritik[55] aber die Einführung solcher Privilegien noch verhindert werden.[56]

Erkennbar ist die besondere Bedeutung des Grundsatzes der Gläubigergleichbehandlung rechtsvergleichend schließlich auch daran, dass nach dem deutschen Insolvenzrecht, anders als in anderen Rechtsordnungen, insbesondere der U.S.-amerikanischen, der Französischen und der Englischen, die Haftungsverwirklichung priorisiert ist und der Erhalt betroffener Unternehmen nur in Betracht kommt, wenn dadurch die Haftungsverwirklichung in gleichem Maße wie bei der Liquidation verwirklicht werden kann.[57]

Haushaltsbegleitgesetz 2011 eingeführte Fiskusprivileg in § 55 Abs. 4 InsO, dessen Vorgängerregelung (§ 61 Abs. 1 Nr. 2 KO) gerade ein Jahrzehnt vorher bewusst abgeschafft worden war.

51 BGH, Urt. v. 19.07.2001 – IX ZR 36/99, NZI 2001, 585 (587) Rn. 25; ausf. dazu *Biehl/Bograkos*, DZWIR 2002, 139 (139 ff.).

52 Vgl. Begr. RegE-InsO, BT-Drucks. 12/2443, S. S. 90.

53 Ausf. zu den verschiedenen Gesetzgebungsvorhaben *Frind*, ZInsO 2014, 1985 (1985 ff.).

54 RegE. eines Gesetzes zur Verbesserung der Rechtssicherheit bei Anfechtungen nach der Insolvenzordnung und nach dem Anfechtungsgesetz, BT-Drs. 18/7054 S. 7; BR-Drs. 495/15 S. 7.

55 *Kayser/Heidenfelder*, ZIP 2016, 447 (447); *Flaig*, GWR 2016, 71 (74); *Jäger*, ZVI 2015, 401 (412); *Dahl/Linnenbrink/Schmitz*, NZI 2015, 441 (441 f.); *Hirte*, ZInsO 2017, 427 (428); kritisch *Zeuner*, in: Rattunde/Smid/Zeuner-InsO, § 131 Rn. 38; a. A. *Wimmer*, jurisPR-InsR 1/2016 Anm. 1.

56 Vgl. *Frind*, ZInsO 2014, 1985 (1986).

57 *Heese*, JZ 2018, 179 (180); gem. § 157 Satz 1 InsO entschließt allein die Gläubigerversammlung, ob ein Unternehmen liquidiert oder saniert wird, so dass selbst offensichtlich sanierungswürdige Unternehmen durch einen Beschluss der Gläubigerversammlung liquidiert werden können, es sei denn, ein Gläubiger kann gem. § 78 Abs. 1 InsO glaubhaft machen, dass die Sanierung zu einer höheren Befriedigungsquote führt.

C. Der anfechtungsrechtliche Rückgewähranspruch aus §§ 143, 129 ff. InsO

Mit dem Insolvenzanfechtungsrecht wird das Ziel verfolgt, vor Eröffnung des Insolvenzverfahrens sachlich ungerechtfertigt aus dem Vermögen des Insolvenzschuldners ausgeschiedene Vermögenswerte nach Verfahrenseröffnung zurückzuführen.[58] Mit der Insolvenzanfechtung soll der Interessenkonflikt zwischen den Insolvenzgläubigern, die ein Interesse an der Mehrung der Masse haben, und dem Anfechtungsgegner, der den erlangten Vermögensvorteil behalten möchte, gelöst werden.[59] Gerade wenn der spätere Schuldner aufgrund der drohenden Insolvenz Vermögen auf Dritte – z. B. an Angehörige, Freunde, Strohmänner – überträgt, es verschleudert oder ihm nahestehende oder ihn besonders bedrängende Gläubiger befriedigt, soll das Anfechtungsrecht nach InsO die Privatautonomie zum Schutz der Gläubiger begrenzen.[60] Auf diesem Wege wird die gemeinschaftliche Gläubigerbefriedigung über die Bestandskraft insolvenzbeeinflusster Rechtshandlungen gestellt.[61] Der InsO liegt ein einheitliches, verfahrensunabhängiges Insolvenzanfechtungsrecht zugrunde. Inwieweit das Vermögen des Schuldners im Rahmen einer Liquidation verwertet und verteilt wird, das Unternehmen letztendlich in der Hand des Schuldners erhalten bleibt, reorganisiert, veräußert oder in einem Insolvenzplan (§§ 217 ff. InsO) einer abweichenden Regelung unterworfen wird, ist für die Anfechtungstatbestände nicht von Bedeutung. Es kommt stets das materielle Insolvenzanfechtungsrecht der §§ 129 ff. InsO zur Anwendung.[62]

---

58 Zur geschichtlichen Entwicklung des Anfechtungsrechts s. *Jung*, Die nationale und internationale Gläubigeranfechtung nach deutschem und französischem Recht, S. 23 ff.

59 *Huber*, in: Gottwald, Insolvenzrechts-Handbuch, § 46 Rn. 15; *Wienberg*, in: Reul/Heckschen/Wienberg, § 9 Rn. 1; *v. Vietinghoff*, in: Holzborn/v. Vietinghoff, Haftung und Insolvenz im GmbH-Recht, Rn. 441; *Steffek*, KTS 2007, 451 (475); zur Gläubigeranfechtung s. *Jung*, Die nationale und internationale Gläubigeranfechtung nach deutschem und französischem Recht, passim.

60 *Huber*, in: Gottwald, Insolvenzrechts-Handbuch, § 46 Rn. 2; *Thilow*, Die Gläubigerbegünstigung im System des Insolvenzrechts, S. 16; *Bartels*, Insolvenzanfechtung und Leistungen Dritter, S. 122 ff.

61 *Bartels*, KTS 2016, 301 (304).

62 *Zeuner*, in: Rattunde/Smid/Zeuner-InsO, § 129 Rn. 2; vgl. zum englischen Recht der Insolvenzanfechtung *Steffek*, KTS 2007, 451 (451 ff.).

I. Überblick über den anfechtungsrechtlichen Rückgewähranspruch

Vor Eröffnung des Insolvenzverfahrens gilt in der Einzelzwangsvollstreckung grundsätzlich das Prioritätsprinzip. Der Gesetzgeber hat sich für das Prioritätsprinzip als dem beherrschenden einzelvollstreckungsrechtlichen Strukturprinzip entschieden und es insbesondere in § 804 Abs. 3 ZPO und § 11 Abs. 2 ZVG einer Positivierung unterzogen.[63] In der Einzelzwangsvollstreckung kommt es beim Zusammentreffen mehrerer Gläubiger daher nicht zu einer Kollektivierung. Vielmehr wird derjenige Gläubiger vor den anderen Gläubigern vorweg voll befriedigt, der an einem schuldnerischen Vermögensobjekt zuerst Rechtspositionen erwirkt hat, insbesondere ein Pfändungspfandrecht im Sinne von § 804 Abs. 1 ZPO.[64] Durch Zwangsvollstreckungsmaßnahmen können sich Gläubiger so ein Privileg verschaffen.[65] Das Prioritätsprinzip zielt damit grundsätzlich auf Verteilungsgerechtigkeit ab, ist aufgrund der Befriedigungsreihenfolge aber nur unter der Voraussetzung gerecht, dass alle Gläubiger vollständig befriedigt werden.[66] Bei Eintritt der materiellen Insolvenz des Schuldners reicht die Haftungsmasse allerdings nicht mehr aus, um sämtliche Gläubiger vollständig zu befriedigen, so dass ein Verteilungskonflikt entsteht.[67] So werden im eröffneten Insolvenzverfahren in aller Regel nicht alle Gläubiger vollständig befriedigt. Das Prioritätsprinzip führte in diesen Fällen zu dem nicht gerechten Ergebnis, dass nur die zuerst vollstreckenden Gläubiger vollständig befriedigt würden.[68] Dieses auch vom Gesetzgeber als nicht gerecht angesehene Ergebnis soll mit dem Insolvenzverfahren zugunsten einer Gläubigergleichbehandlung vermieden werden. Gem. § 1 Satz 1 InsO findet im eröffneten Insolvenzverfahren daher der Grundsatz der Gläubigergleichbehandlung Anwendung. Letztendlich handelt es sich dabei um ein Auffangprinzip materieller Verteilungsgerechtigkeit, das nur eingreift, wenn eine andere Verteilungsordnung materiell-rechtlich nicht geboten ist.[69] Anders als in der Einzelzwangsvollstreckung kommt es daher

---

63 Zu weiteren gesetzlichen Normierungen *Knoche/Biersack*, NJW 2003, 476 (478).

64 *Knoche/Biersack*, NJW 2003, 476 (477 f.); kritisch *Hoffmann*, Prioritätsgrundsatz und Gläubigergleichbehandlung, S. 36 ff.

65 *Hoffmann*, Prioritätsgrundsatz und Gläubigergleichbehandlung, S. 3 f.

66 *Busch*, Der Insolvenzverwalter und die Überwindung der Masseunzulänglichkeit, S. 18; *Hoffmann*, Prioritätsgrundsatz und Gläubigergleichbehandlung, S. 3; *von Gleichenstein*, NZI 2015, 49 (52).

67 *Hoffmann*, Prioritätsgrundsatz und Gläubigergleichbehandlung, S. 384.

68 *Smid*, in: Bittmann, Praxishandbuch Insolvenzstrafrecht, § 10 Rn. 1.

69 *Hoffmann*, Prioritätsgrundsatz und Gläubigergleichbehandlung, S. 208.

zu einer Kollektivierung, also gleichmäßigen Verteilung der Vollstreckungsobjekte und einer Verlustgemeinschaft.[70] Dadurch wird die Einzelinitiative der Gläubiger weitgehend verdrängt und durch eine kooperative Gesamtinitiative der Gläubigergemeinschaft, die durch ihre Organe (Gläubigerversammlung und Gläubigerausschuss) im Verfahren repräsentiert wird, ersetzt.[71] Bei dieser Gesamtvollstreckung geht es also um die quotale Befriedigung sämtlicher Gläubiger mit der Gesamtheit ihrer Forderungen aus dem gesamten Vermögen des Schuldners, während bei der Einzelzwangsvollstreckung einzelne Gläubiger mit ihren Forderungen aus einem oder mehreren Vermögengegenständen des Schuldners befriedigt werden.[72] Zu beachten ist dabei aber, dass es bei beiden Prinzipien um ein gesetzlich geregeltes Verfahren der Zwangsvollstreckung durch hoheitlichen Eingriff in privatrechtlich organisierte Vermögensallokationen handelt. Während bei der Einzelzwangsvollstreckung dem Vermögen des Vollstreckungsgläubigers durch die Pfändung und Verstrickung von Geld, Rechten oder beweglichen und unbeweglichen Sachen durch den Gerichtsvollzieher oder das Vollstreckungsgericht Vermögensgegenstände des Schuldners zugeordnet werden, wird bei der Gesamtvollstreckung durch den Insolvenzbeschlag die Insolvenzmasse durch den Eröffnungsbeschluss des Insolvenzgerichts den Insolvenzgläubigern zugeordnet.[73]

Auch wenn der Grundsatz der Gläubigergleichbehandlung an sich erst mit Eröffnung des Insolvenzverfahrens Anwendung findet, gibt es zahlreiche Normen, die Verhaltensweisen des Schuldners und seiner Gläubiger schon im Vorfeld der materiellen Insolvenz regeln. So wird etwa dem Prinzip des Gläubigerschutzes bereits vor der eigentlichen Insolvenz durch zahlreiche Regelungen wie etwa dem Rückzahlungsverbot hinsichtlich des Stamm- oder Aktienkapitals (§ 30 GmbHG,[74] § 62 AktG[75]) oder dem Verbot der Einlagenrückgewähr

70 *Wegener*, NJW 2010, 3607 (3607); *Smid*, in: Bittmann, Praxishandbuch Insolvenzstrafrecht, § 10 Rn. 1.

71 *Pape*, in: Uhlenbruck-InsO, § 1 Rn. 3; *Ganter*, WM 2009, 1441 (1443); *von Gleichenstein*, NZI 2015, 49 (52); kritisch zum Grundsatz der Gläubigergleichbehandlung *Knospe*, ZInsO 2014, 861 (865 ff.).

72 *Paulus*, JZ 2019, 11 (17).

73 *Von Gleichenstein*, NZI 2015, 49 (51).

74 *Heidinger*, in: Michalski/Heidinger/Leible/J. Schmidt, GmbH-Gesetz, § 30 Rn. 1; *Fastrich*, in: Baumbach/Hueck, GmbH-Gesetz, § 30 Rn. 1.

75 *Grigoleit/Rachlitz*, in: Grigoleit, Aktiengesetz, § 62 Rn. 1; *Cahn*, in: Spindler/Stilz-AktG, § 62 Rn. 3.

(§ 57 AktG[76]) Geltung verschafft. Genauso wird der Grundsatz der Gläubigergleichbehandlung durch zahlreiche Vorschriften vorverlagert.[77] Während die §§ 80 - 91 InsO vorrangig für die Zeit nach Eröffnung des Insolvenzverfahrens eine Verkürzung der Aktivmasse und eine Vermehrung der Passivmasse zu verhindern suchen, betrifft die sogenannte Rückschlagsperre des § 88 InsO die Zeit vor Verfahrenseröffnung.[78] Danach werden im letzten Monat vor Antragstellung durch Zwangsvollstreckung erlangte Sicherungen an einem zur Insolvenzmasse gehörenden Vermögen des Schuldners mit Verfahrenseröffnung unwirksam. Genauso ermöglichen die Anfechtungsvorschriften der §§ 129 - 147 InsO eine Korrektur von bereits vor der Eröffnung des Insolvenzverfahrens vorgenommenen Schmälerungen der Insolvenzmasse.[79] Durch die Anfechtung soll mithin die gleichmäßige Befriedigung der Insolvenzgläubiger zu einem früheren Zeitpunkt als dem der formellen Eröffnung des Insolvenzverfahrens sichergestellt werden.[80] Schließlich kann der Gläubigergleichbehandlungsgrundsatz nur vollständig verwirklicht werden, wenn vorinsolvenzlich geleistete Zahlungen unter einheitlichen Voraussetzungen angefochten werden können.[81] Vor Verfahrenseröffnung aufgrund überlegenen Wissens oder anderer Umstände noch befriedigte Gläubiger haben das Erhaltene bei Verwirklichung der Tatbestandsmerkmale der jeweiligen Anfechtungsnormen zurückzugewähren. Gläubiger, die über besonders gute Beziehungen zum Schuldner verfügen oder über dessen wirtschaftliche Verhältnisse eingehend informiert sind und sich zu Lasten

76 *Koch*, in: Hüffer/Koch, Aktiengesetz, § 57 Rn. 1.

77 *Von Gleichenstein*, NZI 2015, 49 (53); *Junglcaus*, KTS 2014, 257 (261).

78 *Zeuner*, NJW 2007, 2952 (2952 f.).

79 Begr. RegE. InsO, BT-Drucks. 12/2443, S. 156; *Raebel*, KTS 2015, 285 (305 f.); *Schoppmeyer*, NZI 2015, 185 (186); *von Gleichenstein*, NZI 2015, 49 (53); *Wegener*, NJW 2010, 3607 (3607); *Zeuner*, NJW 2007, 2952 (2952); *Weyand*, ZInsO 2014, 1934 (1938 f.); *Weyand/Diversy*, in: Haarmeyer/Huber/Schmittmann, Teil VIII Rn. 17; *Jensen*, Grundfragen des Rechts der Gläubiger- und Insolvenzanfechtung, S. 190 f.; kritisch zur Vorverlagerung des Grundsatzes der Gläubigergleichbehandlung durch die Insolvenzanfechtung *Knospe*, ZInsO 2014, 861 (867 ff., 876): „Bei dieser Sachlage lässt sich folgern, dass der Grundsatz der Gläubigergleichbehandlung im Tatsächlichen zu einer Rechtfertigung massiver Ungleichbehandlung von Gläubigern im Insolvenzverfahren dient und damit weder seinem rechtlichen Anspruch noch seinem Namen nur annähern gerecht wird.“.

80 BGH, Urt. v. 10.02.2005 – IX ZR 211/02, BGHZ 162, 143 (148 f.) m. w. N.; *Raebel*, FS-Ganter, 339 (341); kritisch dazu *Hoffmann*, Prioritätsgrundsatz und Gläubigergleichbehandlung, S. 39 ff.

81 *Kodek*, KTS 2014, 215 (233); vgl. *Schoppmeyer*, NZI 2015, 185 (186).

der Gläubigergesamtheit Sondervorteile verschafft haben, werden damit in den Kreis der Insolvenzgläubiger eingereiht. Dadurch soll der Bestand des haftenden Schuldnervermögens wieder hergestellt werden.[82] Insbesondere soll auch ein Wettlauf der Gläubiger um die knapp gewordenen Vermögensgegenstände des Schuldners verhindert werden.[83]

Die Anfechtbarkeit knüpft dabei entweder an die Art des Erwerbs, etwa die Unentgeltlichkeit (§ 134 InsO), oder an seine Motivation, etwa die vorsätzliche Benachteiligung (§ 133 InsO), an. Erkennbar hatte der Gesetzgeber daher nicht nur den unredlichen Schuldner vor Augen. Häufig ist auch ein redlicher Schuldner bei drohender Zahlungsunfähigkeit oder Überschuldung zu kurzfristigen unwirtschaftlichen Transaktionen gezwungen. Anders kann ein Minimum an Liquidität oder wirtschaftlicher Bewegungsfreiheit nicht erhalten werden und es drohte ein vollständiger Ausschluss vom Geschäftsverkehr. Daher ist insbesondere nach Eintritt der materiellen Insolvenz der Masseverlust häufig weit überproportional hoch. Die spätere Insolvenzmasse wird in diesem Zeitraum häufig sehr stark reduziert. Das führt in vielen Fällen zu erheblichen Schäden für die uninformierten Insolvenzgläubiger.[84] Mit der Insolvenzanfechtung sollen diese Vermögensverschiebungen rückgängig gemachen werden, wenn sie in zeitlicher Nähe zur Verfahrenseröffnung oder unter Bedingungen erfolgt sind, die eine Rückgewähr an die Masse und ein Zurückstehen der Rechtssicherheit und des Verkehrsschutzes als gerechtfertigt erscheinen lassen.[85] Das System dieser Anfechtungsregeln verdrängt in dem von ihnen abgedeckten zeitlichen Bereich das die Einzelzwangsvollstreckung beherrschende Prioritätsprinzip, wenn für die Gesamtheit der Gläubiger nicht mehr die Aussicht besteht, aus dem Vermögen des Schuldners volle Deckung zu erhalten. Dann tritt die Befugnis des Gläubigers zur zwangsweisen Durchsetzung seiner Ansprüche hinter dem Schutz der Gläubigergesamtheit zurück.[86]

---

82 Vgl. BGH, VU. v. 17.02.2011 – IX ZR 91/10, NZI 2011, 486 (487) Rn. 9; BAG, Urt. v. 29.01.2014 – 6 AZR 345/12, BAGE 147, 172 (175) Rn. 16; *Zeuner*, in: Rattunde/Smid/Zeuner-InsO, § 129 Rn. 1; *Wimmer*, ZIP 2013, 2038 (2038).

83 Ausf. dazu *Pluta*, Insolvenzaufrechnung und der Grundsatz der par conditio creditorum, S. 130 f.

84 *Kirstein*, ZInsO 2006, 966 (971).

85 *Dauernheim*, in: Frankfurter Kommentar-InsO, § 129 Rn. 1; *Zeuner*, in: Rattunde/Smid/Zeuner-InsO, § 129 Rn. 1.

86 BGH, Urt. v. 22.01.2004 – IX ZR 39/03, BGHZ 157, 350 (353); *Wegener*, NJW 2010, 3607 (3607); *Raebel*, KTS 2015, 285 (305 f.); *Paulus*, JZ 2019, 11 (17).

Die Rechtsnatur des anfechtungsrechtlichen Rückgewähranspruchs ist seit jeher umstritten.[87] Mit § 143 InsO ist diese Frage allerdings weitgehend geklärt. Danach muss, was durch die anfechtbare Rechtshandlung zu Lasten der Masse veräußert, weggeben oder aufgegeben worden ist, zur Insolvenzmasse zurückgewährt werden. Die verschiedenen Theorien spielen deshalb zumindest in der Praxis nur noch eine untergeordnete Rolle.[88] Jedenfalls kommt es für diese Arbeit auf die Unterschiede der Theorien nicht an und es wird mit der h. M. von dem Entstehen eines schuldrechtlichen Rückgewähranspruchs ausgegangen.[89]

Anfechtungsberechtigt ist gem. § 129 Abs. 1 InsO grundsätzlich allein der Insolvenzverwalter.[90] Allerdings werden die Eigentumsrechte an den zur Insolvenzmasse (§ 35 InsO) gehörenden Gegenständen vom Verlust der Verwaltungs- und Verfügungsbefugnis gem. § 80 InsO nicht berührt, so dass grundsätzlich der Schuldner Eigentümer der insolvenzbefangenen Sachen und Inhaber der in die Masse fallenden Rechte und Forderungen bleibt.[91] Der Schuldner verliert lediglich die Prozessführungsbefugnis hinsichtlich des insolvenzbefangenen Vermögens. Diese geht mit Verfahrenseröffnung insoweit auf den Insolvenzverwalter über.[92] Daher ist Gläubiger des Rückgewähranspruchs als Rechtsinhaber der Massegegenstände auch allein der Insolvenzschuldner, obwohl das Recht

---

87 Zum Streitstand s. *Zeuner*, Die Anfechtung in der Insolvenz, Rn. 5; *Glatt*, in: Mohrbutter/Ringstmeier, Handbuch Insolvenzverwaltung, Teil 1 Rn. 2; *Dauernheim*, in: Frankfurter Kommentar-InsO, § 129 Rn. 3 ff.; ausf. zu den einzelnen Theorien *Henckel*, in: Jaeger-InsO, § 143 Rn. 2 ff.; *Zenger*, Die Insolvenzanfechtung aus zivilrechtlicher Perspektive, S. 14 ff.; *Busch*, Der Insolvenzverwalter und die Überwindung der Masseunzulänglichkeit, S. 187 ff.; vertreten werden Dinglichkeitstheorien, die eine rechtsgestaltende Wirkung der Anfechtung annehmen, haftungsrechtliche Theorien, die die Unwirksamkeit von Rechtshandlungen nur auf der haftungsrechtlichen Ebene sehen und schuldrechtliche Theorien, nach denen die Anfechtung einen schuldrechtlichen Rückgewähranspruch begründet.

88 *K. Schmidt*, in: K. Schmidt-InsO, § 129 Rn. 7.

89 In den §§ 129 ff. InsO finden sich Anhaltspunkte für die schuldrechtliche Theorie. Insbes. hat sich der Gesetzgeber in § 143 Abs. 1 InsO ausdrücklich einem schuldrechtlichen Rückgewähranspruch zugewandt und konsequenterweise die nicht als Ausschlussfrist ausgestaltete Anfechtungsfrist in der Konkursordnung (§ 41 KO) in eine Verjährungsfrist umgewandelt (§ 146 Abs. 1 InsO), ausf. dazu *Borries/Hirte*, in: Uhlenbruck-InsO, § 129 Rn. 4 ff. m. w. N.

90 *Gehrlein*, in: Ahrens/Gehrlein/Ringstmeier-InsO, § 129 Rn. 14; *Wienberg*, in: Reul/Heckschen/Wienberg, § 9 Rn. 3.

91 *Mock*, in: Uhlenbruck-InsO, § 80 Rn. 11.

92 *Mock*, in: Uhlenbruck-InsO, § 80 Rn. 18.

der Anfechtung in der Person des Insolvenzverwalters als Aktivum des Sondervermögens Insolvenzmasse entsteht und nur vom Insolvenzverwalter ausgeübt werden kann.[93]

Bei Anordnung der Eigenverwaltung verbleibt die Verfügungsbefugnis nach § 270 InsO indes beim Schuldner und ein Insolvenzverwalter wird nicht bestellt. Durch § 280 InsO wird jedoch dem Schuldner das Recht, über Anfechtungsansprüche zu verfügen, entzogen. Die Befugnis zur Geltendmachung der Insolvenzanfechtungsansprüche steht bei Anordnung der Eigenverwaltung daher allein dem anstelle des Insolvenzverwalters bestellten Sachwalter zu.[94] In Anfechtungsprozessen klagt der Sachwalter genauso wie im Regelinsolvenzverfahren der Insolvenzverwalter als Partei kraft Amtes, weil er durch § 280 InsO insoweit die Rechte eines Insolvenzverwalters erlangt.[95] Genauso wie der Schuldner im Regelinsolvenzverfahren gem. § 97 InsO ist auch der eigenverwaltende Schuldner gem. §§ 274 Abs. 2 Satz 2 i. V. m. 22 Abs. 3 InsO verpflichtet, dem Verwalter Auskunft über anfechtungsrelevante Tatsachen zu erteilen und den Verwalter bei der Ermittlung der Anfechtungsansprüche umfassend zu unterstützen.[96] Liegen konkrete Anhaltspunkte für eine Anfechtbarkeit vor, begründen diese daher eine Pflicht des Schuldners, den Sachverhalt zu offenbaren, unabhängig davon, ob die Voraussetzungen einer Insolvenzanfechtung tatsächlich vorliegen.[97] Bei der Eigenverwaltung gibt es spezielle Situationen, in denen aufgrund der Eigenart der Verfahrensabwicklung bei Eigenverwaltung eine unterlassene Geltendmachung von Insolvenzanfechtungsansprüchen besonders naheliegt. Die Konstellationen können gleichermaßen auch bei Regelinsolvenzverfahren in Sanierungssituationen auftreten. Bei Anordnung der Eigenverwaltung ist die Gefahr von Interessenkollisionen aufgrund der Nähe von eigenverwaltendem Schuldner, Sachwalter und Darlehensgeber von Sanierungsdarlehen indes besonders hoch.

Dem vorläufigen Insolvenzverwalter im Antragsverfahren stehen derartige Rechte nicht zu. Er muss die Verfahrenseröffnung abwarten.[98] Auch in

---

93 *Borries/Hirte*, in: Uhlenbruck-InsO, § 143 Rn. 8 f.; *Jacoby*, in: Kübler/Prütting/Bork-InsO, § 143 Rn. 2.

94 *Zipperer*, in: Uhlenbruck-InsO, § 280 Rn. 3.

95 *Zipperer*, in: Uhlenbruck-InsO, § 280 Rn. 4.

96 BGH, Beschl. v. 11.02.2010 – IX ZB 126/08, NZI 2010, 264 (265) Rn. 6; BGH, Beschl. v. 16.12.2004 – IX ZB 72/03, NJW-RR 2005, 697 (698); *Jungmann*, in: K. Schmidt-InsO, § 97 Rn. 8; *Zipperer*, in: Uhlenbruck-InsO, § 280 Rn. 4.

97 BGH, Beschl. v. 11.02.2010 – IX ZB 126/08, NZI 2010, 264 (265) Rn. 6; BGH, Beschl. v. 16.12.2004 – IX ZB 72/03, NJW-RR 2005, 697 (698).

98 *Thole*, in: Hamburger Kommentar-InsO, § 129 Rn. 99 m. w. N.

Verbraucherinsolvenzverfahren, die nach dem 30.06.2014 eröffnet wurden, wird das Anfechtungsrecht nunmehr durch den Insolvenzverwalter ausgeübt und nicht mehr nach § 311 Abs. 2 InsO a. F.[99] durch die Insolvenzgläubiger.[100]

Für die Ausübung des Anfechtungsrechts ist keine Anfechtungserklärung im engeren Sinne erforderlich.[101] Die Anfechtungsabsicht muss nur erkennbar sein. Ausreichend für die Ausübung des Anfechtungsrechts ist nach dem BGH jede erkennbare Willensäußerung, dass der Insolvenzverwalter eine Gläubigerbenachteiligung in der Insolvenz nicht hinnehme, sondern zur Masseanreicherung wenigstens wertmäßig auf Kosten des Anfechtungsgegners wieder auszugleichen suche.[102] Dabei braucht die Anfechtungsnorm nicht ausdrücklich genannt werden; erforderlich ist lediglich, dass der erforderliche Sachverhalt unterbreitet wird.[103]

Während nach dem AnfG außerhalb des Insolvenzverfahrens[104] das Anfechtungsrecht dem einzelnen Gläubiger zusteht, entsteht das Anfechtungsrecht mit Eröffnung des Insolvenzverfahrens originär in der Person des Verwalters.[105] Es handelt sich beim Anfechtungsrecht nicht um eines derjenigen Rechte, über die der Schuldner bei Verfahrenseröffnung die Verwaltungs- und Verfügungsbefugnis verliert und der Insolvenzverwalter diese Befugnis erlangt, sondern um ein eigens für das Insolvenzverfahren geschaffenes Recht.[106] Der Verwalter übt das Anfechtungsrecht kraft seines Amtes aus.[107] Ein Erlöschen des Anfechtungsrechts kommt insbesondere in Betracht durch die Einstellung des

99 Entfallen durch das Gesetz zur Verkürzung des Restschuldbefreiungsverfahrens und zur Stärkung der Gläubigerrechte (BGBl. 2013 I, 2379, 2383).

100 *Rogge/Leptien*, in: Hamburger Kommentar-InsO, Vorb. zu §§ 129 ff Rn. 15.

101 BGH, Urt. v. 05.06.2008 – IX ZR 17/07, NJW 2008, 2506 (2507) Rn. 17 m. w. N.

102 BGH, Urt. v. 17.12.2020 – IX ZR 205/19, NJW-RR 2021, 173 (176) Rn. 27.

103 BGH, Urt. v. 17.12.2020 – IX ZR 205/19, NJW-RR 2021, 173 (176) Rn. 27.

104 Wenn über das Vermögen des Schuldners ein Insolvenzverfahren eröffnet wird ist der Verwalter gem. § 16 Abs. 1 Satz 1 AnfG berechtigt, die von den Insolvenzgläubigern erhobenen Anfechtungsansprüche weiter zu verfolgen. Gem. § 17 Abs. 1 Satz 1 AnfG wird ein anhängiger Anfechtungsprozess unterbrochen.

105 *Gehrlein*, in: Ahrens/Gehrlein/Ringstmeier-InsO, § 129 Rn. 14; *Wienberg*, in: Reul/Heckschen/Wienberg, § 9 Rn. 3; vgl. BGH, Urt. v. 11.12.2008 – IX ZR 195/07, BGHZ 179, 137 (144) Rn. 15; BGH, Beschl. v. 02.04.2009 – IX ZB 182/08, NJW 2009, 1968 (1970) Rn. 22.

106 BGH, Urt. v. 10.02.1982 – VIII ZR 158/80, BGHZ 83, 102 (105).

107 BGH, Urt. v. 10.02.1982 – VIII ZR 158/80, BGHZ 83, 102 (105); *Kayser*, in: MüKo-InsO, § 129 Rn. 192.

Insolvenzverfahrens mangels Masse (§ 207 Abs. 1 Satz 1 InsO)[108], die Aufhebung des Insolvenzverfahrens[109] (§ 200 InsO, § 258 InsO) oder einen Verzicht des Verwalters.[110]

Soweit der Insolvenzverwalter, gegebenenfalls auch nach entsprechender Aufforderung durch die Gläubigerversammlung oder einzelne Gläubiger, die Geltendmachung eines werthaltigen Anfechtungsanspruchs unterlässt, kommt als Gegenmaßnahme der Gläubiger nur die Anrufung des Insolvenzgerichts nach §§ 58 f. InsO in Frage.[111] Da der Insolvenzverwalter allerdings vom Gericht nur im Rahmen der gerichtlichen Aufsicht nach § 58 InsO weisungsabhängig[112] und von den Gläubigern überhaupt nicht weisungsabhängig ist, bleibt den Gläubigern regelmäßig nur die Schadensersatzpflicht des Verwalters nach § 60 InsO, wofür die Gläubiger in vollem Umfang beweispflichtig sind. Schließlich kann das Gericht aufgrund der Unabhängigkeit des Verwalters lediglich die für die Prüfung erforderlichen Unterlagen herausverlangen und ihn in Ausnahmefällen gem. § 59 InsO entlassen. Dabei muss das Gericht indes das dem Verwalter zustehende Ermessen in vollem Umfange berücksichtigen. Weitergehende Weisungsrechte im Einzelfall in Bezug auf die Anfechtung bestimmter Rechtshandlungen hat das Gericht nicht.[113]

Gem. § 144 Abs. 1 InsO ist Anfechtungsgegner der Empfänger der anfechtbaren Leistung. Bei mittelbaren Zuwendungen ist grundsätzlich nicht die Mittelsperson Anfechtungsgegner, sondern der mittelbare Leistungsempfänger, bei dem die Vermögensverschiebung aus der Masse endgültig verbleiben soll.[114] Prozessual kann der Anfechtungsberechtigte den Anfechtungsanspruch im

---

108 *Hirte*, in: Uhlenbruck-InsO, § 129 Rn. 24; *Thole*, in: Hamburger Kommentar-InsO, § 129 Rn. 105 m. w. N.

109 BGH, Urt. 17.02.2011 – IX ZR 91/10, NZI 2011, 486 (487) Rn. 12.

110 *Zeuner*, in: Rattunde/Smid/Zeuner-InsO, § 129 Rn. 14; allerdings können die einzelnen Gläubiger mit Beendigung des Insolvenzverfahrens die Anfechtungsansprüche, die der Insolvenzverwalter geltend machen konnte, nach dem AnfG verfolgen, soweit nicht dem Anspruch entgegenstehende Einreden gegen den Insolvenzverwalter erlangt sind (§ 18 Abs. 1 AnfG), ausf. dazu *Haertlein*, in: Kindl/Meller-Hannich/Wolf, § 18 AnfG Rn. 1 ff.; *Kirchhof*, in: MüKo-AnfG, § 18 Rn. 1 ff.

111 *Zeuner*, in: Rattunde/Smid/Zeuner-InsO, § 129 Rn. 16.

112 *Lissner*, InsbürO 2016, 147 (147).

113 *Zeuner*, in: Rattunde/Smid/Zeuner-InsO, § 129 Rn. 16.

114 BGH, Urt. v. 25.04.2013 – IX ZR 235/12, NZI 2013, 583 (583) Rn. 11 m. w. N.

Wege der Klage durchsetzen.[115] Gem. § 160 Abs. 2 Nr. 3 InsO hat der Insolvenzverwalter die Zustimmung des Gläubigerausschusses oder in Ermangelung eines solchen der Gläubigerversammlung einzuholen, wenn ein Anfechtungsprozess mit erheblichem Streitwert anhängig gemacht werden soll.

II. Funktion der Insolvenzanfechtung

Der Insolvenzanfechtung kommt im eröffneten Insolvenzverfahren das Ziel der Mehrung der Insolvenzmasse zu. Übergeordnetes Ziel unabhängig von der Eröffnung des Insolvenzverfahrens ist aber, dass später anfechtbare Rechtshandlungen insgesamt unterbleiben sollen; den §§ 129 ff. InsO kommt insoweit auch eine verhaltenssteuernde Wirkung zu.

1. Mehrung der Insolvenzmasse

Der Rückgängigmachung vorinsolvenzlicher Vermögensverfügungen durch die Insolvenzanfechtung kommt über eine möglichst hohe Insolvenzmasse im Hinblick auf die Verteilung an die Insolvenzgläubiger hinaus noch weitere erhebliche Bedeutung zu.[116] Mit Einführung der InsO zum 1.1.1999 sollte die Insolvenzanfechtung ausdrücklich die zu Zeiten der VerglO, der GesO und der KO häufige Massearmut und den sogenannten „Konkurs im Konkurs“ verringern.[117] Vor dem Hintergrund der erheblichen Unzulänglichkeiten der Abwicklung masseloser Gesellschaften außerhalb des gesetzlich umfassend geregelten Insolvenzverfahrens ist Massearmut dringend zu vermeiden. Gem. § 26 Abs. 1 Satz 1 InsO weist das Insolvenzgericht den Antrag auf Eröffnung des Insolvenzverfahrens ab, wenn das Vermögen des Schuldners voraussichtlich nicht ausreichen wird, um die Kosten des Verfahrens zu decken. Die insoweit beizubringenden Kosten sind in § 54 InsO aufgelistet. Stellt sich nach der Eröffnung des Insolvenzverfahrens heraus, dass die Insolvenzmasse nicht ausreicht, um die Kosten des Verfahrens

---

115 Ausf. *Gerhardt*, FS-K. Schmidt, 457 (457 ff.); *Dauernheim*, in: Wimmer/Dauernheim/Wagner/Gietl, Kap. 7 Rn. 187; zu grenzüberschreitenden Anfechtungsklagen s. *Cranshaw*, ZInsO 2012, 1237 (1237 ff.); *Oberhammer*, KTS 2008, 271 (271 ff.).

116 *Pape*, ZInsO 2018, 296 (297 ff.); ders. ZInsO 2019, 57 (57, 61 f.).

117 Begr. RegE-InsO, BT-Drucks. 12/2443, S. 80, 92; vgl. *Zeuner*, in: Rattunde/Smid/Zeuner-InsO, § 133 Rn. 1; ders., Die Anfechtung in der Insolvenz, Rn. 2; *Kayser*, NJW 2014, 422 (422); *Knospe, Gellrich*, NZS 2006, 303 (303 f.); zur zunehmenden Verdrängung dieses gesetzgeberischen Willens *Pape*, ZInsO 2018, 296 (297 ff.); ders. ZInsO 2019, 57 (57, 61 f.); in diese Richtung auch bereits *Bauer*, ZInsO 2010, 1917 (1919 ff.).

zu decken, so stellt das Insolvenzgericht gem. § 207 Abs. 1 Satz 1 InsO das Verfahren ein. Es entsteht dann eine sogenannte masselose Gesellschaft.[118] Für Personengesellschaften greift Liquidationsrecht der Personengesellschaft gem. §§ 730 ff. BGB, §§ 145 ff. HGB. Für die GmbH folgt die Liquidation gem. § 66 GmbHG.[119] Die AG wird nach § 262 Abs. 1 Nr. 3 AktG aufgelöst. Nach der Auflösung der Gesellschaft findet gem. § 264 AktG die Abwicklung (Liquidation) statt, wenn nicht über das Vermögen der Gesellschaft das Insolvenzverfahren eröffnet worden ist. Das Abwicklungsverfahren bei masseloser Insolvenz einer Gesellschaft kennt keine institutionalisierte Gleichbehandlung der Gläubiger und kein Vollstreckungsverbot im Sinne von § 89 InsO.[120] Die Gläubiger müssen daher im Wege der Einzelvollstreckung auf das Vermögen der Gesellschaft zugreifen, bei der der Prioritätsgrundsatz gilt. Dadurch wird das zentrale Grundprinzip der InsO, der Grundsatz der Gläubigergleichbehandlung, missachtet.[121] In den Fällen der masselosen Gesellschaft kann daher die im Insolvenzrecht allgemein als herausragend wichtig bezeichnete Ordnungsfunktion[122] des Insolvenzrechts letztendlich nicht erfüllt werden,[123] und es kommt zu einem ungeordneten Befriedigungswettlauf.[124]

Bereits das Fehlen einer liquiden Masse führt in der Praxis häufig zur Ablehnung von Eröffnungsanträgen, obwohl sich hinter der Masselosigkeit sehr häufig werthaltige Forderungen z.B. gegen Geschäftsführer oder Anfechtungsansprüche verbergen.[125] Nicht selten ist die scheinbar masselose Insolvenz allein auf die Durchsetzung des aussichtsreich erscheinenden Anfechtungsanspruchs

---

118 Zur Anfechtung in masseunzulänglichen verfahren s. BGH, Urt. v. 19.07.2001 – IX ZR 36/99, NZI 2001, 585 (587) Rn. 25; ausf. dazu *Biehl/Bograkos*, DZWIR 2002, 139 (139 ff.).

119 Ausf. dazu *Geißler*, GmbHR 2018, 1048 (1051 ff.); *Tavakoli/Eisenberg*, GmbHR 2018, 75 (77 ff.).

120 *Geißler*, GmbHR 2018, 1048 (1051).

121 *K. Schmidt*, GmbHR 2000, 1225 (1228); ders., in: MüKo-HGB, § 158 Anhang Insolvenzrecht, Rn. 39; *Sievers/Fellechner*, FS-Heumann, 235 (239); *Haas/Mock*, in: Gottwald, Insolvenzrechts-Handbuch, § 94 Rn. 33 f.; *Kayser/Heidenfelder*, ZIP 2016, 447 (449).

122 *Pape*, ZInsO 2019, 57 (57, 61); ausf. zur Ordnungsfunktion *Busch*, Der Insolvenzverwalter und die Überwindung der Masseunzulänglichkeit, S. 17 ff.

123 *Pape*, ZInsO 2019, 57 (57, 61); *Sievers/Fellechner*, FS-Heumann, 235 (238); *Kayser/Heidenfelder*, ZIP 2016, 447 (449).

124 *Geißler*, GmbHR 2018, 1048 (1051).

125 *K. Schmidt*, GmbHR 2000, 1225 (1228); *Sievers/Fellechner*, FS-Heumann, 235 (238); vgl. *K. Schmidt*, NJW 2011, 1255 (1255 f.); *Geißler*, GmbHR 2018, 1048 (1050).

angewiesen. Die häufige Massearmut der früheren Konkurs- und Gesamtvollstreckungsverfahren ging zu einem erheblichen Teil darauf zurück, dass Schuldner im Vorfeld einer herannahenden Insolvenz erhebliche Vermögenswerte auf Dritte übertrugen und so ihren Gläubigern entziehen konnten.[126] Die Tatbestände des Anfechtungsrechts sollten in der InsO deshalb so ausgestaltet werden, dass die Durchsetzung von Anfechtungsansprüchen wesentlich gegenüber der KO[127] erleichtert wird. Von der Verschärfung des Anfechtungsrechts wurden eine wesentliche Anreicherung der Insolvenzmassen und damit auch eine Erleichterung der Verfahrenseröffnung erwartet.[128] Die Insolvenzanfechtung prägt insoweit die Funktionen des Insolvenzrechts, indem sie in verstärktem Maß Ordnungsaufgaben wahrnimmt. Entscheidend für die Ordnungsfunktion ist die mit der Insolvenzanfechtung verbundene Massemehrung zur Überwindung der Masseinsuffizienz.[129] Eine hohe Eröffnungsquote und vorhandene liquide Mittel sind zudem erforderlich für die Aufdeckung komplexer anfechtungsrelevanter Vorgänge.[130] Insbesondere bei Kettenverschiebungen im Geflecht von Gesellschaften,[131] die Firma, Sitz und Gesellschafterbestand mehrfach wechseln, um die Vermögenswerte des Schuldners den Gläubigern als Befriedigungsobjekt zu entziehen, ist eine umfassende Anfechtung ohne eine „Tiefenforschung" nicht möglich, die wiederum durch einfachere Anfechtungsansprüche „vorfinanziert" werden muss.[132]

Mittlerweile hat die eher anfechtungsfreundliche Rechtsprechung des IX. Zivilsenats zu einem erheblichen Bedeutungszuwachs der Insolvenzanfechtung verglichen mit der Insolvenzanfechtung im Konkurs- und Gesamtvollstreckungsrecht geführt.[133] Dies entspricht insoweit dem historischen Willen des Gesetzgebers. Dadurch konnte die Insolvenzanfechtung zu einem sehr wichtigen

---

126 Zsf. *Pape*, ZInsO 2019, 57 (57); *Bauer*, ZInsO 2010, 1917 (1919 ff.); vgl. auch *Leithaus*, NZI 2019, 1 (2).

127 Zur Anfechtung unter der KO s. *Hess*-KO, § 27 ff.; *Kilger/K. Schmidt*, Insolvenzgesetze, § 27 KO ff.

128 Begr. RegE-InsO, BT-Drucks. 12/2443, S. 92; vgl. dazu *Glatt*, in: Mohrbutter/Ringstmeier, Handbruch Insolvenzverwaltung, Teil 1 Rn. 3.

129 *Busch*, Der Insolvenzverwalter und die Überwindung der Massearmut, S. 160; vgl. *Pape*, ZInsO 2019, 57 (61).

130 *Kayser/Heidenfelder*, ZIP 2016, 447 (449).

131 S. z. B. BGH, Urt. v. 15.11.2018 – IX ZR 39/18, ZIP 2019, 182.

132 *Kayser/Heidenfelder*, ZIP 2016, 447 (451).

133 *Ehmann*, GWR 2018, 81 (82); *Pape*, ZInsO 2018, 296 (297); ders. ZInsO 2019, 57 (57, 61 f.); *Hirte/Ede*, in: Uhlenbruck-InsO, Vorbemerkungen § 129 - § 147 Rn. 9.

Instrument des Insolvenzverwalters zur Vermehrung der Insolvenzmasse werden.[134] In Übereinstimmung mit dem Willen des Gesetzgebers können durch die Insolvenzanfechtung letztendlich Insolvenzverfahren in Gesellschaften durchgeführt werden, in denen ohne die Insolvenzanfechtung aufgrund von Massearmut eine geordnete Abwicklung unmöglich wäre. Insoweit kommt der Anfechtung über die geordnete Abwicklung in Einzelverfahren hinaus auch eine gesamtwirtschaftliche Bedeutung zu. Eine möglichst hohe Quote an geordneten Abwicklungen im Rahmen des Insolvenzverfahrens ist schließlich auch entscheidend für ein effektives Insolvenzrecht und die Verwirklichung der Ordnungsfunktion des Insolvenzrechts insgesamt. Nur durch eine staatlich organisierte Aufarbeitung durch den Insolvenzverwalter und gegebenenfalls durch Staatsanwälte kann die generalpräventive Wirkung des Insolvenzrechts verwirklicht werden.[135] Darüber hinaus ist vor dem Hintergrund, dass Insolvenzen eines Unternehmens zu einem „Dominoeffekt" und damit zu Folgeinsolvenzen insbesondere von Zulieferbetrieben führen können, ein geordnetes Insolvenzverfahren von entscheidender Bedeutung und Massearmut unbedingt zu vermeiden. Nur so können die Auswirkungen auf die Gesamtwirtschaft möglichst gering gehalten werden.[136] Zudem wird durch die Insolvenzanfechtung zumindest die Chance erhöht, ein insolventes Unternehmen möglicherweise aus dem wirtschaftlichen Tief herauszuführen und erfolgreich zu sanieren.[137]

2. Generalprävention

Wie jedes Gesetz hat auch die InsO eine verhaltenssteuernde Wirkung. Dabei soll die InsO generalpräventive und spezialpräventive Wirkung entfalten. Die Wirkung des Normbefehls hängt indes unmittelbar mit der Aufklärungsquote zusammen. Derjenige, der sich unbeobachtet fühlt, ist zu Normüberschreitungen eher bereit. Vor diesem Hintergrund hat die InsO auch die Aufgabe, Verluste realisierende Unternehmen anzuhalten, rechtzeitig den Turnaround einzuleiten oder aus dem Markt zu gehen, um die negativen Einflüsse auf die Gesamtwirtschaft möglichst gering zu halten. Die Transparenz des Verfahrens,

---

134 *Zeuner*, in: Rattunde/Smid/Zeuner-InsO, § 133 Rn. 1.

135 *Kayser/Heidenfelder*, ZIP 2016, 447 (449); *Pape*, ZInsO 2018, 296 (297); *Wimmer*, ZIP 2013, 2038 (2040).

136 Vgl. *Zeuner*, in: Rattunde/Smid/Zeuner-InsO, § 104 Rn. 3; *Lüer*, in: Uhlenbruck-InsO, § 104 Rn. 35; *Ogiermann/Weber*, wistra 2011, 206 (207) m. w. N.

137 *Knospe*, ZInsO 2009, 2276 (2278).

die Unabhängigkeit des Verwalters und die Unparteilichkeit der Gerichte sind dabei Grundvoraussetzung für eine effiziente Abwicklung.[138]

Wenngleich in Rechtsprechung und Literatur kaum davon gesprochen wird,[139] kommt auch der Insolvenzanfechtung eine Präventionsfunktion zu. Ziel der Anfechtungsnormen ist schließlich in präventiver Hinsicht, dass nach §§ 129 ff. InsO anfechtbare Rechtshandlungen des Schuldners von vornherein unterbleiben, damit es einer Korrektur ex post schon gar nicht bedarf, gerade weil es für den Schuldner und für die Verwirklichung des Grundsatzes der Gläubigergleichbehandlung in vielen Konstellationen günstiger ist, wenn potentiell anfechtbare Rechtshandlungen von vornherein unterbleiben.[140] Insoweit soll das Insolvenzanfechtungsrecht bereits im Vorfeld der Insolvenz verhaltenssteuernd wirken.[141] Schließlich können Anfechtungsansprüche nie mit Sicherheit vollumfänglich realisiert werden, und häufig können anfechtbare Rechtshandlungen Sanierungsmaßnahmen oder Umstrukturierungen im Wege stehen.[142]

Auf der anderen Seite wird die präventive Wirkung der Insolvenzanfechtung dadurch begrenzt, dass der Anfechtungsgegner gem. § 143 InsO keinen Schadensersatz zu leisten hat, sondern stets lediglich befürchten muss, vom Verwalter auf Rückgewähr des Anfechtungsgegenstands (unter Umständen zuzüglich von Nutzungen) in Anspruch genommen zu werden. Weitere nachteilige Konsequenzen drohen – gerade auch aufgrund der mittlerweile für den Anfechtungsgegner günstigen Regelungen über die Verzinsung von Geldschulden in § 143 Abs. 1 Satz 3 InsO durch das Gesetz zur Verbesserung der Rechtssicherheit bei Anfechtungen nach der Insolvenzordnung und nach dem Anfechtungsgesetz vom 29.3.2017[143] – dem Anfechtungsgegner nicht.[144] Häufig kann es daher für potentielle Anfechtungsgegner lohnenswert sein, bei Kenntnis

---

138 *Weitzmann*, ZInsO 2017, 2491 (2491 f.).

139 S. etwa *Drukarczyk*, Unternehmen und Insolvenz, S. 229; *Campe*, Insolvenzanfechtung in Deutschland und Frankreich, S. 18; *Wimmer*, ZIP 2013, 2038 (2038 f.).

140 *Steffek*, ZRP 2007, 228 (228); *Wimmer*, ZIP 2013, 2038 (2038 f.); *Kayser*, NJW 2014, 422 (422).

141 *Wimmer*, ZIP 2013, 2038 (2039); *Jacoby*, KTS 2009, 3 (16 f.).

142 *Steffek*, ZRP 2007, 228 (228 f.); *Wimmer*, ZIP 2013, 2038 (2038 f.).

143 BGBl. 2017, S. 654; ausf. dazu *Wimmer*, jurisPR-InsR 5/2017 Anm. 1 unter 6.; *Kayser*, ZIP 2014, 1966 (1966 f.); *Flaig*, GWR 2016, 71 (73); *Bork*, ZIP 2014, 1905 (1908); *Huber*, ZInsO 2017, 517 (518); *Dahl/Linnenbrink/Schmitz*, NZI 2015, 441 (446); *Zeuner*, in: Rattunde/Smid/Zeuner-InsO, § 143 Rn. 1a.

144 *Steffek*, ZRP 2007, 228 (228 f.); ders., KTS 2007, 451 (480 ff.); vgl. *Wimmer*, ZIP 2013, 2038 (2038 f.).

der Anfechtbarkeit einer Rechtshandlung des Schuldners darauf zu spekulieren, dass der Verwalter nicht anficht. Gerade auch vor dem Hintergrund, dass die Buchhaltung in der Krise häufig nicht mehr ordnungsgemäß geführt wird und Buchhaltungsunterlagen entsprechend zumeist mehr oder weniger lückenhaft sind, ist es auch naheliegend, dass der Verwalter gar nicht alle Ansprüche zu ermitteln in der Lage ist. Die Präventionswirkung der §§ 129 ff. InsO ist daher beim Anfechtungsgegner eher gering.[145] Wenn der Anfechtungsgegner allenfalls die Herausgabe des erlangten Vorteils befürchten muss, entfaltet diese rechtliche Sanktion alleine kaum Wirkung.[146] Auf Seiten des Schuldners beziehungsweise bei juristischen Personen der Organe des Schuldners ist die Präventionswirkung wesentlich höher. So haften insbesondere GmbH-Geschäftsführer nach § 64 Satz 1 GmbHG persönlich für nach Eintritt der Zahlungsunfähigkeit der Gesellschaft oder nach Feststellung ihrer Überschuldung geleistete Zahlungen.[147] Daneben tritt möglicherweise eine Strafbarkeit nach § 266 StGB und §§ 283 ff. StGB. Auf der anderen Seite neigen viele Schuldner in Krisensituationen zu irrationalen Entscheidungen und hinterfragen ihre Entscheidungen weniger kritisch. In der Praxis ist daher die präventive Wirkung der §§ 129 ff. InsO auch auf Seiten des Schuldners beziehungsweise seiner Organe eher gering. In Anbetracht dieses geringen Maßes an effektiver Präventionswirkung kommt der Durchsetzung der Anfechtungsansprüche im eröffneten Insolvenzverfahren eine noch größere Bedeutung zu. Je eher der Anfechtungsgegner befürchten muss, den erlangten Vorteil in der Insolvenz des Schuldners zurückgewähren zu müssen, desto eher wird er von Anfang an darauf verzichten, sich durch anfechtbare Rechtshandlungen des Schuldners Vorteile gewähren zu lassen. Der Insolvenzverwalter wird wiederum seine Pflicht zur Ermittlung und Geltendmachung von Anfechtungsansprüchen insbesondere bei Interessenkollisionen vollumfänglich nur verwirklichen, wenn Pflichtverstöße geahndet werden. Insofern kommt strafrechtlichen Sanktionen neben der zivilrechtlichen Haftung des Verwalters nach § 60 InsO erhebliche Bedeutung zur Verwirklichung des geltenden Anfechtungsrechts zu. Das wiederum dient der Verwirklichung des Grundsatzes der Gläubigergleichbehandlung.

---

145 *Bork*, in: Kübler/Prütting/Bork-InsO, Vor 129 Rn. 43.

146 *Steffek*, ZRP 2007, 228 (229).

147 Entsprechende Regelungen gibt es auch für andere Gesellschaftsformen, etwa §§ 92 Abs. 2 Satz 1, 93 Abs. 3 Nr. 6 AktG, §§ 130a Abs. 1 Satz 1, 2, Abs. 2 Satz 1, 177a Satz 1 HGB, § 99 GenG; s. dazu *Scholz*, in: Schmidt, Sanierungsrecht, Anhang zu §§ 60, 61 Rn. 7 ff.

D. Die insolvenzrechtlichen Anfechtungstatbestände im Überblick

Die InsO kennt verschiedene Anfechtungstatbestände mit unterschiedlichen Anfechtungsvoraussetzungen und unterschiedlich langen Anfechtungszeiträumen.

I. Allgemeine Anfechtungsvoraussetzungen, § 129 InsO

Gemeinsame Voraussetzungen aller Anfechtungsnormen der §§ 130 ff. InsO sind das Vorliegen einer Rechtshandlung des Schuldners und einer Gläubigerbenachteiligung. Der Begriff der Rechtshandlung ist grundsätzlich weit auszulegen. Darunter wird jede Handlung, die eine rechtliche Wirkung auslöst und das haftende Schuldnervermögen zum Nachteil der Gläubiger verändert, verstanden.[148] Eine Gläubigerbenachteiligung im Sinne der insolvenzrechtlichen Anfechtungsvorschriften liegt im Allgemeinen vor, wenn eine Rechtshandlung entweder die Schuldenmasse vermehrt oder die Aktivmasse verkürzt und dadurch den Zugriff auf das Schuldnervermögen vereitelt, erschwert oder verzögert hat.[149] Voraussetzung einer Gläubigerbenachteiligung ist deshalb, dass die vorhandene Masse nicht ausreicht, um sämtliche Gläubiger vollständig zu befriedigen (Masseinsuffizienz). Im eröffneten Insolvenzverfahren besteht aber ein Anscheinsbeweis dafür, dass die Insolvenzmasse nicht zur vollständigen Gläubigerbefriedigung ausreicht.[150]

II. Kongruenzanfechtung, § 130 InsO

Durch die Kongruenzanfechtung des § 130 InsO wird der Grundsatz der par conditio creditorum auf drei Monate vor Stellung des Insolvenzantrages erweitert. Erfasst sind Rechtshandlungen, die einem Insolvenzgläubiger Sicherung oder Befriedigung gewähren oder ermöglichen (sogenannte Deckungsgeschäfte).

148 BGH, Urt. v. 20.02.2014 – IX ZR 164/13, BGHZ 200, 210 (213) Rn. 9; BGH, VU. v. 04.07.2013 – IX ZR 229/12, BGHZ 198, 77 (82) Rn. 15; ausf. zur Rechtshandlung *Zeuner*, in: Rattunde/Smid/Zeuner-InsO, § 129 Rn. 30 ff.

149 BGH, Urt. v. 22.12.2005 – IX ZR 190/02, BGHZ 165, 343 (350); BGH, Urt. v. 24.05.2007 – IX ZR 105/05, NJW-RR 2007, 1275 (1276) Rn. 18; ausf. zur Gläubigerbenachteiligung *Zeuner*, in: Rattunde/Smid/Zeuner-InsO, § 129 Rn. 41 ff.; *Hölken*, jurisPR-InsR 3/2019 Anm. 1; mit historischen Bezügen *Raebel*, KTS 2015, 285 (286 ff.).

150 BGH, Beschl. v. 06.02.2020 – IX ZR 5/19, NZI 2020, 420 (420) Rn. 4; ausf. *Lang*/*Beck*, ZIP 2020, 1650 (1650 ff.).

Eine kongruente Deckung liegt dabei vor, wenn ein Insolvenzgläubiger genau das erhalten hat, was er zu beanspruchen hatte.[151] An die Kongruenz zwischen Anspruch und Deckungsleistung sind im Interesse der Gläubigergleichbehandlung strenge Maßstäbe zu setzen; lediglich geringfügige Abweichungen von der nach dem Inhalt des Anspruchs typischen und gesetzmäßigen Erfüllung, die der Verkehrssitte (§§ 157, 242 BGB) oder Handelsbräuchen (§ 346 HGB) entsprechen, sowie andere nur sehr geringfügige Abweichungen schaden nicht.[152] Neben den für alle anfechtungsrechtlichen Normen erforderlichen Voraussetzungen der Rechtshandlung des Schuldners und einer dadurch eingetretenen zumindest mittelbaren Gläubigerbenachteiligung ist bei § 130 InsO neben einer kongruenten Leistung die objektive Zahlungsunfähigkeit des Schuldners sowie die Kenntnis des Anfechtungsgegners von der Zahlungsunfähigkeit erforderlich. Bei Rechtshandlungen nach Verfahrenseröffnung kommt es insoweit auf die Kenntnis der Zahlungsunfähigkeit oder des Eröffnungsantrages zum Zeitpunkt der anfechtbaren Rechtshandlung an. Die Erforderlichkeit des Tatbestandsmerkmals der Kenntnis beruht auf dem Gedanken, dass Gläubiger, welche die Krise des Schuldners kennen, keine Vorteile mehr genießen dürfen sollen.[153]

Nach § 130 Abs. 2 InsO steht der Kenntnis der Zahlungsunfähigkeit oder des Eröffnungsantrags die Kenntnis von Umständen gleich, die zwingend auf die Zahlungsunfähigkeit oder den Eröffnungsantrag schließen lassen. Darüber hinaus wird gem. § 130 Abs. 3 InsO gegenüber einer Person, die dem Schuldner zur Zeit der Handlung nahestand (§ 138 InsO)[154], vermutet, dass sie die Zahlungsunfähigkeit oder den Eröffnungsantrag kannte. § 130 InsO enthält mit der Kenntnis eine subjektive Anspruchsvoraussetzung, deren Vorliegen unter gewissen Umständen allerdings vermutet wird. Das Gesetz verlangt hier stets positive Kenntnis der maßgeblichen Umstände. Kenntnis meint für sicher gehaltenes Wissen.[155]

Dieser Anfechtungsnorm liegt die Überlegung zugrunde, dass ein Gläubiger, der genau das erhalten hat, was er nach dem zugrunde liegenden Vertrag zu beanspruchen hatte, in der Insolvenz seines Vertragspartners darauf vertrauen

---

151 *Borries/Hirte*, in: Uhlenbruck-InsO, § 130 Rn. 5.

152 BGH, Urt. v. 12.09.2019 – IX ZR 16/18, NZI 2019, 893 (895 f.) Rn. 22 ff., s. dazu *Hölken*, NZI 2019, 896 (896 f.).

153 *Wegener*, NJW 2010, 3607 (3608).

154 Ausf. zu nahestehenden Personen im Insolvenzanfechtungsrecht *Trams*, NJW-Spezial 2018, 597 (597 ff.).

155 BGH, Urt. v. 27.03.2008 – IX ZR 98/07, NZI 2008, 366 (367) Rn. 14; ausf. dazu unter 5. Teil A. III. 2.

dürfen muss, die ihm vertragsgemäß von seinem Vertragspartner erbrachten Leistungen behalten zu dürfen. Diese Schutzwürdigkeit entfällt dagegen bei Kenntnis von der Krise.[156] Entsprechend sind kongruente Deckungen nur bei Kenntnis der Zahlungsunfähigkeit oder des Insolvenzantrags zum Zeitpunkt der anfechtbaren Rechtshandlung anfechtbar.[157]

III. Anfechtung inkongruenter Deckungen, § 131 Abs. 1 Nr. 3 InsO

Eine inkongruente Deckung liegt demgegenüber vor, wenn der Gläubiger eine Befriedigung oder Sicherung erhält, auf die er keinen Anspruch hatte oder die er nicht in der Art oder zu der Zeit, in der sie erfolgte, zu beanspruchen hatte.[158] Aufgrund der Abweichung von den vertraglichen Leistungsbedingungen sind inkongruente Deckungshandlungen gegenüber kongruenten Deckungen unter erleichterten Voraussetzungen anfechtbar. Ein Gläubiger, der eine ihm jedenfalls nicht so zustehende Leistung erhält, ist weniger schutzwürdig als ein Gläubiger, dem eine kongruente Deckung gewährt wird, weil eine inkongruente Leistung in der Regel höheres Misstrauen verdient.[159] Insbesondere wird auf das Merkmal der Kenntnis verzichtet.[160] Allein die Art der Befriedigung gibt bei der Inkongruenzanfechtung Anlass zu der Annahme, der Gläubiger habe eine Krise zumindest für wahrscheinlich gehalten, da er zu „weiteren Mitteln" greifen musste. Auf eine Kenntnis kommt es nicht an, weil diese besonders verdächtigen Rechtshandlungen objektiv genügen, um die Anfechtung zu ermöglichen.[161] So sind Rechtshandlungen im letzten Monat vor Antragstellung und nach Antragstellung ohne zusätzliche besondere Voraussetzungen anfechtbar (Abs. 1 Nr. 1). Handlungen innerhalb des zweiten oder dritten Monats vor dem Eröffnungsantrag setzen allein das Vorliegen der (objektiven) Zahlungsunfähigkeit (Abs. 1 Nr. 2) oder die Kenntnis des Anfechtungsgegners voraus, dass die Rechtshandlung die Insolvenzgläubiger benachteiligte (Abs. 1 Nr. 3).

Nach Abs. 2 Satz 1 steht für die Anwendung des Abs. 1 Nr. 3 der Kenntnis der Benachteiligung der Insolvenzgläubiger die Kenntnis von Umständen gleich, die

---

156 Ausf. zur unterschiedlichen Behandlung von gutgläubigen und bösgläubigen Gläubigern *Jungclaus*, KTS 2016, 45 (51 ff.).

157 *Borries/Hirte*, in: Uhlenbruck-InsO, § 130 Rn. 5.

158 *Borries/Hirte*, in: Uhlenbruck-InsO, § 131 Rn. 3.

159 BGH, Urt. v. 29.11.2007 – IX ZR 30/07, BGHZ 174, 297 (306 f.) Rn. 31.

160 *Jungclaus*, KTS 2016, 45 (49); zur Inkongruenz bei Drittzahlungen s. *Hölken*, jurisPR-InsR 18/2018 Anm. 4.

161 *Wegener*, NJW 2010, 3607 (3608).

zwingend auf die Benachteiligung schließen lassen. Genauso wie bei der Kongruenzanfechtung wird gegenüber einer Person, die dem Schuldner zur Zeit der Handlung nahestand (§ 138 InsO), vermutet, dass sie die Benachteiligung der Insolvenzgläubiger kannte (Abs. 2 Satz 2). Anders als die Kongruenzanfechtung knüpft die Anfechtung inkongruenter Deckungen vornehmlich an objektive Voraussetzungen an. Nur § 131 Abs. 1 Nr. 3 InsO enthält mit der Kenntnis des Gläubigers von der benachteiligenden Wirkung der angefochtenen Rechtshandlung ein subjektives Element. Hintergrund dieser vornehmlich an objektive Kriterien anknüpfenden Anfechtungsnorm ist, dass ein Gläubiger, der eine ihm zumindest so nicht zustehende Leistung erhält, Verdacht schöpfen muss.[162] Vor diesem Hintergrund stehen den höheren Anforderungen an die Deckungshandlung geringere Anforderungen an die Kenntnis des Gläubigers von der Krise gegenüber.[163]

IV. Anfechtung unmittelbar benachteiligender Rechtshandlungen, § 132 InsO

Als Auffangtatbestand sieht schließlich § 132 InsO die Anfechtbarkeit von Rechtsgeschäften vor, die die Insolvenzgläubiger unmittelbar benachteiligen. Anders als bei der Deckungsanfechtung nach §§ 130 f. InsO tritt bei § 132 InsO der Gläubiger erst durch Abschluss des anfechtbaren Rechtsgeschäfts in Rechtsbeziehungen zum Schuldner, während die §§ 130 f. InsO die Erfüllung von außerhalb der kritischen Zeit eingegangenen Verbindlichkeiten betreffen. Im Unterschied zur Deckungsanfechtung nach §§ 130 f. InsO erfordert § 132 InsO das Vorliegen einer unmittelbaren Gläubigerbenachteiligung. Liegt diese vor, sind Rechtsgeschäfte im Zeitraum von drei Monaten vor dem Eröffnungsantrag anfechtbar, wenn der Gläubiger entweder die Zahlungsunfähigkeit oder bei Rechtsgeschäften nach Verfahrenseröffnung die Zahlungsunfähigkeit oder den Eröffnungsantrag kannte. Nach Abs. 2 liegt auch bei der Unterlassung bestimmter Rechtshandlungen eine unmittelbare Gläubigerbenachteiligung vor. Danach steht einem Rechtsgeschäft, das die Insolvenzgläubiger unmittelbar benachteiligt, eine andere Rechtshandlung des Schuldners gleich, durch die der Schuldner ein Recht verliert oder nicht mehr geltend machen kann oder durch die ein vermögensrechtlicher Anspruch gegen ihn erhalten oder durchsetzbar wird. Auch die Anfechtung unmittelbar benachteiligender Rechtshandlungen verlangt die

---

162 *Borries/Hirte*, in: Uhlenbruck-InsO, § 131 Rn. 3.

163 *Borries/Hirte*, in: Uhlenbruck-InsO, § 131 Rn. 3.

Kenntnis des Gläubigers von der Zahlungsunfähigkeit oder des Eröffnungsantrags. § 132 InsO soll die Insolvenzgläubiger vor dem Begründen wirtschaftlich nachteiliger Verbindlichkeiten in der wirtschaftlichen Krise des Schuldners schützen, insbesondere vor dem Risiko einer Verschleuderung der Insolvenzmasse durch Verkäufe unter Wert oder Ankäufe zu überhöhten Preisen.[164]

V. Vorsatzanfechtung, § 133 InsO

§ 133 InsO betrifft schließlich die Anfechtung wegen vorsätzlicher Gläubigerbenachteiligung. Abs. 1 enthält die zeitlich am weitesten zurückgreifende Anfechtungsregelung der InsO und umfasst noch Rechtshandlungen, die bis zu 10 Jahre vor Stellung des Eröffnungsantrages vorgenommen worden sind. Voraussetzung ist, dass der Schuldner mit Gläubigerbenachteiligungsvorsatz gehandelt hat, und der Anfechtungsgegner von diesem Vorsatz zum Zeitpunkt der anfechtbaren Rechtshandlung Kenntnis hatte. Der Vorsatz liegt vor, wenn der Schuldner die Gläubigerbenachteiligung als Folge seines Handelns erkannt und gebilligt hat oder als unerwünschte Nebenfolge eines anderen erstrebten Vorteils in Kauf nahm (dolus eventualis).[165] Der Anfechtungsgegner muss erkannt haben, dass die Rechtshandlung des Schuldners dessen Gläubiger benachteiligt und dass der Schuldner dies auch wollte. Erforderlich ist daher positive Kenntnis, d.h. für sicher gehaltenes Wissen.[166] Sowohl der Benachteiligungsvorsatz des Schuldners als auch seine Kenntnis beim Anfechtungsgegner sind daher auf die gläubigerbenachteiligende Rechtshandlung des Schuldners bezogen.[167] Diese Kenntnis wird gem. Abs. 1 Satz 2 vermutet, wenn der Anfechtungsgegner die drohende Zahlungsunfähigkeit (§ 18 InsO) und die (objektive) Gläubigerbenachteiligung kannte. Abs. 2 sieht bei Deckungshandlungen eine verkürzte Anfechtungsfrist von vier Jahren vor.[168] Das gilt sowohl für kongruente als auch für inkongruente

---

164 *Borries/Hirte*, in: Uhlenbruck-InsO, § 132 Rn. 9; *Kayser/Freudenberg*, in: MüKo-InsO, § 132 Rn. 1.

165 BGH, Urt. v. 27.05.2003 – IX ZR 169/02, BGHZ 155, 75 (84); BGH, Urt. v. 22.06.2017 – IX ZR 111/14, NZI 2017, 718 (719) Rn. 14; BGH, Urt. v. 01.06.2017 – IX ZR 48/15, NZI 2017, 715 (716) Rn. 10; BGH, Urt. v. 21.01.2016 – IX ZR 84/13, NJW-RR 2016, 369 (370) Rn. 15.

166 BGH, Urt. v. 10.01.2013 – IX ZR 13/12, NJW 2013, 611 (615) Rn. 34; BGH, Urt. v. 30.06.2011 – IX ZR 155/08, BGHZ 190, 201 (208) Rn. 21.

167 BGH, Urt. v. 24.10.2013 – IX ZR 104/13, NJW 2014, 465 (466) Rn. 13; kritisch dazu *Häger/Harig*, ZInsO 2013, 1677 (1680).

168 Zur Neueinfügung dieser Beschränkung s. *Thole*, ZIP 2017, 401 (403); *Pape*, ZInsO 2018, 296 (299); *Ganter*, NZI 2019, 481 (481 ff.).

Deckungen.[169] Gem. Abs. 3 Satz 1 greift bei kongruenten Deckungshandlungen (§ 130 InsO) die Vermutung des Abs. 1 Satz 2 nicht bereits bei Kenntnis der drohenden Zahlungsunfähigkeit (§ 18 InsO), sondern erst bei Kenntnis der eingetretenen Zahlungsunfähigkeit (§ 17 InsO).[170] Abs. 3 Satz 2 enthält eine gesetzliche Vermutung im Sinne des § 292 ZPO, dass der andere Teil zur Zeit der anfechtbaren Handlung die Zahlungsunfähigkeit des Schuldners nicht kannte, wenn dieser dem Schuldner eine Zahlungserleichterung gewährt hat.[171] Hinter dieser Gesetzesänderung steht nach der Begründung des Regierungsentwurfs der Gedanke, dass die mit einer Stundungs- oder Ratenzahlungsbitte dem Gläubiger offenbar werdende Liquiditätslücke mit der Gewährung der Stundung beziehungsweise dem Abschluss der Ratenzahlungsvereinbarung regelmäßig beseitigt sein werde.[172]

Nach dem BGH enthält die Regelung in § 133 Abs. 3 Satz 2 InsO eine widerlegliche gesetzliche Vermutung. Vermutungstatbestand ist der Abschluss einer Zahlungsvereinbarung oder die Gewährung einer sonstigen Zahlungserleichterung, Vermutungsfolge die Nichtkenntnis der Zahlungsunfähigkeit des Schuldners zur Zeit der angefochtenen Handlung. Zur Widerlegung der Vermutungsfolge kann sich der Insolvenzverwalter auf sämtliche Umstände berufen mit Ausnahme der den Vermutungstatbestand bildenden Umstände, wobei die Vermutung auch durch den Nachweis widerlegt werden kann, dass der Anfechtungsgegner Umstände kannte, die bereits vor Gewährung der Zahlungserleichterung bestanden und aus denen nach der gewährten Zahlungserleichterung wie schon zuvor zwingend auf eine Zahlungsunfähigkeit des Schuldners zu schließen war.[173] Zu berücksichtigen ist dabei aber stets, dass der Abschluss einer

169 Warum auch Empfänger von Deckungen, auf die er keinen Anspruch oder nur einen solchen nicht der Art oder nicht zu der Zeit hatte von dieser Privilegierung profitieren soll wird zu Recht kritisiert, vgl. *Ganter*, NZI 2019, 841 (482).

170 Zur Neueinfügung dieser Beschränkung s. *Thole*, ZIP 2017, 401 (404 f.); *Pape*, ZInsO 2018, 296 (299); *Ganter*, NZI 2019, 481 (483 f.).

171 Zur Neueinfügung dieser umstrittenen Vermutung s. *Thole*, ZIP 2017, 401 (405 f.); *Pape*, ZInsO 2018, 296 (300); diese Regelung wird zu Recht überwiegend als misslungen angesehen, *Maier*, ZInsO 2015, 2262 (2262 ff.); *Thole*, ZIP 2017, 401 (410); *Kindler/Bitzer*, NZI 2017, 369 (375); *Dahl/Schmitz*, NJW 2017, 1505 (1508), *Schoppmeyer*, WM 2018, 353 (358); Kayser, ZIP 2018, 1153 (1159); *Ganter*, NZI 2019, 481 (484 f.); *Bork*, in: Kübler/Prütting/Bork-InsO, § 133 Rn. 69.

172 Begründung des Gesetzesentwurfs der Bundesregierung, BT-Drucks. 18/7054, S. 18; ausf. dazu unter 5. Teil III. 2. e) ee).

173 BGH, Urt. v. 07.05.2020 – IX ZR 18/19, NJW 2020, 2404 (2405 f.) Rn. 17.

Ratenzahlungsvereinbarung über die Verbindlichkeit des Schuldners gegenüber dem Anfechtungsgegner dessen Kenntnis von der Zahlungsunfähigkeit des Schuldners nur dann entfallen lässt, wenn die Zahlungsunfähigkeit des Schuldners auf dieser Verbindlichkeit beruhte.[174]

Nach Abs. 4 Satz 1 sind entgeltliche Verträge, die der Schuldner mit ihm nahestehenden Personen (§ 138 InsO) abgeschlossen hat, anfechtbar, wenn die Gläubiger dadurch unmittelbar benachteiligt werden. Die Anfechtung ist gem. Abs. 4 Satz 2 jedoch ausgeschlossen, wenn der Vertrag früher als zwei Jahre vor dem Eröffnungsantrag geschlossen worden ist oder wenn dem Anfechtungsgegner zur Zeit des Vertragsschlusses der Benachteiligungsvorsatz des Schuldners nicht bekannt war. Die Vorsatzanfechtung verlangt mit dem Benachteiligungsvorsatz des Schuldners und der Kenntnis des Gläubigers vom Benachteiligungsvorsatz des Schuldners die stärksten subjektiven Voraussetzungen.[175] Das folgt daraus, dass die Anfechtung insbesondere durch die Motivation der Transaktionen des Schuldners gerechtfertigt wird und es somit in erster Linie auf subjektive Elemente in seiner Person ankommt.[176]

VI. Anfechtung unentgeltlicher Leistungen, § 134 InsO

Anfechtbar ist nach § 134 Abs. 1 InsO eine unentgeltliche Leistung des Schuldners, es sei denn, sie ist früher als vier Jahre vor dem Antrag auf Eröffnung des Insolvenzverfahrens vorgenommen worden. Unter einer solchen Leistung ist jede Rechtshandlung zu verstehen, die dazu dient, einen zugriffsfähigen Gegenstand aus dem Vermögen des Schuldners zu entfernen; erfasst wird daher jede Schmälerung des Schuldnervermögens, durch welche die Insolvenzgläubiger unmittelbar oder mittelbar benachteiligt werden.[177] Maßgeblich ist das objektive Merkmal der Unentgeltlichkeit. Eine Leistung ist i. d. S. unentgeltlich, wenn für sie vereinbarungsgemäß keine Gegenleistung an den Schuldner oder einen Dritten erbracht wird, der Leistungsempfänger also keine eigene Rechtsposition aufgibt, die der Leistung des Schuldners entspricht. Hierüber entscheidet grundsätzlich das objektive Verhältnis der ausgetauschten Werte.[178] Jüngst hat

174 BGH, Urt. v. 07.05.2020 – IX ZR 18/19, NJW 2020, 2404 (2406) Rn. 18.

175 Für einen Vergleich mit der Vorsatzanfechtung außerhalb des Insolvenzverfahrens nach § 3 AnfG s. *Kirchhof*, FS-Ganter, 237 (237 ff.).

176 *Zeuner*, in: Rattunde/Smid/Zeuner-InsO, § 133 a. F. Rn. 7.

177 BGH, Urt. v. 17.12.2020 – IX ZR 205/19, NJW-RR 2021, 173 (174) Rn. 10.

178 BGH, VU. v. 01.03.2018 – IX ZR 207/15, NJW-RR 2018, 626 (627) Rn. 11; s. dazu *Hölken*, jurisPR-InsR 10/2018 Anm. 4; BGH, Urt. v. 26.04.2012 – IX ZR 146/11, NJW-RR 2012, 1513 (1516) Rn. 39; *Paulus*, ZInsO 2010, 315 (319); *Hölken*, jurisPR-InsR 2/

der BGH allerdings entschieden, dass § 134 InsO bei einem Ungleichgewicht von Leistung und Gegenleistung nicht anwendbar ist, wenn beide Teile nach den objektiven Umständen der Vertragsanbahnung, der Vorüberlegungen der Parteien und des Vertragsschlusses selbst von einem Austauschgeschäft ausgegangen sind und zudem in gutem Glauben von der Werthaltigkeit der dem Schuldner gewährten Gegenleistung überzeugt waren, die sich erst aufgrund einer nachträglichen Prüfung als wertlos erwies.[179]

Gebräuchliche Gelegenheitsgeschenke sind nach § 134 Abs. 2 InsO jedoch von der Anfechtbarkeit ausgenommen. Das sind Geschenke zu bestimmten Gelegenheiten oder Anlässen wie Weihnachten, Geburtstag, Hochzeit, Kommunion, Firmung usw.[180] Diese sind von geringem Wert, wenn sie zu der einzelnen Gelegenheit den Wert von 200 Euro und im Kalenderjahr den Wert von 500 Euro nicht übersteigen.[181] Der Anfechtungsgrund des § 134 InsO liegt in dem das gesamte Zivilrecht beherrschenden Grundsatz der geringeren Schutzwürdigkeit des unentgeltlichen Erwerbs gegenüber dem entgeltlichen Erwerb. So dient die Anfechtungsmöglichkeit bei unentgeltlichen Leistungen nach § 134 InsO auch nicht in erster Linie der Durchsetzung des Grundsatzes der Gläubigergleichbehandlung, sondern primär dem Schutz der Gläubiger entgeltlich begründeter Rechte gegen die Folgen unentgeltlicher Leistungen des Schuldners im Anfechtungszeitraum.[182]

VII. Anfechtung bei Gesellschafterdarlehen, § 135 InsO[183]

§ 135 InsO betrifft schließlich die Anfechtbarkeit von Rechtshandlungen im Zusammenhang mit Gesellschafterdarlehen. Nach Abs. 1 sind Rechtshandlungen anfechtbar, durch die der Schuldner einem Gesellschafter für ein Gesellschafterdarlehen oder eine gleich gestellte Forderung innerhalb von 10 Jahren

---

2018 Anm. 2; zur Entgeltlichkeit unerkannt rechtsgrundloser Leistungen s. BGH, Urt. v. 20.04.2017 – IX ZR 252/16, BGHZ 214, 350 (350 ff.); s. dazu *Hölken*, jurisPR-InsR 14/2017 Anm. 2; zu Dreipersonenverhältnissen s. BGH, Urt. v. 08.09.2016 – IX ZR 151/14, NZI 2017, 71 (71 ff.); s. dazu *Hölken*, jurisPR-InsR 24/2016 Anm. 2.

179 BGH, Urt. v. 22.10.2020 – IX ZR 208/18, NJW-RR 2020, 1500 (1501) Rn. 10.

180 BGH, Urt. v. 04.02.2016 – IX ZR 77/15, BGHZ 209, 8 (15 f.) Rn. 28; s. dazu *Hölken*, jurisPR-InsR 6/2016 Anm. 2.

181 BGH, Urt. v. 04.02.2016 – IX ZR 77/15, BGHZ 209, 8 (18) Rn. 35; s. dazu *Hölken*, jurisPR-InsR 6/2016 Anm. 2.

182 *Zeuner*, in: Rattunde/Smid/Zeuner-InsO, § 134 Rn. 1.

183 Zur Anfechtbarkeit bei einer stillen Gesellschaft nach § 136 InsO s. *Hölken*, jurisPR-InsR 1/2018 Anm. 4.

vor oder nach dem Eröffnungsantrag eine Sicherung (Nr. 1) oder innerhalb des letzten Jahres vor oder nach Antragstellung Befriedigung gewährt hat (Nr. 2). § 135 Abs. 4 InsO verweist auf § 39 Abs. 4 Satz 1 InsO, der die erfassten Gesellschaftsformen regelt.[184] Dabei werden auch Finanzierungshilfen Dritter erfasst, wenn der Dritte bei wirtschaftlicher Betrachtung einem Gesellschafter gleichsteht. Voraussetzung ist die Rechtshandlung eines Dritten, welche der Darlehensgewährung durch einen Gesellschafter wirtschaftlich entspricht. Das gilt insbesondere für Darlehen verbundener Unternehmen.[185] Weiterhin ist nach Abs. 2 eine Rechtshandlung anfechtbar, mit der eine Gesellschaft einem Dritten für eine Forderung auf Rückgewähr eines Darlehens im letzten Jahr vor oder nach Antragstellung Befriedigung gewährt hat, wenn der Gesellschafter für die Forderung eine Sicherheit bestellt hatte oder als Bürge haftete. Gem. § 143 Abs. 3 Satz 1 InsO hat der Gesellschafter in diesem Fall die dem Dritten gewährte Leistung zur Insolvenzmasse zu erstatten. Anfechtbar nach Abs. 2 ist mithin die Befreiung des Gesellschafters von der von ihm für ein Drittdarlehen übernommenen Sicherung infolge der Rückzahlung des Darlehens durch die Gesellschaft.[186] Diese Anfechtungsnorm ist im Zusammenhang mit § 44a InsO zu lesen. Danach kann in dem Insolvenzverfahren über das Vermögen einer Gesellschaft ein Gläubiger nach Maßgabe des § 39 Abs. 1 Nr. 5 InsO für eine Forderung auf Rückgewähr eines Darlehens oder für eine gleichgestellte Forderung, für die ein Gesellschafter eine Sicherheit bestellt oder für die er sich verbürgt hat, nur anteilsmäßige Befriedigung aus der Insolvenzmasse verlangen, soweit er bei der Inanspruchnahme der Sicherheit oder des Bürgen ausgefallen ist. In der Insolvenz der Gesellschaft haftet also der Gesellschafter dem außerhalb des Insolvenzverfahrens stehenden Gläubiger primär. Da Abs. 4 auf das Sanierungsprivileg[187] nach § 39 Abs. 4 Satz 2 InsO und das Kleinbeteiligungsprivileg gem. § 39 Abs. 5 InsO verweist, scheidet die Anfechtung bei Erfüllung dieser Befreiungstatbestände aus.

---

184 Mittlerweile wird die Gewährung eines Gesellschafterdarlehens nicht mehr als anfechtbare unentgeltliche Leistung i. S. d. § 134 InsO angesehen, BGH, Urt. v. 13.10.2016 – IX ZR 184/14, BGHZ 212, 272; s. dazu *Hölken*, jurisPR-InsR 6/2017 Anm. 2.

185 BGH, Urt. v. 27.02.2020 – IX ZR 337/18, NJW-RR 2020, 549 (549) Rn. 7.

186 *Zeuner*, in: Rattunde/Smid/Zeuner-InsO, § 135 Rn. 11; *Klaahsen*, in: Kölner Kommentar-InsO, § 135 Rn. 99; *Gehrlein*, in: Ahrens/Gehrlein/Ringstmeier-InsO, § 135 Rn. 18.

187 Ausf. dazu *Wittig*, FS-K. Schmidt, 1743 (1743 ff.).

VIII. Anfechtung gegen einen Rechtsnachfolger, § 145 InsO

Unter den Voraussetzungen des § 145 InsO ist eine Anfechtung gegenüber dem Rechtsnachfolger möglich. Mit dem Anfechtungsrecht soll der Bestand des den Gläubigern haftenden Schuldnervermögens dadurch wiederhergestellt werden, dass nachteilige Vermögensverschiebungen rückgängig gemacht werden können. § 145 InsO gewährleistet, dass dieser Zweck nicht durch einen Wechsel in der Person des Empfängers entfallen kann.[188] Voraussetzung der Anfechtung gegen den Rechtsnachfolger ist zum einen das Vorliegen einer der Anfechtungstatbestände der §§ 129 - 135 InsO unter Verwirklichung aller dortigen Tatbestandsmerkmale, und zum anderen der Eintritt einer gesetzlichen Gesamtrechtsnachfolge (Abs. 1) oder Sonderrechtsnachfolge (Abs. 2).[189]

IX. Bargeschäftsprivileg, § 142 InsO

§ 142 InsO schließt die Anfechtung bei sogenannten Bargeschäften aus. Leistungen des Schuldners, für die unmittelbar eine gleichwertige Gegenleistung in das Vermögen des Schuldners gelangt, sind daher nur begrenzt anfechtbar, wenn einerseits die Voraussetzungen des § 133 Abs. 1 bis 3 InsO gegeben sind und andererseits der andere Teil erkannt hat, dass der Schuldner unlauter handelte.[190] Gemeint ist positive Kenntnis von der Unlauterkeit. Auch wenn es dem Wortlaut nicht zu entnehmen ist, reicht es nicht aus, dass der Anfechtungsgegner lediglich annimmt, der Schuldner handele unlauter. Vielmehr ist Voraussetzung zunächst stets, dass der Schuldner auch tatsächlich das Unlauterkeitsmerkmal erfüllt hat.[191] Das Merkmal der Unlauterkeit erfordert insoweit, dass über die Gläubigerbenachteiligung hinaus in dem vollzogenen Austausch ein besonderer Unwert zu erkennen ist, etwa bei gezielter Benachteiligung von Gläubigern, bei Vermögensverschleuderungen z. b. für flüchtige Luxusgüter oder beim Abstoßen von für eine Aufrechterhaltung des Betriebs unverzichtbarem Betriebsvermögen, wenn der Schuldner den vereinnahmten Gegenwert seinen Gläubigern

---

188 *Zeuner*, in: Rattunde/Smid/Zeuner-InsO, § 145 Rn. 1; *Mohr*, in: Kölner Kommentar-InsO, § 145 Rn. 1 f.; *Büteröwe*, in: K. Schmidt-InsO, § 145 Rn. 1.

189 *Zeuner*, in: Rattunde/Smid/Zeuner-InsO, § 145 Rn. 5 f.; *Gehrlein*, in: Ahrens/Gehrlein/Ringstmeier-InsO, § 145 Rn. 9; *Mohr*, in: Kölner Kommentar-InsO, § 145 Rn. 7 ff.

190 Bei dem Merkmal der Unlauterkeit handelt es sich um ein regelungstechnisches Novum. Unlauteres Handeln gehört an sich nicht zum Tatbestand des § 133 InsO, vgl. *Ganter*, NZI 2019, 481 (488).

191 *Kayser*, ZIP 2018, 1153 (1156); *Ganter*, NZI 2019, 481 (488).

entziehen will.[192] Mithin sind die anfechtungsbegründenden Voraussetzungen der Unlauterkeit nur dann gegeben, wenn der Schuldner in der Absicht handelte, andere Gläubiger zu schädigen oder sein Vermögen zu verschleudern, und der Leistungsempfänger dies erkannt hat.[193] Die genaue Bedeutung, die Anforderungen daran sowie die praktische Anwendung dieses Merkmals sind indes weitgehend unklar.[194]

In Abs. 2 ist mittlerweile das Merkmal der Unmittelbarkeit legaldefiniert. Der Austausch von Leistung und Gegenleistung ist danach unmittelbar, wenn er nach Art der ausgetauschten Leistungen und unter Berücksichtigung der Gepflogenheiten des Geschäftsverkehrs in einem engen zeitlichen Zusammenhang erfolgt.[195]

X. Rechtfolge, § 143 InsO

§ 143 InsO regelt die Rechtsfolge der Anfechtung. Grundsätzlich ist das, was dem Vermögen des Insolvenzschuldners in anfechtbarer Weise entzogen worden ist, der Insolvenzmasse in natura zurückzugewähren.[196] Die Insolvenzmasse ist in die Lage zu versetzen, in der sie sich befände, wenn das anfechtbare Verhalten unterblieben wäre, es sollen also die Wirkungen der anfechtbaren Rechtshandlung rückgängig gemacht werden.[197] Bei Unmöglichkeit der Rückgewähr verweist Abs. 1 Satz 2 in Bezug auf die Sekundäransprüche auf die Vorschriften über die Haftung des Bereicherungsschuldners, der den Mangel des rechtlichen Grundes kennt. Daher haftet der Rückgewährschuldner nur für die verschuldete Unmöglichkeit (§§ 819 Abs. 1, 818 Abs. 4, 292 Abs. 1, 989 f. BGB). Abs. 1 Satz 3 enthält schließlich eine Regelung zur Verzinsung von Geldschulden, nach der

192 Begr. des GesE der BReg., BT-Drucks. 18/7054, S. 19; zur Neueinfügung dieses Merkmals s. *Thole*, ZIP 2017, 401 (407); *Ganter*, NZI 2019, 481 (488 f.).

193 Begr. des GesE der BReg., BT-Drucks. 18/7054, S. 19; s. auch *Ehmann*, GWR 2018, 81 (85); *Ganter*, NZI 2019, 491 (488 f.).

194 *Thole*, ZIP 2017, 401 (407); *Pape*, ZInsO 2018, 296 (303); *Ganter*, NZI 2019, 491 (488 f.).

195 Abs. 2 Satz 2 enthält darüber hinaus eine Regelung zu Arbeitnehmerlöhnen, mit der die vom BGH abgelehnte Rechtsprechung des BAG bei Zahlungen von Arbeitslohn kodifiziert wurde, s. dazu *Thole*, ZIP 2017, 401 (408 f.); *Pape*, ZInsO 2018, 296 (304 f.); *Ganter*, NZI 2019, 481 (489 f.); sehr kritisch *Schoppmeyer*, WM 2018, 301 (306); *Kayser*, ZIP 2018, 1153 (1155).

196 BGH, Urt. v. 24.05.2007 – IX ZR 105/05, NJW-RR 2007, 1275 (1276) Rn. 10.

197 BGH, Urt. v. 19.04.2007 – IX ZR 59/06, NJW 2007, 2325 (2328) Rn. 31; *Henckel*, Insolvenzrecht im Umbruch, 239 (240).

diese Geldschulden nur noch zu verzinsen sind, wenn die Voraussetzungen des Schuldnerverzugs oder des § 291 BGB vorliegen.[198] Nach Abs. 2 Satz 1 hat der Empfänger einer unentgeltlichen Leistung diese jedoch nur zurückzugewähren, soweit er noch durch sie bereichert ist. Dies gilt nach Abs. 2 Satz 2 aber wiederum nicht, sobald er weiß oder den Umständen nach wissen muss, dass die unentgeltliche Leistung die Gläubiger benachteiligt. Im Hinblick auf die Rechtsfolgen der Anfechtung unterwirft § 143 Abs. 2 Satz 2 InsO den Empfänger einer unentgeltlichen Leistung auch bei Entreicherung der Rückgewähr, wenn der Empfänger weiß oder den Umständen nach wissen muss, dass die unentgeltliche Leistung die Gläubiger benachteiligt.

XI. § 144 InsO, Ansprüche des Anfechtungsgegners

In § 144 InsO sind schließlich die Rechte des Anfechtungsgegners geregelt. Gewährt der Empfänger einer anfechtbaren Leistung das Erlangte zurück, so lebt gem. Abs. 1 seine Forderung wieder auf. Die Forderung kann dann als Insolvenzforderung zur Tabelle angemeldet werden, wenn sie ohne ihr Erlöschen als Insolvenzforderung anmeldbar gewesen wäre.[199] Da mit der Anfechtung keine ungerechtfertigte Bereicherung der Masse herbeigeführt werden soll, ist dem Anfechtungsgegner nach Abs. 2 die von ihm erbrachte Gegenleistung zu erstatten, sofern sie noch in der Masse vorhanden ist.[200] Daher ist Abs. 2 nur auf die Anfechtung gegenseitiger schuldrechtlicher Rechtsgeschäfte (§§ 132, 133 InsO) anwendbar, die wegen des Inhalts der beiderseitigen Verpflichtungen die Insolvenzgläubiger unmittelbar benachteiligt haben.[201]

E. Bestellung des Insolvenzverwalters

Entscheidende Bedeutung kommt im Hinblick auf ein Unterlassen der Insolvenzanfechtung der Person des Insolvenzverwalters zu; nur wenn dieser bereit ist, vorsätzlich Pflichtverletzungen zu begehen, kommt ein missbräuchliches Unterlassen überhaupt erst in Frage. Insoweit kommt es entscheidend darauf

---

198 S. dazu *Thole*, ZIP 2017, 401 (409); *Pape*, ZInsO 2018, 296 (306), zuvor bot sich aufgrund der Zinsen ein Anreiz, Anfechtungsansprüche möglichst spät geltend zu machen, vgl. *Vogt*, NZI 2015, 830 (830 ff.).

199 *Borries/Hirte*, in: Uhlenbruck-InsO, § 144 Rn. 3.

200 *Zeuner*, in: Rattunde/Smid/Zeuner-InsO, § 145 Rn. 2.

201 *Zeuner*, in: Rattunde/Smid/Zeuner-InsO, § 145 Rn. 4; *Borries/Hirte*, in: Uhlenbruck-InsO, § 144 Rn. 9.

an, wie der Verwalter bestellt wird, und wer Einfluss auf die gerichtliche Bestellentscheidung nehmen kann. Bei einem zulässigen und begründeten Insolvenzantrag hat das Insolvenzgericht das Insolvenzverfahren über das Vermögen des Schuldners durch den Eröffnungsbeschluss zu eröffnen. Die Auswahl und die Bestellung des Insolvenzverwalters erfolgt im Rahmen des Eröffnungsbeschlusses durch den Insolvenzrichter des sachlich und örtlich zuständigen Amtsgerichts gem. §§ 2, 3, 27, 56 InsO, 18 RPflG. Bei der Auswahlentscheidung hat der Insolvenzrichter das Anforderungsprofil des § 56 InsO sowie die Verfahrensziele des § 1 InsO zu berücksichtigen. Mit der Reform der Verwalterbestellung durch das ESUG wurde darüber hinaus gesetzlich geregelt, dass auch der Gläubigerwille bei der Verwalterauswahl zu berücksichtigen ist.[202] Der allgemeine Anforderungskatalog zur Verwalterbestellung ergibt sich aus § 56 Abs. 1 InsO, während die Beteiligung der Gläubiger in § 56a InsO geregelt ist. Das Gesetz beschränkt sich in § 56 Abs. 1 Satz 1 InsO auf einen Satz:

> „Zum Insolvenzverwalter ist eine für den jeweiligen Einzelfall geeignete, insbesondere geschäftskundige und von den Gläubigern und dem Schuldner unabhängige natürliche Person zu bestellen, die aus dem Kreis aller zur Übernahme von Insolvenzverwaltungen bereiten Personen auszuwählen ist."

Vorrangig betrifft diese Vorschrift die Bestellung des Insolvenzverwalters im konkreten Verfahren. Erst im zweiten Halbsatz ist das Erfordernis einer Vorauswahl angedeutet. Weitergehende gesetzliche Regelungen zur Vorauswahl von Insolvenzverwaltern bestehen nicht. Vielmehr hat der Gesetzgeber die Ausgestaltung der Vorauswahlliste genauso wie die Entwicklung geeigneter Auswahlkriterien und deren Gewichtung allein den Fachgerichten überlassen.[203] Innerhalb dieses gesetzlichen Anforderungsprofils hat der Insolvenzrichter weite Ermessensspielräume bei der Einsetzung eines Insolvenzverwalters.[204] Allerdings hat der Richter die Interessen der Verfahrensbeteiligten zu berücksichtigen und sein

---

202 Ausf. zur Verwalterbestellung s. *Westermann*, Die Auswahl und die Bestellung des (vorläufigen) Insolvenzverwalters im Widerstreit der Interessen von Gläubigern und Schuldner, Rn. 58 ff.

203 *Kruth*, DStR 2017, 669 (672); ausf. zur gegenwärtigen Praxis der Vorauswahllisten *Pape*, ZInsO 2017, 1341 (1342 ff.); vgl. zum Modell des Insolvenzgerichts Hannover, das Bestellungen an Hand eines schematisierten Auswahlverfahrens, das sich auf die von den Bewerbern mitgeteilten früheren Verfahrensergebnisse, stützt *Moderegger*, NZI 2017, 241 (241 ff.).

204 BVerfG, Beschl. v. 23.05.2006 – 1 BvR 2530/04, BVerfGE 116, 1 (12); BGH, Urt. v. 17.10.1985 – III ZR 105/84, NJW-RR 1986, 412 (414).

Auswahlermessen ordnungsgemäß auszuüben.[205] Die Auswahl wird nach sachwidrigen Kriterien vorgenommen, wenn der Insolvenzrichter ohne Bezug zum konkreten Verfahren Bedarf, Sympathie, Zufall, materielle Vorteile oder Freundschaft für maßgeblich erachtet.[206] Problematisch ist häufig, dass in der Eilsituation der Bestellungsnotwendigkeit der vorläufigen Insolvenzverwaltung nicht alle erforderlichen Informationen zur Verfügung stehen und in der Bestellentscheidung berücksichtigt werden können.[207]

I. Verfassungsrechtliche Grundlagen der Bestellungsentscheidung

Zu Zeiten der KO und der GesO bestand in Rechtsprechung und Literatur weitgehend Einigkeit, dass ein Anspruch auf Bestellung zum Konkursverwalter oder jedenfalls die Aufnahme in eine vom Konkursgericht zu führende Bewerberliste nicht besteht.[208] Die Mehrzahl der Konkursgerichte hat stattdessen Vorauswahllisten[209] ohne ein geregeltes Verfahren geführt, und die Auswahl von Konkursverwaltern erfolgte ohne ein nachprüfbares Verfahren und ohne rechtliche Grundlage.[210] Verbreitet wurden sogenannte closed shops geführt, bei denen die einzelnen Insolvenzgerichte jeweils nur wenige, ihnen genehme Konkursverwalter mit Konkursverfahren betrauten.[211] Dieses an Willkür grenzende System sah sich – verständlicherweise – zunehmender Kritik insbesondere seitens der Konkursverwalter ausgesetzt.[212] Dann allerdings entschied das BVerfG nach Inkrafttreten der InsO, dass zum einen die Insolvenzgerichte spezielle Vorauswahllisten

---

205 BVerfG, Beschl. v. 23.05.2006 – 1 BvR 2530/04, BVerfGE 116, 1 (12); BGH, Urt. v. 17.10.1985 – III ZR 105/84, NJW-RR 1986, 412 (414); *Graeber*, NZI 2006, 499 (500).

206 *Gaier*, ZInsO 2006, 1177 (1181); *Zipperer*, ZInsO 2018, 2613 (2615); *Graeber*, NZI 2006, 499 (500).

207 *Frind*, NZI 2011, 785 (787).

208 Ausf. m. w. N. *Robrecht*, KTS 1998, 63 (65 f.); *Köster*, Die Bestellung des Insolvenzverwalters, S. 63 ff.

209 Ausf. zur gegenwärtigen Praxis der Vorauswahllisten *Pape*, ZInsO 2017, 1341 (1342 ff.).

210 *Zipperer*, ZInsO 2018, 2613 (2613 ff.); *Vallender*, NZI 2017, 641 (642); *Graeber*, in: MüKo-InsO, § 56 Rn. 91; *Köster*, Die Bestellung des Insolvenzverwalters, S. 63 ff.

211 *Köster*, Die Bestellung des Insolvenzverwalters, S. 66 f.; *Frind*, ZInsO 2001, 481 (483 f.); vgl. *Ganter*, NZI 2018, 137 (139 f.).

212 *Uhlenbruck*, KTS 1989, 229 (251); ders., KTS 1998, 1 (26); *Lüke*, ZIP 2000, 485 (485 ff.); *Frind*, ZInsO 2001, 481 (484); vgl. *Graeber*, in: MüKo-InsO, § 56 Rn. 91a; *Köster*, Die Bestellung des Insolvenzverwalters, S. 66 f.

zu führen haben, auf die grundsätzlich alle geeigneten Bewerber aufzunehmen sind, und zum anderen die konkrete Bestellentscheidung aufgrund der Bindung an den Gleichheitssatz des Art. 3 Abs. 1 GG vom Insolvenzrichter nach pflichtgemäßem Ermessen zu treffen ist.[213] Bei der Bestellung des (vorläufigen) Insolvenzverwalters ist insoweit ein Verfahren erforderlich, das die Bestellentscheidung ermöglicht und zugleich dem Insolvenzrichter hinreichende Informationen für eine pflichtgemäße Ermessensentscheidung verschafft.[214] Erforderlich sind daher grundsätzlich Vorauswahllisten; diese dürfen sich auch nicht auf eine Liste mit Namen und Anschriften beschränken. Vielmehr muss die Liste auch die Erhebung, Verifizierung und Strukturierung der Daten gewährleisten. Diese sind nach der Einschätzung des jeweiligen Insolvenzrichters zum einen für die Feststellung der Eignung eines Bewerbers im konkreten Fall maßgebend, und zum anderen ermöglichen die Daten eine sachgerechte Ermessensausübung bei der Auswahl des Insolvenzverwalters aus dem Kreis der geeigneten Bewerber.[215] Die Bestimmung von Kriterien für die Feststellung der Eignung eines Bewerbers sowie für eine sachgerechte Ausübung des Auswahlermessens ist Sache der Fachgerichte.[216] Die Vorauswahllisten sind dabei so zu führen, dass in sie jeder Bewerber aufgenommen wird, der die grundsätzlich zu stellenden Anforderungen an eine generelle, von der Typizität des einzelnen Insolvenzverfahrens gelöste Eignung für das Amt des Insolvenzverwalters erfüllt.[217] Bei der Bestellung eines Insolvenzverwalters im konkreten Fall hat der Richter den Gleichheitssatz des Art. 3 Abs. 1 GG zu beachten. Der Gleichheitssatz verbietet es dem mit dem konkreten Fall befassten Insolvenzrichter, seine Entscheidung für einen bestimmten Insolvenzverwalter nach freiem Belieben zu treffen; er hat sein Auswahlermessen vielmehr pflichtgemäß auszuüben. Es besteht insoweit ein Anspruch auf pflichtgemäße Ermessensausübung.[218] Vor diesem Hintergrund muss jeder Bewerber um das Insolvenzverwalteramt eine faire Chance erhalten, entsprechend seiner in § 56 Abs. 1 InsO vorausgesetzten Eignung berücksichtigt

213 BVerfG, Beschl. v. 23.05.2006 – 1 BvR 2530/04, BVerfGE 116, 1 (11 ff.); vgl. bereits BVerfG, Beschl. v. 03.08.2004 – 1 BvR 135/00 und 1086/01, NJW 2004, 2725 (2726 ff.); ausf. dazu *Gaier*, ZInsO 2006, 1177 (1177 ff.).

214 BVerfG, Beschl. v. 23.05.2006 – 1 BvR 2530/04, BVerfGE 116, 1 (16 f.); vgl. bereits BVerfG, Beschl. v. 03.08.2004 – 1 BvR 135/00 und 1086/01, NJW 2004, 2725 (2727).

215 BVerfG, Beschl. v. 23.05.2006 – 1 BvR 2530/04, BVerfGE 116, 1 (17).

216 BVerfG, Beschl. v. 23.05.2006 – 1 BvR 2530/04, BVerfGE 116, 1 (17 f.).

217 BVerfG, Beschl. v. 23.05.2006 – 1 BvR 2530/04, BVerfGE 116, 1 (17 f.).

218 BVerfG, Beschl. v. 23.05.2006 – 1 BvR 2530/04, BVerfGE 116, 1 (12); vgl. bereits BVerfG, Beschl. v. 03.08.2004 – 1 BvR 135/00 und 1086/01, NJW 2004, 2725 (2727).

zu werden; die Bewerber verfügen insoweit über ein subjektives Recht, für das Rechtsschutz gewährleistet sein muss.[219] Diese grundgesetzliche Garantie des Rechtsschutzes umfasst einen Anspruch auf eine wirksame gerichtliche Kontrolle, soweit es um die Verwirklichung subjektiver Rechte der Rechtsuchenden geht; die gerichtliche Überprüfung der Auswahl eines Insolvenzverwalters ist daher einerseits auf die Einhaltung der Grenzen des Ermessensspielraums des Insolvenzrichters beschränkt, muss andererseits aber mit dieser reduzierten Kontrolldichte tatsächlich auch erfolgen.[220]

Danach haben Bewerber um das Verwalteramt nun zwar einen Anspruch auf Aufnahme in die Vorauswahlliste und auf ermessensfehlerfreie Entscheidung; der einzelne Bewerber hat indes keinen Anspruch auf Bestellung zum Verwalter im Einzelfall, so dass der gerichtliche Rechtsschutz letztendlich nicht zur Folge hat, dass der Betroffene auch zum Insolvenzverwalter bestellt wird.[221] Den gelisteten Bewerbern wird gerade keine Aussicht auf eine regelmäßige Bestellung eröffnet.[222] Insbesondere besteht auch kein Anspruch auf gleichmäßige und proportionale Berücksichtigung der gelisteten Bewerber, so dass die rechtlich gebotene Aufnahme in die Vorauswahlliste häufig kaum praktische Konsequenzen nach sich zieht.[223] Es gibt vor diesem Hintergrund mittlerweile eine höhere Anzahl gelisteter, aber nie oder nur ganz selten bestellter Bewerber.[224] Letztendlich konnte die Transparenz des Vorauswahlverfahrens und der gerichtlichen Bestellentscheidung trotz der klärenden Entscheidungen des BVerfG in rechtstatsächlicher Hinsicht teilweise nur eingeschränkt verbessert werden.[225] Mit Ausnahme der closed shops räumt das BVerfG den Insolvenzgerichten bei der Gestaltung ihrer Liste einen sehr weiten Ermessensspielraum ein, der einer stärkeren Transparenz entgegensteht.[226] Eine wirksame Kontrolle bei der konkreten Auswahl gibt es weiterhin nicht.[227] Vielmehr entspricht die faktische

---

219 BVerfG, Beschl. v. 23.05.2006 – 1 BvR 2530/04, BVerfGE 116, 1 (12).

220 BVerfG, Beschl. v. 23.05.2006 – 1 BvR 2530/04, BVerfGE 116, 1 (18).

221 *Ganter*, NZI 2018, 137, (139); *Köster*, Die Bestellung des Insolvenzverwalters, S. 167 f.; *Pape*, ZInsO 2017, 1341 (1341), ausf. dazu *Gaier*, ZInsO 2006, 1177 (1177 ff.).

222 *Pape*, ZInsO 2007, 113 (124).

223 *Pape*, ZInsO 2007, 113 (124); *Laws*, ZInsO 1123 (1125).

224 *Laws*, ZInsO 1123 (1125); *Pape*, ZInsO 2017, 1341 (1341).

225 *Preuß*, ZIP 2011, 933 (939); *Frind*, in: Hamburger Kommentar-InsO, § 56 Rn. 12; *Laws*, ZInsO 1123 (1125).

226 *Pape*, ZInsO 2007, 113 (124); ders., ZInsO 2017, 1341 (1341); *Laws*, ZInsO 1123 (1125).

227 *Pape*, ZInsO 2017, 1341 (1342).

Bestellpraxis einiger – es handelt sich naturgemäß um eine Dunkelziffer – Insolvenzgerichte weiterhin faktischen closed shops; Gerichte können geschlossene Listen führen, indem zwar umfangreiche Vorauswahllisten geführt, aber trotzdem nur bestimmte Verwalter immer wieder bestellt werden.[228] Teilweise werden an die gelisteten Bewerber auch nur wenig lukrative Kleinverfahren und die lukrativen Verfahren immer an die gleichen Verwalter vergeben.[229]

II. Akt der Justiz

Für Mitbewerber ist der förmliche Akt der Verwalterbestellung gem. §§ 56 Abs. 1, 27 Abs. 1 InsO vor diesem Hintergrund nicht gerichtlich angreifbar.[230] Konkurrentenschutzklagen sind daher genauso wenig statthaft, wie es einen einstweiligen Rechtsschutz gibt, der die Bestellung blockiert; das subjektive Recht auf ermessensfehlerfreie Entscheidung kann lediglich einen Schadensersatzanspruch des übergangenen Bewerbers begründen und eröffnet die Möglichkeit der Fortsetzungsfeststellungsklage bei Wiederholungsgefahr.[231] Hingegen ist die Vorauswahlentscheidung der Insolvenzgerichte grundsätzlich überprüfbar. Bei der Entscheidung im Vorauswahlverfahren handelt es sich nicht um einen Rechtsprechungs-, sondern um einen Justizverwaltungsakt, der nach §§ 23 ff. EGGVG der Anfechtung unterliegt. Die generelle Nichtberücksichtigung (Non-Listing) genauso wie die Streichung (Delisting) aus der Vorauswahlliste sind also als Justizverwaltungsakt nach den §§ 23 ff. EGGVG justiziabel.[232] Richtiger Antragsgegner ist nicht der jeweilige die Auswahlliste führende Insolvenzrichter als Leiter einer Insolvenzabteilung, sondern das Insolvenzgericht, das durch den Vorstand des Amtsgerichts vertreten wird.[233]

228 *Pape*, ZInsO 2017, 1341 (1341 f.).

229 *Pape*, ZInsO 2017, 1341 (1342).

230 BVerfG, Beschl. v. 23.05.2006 – 1 BvR 2530/04, BVerfGE 116, 1 (18 f.); ausf. dazu *Gaier*, ZInsO 2006, 1177 (1177 ff.).

231 *Ries*, in: K. Schmidt-InsO, § 56 Rn. 71.

232 BVerfG, Beschl. v. 03.08.2004 – 1 BvR 135/00 und 1086/01, NJW 2004, 2725 (2727); BGH, Beschl. v. 28.06.2012 – IV AR (VZ) 2/12, NZI 2012, 768 (769).

233 BGH, Beschl. v. 17.3.2016 – IX AR (VZ) 5/15, NZI 2015, 516 (517) Rn. 8; BGH, Beschl. v. 17.03.2016 – IX AR (VZ) 6/15, BeckRS 2016, 07884 Rn. 9; a. A. *Ries*, in: K. Schmidt-InsO, § 56 Rn. 73.

III. Die Unabhängigkeit

Gem. § 56 Abs. 1 Satz 1 InsO dürfen nur unabhängige Personen zum Insolvenzverwalter bestellt werden. Die Unabhängigkeit des (vorläufigen) Insolvenzverwalters beziehungsweise (vorläufigen) Sachwalters ist das zentrale Verfahrenselement des deutschen Insolvenzverfahrens.[234] Diese Anforderung an die gerichtliche Auswahlentscheidung hat über § 56a Abs. 2 Satz 1 InsO gleichermaßen Bedeutung für den vom vorläufigen Gläubigerausschuss vorgeschlagenen Verwalter. Zudem gilt das Unabhängigkeitsgebot des endgültigen Verwalters auch für den vorläufigen Verwalter (§ 21 Abs. 2 Nr. 1 InsO), den vorläufigen Sachwalter (§ 270a Abs. 1 Satz 2, 270b Abs. 2) und den endgültigen Sachwalter (274 InsO). Trotz der fehlenden Bezugnahme auf § 56 InsO in § 292 Abs. 3 Satz 2 InsO gilt das Unabhängigkeitsgebot (auch bei einem Vorschlag der Gläubiger gem. § 288 InsO) genauso für den Treuhänder.[235]

Die Unabhängigkeit muss sowohl gegenüber den Gläubigern als auch gegenüber dem Schuldner gewahrt sein. Der Begriff der Unabhängigkeit ist seit langem einer der umstrittensten Rechtsbegriffe des Insolvenzrechts.[236] Wenn die Tätigkeit die Gefahr von Sondervorteilen oder tatsächliche Sondervorteile mit sich bringt, ist die Unabhängigkeit ausgeschlossen. Relevant sind dabei unmittelbare und mittelbare Eigenvorteile sowie Vorteile für andere Verfahrensbeteiligte.[237] Da mit dem Merkmal der Unabhängigkeit die Funktionsfähigkeit der Insolvenzverwaltung und das Vertrauen in die Ordnungsmäßigkeit des Handelns des Insolvenzverwalters gewährleistet werden soll, ist der Begriff der Besorgnis einer Befangenheit in jedem Fall weit auszulegen.[238] Daher ist ausreichend für eine Ablehnung wegen fehlender Unabhängigkeit jede gegenwärtige oder vergangene, wirtschaftliche oder tatsächliche Verflechtung des Insolvenzverwalters mit

---

234 *Uhlenbruck*, KTS 1989, 229 (230); *Gerhardt*, in: Jaeger-InsO, § 56 Rn. 42.

235 AG Göttingen, Beschl. v. 22.11.2004 – 74 IN 137/02, NZI 2005, 117 (117); *Wenzel*, in: Kübler/Prütting/Bork-InsO, § 288 Rn. 5; *Henning*, in: K. Schmidt-InsO, § 288 Rn. 2; *Hergenröder*, ZVI 2005, 521 (523); a. A. *Sternal*, in: Uhlenbruck-InsO, § 288 Rn. 11; einschränkend *Frind*, FS-Haarmeyer, 39 (39).

236 Ausf. dazu s. *Westermann*, Die Auswahl und die Bestellung des (vorläufigen) Insolvenzverwalters im Widerstreit der Interessen von Gläubigern und Schuldner, Rn. 384 ff.; *Weitzmann*, ZInsO 2017, 2491 (2494 ff.).

237 Ausf. dazu *Westermann*, Die Auswahl und die Bestellung des (vorläufigen) Insolvenzverwalters im Widerstreit der Interessen von Gläubigern und Schuldner, Rn. 68 ff.; 384 ff.

238 *Graeber*, in: MüKo-InsO, § 56 Rn. 35.

dem Insolvenzschuldner oder den Insolvenzgläubigern oder einem der Insolvenzgläubiger.[239] Insbesondere können wirtschaftliche Verbindungen mit Großgläubigern relevant sein, die sich erfahrungsgemäß an vielen Insolvenzverfahren als Insolvenzgläubiger beteiligen, insbesondere örtlichen Kreditinstituten, Großbanken und Kreditversicherern.[240] Hier steht die Besorgnis der Rücksichtnahme des Verwalters auf die Interessen solcher „Geschäftspartner" im konkreten Verfahren einer Bestellung entgegen.[241] Der Verwalter, der in einem konkreten Verfahren bestellt werden soll, hat deshalb dem Insolvenzgericht mitzuteilen, ob er den Schuldner oder einen Insolvenzgläubiger beraten hat, mit diesem in ständiger Geschäftsbeziehung steht oder an einem der Beteiligten wirtschaftlich beteiligt ist.[242]

Täuscht der Insolvenzverwalter über die fehlende Unabhängigkeit hinweg, kann das Insolvenzgericht den Verwalter aus dem Amt entlassen. Ein Insolvenzverwalter, der im eigenen wirtschaftlichen Interesse die ordnungsgemäße Verfahrensabwicklung gefährdet, ist schließlich in erheblichem Maße ungeeignet als Insolvenzverwalter.[243] Gem. § 59 Abs. 1 Satz 1 InsO kann das Insolvenzgericht den Insolvenzverwalter aus wichtigem Grund aus dem Amt entlassen. Allerdings ist die Entlassung des Insolvenzverwalters gem. § 59 InsO begründungsbedürftig, da rechtsmittelfähig (Abs. 2).[244] Nach der Rechtsprechung des BGH liegt ein wichtiger Grund vor, wenn feststeht, dass ein Verbleiben des Verwalters im Amt unter Berücksichtigung seiner schutzwürdigen Interessen die Belange der Gläubigergesamtheit und die Rechtmäßigkeit der Verfahrensabwicklung objektiv nachhaltig beeinträchtigen würde.[245] Der Insolvenzverwalter ist bei einer Verletzung der ihm obliegenden Pflichten zu entlassen, wenn es in Anbetracht der Erheblichkeit der Pflichtverletzung, insbesondere ihrer Auswirkungen auf den Verfahrensablauf und die berechtigten Belange der weiteren Verfahrensbeteiligten, sachlich nicht mehr vertretbar erscheint, ihn in seinem Amt zu belassen.[246]

---

239 *Graeber*, in: MüKo-InsO, § 56 Rn. 37.

240 *Kruth*, DStR 2017, 669 (672); *Pape*, ZIP 2013, 2285 (2290); *Frind*, ZInsO 2012, 59 (63); ders., in: Hamburger Kommentar-InsO, § 56 Rn. 17; *Rosenmüller/Heitsch*, ZInsO 2013, 754 (756); *Andres*, in: Andres/Leithaus-InsO, § 56 Rn. 4.

241 *Frind*, in: Hamburger Kommentar-InsO, § 56 Rn. 17c.

242 *Kruth*, DStR 2017, 669 (672).

243 BGH, Beschl. v. 04.05.2017 – IX ZB 102/15, NZI 2017, 677 (669) Rn. 14.

244 *Frind*, NZI 2011, 785 (788).

245 BGH, Beschl. v. 04.05.2017 – IX ZB 102/15, NZI 2017, 677 (668) Rn. 8.

246 BGH, Beschl. v. 04.05.2017 – IX ZB 102/15, NZI 2017, 677 (668) Rn. 8; s. auch *Lissner*, InsbürO 2016, 147 (148).

Eine solche Pflichtverletzung kann in der Täuschung über die fehlende Unabhängigkeit liegen. Die nach § 56 Abs. 1 Satz 1 InsO für die Bestellung als Insolvenzverwalter vorausgesetzte Unabhängigkeit fehlt, wenn objektive Umstände feststehen, die aus der Sicht eines vernünftigen Gläubigers oder Schuldners berechtigte Zweifel an der Unvoreingenommenheit oder Unparteilichkeit der in Aussicht genommenen Person begründen.[247] Eine positive Feststellung der Abhängigkeit ist daher nicht erforderlich. Zur Begründung einer Abhängigkeit führt insbesondere der Umstand, dass der Insolvenzverwalter an dem Schuldner beteiligt ist, sowie unmittelbare oder mittelbare Verbindungen etwa durch Mandatsverhältnisse.[248] Die Unabhängigkeit ist dem Verwalter daher zwingend abzusprechen, wenn der Verwalter eigene Beraterhonorare oder Honorare anderer Kanzleiangehöriger anfechten muss.[249] In der Praxis sind viele Insolvenzrichter allerdings im Hinblick auf rechtzeitige Maßnahmen eher zurückhaltend bei Entlassungen.[250] Zu groß sind die Befürchtungen, langwierige Auseinandersetzungen mit dem bisherigen Amtsinhaber führen zu müssen.[251] Die Entlassung eines Insolvenzverwalters ist regelmäßig mit erheblichen Folgen für das Verfahren, die Vermögensmasse und den entlassenen Insolvenzverwalter verbunden. Von der Möglichkeit der Entlassung des Insolvenzverwalters ist deshalb nur dann Gebrauch zu machen, wenn die Entlassung für die Verfahrensfortführung notwendig ist und ein wichtiger Grund im Sinne des § 59 InsO vorliegt.[252] Sollte sich herausstellen, dass der Insolvenzverwalter in unredlicher oder sachlich nicht gebotener Weise einzelne oder mehrere Gläubiger bevorzugt, und ist dadurch das Vertrauen der Gläubiger insgesamt in die Unabhängigkeit und Unparteilichkeit des Insolvenzverwalters gestört, ist dessen Entlassung zweifellos gerechtfertigt.[253]

247 BGH, Beschl. v. 04.05.2017 – IX ZB 102/15, NZI 2017, 677 (668 f.) Rn. 11.

248 BGH, Beschl. v. 04.05.2017 – IX ZB 102/15, NZI 2017, 677 (668 f.) Rn. 11.

249 *Frings/Bernsen*, NJW-Spezial 2012, 405 (406).

250 *Andres*, in: Andres/Leithaus-InsO, § 59 Rn. 1.

251 *Frind*, NZI 2011, 785 (788); insbesondere kann der Verwalter nach § 59 Abs. 2 Satz 1 InsO gegen seine Entlassung sofortige Beschwerde (§ 6 InsO) einlegen, falls er nicht selbst den Entlassungsantrag gestellt hat. Dabei gilt § 11 Abs. 1 RPflG; s. dazu *Andres*, in: Andres/Leithaus-InsO, § 59 Rn. 15 ff.; *Ries*, in: K. Schmidt-InsO, § 59 Rn. 14 ff.

252 Vgl. zu § 57 Satz 1 InsO a.F. *Graeber*, ZIP 2000, 1465 (1473).

253 Vgl. zu § 57 Satz 1 InsO a.F. *Graeber*, ZIP 2000, 1465 (1474).

IV. Anzeigepflicht bei Interessenkollisionen

Das Merkmal der Unabhängigkeit meint zum einen die Abwesenheit von verfahrensbeeinflussenden Abhängigkeiten, zum anderen aber auch bereits die Abwesenheit der Besorgnis von Befangenheit. Daraus folgt, dass die Interessenkollision ein Unterfall mangelnder Unabhängigkeit ist. Schließlich steht die Rücksichtnahme auf verfahrensfremde geschäftliche oder private Interessen Dritter der Unabhängigkeit entgegen. Daher ist auch nicht strikt zwischen der Unabhängigkeit und Interessenkollision zu unterscheiden.[254]

Schon der Konkursverwalter war gem. §§ 6 Abs. 2, 83 KO verpflichtet, von sich aus dem Konkursgericht rechtzeitig einen Sachverhalt anzuzeigen, der bei unvoreingenommener, lebensnaher Betrachtungsweise die ernstliche Besorgnis rechtfertigen kann, dass der Verwalter wegen Befangenheit an seiner Amtsführung verhindert ist.[255] Genauso ist auch der Insolvenzverwalter verpflichtet, von sich aus dem Insolvenzgericht einen Sachverhalt anzuzeigen, der bei unvoreingenommener, lebensnaher Betrachtungsweise die ernstliche Besorgnis rechtfertigen kann, dass der Verwalter als befangen an seiner Amtsführung verhindert ist. Eine anzeigepflichtige Interessenkollision liegt insoweit etwa vor, wenn der Insolvenzverwalter den Geschäftsbetrieb des Unternehmens unter Einsatz von Mitarbeitern fortführt, die eine Gesellschaft gegen Entgelt zur Verfügung stellt, an der der Verwalter selbst maßgeblich beteiligt ist.[256] Deswegen muss der Verwalter, wenn er in einem konkreten Verfahren bestellt werden soll, dem Insolvenzgericht mitteilen, ob er den Schuldner oder einen Insolvenzgläubiger beraten hat, ob er in ständiger Geschäftsbeziehung zu diesen steht oder ob er am Schuldner oder an Insolvenzgläubigern wirtschaftlich beteiligt ist.[257] Die Anzeigeschwelle ist sehr niedrig, damit ausschließlich das Gericht die Unabhängigkeit umfassend prüfen kann.[258]

---

254 *Frind*, in: Hamburger Kommentar-InsO, § 56 Rn. 17; a. A. *Römermann*, ZInsO 2013, 218 (219 ff.), der die Interessenkollisionen der Ungeeignetheit zuordnet, die einer Bestellung gleichermaßen entgegensteht; ausf. zu Interessenkollisionen s. 3. Teil A. III. 1. G).

255 BGH, Urt. v. 24.01.1991 - IX ZR 250/89, NJW 1991, 982 (985).

256 BGH, Urt. v. 24.01.1991 - IX ZR 250/89, NJW 1991, 982 (985).

257 BGH, Beschl. v. 13.10.2016 - IX AR (VZ) 7/15, NJW-RR 2016, 1447, (1449) Rn. 23 m. w. N.; *Lissau/Hölzle*, FS-Pannen, 465 (468); *Graeber*, NZI 2002, 345 (348); *Frind*, ZInsO 2017, 363 (365).

258 *Frind*, ZInsO 2017, 363 (365).

Dies kann unterdessen nicht im gleichen Maße für den Bewerber gelten, der auf eine Vorauswahlliste aufgenommen werden möchte; solange der Bewerber nur auf der Vorauswahlliste geführt wird, sind die künftigen Verfahrensbeteiligten noch nicht bekannt, so dass eine konkrete Abhängigkeit auch noch nicht geprüft werden kann. Nur wenn der Bewerber mit einem Großgläubiger wirtschaftlich verbunden ist, der auch aus seiner Sicht erfahrungsgemäß an vielen Insolvenzverfahren, die an dem Insolvenzgericht geführt werden, bei dem er die Aufnahme auf die Vorauswahlliste begehrt, als Insolvenzgläubiger beteiligt ist, muss er dies von sich aus in seiner Bewerbungsschrift offenbaren. Das kann aber nur gelten, wenn der Bewerber nicht unerhebliche Beteiligungen an dem Großgläubiger hält, dort in die Führungsebene eingebunden ist oder diesen in bedeutendem Umfang regelmäßig berät. Es reicht nicht aus, dass ein Bewerber bei einer örtlichen Bank entweder persönlich oder über ein Unternehmen, an dem er beteiligt ist, oder als Insolvenzverwalter Konten führt oder Kredite aufgenommen hat, jedenfalls solange diese zu üblichen Bedingungen gewährt worden sind.[259] In diesem Fall können nur konkrete Beziehungen und Verbindungen zur Unparteilichkeit führen, die bei Täuschung über diese Abhängigkeit zu einer Entlassung aus dem Amt führen kann.[260]

Richtlinien dafür, wann der Konkursverwalter zur Anzeige eines möglichen Verhinderungsgrundes verpflichtet ist, sind die gesetzlichen Grundsätze, nach denen auch ein Richter entweder von Amts wegen ausgeschlossen wäre oder gegen ihn ein Befangenheitsgesuch wegen Interessenkollision erfolgreich gestellt werden könnte. Ist der Amtsträger in einer von ihm zu fördernden oder entscheidenden Sache selbst unmittelbar Partei, so ist er kraft Gesetzes ausgeschlossen (§ 41 Nr. 1 ZPO, § 6 Abs. 1 Nr. 1 FGG, § 3 Abs. 1 Nr. 1 i. V. m. § 6 Abs. 1 Nr. 1 BeurkG). Ist er wenigstens mittelbar an einer Partei oder auf einer Seite des Rechtsgeschäfts beteiligt, so kann ein Ablehnungsrecht bestehen. Das gilt insbesondere für Amtsträger, die zugleich Gesellschafter einer am Verfahren beteiligten juristischen Person sind, sofern nach Art und Umfang der Beteiligung ein eigenes Interesse an deren Obsiegen nicht ganz fernliegt. Das trifft auch dann zu, wenn die Gesellschaftsanteile über einen Treuhänder gehalten werden, weil schon wirtschaftliche Belange des Amtsträgers die Ablehnung rechtfertigen könnten.[261]

---

259 BGH, Beschl. v. 13.10.2016 – IX AR (VZ) 7/15, NJW-RR 2016, 1447, (1449) Rn. 24; *Lissau/Hölzle*, FS-Pannen, 465 (468).

260 BGH, Beschl. v. 04.05.2017 – IX ZB 102/15, NZI 2017, 677 (668 ff.) Rn. 8 ff.

261 BGH, Urt. v. 24.01.1991 – IX ZR 250/89, NJW 1991, 982 (985); *Graeber/Pape*, ZIP 2007, 991 (992).

F. Einflussnahmemöglichkeiten der Insolvenzgläubiger

Verfahrensbeteiligte haben grundsätzlich keine Möglichkeit, den Verwalter entsprechend § 42 ZPO wegen der Besorgnis der Befangenheit, insbesondere aufgrund von Interessenkollisionen, abzulehnen.[262] Einzelne Verfahrensbeteiligte hätten anderenfalls die Möglichkeit, einen unerwünschten Verwalter aus seinem zu Amt drängen oder ihn von gebotenem Verwalterhandeln wie dem Bestreiten einer Forderung insbesondere eines nahen Angehörigen im Prüfungstermin oder eben der Geltendmachung eines Anfechtungsanspruchs abzuhalten.[263] Dass einzelne Verfahrensbeteiligte in verschiedenen Konstellationen dennoch den Verwalter von gebotenem Verwalterhandeln abhalten können, wurde ermöglicht durch verschiedene Gesetzesänderungen, die die Rechte der Gläubiger bei der Wahl des (vorläufigen) Insolvenzverwalters beziehungsweise (vorläufigen) Sachwalters erheblich gestärkt haben. Insoweit ist die Möglichkeit in Betracht zu ziehen, dass der Verwalter auf die Geltendmachung von bestimmten Anfechtungsansprüchen zugunsten derjenigen Anfechtungsgegner verzichtet, auf deren Initiative sich seine Bestellung zurückführen lässt, oder die jedenfalls in Organen der Gläubigerautonomie für den Verwalteraspiranten gestimmt haben.

I. Gläubigerautonomie

Die Gläubigerautonomie zahlt nach allgemeiner Ansicht zu den prägenden Prinzipien des deutschen Insolvenzrechts.[264] Das Prinzip der Gläubigerautonomie berechtigt die vom Insolvenzverfahren betroffenen Gläubiger zur Einflussnahme auf das Insolvenzverfahren.[265] Die Gläubiger, deren Vermögensinteressen

262 *Frind*, ZInsO 2014, 119 (120); *Blümle*, in: Braun-InsO, § 59 Rn. 3; *Graeber*, in: MüKo-InsO, § 59 Rn. 6.

263 *Zipperer*, in: Uhlenbruck-InsO, § 56 Rn. 65.

264 *Ganter/Lohmann*, in: MüKo-InsO, § 1 Rn. 53; *Pape*, in: Uhlenbruck-InsO, § 1 Rn. 13; *Holzer*, in: Beck/Depré, Praxis der Insolvenz, § 3 Rn. 175; *Pape/Uhlenbruck/Voigt-Salus*, Insolvenzrecht, Kap. 12 Rn. 12; *Marotzke*, FS-Kirchhof, 321 (322); ders., KTS 2014, 113 (120); *Becker*, NZI 2011, 961 (963 f.); *Zeuner*, NJW 2007, 2952 (2952); *Paulus*, DZWIR 1999, 53, (53 ff.); vgl. ausf. bereits *Henckel*, KTS 1989, 477 (477 ff.); *Köster*, Die Bestellung des Insolvenzverwalters, S. 101.

265 Ausf. dazu *Pape*, in: Uhlenbruck-InsO, § 1 Rn. 13; *Marotzke*, ZInsO 2003, 726 (726), dabei darf jedoch nicht außer Acht gelassen werden, dass das Insolvenzrecht als Teil des Zwangsvollstreckungsrechts unmittelbar auf den Schutz und die Durchsetzung verfassungsrechtlich geschützter privater Interessen abzielt, und damit der effizienten Rechtspflege, also zumindest auch öffentlichen Interessen, dient; vgl. BVerfG, Beschl. v. 23.05.2006 – 1 BvR 2530/04, BVerfGE 116, 1 (13).

auf dem Spiel stehen, sollen autonom über die Form und die Art der Masseverwertung sowie den Gang des Verfahrens mit den häufig unumkehrbaren Weichenstellungen entscheiden können.[266] Gesetzlich umgesetzt wurde die Gläubigerautonomie durch die Schaffung der Gläubigerorgane.[267] Diese sollen den ständigen Einfluss der Insolvenzgläubiger auf das Insolvenzverfahren sicherstellen.[268] Die einzelnen Gläubiger können daher nicht unmittelbar und direkt Einfluss auf das Insolvenzverfahrens ausüben, sondern nur mittelbar über die Organe der Gläubigerautonomie.[269] Dabei sind mittlerweile drei Organe der Gläubiger zu unterscheiden: zum einen in vollständiger Zusammensetzung die Gläubigerversammlung, die in jedem eröffneten Insolvenzverfahrens eingesetzt werden muss (§§ 74 ff., 156 ff. InsO), zum anderen in repräsentativer Zusammensetzung der Gläubigerausschuss, dessen Einsetzung im eröffneten Verfahren fakultativ ist (§§ 67 ff. InsO).[270] Mit dem ESUG[271] wurde zudem der sogenannte vorläufige Gläubigerausschuss (§§ 21 Abs. 2 Satz 1 Nr. 1a, 22a, 56a InsO) eingeführt, dessen Wirkungskreis im Eröffnungsverfahren liegt. Die Einsetzung eines vorläufigen Gläubigerausschuss ist nur unter bestimmten Voraussetzungen verpflichtend vom Insolvenzgericht vorzunehmen (§ 22a Abs. 1 InsO).

Traditionell war der Einfluss der Gläubiger auf das Insolvenzverfahren und insbesondere die Ernennung des Insolvenzverwalters gering.[272] So lag zu Zeiten der KO und der GesO die Auswahl des Konkursverwalters grundsätzlich beim Konkursgericht. Bei der Eröffnung des Konkursverfahrens hatte grundsätzlich das Konkursgericht nach §§ 78, 110 KO beziehungsweise § 8 GesO i. V. m. §§ 78, 110 KO den Konkursverwalter ernannt.[273] Die Ernennung des

---

266 *Ganter/Lohmann*, in: MüKo-InsO, § 1 Rn. 53; s. auch Begr. RegE-InsO, BT-Drucks. 12/2443, S. 99 f.

267 Begr. RegE-InsO, BT-Drucks. 12/2443, S. 99.

268 *Vallender*, FS-Ganter, 391 (391); *Frind*, ZInsO 2012, 1380 (1381); *Pape/Schultz*, ZIP 2015, 1662 (1663); *Zeuner*, NJW 2007, 2952 (2952).

269 *Ganter/Lohmann*, in: MüKo-InsO, § 1 Rn. 53 ff.; *Pape*, in: Uhlenbruck-InsO, § 1 Rn. 13.
2014, 113 (120); eine Ausnahme zu diesem Grundsatz stellt das Antragsrecht einzelner Gläubiger nach §§ 13 Abs. 1 Satz 2, 14 InsO dar.

270 *Vallender*, FS-Ganter, 391 (391).

271 Gesetz zur weiteren Erleichterung der Sanierung von Unternehmen v. 07.12.2011, BGBl. I 2011, S. 2582 ff.; in Kraft seit dem 01.03.2012; s. dazu *Römermann*, GmbHR 2012, 421 (421 ff.); *Neubert*, GmbHR 2012, 439 (439 ff.).

272 *Wagner*, ZEuP 2008, 6 (11).

273 *Hess*-KO, § 78 Rn. 1; *Kilger/K. Schmidt*, Insolvenzgesetze, § 78 KO Rn. 1; *Kilger/K. Schmidt*, Insolvenzgesetze, § 8 GesO Rn. 1b.

Konkursverwalters war allein dem Konkursrichter vorbehalten[274], wenngleich die Gläubiger auch schon zu dieser Zeit nachträglich Einfluss auf die Auswahlentscheidung des Richters nehmen konnten. So hatten die Gläubiger gem. § 80 Satz 1 KO sowie § 15 Abs. 3 Satz 1 GesO ein Widerspruchs- und Wahlrecht in der ersten auf die Ernennung eines Verwalters folgenden Gläubigerversammlung, d. h. konnten dem Konkursgericht einen anderen Konkursverwalter zur Ernennung vorschlagen, und das Konkursgericht konnte die Ernennung des Gewählten nur aus triftigem Grund versagen (§ 80 Satz 2 KO, § 15 Abs. 3 Satz 2 GesO).[275] In der Praxis unter der KO und der GesO wurden die Möglichkeiten zur Wahl eines anderen Verwalters allerdings in der Praxis kaum genutzt.[276] Der entscheidende Grund für den geringen Einfluss der Gläubiger wurde in der Sicherung der Unabhängigkeit des Konkursverwalters erblickt.[277] Das Amt des Verwalters müsse einen öffentlichen Charakter in sich tragen, den es nur von einer obrigkeitlichen Verleihung erhalten könne. Lange Zeit hatte sich vor diesem Hintergrund der Gesetzgeber zur Wahrung der Unabhängigkeit bewusst gegen ein von den Gläubigern beherrschtes Konkursverfahren entschieden.[278] Schon damals wurde befürchtet, es greife durch das Wahlrecht der Gläubiger eine Verwalterpraxis um sich, bei der Verwalter bei einzelnen Großgläubigern, vor allem Banken und Kreditversicherern, vorstellig würden, um sich für das Verwalteramt in Großverfahren zu empfehlen.[279] Entsprechend führten verdächtige Verflechtungen, die auf Versuche der Gläubiger, allen voran der Großgläubiger, ihnen genehme Verwalter durchzusetzen, schließen ließen, zu einer Stimmrechtsversagung bei der Wahl eines anderen Verwalters in der ersten auf die Ernennung eines Konkursverwalters folgenden Gläubigerversammlung.[280]

---

274 *Hess*-KO, § 78 Rn. 1; *Kilger/K. Schmidt*, Insolvenzgesetze, § 78 KO Rn. 1; *Kilger/K. Schmidt*, Insolvenzgesetze, § 8 GesO Rn. 1b.

275 S. dazu *Hess*-KO, § 80 Rn. 1 ff.; *Kilger/K. Schmidt*, Insolvenzgesetze, § 80 KO Rn. 1; *Kilger/K. Schmidt*, Insolvenzgesetze, § 15 GesO Rn. 2c.

276 *Graeber*, ZIP 2000, 1465 (1465).

277 *Heinze*, Insolvenzrecht im Umbruch, 31 (36 f.); *Jelinek*, Insolvenzrecht im Umbruch, 21 (22); *Kilger/K. Schmidt*, Insolvenzgesetze, § 80 KO Rn. 1; vgl. *Frind*, ZInsO 2014, 119 (121); ders., NZI 2010, 705 (709).

278 *Kilger/K. Schmidt*, Insolvenzgesetze, § 80 KO Rn. 1; ausf. dazu *Zipperer*, in: Uhlenbruck-InsO, § 56a Rn. 1 m. w. N.

279 *Kilger/K. Schmidt*, Insolvenzgesetze, § 80 KO Rn. 1; *Heinze*, Insolvenzrecht im Umbruch, 31 (36 f.); *Uhlenbruck*, KTS 1989, 229 (232 f.).

280 AG Wolfratshause, Beschl. v. 21.03.1990 – N 16/90, ZIP 1990, 597 (597 f.); *Pape* ZInsO 1999, 305 (311); *Uhlenbruck*, KTS 1989, 229 (234); *Vallender/Zipperer*, in: Uhlenbruck-InsO, § 57 Rn. 1.

Dadurch sollte sichergestellt werden, dass die Großgläubiger nicht denjenigen Verwalter bekommen, der ihre Interessen am weitestgehenden berücksichtigt, sondern denjenigen, der die Interessen aller Gläubiger wahrnimmt; es vertrage sich mit der Amtsstellung des Verwalters nicht, dass der Verwalter hinsichtlich seiner Bestellung von den Interessen eines Hauptgläubigers abhängig sei.[281] Kehrseite der Gläubigerautonomie ist schließlich stets, dass Großgläubiger bei Mehrheitsentscheidungen und damit auch bei der Wahl eines Verwalters die Möglichkeit haben, das eigene Vermögen einseitig und rechtsmissbräuchlich vor Korrekturen des Verwalters zu schützen, die das Anfechtungsrecht einem unabhängigen pflichtgemäß handelnden Verwalter gerade auferlegt.[282] Da sich in der Praxis der Insolvenzverwaltung die meisten und höchsten realisierten Anfechtungsansprüche gegen Kreditinstitute richten,[283] und Kreditinstitute häufig mehr noch als andere Gläubiger opportunistische Ziele verfolgen, sind gerade Kreditinstitute an einem Verwalter interessiert, der ihre Sicherheiten, Banküberweisungen, Verrechnungen im Kontokorrent etc. nicht anficht.[284]

Mit der Einführung der InsO sollte trotz der Missbrauchsgefahren der Einfluss der Gläubiger in Abkehr von dem bisherigen Prinzip der praktisch ausschließlich gerichtlichen Bestellhoheit gestärkt werden.[285] Dazu verkündete der Gesetzgeber der InsO, in einer Marktwirtschaft müsse grundsätzlich das Urteil derjenigen Personen maßgeblich sein, deren Vermögenswerte auf dem Spiel stünden und die deshalb die Folgen von Fehlern zu tragen hätten.[286]

Dennoch blieb es zunächst weitgehend bei der punktuellen Einflussnahme auf die Verwalterauswahl wie zu Zeiten der KO und der GesO. Vor allem waren die Einflussnahmemöglichkeiten der Gläubiger im Eröffnungsverfahren zunächst noch sehr gering. Den Gläubigern stand keine verfahrensrechtlich

---

281 *Heinze*, Insolvenzrecht im Umbruch, 31 (36 f.); vgl. *Vallender/Zipperer*, in: Uhlenbruck-InsO, § 57 Rn. 1.

282 *Heinze*, Insolvenzrecht im Umbruch, 31 (36 f.); *Jelinek*, Insolvenzrecht im Umbruch, 21 (22 f.); *Förster*, ZInsO 1999, 625 (626); *Voigt-Salus/Sietz*, ZInsO 2010, 2050 (2052); *Pape*, ZInsO 2010, 1582 (1589).

283 *Kirstein*, ZInsO 2006, 966, 970 f.; *Westermann*, Die Auswahl und die Bestellung des (vorläufigen) Insolvenzverwalters im Widerstreit der Interessen von Gläubigern und Schuldner, Rn. 264; *Wimmer*, ZIP 2013, 2038 (2038).

284 *Westermann*, Die Auswahl und die Bestellung des (vorläufigen) Insolvenzverwalters im Widerstreit der Interessen von Gläubigern und Schuldner, Rn. 264; vgl. auch *Flöther*, ZIP 2012, 1833 (1839).

285 Begr. RegE-InsO, BT-Drucks. 12/2443, S. 99 f.

286 Begr. RegE-InsO, BT-Drucks. 12/2443, S. 80.

normierte Möglichkeit zu, Einfluss auf die Auswahl des vorläufigen Insolvenzverwalters durch den Insolvenzrichter nach §§ 56 Abs. 1, 27 Satz 1 InsO a. F. zu nehmen. Zum Ausgleich dieser „Machtlosigkeit" hatten die Gläubiger wie bereits zuvor nach § 80 KO sowie § 15 Abs. 3 GesO über § 57 Satz 1 InsO a.F. lediglich die Möglichkeit, mehrheitlich einen anderen Insolvenzverwalter mit der Folge der Absetzung des ursprünglich bestellten Insolvenzverwalters zu wählen. Die Gläubiger konnten dazu ausschließlich in der ersten der Bestellung folgenden Gläubigerversammlung einen anderen Insolvenzverwalter wählen (Ersetzungsbefugnis im ersten Berichtstermin).[287] Wie nach dem Recht der KO und der GesO durfte das Gericht die Bestellung des neugewählten Verwalters auch nach neuem Insolvenzrecht nur aus triftigen Gründen verweigern, wenn konkrete Bedenken gegen die Eignung oder Unparteilichkeit des Neugewählten bestanden.[288] Maßgebend war gem. §§ 57, 76 Abs. 2 InsO a. F. zunächst allein die Mehrheit der Forderungsbeträge (Summenmehrheit). Anders als nach der früheren Rechtslage dürfen die absonderungsberechtigten Gläubiger gem. § 76 Abs. 2, 2. Hs. InsO mit ihrer vollen Forderung und nicht mehr nur mit der Ausfallforderung abstimmen.[289] Mittlerweise ist gem. §§ 57 Satz 2, 76 Abs. 2 InsO neben der Summenmehrheit die Kopfmehrheit erforderlich, so dass der Einfluss der Gläubiger mit hohen Forderungsbeträgen, insbesondere der Kreditinstitute und Sozialversicherungsträger, gesenkt wurde.[290]

In der Folge bezogen weiterhin nur wenige Gerichte bei der Wahl des Insolvenzverwalters die Gläubiger mit ein.[291] Die mangelnde Möglichkeit der Gläubiger, auf das Insolvenzverfahren Einfluss zu nehmen, wurde seitens des Gesetzgebers dann allerdings erneut aufgegriffen. Dass der Ablauf eines deutschen Insolvenzverfahrens für Schuldner und Gläubiger nicht berechenbar sei und kaum Einfluss auf die Auswahl des (vorläufigen) Insolvenzverwalters genommen werden könne, wurde als einer der Gründe angenommen, aufgrund deren insbesondere ausländische Investoren die deutsche Rechtsordnung als weniger geeignet für Sanierungen ansehen.[292] Mit dem

287 *Paulus*, NZI 2008, 705 (709); *Graeber*, ZIP 2000, 1465 (1466); Darüber hinaus bei Ableben des Verwalters bzw. Vorliegen eines wichtigen Grundes nach § 59 InsO. Die dann stattfindende Gläubigerversammlung wird wie die erste behandelt.

288 *Pape*, ZInsO 1999, 307 (311).

289 *Vallender/Zipperer*, in: Uhlenbruck-InsO, § 57 Rn. 7; *Braun*, FS-Uhlenbruck, 463 (472 f.); vgl. zur alten Rechtslage *Jelinek*, Insolvenzrecht im Umbruch, 21 (24 f.).

290 *Vallender/Zipperer*, in: Uhlenbruck-InsO, § 57 Rn. 3 m. w. N.

291 Begr. RegE. ESUG, BT-Drucks. 17/5712 S. 26; vgl. *Wellensiek*, BB 2000, 1 (5).

292 Begr. RegE. ESUG, BT-Drucks. 17/5712 S. 17.

ESUG[293] wurde daher der Einfluss der Gläubiger auf die Bestellung des Insolvenzverwalters gestärkt. Vor allem sollte der Gläubigereinfluss auf das Eröffnungsverfahren ausgedehnt werden. Schließlich würden die Weichen für eine erfolgreiche Unternehmensfortführung regelmäßig in den ersten Wochen nach dem Eröffnungsantrag und nicht erst nach Eröffnung des Insolvenzverfahrens gestellt.[294] Zur Verwirklichung dieses gesetzgeberischen Ziels wurde die Einrichtung eines vorläufigen Gläubigerausschusses im Eröffnungsverfahren beschlossen, der bei der Wahl des Verwalters maßgeblich beteiligt sein soll. Die Einflussnahmemöglichkeit des vorläufigen Gläubigerausschusses besteht nun in zweifacher Hinsicht. Zum einen ist ein von dem Organ beschlossenes Anforderungsprofil des Verwalters bindend, auch wenn es nur mehrheitlich beschlossen wird. Zum anderen ist der einstimmige Vorschlag zur Person des Verwalters vorbehaltlich seiner Eignung gem. § 56a Abs. 2 InsO bindend, und bei einer abweichenden Bestellentscheidung durch das Gericht kann der vorläufige Gläubigerausschuss auf seiner ersten Sitzung einen Verwalter seiner Wahl bestellen.[295]

Verbunden mit der vom Gesetzgeber umgesetzten Stärkung der Gläubigerautonomie sind aufgrund unterschiedlicher Interessen der verschiedenen Verfahrensbeteiligten häufig Interessenkollisionen, für deren rechtliche Bewältigung im Hinblick auf den Grundsatz der Gläubigergleichbehandlung die InsO kein vollumfängliches Regelungskonzept enthält. Die Mitwirkung eines vorläufigen Gläubigerausschusses als Beteiligung Privater bei der Bestellung eines Verwalters führt vor allem zu einer deutlich geringeren Grundrechtsbindung, als sie für die Richter gilt, die im Rahmen ihrer hoheitlichen Ermessensentscheidung einer umfassenden Grundrechtsbindung in der gerichtlichen Vorauswahl und Bestellung eines Verwalters unterliegen.[296] Private Gläubiger sind bei der gemeinschaftlichen Wahrnahme eigener Angelegenheiten nicht unmittelbar an verfassungsmäßige Grundrechte gebunden. Daher ist die Stärkung der Gläubigerautonomie auch immer mit einer erheblichen Schwächung der Rechtskontrolle von gläubigerinternen Entscheidungsprozessen verbunden. Anders als die Insolvenzrichter, die im Rahmen ihrer Ermessenentscheidungen die Interessen

293 Gesetz zur weiteren Erleichterung der Sanierung von Unternehmen v. 07.12.2011, BGBl. 2011 I, 2582 ff.

294 Begr. RegE. ESUG, BT-Drucks. 17/5712 S. 24.

295 Begr. RegE. ESUG, BT-Drucks. 17/5712 S. 25.

296 *Ries*, in: K. Schmidt-InsO, § 56 Rn. 3, 32 ff.; vgl. BVerfG, Beschl. v. 23.05.2006 – 1 BvR 2530/04, BVerfGE 116, 1 (12).

der Gläubiger und des Schuldners des konkreten Insolvenzverfahrens berücksichtigen müssen, sind die im Gläubigerausschuss beteiligten Gläubiger den Verwalteraspiranten bei ihren Auswahlüberlegungen weder zur Rücksichtnahme auf die Gleichbehandlung in der Bestellungspraxis (Art. 3 GG), noch zu einem gerechten Zugang zum Beruf (Art. 12 GG) verpflichtet.[297] Anders als das Insolvenzgericht sind die im vorläufigen Gläubigerausschuss beteiligten Gläubiger daher auch gerade nicht verpflichtet, bei Interessenkollisionen die jeweiligen Vor- und Nachteile für den Schutz der verschiedenen betroffenen Rechtsgüter in ihrer Gesamtheit zu berücksichtigen.[298]

Daher liegen in der Bestellung des Verwalters durch die Gläubiger – je nach der Ausgestaltung der verschiedenen Einflussnahmemöglichkeiten der jeweiligen Gläubigergruppen – auch erhebliche Missbrauchsgefahren. Vor allem besteht die Gefahr der Nichtgeltendmachung potentieller Ansprüche gegen einflussreiche Mehrheitsgläubiger – insbesondere von Ansprüchen aus der Anfechtung von Rechtshandlungen –, wenn Anspruchsgegner diejenigen Gläubiger sind, auf deren Initiative die Bestellung des Verwalters zurückgeht.[299] Schließlich kann mit der Einflussnahme von Gläubigern auf die Verwalterbestellung zumindest auch bezweckt werden, die Geltendmachung von Anfechtungsrechten zu verhindern und das Bestreiten von Sicherungsrechten zu unterbinden, zumindest wenn die Einfluss nehmenden Gläubiger in erheblichem Umfang Inhaber von Sicherungsrechten oder Anspruchsgegner von Anfechtungsansprüchen sind.[300] Zu berücksichtigen ist dabei auch, dass das Insolvenzgericht an den Beratungen des Ausschusses nicht teilnimmt, jedenfalls solange der Ausschuss dies nicht freiwillig gestattet.[301]

II. Einflussnahmemöglichkeiten im Eröffnungsverfahren

Von herausragender Bedeutung für die mit dem ESUG verfolgte Stärkung der Gläubigerrechte ist vor allem die Auswahl des Verwalters. Die Möglichkeit der Wahl eines anderen als des gerichtlich bestellten Verwalters in der ersten

---

297 *Ries*, in: K. Schmidt-InsO, § 56 Rn. 3; vgl. BVerfG, Beschl. v. 23.05.2006 – 1 BvR 2530/04, BVerfGE 116, 1 (13 f.).

298 Vgl. BVerfG, Beschl. v. 23.05.2006 – 1 BvR 2530/04, BVerfGE 116, 1 (16).

299 *Haarmeyer*, ZInsO 1999, 563 (563); *Voigt-Salus/Sietz*, ZInsO 2010, 2050 (2052); vgl. allg. *Jelinek*, Insolvenzrecht im Umbruch, 21 (26 f.).

300 *Pape*, ZInsO 2011, 1582 (1589); *Vallender*, NZI 2010, 838 (843); *Voigt-Salus/Sietz*, ZInsO 2010, 2050 (2052); vgl. allg. *Jelinek*, Insolvenzrecht im Umbruch, 21 (26 f.).

301 *Ries*, in: K. Schmidt-InsO, § 56a Rn. 10.

Gläubigerversammlung wurde in der Praxis selten genutzt, weil ein Wechsel des Verwalters einige Wochen nach Verfahrenseröffnung zumeist erhebliche Reibungsverluste mit sich bringt, die zusätzlichen Zeit- und Kostenaufwand bedeuten.[302] Daher wurde vom Gesetzgeber angenommen, zur Stärkung der Gläubigerautonomie müsse der Einfluss der Gläubiger auf die Bestellung des Verwalters in einem früheren Verfahrensabschnitt als der Verfahrenseröffnung einsetzen.[303] Mit der Einsetzung eines vorläufigen Gläubigerausschusses und der Beteiligung dieses Ausschusses zeitlich vor den Entscheidungen des Gerichts soll ein frühzeitiger Einfluss der Gläubiger auf die Auswahl des (vorläufigen) Insolvenzverwalters, auf die Anordnung der Eigenverwaltung und auf die Bestellung des (vorläufigen) Sachwalters sichergestellt werden, insbesondere in Fällen, in denen eine Sanierung eines insolventen Unternehmens in Betracht kommt und die Erhaltung von Betriebsstätten und Arbeitsplätzen auf dem Spiel steht.[304]

Neben der Einführung des vorläufigen Gläubigerausschusses wurde mit dem ESUG die Bestellpraxis weiteren Änderungen unterzogen. So steht den Gläubigern zum einen nun ein Vorschlagsrecht zu. Zum anderen steht es der Bestellung eines Insolvenzverwalters nicht mehr entgegen, dass dieser den Schuldner vor dem Eröffnungsantrag in allgemeiner Form über den Ablauf eines Insolvenzverfahrens und dessen Folgen beraten hat. Auch insoweit können durch diese gesetzlichen Änderungen Einflussnahmemöglichkeiten entstehen, die der Geltendmachung von Anfechtungsansprüchen entgegenstehen können.

1. *Vorschlagsrecht der Gläubiger, § 56 Abs. 1 Satz 3 Nr. 1 InsO*

Mit dem durch das ESUG neu eingefügten § 56 Abs. 1 Satz 3 Nr. 1 InsO ist nun gesetzlich festgelegt, dass jeder Gläubiger, genauso wie der Schuldner, das Recht hat, eine geeignete Person als Verwalter vorzuschlagen, und dass die für die Bestellung eines Insolvenzverwalters erforderliche Unabhängigkeit davon unberührt bleibt. Diese Regelung wurde vor dem Hintergrund eingefügt, dass Gerichte teilweise einen Verwalter nur aufgrund des Vorschlags eines Gläubigers abgelehnt haben,[305] und in ähnlicher Weise auch in der Literatur teilweise die sogenannte Lehre vom Verdachtsanlass vertreten wurde, nach der ein vom Schuldner oder einem Gläubiger vorgeschlagener Verwalter stets seine Unabhängigkeit

---

302 *Kammel/Staps*, NZI 2010, 791 (791).

303 Begr. RegE. ESUG, BT-Drucks. 17/5712 S. 17 f.; s. dazu *Marotzke*, KTS 2014, 113 (122 ff.).

304 Begr. RegE. ESUG, BT-Drucks. 17/5712 S. 24; s. auch *Kruth*, DStR 2017, 669 (669).

305 Vgl. Begr. RegE. ESUG, BT-Drucks. 17/5712 S. 26 m. w. N.

verliere.[306] Der uneingeschränkten Ablehnung von vorgeschlagenen Verwaltern steht entgegen, dass Vorschläge von Gläubigern oder dem Schuldner auf einer Vielzahl von legitimen Gründen beruhen können. So können insbesondere die fachliche Qualifikation des Verwalters oder dessen Branchenerfahrung Veranlassung für einen Vorschlag seitens eines Gläubigers oder des Schuldners sein. Vor diesem Hintergrund kann ein Vorschlag des Schuldners oder eines Gläubigers auch nicht ohne zusätzliche Anhaltspunkte die Besorgnis der Befangenheit begründen.[307] Der Vorschlag eines Gläubigers oder des Schuldners ist für das Gericht allerdings nicht bindend. Vielmehr hat das Gericht die vorgeschlagene Person – im Rahmen seiner Amtsermittlung (§ 5 Abs. 1 Satz 1 InsO) – in seine Ermessenentscheidung einzubeziehen.[308] Es handelt sich damit lediglich um ein Initiativrecht von Gläubigern und Schuldner. Durch dieses Verfahren haben einzelne Gläubiger aber dennoch – wenn ein entsprechender Vorschlag zur Bestellung eines Verwalters führt – die Möglichkeit erhalten, mit dem Insolvenzverwalter in Bezug auf Anfechtungsansprüche Absprachen zu treffen, die dem Interesse der gesamten Gläubigerschaft entgegenstehen können.[309] In vielen Konstellationen schafft die mit dem ESUG insoweit geschaffene Rechtslage trotz des an sich zu begrüßenden Vorschlagsrechts teilweise eine Grauzone, die zu Missbräuchen führen kann.[310] Zudem können missbräuchliche Abhängigkeiten zwischen Verwalter und Gläubigern oder dem Schuldner für Insolvenzrichter häufig sehr schwer zu erkennen sein, weil das Vorschlagsrecht nicht daran gebunden ist, dass der Gläubiger oder der Schuldner seinen Vorschlag begründet.[311] Zu berücksichtigen ist dabei auch, dass einige Verwalter angesichts der in den letzten Jahren stark gestiegenen Konkurrenz aktiv die Aufdeckung von Verstrickungen und Abreden zu verhindern versuchen.[312]

Auf der anderen Seite darf wiederum auch nicht außer Acht gelassen werden, dass Schuldner oder Gläubiger vor Einfügung der Neuregelung leichter einen

306 *Neubert*, ZInsO 2002, 309 (312); in diese Richtung auch *Pape*, ZInsO 2002, 1017 (1018); *Uhlenbruck*, KTS 1989, 229 (245); vgl. *Frind*, ZInsO 2014, 119 (125); *Kammel/Staps*, NZI 2010, 791 (791) jeweils m. w. N.

307 *Kammel/Staps*, NZI 2010, 791 (791); *Köster*, Die Bestellung des Insolvenzverwalters, S. 100 f.

308 *Jahntz*, in: Frankfurter Kommentar-InsO, § 56 Rn. 30.

309 Vgl. *Paulus*, NZI 2008, 705 (707).

310 *Zipperer*, ZInsO 2018, 2613 (2619); einschränkend *Horstkotte*, ZInsO 2013, 160 (161).

311 *Antholz*, ZInsO 2012, 1189 (1192); vgl. *Jahntz*, in: Frankfurter Kommentar-InsO, § 56 Rn. 30.

312 *Zipperer*, ZInsO 2018, 2613 (2619).

Verwalter vorschlagen und eine vermeintliche Nähe vortäuschen konnten, um auf diesem Wege einen unerwünschten Verwalter rechtsmissbräuchlich aus dem Kreis der möglichen Verwalter auszuschließen.[313] Wurde diese Vorgehensweise im Hinblick auf eine größere Anzahl von Verwalteraspiranten angewandt, konnten die Chancen für einen bestimmten Verwalter, von dem eine Anfechtung nicht zu befürchten war, durchaus realistisch erhöht werden. Insofern ist die Neuregelung teilweise auch geeignet, Missbrauchsgefahren zu reduzieren.[314] Letztendlich führt das Vorschlagsrecht jedoch in vielen Situationen, besonders in Großverfahren, dazu, dass Bewerber für das Amt des Verwalters zwangsläufig darauf angewiesen sind, sich bereits möglichst frühzeitig mit den Großgläubigern zu arrangieren, um als Verwalter vorgeschlagen zu werden.[315] Vor dem Hintergrund der stark gestiegenen Missbrauchsgefahren hat sich das Insolvenzgericht bei der Ermessensentscheidung der Verwalterbestellung daher möglichst vollumfänglich gegen den Druck seitens interessierter Gläubiger oder anderer Verfahrensbeteiligter zu wehren und missbräuchliche Abhängigkeiten aufzudecken.[316] Häufig wird das Insolvenzgericht indes nicht alle dazu erforderlichen Informationen einholen können. Gerade weil nach Stellung eines Insolvenzantrags regelmäßig ein besonderer Zeitdruck herrscht, kann das Insolvenzgericht praktisch kaum alle für eine vollumfängliche Prüfung der Unabhängigkeit eines vorgeschlagenen Verwalters erforderlichen Informationen vorab einholen, so dass es geradezu zwangsläufig zur Bestellung von abhängigen Verwaltern kommen muss. Es handelt sich insoweit aber um eine Dunkelziffer. Tatsächliche Fälle missbräuchlicher Einflussnahme bei der Verwalterbestellung konnten bislang jedenfalls nicht in größerer Anzahl aufgedeckt werden.

2. Vorherige Beratung, § 56 Abs. 1 Satz 3 Nr. 2 InsO

Nach dem ebenfalls mit dem ESUG neu eingefügten § 56 Abs. 1 Satz 3 Nr. 2 InsO begründet allein der Umstand, dass der Verwalter den Schuldner vor dem Eröffnungsantrag in allgemeiner Form über den Ablauf eines Insolvenzverfahrens

---

313 *Braun*, FS-Uhlenbruck, 463 (495); *Vallender/Heukamp*, NZI 2002, 513 (519); *Graeber*, in: MüKo-InsO, § 56 Rn. 129, 134; *Riedel*, in: Heidelberger Kommentar-InsO, § 56 Rn. 6; *Köster*, Die Bestellung des Insolvenzverwalters, S. 100 f.

314 *Graeber*, in: MüKo-InsO, § 56 Rn. 129, 134; *Riedel*, in: Heidelberger Kommentar-InsO, § 56 Rn. 6.

315 *Pape*, ZInsO 2011, 1033 (1034).

316 *Graeber*, in: MüKo-InsO, § 56 Rn. 134; *Köster*, Die Bestellung des Insolvenzverwalters, S. 100 f.; ausf. dazu bereits *Uhlenbruck*, KTS 1989, 229 (233).

und dessen Folgen beraten hat, keine indiziellen Zweifel an seiner Unabhängigkeit.[317] Diese Gesetzesänderung hat sich als besonders problematisch erwiesen. Weitgehend Einigkeit herrscht lediglich insoweit, als dass die Vorschrift eng an ihrem Wortlaut auszulegen ist, Beratungsleistungen also nur allgemein über den Ablauf des Verfahrens und die Auswirkungen eines Insolvenzverfahrens ohne Bezugnahme auf den Einzelfall des Schuldners erfolgen dürfen.[318] Bei diesem geringen Informationsgehalt handelt es sich letztendlich mehr um eine bloße Vorabinformation als um eine wirkliche Beratung.[319] Schließlich soll eine Personalunion von Sanierungsberater und Verwalter gerade unzulässig sein.[320] Letztendlich schließen sich die Begriffe „beraten" und „in allgemeiner Form" schon sachlogisch aus, da sich eine Beratung nach dem Wortsinn bereits auf einen konkreten Sachverhalt bezieht.[321] Dem Gesetz ist jedoch eine Eingrenzung des zulässigen Bereichs dieser Vorabinformation nicht zu entnehmen.[322] So liegen mit der „allgemeinen" Beratung und der inhaltlichen Begrenzung auf den „Ablauf" des Insolvenzverfahrens allein zwei unbestimmte Rechtsbegriffe vor.[323]

Vom Grundsatz her ist daher – wie vor der Neuregelung – die Bestellung von Personen, die dem Schuldner im Vorfeld des Insolvenzverfahrens zur Seite gestanden haben, sowie von früheren außergerichtlichen Sanierern ausgeschlossen. Schließlich muss der Insolvenzverwalter oder Sachwalter gläubigerschädigende Handlungen der Berater des Schuldners aufklären und insbesondere Anfechtungsansprüche ermitteln und ggf. (gerichtlich) durchsetzen.[324] Wann aber genau die Grenze einer zulässigen Vorabinformation überschritten wird, ist unklar. Letztendlich ist die vom Gesetzgeber erstrebte Vorabinformation auch

317 Ausf. zur Sanierungsberatung und zu Regressrisiken s. *Wellensiek/Büteröwe*, FS-Pannen, 319 (319 ff.).

318 *Graeber*, in: MüKo-InsO, § 56 Rn. 31b; *Blümle*, in: Braun-InsO, § 56 Rn. 76; *Frind*, ZInsO 2014, 119 (125); *Westermann*, Die Auswahl und die Bestellung des (vorläufigen) Insolvenzverwalters im Widerstreit der Interessen von Gläubigern und Schuldner, 86.

319 *Jahntz*, in: Frankfurter Kommentar-InsO, § 56 Rn. 31.

320 *Frind*, in: Hamburger Kommentar-InsO, § 56 Rn. 98.

321 *Andres*, in: Andres/Leithaus, InsO, § 56 Rn. 4.

322 *Frind*, ZInsO 2014, 119 (125); *Vallender*, NZI 2010, 838 (843 f.); *Zipperer*, in: Uhlenbruck-InsO, § 56 Rn. 43; vgl. auch *Andres*, in: Andres/Leithaus-InsO, § 56 Rn. 4; *Kammel/Staps*, NZI 2010, 791 (792).

323 *Frind*, ZInsO 2014, 119 (125); *Zipperer*, in: Uhlenbruck-InsO, § 56 Rn. 43.

324 *Pape*, ZIP 2013, 2285 (2290); *Lind*, in: Ahrens/Gehrlein/Ringstmeier-InsO, § 56 Rn. 11.

fernab von der Beratungspraxis. Zum einen sind zu dieser oberflächlichen Form der Beratung Verwalter in der Regel nicht bereit. Zum anderen erfordert die Einschätzung der finanziellen Lage des Schuldners gerade eine einzelfallbezogene Beratung mit konkreten Angaben. Die Beratung ist daher entweder zu oberflächlich für den Schuldner, solange sich der Berater im Rahmen des rechtlich Zulässigen bewegt; oder es entstehen Interessenkollisionen, wenn der Berater – entsprechend dem Willen des Schuldners – diese Grenze überschreitet, aber dennoch nicht als möglicher Verwalter in dem Verfahren ausscheiden möchte.[325] In der Praxis ist eine Beratung im Rahmen der engen gesetzlichen Grenzen daher kaum möglich.[326] Naturgemäß stellt sich etwa bei einer anwaltlichen vorinsolvenzlichen Beratung bei einer Zahlungskrise etwa die Frage des Eintritts der Zahlungsunfähigkeit und somit eine konkrete Frage.[327] Genauso erwarten Mandanten von einem Berater im Allgemeinen verständlicherweise eher eine konkrete, individuelle und spezielle Auskunft zu dem unterbreiteten Lebenssachverhalt als allgemeine Informationen über den generellen Ablauf eines Insolvenzverfahrens.[328] Letztendlich hängt damit die Grenze von der jeweiligen Ermessensentscheidung des Gerichts ab. Im Rahmen der Amtsermittlung muss sich das Gericht möglichst vollumfänglich über die Vorabinformation informieren und Abhängigkeiten prüfen. Missbrauchsgefahren können damit aber nicht immer ausgeschlossen werden, weil zum einen Zeitdruck herrscht, und zum anderen der Verwalteraspirant mit dem Schuldner vereinbart haben kann, die Überschreitung des unschädlichen Vorabinformationsbereichs gegenüber dem Gericht zu verheimlichen. Zwar hat der Insolvenzverwalter das Gericht unabhängig von einem etwaigen Überschreiten der für eine Unabhängigkeit noch zulässigen Beratung unaufgefordert und schriftlich über eine allgemeine Beratung in diesem Sinne zu informieren.[329] Schließlich kann die Prüfung, ob die Beratungen noch die Voraussetzungen des Abs. 1 Satz 3 InsO erfüllen, nicht von dem Verwalter selbst, sondern nur von einer nicht betroffenen Person

---

325 *Römermann*, GmbHR 2013, 337 (342); *Frind*, ZInsO 2011, 373 (377); ausf. zu einem Fall der Vorbefassung *Haarmeyer*, ZInsO 2011, 1722 (1722 ff.); a. A. *Frings/Bernsen*, NJW-Spezial 2012, 405 (405).

326 *Pape*, ZInsO 2018, 2725 (2732); *Römermann/Praß*, GmbHR 2012, 425 (430); *Frind*, ZInsO 2014, 119 (126).

327 *Römermann/Praß*, GmbHR 2012, 425 (430); *Römermann*, GmbHR 2013, 337 (342); *Frind*, ZInsO 2014, 119 (126).

328 *Römermann/Praß*, ZInsO 2011, 1576 (1577); *Frind*, in: Hamburger Kommentar-InsO, § 56 Rn. 98.

329 *Graeber*, in: MüKo-InsO, § 56 Rn. 31c; *Pape*, ZInsO 2016, 2149 (2150).

durchgeführt werden, in diesem Fall dem Insolvenzgericht.[330] Bei einer Vereinbarung zwischen Schuldner und Berater, die tatsächlich erfolgte Beratung nicht offenzulegen, hat das Gericht aber kaum Möglichkeiten, Informationen über die tatsächliche Beratung zu erhalten, so dass letztendlich über ausführliche Beratungen im Vorfeld der Insolvenz Abhängigkeiten begründet werden können, die vom Gericht nicht erkannt werden können.

Auf der anderen Seite ist auch bei dieser gesetzlichen Neuregelung zu berücksichtigen, dass der Schuldner sich (auf Anraten eines anderen Beraters oder Verwalteraspiranten) bei einem Verwalter vorab über das in § 56 Abs. 1 Satz 3 Nr. 2 InsO erlaubte Maß hinaus informieren kann, um einen unerwünschten Verwalter rechtsmissbräuchlich aus dem Kreis der möglichen Verwalter auszuschließen.[331] Wird diese Vorgehensweise bei mehreren Verwaltern angewandt, können die Chancen für einen gewünschten Kandidaten erhöht werden. Insoweit konnten die Missbrauchsgefahren, die nach alter Rechtslage bestanden, abgemildert werden, obgleich sich Schuldner weiterhin in einem nicht mehr zulässigen Maß informieren und damit eine der Bestellung entgegenstehende Abhängigkeit herbeiführen können.

Aufgrund der zahlreichen Unklarheiten und Missbrauchsgefahren wird diese Regelung zutreffend überwiegend als verunglückt angesehen.[332] Insbesondere fordert diese Rechtslage zu einer Täuschung des Insolvenzgerichts geradezu heraus.[333] Durch eine dem Insolvenzgericht verheimlichte Beratung des Schuldners kann der Insolvenzverwalter in bestimmten Konstellationen letztendlich eine Bestellung als Insolvenzverwalter im schon vor Antragstellung betreuten Verfahren erhalten.[334] Dann sind schwerwiegende Interessenkollisionen zu befürchten. Insbesondere ist die Unabhängigkeit des Verwalters stark gefährdet, wenn der bisherige Berater des Schuldners im eröffneten Verfahren als Verwalter Anfechtungsansprüche prüfen soll, und es sich bei den anfechtbaren Rechtshandlungen etwa um Gesellschafterdarlehensfinanzierungen handelt, die er

330 *Graeber*, in: MüKo-InsO, § 56 Rn. 31c.

331 *Graeber*, in: MüKo-InsO, § 56 Rn. 31a.

332 *Pape*, ZInsO 2016, 2149 (2149); ders., ZInsO 2018, 2725 (2731 f.); *Frind*, ZInsO 2014, 119 (125); *Römermann/Praß*, ZInsO 2011, 1576 (1577); *Römermann*, GmbHR 2013, 337 (342); *Vallender*, NZI 2010, 838 (843 f.); *Lind*, in: Ahrens/Gehrlein/Ringstmeier-InsO, § 56 Rn. 10; *Zipperer*, in: Uhlenbruck-InsO, § 56 Rn. 43.

333 *Pape*, ZInsO 2016, 2149 (2149); vgl. BGH, Beschl. v. 17.03.2016 – IX AR (VZ) 1/15, NZI 2016, 508 (511) Rn. 25 f.

334 *Pape*, ZInsO 2016, 2149 (2150); ders. ZInsO 2019, 57 (62).

selbst als Berater mitgestaltet hat, oder sogar um die Bezahlung seiner eigenen Beratungshonorare.[335]

3. *Vorläufiger Gläubigerausschuss, §§ 56 ff. InsO*

Gem. § 56a InsO kann nun auch der vorläufige Gläubigerausschuss in die Auswahl des Verwalters einbezogen werden. Der vorläufige Gläubigerausschuss soll ein vom Insolvenzverwalter unabhängiges Organ sein.[336] Trotz dieses Unabhängigkeitsgebots wird es praktisch immer wieder vorkommen, dass Gläubiger ihre Eigeninteressen im Rahmen ihrer Tätigkeit als Ausschussmitglied überbetonen.[337] Durch die Teilnahme am vorläufigen Gläubigerausschuss können Gläubiger erheblichen Einfluss auf wesentliche verfahrensgestaltende Entscheidungen nehmen und so das Verfahren zu ihren Gunsten lenken.[338] Diese außerhalb des rechtlich Zulässigen rechtsmissbräuchliche verdeckte Verfahrenslenkung kann gesteigert werden, wenn zusätzlich ein gewisses Näheverhältnis zum vorläufigen Insolvenzverwalter besteht.[339] In dieser Konstellation kann ein Insolvenzverwalter geneigt sein, als Gegenleistung für seinen Vorschlag durch den vorläufigen Gläubigerausschuss auf die Geltendmachung von Anfechtungsansprüchen gegenüber einem oder mehreren Ausschussmitgliedern, zu denen ein Näheverhältnis besteht oder für die Zukunft begründet werden soll, zu verzichten.[340]

a) Zusammensetzung

Auf die Zusammensetzung des vorläufigen Gläubigerausschusses, seine Aufgaben, die Beschlussfassung und die Vergütung seiner Mitglieder sind die Vorschriften über den im eröffneten Verfahren gebildeten Gläubigerausschuss entsprechend anwendbar.[341] Die Zuständigkeit zur Auswahl der Mitglieder eines vorläufigen Gläubigerausschusses liegt beim Insolvenzgericht. Bei der Auswahlentscheidung ist das Gericht nur insoweit gebunden, als dass die Mitglieder die in §§ 21 Abs. 2 Nr. 1a, 67 Abs. 2 InsO genannten Gläubigergruppen repräsentieren sollen. Wie viele Ausschussmitglieder tatsächlich bestellt werden und welche

---

335 *Hofmann*, NZI 2010, 798 (803); *Frind*, NZI 2010, 705 (708 f.); ders., ZInsO 2010, 1966 (1967 f.); *Lind*, in: Ahrens/Gehrlein/Ringstmeier-InsO, § 56 Rn. 10.

336 *Frind*, ZInsO 2012, 1380 (1383).

337 *Paulus*, NZI 2008, 705 (709); *Römermann*, GmbHR 2013, 337 (340).

338 *Weitzmann*, FS-Pannen, 757 (760, 766).

339 *Weitzmann*, FS-Pannen, 757 (761, 766); *Römermann*, GmbHR 2013, 337 (340).

340 Vgl. *Gruber*, NJW 2013, 584 (585).

341 BT-Drucks. 17/5712, S. 24 (zu § 21 Abs. 2 Satz 1 Nr. 1a InsO).

Gläubigergruppen in dem Ausschuss repräsentiert werden, ist gesetzlich indes nicht zwingend geregelt, so dass es keine verpflichtende Beteiligung bestimmter Gläubigergruppen gibt. Abweichungen nach unten sind daher zulässig, solange nicht bloß eine einzelne Person als Ausschussmitglied bestellt wird.[342] In der Praxis ist es allerdings häufig problematisch, überhaupt Personen zu finden, die zu einer Mitwirkung im vorläufigen Gläubigerausschuss bereit sind. Auch wenn das Insolvenzgericht rechtlich gesehen die freie Auswahl hat, wird diese faktisch auf die wenigen hierzu bereiten Personen begrenzt.[343] Regelmäßig wirken daher insbesondere Kreditinstitute und andere Großgläubiger als Ausschussmitglieder am Verfahren mit, die damit im vorläufigen Gläubigerausschuss meist den größten Einfluss ausüben und so erheblichen Einfluss auf die Auswahl des Verwalters nehmen können.[344] Die Unabhängigkeit des Verwalters wird dadurch erheblich gefährdet.[345] Als Korrektiv kann das Insolvenzgericht gem. § 70 InsO Ausschussmitglieder aus ihrem Amt entlassen, sofern ein wichtiger Grund für die Entlassung vorliegt. Wird daher bekannt, dass einzelne Ausschussmitglieder Sonderinteressen verfolgen, die die Belange der Gesamtheit der Gläubiger objektiv nachhaltig beeinträchtigen, kann das Gericht die Person von Amts wegen, auf Antrag eines Mitglieds des Gläubigerausschusses oder auf Antrag der Gläubigerversammlung entlassen.[346]

b) Einsetzung eines vorläufigen Gläubigerausschusses

Zunächst ist aber zu beachten, dass ein vorläufiger Gläubigerausschuss nicht in jedem Fall als originärer Pflichtausschuss durch das Insolvenzgericht einzusetzen ist. Ein vorläufiger Gläubigerausschuss sollte nach dem Willen des Gesetzgebers insbesondere in Fällen eingesetzt werden, in denen die Sanierung eines insolventen Unternehmens in Betracht kommt und die Erhaltung von Betriebsstätten und Arbeitsplätzen auf dem Spiel steht.[347] Daher sieht § 22a InsO die Einsetzung eines vorläufigen Gläubigerausschusses nun in drei verschiedenen Konstellationen vor.[348]

---

342 *Ehlers*, BB 2013, 259 (260).
343 *Neubert*, GmbHR 2012, 439 (442).
344 *Marotzke*, KTS 2014, 113 (124, 133, 153); s. bereits *Bales*, BKR 2003, 967 (968).
345 *Marotzke*, KTS 2014, 113 (125).
346 *Ehlers*, BB 2013, 259 (260).
347 Begr. RegE. ESUG, BT-Drucks. 17/5712 S. 24.
348 S. dazu *Römermann*, GmbHR 2013, 337 (340).

Nur nach § 22a Abs. 1 InsO trifft das Gericht die Bestellungsentscheidung von Amts wegen und setzt einen originären Pflichtausschuss ein, wenn das Unternehmen die an § 267 Abs. 1 Nr. 1 bis 3 HGB angeglichenen Größenkriterien erfüllt und keine der Ausnahmen des § 22a Abs. 3 InsO vorliegt.[349] Werden diese Größenkriterien nicht erfüllt, soll das Gericht nach § 22a Abs. 2 InsO auf Antrag des Schuldners, des vorläufigen Insolvenzverwalters oder eines Gläubigers einen vorläufigen Gläubigerausschuss bestellen, wenn Personen benannt werden, die als Mitglieder des vorläufigen Gläubigerausschusses in Betracht kommen (§ 67 Abs. 2 InsO), und dem Antrag Einverständniserklärungen der benannten Personen beigefügt werden (derivativer Pflichtausschuss). Schließlich kann das Gericht als dritte Möglichkeit gem. § 21 Abs. 2 Satz 1 Nr. 1a InsO nach pflichtgemäßem Ermessen auch bei kleinen oder mittleren Unternehmen einen vorläufigen Gläubigerausschuss einberufen (fakultativer Ausschuss).[350]

c) *Einflussnahme bei der Verwalterbestellung*

Liegt eine dieser drei Konstellationen vor und wird ein vorläufiger Gläubigerausschuss bestellt, kann sich dieser bei der Wahl des Verwalters in erheblichem Maße beteiligen. Bei der Einsetzung eines derivativen Pflichtausschusses können Gläubiger und andere Verfahrensbeteiligte selbst Einfluss bereits auf die Einsetzung sowie die Mitglieder eines vorläufigen Gläubigereinflusses nehmen, so dass sich das Beeinflussungspotential nochmals erhöht.[351]

Gem. § 56a Abs. 1 InsO ist vor der Bestellung des Verwalters dem gem. §§ 21 Abs. 2 Nr. 1a, 22a InsO eingesetzten vorläufigen Gläubigerausschuss Gelegenheit zu geben, sich zu den Anforderungen, die an den Verwalter zu stellen sind, und zur Person des Verwalters zu äußern. Das Gericht darf nur ausnahmsweise davon absehen, wenn dies offensichtlich zu einer nachteiligen Veränderung der Vermögenslage des Schuldners führt. Gem. § 56a Abs. 2 InsO darf das Gericht von einem einstimmigen Vorschlag des vorläufigen Gläubigerausschusses zur Person des Verwalters zudem nur dann abweichen, wenn die vorgeschlagene Person für die Übernahme des Amts nicht geeignet ist. Darüber hinaus hat das Gericht bei der Auswahl des Verwalters die vom vorläufigen Gläubigerausschuss beschlossenen Anforderungen an die Person des Verwalters zugrunde zu legen. Für den Vorschlag eines Kandidaten als Insolvenzverwalter ist gem. § 56a Abs. 2

349 Begr. RegE. ESUG, BT-Drucks. 17/5712 S. 24.
350 Begr. RegE. ESUG, BT-Drucks. 17/5712 S. 24.
351 *Römermann*, GmbHR 2013, 337 (340).

Satz 1 InsO ein einstimmiges Votum der Mitglieder erforderlich.[352] Wenn sich die Ausschussmitglieder nicht auf einen Kandidaten einigen können, kann der vorläufige Gläubigerausschluss durch Mehrheitsbeschluss (Kopfmehrheit) nach §§ 21 Abs. 2 Nr. 1a, 72 InsO aber das Anforderungsprofil des Insolvenzverwalters festlegen. Dieses Anforderungsprofil muss jedoch allgemein gehalten sein und darf sich nicht auf eine bestimmte Person beziehen oder in den Anforderungen so detailliert sein, dass letztendlich nur eine Person als Verwalter in Betracht kommt. Anderenfalls könnte über das Anforderungsprofil das Erfordernis des einstimmigen Votums zur Verwalterbestellung umgangen werden.[353] Mit diesem Erfordernis soll ein übergeordneter Einfluss einzelner (institutioneller) Gläubiger und damit die Bildung lobbyistischer Strukturen vermieden werden.[354] Wenn das Gericht aufgrund einer drohenden nachteiligen Veränderung der Vermögenslage des Schuldners von einer Anhörung gem. § 56a Abs. 1 InsO abgesehen hat, kann der vorläufige Gläubigerausschuss gem. § 56a Abs. 3 InsO in seiner ersten Sitzung einstimmig eine andere Person als die bestellte zum Insolvenzverwalter wählen.[355] Auch hier hat der Gesetzgeber Einstimmigkeit als erforderlich angesehen. Es müsse berücksichtigt werden, dass einem vorläufigen Gläubigerausschuss, der naturgemäß nur ein unvollkommenes Abbild der Gesamtgläubigerschaft darstellen kann, im Vergleich zur Gläubigerversammlung nur eine eingeschränkte Legitimation zukommt. Aus diesem Grund wird auch für die Abwahl des Insolvenzverwalters anders als im eröffneten Verfahren durch die Gläubigerversammlung nach § 57 InsO eine einstimmige Entscheidung verlangt.[356]

Über die Verweisung in § 21 Abs. 2 Satz 1 Nr. 1 InsO gilt die Neuregelung auch für die Bestellung eines vorläufigen Insolvenzverwalters. Da der Ernennung eines Insolvenzverwalters in der Regel die Bestellung eines vorläufigen Insolvenzverwalters vorausgeht und der vorläufige Verwalter bei Verfahrenseröffnung meist zum Insolvenzverwalter bestellt wird[357], liegt hier der in der

352 Ausf. *Ganter*, NZI 2018, 137 (141 f.).

353 *Westermann*, Die Auswahl und die Bestellung des (vorläufigen) Insolvenzverwalters im Widerstreit der Interessen von Gläubigern und Schuldner, Rn. 134.

354 *Hölzle*, Praxisleitfaden ESUG, §§ 56, 56a Rn. 22 f.; *Westermann*, Die Auswahl und die Bestellung des (vorläufigen) Insolvenzverwalters im Widerstreit der Interessen von Gläubigern und Schuldner, Rn. 134, 143.

355 *Klopp/Kluth/Pechartscheck*, in: Gottwald, Insolvenzrechts-Handbuch, § 22 Rn. 10.

356 Vgl. Beschlussempfehlung und Bericht des Rechtsausschusses, BT-Drucks. 17/7511 S. 35.

357 *Kammel/Staps*, NZI 2010, 791 (791).

Praxis wichtigste Anwendungsbereich der Einflussnahme von Gläubigern auf die Person des Verwalters.[358] Durch die Einführung der §§ 56a, 22a InsO hat der Gesetzgeber bewusst die Schlüssel zur Verwalterbestellung aus der Hand des Richters gegeben, um die Gläubigerautonomie im Bereich der Bestellung des Insolvenzverwalters zu stärken.[359]

Mit den Einflussnahmemöglichkeiten hat der vorläufige Gläubigerausschuss nun ein weitreichendes Bestimmungsrecht und kann das gerichtliche Auswahlermessen erheblich einschränken. Damit können der Ausschuss und damit praktisch zumeist einzelne Großgläubiger letztendlich die gesamte Verfahrensabwicklung nach eigenen Interessen in erheblichem Maße beeinflussen.[360] Interessenkollisionen sind insoweit geradezu vorprogrammiert.[361] Die Dominanz einzelner Großgläubiger soll über das Erfordernis der Einstimmigkeit von Beschlüssen zur Wahl eines Verwalters durch den vorläufigen Gläubigerausschuss eingeschränkt werden. Für die Einsetzung des vorläufigen Gläubigerausschusses gilt nach § 21 Abs. 2 Nr. 1a InsO die Regelung des § 67 Abs. 2 InsO, so dass im vorläufigen Gläubigerausschuss die absonderungsberechtigten Gläubiger, die Insolvenzgläubiger mit den höchsten Forderungen und die Kleingläubiger vertreten sein sollen und dem Ausschuss ein Vertreter der Arbeitnehmer angehören soll. Weder das Erfordernis der Einstimmigkeit noch die angestrebte Zusammensetzung des vorläufigen Gläubigerausschusses vermögen allerdings die Dominanz der Großgläubiger in jedem Fall zu beseitigen. Schließlich beteiligen Gläubiger sich im vorläufigen Gläubigerausschuss nur, wenn sich der Aufwand rechnet.[362] In der Praxis sind zumeist nur die Großgläubiger im vorläufigen Gläubigerausschuss vertreten. Im Allgemeinen sind die meisten Gläubiger von vornherein nicht bereit, sich in einem vorläufigen Gläubigerausschuss zu engagieren.[363] Entgegen dem gesetzgeberischen Willen in § 67 Abs. 2 Satz InsO beteiligen sich gerade Kleingläubiger selten als Ausschussmitglied. Auch wenn

---

358 Begr. RegE. ESUG, BT-Drucks. 17/5712 S. 25.

359 Begr. RegE. ESUG, BT-Drucks. 17/5712 S. 25; vgl. auch *Lissau/Hölzle*, FS-Pannen, 465 (466); *Weitzmann*, FS-Pannen, 757 (766); *Vallender*, NZI 2010, 838 (843 f.).

360 *Pape/Schultz*, ZIP 2016, 506 (508); *Vallender*, NZI 2010, 838 (843 f.).

361 *Lissau/Hölzle*, FS-Pannen, 465 (467); *Weitzmann*, FS-Pannen, 757 (760); *Gruber*, NJW 2013, 584 (585); *Voigt-Salus/Sietz*, ZInsO 2010, 2050 (2053); *Vallender*, NZI 2010, 838 (843 f.).

362 *Pape*, ZInsO 2018, 2725 (2735).

363 *Gruber*, NJW 2013, 584 (585); *Commandeur/Schaumann*, NZG 2012, 620 (620); *Neubert*, GmbHR 2012, 439 (442); *Hölzle*, NZI 2011, 124 (125 Fn. 14); *Pape*, ZInsO 2018, 2725 (2735).

den Ausschussmitgliedern seit dem ESUG ein gesetzlich geregelter Vergütungsanspruch für ihre Teilnahme am Gläubigerausschuss zusteht (§§ 21 Abs. 2 Satz 1 Nr. 1a, 73, 64, 65 InsO i. V. m. § 18 Abs. 2, 1 InsVV),[364] verfügen Kleingläubiger regelmäßig nicht über ausreichend Mittel und Zeit, um sich umfangreich zu beteiligen, und haben aufgrund der Höhe ihrer Forderung häufig schon keine Motivation zu einem hohen Arbeitseinsatz.[365] Nach § 17 Abs. 2 Satz 1 InsVV beträgt die Vergütung der Mitglieder des vorläufigen Gläubigerausschusses für die Erfüllung der ihm nach § 56a und § 270 Absatz 3 der InsO zugewiesenen Aufgaben jeweils einmalig 300 Euro.[366] Diese pauschale Aufwandsentschädigung stellt jedoch kaum einen finanziellen Anreiz dar, Mitglied des vorläufigen Gläubigerausschuss zu werden,[367] zumal eine angemessene Erhöhung der Vergütungssätze nicht zulässig ist.[368] Darüber hinaus drohen den Ausschussmitgliedern gem. §§ 71, 21 Abs. 2 Satz 1 Nr. 1a InsO Haftungsrisiken.[369]

Bei der Auswahl eines geeigneten Verwalterkandidaten durch den vorläufigen Gläubigerausschuss herrscht zudem – wie gewöhnlich in Eröffnungsverfahren – erheblicher Zeitdruck. Allein aus Zeitgründen kommt es daher im vorläufigen Gläubigerausschuss häufig nicht zu einer ausgewogenen Wahl zwischen verschiedenen Kandidaten. Vielmehr kann der Ausschuss häufig nur über einen vom Großgläubiger vorgeschlagenen Kandidaten entscheiden.[370] Eine

---

364 *Vallender*, in: Uhlenbruck-InsO, § 22a Rn. 71.

365 *Westermann*, Die Auswahl und die Bestellung des (vorläufigen) Insolvenzverwalters im Widerstreit der Interessen von Gläubigern und Schuldner, Rn. 326; *Trams*, NJW-Spezial 2012, 149 (149 f.); *Marotzke*, KTS 2014, 113 (124, 133); *Flöther*, ZIP 2012, 1833 (1839); *Pape*, ZInsO 2000, 469 (469); *Tetzlaff*, in: MüKo-InsO, Vorbemerkungen vor §§ 270 bis 285 Rn. 22.

366 Neben der Pauschale in Höhe von 300 Euro steht den Ausschussmitgliedern eine zeitbezogene Vergütung nach den allgemeinen Regelungen des § 17 Abs. 1 InsVV zu, *Haarmeyer/Mock*, in: Haarmeyer/Mock-InsVV, § 17 Rn. 14; *Stephan*, in: MüKo-InsO, § 17 InsVV Rn. 28; *Rauscher*, ZInsO 2012, 1201 (1202); AG Konstanz, Beschl. v. 11.8.2015 – 40 IN 408/14, NZI 2015, 959 (960); zum alten Recht *Zimmer*, ZIP 2013, 1309 (1309 ff.).

367 *Flöther*, jurisPR-InsR 12/2016 Anm. 4 unter D.; in diese Richtung auch *Frind*, ZInsO 2011, 373 (377); *Budnik*, in: BeckOK-Kostenrecht, § 17 InsVV Rn. 39; *Büttner*, in: Hamburger Kommentar-InsO, § 17 InsVV Rn. 68.

368 *Rauscher*, ZInsO 2012, 1201 (1202); *Stephan*, in: MüKo-InsO, § 17 InsVV Rn. 9.

369 *Huber*, ZInsO 2013, 1 (4); *Leithaus*, in: Andres/Leithaus-InsO, § 22a Rn. 17; *Frind*, in: BeckOK-InsO, § 67 Rn. 16; ausf. *Kamm*, in: Rattunde/Smid/Zeuner-InsO, § 71 Rn. 5 ff.

370 *Gruber*, NJW 2013, 584 (586).

unvoreingenommene Wahl zwischen unabhängigen Kandidaten anhand deren Qualifikation, Erfahrung und Branchenkenntnis ist praktisch in vielen Fällen nicht möglich. Zudem neigen viele Ausschussmitglieder dazu, sich eher passiv zu verhalten und den Vorschlägen der Großgläubiger ohne kritische Hinterfragung zu folgen. Gut vorbereitete und insolvenzerfahrene Großgläubiger können mit ihrer Sachkenntnis vor diesem Hintergrund häufig den Ausschuss dominieren.[371] Daher dürfte die Wahl des Verwalters in vielen Fällen durch Banken oder andere Großgläubiger erfolgen.[372] Kleingläubiger verfügen zudem in den seltensten Fällen über hinreichende Kenntnisse über aussagekräftige Kriterien zur Verwalterauswahl, die ihnen eine interessengerechte Abstimmung ermöglichten.[373] Selbst bei hinreichenden Kenntnissen über geeignete Auswahlkriterien haben Kleingläubiger außerdem häufig gar keinen Zugang zu Informationen, die eine einzelfallbezogene Anwendung der Kriterien und eine Auswahl zwischen verschiedenen Verwalterkandidaten ermöglichten.[374]

Auf Seiten des erfolgreich von Großgläubigern vorgeschlagenen Verwalters kann dadurch leicht eine die Unabhängigkeit beeinträchtigende Loyalitätsbindung entstehen,[375] aufgrund derer der Verwalter gegenüber diesem Großgläubiger auf die Anfechtung zu verzichten geneigt sein kann oder absprachegemäß insoweit auf die Anfechtung verzichtet.[376] Dadurch besteht trotz der für den Vorschlag eines Verwalters durch den vorläufigen Gläubigerausschuss erforderlichen Einstimmigkeit die Gefahr, dass Großgläubiger wie Banken, Kreditversicherer usw. lobbyistische Verwalterstrukturen bilden, die die Unabhängigkeit des Verwalters zu gefährden geeignet sein können.[377] So können auch und

371 *Antholz*, ZInsO 2012, 1189 (1193); *Hölzle*, NZI 2011, 124 (125 Fn. 14); *Flöther*, ZIP 2012, 1833 (1839).

372 *Gruber*, NJW 2013, 584 (585); *Neubert*, GmbHR 2012, 439 (442); *Marotzke*, KTS 2014, 113 (124, 133); vgl. auch *von Leoprechting*, in: v. Leoprechting/Ziechmann, Entscheidungsprozesse in Insolvenzerfahren, S. 23; *Tetzlaff*, in: MüKo-InsO, Vorbemerkungen vor §§ 270 bis 285 Rn. 22.

373 *Antholz*, ZInsO 2012, 1189 (1193); *Flöther*, ZIP 2012, 1833 (1840).

374 *Antholz*, ZInsO 2012, 1189 (1195); *Flöther*, ZIP 2012, 1833 (1840).

375 *Gruber*, NJW 2013, 584 (586); *Marotzke*, KTS 2014, 113 (124, 133); *Flöther*, ZIP 2012, 1833 (1839); vgl. *Frind*, ZInsO 2012, 59 (63); *Pape*, ZInsO 2018, 2725 (2735); *Tetzlaff*, in: MüKo-InsO, Vorbemerkungen vor §§ 270 bis 285 Rn. 22.

376 *Marotzke*, KTS 2014, 113 (154); *Vallender*, NZI 2010, 838 (843 f.); vgl. bereits *Heinze*, Insolvenzrecht im Umbruch, 31 (36 f.).

377 *Westermann*, Die Auswahl und die Bestellung des (vorläufigen) Insolvenzverwalters im Widerstreit der Interessen von Gläubigern und Schuldner, Rn. 326; *Rosenmüller/Heitsch*, ZInsO 2013, 754 (756); *Trams*, NJW-Spezial 2012, 149 (149 f.); *Vallender*,

gerade Verschmelzungen von Verwalterkanzleien mit Sanierungsberatungsunternehmen dazu führen, dass ein sozietätsangehöriger Rechtsanwalt die Sanierungsberatung übernommen hat und letztlich auf Vorschlag eines institutionellen Gläubigers ein anderer sozietätsangehöriger Rechtsanwalt die Insolvenzverwaltung übernimmt.[378] Interessenkollisionen liegen hier in Bezug auf die Anfechtung der Beraterhonorare des Sanierungsberaters und hinsichtlich von Anfechtungsansprüchen gegen den institutionellen Gläubiger auf der Hand. Großgläubiger können sich im Vorfeld von Insolvenzen zudem an einzelne Verwalter wenden und ihnen eine Unterstützung im vorläufigen Gläubigerausschuss zusichern, allerdings um den Preis einer zumindest „wohlwollenden" Berücksichtigung der eigenen Interessen im anschließenden Verfahren.[379]

Vor diesem Hintergrund muss ein Verwalter befürchten, von Großgläubigern in Zukunft nicht mehr bei Auswahlentscheidungen im vorläufigen Gläubigerausschuss als möglicher Kandidat berücksichtigt zu werden, wenn er zu umfangreich Ansprüche gegen sie geltend macht. Letztendlich kann die mit dem ESUG umgesetzte Gläubigerautonomie bei der Bestellung des Insolvenzverwalters daher dazu führen, dass Großgläubiger über ihr Beeinflussungspotential im vorläufigen Gläubigerausschuss immer die gleichen Verwalter einsetzen, die wiederum dann Anfechtungs- und Regressansprüche gegen die Großgläubiger entgegen dem ausdrücklichen gesetzgeberischen Willen nicht angemessen durchsetzen.[380] Daher hat das ESUG in dogmatischer und wirtschaftlicher Hinsicht gerade dazu geführt, dass Insolvenzverwalter, die keine „Geschäftsbeziehungen" zu ständigen oder institutionellen Gläubigern pflegen, sich eine bedeutsame Möglichkeit der „Akquise" von Verfahren genommen haben.[381]

Auch wenn der Möglichkeit verfahrensgefährdender Nähebeziehungen im Rahmen der Bestellentscheidung über das Merkmal der Unabhängigkeit

NZI 2010, 838 (843 f.); *Hölzle/Pink*, ZIP 2011, 360 (365); *Hölzle*, NZI 2011, 124 (125 Fn. 14); vgl. *Hölzle*, in: A. Schmidt, Sanierungsrecht, §§ 56, 56a Rn. 67; vgl. auch *Pape*, ZInsO 2019, 57 (62); *Pape*, ZInsO 2018, 2725 (2735); vgl. bereits *Heinze*, Insolvenzrecht im Umbruch, 31 (36 f.).

378 *Frind*, ZInsO 2017, 363 (363 f.); *Paulus/Merath*, DZWIR 2012, 489 (493); Vgl. *Pape*, ZIP 2013, 2285 (2290).

379 *Gruber*, NJW 2013, 584 (585); *Flöther*, ZIP 2012, 1833 (1839); *Tetzlaff*, in: MüKo-InsO, Vorbemerkungen vor §§ 270 bis 285 Rn. 22.

380 *Westermann*, Die Auswahl und die Bestellung des (vorläufigen) Insolvenzverwalters im Widerstreit der Interessen von Gläubigern und Schuldner, Rn. 326; *Trams*, NJW-Spezial 2012, 149 (149 f.); *Frind*, ZInsO 2012, 59 (63).

381 *Frind*, FS-Haarmeyer, 39 (59); *Pape*, ZInsO 2019, 57 (62).

begegnet werden soll, können missbräuchliche Verfahrensbeeinflussungen insbesondere durch Banken und andere Großgläubiger häufig nicht ausgeschlossen werden.[382] Es sind aufgrund der geänderten Rechtslage in der Praxis verschiedene Szenarien missbräuchlicher Abhängigkeitsverhältnisse zwischen Verwaltern und Gläubigern bekannt geworden oder werden jedenfalls als ernsthaft drohende Gefahr diskutiert. Aufgrund der zahlreichen Möglichkeiten der Beteiligten, die entsprechenden missbräuchlichen Abhängigkeiten zu verdecken, ist von einer nicht unerheblichen Dunkelziffer auszugehen.

aa) „Beauty Contest"

Die Einflussnahmemöglichkeiten gerade der Großgläubiger haben dazu geführt, dass teilweise sogenannte „Beauty Contests" durchgeführt werden. Verwalter, die für ein Verfahren, an dem Großgläubiger, die zu rechtsmissbräuchlichem Verhalten bereit sind, beteiligt sind, in Frage kommen, haben dabei an besonderen Auswahlverfahren des oder der Gläubiger teilzunehmen, und die Gläubiger entscheiden dann über den Vorschlag eines Kandidaten anhand der Ergebnisse aus diesem privaten Auswahlverfahren.[383] Die an diesem Auswahlverfahren beteiligten Gläubiger richten ihre Auswahlentscheidung regelmäßig nicht an den Interessen der Gläubigergemeinschaft aus, sondern jedenfalls vorrangig an ihren Eigeninteressen, die gerade in Bezug auf Anfechtungsansprüche den Interessen der Gläubigergemeinschaft diametral entgegenstehen können. Besonders missbrauchsanfällig ist insoweit das Eigenverwaltungsverfahren. Gerade wenn der Sanierungsberater bestimmenden Einfluss auf die Zusammensetzung des vorläufigen Gläubigerausschusses (§ 22a Abs. 2 InsO) nimmt, der den vom Sanierungsberater mitgebrachten Sachwalter einstimmig vorschlägt (§§ 21 Abs. 1, 56a Abs. 2 InsO), kann der Sanierungsberater in hohem Maße Einfluss auf den so gewählten Sachwalter ausüben.[384] Schließlich ist der Sachwalter in dieser Konstellation nahezu vollständig von dem Sanierungsberater abhängig. Nur wenn er im Interesse des Sanierungsberaters agiert, sind weitere Nominierungen als

---

382 *Frind*, FS-Haarmeyer, 39 (59); *Flöther*, ZIP 2012, 1833 (1840); *Tetzlaff*, in: MüKo-InsO, Vorbemerkungen vor §§ 270 bis 285 Rn. 22.

383 *Flöther*, ZIP 2012, 1833 (1839); *Tetzlaff*, in: MüKo-InsO, Vorbemerkungen vor §§ 270 bis 285 Rn. 22.

384 *Westermann*, Die Auswahl und die Bestellung des (vorläufigen) Insolvenzverwalters im Widerstreit der Interessen von Gläubigern und Schuldner, Rn. 378; *Flöther*, ZIP 2012, 1833 (1840); *Frind*, ZInsO 2010, 1966 (1969); *Ehlers*, ZInsO 2015, 1417, 1417 f.

Sachwalter in künftigen Verfahren denkbar.[385] Intensiviert wird das Einflussnahmepotential des Schuldners und damit mittelbar der Sanierungsberater in rechtstatsächlicher Hinsicht durch den Umstand, dass Gläubiger häufig auf Vorschlag des Schuldners beziehungsweise dessen Sanierungsberater Mitglieder des vorläufigen Gläubigerausschusses werden und dort ohne kritisches Hinterfragen dem Vorschlag des Sanierungsberaters zur Person des Sachwalters folgen.[386] Die die Missbrauchsgefahren begründenden Abhängigkeiten zwischen Sanierungsberatern und Sachwaltern steigen insoweit mit der Häufigkeit, mit der ein Sanierungsberater den gleichen vorläufigen Sachwalter vorschlägt.[387] Dass dabei die Unabhängigkeit des Verwalters stark gefährdet ist und die Verwirklichung von Eigeninteressen der beeinflussenden Gläubiger droht, steht bei zu missbräuchlichem Verhalten bereiten Gläubigern letztendlich außer Frage.[388] Gerade Verwalter, die bislang nicht in einer ausreichenden Anzahl größerer Verfahren vom Gericht eingesetzt wurden, haben so die Möglichkeit, über ein Entgegenkommen gegenüber dem Gläubiger in größeren Verfahren bestellt zu werden. Insbesondere ist hier problematisch, dass der Verwalter Anfechtungsmöglichkeiten gegenüber denjenigen Gläubigern durchsetzen muss, die ihn eingesetzt haben und die ihn auch in künftigen Verfahren wiederum im vorläufigen Gläubigerausschuss vorschlagen sollen.[389] Ein Vorschlag und eine Bestellung durch den vorläufigen Gläubigerausschuss in künftigen Verfahren wird bei den Gläubigern, die als „Gegenleistung" für ihren Vorschlag des Verwalters im vorläufigen Gläubigerausschuss erwarten, dass Anfechtungsansprüche nicht geltend gemacht werden, wird indes nicht mehr zu erwarten sein, wenn der Verwalter die Ansprüche dennoch geltend macht, so dass der Verwalter eine Aussicht auf künftige Bestellungen durch rechtsmissbräuchlich agierende Gläubiger nur unter der Voraussetzung haben kann, dass er Anfechtungsansprüche tatsächlich nicht geltend macht. Diese privaten „Beauty Contest" von Gläubigern sind bei Bekanntwerden daher vom Insolvenzgericht besonders kritisch zu hinterfragen, und es ist besonderer Wert auf die Unabhängigkeit des Verwalters zu legen.

385 *Hammes*, NZI 2017, 233 (234); *Flöther*, ZIP 2012, 1833 (1840).

386 *Westermann*, Die Auswahl und die Bestellung des (vorläufigen) Insolvenzverwalters im Widerstreit der Interessen von Gläubigern und Schuldner, Rn. 378; *Flöther*, ZIP 2012, 1833 (1840).

387 *Westermann*, Die Auswahl und die Bestellung des (vorläufigen) Insolvenzverwalters im Widerstreit der Interessen von Gläubigern und Schuldner, Rn. 378.

388 *Flöther*, ZIP 2012, 1833 (1839); *Tetzlaff*, in: MüKo-InsO, Vorbemerkungen vor §§ 270 bis 285 Rn. 22.

389 *Flöther*, ZIP 2012, 1833 (1839).

Letztendlich müssen sich am vorläufigen Gläubigerausschuss beteiligte Gläubiger häufig mit Verwaltern in Verbindung setzten, um sich über deren Bereitschaft und Fähigkeiten im Hinblick auf das konkrete Verfahren zu informieren, so dass Verbindungen zwischen Verwaltern und Gläubigern nicht per se verdächtig sind. Im Normalfall lassen sich ordnungsgemäß agierende Gläubiger auch von legitimen Motiven bei der Auswahl eines in Frage kommenden Verwalters leiten. Verdachtsmomenten im Hinblick auf rechtsmissbräuchliche Absprachen ist vor dem Hintergrund dieser gestiegenen Missbrauchsgefahren aber besonders genau vom Insolvenzgericht im Rahmen der Amtsermittlungspflicht (§ 5 Abs. 1 InsO) nachzugehen, und der Prüfung der Ungeeignetheit des vorgeschlagenen Verwalters nach § 56a Abs. 2 Satz 1 InsO besonderes Gewicht beizumessen. Anhaltspunkte für rechtsmissbräuchliche Absprachen im „Beauty Contest" sind naheliegend, wenn die Auswahlentscheidung eines Gläubigers nicht anhand objektiver Kriterien nachvollzogen werden kann. Je weniger der Vorschlag eines Gläubigers anhand objektiver Kriterien nachvollzogen werden kann, desto intensiver sollte das Gericht bei der Prüfung der Geeignetheit des Verwalters im Sinne des § 56a Abs. 2 Satz 1 InsO rechtsmissbräuchliche Abhängigkeiten prüfen. Hat der vorschlagende Gläubiger seine Wahl eines bestimmten Kandidaten begründet, ist die Stichhaltigkeit der für den gewählten Kandidaten sprechenden Argumente zu hinterfragen. Bei Anhaltspunkten für Scheinargumente ist ebenfalls besonderes Gewicht auf die Prüfung der Unabhängigkeit zu legen.

bb) „Repeat-Player-Effect"

Gläubigergruppen, insbesondere Banken, können ihre Stellung zur Erzielung von Sondervorteilen auch in der Form nutzen, dass sie mit Verwaltern praktisch als rechtsmissbräuchliches Team agieren. Die institutionellen Gläubiger agieren bei dieser Vorgehensweise so, dass sie in mehreren Verfahren im Gläubigerausschuss vertreten sind und immer mit demselben Insolvenzverwalter zusammenarbeiten.[390] Anhaltspunkte für rechtsmissbräuchliche Absprachen liegen insoweit etwa vor, wenn ein Gläubiger wiederholt den oder die gleichen Verwalter vorschlägt, obwohl objektive Kriterien wie besondere Branchenkenntnisse, Fähigkeiten oder Erfahrungen nicht für diesen Verwalter angebracht werden können. Gerade bei einer auffällig hohen Anzahl von Vorschlägen eines

---

390 *Frind*, in Hamburger Kommentar-InsO, § 56 Rn. 69; § 56a Rn. 24; ders., ZInsO 2014, 119 (129); *Ganter*, ZIP 2013, 597 (598); *Marotzke*, KTS 2014, 113 (124); *Rosenmüller/Heitsch*, ZInsO 2013, 754 (756).

Gläubigers im vorläufigen Gläubigerausschuss muss das Gericht auch in dieser Konstellation der Unabhängigkeit bei der Prüfung der Geeignetheit des Verwalters besonderes Gewicht beimessen.

cc) „Ping-Pong-Spiel" beziehungsweise Tandem oder Team-Building

In der Praxis treten gerade bei Eigenverwaltungsverfahren häufiger sogenannte Tandembeziehungen in der Form auf, dass Berater und Sachwalter wiederholt in bestimmten Kooperationen auftreten. Sachwalteraspiranten arbeiten dabei immer mit den gleichen Schuldnerberatern zusammen, und ermöglichen sich dadurch ihre Bestellung.[391] Diese Vorgehensweise ist in erheblichem Maß geeignet, die Unabhängigkeit des Sachwalters in Frage zu stellen. Aufgrund der Abhängigkeit zum vorschlagenden Schuldnerberater wird der aufgrund dessen Vorschlag eingesetzte Sachwalter keine Anfechtungsansprüche insbesondere in Bezug auf Honorarforderungen des Schuldnerberaters durchsetzen und den Schuldnerberater ganz generell nicht in Regress nehmen, etwa wegen fehlerhafter Beratung.

Eine ähnliche Vorgehensweise besteht darin, dass sich sogenannte „präsumtive Gläubigerausschüsse" bereits vor der Stellung des Insolvenzantrags bei dem Eigenverwalter treffen und sich vorab darauf einigen, im Eröffnungsverfahren eine bestimmte Person einstimmig als vorläufigen Sachwalter vorzuschlagen.[392] Bei dem sog „Ping-Pong-Spiel" lässt sich eine Person zum Sanierungsgeschäftsführer („Chief Restructuring Officer" [CRO])[393] bestellen und setzt eine bestimmte Person als Sachwalter durch. In anderen Verfahren tauschen die Beteiligten dann die Rollen.[394]

Diese und vergleichbare Abhängigkeitsmodelle begründen häufig schwerwiegende Interessenkollisionen und sind mit einer neutralen Aufgabenerfüllung nicht zu vereinbaren. Daher hat das Gericht die wiederholte Zusammenarbeit von Verwaltern beziehungsweise Sachwaltern mit bestimmten Beratern kritisch zu hinterfragen und bei fehlenden objektiven Kriterien für diese Zusammenarbeit ggf. die Geeignetheit des Verwalters beziehungsweise Sachwalters abzulehnen, insbesondere, wenn die Beteiligten die wiederholte Zusammenarbeit

---

391 *Frind*, in: Hamburger Kommentar-InsO, § 56 Rn. 69.

392 *Ganter*, NZI 2018, 137 (142); *Pape*, ZInsO 2018, 2725 (2732).

393 Ausf. zum CRO *Klein/Thiele*, ZInsO 2013, 2233 (2233 ff.).

394 *Ganter*, NZI 2018, 137 (142); *Pape*, ZInsO 2018, 2725 (2732); *Rosenmüller/Heitsch*, ZInsO 2013, 754 (756).

nicht ungefragt offenlegen oder sogar gegenüber dem Gericht aktiv zu verbergen versuchen.[395]

dd) Family-and-Friends-Ausschüsse

Die Möglichkeit der Verwalterbestellung durch den vorläufigen Gläubigerausschuss kann darüber hinaus zur Folge haben, dass sogenannte „Family-and-Friends"-Ausschüsse gebildet werden, die das Prinzip der Gläubigerautonomie letztendlich ad absurdum führen.[396] Das folgt primär aus dem Umstand, dass Gläubiger gem. § 22a Abs. 2 InsO bei einem derivativen Pflichtausschuss Personen benennen können, die als Mitglieder des vorläufigen Gläubigerausschusses in Betracht kommen, und daneben gem. § 22a Abs. 4 InsO der Schuldner oder der vorläufige Insolvenzverwalter auf Aufforderung des Insolvenzgerichts Personen benennen können, die als Mitglieder des vorläufigen Gläubigerausschusses in Betracht kommen. Mit diesem Vorschlagsrecht ist die Gefahr verbunden, dass die jeweilige vorschlagende Person nahestehende Personen als Ausschussmitglieder vorschlägt (sogenannte Family-and-Friends-Ausschüsse), und der auf diese Weise gebildete Ausschuss sich anstelle der Interessen der Gläubigergesamtheit den Interessen des Schuldners, seiner Berater oder an der Verwalterbestellung beteiligter Gläubiger verpflichtet fühlt.[397] Eine besondere Nähebeziehung, die die Verfolgung von Einzelinteressen zulasten der Gesamtinteressen aller Gläubiger befürchten lässt, ist vor allem bei dem Schuldner nahestehenden Lieferanten sowie rechts-, steuer- und unternehmensberatenden Personen, die den Schuldner aktuell beraten, zu befürchten.[398] Wird etwa der Gläubigerausschuss von einem Schuldnerberater, der seine Forderungen gerade erst erworben hat, dominiert, kann der Berater kaum als Repräsentant der Gläubigerautonomie bei der Bestellungsentscheidung angesehen werden. „Family-and-Friends"-Ausschüsse sind gerade im Eigenverwaltungsverfahren häufig, so dass bei der Eigenverwaltung ein besonders hohes Risiko der Verfahrensgestaltung im

---

395 AG Stendal, Beschl. vom 31.08.2012 – 7 IN 164/12, ZIP 2012, 1875 (1876); weiter dagegen *Berner/Köster/Lambrecht*, NZI 2018, 425 (426 ff.), die zusätzliche Umstände wie eine wirtschaftliche Abhängigkeit des vorgeschlagenen Sachwalters oder eine besonders enge Beziehung des Sachwalters zu einem Gläubiger oder eine signifikante Vorbefassung des Sachwalters mit dem schuldnerischen Unternehmen fordern.

396 *Pape*, ZInsO 2019, 57 (62); *Hess*, in: Kölner Kommentar-InsO, § 56 Rn. 171; *Leithaus*, NZI 2019, 1 (3); an dem Auftreten dieser Ausschüsse allgemein zweifelnd *Buchalik*, ZInsO 2019, 1576 (1578 f.).

397 *Pape/Schultz*, ZIP 2016, 506 (509); *Pape*, ZInsO 2019, 57 (62); *Leithaus*, NZI 2019, 1 (3).

398 *Laroche/Pruskowski/Schöttler/Siebert/Vallender*, ZIP 2012, 2153 (2156).

Individualinteresse und nicht im Gläubigerinteresse besteht.[399] Bei seiner Bestellungsentscheidung hat vor diesem Hintergrund das Gericht von der Bestellung insoweit interessengeleiteter Personen im Umfeld von „Family-and-Friends"-Ausschüssen abzusehen.[400]

ee) Verzicht auf Unabhängigkeit

Nach Ansicht von *Schmidt/Hölzle*[401] ist das Insolvenzgericht an ein einstimmiges Votum des vorläufigen Gläubigerausschusses, auf die Unabhängigkeit des Verwalters zu verzichten, zwingend gebunden und müsse daher bei einem entsprechenden einstimmigen Beschluss des vorläufigen Gläubigerausschusses auch einen vorbefassten Insolvenzverwalter bestellen. Insbesondere müsse es zulässig sein, mit Personen, die als Verwalter in Betracht kommen, mögliche Sanierungskonzepte vor Antragstellung zu verhandeln, und entgegen § 56 Abs. 1 Satz 3 Nr. 2 InsO den Berater schließlich auch als Verwalter bestellen zu lassen.[402]

Diese Ansicht könnte die Missbrauchsgefahren bei der Verwalterbestellung erheblich vergrößern.[403] Allerdings ist ein Verzicht auf die Unabhängigkeit des Verwalters durch einstimmigen Beschluss des vorläufigen Gläubigerausschusses mit der geltenden Rechtslage nicht zu vereinbaren. Nach § 56a Abs. 1 Satz 1 InsO darf das Gericht von einem einstimmigen Vorschlag des vorläufigen Gläubigerausschusses zur Person des Verwalters nur abweichen, wenn die vorgeschlagene Person für die Übernahme des Amtes nicht geeignet ist. Die Frage ist daher, ob die Prüfung der Geeignetheit die Prüfung der Unabhängigkeit des Verwalters einschließt. § 56 InsO enthält in Abs. 1 Satz 3 Nr. 1 und 2 zwei Ausnahmen von der „erforderlichen Unabhängigkeit". Die an sich erforderliche Unabhängigkeit, also die Unabhängigkeit im Sinne des § 56 Abs. 1 Satz 1 InsO, wird allein durch diese zwei Ausnahmen nicht berührt. Dass über den Wortlaut hinaus weitere Ausnahmen durch Voten des vorläufigen Gläubigerausschusses zulässig sein sollen, ist dem Wortlaut nicht zu entnehmen. Dafür spricht auch § 56a Abs. 2 Satz 1 InsO nicht, nach dem das Gericht von einem einstimmigen Vorschlag des vorläufigen Gläubigerausschusses nur abweichen darf, wenn die vorgeschlagene

399 *Pape*, ZInsO 2019, 57 (62); ders., ZInsO 2018, 2725 (2731); *Hess*, in: Kölner Kommentar-InsO, § 56 Rn. 171; *Leithaus*, NZI 2019, 1 (3).

400 *Vallender*, in: Uhlenbruck-InsO, § 22a Rn. 55; *Römermann*, GmbHR 2013, 337 (340); *Beck/Lebmeier*, in: Beck/Depré, Praxis der Insolvenz, § 44 Rn. 27.

401 ZIP 2012, 2238 (2238 ff.).

402 *Schmidt/Hölzle*, ZIP 2012, 2238 (2242 f.).

403 *Frind*, ZInsO 2013, 59 (62).

Person für die Übernahme des Amtes nicht geeignet ist. Von der Eignung ist nach dem Wortlaut des § 56 Abs. 1 Satz 1 InsO eben auch die Unabhängigkeit erfasst, so dass auf dieses Merkmal auch über § 56a Abs. 2 Satz 1 InsO nicht verzichtet werden kann.[404] Zwar kommt grundsätzlich auch eine unterschiedliche Bedeutung und Reichweite der Geeignetheitsprüfung in § 56a Abs. 2 Satz 1 InsO und § 56 Abs. 1 Satz 1 InsO in Betracht; ein entsprechend unterschiedlicher Regelungsgehalt ist den Normen aber nicht zu entnehmen und mit Sinn und Zweck der Normen nicht zu vereinbaren. So soll das Unabhängigkeitserfordernis die neutrale Verfahrensabwicklung hinsichtlich aller Verfahrensbeteiligten sicherstellen. Diese kann auch bei einem einstimmigen Votum der Mitglieder des vorläufigen Gläubigerausschusses nicht gewährleistet sein.

Für den Verzicht auf die Unabhängigkeit könnte allenfalls die Dispositionsfreiheit der Gläubiger bei der Verwalterbestellung sprechen. Allerdings müssten dazu sämtliche Gläubiger auf die Unabhängigkeit verzichten wollen. Bei einem Verzicht durch die Mitglieder des vorläufigen Gläubigerausschusses ist die Gläubigerautonomie insoweit aber gerade nicht gewahrt, da es sich um ein repräsentatives Organ handelt, das naturgemäß nicht den Willen der Gesamtheit der Gläubiger widerspiegeln kann.[405] Der Ausschuss hat insoweit nicht die Kompetenz, auch für die im Ausschuss nicht beteiligten Gläubiger zu sprechen.[406] Zudem sind im vorläufigen Gläubigerausschuss gem. §§ 21 Abs. 2 Satz 1 Nr. 1a, 67 Abs. 2 InsO keine Vertreter der Aussonderungsberechtigten und der Massegläubiger vorgesehen, die über das Merkmal der Unabhängigkeit des Verwalters ebenfalls geschützt werden sollen.[407]

Überdies wird auch nicht in jedem Fall ein Ausschuss mit den gesetzlich vorgesehenen vier Vertretern eingesetzt. Zwar sollen stets mindestens die gesetzlich vorgesehenen vier Vertreter im Ausschuss vertreten sein. Es sind aber auch Ausschüsse mit lediglich zwei Personen zulässig.[408] Gerade in dieser Konstellationen repräsentieren die Vertreter nicht vollständig die Gläubigergemeinschaft. Letztendlich wird durch die gerichtliche Kontrolle des Vorschlags des vorläufigen Gläubigerausschusses auch der Schutz der sonstigen Verfahrensbeteiligten,

---

404 *Vallender/Zipperer*, ZIP 2013, 149 (150); *Frind*, ZInsO 2013, 59 (61 f.); vgl. auch *Bork*, ZIP 2013, 145 (146); im Ergebnis auch *Ries*, in: K. Schmidt-InsO, § 56 Rn. 23.

405 *Pape*, ZIP 2013, 2285 (2289); *Frind*, FS-Haarmeyer, 39 (58); *Bork*, ZIP 2013, 145 (148).

406 *Pape*, ZIP 2013, 2285 (2289); *Vallender/Zipperer*, ZIP 2013, 149 (151); *Frind*, ZInsO 2013, 59 (62).

407 *Bork*, ZIP 2013, 145 (148); *Frind*, ZInsO 2013, 59 (62).

408 BGH, Beschl. v. 05.03.2009 – IX ZB 148/08, NZI 2009, 386 (386) Rn. 5; BGH, Urt. v. 11.11.1993 – IX ZR 35/93, BGHZ 124, 86 (91).

insbesondere von Minderheiten, vor gesetzeswidrigen Entscheidungen des vorläufigen Gläubigerausschusses gewährleistet. Schließlich können sich die Verfahrensbeteiligten nicht selbst gegen Vorschläge des Ausschusses wehren.[409] Zu berücksichtigen ist zudem, dass das Insolvenzverfahren mit der Durchsetzung berechtigter Forderungen auch ein Element zur Verwirklichung des Justizgewährungsanspruchs bildet. Die Garantie effektiven Rechtsschutzes ist wiederum ein wesentlicher Bestandteil des Rechtsstaatsprinzips.[410] Dieser Anspruch des Rechtssuchenden auf Justizgewähr kann von Seiten des Staates nur erfüllt werden, wenn der Insolvenzverwalter sein Amt pflichtgemäß ausübt.[411] Dieses öffentliche Interesse an einer geordneten und effizienten Rechtspflege würde durch den Verzicht auf die Unabhängigkeit des Verwalters bei einstimmigem Votum des vorläufigen Gläubigerausschusses stark gefährdet.[412]

Problematisch im Hinblick auf eine Beratungstätigkeit im Vorfeld der Insolvenz wäre bei einer Bindungswirkung der einstimmigen Beschlüsse des vorläufigen Gläubigerausschusses zudem, dass gerade auch Beraterhonorare der Anfechtung unterliegen können. Könnte durch einstimmigen Beschluss des vorläufigen Gläubigerausschusses auf die Unabhängigkeit des Verwalters verzichtet werden, hätte der Verwalter im eröffneten Verfahren daher gegebenenfalls seine eigenen Honorare nach den Regelungen der §§ 129 ff. InsO zurückzufordern. Dass der Verwalter hier ein erhebliches Interesse an der Unterlassung der Geltendmachung von Anfechtungsansprüchen gegen sich selbst hat, liegt auf der Hand. Problematisch ist der Verzicht auf die Unabhängigkeit bei einem einstimmigen Beschluss der Gläubiger aber auch schon dann, wenn nur einzelne Gläubiger Kenntnis von potentiellen Anfechtungsansprüchen gegen sie selbst haben und so die Zustimmung zum Vorschlag des Gläubigerausschusses davon abhängig machen können, dass der Verwalter nach der Bestellung im eröffneten Verfahren auf die Geltendmachung der Anfechtungsansprüche verzichtet. Dies ist besonders problematisch, weil nicht zu Verfahrensbeginn, sondern erst im Laufe des Verfahrens klar wird, ob der befangene Verwalter die Prüfung oder Durchsetzung massegenerierender Anfechtungsansprüche zugunsten einzelner Gläubigergruppen unterlassen hat.[413] Zu bedenken ist dabei auch, dass die

409 *Bork*, ZIP 2013, 145 (148).

410 BVerfG, Beschl. v. 12.01.2016 – 1 BvR 3102/13, BVerfGE 141, 121 (134 f.) Rn. 44; s. bereits BVerfG, Beschl. v. 23.05.2006 – 1 BvR 2530/04, BVerfGE 116, 1 (13).

411 BVerfG, Beschl. v. 12.01.2016 – 1 BvR 3102/13, BVerfGE 141, 121 (135) Rn. 45.

412 *Vallender/Zipperer*, ZIP 2013, 149 (151).

413 *Frind*, FS-Haarmeyer, 39 (59).

gerichtliche Vollkontrolle bei der Verwalterbestellung besonders wichtig ist. Schließlich ist im eröffneten Verfahren eine Kontrolle des Verwalterhandelns mangels ausreichender Überwachungsmöglichkeiten und insbesondere einer fehlenden Weisungsgebundenheit des Verwalters seitens des Insolvenzgerichts nicht möglich.[414]

d) Missbrauchsgefahren

Das Problem der unterlassenen Insolvenzanfechtung ist jedenfalls primär auf die wohl am heftigsten umstrittene Frage im Rahmen der Insolvenzrechtsreform (ESUG), wer für die Auswahl und Bestellung des Insolvenzverwalters zuständig sein sollte, zurückzuführen.[415] Je stärker die Rechte der einzelnen Gläubiger sind, desto höher ist die Gefahr rechtsmissbräuchlicher Manipulationen des Insolvenzverwalters.[416] Insoweit ist mit der zunehmenden Stärkung der Gläubigerrechte insbesondere durch das ESUG die Gefahr rechtsmissbräuchlichen Verwalterverhaltens stark gestiegen. Zwar ist es auch früher schon, vor der Stärkung der Gläubigerautonomie durch das ESUG, vorgekommen, dass Gläubiger versucht haben, durch die Abwahl des Verwalters und die Wahl eines neuen Verwalters ihre eigenen Interessen durchzusetzen und Sondervorteile zu erlangen.[417] Die Einflussnahmemöglichkeiten waren aber deutlich geringer.

Im eröffneten Verfahren versuchen – aufgrund der durch das ESUG geschaffenen Möglichkeiten zur Einflussnahme – einige zu rechtsmissbräuchlichem Verhalten bereite Gläubiger, insbesondere Kreditinstitute, mit allen Mitteln eine möglichst hohe Befriedigung zu erreichen. Ein Interesse an einer möglichst hohen Insolvenzquote hat zunächst einmal jeder Gläubiger.[418] Die Mehrzahl der Insolvenzgläubiger verlässt sich aber auf das staatlich geregelte Insolvenzverfahren und gibt sich letztendlich mit der Insolvenzquote zufrieden. Andere Gläubiger versuchen hingegen, sich durch eine Beeinflussung des Insolvenzverfahrens Sondervorteile zu verschaffen. Dadurch wird der Grundsatz der Gläubigergleichbehandlung gefährdet. Schließlich bedeutet eine Bevorzugung eines Gläubigers in der Insolvenz stets die Benachteiligung anderer Gläubiger. Das

---

414 *Frind*, FS-Haarmeyer, 39 (59) mit Verweis auf BGH, Beschl. v. 19.04.2012 – IX ZB 23/11, ZInsO 2012, 928 (930) Rn. 16.

415 Vgl. *Vallender/Zipperer*, in: Uhlenbruck-InsO, § 57 Rn. 1.

416 *Zipperer*, ZInsO 2018, 2613 (2618).

417 S. etwa AG Wolfratshausen, Beschl. v. 21.03.1990 – N 16/90, ZIP 1990, 597 (597 f.).

418 *Meyer-Löwy/Bruder*, GmbHR 2012, 432 (432); *Pape/Uhlenbruck/Voigt-Salus*, Insolvenzrecht, Kap. 12 Rn. 12.

Insolvenzverfahren ist aber nicht leicht zu überwachen und dem Insolvenzverwalter stehen weite Ermessensspielräume zu. Daher versuchen gerade institutionelle Gläubiger wie Kreditinstitute in vielen Fällen, verfahrenslenkend auf den Insolvenzverwalter einzuwirken und so ihre Befriedigungsmöglichkeiten zu verbessern. Im Mittelpunkt steht dabei häufig die Insolvenzanfechtung. Durch Darlehensrückzahlungen in den unterschiedlichen Anfechtungszeiträumen der §§ 130 ff. InsO bestehen gegen Kreditinstitute häufig sehr hohe Anfechtungsansprüche. Unternehmerisch tätige Schuldner verfügen meist auch über Kontokorrentkredite. Anfechtungsansprüche aus Kontokorrentverrechnungen innerhalb dieser Kontokorrentkreditbeziehungen zwischen dem Schuldner und seinem Kreditinstitut bestehen nahezu in jedem Insolvenzverfahren unternehmerisch tätiger Schuldner.[419] Kreditinstitute betreiben entsprechend mit hohem Aufwand eine Abwehr dieser Ansprüche. Die Grenze zwischen rechtmäßigem und rechtsmissbräuchlichem Verhalten wird dabei nicht immer eingehalten. So können Mitarbeiter von Kreditinstituten versuchen, auf den Insolvenzverwalter in der Form einzuwirken, dass dieser auf eine Geltendmachung der Anfechtungsansprüche verzichtet. Der Insolvenzverwalter wird naturgemäß nicht ohne einen eigenen Vorteil Pflichtverletzungen begehen und seine berufliche Zukunft gefährden. Die weitreichenden Einflussnahmemöglichkeiten eröffnen den Mitgliedern des vorläufigen Gläubigerausschusses aber erhebliches Potential, rechtsmissbräuchlich auf das Verfahren einzuwirken und sich Sondervorteile zu verschaffen.[420] Insbesondere die Möglichkeit der Beeinflussung der Bestellentscheidung des Insolvenzgerichts macht es möglich, gezielt auf den Insolvenzverwalter einzuwirken und sich als Gegenleistung für die (Mit-)Ursächlichkeit für dessen Bestellung Sondervorteile gewähren zu lassen. Gerade bislang weniger erfolgreiche Verwalter sind als Bewerber für das Amt des Verwalters in Großverfahren letztendlich mittlerweile häufig geradezu zwangsläufig darauf angewiesen, sich bereits möglichst frühzeitig mit den Großgläubigern zu arrangieren, um als Verwalter vorgeschlagen zu werden.[421] Dadurch besteht die Gefahr, dass die beherrschenden Gläubiger nur noch Verwalter bestellen, die von vornherein nicht verdächtig sind, Anfechtungsrechte nachhaltig zu verfolgen und Sicherheiten infrage zu stellen, mit der Folge, dass Verwalter geneigt sein können, davor

419 Ausf. *Bork*, FS-Fischer, 37 (37 ff.); *Zeuner*, in: Rattunde/Smid/Zeuner-InsO, § 131 Rn. 27.

420 *Pape*, ZInsO 2018, 2725 (2735); *Vallender*, NZI 2010, 838 (843); *Leithaus*, NZI 2019, 1 (3); *Römermann*, GmbHR 2013, 337 (340).

421 *Pape*, ZInsO 2011, 1033 (1034); *Flöther*, ZIP 2012, 1833 (1839).

zurückschrecken, anzufechten oder Sicherheiten infrage zu stellen. Schließlich müssen sie befürchten, künftig nicht mehr von den beherrschenden Gläubigern vorgeschlagen zu werden.[422] Mit der Einflussnahme auf die Verwalterbestellung wird häufig zumindest auch das Ziel verfolgt, die Geltendmachung von Anfechtungsrechten zu verhindern und das Bestreiten von Sicherungsrechten zu unterbinden.[423]

Der (vorläufige) Gläubigerausschuss wird nach dem gesetzlichen Leitbild an sich zwar ausschließlich im Interesse der Gesamtheit der Verfahrensbeteiligten tätig.[424] Letztendlich vertreten aber dennoch die jeweiligen Mitglieder des Ausschusses als Insolvenzgläubiger in erster Linie Eigeninteressen, jedenfalls soweit es sich um Ausschussmitglieder handelt, die auch selbst als Gläubiger am Insolvenzverfahren beteiligt sind.[425] Problematisch ist, dass die Ausschussmitglieder regelmäßig im Rahmen ihrer Tätigkeit als Ausschussmitglied in Konstellationen gelangen, in denen die Interessen der Gläubigergemeinschaft mit Eigeninteressen kollidieren. Wenn ein Gläubigerausschussmitglied etwa Vertreter einer Bank ist, gegen die ein Anfechtungsanspruch vom Insolvenzverwalter geltend gemacht werden soll, kollidiert das Interesse der Bank, deren Mitarbeiter er ist, mit den Interessen der Gläubigergemeinschaft an einer Anreicherung der Masse durch die Insolvenzanfechtung.[426] In solchen Konfliktlagen besteht bei Ausschussmitgliedern stets die Gefahr, dass sie aufgrund der Interessenkollision eine pflichtgemäße Entscheidung als Gläubigerausschussmitglied nicht mehr treffen können und die Interessen der vertretenen Bank überbewerten. Auch wenn die Mitglieder des (vorläufigen) Gläubigerausschusses verpflichtet sind, dem Gläubigerausschuss die mögliche Interessenkollision anzuzeigen, damit das Gremium entscheiden kann, ob das Mitglied an Beratungen und Beschlussfassungen teilnehmen soll,[427] werden die Ausschussmitglieder, soweit sie von Anfang an Eigeninteressen zu verfolgen beabsichtigen, tendenziell dieser Anzeigepflicht nicht nachkommen. Gleiches gilt für die Anzeige

422 *Pape*, ZInsO 2011, 1033 (1034); *Vallender*, NZI 2010, 838 (843); *Flöther*, ZIP 2012, 1833 (1839); vgl. auch *Hölzle*, NZI 2011, 124 (127).

423 *Pape*, ZInsO 2011, 1582 (1589); *Flöther*, ZIP 2012, 1833 (1839).

424 *Frind*, ZInsO 2012, 1380 (1381); in Bezug auf die aussonderungsberechtigten Gläubiger str.; s. *Vallender*, FS-Ganter, 391 (396 f.) m. w. N.

425 *Römermann*, GmbHR 2013, 337 (340); gem. §§ 21 Abs. 2 Satz 1 Nr. 1a, 67 Abs. 3 InsO können zu Mitgliedern des vorläufigen Gläubigerausschusses auch Personen bestellt werden, die keine Gläubiger sind.

426 *Vallender*, FS-Ganter, 391 (392 f.).

427 *Vallender*, FS-Ganter, 391 (398).

einer Interessenkollision gegenüber dem Insolvenzgericht, das gem. § 70 InsO über den endgültigen Verbleib des Mitglieds im Ausschluss entscheidet.[428] So ist jedes Ausschussmitglied gesetzlich verpflichtet, seinen Einfluss in dem Gremium ausschließlich an dem gemeinsamen Interesse der Gläubigergemeinschaft auszurichten. Das Stimmrecht darf daher nicht zur Verfolgung von Eigeninteressen genutzt werden.[429] Gem. § 71 Satz 1 InsO sind die Mitglieder des Gläubigerausschusses darüber hinaus den absonderungsberechtigten Gläubigern und den Insolvenzgläubigern zum Schadenersatz verpflichtet, wenn sie schuldhaft die Pflichten verletzen, die ihnen nach der InsO obliegen. Gleiches gilt für den vorläufigen Gläubigerausschuss, für den § 21 Abs. 2 Satz 1 Nr. 1a InsO auf § 71 InsO verweist.[430] Daneben kommt bei einer Verletzung der Schweigepflicht eine Strafbarkeit nach § 203 StGB sowie bei einer unbefugten Weitergabe von Insiderwissen nach § 266 StGB in Betracht.[431] Zudem sind die Mitglieder des vorläufigen Gläubigerausschusses einer Haftungsgefahr bei einer unterlassenen Geltendmachung eines Anfechtungsanspruchs durch den Insolvenzverwalter ausgesetzt, wenn die unterlassene Geltendmachung des Anfechtungsanspruchs auf die rechtsmissbräuchliche Verwalterwahl durch die Mitlieder des vorläufigen Gläubigerausschusses zurückzuführen ist, wenn also der Vorschlag eines nicht geeigneten Verwalters zu einem Schaden geführt hat.[432] Häufig überwiegen aber gerade aufgrund der geringen Kontrolldichte dennoch die Eigeninteressen. Mit der Stärkung der Gläubigerrechte bei der Wahl des Insolvenzverwalters sind die Missbrauchsgefahren insoweit gestiegen. Der Verwalter kann sich leicht zu einer rechtsmissbräuchlichen Klimapflege veranlasst sehen, durch die der Grundsatz der Gläubigergleichbehandlung und der Verteilungsgerechtigkeit zugunsten einzelner Anfechtungsgegner gefährdet wird.[433]

III. Einflussnahmemöglichkeiten im eröffneten Verfahren

Wie im Eröffnungsverfahren wirkt sich die Gläubigerautonomie auch im eröffneten Verfahren aus, wenngleich im Hinblick auf die Bestellung des Verwalters in weit geringerem Maße. Zum einen können die Verfahrensbeteiligten Einfluss

428 *Frind*, ZInsO 2012, 1380 (1381).
429 *Vallender*, FS-Ganter, 391 (398).
430 Ausf. zu den Pflichten der Mitglieder des Gläubigerausschusses sowie zu einer Haftung s. *Pape/Schultz*, ZIP 2015, 1663 (1663 ff.).
431 *Vallender*, FS-Ganter, 391 (404).
432 *Frind*, ZInsO 2012, 1380 (1385).
433 *Frind*, ZInsO 2012, 59 (63); *Zipperer*, ZInsO 2018, 2613 (2618).

auf das Verfahren über die Teilnahme im Gläubigerausschuss, zum anderen über die Teilnahme an der Gläubigerversammlung ausüben.

1. *Gläubigerausschuss, §§ 67 ff. InsO*

Durch das ESUG hat sich die Stellung und Mitwirkung des Gläubigerausschusses im laufenden Insolvenzverfahren nicht verändert (vgl. §§ 67 ff., 160 InsO). Ein Gläubigerausschuss kann auf zwei Arten eingesetzt werden: zum einen gem. § 67 Abs. 1 InsO durch das Insolvenzgericht vor der ersten Gläubigerversammlung, zum anderen gem. § 68 Abs. 1 InsO von der Gläubigerversammlung. Nach § 69 Satz 1 InsO haben die Mitglieder des Gläubigerausschusses den Insolvenzverwalter bei seiner Geschäftsführung zu unterstützen und zu überwachen. Daneben haben sie sich über den Gang der Geschäfte zu unterrichten sowie die Bücher und Geschäftspapiere einzusehen und den Geldverkehr und -bestand prüfen zu lassen (§ 69 Satz 2 InsO). Zudem hat der Insolvenzverwalter die Zustimmung des Gläubigerausschusses einzuholen, wenn er vor dem Berichtstermin das Unternehmen des Schuldners stilllegen oder veräußern will (§ 158 Abs. 1 InsO) oder wenn er Rechtshandlungen vornehmen will, die für das Insolvenzverfahren von besonderer Bedeutung sind (§ 160 Abs. 1 Satz 1 InsO). Zwar ist der Gläubigerausschuss als Überwachungs- und Unterstützungsorgan (§ 69 InsO) des Insolvenzverwalters nicht befugt, den Insolvenzverwalter abzuberufen noch Sanktionen gegen ihn zu erlassen.[434] Der Gläubigerausschuss kann allerdings einen Antrag auf Entlassung des Insolvenzverwalters stellen (§ 59 Abs. 1 Satz 2 InsO), dem das Insolvenzgericht stattgibt, wenn ein wichtiger Grund vorliegt (§ 59 Abs. 1 Satz 1 InsO). Auch wenn der Insolvenzverwalter weiterhin das Zentralorgan des Insolvenzverfahrens bleibt, wurden dem Gläubigerausschuss damit durchaus wichtige und teils sehr weitreichende Aufgaben übertragen. Dadurch wird dem Gläubigerausschuss die Möglichkeit eröffnet, das Insolvenzverfahren zumindest teilweise im eigenen Interesse zu steuern.[435] Das Stimmgewicht folgt beim Gläubigerausschuss dem Mehrheitsprinzip. Nach § 72 InsO ist ein Beschluss des Gläubigerausschusses gültig, wenn die Mehrheit der Mitglieder an der Beschlussfassung teilgenommen hat und der Beschluss mit der Mehrheit der abgegebenen Stimmen gefasst worden ist. Maßgeblich ist mithin die Kopfmehrheit.[436]

434 *Brand/Sperling*, KTS 2009, 355 (359).
435 *Brand/Sperling*, KTS 2009, 355 (358); *Zeuner*, NJW 2007, 2952 (2954).
436 *Marotzke*, KTS 2014, 113 (132).

Die Einflussnahmemöglichkeiten des endgültigen Gläubigerausschusses sind vor diesem Hintergrund erheblich geringer als diejenigen des vorläufigen Gläubigerausschusses. So kann der endgültige Gläubigerausschuss sich nicht mehr an der Wahl eines Verwalters beteiligen. Die Missbrauchsgefahren sind insoweit erheblich geringer, insbesondere weil nicht einzelne Großgläubiger entscheidenden Einfluss ausüben können. Nichtsdestotrotz haben die Mitglieder des endgültigen Gläubigerausschusses Möglichkeiten, rechtsmissbräuchlich auf den Verwalter und das Insolvenzverfahren einzuwirken. So können die Gläubiger dem Verwalter etwa mit einem Antrag auf Entlassung drohen, wenn sie im Gläubigerausschuss eine Mehrheit gem. § 72 InsO haben. Zu beachten ist dabei gleichwohl, dass das Gericht dem Antrag nur stattgibt, wenn ein wichtiger Grund vorliegt, § 59 Abs. 1 Satz 1 InsO. Daneben können Mitglieder des Gläubigerausschusses rechtsmissbräuchlich auf den Verwalter einwirken, wenn der Insolvenzverwalter bei wichtigen verfahrenslenkenden Entscheidungen die Zustimmung des Gläubigerausschusses braucht, insbesondere bei der Entscheidung über die Stilllegung oder Veräußerung des Unternehmens vor dem Berichtstermin (§ 158 Abs. 1 InsO) oder bei der Vornahme für das Insolvenzverfahren besonderer bedeutsamer Rechtshandlungen (§ 160 Abs. 1 Satz 1 InsO). Aufgrund des Mehrheitserfordernisses und der geringeren Tragweite im Vergleich zur Wahl des Verwalters ist das rechtsmissbräuchliche Beeinflussungspotential hier aber erheblich geringer, so dass nur in Ausnahmefällen das Unterlassen der Insolvenzanfechtung aufgrund einer Interessenkollision droht.

Problematisch ist beim Gläubigerausschuss aber, dass – anders als bei der Gläubigerversammlung nach § 78 InsO – eine Rechtsaufsicht der Mitglieder durch das Insolvenzgericht und ein Minderheitenschutz nicht vorgesehen sind. Gem. § 70 InsO ist nur festgelegt, dass ein Mitglied des Gläubigerausschusses aus wichtigem Grund aus dem Amt entlassen werden kann. Diese Entlassung ist das einzige Instrument, das dem Insolvenzgericht als Mittel der Rechtsaufsicht zur Verfügung steht, so dass das Gericht nur bei besonders schwerwiegenden Verfehlungen korrigierend auf den Gläubigerausschuss einwirken kann.[437]

437 *Gundlach/Frenzel/Strandmann*, NZI 2008, 461 (464), der zutreffend eine analoge Anwendung des § 78 InsO auf Beschlüsse des Gläubigerausschusses ablehnt; daneben ist zu beachten, dass sich die Mitglieder des Gläubigerausschusses gem. § 71 InsO schadensersatzpflichtig machen können, ausf. dazu *Marotzke*, KTS 2014, 113 (125 ff.).

2. Gläubigerversammlung

Am unmittelbarsten ist der Insolvenzverwalter mit der Divergenz der Interessen der verschiedenen Verfahrensbeteiligten bei einer Gläubigerversammlung konfrontiert. Schließlich umfasst sie sämtliche Gläubiger.[438] Die Gläubigerversammlung bestimmt weitgehend das Insolvenzverfahren und ist daher das maßgebliche Selbstverwaltungsorgan der Gläubiger.[439] Seitens des Gesetzgebers sind der Gläubigerversammlung sämtliche zentralen, wirtschaftlich bedeutenden Weichenstellungen bezüglich der Verfahrensgestaltung überlassen worden. Die Kompetenzen der Gläubigerversammlung gehen weit über diejenigen des Gläubigerausschusses im eröffneten Verfahren hinaus. Das Gericht hat insoweit nur die Aufgaben, den Minderheitenschutz zu gewährleisten und die Rechtmäßigkeit des Verfahrens zu überwachen.[440] Im Übrigen entscheiden die Gläubiger mehrheitlich auf Grund ihrer Beteiligtenautonomie über den Ablauf des Verfahrens und die Art der Masseverwertung. Gem. § 68 Abs. 1 InsO beschließt die Gläubigerversammlung, ob ein Gläubigerausschuss eingesetzt werden soll oder ein vom Insolvenzgericht nach § 67 Abs. 1 InsO bereits eingesetzter Ausschuss beibehalten werden soll. Nach. § 67 Abs. 2 InsO kann sie vom Insolvenzgericht bestellte Mitglieder abwählen und andere oder zusätzliche Mitglieder des Gläubigerausschusses wählen. Daneben kann die Gläubigerversammlung nach § 70 Satz 2 InsO einen Antrag auf Entlassung eines Mitglieds des Gläubigerausschusses aus wichtigem Grund stellen. Maßgeblichen Einfluss hat die Gläubigerversammlung zudem auf die Frage, ob das Insolvenzverfahren als fremd- oder eigenverwaltetes Verfahren durchgeführt wird, sowie auf alle in §§ 156 ff. InsO genannten Entscheidungen, namentlich die Entscheidung, ob das Unternehmen stillgelegt oder fortgeführt werden soll (§ 157 Satz 1 InsO), die Beauftragung des Insolvenzverwalters mit der Ausarbeitung eines Insolvenzplans mit oder ohne Zielvorgabe (§ 157 Satz 2 InsO) sowie die Kontrolle besonders bedeutsamer Rechtshandlungen gem. §§ 160 ff. InsO.[441] Die Versammlungen werden vom Insolvenzgericht geleitet, ihre Beschlüsse erfordern die Summenmehrheit der Forderungen der abstimmenden Gläubiger, § 76 InsO.[442] Diese

438 *Becker*, NZI 2011, 961 (964) nimmt dagegen einen Interessengleichlauf an.

439 *Zeuner*, NJW 2007, 2952 (2954).

440 *Knof*, in: Uhlenbruck-InsO, § 76 Rn. 1.

441 Ausf. *Marotzke*, KTS 2014, 113 (130 f.); zur vollständigen Aufzählung der gesetzlich erschöpfend festgelegten Kompetenzen s. *Knof*, in: Uhlenbruck-InsO, § 74 Rn. 13; *Jungmann*, in: K. Schmidt-InsO, § 74 Rn. 3.

442 *Paulus*, DStR 2003, 31 (35).

umfangreichen Entscheidungsbefugnisse und Mitspracherechte beinhalten ein erhebliches Potential zur Verfahrensbeeinflussung durch die Mitglieder der Gläubigerversammlung.[443]

a) *Rechtsaufsicht des Insolvenzgerichts*

Da das Insolvenzverfahren letztendlich ein staatliches Verfahren ist, wird die Gläubigerautonomie durch die staatliche Rechtsaufsicht begrenzt.[444] Zentrale Norm für diese Aufsicht ist § 78 InsO. Danach hat das Insolvenzgericht einen Beschluss der Gläubigerversammlung aufzuheben, wenn der Beschluss dem gemeinsamen Interesse der Insolvenzgläubiger widerspricht. Erforderlich ist aber ein Antrag eines absonderungsberechtigten Gläubigers, eines nicht nachrangigen Insolvenzgläubigers oder des Insolvenzverwalters in der Gläubigerversammlung. Ein Einschreiten von Amts wegen ist nicht möglich.[445] Diese Kontrolle dürfte nicht ausreichen, etwaige auf Absprachen zwischen einzelnen Mitgliedern der Gläubigerversammlung und dem Verwalter zum Nachteil der übrigen Insolvenzgläubiger beruhenden Vereinbarungen zur Unterlassung der Geltendmachung von Anfechtungsansprüchen zu verhindern. Schließlich werden die übrigen Gläubiger die Absprachen und genauso die Voraussetzungen der Anfechtungsansprüche nicht kennen, so dass sie auch keinen Antrag auf Aufhebung eines Beschlusses der Gläubigerversammlung stellen können.

b) *Abwahl des Verwalters*

Bei Inkrafttreten der InsO hatten die Gläubiger wie bereits zuvor nach § 80 KO sowie § 15 Abs. 3 GesO über § 57 Satz 1 InsO a.F. die Möglichkeit, mehrheitlich einen anderen Insolvenzverwalter mit der Folge der Absetzung des ursprünglich bestellten Insolvenzverwalters zu wählen. Die Gläubiger konnten danach ausschließlich in der ersten der Bestellung folgenden Gläubigerversammlung einen anderen Insolvenzverwalter wählen (Ersetzungsbefugnis im ersten Berichtstermin).[446] Maßgebend war gem. §§ 57, 76 Abs. 2 InsO a.F. zunächst allein die Mehrheit der Forderungsbeträge (Summenmehrheit). Das Beeinflussungspotential

---

443 Vgl. *Trams*, NJW-Spezial 2010, 405 (405).

444 *Gundlach/Frenzel/Strandmann*, NZI 2008, 461 (462).

445 *Gundlach/Frenzel/Strandmann*, NZI 2008, 461 (463).

446 *Wellensiek*, BB 2000, 1 (5); *Paulus*, NZI 2008, 705 (709); *Graeber*, ZIP 2000, 1465 (1466); darüber hinaus bei Ableben des Verwalters bzw. Vorliegen eines wichtigen Grundes nach § 59 InsO. Die dann stattfindende Gläubigerversammlung wird wie die erste behandelt.

von Großgläubigern bei alleiniger Maßgeblichkeit der Summenmehrheit wurde allerdings als zu groß angesehen. So konnte ein einzelner Großgläubiger, dessen Forderung mehr als 50 % der Summe der Forderungsbeträge der abstimmenden Gläubiger betrug (vgl. § 76 Abs. 2 InsO), eine Neuwahl des Verwalters allein mit seiner Stimme herbeiführen.[447] Insbesondere wurde auf Seiten der Literatur[448] und schließlich auch vom Gesetzgeber[449] befürchtet, gerade junge Verwalter, deren berufliche Existenz noch im Aufbau ist, könnten von Anfechtungsprozessen gegen Großgläubiger, die im regionalen Wirkungskreis des Verwalters eine dominierende Stellung einnehmen und an zahllosen Verfahren beteiligt sind, Abstand nehmen. Damit böte sich Kreditinstituten zu häufig die Gelegenheit, einen pflegeleichten Verwalter zu wählen.[450] Mittlerweile ist vor diesem Hintergrund gem. §§ 57 Satz 2, 76 Abs. 2 InsO neben der Summenmehrheit die Kopfmehrheit erforderlich.[451]

Zu Zeiten der KO waren zudem Absonderungsberechtigte, die nicht auf ihr Absonderungsrecht verzichtet hatten, nur im Umfang ihres mutmaßlichen Ausfalls stimmberechtigt (§ 96 Abs. 1 KO). Nunmehr steht ihnen ein Stimmrecht in voller Höhe ihres Forderungsbetrages zu (§ 76 Abs. 2 InsO).[452] Allein in dem Fall, dass der Schuldner dem Gläubiger nicht auch persönlich haftet, ist der Gläubiger nur in Höhe des Wertes des Absonderungsrechtes stimmberechtigt.[453] Gegenüber der Regelung in der KO haben sich die Mehrheitsverhältnisse in der Gläubigerversammlung dadurch häufig verschoben. Hatten zu Zeiten der KO institutionelle Gläubiger wie Banken, Versicherungen und Lieferverbände, deren Forderungen in großem Umfang durch dingliche Sicherheiten abgesichert sind, selten eine Mehrheit in Gläubigerversammlungen, ist dies aufgrund der Gesetzesänderung häufig nun gerade der Fall.[454] An sich erscheint es entgegen dieser

---

447 *Marotzke*, ZInsO 2003, 726 (729); *Wellensiek*, BB 2000, 1 (5); *Förster*, ZInsO 1999, 625 (626); *Köster*, Die Bestellung des Insolvenzverwalters, S. 103.

448 *Graeber*, ZIP 2000, 1465 (1465 f.); *Haarmeyer*, ZInsO 1999, 563 (563); *Frind*, ZInsO 2002, 745 (745); *Förster*, ZInsO 1999, 625 (626); *Muscheler/Bloch*, ZIP 2000, 1474 (1475); *Bales*, BKR 2003, 967 (968); a. A. *Becker*, NZI 2011, 961 (964).

449 Begr. RegE BT-Drs. 14/5680, S. 26.

450 *Haarmeyer*, ZInsO 1999, 563 (563); *Förster*, ZInsO 1999, 625 (625); Marotzke, KTS 2014, 113 (135 ff.); *Bales*, BKR 2003, 967 (968); s. auch BT-Drs. 14/5680, S. 26.

451 S. dazu Begr. RegE BT-Drs. 14/5680, S. 26; vgl. *Köster*, Die Bestellung des Insolvenzverwalters, S. 103 f.

452 S. dazu Begr. RegE BT-Drs. 14/5680, S. 26.

453 *Knof*, in: Uhlenbruck-InsO, § 76 Rn. 28.

454 *Muscheler/Bloch*, ZIP 2000, 1474 (1475); *Pape*, ZInsO 2000, 469 (469); *Voigt-Salus/Sietz*, ZInsO 2010, 2050 (2052).

gesetzlichen Regelung als angemessen, den entsprechenden absonderungsberechtigten Gläubiger nur in Höhe des Betrages als stimmberechtigt anzusehen, der sich nach Abzug dessen ergibt, was dem Gläubiger aufgrund seiner dinglichen Sicherheit zufließen wird.[455] Nur in Höhe dieses ausgefallenen Betrages nimmt der absonderungsberechtigte Gläubiger schließlich am Insolvenzverfahren teil; die geltende Rechtslage führt daher zu einer Bevorzugung der absonderungsberechtigten Gläubiger. Da sich rechtstatsächlich vor allem Großgläubiger und insbesondere Kreditinstitute umfangreiche dingliche Sicherheiten bestellen lassen, führt diese Regelung zum Stimmgewicht zu einer zusätzlichen Dominanz der Großgläubiger.[456] Dadurch wird es ermöglicht, dass teilweise wenige Großgläubiger trotz einer zahlenmäßigen Unterlegenheit die Gläubigerversammlung dominieren können.[457] Jene können in besonders hohem Maß geneigt sein, abhängige Insolvenzverwalter bestellen zu lassen, wenn sie über entsprechende Mehrheiten in der Gläubigerversammlung verfügen. Das gefährdet die Unabhängigkeit der Verwalter und kann leicht zur Benachteiligung anderer Gläubiger führen.[458] Dabei ist zudem zu berücksichtigen, dass das Insolvenzgericht einen Beschluss der Gläubigerversammlung zur Abwahl des Verwalters nicht gem. § 78 Abs. 1 InsO auf Antrag eines absonderungsberechtigten Gläubigers, eines nicht nachrangigen Insolvenzgläubigers oder des Insolvenzverwalters aufheben kann, wenn der Beschluss dem gemeinsamen Interesse der Insolvenzgläubiger widerspricht. Von der Rechtsprechung[459] und der wohl überwiegenden Ansicht in der Literatur[460] wird § 57 Satz 3 InsO gerade im Hinblick auf die gesetzgeberische Wertung der Stärkung der Gläubigerautonomie zu Recht als Spezialnorm

455 *Marotzke*, KTS 2014, 113 (138); ders., ZInsO 2003, 768 (731); *Voigt-Salus/Sietz*, ZInsO 2010, 2050 (2053).

456 *Marotzke*, KTS 2014, 113 (136 ff.); ders., ZInsO 2003, 768 (731); vgl. *Wellensiek*, BB 2000, 1 (5).

457 *Wellensiek*, BB 2000, 1 (5).

458 *Muscheler/Bloch*, ZIP 2000, 1474 (1475); *Wellensiek*, BB 2000, 1 (5); *Bales*, BKR 2003, 967 (968); *Voigt-Salus/Sietz*, ZInsO 2010, 2050 (2052); *Vallender*, NZI 2010, 838 (843 f.); *Marotzke*, ZInsO 2003, 768 (729).

459 BGH, Beschl. v. 17.07.2003 – IX ZB 530/02, NZI 2003, 607 (607 f.); BGH, Beschl. v. 07.10.2004 – IX ZB 128/03, NZI 2005, 32 (32 f.).

460 *Graeber*, DZWIR 2003, 257 (259); *Gerhardt*, in: Jaeger-InsO, § 78 Rn. 15; *Kübler*, in: Kübler/Prütting/Bork-InsO, § 78 Rn. 5a; a. A. *Görg*, DZWIR 2000, 364 (366); *Kesseler*, DZWIR 2002, 133 (133 ff.); *Knof*, in: Uhlenbruck, § 78 Rn. 18; *Ehricke*, in: MüKo-InsO, § 78 Rn. 14.

angesehen, die eine Überprüfung der Verwalterauswahl unter dem Gesichtspunkt des Gesamtinteresses der Gläubiger ausschließt.

Zielrichtung der Verwalterabwahl kann daher gerade auch die Vermeidung von Anfechtungsprozessen sein, wenngleich diese Zielrichtung regelmäßig nicht offen erkennbar, sondern nur mittelbar etwa aus dem engen Zusammenhang zwischen dem Aufzeigen derartiger Rechte im Bericht des Insolvenzverwalters und den die Abwahl betreibenden Gläubigern zu entnehmen ist.[461] Gem. § 57 Satz 3 InsO kann das Gericht die Bestellung des Gewählten nur versagen, wenn dieser für die Übernahme des Amtes nicht geeignet ist, wobei der Eignungsbegriff des § 56 InsO gilt. Abgesehen davon ist das Gericht an den Gläubigerwillen gebunden.[462] Dabei ist auch zu berücksichtigen, dass allein die Tatsache, dass der neu gewählte Verwalter nur durch wenige Großgläubiger gewählt worden ist, nicht zur Ablehnung dieser Person wegen fehlender Unabhängigkeit ausreicht.[463] Einem gewählten Verwalter kann zwar die persönliche Eignung fehlen, wenn er von einer Gläubigergruppe abhängig ist. Erforderlich sind aber konkrete die Abhängigkeit von einer bestimmten Gläubigergruppe belegende Anhaltspunkte.[464] Dass ein Verwalter von einer Bank vorgeschlagen und im Wesentlichen von den Großbanken gewählt wurde, reicht hierfür grundsätzlich nicht aus.[465] Vielmehr liegt es in der Konzeption des Gesetzes, dass auf der Gläubigerversammlung allein die Mehrheit der Stimmen der erschienenen Gläubiger maßgebend ist.[466] Jedoch kann ein an sich stimmberechtigter Gläubiger im Einzelfall von der Abstimmung zu einem einzelnen Thema ausgeschlossen sein. So ist insbesondere bei einer Reihe von Interessenkollisionen, insbesondere durch Nähebeziehungen, ein Ausschluss von der Stimmabgabe anzunehmen. Ein Vertreter darf etwa nicht mitstimmen, wenn der Vertretene einem Stimmrechtsausschluss unterliegt.[467] Davon ist beispielsweise auszugehen, wenn sich ein dem Schuldner oder Gläubigern nahestehender Dritter eine Gläubigerstellung

461 *Pape*, ZInsO 2000, 469 (477); *Voigt-Salus/Sietz*, ZInsO 2010, 2050 (2052); *Marotzke*, ZInsO 2003, 768 (729).

462 *Köster*, Die Bestellung des Insolvenzverwalters, S. 103.

463 OLG Karlsruhe, Beschl. v. 05.08.1997 – 10 W 23/97, ZIP 1997, 1970 (1972); bei Hinweisen auf eine Abhängigkeit kann das Insolvenzgericht indes gehalten sein, den Sachverhalt im Rahmen der Amtsermittlungspflicht des § 5 Abs. 1 Satz 1 InsO weiter aufzuklären, s. dazu *Muscheler/Bloch*, ZIP 2000, 1474 (1475).

464 *Köster*, Die Bestellung des Insolvenzverwalters, S. 101.

465 OLG Karlsruhe, Beschl. v. 05.08.1997 – 10 W 23/97, ZIP 1997, 1970 (1973).

466 OLG Schleswig, Beschl. v. 27.05.1986 – 1 W 110/86, ZIP 1986, 930 (930 f.).

467 Ausf. *Ehricke/Ahrens*, in: MüKo-InsO, § 77 Rn. 35 ff.

verschafft, um auf der Gläubigerversammlung an der Abstimmung über die Abwahl des Insolvenzverwalters teilzunehmen.[468]

c) *Versagung der Geltendmachung von Anfechtungsansprüchen*

Zu beachten ist bei der Gläubigerversammlung, dass das Potential zur Verfahrensbeeinflussung regelmäßig nicht von allen möglichen Teilnehmern genutzt wird. Die Teilnahme erfordert Zeit-, Personal- und Geldaufwand. Bei einer zu erwartenden geringeren Befriedigungsquote wird daher verbreitet von einer Teilnahme abgesehen. Lediglich für Vertreter des Fiskus im Fall von erheblichen Steuerrückständen und der Kreditwirtschaft sowie dinglich gesicherte Großgläubiger erscheint eine Teilnahme häufig lohnenswert.[469] Da gem. § 76 Abs. 2 InsO für Beschlüsse der Gläubigerversammlung im Regelfall nur die einfache Summenmehrheit der abstimmenden[470] Gläubiger erforderlich ist, nehmen Großgläubiger, insbesondere Kreditinstitute, eine privilegierte Stellung ein, die ihnen erhebliche Möglichkeiten der Verfahrensbeeinflussung eröffnet.[471] In Bezug auf die unterlassene Geltendmachung von Anfechtungsansprüchen ist etwa daran zu denken, dass ein Großgläubiger, der aufgrund seiner erheblichen Forderungen großen Einfluss auf die Abstimmungen in der Gläubigerversammlung nehmen kann, seine Zustimmung etwa zu einem vom Insolvenzverwalter ausgearbeiteten Insolvenzplan davon abhängig macht, dass der Insolvenzverwalter auf die Geltendmachung von Anfechtungsansprüchen verzichtet. Die Einflussnahmemöglichkeiten steigen dabei in tatsächlicher Hinsicht, wenn der Insolvenzverwalter selbst ein Eigeninteresse an einer bestimmten Entscheidung, etwa der Entscheidung über die Stilllegung oder vorläufige Fortführung des Unternehmens (§ 157 Satz 1 InsO), die Ausarbeitung eines Insolvenzplans (§ 157 Satz 2 InsO) oder die Anordnung beziehungsweise Aufhebung der Eigenverwaltung (§§ 271 f. InsO) hat. Der Verwalter kann dabei ein Interesse an bestimmten Verfahrensschritten haben, wenn sich dadurch seine Vergütung erhöht.

468 LG Hamburg, Beschl. v. 25.08.2014 – 326 T 81/14, NZI 2015, 28 (29); AG Duisburg, Beschl. v. 08.10.2007 – 62 IN 32/07, NZI 2007, 728 (729 ff.).

469 *Trams*, NJW-Spezial 2010, 405 (405).

470 Es sind nicht nur die erschienenen oder ordnungsgemäß vertretenen stimmberechtigten Gläubiger zu berücksichtigen, sondern auch die schriftlich zustimmenden, soweit das Gesetz eine schriftliche Zustimmung zulässt (§ 242 InsO).

471 *Trams*, NJW-Spezial 2010, 40 (406); *Voigt-Salus*/*Sietz*, ZInsO 2010, 2050 (2052); *Knof*, in: Uhlenbruck-InsO, § 76 Rn. 1; s. auch BT-Drs. 14/5680, S. 26.

Teilweise erteilen Gläubiger dem Verwalter auch gezielt rechtsmissbräuchliche Weisungen für seine Amtsführung im Hinblick auf die Insolvenzanfechtung. So soll es in der Praxis etwa vorkommen, dass die die Gläubigerversammlung majorisierenden Bankenvertreter im Berichtstermin nach § 157 InsO durch Beschluss nach § 76 InsO den Verwalter anweisen, Anfechtungsansprüche nur gegen anderen Anfechtungsgegner durchzusetzen.[472]

Entsprechende Weisungen sind allerdings unzulässig. So kann der präventive Schutz der Anfechtung nur gewährleistet sein, wenn der Insolvenzverwalter alle werthaltigen und durchsetzbaren Anfechtungsansprüche uneingeschränkt durchsetzt. Anderenfalls erhielten die Gläubiger des Schuldners vor Verfahrenseröffnung Anreize, anfechtbare Rechtshandlungen vorzunehmen.[473] Schließlich bestünde bei nur eingeschränkter Geltendmachung von Anfechtungsansprüchen die Möglichkeit, das Erlangte doch nicht zurückgewähren zu müssen. Daher muss das Anfechtungsrecht der Einflussnahme der Gläubiger entzogen sein. Aus §§ 75 ff., 157, 80, 129 InsO ergibt sich zudem, dass die Verwaltungs- und Verfügungsbefugnis allein beim Insolvenzverwalter und nicht der Gläubigerversammlung liegt. Ein Beschluss zur Disposition über Anfechtungsansprüche würde daher die Befugnisse der Gläubigerversammlung überschreiten und müsste vom Insolvenzgericht im Zuge der Leitung der Gläubigerversammlung gem. § 76 Abs. 1 InsO verhindert werden, so dass es eine rechtliche Grundlage für entsprechende Weisungen nicht gibt.[474] Eine Disposition der Insolvenzgläubiger darf daher auch nicht über die Regelung des § 160 Abs. 2 Nr. 3 InsO erfolgen.[475] Zwar ist die Anfechtung zunächst vom Wortlaut des § 160 Abs. 2 Nr. 3 InsO erfasst. Die Einschränkung lässt sich aber über eine teleologische Reduktion erreichen, indem der überschießende Wortlaut nach Sinn und Zweck der Vorschrift eingeschränkt wird.[476]

---

472 *Wimmer*, ZIP 2013, 2038 (2038); vgl. *Rosenmüller/Heitsch*, ZInsO 2013, 754 (756).

473 *Steffek*, ZRP 2007, 228 (228 ff.).

474 *Smid*, ZInsO 2015, 1716 (1722).

475 *Wimmer*, ZIP 2013, 2038 (2038 f.); *Smid*, ZInsO 2015, 1716 (1722).

476 *Wimmer*, ZIP 2013, 2038 (2039 f.); folgt man dieser Auffassung nicht und rechnet auch die Anfechtungsklage zu den besonders bedeutsamen Rechtshandlungen nach § 160 InsO, für die eine Zustimmung des Gläubigerausschusses respektive der Gläubigerversammlung erforderlich ist, so muss weiter geprüft werden, ob der Beschluss, Anfechtungsklagen generell oder gegen bestimmte Gläubiger zu unterlassen, nach § 78 InsO unwirksam werden kann. Wenn ein Beschluss dennoch nicht unwirksam ist, hat das Insolvenzgericht darauf zu achten, dass die Gläubiger, die von einer Anfechtung betroffen wären, als nicht stimmberechtigt eingeordnet werden.

Auch wenn entsprechende Weisungen nicht zulässig sind, kann bei deren faktischem Vollzug der präventive Schutz der Insolvenzanfechtung sowie der Grundsatz der gleichmäßigen Gläubigerbefriedigung nicht mehr vollumfänglich verwirklicht werden. Es erscheint durchaus denkbar, dass einflussreiche Gläubiger auch ohne diese rechtliche Möglichkeit auf den Verwalter in der Form einwirken, dass dieser auf einen Anfechtung verzichtet.

d) Missbrauchsgefahren

Wenngleich gem. § 57 Abs. 2 InsO zur Wahl eines anderen Verwalters mittlerweile neben der in § 76 Abs. 2 InsO genannten Mehrheit (Summenmehrheit) auch die Mehrheit der abstimmenden Gläubiger (Kopfmehrheit) erforderlich ist und die Einflussnahmemöglichkeiten der Großgläubiger insoweit verringert wurden, sind die Missbrauchsgefahren weiterhin beachtlich. *Becker*[477] wendet zwar ein, die Insolvenzgläubiger seien diejenigen, die das größte Interesse an einer effektiven Verfahrensabwicklung hätten. Schließlich werde das Insolvenzverfahren zu ihrer Befriedigung überhaupt durchgeführt. Daher hätten sie auch die stärksten Anreize, einen fähigen Insolvenzverwalter zur Wahrung ihrer Interessen einzusetzen. Es bestehe insoweit gerade kein Interessengegensatz, sondern vielmehr ein Interessengleichlauf. So werde die Gläubigerautonomie nicht um ihrer selbst willen geschützt, sondern aus der Erkenntnis heraus, dass die Gläubiger am besten einschätzen könnten, was am besten für sie selbst sei. *Becker* übersieht indes, dass in einem Insolvenzverfahren naturgemäß Interessenvielfalt herrscht.[478] Jeder Gläubiger oder jede Gläubigergruppe verfolgt im Rahmen eines Insolvenzverfahrens spezifische Eigeninteressen.[479] Es gibt daher in aller Regel keinen Interessengleichlauf und keine homogene Gruppe „die Gläubiger" mit gleichlaufenden Interessen.[480] Vielmehr versucht jeder Gläubiger naturgemäß, die eigenen Interessen im Rahmen des Insolvenzverfahrens möglichst vollumfänglich zu verwirklichen, was häufig der Verwirklichung anderer

---

477 *Becker*, NZI 2011, 961 (964); kritisch zur Gläubigerautonomie bereits *Henckel*, KTS 1989, 477 (477).

478 *Pape*, in: Uhlenbruck-InsO, § 1 Rn. 13; s. bereits *Uhlenbruck*, KTS 1989, 229 (230).

479 *Vallender*, FS-Ganter, 391 (391); *Zeuner*, NJW 2007, 2952 (2952); *Uhlenbruck*, KTS 1989, 229 (230); *Frege*, Der Sonderinsolvenzverwalter, Rn. 88; *Westermann*, Die Auswahl und die Bestellung des (vorläufigen) Insolvenzverwalters im Widerstreit der Interessen von Gläubigern und Schuldner, Rn. 260; *von Leoprechting*, in: v. Leoprechting/Ziechmann, Entscheidungsprozesse im Insolvenzverfahren, S. 29 ff.

480 *Frind*, ZInsO 2011, 757 (759).

Interessen entgegensteht.[481] Teilweise werden dabei die Grenzen des rechtlich Erlaubten von einzelnen Verfahrensbeteiligten auch überschritten. Im Ausgangspunkt ist zunächst zu berücksichtigen, dass auch im Rahmen der Mehrheitsentscheidung nach § 57 InsO das Gebot der Unabhängigkeit des Verwalters zu beachten ist.[482] Rechtsmissbräuchliche Beeinflussungen des Verwalters sind daher allein bei nicht vom Insolvenzgericht erkannten Interessenkollisionen zu befürchten. Zweifel an der Unabhängigkeit des Gewählten und damit Missbrauchsgefahren im Hinblick auf die Geltendmachung von Anfechtungsansprüchen im Rahmen des § 57 InsO können vor diesem Hintergrund insbesondere dann aufkommen, wenn der Eindruck entsteht, ein Hauptgläubiger würde seine Stellung innerhalb der Gläubigerschaft dazu benutzen, einen ihm genehmen Insolvenzverwalter „durchzudrücken", von dem er einen „verständnisvollen" Umgang erwartet.[483] Daher lassen sich zumindest teilweise aus einer offenbaren Motivation der Gläubiger zur Neuwahl des Insolvenzverwalters Rückschlüsse auf die Eignung der gewählten Person als Insolvenzverwalter ziehen.[484] Da auf der anderen Seite aber die Motivation der Gläubiger kein Versagungsgrund im Sinne von § 57 Satz 2 InsO sein kann, haben die Gläubiger im Grundsatz die Möglichkeit, „missliebige" Insolvenzverwalter abzuwählen. Nach dem klaren Wortlaut des § 57 Satz 2 InsO ist Maßstab der Entscheidung des Insolvenzgerichts allein die Frage, ob dem Gewählten die Bestellung zu versagen ist, weil er für die Übernahme des Amtes ungeeignet ist. Damit scheiden Begründungen aus dem Bereich der Motivlage eines oder aller Gläubiger in der Regel aus.[485]

Zu berücksichtigen ist daneben aber, dass ein anderer Beweggrund für einen Beschluss nach § 57 InsO der Wunsch des oder der Großgläubiger sein kann, einen Insolvenzverwalter einzusetzen, mit dem in der Vergangenheit positive Erfahrungen gewonnen wurden und welcher quasi als „Hausverwalter" fungieren kann.[486] Die wiederholte Zusammenarbeit zwischen Gläubigern und dem

---

481 *Pape/Uhlenbruck/Voigt-Salus*, Insolvenzrecht, Kap. 12 Rn. 12; *Meyer-Löwy/Bruder*, GmbHR 2012, 432 (432).

482 *Graeber*, in: MüKo-InsO, § 57 Rn. 28 ff.; *Kesseler*, DZWiR 2002, 133 (134); vgl. zu § 57 Satz 1 InsO a.F. *Uhlenbruck*, KTS 1989, 229 (246); *Graeber*, ZIP 2000, 1465 (1469).

483 *Graeber*, in: MüKo-InsO, § 57 Rn. 30; *Vallender*, EWiR 1998, 73 (73); vgl. zu § 57 Satz 1 InsO a. F. *Graeber*, ZIP 2000, 1465 (1469 f.); vgl. bereits *Uhlenbruck*, KTS 1989, 229 (232 f.).

484 Vgl. zu § 57 Satz 1 InsO a. F. *Graeber*, ZIP 2000, 1465 (1470).

485 *Graeber*, in: MüKo-InsO, § 57 Rn. 31; vgl. zu § 57 Satz 1 InsO a. F. *Graeber*, ZIP 2000, 1465 (1470); *Pape*, ZInsO 2000, 469 (477).

486 Vgl. zu § 57 Satz 1 InsO a. F. *Graeber*, ZIP 2000, 1465 (1470).

Verwalter kann mithin auch auf legitimen Gründen beruhen. Die Abgrenzungsschwierigkeiten sind insoweit besonders groß und Missbrauchsgefahren vom Insolvenzgericht schwer zu erkennen. Es ist schließlich auch nicht zu erwarten, dass der Gläubiger selbst oder der Gewählte das Insolvenzgericht über Gesichtspunkte informiert, welche den Schluss auf eine mögliche Abhängigkeit zulassen. Der Gläubiger wird kaum offen zugestehen, dass der Gewählte in einem unzulässig engen Verhältnis zu ihm steht, und auch der Gewählte selbst wird darauf bedacht sein, seine Unabhängigkeit hervorzuheben.[487] Genauso wenig tritt aber regelmäßig der Wille zur Vermeidung von Anfechtungsprozessen offen zutage.[488] Vielmehr kann eine entsprechende Abhängigkeit meist nur mittelbar aus dem engen Zusammenhang zwischen dem Aufzeigen derartiger Rechte etwa im Bericht des Insolvenzverwalters und dem Vorgehen der die Abwahl betreibenden Gläubigern zu entnehmen sein.[489] Jedenfalls Anhaltspunkte für eine Abhängigkeit des Verwalters von einzelnen Gläubigern können sich jedoch daraus ergeben, dass ein und derselbe Gläubiger in verschiedenen Insolvenzverfahren wiederholt dieselbe Person über den Weg des § 57 InsO als Insolvenzverwalter einsetzen lässt. Ähnlich einem Beschäftigten des Gläubigers ist dieser Insolvenzverwalter ab einem gewissen Zeitpunkt darauf angewiesen, das Wohlwollen des Gläubigers nicht mehr zu verlieren, um keine Umsatzeinbußen zu erleiden. Sobald dieser Punkt überschritten ist, kann von einer Unabhängigkeit des Insolvenzverwalters gegenüber diesem Gläubiger nicht mehr ohne weiteres ausgegangen werden.[490] In rechtstatsächlicher Hinsicht sind länger andauernde Beziehungen zwischen Verwaltern und Gläubigern indes zumeist nicht ohne weiteres zu erkennen. So haben die Insolvenzrichter einzelner Insolvenzgerichte in der Regel keinen oder nur einen eingeschränkten Überblick über den Ablauf von Insolvenzverfahren außerhalb ihrer eigenen Gerichtsbarkeit. Im Rahmen ihrer Amtsermittlungspflicht (§ 5 Abs. 1 Satz 1 InsO) haben die Insolvenzrichter bei Anhaltspunkten für eine fehlende Unabhängigkeit Ermittlungen aufzunehmen. Insbesondere können die Verfahrensbeteiligten befragt werden. Die Insolvenzrichter sind im Rahmen ihrer Amtsermittlung im Einzelfall dabei geradezu zwingend darauf angewiesen, dass ihnen Indizien, welche gegen einen von der

487 Vgl. zu § 57 Satz 1 InsO a. F. *Graeber*, ZIP 2000, 1465 (1471).

488 Vgl. zu § 57 Satz 1 InsO a. F. *Pape*, ZInsO 2000, 469 (477).

489 Vgl. zu § 57 Satz 1 InsO a. F. *Pape*, ZInsO 2000, 469 (477).

490 *Vallender/Zipperer*, in: Uhlenbruck-InsO, § 59 Rn. 12; *Graeber*, in: MüKo-InsO, § 57 Rn. 30; vgl. zu § 57 Satz 1 InsO a.F. *Graeber*, ZIP 2000, 1465 (1471); *Muscheler/Bloch*, ZIP 2000, 1474 (1479).

Gläubigerversammlung neu gewählten Verwalter sprechen, beigebracht werden. Dies kann durch andere Gläubiger, den bisherigen oder den neu gewählten Insolvenzverwalter geschehen. Praktisch gestaltet sich auch dies indes häufig schwierig; weder anderen Gläubigern noch dem Insolvenzverwalter sind die Beziehungen zwischen dem neu gewählten Verwalter und einem oder mehreren Großgläubigern bekannt. Allein bei Hinweisen auf etwaige Befangenheiten in der Gläubigerversammlung oder bei in Fachkreisen bekannten Beziehungen zwischen Verwaltern und Großgläubigern können Indizien erkennbar werden. Trotz einer etwaigen Zuarbeit von anderer Seite wird es dem Insolvenzgericht regelmäßig aber in eher selteneren Fällen möglich sein, eine Abhängigkeit zwischen Gläubiger und „Hausverwalter" nachzuweisen.[491]

Jedenfalls aber hat das Insolvenzgericht im Rahmen der Amtsermittlungspflicht besonders darauf zu achten, dass der gewählte Verwalter seine Pflichten auch gerade gegenüber den ihn wählenden Gläubigern ordnungsgemäß und im Interesse der Gläubigergesamtheit ausübt; das Insolvenzgericht hat also gerade im Falle eines Verfahrens mit einem gewählten Insolvenzverwalter, welcher dem Insolvenzgericht nicht aus eigenen Verfahren bekannt ist, diesen intensiv und umfangreich zu kontrollieren, so dass der Insolvenzverwalter dem Insolvenzgericht in einem erheblich größeren Umfang für Auskünfte und Nachfragen zur Verfügung zu stehen hat. Genauso ist auch die Rechnungslegung des Insolvenzverwalters besonders genau zu prüfen. Die damit eventuell zusammenhängende Belastung des Insolvenzverwalters ist unvermeidbar und im Interesse der Ordnungsgemäßheit des Verfahrens hinzunehmen.[492]

IV. ESUG Evaluation

Der Bundestag hatte im Rahmen des ESUG beschlossen, die Bundesregierung zu verpflichten, die Erfahrungen mit der Anwendung des Gesetzes fünf Jahre nach dessen Inkrafttreten zu evaluieren und auf dieser Grundlage dem Deutschen Bundestag Bericht zu erstatten. Die Evaluation umfasst den Zeitraum 01.03.2012 bis 28.02.2017. Durchgeführt wurde das Forschungsvorhaben von

491 Vgl. zu § 57 Satz 1 InsO a.F. *Graeber*, ZIP 2000, 1465 (1471).

492 *Graeber*, in: MüKo-InsO, § 57 Rn. 29 f.; vgl. zu § 57 Satz 1 InsO a.F. *Graeber*, ZIP 2000, 1465 (1473).

Professor Dr. *Florian Jacoby*, Professor Dr. *Stefan Madaus*, Professor Dr. *Detlef Sack*, *Heinz Schmidt* und Professor Dr. *Christoph Thole*.[493]

In Bezug auf die unterlassene Anfechtung des Insolvenzverwalters ist insbesondere die erste von insgesamt vier Leitfragen relevant:

> „In welchem Umfang hat sich der stärkere Einfluss der Gläubiger auf die Auswahl des Insolvenzverwalters auf dessen Unabhängigkeit ausgewirkt? Ist es im nennenswerten Umfang vorgekommen, dass im Interesse einzelner Gläubiger Verwalter bestellt wurden, an deren Unabhängigkeit erhebliche Zweifel bestanden haben?“[494]

Einige Ergebnisse der Evaluation zu dieser Frage sind durchaus für die Frage relevant, ob einzelne Insolvenzgläubiger über die Einflussnahme bei der Bestellentscheidung auf den Insolvenzverwalter in der Form einwirken können, dass dieser auf eine Geltendmachung von Anfechtungsansprüchen verzichtet.

Zunächst fällt auf, dass die Befragten auf die These „Es ist häufig passiert, dass Schuldnerberater oder Gläubiger für den Vorschlag einer Person zum Sachwalter gewisse Zugeständnisse des Sachwalters bei dessen Amtsführung erwartet oder gar vereinbart haben“ 10 % der Befragten mit „trifft vollständig zu“, 30 % mit „trifft eher zu“, 30 % mit „trifft eher nicht zu“ und 30 % mit „trifft überhaupt nicht zu“ geantwortet haben.[495]

Weiterhin heißt es in der Evaluation etwa zum sogenannten mitgebrachten Sachwalter, eine gewisse Steuerbarkeit bei der Sachwalterbestellung, wie sie jetzt auch § 56a InsO ermögliche, könne eine erfolgreiche Verfahrensgestaltung durch Berater, Management und Sachwalter fördern. Dies könne freilich, abgesehen von der verteilungspolitischen Frage des Zugangs zu diesem „öffentlichen Amt“, die Neigung des Sachwalters verringern, in bestimmten Situationen hart einzugreifen, z.B. Anfechtungsansprüche mit der rechtlich gebotenen Konsequenz durchzusetzen oder eine Nachteilsanzeige zu tätigen. Es sei die Rede davon, dass es entsprechende „beauty contests“ gebe. Außerdem bestehe außerhalb des § 270b InsO die Neigung von Schuldnern und Beratern, nur diejenigen Gläubiger für den Gläubigerausschuss vorzuschlagen, die sodann – gesteuert über den Schuldnerberater – einen Sachwalter vorschlagen, bei dem eine gewisse

493 Die Evaluation ist abrufbar auf der Website des BMJV, eine Kurzfassung ist abgedruckt in ZInsO 2018, 2402 ff.; s. dazu *Pape*, ZInsO 2018, 2725 (2725 ff.); *Beissenhirtz*, ZInsO 2019, 180 (180 ff.); *Jung*, KSI 2019, 17 (17 ff.); *Weitzmann*, BB 2019, 521 (521 ff.).

494 *Jacoby/Madaus/Sack/Schmidt/Thole*, ESUG Evaluation, S. 14.

495 *Jacoby/Madaus/Sack/Schmidt/Thole*, ESUG Evaluation, S. 24.

Einflussnahme möglich erscheine, was zu Lasten der Gläubigerinteressen gehen könne.[496]

Zudem heißt es zum Einfluss der Gläubiger auf die Verwalterwahl, nach den Erfahrungen der Befragten habe sich der stärkere Einfluss der Gläubiger auf die Verwalterauswahl erheblich auf das Verfahren ausgewirkt. Eine klare Mehrheit der Befragten bekunde, dass die Gerichte grundsätzlich das einstimmige Votum der Gläubiger nach § 56a Abs. 2 InsO akzeptierten. Darüber hinaus stelle die Mehrheit der Befragten fest, dass abseits des § 56a Abs. 2 InsO in stärkerem Maße Vorschläge der Gläubiger durch das Insolvenzgericht aufgegriffen würden.

Bei der Bewertung, inwieweit entweder diese gesetzgeberische Weichenstellung zurückgedreht oder im Gegenteil gar verstärkt werden solle, zeige sich ein sehr gespaltenes Meinungsbild. Für eine umfassende Rückübertragung der Entscheidungsmacht auf die Richter spreche sich nur eine Minderheit aus. Diese Meinung werde aber in den einzelnen Gruppen sehr unterschiedlich vertreten. So würden die Richter und Rechtspfleger eine solche Rückübertragung deutlich begrüßen. Besonders deutlich gegen eine solche Rückübertragung votierten die Banken.

Eine Mehrheit für oder gegen die Forderung, das verbindliche Auswahlrecht des Gläubigerausschusses zu stärken, lasse sich nicht feststellen. Dabei sprächen sich die Richter und Rechtspfleger deutlich dagegen aus, während die Banken sich dafür aussprächen.[497]

Zur Unabhängigkeit von spezifischen Gläubigerinteressen heißt es weiterhin, nach den überwiegenden Erfahrungen der Befragten habe die Neuregelung nicht dazu geführt, dass Zweifel an der Unabhängigkeit des Insolvenzverwalters deswegen bestehen, weil der Verwalter im Interesse einzelner Gläubiger bestellt werde. Auch hätten nur wenige der Befragten angegeben, dass Verwalter in Verfolgung von Sonderinteressen von der Geltendmachung von Ansprüchen Abstand genommen haben. Allerdings lasse sich eine breite Streuung unter den

496 *Jacoby/Madaus/Sack/Schmidt/Thole*, ESUG Evaluation, S. 177; s. auch dies., ESUG Evaluation Kurzbericht, ZInsO 2018, 2402 (2405 f.).

497 *Jacoby/Madaus/Sack/Schmidt/Thole*, ESUG Evaluation, S. 207; s. auch dies., ESUG Evaluation Kurzbericht, ZInsO 2018, 2402 (2405 f.); im Kurzbericht heißt es wörtlich: „Es erscheint als ein Problem, dass nach dem geltenden Recht der Sachwalter als Überwachungsperson vielfach über die Berater des Schuldners entweder als mitgebrachter Sachwalter (§ 270b InsO) eingesetzt und jedenfalls auch außerhalb von § 270b InsO zumindest über eine Zusammenstellung des Gläubigerausschusses seine Wahl gesteuert werden kann (§ 274 InsO i.V.m. § 56a InsO)."

Antworten feststellen. Einige der Befragten bezeugten durchaus eine Beeinträchtigung der Unabhängigkeit.[498]

In Bezug auf die Einsetzung eines vorläufigen Gläubigerausschusses heißt es, die Befragung habe ein positives Statement zum Gläubigerausschuss als Institution ergeben. So halte die deutliche Mehrheit der Befragten nach ihren Erfahrungen diesen für ein wichtiges Organ. Eine Mehrheit spreche sich dafür aus, einen vor-vorläufigen Gläubigerausschuss zu bilden, um den vorläufigen Insolvenzverwalter zu bestimmen. Allerdings falle dieses Votum über die Gruppen hinweg keinesfalls eindeutig aus. So votierten die Gerichte deutlich dagegen, während die Banken besonders stark dafür einträten.[499]

Hinsichtlich der Ausgestaltung des Amtes der Gläubigerausschussmitglieder zeigten sich unterschiedliche Einschätzungen. Zwar spreche sich insgesamt die Mehrheit dafür aus, die Vergütung der Ausschussmitglieder zu erhöhen, während sich keine Mehrheit bei der Frage feststellen lasse, ob die Haftung der Mitglieder zu beschränken sei. Es zeigten sich aber wieder deutlich gruppenspezifische Unterschiede. So träten insbesondere die Richter und Rechtspfleger diesen Änderungen entgegen, während die Banken sich dafür aussprächen. Auffällig sei, dass den betroffenen typischen Gläubigervertretern wie Banken und öffentlich-rechtlichen Gläubigern deutlich mehr an einer Haftungsprivilegierung als an einer Vergütungserhöhung gelegen ist. Zudem habe zur Zusammensetzung des Gläubigerausschusses durchaus eine Reihe der Befragten angegeben, dass häufig dem Schuldner nahe stehende Personen Mitglieder würden.[500]

V. Bewertung der ESUG Evaluation

Rechtstatsachenforschung ist ein wichtiges Instrument zur Bewertung insbesondere von gesetzlichen Änderungen. So können über eine wissenschaftliche Auseinandersetzung hinaus die rechtstatsächlichen Folgen von Gesetzesänderungen ermittelt und bewertet werden. Insofern bietet die ESUG Evaluation eine gute Grundlage für eine rechtstatsächliche Bewertung der mit dem ESUG verbundenen Vorteile, aber auch der Risiken.

Die Autoren der Studie fassen die Ergebnisse folgendermaßen zusammen: Die Auffassungen zum Gläubigerausschuss und zur Unabhängigkeit des Insolvenzverwalters unterschieden sich gruppenspezifisch recht deutlich. Es seien die Vertreter von Banken, Finanzverwaltungen und Sozialversicherungsträgern

498 *Jacoby/Madaus/Sack/Schmidt/Thole*, ESUG Evaluation, S. 211.
499 *Jacoby/Madaus/Sack/Schmidt/Thole*, ESUG Evaluation, S. 221 f.
500 *Jacoby/Madaus/Sack/Schmidt/Thole*, ESUG Evaluation, S. 226.

wie auch die Gläubiger und Mitglieder im Gläubigerausschuss, nach deren Meinung die Haftung von Mitgliedern des Gläubigerausschusses beschränkt werden solle. Die Forderung nach einer Vergütung werde überproportional von Gläubigern, Gläubigerberatern und Mitgliedern im Gläubigerausschuss wie auch von Insolvenzverwaltern und Sachwaltern erhoben. Richter und Rechtspfleger stünden beiden Anliegen eher distanziert gegenüber. In noch deutlicherer Form werde von Richtern und Rechtspflegern die Stärkung des Rechts des vor-vorläufigen Gläubigerausschusses abgelehnt, den Verwalter verbindlich auszuwählen (§ 56a Abs. 2 InsO). Dieses befürworteten Schuldner- und Unternehmensberater, Geschäftsleiter wie auch Gläubiger, Gläubigerberater und Mitglieder im Gläubigerausschuss. Umgekehrt erstaune es dann nicht, dass Richter und Rechtspfleger deutlich überproportional die Verwalterauswahl wieder gänzlich dem Insolvenzgericht zuordnen möchten. Die Bildung eines vor-vorläufigen Gläubigerausschusses zum Zwecke des Vorschlags der Person des vorläufigen Insolvenzverwalters werde eher von Schuldner- und Unternehmensberatern, Geschäftsleitern und Mitgliedern im Gläubigerausschuss und den Banken als sinnvoll erachtet. Dessen gesetzliche Regelung werde besonders von Insolvenzverwaltern und Sachwaltern und den Finanzverwaltungen und Sozialversicherungen für zweckdienlich gehalten. Es handle sich hier um diejenige Fragebatterie, die eher hohe Standardabweichungen aufweise.[501]

Daraus wird von den Autoren der Studie der Schluss gezogen, es lasse sich keine Beeinträchtigung der Unabhängigkeit der Insolvenzverwalter feststellen, die es erforderlich mache, die ESUG-Reformen rückgängig zu machen. In professionell, mit Erfahrung und Sachkunde durchgeführten Verfahren lasse sich die Unabhängigkeit sicherstellen. Viel hänge dabei von der professionellen Begleitung der Verfahren durch die Insolvenzgerichte ab, weil diesen die Kontrolle der Unabhängigkeit des Verwalters, aber eben auch die Entscheidung über die Besetzung des vorläufigen Gläubigerausschusses zugewiesen sei. Deswegen seien Erfahrung, Sachkunde und Kompetenz der Insolvenzgerichte sicherzustellen. Die mit dem ESUG eingeschlagene rechtspolitische Richtung sei konsequent weiter zu verfolgen, indem einem erstmals vorzusehenden vor-vorläufigen Gläubigerausschuss die Kompetenz eingeräumt werde, den Insolvenzverwalter auszuwählen. Auch dann könne das Gericht in Wahrnehmung seiner Kontrollbefugnisse der Beeinträchtigung der Unabhängigkeit entgegenwirken. Diese Weichenstellung sei insbesondere auch dann zu begrüßen, wenn man den oben

501 *Jacoby/Madaus/Sack/Schmidt/Thole*, ESUG Evaluation, S. 33; s. auch dies., ESUG Evaluation Kurzbericht, ZInsO 2018, 2402 (2409).

empfohlenen Weg ginge, die Voraussetzungen der Eigenverwaltung restriktiver zu regeln. Die Einflussmöglichkeiten, die dort verloren gingen, würden dann an dieser Stelle ausgeglichen. Zur Besetzung des (vor-)vorläufigen Gläubigerausschusses sei der Verweis des § 21 Abs. 2 Satz 1 Nr. 1a InsO auf § 67 InsO so auszuweiten, dass er sich auch auf § 67 Abs. 3 InsO erstrecke. Von der Beteiligung von Kleingläubigern sollte indessen abgesehen werden können. Die Vergütung der Ausschussmitglieder sei im Rahmen einer Vergütungsreform neu zu regeln und solle sich für professionelle Mitglieder tendenziell erhöhen.[502]

Die Autoren scheinen danach der Ansicht zu sein, eine Gefährdung der Unabhängigkeit des Verwalters durch die Einflussnahme der Gläubiger auf die Bestellung des Verwalters drohe nicht oder sei zumindest nicht in bedeutendem Umfang festzustellen. Die in der Studie erwähnten Ergebnisse der Befragungen vermögen diese Bewertung allerdings nur eingeschränkt zu bestätigen.

Gerade dass auf die These „Es ist häufig passiert, dass Schuldnerberater oder Gläubiger für den Vorschlag einer Person zum Sachwalter gewisse Zugeständnisse des Sachwalters bei dessen Amtsführung erwartet oder gar vereinbart haben" 10 % der Befragten mit „trifft vollständig zu", 30 % mit „trifft eher zu", 30 % mit „trifft eher nicht zu" und 30 % mit „trifft überhaupt nicht zu" geantwortet haben,[503] ist kaum mit der Bewertung der Autoren der Studie zu vereinbaren. Vielmehr scheinen in rechtstatsächlicher Hinsicht in vielen Fällen erhebliche Missbrauchsgefahren bei der Bestellung gewählter Insolvenzverwalter oder Sachwalter zu bestehen. Die Ergebnisse lassen den Schluss zu, dass in rechtstatsächlicher Hinsicht durchaus Manipulationen oder jedenfalls Manipulationsversuche stattfinden.[504]

Diese Wertung lässt sich auch aus dem Befragtenverhalten der verschiedenen Berufsgruppen ableiten. So fällt besonders auf, dass gerade Banken ein hohes Interesse an der Einflussnahme auf die Verwalterwahl und damit an einer Stärkung der Gläubigerautonomie bei der Bestellung des Verwalters haben. Zwar verfolgen Banken mit ihrer Einflussnahme bei der Bestellentscheidung im Allgemeinen legitime Interessen. Es droht aber immer die Gefahr, dass die eigenen Interessen überbetont und bestehende Machtpositionen ausgenutzt werden. Die bereits erwähnte und in der Literatur bekannte Befürchtung, dass Insolvenzverwalter, die nach der Einflussnahme einer Bank auf ihre Bestellung im Gegenzug auf Anfechtungen gegen die Banken verzichten, steht daher mit dem Verhalten

---

502 *Jacoby/Madaus/Sack/Schmidt/Thole*, ESUG Evaluation, S. 306 f.

503 *Jacoby/Madaus/Sack/Schmidt/Thole*, ESUG Evaluation, S. 24.

504 A. A. *Buchalik*, ZInsO 2019, 1576 (1578 ff.).

der Befragten genauso im Einklang wie die Tatsache, dass Richter und Rechtspfleger die Unabhängigkeit eher als gefährdet ansehen und die gerichtlichen Kompetenzen eher wieder erweitern wollen.

Für die tatsächliche Verfolgung verfahrensfremder Beeinflussungen bei der Verwalterwahl spricht letztendlich auch, dass Banken die Haftung der Mitglieder des vorläufigen Gläubigerausschusses limitieren wollen. Dann könnten die von einer Bank gestellten Ausschussmitglieder leichter verfahrensfremde Ziele der Bank verfolgen, ohne einer Haftung oder jedenfalls Haftungsgefahren im bisherigen Umfang ausgesetzt zu sein.

Pape kommt ebenfalls zu dem kritischeren Ergebnis, Äußerungen der Befragten zur Abhängigkeit bei der Eigenverwaltung aufgrund des Einflusses der Gläubiger belegten „[...] vielmehr die auch sonst aus der Praxis oft berichteten wechselseitigen Beziehungen von Beratern und Verwaltern, die eine unabhängige Überwachung des Verfahrens durch den Sachwalter tendenziell schwierig machen und damit geeignet sind, das gesamte Verfahren zu diskreditieren."[505] „Wenn aber schon von „Anreizbeziehungen" zwischen Beratern und Verwaltern die Rede ist, die geeignet sind, eine unabhängige Verfahrensabwicklung infrage zu stellen, lässt dies auf eine erhebliche Dunkelziffer schließen."[506] Im Regelinsolvenzverfahren sei die Missbrauchsgefahr allerdings erheblich niedriger, weil der Schuldner keinen allzu großen Einfluss auf die Verfahrensabwicklung nehmen könne.[507]

In der Praxis wird – vor dem Hintergrund der Evaluation nicht erstaunlich – gerade bemängelt, die Unabhängigkeit der vom Schuldner(-berater) oder den Gläubigern vorgeschlagenen Kandidaten werde von manchen Insolvenzrichtern in Zweifel gezogen – und zwar insbesondere dann, wenn sich die Akteure bereits aus vergangenen Verfahren kennen. Jedoch sei dieses undifferenzierte Misstrauen weder zum Schutz der Interessen der Verfahrens-Stakeholder erforderlich, noch lasse es sich mit dem Gesetz vereinbaren.[508]

Praktiker scheinen also durchaus ein Interesse daran zu haben, in (teilweise missbräuchlicher Weise) Einfluss auf Bestellentscheidungen nehmen zu können.

Im Ergebnis lässt sich daher sagen, dass die ESUG Evaluation – entgegen der Ansicht der Autoren der Studie – durchaus missbräuchliches Verhalten der

505 *Pape*, ZInsO 2018, 2725 (2731).
506 *Pape*, ZInsO 2018, 2725 (2731).
507 *Pape*, ZInsO 2018, 2725 (2732).
508 *Berner/Köster/Lambrecht*, NZI 2018, 425 (427 f.).

Verfahrensbeteiligten beziehungsweise zumindest Missbrauchsgefahren bei der Mitwirkung an der Bestellung eines Verwalters aufgezeigt hat.[509]

G. Einflussnahmemöglichkeiten des Schuldners

Nicht nur an die Gläubiger ist bei Missbrauchsgefahren durch missbräuchliche Einflussnahmemöglichkeiten bei der Bestellung des Verwalters zu denken. Ähnlich gelagerte Interessenkollisionen können gleichermaßen durch Einflussnahmemöglichkeiten des Schuldners beziehungsweise bei juristischen Personen der Organe des Schuldners entstehen.

I. Einflussnahmemöglichkeiten

Wie die Gläubiger über die Organe der Gläubigerautonomie hat auch der Schuldner in verschiedenen Situationen Möglichkeiten, Einfluss auf den Insolvenzverwalter auszuüben. Gerade in Eigenverwaltungsverfahren und insbesondere im Schutzschirmverfahren kann auch der Schuldner in schwerwiegende Interessenkollisionen gelangen, aufgrund derer er Einfluss auf den Sachwalter ausübt, dass dieser die Anfechtung bestimmter Rechtshandlungen unterlässt.

1. Im Regelinsolvenzverfahren

In der Liquidation im Regelinsolvenzverfahren sind die rechtlichen Einflussnahmemöglichkeiten des Schuldners nach den gesetzlichen Bestimmungen gering. Der Schuldner hat auf die Entscheidungen der Gläubiger und der Verwalter kaum Einfluss. In Sanierungssituationen kann der Fall eintreten, dass der Schuldner oder Organe des Schuldners für die Fortführung des Unternehmens von zentraler Bedeutung sind. Dann können der Schuldner beziehungsweise dessen Organe seine beziehungsweise ihre weitere Mitwirkung davon abhängig machen, dass eine Anfechtung zulasten von nahen Angehörigen oder anderen nahestehenden Personen unterbleibt. Erforderlich ist für diese Konstellation aber, dass die Fortführung des Unternehmens gegenüber der Liquidation erheblich vorteilhafter ist, also mit einer besseren Gläubigerbefriedigung verbunden ist, und die Person des Schuldners beziehungsweise seiner Organe nicht durch eine andere Personen ersetzt werden kann. Es handelt sich mithin eher um Ausnahmesituationen. Zudem kann das Unterlassen der Anfechtung ein legitimes Mittel sein, den Schuldner oder dessen Organe zur weiteren Mitwirkung zu

509 A. A. *Buchalik*, ZInsO 2019, 1576 (1578 ff.)

bewegen, wenn das Unterlassen nicht außer Verhältnis zum Nutzen der weiteren Mitarbeit steht. Unter Umständen kann der Schuldner die Aufdeckung anfechtungsrelevanter Sachverhalte auch davon abhängig machen, dass der Verwalter im Gegenzug auf die Anfechtung gegenüber nahestehenden Personen verzichtet, wenn die Summe der aufzudeckenden anfechtbaren Rechtshandlungen die Summe der dann nicht geltend gemachten Ansprüche erheblich übersteigt.

Während die rechtlichen Möglichkeiten zur Einflussnahme begrenzt sind, kommt der faktischen Einflussnahme eine darüber weit hinausgehende Bedeutung zu. Praktisch ist es häufiger der Fall, dass der Schuldner seinen Insolvenzantrag mit einem – das Gericht nicht bindenden – Vorschlag eines Insolvenzverwalters versieht. Dieser Vorschlag beruht häufig auf einer vorherigen Beratung des Schuldners. Im Rahmen der Beratungsleistung wählt der Berater aus der bei dem zuständigen Gericht geführten Vorauswahlliste grundsätzlich denjenigen Verwalter aus, der für den Schuldner am besten geeignet ist. Teilweise wird vorab auch bei Gericht angefragt, ob das Verfahren mit dem gewünschten Verwalter an dem Gericht eröffnet werden kann. Gerade bei den infolge der Weltwirtschaftskrise ab 2007 zahlreichen Insolvenzen von Schiffsfonds[510] ist es besonders auffallend, dass einzelne Verwalter immer wieder in Schiffsinsolvenzen eines Reeders (auf dessen Vorschlag) als Verwalter bestellt wurden. Dies kann auf legitimen Gründen beruhen, etwa den guten Erfahrungen mit dem Verwalter aufgrund dessen besonderer Expertise auf diesem Gebiet. Möglich ist aber auch, dass der Verwalter in besonderem Maße die Interessen des Schuldners geschützt hat, etwa indem Haftungsansprüche und Anfechtungsansprüche nicht gegen den Schuldner beziehungsweise dessen Organe durchgesetzt wurden. Aufgrund dieser faktischen Mitwirkung an der Auswahlentscheidung des Gerichts, sind die Einflussnahmemöglichkeiten des Schuldners auf den Verwalter erheblich. Damit steigen gleichzeitig die Missbrauchsgefahren. So kann der Schuldner seinen Vorschlag davon abhängig machen, dass eine Anfechtung bestimmter Rechtshandlungen im eröffneten Verfahren unterbleibt.

2. *Bei der Eigenverwaltung*

Verfahrensbedingt sind bei der Eigenverwaltung die Einflussnahmemöglichkeiten des Schuldners wesentlich höher. Bei dieser Verfahrensart verwaltet und verfügt der Schuldner unter Aufsicht eines Sachwalters selbst über die

510 Ausf. zu Schiffsfonds *Scholz/Hölken*, ZInsO 2019, 293 (293 ff.); dies., ZInsO 2019, 1509 (1509 ff.); *Jarchow/Hölken*, ZInsO 2019, 1189 (1189 ff.); dies., ZInsO 2019, 2441 (2441 ff.).

Insolvenzmasse.[511] Der Schuldner behält bei Anordnung der Eigenverwaltung allerdings nicht seine ihm bis zur Verfahrenseröffnung kraft Privatautonomie zustehende bisherige Verwaltungs- und Verfügungsbefugnis über sein Vermögen, sondern handelt ab Verfahrenseröffnung als Amtswalter mit normativ bestimmtem Rechte- und Pflichtenprogramm.[512] Die genaue Aufgabenverteilung zwischen Sachwalter und Schuldner in der Eigenverwaltung ergibt sich aus den §§ 270 ff. InsO.[513] Formelle Voraussetzung der Eigenverwaltung ist gem. § 270 Abs. 2 Nr. 1 InsO ein Antrag des Schuldners.[514] In materieller Hinsicht erfordert die Anordnung der Eigenverwaltung gem. § 270 Abs. 2 Nr. 2 InsO, dass keine Umstände bekannt sind, die erwarten lassen, dass die Anordnung zu Nachteilen für die Gläubiger führen wird.[515] Bei (nicht offensichtlich aussichtsloser) Beantragung der Eigenverwaltung wird kein vorläufiger Insolvenzverwalter bestellt. Gem. § 270a Abs. 1 Satz 2 InsO wird dann anstelle des vorläufigen Insolvenzverwalters ein vorläufiger Sachwalter bestellt.[516] Gem. § 270a Abs. 1 Satz 2 InsO i. V. m. §§ 274, 275 InsO entspricht die Rechtstellung des vorläufigen Sachwalters derjenigen des Sachwalters im eröffneten Verfahren, so dass der Sachwalter im Wesentlichen den Schuldner zu beaufsichtigen und dem Gericht zu berichten hat.[517] Wenn das Gericht den Schuldner gem. § 270b Abs. 3 InsO ermächtigt, Masseverbindlichkeiten zu begründen, erlangt der Schuldner die Stellung eines starken vorläufigen Verwalters.[518] Für die Auswahl und die Bestellung des endgültigen Sachwalters gelten nach § 274 Abs. 1 InsO die §§ 56-60 InsO entsprechend. Hauptaufgabe des Sachwalters ist die Überwachung des Schuldners. Gem. § 274 Abs. 1 Satz 1 InsO hat der Sachwalter daher die wirtschaftliche Lage des Schuldners zu prüfen und die Geschäftsführung sowie die Ausgaben für die Lebensführung zu überwachen. Dazu ist der Sachwalter gem. §§ 274 Abs. 2 Satz 2, 22 Abs. 3 Satz 1 InsO berechtigt, die Geschäftsräume des

---

511 Ausf. *König*, Die Haftung bei der Eigenverwaltung, S. 10 ff.; zu den Aufgaben des eigenverwaltenden Schuldners s. *Klein/Thiele*, ZInsO 2013, 2233 (2236).

512 *Häsemeyer*, Insolvenzrecht, Rn. 8.13; str., ausf. *König*, Die Haftung bei der Eigenverwaltung, S. 24 ff.

513 Ausf. *Gehrlein*, ZInsO 2017, 849 (849).

514 Ausf. *Keramati/Hölken*, NZI 2019, 833 (835).

515 Ausf. *König*, Die Haftung bei der Eigenverwaltung, S. 9; *Klein/Thiele*, ZInsO 2013, 2233 (2234); *Vallender*, GmbHR 2012, 445 (447); *Keramati/Hölken*, NZI 2019, 833 (835 f.).

516 Ausf. *König*, Die Haftung bei der Eigenverwaltung, S. 9 f.; *Klein/Thiele*, ZInsO 2013, 2233 (2234).

517 Ausf. *Vallender*, GmbHR 2012, 445 (447).

518 *Ganter*, ZIP 2013, 597 (598); *Vallender*, GmbHR 2012, 445 (447 f.).

Schuldners zu betreten und dort Nachforschungen anzustellen. Nach §§ 274 Abs. 2 Satz 2, 22 Abs. 3 Satz 2, 3 InsO hat der Schuldner dem Sachwalter Einsicht in seine Bücher und Geschäftspapiere zu gestatten, ihm alle erforderlichen Auskünfte zu erteilen und ihn bei der Erfüllung seiner Aufgaben zu unterstützen. Im eröffneten Eigenverwaltungsverfahren ist der Schuldner auch zur Begründung neuer Verbindlichkeiten befugt, wobei die Mitwirkungsbefugnisse des Sachwalters und des Gläubigerausschusses nach den §§ 274, 275 InsO beziehungsweise § 276 InsO zu berücksichtigen sind.[519]

Praktisch besonders bedeutsam im Hinblick auf Interessenkollisionen, die zu einem Unterlassen der Anfechtung führen können, ist der Umstand, dass sich der Schuldner seine Sanierungsberater frei aussuchen kann. Jene wiederum sind praktisch maßgeblich an der Wahl eines Sachwalters beteiligt. Gegenüber dem Regelinsolvenzverfahren ist das Eigenverwaltungsverfahren trotz der Steigerung der Gläubigerautonomie im Regelinsolvenzverfahren daher in noch höherem Maße missbrauchsanfällig.[520] Auf der anderen Seite hat der Schuldner im Eigenverwaltungsverfahren in erster Linie – wenngleich auch in der Eigenverwaltung eine Liquidation denkbar ist, praktisch aber soweit ersichtlich nicht vorkommt – die Sanierung im Blick und wird von sich aus alle zur Verwirklichung dieses Ziels möglichen Maßnahmen ergreifen. Die Geltendmachung von Anfechtungsansprüchen durch den Sachwalter steht allein aus diesem Grund regelmäßig im Interesse des Schuldners beziehungsweise des Schuldnerunternehmens. Auf diesem Wege wird neue Liquidität zur Verfügung gestellt, an der es in Sanierungssituationen naturgemäß mangelt, die aber für eine erfolgreiche Sanierung von entscheidender Bedeutung ist. Dasselbe gilt in ähnlicher Weise auch für Sanierungsversuche im Regelinsolvenzverfahren. Dann erlangt indes der Insolvenzverwalter die Verwaltungs- und Verfügungsbefugnis über das Vermögen des Schuldners mit der Folge, dass die Einflussnahmemöglichkeiten des Schuldners geringer sind. Anders als im Regelinsolvenzverfahren bei Betriebsstillegung und vor allem bei der Liquidation hat der Schuldner also bei der Eigenverwaltung ein erhebliches Eigeninteresse an der Geltendmachung der Anfechtungsansprüche; die Missbrauchsgefahren sind bei erfolgversprechenden Sanierungsversuchen in Eigenverwaltung entsprechend geringer. Dennoch kann es auch bei der Eigenverwaltung zu Interessenkollisionen kommen, in deren Folge

519 Ausf. *König*, Die Haftung bei der Eigenverwaltung, S. 19.

520 *Uhlenbruck*, NJW 2002, 3219 (3220); *Wellensiek*, BB 2000, 1 (5).

der Sachwalter vom Schuldner zu einem Unterlassen der Insolvenzanfechtung veranlasst wird.

Gerade wenn der Sanierungsberater bestimmenden Einfluss auf die Zusammensetzung des vorläufigen Gläubigerausschusses (§ 22a Abs. 2 InsO) nimmt, der den vom Sanierungsberater mitgebrachten Sachwalter einstimmig vorschlägt (§§ 21 Abs. 1, 56a Abs. 2 InsO), kann der Sanierungsberater in hohem Maße Einfluss auf den so gewählten Sachwalter ausüben.[521] Schließlich ist der Sachwalter in dieser Konstellation nahezu vollständig von dem Sanierungsberater abhängig. Nur wenn er im Interesse des Sanierungsberaters agiert, ist an weitere Nominierungen als Sachwalter in künftigen Verfahren zu denken.[522] Das wiederum bedeutet, dass der Schuldner über Absprachen mit dem Sanierungsberater erheblichen Einfluss auf die Sachwalter ausüben kann. Die Beteiligten stehen insoweit in wechselseitiger Abhängigkeit zueinander. Der Schuldner wählt zunächst einen Sanierungsberater, der wiederum maßgeblich die Wahl des Sachwalters beeinflussen kann. Dieser wiederum kann als Anfechtungsberechtigter über die Rückabwicklung von Vermögensverfügungen zugunsten des Schuldners, des Sanierungsberaters oder deren naher Angehöriger etc. entscheiden.

Intensiviert wird das Einflussnahmepotential des Schuldners und damit mittelbar des Sanierungsberaters in rechtstatsächlicher Hinsicht durch den Umstand, dass Gläubiger häufig auf Vorschlag des Schuldners beziehungsweise dessen Sanierungsberaters Mitglieder des vorläufigen Gläubigerausschusses werden und dort ohne kritische Hinterfragung dem Vorschlag des Sanierungsberaters zur Person des Sachwalters folgen.[523] Die die Missbrauchsgefahren begründenden Abhängigkeiten zwischen Sanierungsberatern und Sachwaltern steigen insoweit mit der Häufigkeit, mit der ein Schuldnerberater den gleichen vorläufigen Sachwalter vorschlägt.[524] Deshalb hat das Insolvenzgericht genau zu prüfen, von welchen Beratern der Schuldner beraten

---

521 *Westermann*, Die Auswahl und die Bestellung des (vorläufigen) Insolvenzverwalters im Widerstreit der Interessen von Gläubigern und Schuldner, Rn. 378; *Flöther*, ZIP 2012, 1833 (1840); *Frind*, ZInsO 2010, 1966 (1969); *Ehlers*, ZInsO 2015, 1417, 1417 f.

522 *Hammes*, NZI 2017, 233 (234); *Flöther*, ZIP 2012, 1833 (1840).

523 *Westermann*, Die Auswahl und die Bestellung des (vorläufigen) Insolvenzverwalters im Widerstreit der Interessen von Gläubigern und Schuldner, Rn. 378; *Flöther*, ZIP 2012, 1833 (1840).

524 *Westermann*, Die Auswahl und die Bestellung des (vorläufigen) Insolvenzverwalters im Widerstreit der Interessen von Gläubigern und Schuldner, Rn. 378.

wurde und ob diese wiederholt die gleichen Sachwalter empfehlen. Liegen keine objektiven den Vorschlag des immer gleichen Sachwalters rechtfertigenden Umstände vor, kann die Unabhängigkeit des Verwalters nicht mehr gewährleistet werden mit der Folge, dass der Sachwalter nicht bestellt werden darf.[525] Da allerdings die Bestellentscheidung zumeist unter erheblichem Zeitdruck ergeht, weil Eigenverwaltungsverfahren hauptsächlich in Betriebsfortführungsfällen sinnvoll sind, die stets schnelle Entscheidungen über das weitere Vorgehen fordern, fehlen dem Insolvenzgericht häufig relevante Informationen zu einer kritischen Hinterfragung des vom vorläufigen Gläubigerausschuss gewählten vorläufigen Sachwalters.[526]

3. *Im Schutzschirmverfahren*

Gem. § 270b Abs. 1 Satz 1 InsO bestimmt das Insolvenzgericht auf Antrag des Schuldners eine Frist zur Vorlage eines Insolvenzplans, wenn der Schuldner den Eröffnungsantrag bei drohender Zahlungsunfähigkeit oder Überschuldung gestellt und die Eigenverwaltung beantragt hat und die angestrebte Sanierung nicht offensichtlich aussichtslos ist. Dieses sogenannte Schutzschirmverfahren ist ein dem Insolvenzverfahren vorgelagertes Sanierungsverfahren, das der frühzeitigen Ausarbeitung eines Insolvenzplans unter dem Schutz eines Moratoriums dient.[527] Gem. § 270b Abs. 1 Satz 3 InsO hat der Schuldner mit dem Antrag eine mit Gründen versehene Bescheinigung eines in Insolvenzsachen erfahrenen Steuerberaters, Wirtschaftsprüfers oder Rechtsanwalts oder einer Person mit vergleichbarer Qualifikation vorzulegen, aus der sich ergibt, dass drohende Zahlungsunfähigkeit oder Überschuldung, aber keine Zahlungsunfähigkeit vorliegt und die angestrebte Sanierung nicht offensichtlich aussichtslos ist.[528] Der Schuldner erbringt den Nachweis, dass die Anordnungsvoraussetzungen für das Schutzschirmverfahren gegeben sind mit der Bescheinigung im Sinne des § 270b Abs. 1 Satz 3 InsO.[529] Den

---

525 *Westermann*, Die Auswahl und die Bestellung des (vorläufigen) Insolvenzverwalters im Widerstreit der Interessen von Gläubigern und Schuldner, Rn. 379.

526 Vgl. *Frind*, NZI 2014, 937 (938 f.).

527 *Hölzle*, ZIP 2012, 158 (162); zum Planverfahren s. *Keramati/Hölken*, NZI 2019, 833 (837 f.).

528 Ausf. zur Schutzschirmbescheinigung und den Anforderungen an den Bescheiniger *Schröder/Schulz*, ZIP 2017, 1096 (1096 ff.); *Zipperer/Vallender*, NZI 2012, 729, 729 ff.; *Römermann*, GmbHR 2013, 337 (343).

529 Begr. GesE ESUG BT-Drs. 17/5712, 40; *Zipperer/Vallender*, NZI 2012, 729, 729; *Schröder/Schulz*, ZIP 2017, 1096 (1099).

Aussteller der Bescheinigung wählt der Schuldner regelmäßig auf Vorschlag des Sanierungsberaters aus. Der spätere vorläufige Sachwalter muss personenverschieden von dem Aussteller der Bescheinigung sein (§ 270b Abs. 2 Satz 1 InsO). In dieser Konstellation hat einerseits der (künftige) Aussteller der Bescheinigung ein Interesse an seiner Wahl (und der damit verbundenen Honorierung durch den Schuldner) und andererseits der (künftige) vorläufige Sachwalter ein Interesse an dem Vorschlag zur Bestellung.[530]

Bei Vorliegen der Anordnungsvoraussetzungen des Schutzschirmverfahrens ordnet das Gericht gem. §§ 270b Abs. 1, 270a InsO an, dass dem Schuldner kein allgemeines Verfügungsverbot und kein Zustimmungsvorbehalt durch einen vorläufigen Verwalter auferlegt wird. Vielmehr hat der Schuldner das Unternehmen unter der Aufsicht eines vorläufigen Sachwalters fortzuführen.[531] Gem. § 270b Abs. 3 Satz 1 InsO kann der Schuldner auf Antrag vom Gericht ermächtigt werden, Masseverbindlichkeiten zu begründen. Verbunden mit der Anordnung des Schutzschirmverfahrens ist eine maximal dreimonatige Frist, in der ein Insolvenzplan vorzulegen ist (§ 270 b Abs. 1 Satz 1 und 2 InsO). Da gem. § 270b Abs. 2 Satz 1 InsO das Gericht von dem Vorschlag des Schuldners zur Bestellung eines vorläufigen Sachwalters nur abweichen kann, wenn die vorgeschlagene Person offensichtlich für die Übernahme des Amtes nicht geeignet ist, sind die Einflussnahmemöglichkeiten des Schuldners auf die Bestellung des vorläufigen Sachwalters im Schutzschirmverfahren am höchsten. Allein bei dieser Verfahrensart ist der Vorschlag des Schuldners bindend.[532] Schon von Natur aus ist es ungewöhnlich, dass der vom vorläufigen Sachwalter zu überwachende Schuldner die Person des Überwachenden selbst aussuchen kann.[533] Da der Schuldner zumeist von Beratungen seiner Sanierungsberater abhängig ist, haben die Sanierungsberater im Schutzschirmverfahren ein enormes Beeinflussungspotential. Auf ihre Empfehlung wird vom Schuldner ein Sachwalter eingesetzt, und bei diesem „mitgebrachten" Sachwalter können die Berater darauf vertrauen, dass der Sachwalter Entscheidungen der Berater nicht in Frage stellt und insbesondere gezahlte Honorare nicht anficht.[534]

530 *Hammes*, NZI 2017, 233 (234).
531 *Hölzle*, ZIP 2012, 158 (162).
532 *Römermann*, GmbHR 2013, 337 (343).
533 *Römermann*, GmbHR 2013, 337 (343).
534 *Laroche/Pruskowski/Schöttler/Siebert/Vallender*, ZIP 2012, 2153 (2155).

Da beim Schutzschirmverfahren der vorläufige Sachwalter nicht auf Vorschlag des vorläufigen Gläubigerausschusses, sondern auf Vorschlag des Schuldners vom Gericht bestellt wird, haben die Sanierungsberater und Sachwalter häufig im Eröffnungsverfahren in dieser Konstellation aus strategischen Gründen kein Interesse an der Einsetzung eines vorläufigen Gläubigerausschusses. So ist ihr Einfluss auf die Bestellung des vorläufigen Sachwalters durch den Vorschlag des Schuldners gesichert. Ein weiteres kontrollierendes Gremium in Form des vorläufigen Gläubigerausschusses hat daher keinen Nutzen zur Verfolgung von Eigeninteressen und würde vielmehr die Verfolgung dieser Interessen aufgrund der Kontrolle der Gläubiger gefährden.[535]

II. Missbrauchsgefahren durch unterlassene Insolvenzanfechtung

Eine Insolvenzanfechtung unmittelbar zulasten des Schuldners selbst kommt bei natürlichen Personen naturgemäß nicht in Betracht, da es sich insoweit um keine Vermögensverschiebung handelt; schließlich haften natürliche Personen mit ihrem gesamten Privatvermögen, so dass Vermögensgegenstände nicht durch ein und dieselbe anfechtbare Rechtshandlung aus dem Vermögen des Schuldners in dasselbe verbracht werden können. Eine Anfechtung kommt aber gegenüber Organen des Schuldners sowie anderen Anfechtungsgegnern insbesondere als Folge von Asset Protection Strategien des Schuldners in Betracht, so dass insoweit Missbrauchsgefahren durch die unterlassene Anfechtung entstehen können. Denkbar erscheint etwa, dass der Schuldner einen Sanierungsberater auswählt, der mit potentiellen Sachwaltern zusammenarbeitet, die grundsätzlich bereit sind, für ihre Bestellung in Kauf zu nehmen, auf Wunsch des Schuldners bestimmte Vermögensverfügungen nicht anzufechten. Sanierungsberater können geradezu damit werben, im eröffneten Verfahren ein Unterlassen der Anfechtung nach dem Willen des Schuldners beim Sachwalter erwirken können, um als Sanierungsberater vom Schuldner gewählt zu werden und dann einen bereits vorher gewählten Sachwalter einsetzen zu lassen. Gerade bei Schuldnern oder Schuldnerunternehmen, die vor Verfahrenseröffnung in größerem Umfang Vermögensgegenstände auf nahe Angehörige übertragen haben, erscheint diese an sich selten erscheinende Konstellation denkbar.

---

535 *Laroche/Pruskowski/Schöttler/Siebert/Vallender*, ZIP 2012, 2153 (2155).

1. Anfechtung gegenüber Organen des Schuldners

Bei der Betriebsstilllegung und gerade der Liquidation im Regelinsolvenzverfahren sind die Einflussnahmemöglichkeiten des Schuldners sehr gering, so dass gleichermaßen die Missbrauchsgefahren sehr gering sind. Eine unterlassene Anfechtung kommt aber insbesondere bei der Eigenverwaltung gegenüber der aktuellen Geschäftsführung oder ehemaligen Geschäftsführern in Betracht. Diese können geneigt sein, Anfechtungsmöglichkeiten gegenüber dem Sachwalter zu verdecken und sich einer Anfechtung zu entziehen.[536] Insbesondere im Raum steht eine Anfechtung der Befriedigung oder Besicherung von Gesellschafterdarlehen nach § 135 InsO. Gerade wenn die Geschäftsleiter eines Schuldnerunternehmens weiterhin für Betriebsfortführungen oder Sanierungen im Schuldnerunternehmen verbleiben sollen, können sie erheblichen Einfluss auf den Insolvenzverwalter ausüben – zunächst bei der Bestellung des Verwalters, indem sie die oben genannten Einflussnahmemöglichkeiten rechtsmissbräuchlich nutzen, daneben aber auch im laufenden Verfahren, indem sie ihre weitere Mitarbeit davon abhängig machen, dass eine Anfechtung gegen sie selbst, nahestehende Personen oder Unternehmen, an denen sie beteiligt sind, unterbleibt. Vor diesem Hintergrund wird die Anordnung der Eigenverwaltung als nicht sinnvoll erachtet, wenn wegen Anfechtungs- und Regressansprüchen Interessenkollisionen bei den Geschäftsführern drohen.[537]

2. Anfechtung bei Asset Protection Strategien

Da auch natürliche Personen als Schuldner Einfluss auf die Bestellentscheidung nehmen können, stehen auch insoweit Interessenkollisionen im Raum.

a) Asset Protection Strategien

Gerade unternehmerisch tätige Schuldner sind sich regelmäßig des Risikos eines unternehmerischen Fehlschlags bewusst und versuchen häufig, bereits vor ersten Anzeichen einer Krise Gegenstrategien zu entwickeln. Da der (Einzel-) Kaufmann genauso wie der Gesellschafter einer nicht haftungsbeschränkten Personengesellschaft für seine betrieblichen Verbindlichkeiten neben dem betrieblichen Vermögen auch mit seinem Privatvermögen haftet, sind die Haftungsrisiken hier besonders hoch, und es werden mit entsprechend hohem

536 Vgl. *Laroche/Pruskowski/Schöttler/Siebert/Vallender*, ZIP 2012, 2153 (2163).

537 *Ehlers*, ZInsO 2015, 1417 (1417 f.); *Brünkmans*, in: Heidelberger Kommentar-InsO, Vorbemerkungen zu §§ 270-285 Rn. 14.

Aufwand Gegenstrategien entwickelt.[538] Als Asset Protection Strategien werden rechtlich zulässige präventive Maßnahmen zum Schutz von Vermögenswerten vor einer Haftung und einem sich daraus ergebenden Zugriff der Gläubiger bezeichnet.[539] Ziel dieser Maßnahmen ist zum einen, das Vermögen der haftungsgefährdeten Person zwar auf eine dritte Person zu transferieren, zum anderen aber gleichzeitig zu gewährleisten, dass der Betroffene weiterhin Einfluss auf das Vermögen hat.[540] Häufige Modelle zur Realisierung der Asset Protection sind etwa der Transfer von Vermögen im Weg der Schenkung von der haftungsgefährdeten Person auf dieser nahestehende Personen, insbesondere auf Ehegatten oder Kinder[541], z. B. die Übertragung des im Allein- oder Miteigentum des unternehmerisch tätigen Ehegatten stehenden Familienwohnheims auf dessen Ehepartner[542] oder die sogenannte Güterstandsschaukel[543], die Übertragung von Vermögen auf eine vermögensverwaltende Familiengesellschaft (Familienpool)[544], Lebensversicherungen[545], sowie die Übertragung auf selbstständige Rechtsträger, insbesondere durch Gründung einer inländischen[546] oder einer

538 Vgl. *Werner*, StBW 2012, 523 (523); *Bisle*, DStR 2012, 525 (525).

539 *Von Oertzen/Hosser*, ZEV 2010, 168 (168); *Werner*, StBW 2011, 715 (716); ausf. *von Oertzen/Ponath*, Asset Protection im deutschen Recht, passim.

540 *Werner*, StBW 2012, 523 (523); *Bisle*, DStR 2012, 525 (525).

541 Ausf. *Werner*, StBW 2014, 747 (747 ff.).

542 *Werner*, StBW 2014, 747 (749).

543 Bei der sogenannten Güterstandsschaukel wird mit Hilfe eines Güterstandswechsels durch Ehevertrag von der Zugewinngemeinschaft in einen anderen Güterstand, regelmäßig den Güterstand der Gütertrennung, schenkungssteuerfrei Vermögen bis zur Höhe des Zugewinnausgleichsanspruchs vom ausgleichspflichtigen auf den ausgleichsberechtigten Ehegatten übertragen. Der Zugewinnausgleich bei Übergang von der Zugewinngemeinschaft als gesetzlichem Güterstand zur Gütertrennung ist nach § 5 Abs. 2 ErbStG steuerfrei möglich. Der BFH hat die schenkungssteuerfreie Vermögensübertragung mit Hilfe einer Güterstandsschaukel 2005 ausdrücklich anerkannt, BFH, Urt. v. 12.07.2005 – II R 29/02, NJW 2005, 3663 (2663 ff.); ausf. dazu *von Hertzberg*, RNotZ 2019, 245 (245 ff.); *Hosser*, ZEV 2011, 174 (174 f.).

544 *Werner*, StBW 2012, 523 (524 f.).

545 *Werner*, StBW 2012, 523 (525); *Ponath*, ZEV 2006, 242 (242 ff.); zur liechtensteinischen Lebensversicherung s. *Behn/Kühle*, ZEV 2014, 148 (148 ff.).

546 *Werner*, ZEV 2014, 66 (66 ff.); ders., StBW 2012, 523 (525); dies ist allerdings nur eingeschränkt möglich. Wenn mit der Stiftung die Ziel verfolgt wird, das Vermögen gegen den Zugriff der Gläubiger des Stifters im Sinne einer Asset Protection abzuschirmen, kann das Stiftungsgeschäfts nach § 138 BGB aufgrund des sittenwidrigen Entzuges von Gläubigerrechten nichtig sein, vgl. *Weitemeyer*, in: MüKo-BGB, § 80

liechtensteinischen[547] Familienstiftung.

Teilweise werden zudem rechtlich nicht zulässige Mitteln zum Schutz des Vermögens angewandt. So werden teilweise etwa Auffanggesellschaften gegründet, auf die in der Krise Aufträge und Produktionsmittel oder Personal übertragen werden. In der Übertragung auf die Auffanggesellschaft kann ein Bankrott gem. § 283 Abs. 1 Nr. 1 StGB zulasten des Alt-Unternehmens liegen.[548] Genauso kann versucht werden, Anfechtungsrisiken durch rückdatierte Sicherungsübereignungsverträge zu verhindern[549] oder die Ermittlung von Anfechtungsansprüchen durch die Vernichtung oder Manipulation von Geschäftsunterlagen zu erschweren.[550]

b) Anfechtung

Langfristig kann das Ziel der Asset Protection Strategien indes nicht in der vom Schuldner angestrebten Weise erreicht werden, wenn die konkrete Gestaltung im Fall der Eröffnung eines Insolvenzverfahrens nach den Anfechtungsvorschriften der InsO angreifbar ist. Im Allgemeinen unterliegen alle Asset Protection Maßnahmen der Insolvenzanfechtung nach den §§ 129 ff. InsO. So sind Übertragungen im Wege der Schenkung grundsätzlich nach § 134 InsO anfechtbar,[551] güterrechtliche Verträge wie die Güterstandsschaukel sind als entgeltliche Verträge mit nahestehenden Personen unter gegenüber § 133 Abs. 1 InsO erleichterten Voraussetzungen nach § 133 Abs. 4 InsO, allgemein aber auch nach § 133 Abs. 1 InsO anfechtbar[552]. Genauso sind sowohl die Errichtung einer Stiftung als auch spätere Zustiftungen nach § 133 InsO anfechtbar.[553]

Rn. 190. Zu berücksichtigen ist zudem, dass die sogenannte Stiftung für den Stifter ausgeschlossen ist; die Stiftung zur Verwirklichung eigennütziger Zwecke des Stifters ist unzulässig, *Weitemeyer*, in: MüKo-BGB, § 80 Rn. 117.

547 *Werner*, StBW 2012, 523 (527).

548 AG Ingolstadt, Urt. v. 28.05.2004 – 8 Ls 31 Js 5828/04; s. dazu die zusammenfassende Anmerkung von *Bärenz*, EWiR 2004, 1245 (1245 f.); *Weyand*, ZInsO 2016, 1969 (1970), *Cyrus/Köllner*, NZI 2016, 288 (292).

549 Vgl. *Weyand*, ZInsO 2016, 1969 (1971).

550 Vgl. *Weyand*, ZInsO 2016, 1969 (1971).

551 *Werner*, StBW 2014, 747 (750 f.).

552 BGH, Urt. v. 01.07.2010 – IX ZR 58/09, NZI 2010, 738 (738 ff.); ausf. dazu *Hosser*, ZEV 2011, 174 (174 ff.); *Werner*, StBW 2014, 747 (748 f.).

553 *Bisle*, DStR 2012, 525 (526 f.); *Werner*, StBW 2012, 523 (525 f.); ders., ZEV 2014, 66 (67); daneben kommt auch eine Anfechtung nach §§ 130, 131, 134 InsO in Betracht, *Werner*, StBW 2012, 523 (526) m. w. N.; zur Anfechtung bei der liechtensteinischen Familienstiftung s. *Werner*, StBW 2012, 523 (528); ders., ZEV 2014, 66 (67), der

Statt Vermögensgegenstände vor Verfahrenseröffnung auf nahe Angehörige unentgeltlich zu übertragen, können auch entgeltliche Verträge abgeschlossen werden, um der Anfechtbarkeit nach § 134 InsO zu entgehen. Handelt es sich tatsächlich um entgeltliche Verträge, scheidet eine Anfechtung nach § 134 InsO aus und es kommt nur eine Anfechtung nach § 133 InsO in Betracht. Dann können aber die gegenüber der Vorsatzanfechtung nach § 133 Abs. 1 Satz 1 InsO erleichterten Anfechtungsvoraussetzungen des § 133 Abs. 4 InsO vorliegen. Anfechtbar nach § 133 Abs. 4 InsO ist ein vom Schuldner mit einer nahestehenden Person (§ 138 InsO) geschlossener entgeltlicher Vertrag, durch den die Insolvenzgläubiger unmittelbar benachteiligt[554] werden. § 133 Abs. 4 Satz 2 InsO enthält zugunsten des Insolvenzverwalters eine Beweislastumkehr. Danach ist der entgeltliche Vertrag anfechtbar, es sei denn, dem Anfechtungsgegner war zur Zeit des Vertragsschlusses ein Vorsatz des Schuldners, die Gläubiger zu benachteiligen, nicht bekannt.[555] Es handelt sich um eine widerlegliche Vermutung.[556] Dem Anfechtungsgegner obliegt insoweit der Entlastungsbeweis, dass er keine Kenntnis vom Vorsatz des Schuldners gehabt hatte.

Eine sehr hohe praktische Relevanz bei Insolvenzen natürlicher Personen hat insoweit die Anfechtbarkeit von Prämienzahlungen sowie der Bezugsrechtseinräumung bei Lebensversicherungen. Bei diesen hängt die Anfechtbarkeit davon ab, wie das Bezugsrecht ausgestaltet worden ist. Gem. § 159 Abs. 3 VVG erwirbt ein unwiderruflich als bezugsberechtigt bezeichneter Dritter das Recht auf die Leistung des Versicherers bereits mit der Bezeichnung als Bezugsberechtigter. Die Bezugsrechtseinräumung ist eine Rechtshandlung i.S.d. § 129 InsO. Daher treten die rechtlichen Wirkungen der Bezugsrechtseinräumung auch sofort ein, so dass der nach § 140 Abs. 1 InsO maßgebliche Zeitpunkt der Zeitpunkt der Bezugsrechtseinräumung ist. Für die Anfechtbarkeit

---

allerdings darauf hinweist, dass mangels Vollstreckungsabkommen die Vollstreckung eines deutschen Titels in Liechtenstein quasi unmöglich ist.

554 Voraussetzung einer unmittelbaren Gläubigerbenachteiligung ist, dass bereits durch die angefochtene Rechtshandlung die Befriedigungsmöglichkeiten der Insolvenzgläubiger negativ beeinträchtigt wurden, wobei allein unmittelbare Folgen zu berücksichtigen sind, die also an die anzufechtende Rechtshandlung selbst anknüpfen, ohne dass es auf das Hinzutreten weiterer Umstände ankommt, BGH, Urt. v. 13.03.2003 – IX ZR 64/02, BGHZ 154, 190 (195 f.); BGH, Urt. v. 08.10.2009 – IX ZR 173/07, NZI 2009, 847 (849) Rn. 17; BGH, Urt. v. 09.06.2016 – IX ZR 153/15, NZI 2016, 773 (774) Rn. 17.

555 Zu den Tatbestandsvoraussetzung im Einzelnen s. *Raupach*, in: BeckOK-InsO, § 133 Rn. 35 ff.; *Huber*, in: Gottwald, Insolvenzrechts-Handbuch, § 48 Rn. 26 ff.

556 *Ganter/Weinland*, in: K. Schmidt-InsO, § 133 Rn. 97.

der Bezugsrechtseinräumung ist dann bereits auf diesen Zeitpunkt abzustellen. Regelmäßig ist nur der Lebensversicherungsvertrag als solcher entgeltlich, nicht aber die Bezugsrechtseinräumung zugunsten des Dritten. Wie allgemein im Dreipersonenverhältnis liegt Unentgeltlichkeit hier vor, wenn der bezugsberechtigte Dritte für die Einräumung der Bezugsberechtigung keine Gegenleistung erbringen musste. Bei Fehlen einer Gegenleistung ist die Bezugsrechtseinräumung als unentgeltliche Leistung nach § 134 Abs. 1 InsO anfechtbar. Maßgeblich für den Beginn der vierjährigen Anfechtungsfrist des § 134 Abs. 1 InsO ist dann gem. den §§ 139, 140 InsO der Zeitpunkt der Bezugsrechtseinräumung. Soweit die Bezugsrechtseinräumung früher als vier Jahre vor dem Antrag auf Eröffnung des Insolvenzverfahrens vorgenommen worden ist, scheidet eine Anfechtung in der Nachlassinsolvenz aus.[557] Allerdings sind dann die einzelnen Prämienzahlungen in den vier Jahren vor Antragstellung anfechtbar, weil dadurch das Bezugsrecht an Wert gewonnen hat, ohne dass dafür vom Bezugsberechtigten eine Gegenleistung erbracht wurde.[558]

Anders verhält es sich, wenn nur ein widerrufliches Bezugsrecht eingeräumt wurde. Gem. § 159 Abs. 2 VVG erwirbt der als bezugsberechtigt bezeichnete Dritte das Recht auf die Leistung des Versicherers dann erst mit dem Eintritt des Versicherungsfalls. Da der Versicherungsnehmer gem. § 159 Abs. 1 VVG ohne Zustimmung des Versicherers einen Dritten als Bezugsberechtigten bezeichnen und an die Stelle des so bezeichneten Dritten einen anderen setzen kann, erlangt der zunächst Bezugsberechtigte allein durch die Einräumung der Bezugsberechtigung noch keinen Anspruch auf die Versicherungsleistung. Nach ständiger höchstrichterlicher Rechtsprechung ist das widerrufliche Bezugsrecht daher zunächst nicht mehr als eine ungesicherte Hoffnung auf den Erwerb eines künftigen Anspruchs, mithin rechtlich ein Nullum.[559] Gem. § 140 Abs. 1 InsO treten daher die rechtlichen Wirkungen auch erst mit Eintritt des Versicherungsfalls ein. In der Nachlassinsolvenz ist die Einräumung einer widerruflichen Bezugsberechtigung daher regelmäßig als unentgeltliche Leistung nach § 134 Abs. 1 InsO anfechtbar.[560]

557 BGH, Urt. v. 22.10.2015 – IX ZR 248/14, NZI 2016, 35 (36) Rn. 15 ff. m. w. N.

558 BGH, Urt. v. 12.01.2012 – IX ZR 95/11, NZI 2012, 246 (246) Rn. 6.

559 BGH, Urt. v. 22.10.2015 – IX ZR 248/14, NZI 2016, 35 (35) Rn. 10 m. w. N.

560 BGH, Urt. v. 22.10.2015 – IX ZR 248/14, NZI 2016, 35 (35) Rn. 8 ff. m. w. N.; zum möglichen Entreicherungseinwand nach § 143 Abs. 2 InsO s. BGH, Urt. v. 24.03.2016 – IX ZR 159/15, NZI 2016, 690 (690 ff.); s dazu *Hölken*, jurisPR-InsR 12/2016 Anm. 1.

c) *Missbrauchsgefahren*

Der Vermögensschutz des Schuldners hängt also davon ab, die Strategien anfechtungssicher zu gestalten. Das ist in vielen Situationen aber nicht möglich. Häufig sind die Transaktionen mit den Mitteln des Anfechtungsrechts vom Verwalter rückgängig zu machen. Vermögensschutz erlangt der Schuldner daher nur, wenn die Anfechtungsfristen abgelaufen sind. Vor diesem Hintergrund kann der Schuldner ein erhebliches Interesse daran haben, den Verwalter von der Anfechtung auf Asset Protection zurückgehender Rechtshandlungen abzuhalten. Dazu kann der Schuldner insbesondere seine Einflussnahmemöglichkeiten bei der Bestellung des (vorläufigen) Verwalters und vor allem des (vorläufigen) Sachwalters nutzen, um in rechtsmissbräuchlicher Weise verfahrenslenkend auf ein Unterlassen durch den jeweiligen Verwalter einzuwirken. Bei rechtlich nicht zulässigen Maßnahmen kann der Schuldner versuchen, den Verwalter neben dem Verzicht auf die Anfechtung auch zur Unterlassung der sonstigen Rückabwicklung der rechtsunwirksamen Übertragungen zu veranlassen, etwa mithilfe von Ansprüchen aus § 812 BGB, § 823 Abs. 1 BGB oder § 823 Abs. 2 BGB i. V. m. einer Strafnorm.

H. Interessenlage

Ein Unterlassen der Geltendmachung von Anfechtungsansprüchen kommt nur in besonderen Konstellationen aufgrund einer besonderen Interessenlage in Betracht. Zunächst sind insoweit die Motive und Interessen des Insolvenzverwalters für und gegen die Geltendmachung von Anfechtungsansprüchen gegenüberzustellen.

I. Motive zur Geltendmachung von Anfechtungsansprüchen

An sich wird der Insolvenzverwalter Ansprüche aus der Insolvenzanfechtung schon im eigenen Interesse durchsetzen. Die Insolvenzanfechtung ist für den Insolvenzverwalter das bedeutendste Mittel zur Erhöhung der Insolvenzmasse. Da die Vergütung des Insolvenzverwalters gem. § 1 Abs. 1 Satz 1 InsVV nach dem Wert der Insolvenzmasse berechnet wird, auf die sich die Schlussrechnung bezieht,[561] hat der Insolvenzverwalter grundsätzlich ein erhebliches Interesse an der Geltendmachung von Anfechtungsansprüchen.[562] Bei

561 Ausf. dazu *Haarmeyer/Mock*, InsVV, § 1 Rn. 1 ff.

562 *Knospe*, ZInsO 2009, 2276 (2278).

Rechtsanwalts-Insolvenzverwaltern können Anfechtungsprozesse zudem gem. § 5 Abs. 1 InsVV zu einer zusätzlichen Vergütung nach dem RVG führen.[563] Darüber hinaus ist eine hohe Befriedigungsquote von Vorteil im Hinblick auf künftige Bestellungen als Insolvenzverwalter.[564] Um von einer möglichen Anfechtung abzusehen, müssen sich daher für den Insolvenzverwalter durch die unterlassene Insolvenzanfechtung außerhalb des Insolvenzverfahrens liegende Vorteile bieten, die größer sind als die Nachteile aufgrund der geringeren Verwaltervergütung durch die unterbliebene Massemehrung.

1. *Berufsrechtliche Folgen einer strafrechtlichen Verurteilung*

Durch die unterlassene Geltendmachung werthaltiger Anfechtungsansprüche setzt sich der Insolvenzverwalter einer zivilrechtlichen Haftung insbesondere nach § 60 InsO sowie letztendlich auch Strafbarkeitsrisiken aus. Eine Verurteilung wegen Vermögensdelikten hat in aller Regel gravierende Folgen für Insolvenzverwalter, sowohl für die Tätigkeit als Insolvenzverwalter als auch für alle übrigen Tätigkeiten als Rechtsanwalt, Steuerberater, Wirtschaftsprüfer etc.

a) Rechtlicher Überhang

In aller Regel erschöpfen sich die Konsequenzen eines strafrechtlichen Urteils bei Insolvenzverwaltern nicht in der Verurteilung zu Geld- oder Freiheitsstrafen. Vielmehr entsteht darüber hinaus ein rechtlicher Überhang. So kann dem Verwalter nach der Rechtsprechung des BGHs zum einen in entsprechender Anwendung des von der Treu- und Sorgfaltspflicht des Maklers ausgehenden Grundgedankens des § 654 BGB die Vergütung versagt werden, wenn er vorsätzlich oder grob leichtfertig die ihm obliegende Treuepflicht so schwerwiegend verletzt, dass er sich seines Lohnes als „unwürdig" erweist. Aufgrund des über Art. 12 Abs. 1 GG verfassungsrechtlich gewährleisteten Anspruchs des Verwalters auf Vergütung seiner Tätigkeit kommt ein Ausschluss der Vergütung bei Berücksichtigung des Verhältnismäßigkeitsgrundsatzes nur in eng begrenzten Ausnahmefällen in Betracht. Erforderlich für die Versagung jeglicher Vergütung ist eine schwere, subjektiv in hohem Maße vorwerfbare Verletzung der Treuepflicht, insbesondere besonders schwerwiegende Pflichtverletzungen in Form von Straftaten zum Nachteil der Masse.[565] Die Pflichtverletzungen im eröffneten

563 *Knospe*, ZInsO 2009, 2276 (2278).

564 Vgl. *Knospe*, ZInsO 2009, 2276 (2279).

565 Grundlegend BGH, Beschl. v. 06.05.2004 – IX ZB 349/02, BGHZ 159, 122 (130 ff.); zuletzt etwa BGH, Beschl. v. 21.09.2017 – IX ZB 28/14, ZIP 2017, 2063 (2064) Rn. 10

Verfahren können unter besonderen Umständen sogar dazu führen, dass der Insolvenzverwalter nicht nur seinen Vergütungsanspruch für das eröffnete Verfahren verwirkt, sondern darüber hinaus auch den Vergütungsanspruch für die vorläufige Insolvenzverwaltung.[566]

Vergütungsansprüche sind insbesondere auch dann ausgeschlossen, wenn der Verwalter seine Bestellung durch eine Täuschung in strafbarer Weise erschleicht und damit im eigenen wirtschaftlichen Interesse eine Gefährdung der erfolgreichen Abwicklung des Insolvenzverfahrens in Kauf nimmt.[567] Das kommt in Betracht, wenn der Insolvenzverwalter an sich ungeeignet ist und von Gerichten nicht bestellt werden dürfen, aufgrund eines Vorschlags des vorläufigen Gläubigerausschuss aber dennoch bestellt wird. Motivation des Vorschlags des vorläufigen Gläubigerausschusses kann hier sein, dass der Insolvenzverwalter im Gegenzug auf die Anfechtung gegenüber einzelnen im Gläubigerausschuss vertretenen Gläubigern, verzichtet. Zum anderen können strafbare Handlungen zum Nachteil der Masse seine Entlassung gem. § 59 Abs. 1 InsO rechtfertigen, wobei die strafbare Pflichtverletzung nicht im Rahmen des konkreten Verfahrens erfolgt sein muss.[568] Der Ausschluss kann sich daher auch auf alle laufenden Verfahren des Verwalters beziehen.[569] Ein die Entlassung rechtfertigender wichtiger Grund im Sinne des § 59 Abs. 1 InsO liegt vor, wenn ein Verbleiben des Verwalters im Amt unter Berücksichtigung seiner schutzwürdigen Interessen die Belange der Gläubigergesamtheit und die Rechtmäßigkeit der Verfahrensabwicklung objektiv nachhaltig beeinträchtigen würde.[570] Als „ultima ratio" kommt eine Entlassung erst in Betracht, wenn sonstige Aufsichtsmaßnahmen (§ 58 InsO), insbesondere die Festsetzung eines Zwangsgeldes, nicht zum Erfolg führen (können) oder aus anderen Gründen eine weitere Tätigkeit durch den

---

m. w. N.; BGH, Urt. v. 20.7.2017 – IX ZR 310/14, NJW 2017, 2613 (2616) Rn. 33 m. w. N.

566 BGH, Beschl. v. 21.09.2017 – IX ZB 28/14, ZIP 2017, 2063 (2064) Rn. 11; s. dazu *Hölken*, jurisPR-InsR 23/2017 Anm. 3.

567 Grundlegend BGH, Beschl. v. 06.05.2004 – IX ZB 349/02, BGHZ 159, 122 (132 ff.); zuletzt etwa BGH, Beschl. v. 14.7.2016 – IX ZB 52/15, NZI 2016, 892 (892) Rn. 6.

568 Ausf. zur Entlassung des Verwalters wegen Pflichtverletzungen *Antoni*, NZI 2015, 543 (543 ff.).

569 BGH, Beschl. v. 09.06.2011 – IX ZB 248/09, NZI 2011, 760 (760) Rn. 6 m. w. N.; *Wessing*, NZI 2003, 1 (11 f.); *Rechel*, ZInsO 2012, 1641 (1642 f.); *Haarmeyer*, ZInsO 2016, 1605 (1605).

570 BGH, Beschl. v. 04.05.2017 – IX ZB 102/15, ZIP 2017, 1230 (1230) Rn. 8 m. w. N.; s. auch *Frind*, NZI 2011, 785 (788 f.).

bisherigen Verwalter ausscheidet.[571] Zu den persönlichen Anforderungen an den Insolvenzverwalter gehört neben der fachlichen Qualifikation auch seine persönliche Integrität, insbesondere seine Ehrlichkeit.[572] Strafbare Handlungen eines Verwalters zum Nachteil der Masse können daher seine Entlassung rechtfertigen. Ausreichend für die Entlassung ist dabei, wenn eine in anderen Verfahren verübte Straftat die charakterliche Eignung des Verwalters, fremdes Vermögen zu verwalten, generell entfallen lässt.[573] Grundsätzlich müssen dabei die Tatsachen, die den Entlassungsgrund bilden, zur vollen Überzeugung des Insolvenzgerichts nachgewiesen sein.[574] Da die weitreichenden Verwaltungs- und Verwertungsbefugnisse des Insolvenzverwalters (§§ 80 Abs. 1, 148 Abs. 1 InsO) eine besondere Vertrauensstellung begründen, ist eine strafbare Verletzung dieser gesetzlichen Vermögensbetreuungspflicht durch Untreue oder Unterschlagung stets ein wichtiger Grund i.S.d. § 59 Abs. 1 InsO.[575] Jedoch kommt eine Amtsenthebung aus allen Verfahren auch schon dann in Betracht, wenn der dringende Verdacht, in einzelnen Insolvenzverfahren Vermögensdelikte zum Nachteil der Masse begangen zu haben, eine allgemeine charakterliche Ungeeignetheit für die Ausübung des Verwalteramts offenbart, die es rechtfertigt, ihn in allen Verfahren aus dem Amt zu entlassen.[576] Das kann insbesondere der Fall sein, wenn masseschädigende Verhaltensweisen erheblichen Umfangs die generelle Unzuverlässigkeit des Insolvenzverwalters erweisen.[577] Ausnahmsweise kann dabei sogar bereits das Vorliegen von konkreten Anhaltspunkten für die Verletzung von wichtigen Verwalterpflichten für eine Entlassung genügen, wenn der Verdacht im Rahmen zumutbarer Amtsermittlung (§ 5 Abs. 1 Satz 1 InsO) nicht ausgeräumt und nur durch die Entlassung die Gefahr größerer Schäden für die Masse

---

571 *Lissner*, InsbürO 2016, 147 (148); *Rechel*, ZInsO 2012, 1641 (1641); *Ries*, in: K. Schmidt InsO, § 59 Rn. 1.

572 Grundlegend BGH, Beschl. v. 06.05.2004 - IX ZB 349/02, BGHZ 159, 122 (132 ff.); vgl. BGH, Beschl. v. 09.06.2011 – IX ZB 248/09, NZI 2011, 760 (760) Rn. 6; BGH, Beschl. v. 17.03.2011 – IX ZB 192/10, NZI 2011, 282, (282 ff.) Rn. 20; BGH, Beschl. v. 04.05.2017 - IX ZB 102/15, ZIP 2017, 1230 (1231) Rn. 14; s. auch *Rechel*, ZInsO 2012, 1641 (1642).

573 BGH, Beschl. v. 09.06.2011 – IX ZB 248/09, NZI 2011, 760 (760) Rn. 6 m. w. N.

574 BGH, Beschl. v. 17.03.2011 – IX ZB 192/10, NZI 2011, 282, (283) Rn. 12; ausf. zu den verschiedenen Ansichten zu den Anforderungen an die Verdachtsmomente s. *Rechel*, ZInsO 2012, 1641 (1644 f.).

575 *Rechel*, ZInsO 2012, 1641 (1642).

576 BGH, Beschl. v. 17.03.2011 – IX ZB 192/10, NZI 2011, 282, (282 ff.) Rn. 20.

577 BGH, Beschl. v. 26.04.2012 – IX ZB 31/11, ZIP 2012, 1187 (1188) Rn. 9 ff. m. w. N.

abgewendet werden kann. Ein solcher Ausnahmefall liegt insbesondere bei dem Verdacht erheblicher strafbarer Handlungen vor.[578] Eine Entlassung ist zwingend, wenn der Insolvenzverwalter das Insolvenzgericht und die Verfahrensbeteiligten vorsätzlich über Umstände täuscht, die von entscheidender Bedeutung für die Beurteilung der Unparteilichkeit und deshalb auch für seine Bestellung zum Insolvenzverwalter sind, und damit im eigenen wirtschaftlichen Interesse eine Gefährdung der erfolgreichen Abwicklung des Insolvenzverfahrens in Kauf nimmt.[579] Die Nichtaufdeckung einer schwerwiegenden Interessenkollision im Zusammenhang mit Anfechtungsansprüchen wird daher regelmäßig auch die Entlassung des Verwalters zur Folge haben.[580] Beruflich schwerwiegendste Folge ist letztendlich ein generelles Berufsverbot verbunden mit dem Ausschluss aus der Rechtsanwaltskammer oder der entsprechenden Kammer für Steuerberater und Wirtschaftsprüfer.[581]

b) Faktischer Überhang

Darüber hinaus entsteht in aller Regel ein nachteiliger Überhang in tatsächlicher Hinsicht. Die Auswahl eines Insolvenzverwalters geschieht zumindest auch im Hinblick auf dessen (guten) Ruf. Im Hinblick auf die Akquise neuer Mandate ist ein guter Ruf generell ausschlaggebend nicht nur für die Bestellung als Insolvenzverwalter, sondern darüber hinaus auch für die Tätigkeit als Rechtsanwalt, Wirtschaftsprüfer, Steuerberater etc. Eine Verurteilung hat daher in aller Regel erhebliche negative Auswirkungen auf die gesamten Tätigkeiten des Täters. In Zeiten der Digitalisierung verbreiten sich aufgrund der erheblichen Vernetzung unter Insolvenzverwaltern Neuigkeiten über strafrechtliches Verhalten von Insolvenzverwaltern schnell weitläufig. Verurteilte Insolvenzverwalter werden daher stets erhebliche Schwierigkeiten haben, neue Mandate auch als Rechtsanwalt oder Berater zu akquirieren. Dies wiederum bedeutet fast automatisch, dass neben den vom Gericht ausgesprochenen Strafen ein faktisches Berufsverbot die Folge ist.[582] Insbesondere kann auch bereits der bloße Anschein einer Vetternwirtschaft der Reputation nachhaltig schaden.[583]

---

578 BGH, Beschl. v. 17.03.2011 – IX ZB 192/10, NZI 2011, 282, (283) Rn. 12 f.; s. auch *Rechel*, ZInsO 2012, 1641 (1642 f.).

579 BGH, Beschl. v. 04.05.2017 – IX ZB 102/15, ZIP 2017, 1230 (1231) Rn. 14.

580 Vgl. *Vallender*, in: Uhlenbruck-InsO, § 59 Rn. 12.

581 *Wessing*, NZI 2003, 1 (2).

582 *Wessing*, NZI 2003, 1 (11 f.); *Haarmeyer*, ZInsO 2016, 1605 (1605).

583 *Berner/Köster/Lambrecht*, NZI 2018, 425 (428).

Teilweise werden von Insolvenzgerichten bei dem für Bewerber ausgegebenen Fragebogen auch Fragen nach der Erfolgsquote bei der Ermittlung und Durchsetzung von Anfechtungsansprüchen gestellt; insoweit kann eine hohe Quote im Hinblick auf die Bestellentscheidung des Gerichts von entscheidender Bedeutung sein.[584]

II. Motive gegen die Geltendmachung von Anfechtungsansprüchen

Vor diesem Hintergrund stellt sich die Frage, welche Motive und Interessen für den Insolvenzverwalter Veranlassung sein können, sich bewusst gegen eine höhere Vergütung zu entscheiden und sich einer zivilrechtlichen Haftung sowie einem Strafbarkeitsrisiko, verbunden mit gravierenden berufsrechtlichen Risiken, auszusetzen. Insolvenzverwalter stehen kraft ihres Amtes in komplexen Pflichtenstellungen, für deren Bewältigung Unternehmensführer oft lange Jahre und eine spezifische Ausbildung benötigen. Darüber hinaus geht mit der Aufgabe, ein Unternehmen in kritischer Lage zu führen beziehungsweise es kontrolliert zu zerschlagen, einher, dass der Insolvenzverwalter in Kontakt zu erheblichen Geldströmen in einer oft unklaren Rechts- und Tatsachenlage kommt. Dabei wird dem Insolvenzverwalter regelmäßig schnelles und oft unkonventionelles Handeln abverlangt.[585] In dieser Situation das eigene Interesse überzubewerten, stellt ein erhebliches Risiko für Insolvenzverwalter dar, dem nicht jeder Insolvenzverwalter widerstehen kann.[586] Die generelle Versuchung ist daher groß, die umfassenden Befugnisse zur Verwertung der Masse zu nutzen, um sich selbst (in strafrechtlich relevanter Weise) Vorteile zu verschaffen. Insofern steht eine Strafbarkeit im Raum, wenn der Verwalter sich bei der unterlassenen Insolvenzanfechtung von Motiven leiten lässt, die nicht in Vorteilen für die Gläubigergesamtheit bestehen.

1. *Insolvenzverwalter als Täter von Straftaten*

Dass derartige Konstellationen generell nicht abwegig sind zeigt sich etwa daran, dass es in der Vergangenheit immer wieder dazu gekommen ist, dass Insolvenzverwalter zu betreuende Gelder von Treuhand- oder Anderkonten auf eigene Konten umgeleitet und dann veruntreut haben, insbesondere wenn eine eigene

584 *Hartwig*, InsbürO 2010, 52 (52).
585 *Ahrens*, FS-Ganter, 76 (76); *Uhlenbruck*, KTS 1998, 1 (2).
586 *Wessing*, NZI 2003, 1 (5).

Insolvenz drohte.[587] Genauso wurde wiederholt die Masse dadurch geschädigt, dass sich der Insolvenzverwalter Außenstände, die er einzieht, auf das eigene Konto hat überweisen lassen, statt auf ein Treuhand- oder Anderkonto. Genauso werden der Masse immer wieder Waren oder andere Gegenstände entzogen. Darüber hinaus kann der Verwalter Waren unter Preis verkaufen, entweder um selbst eine Gegenleistung für den Preisvorteil vom Käufer zu erhalten oder um nahen Angehörigen die Waren unter Preis zu verschaffen.[588] In ähnlicher Weise machen sich Insolvenzverwalter wegen Untreue strafbar, indem sie das Schuldnerunternehmen völlig unter Wert an Unternehmen, an denen sie selbst beteiligt sind, verkaufen,[589] über mehrere Jahre ungenehmigte Entnahmen aus verschiedenen Insolvenzmassen tätigen,[590] oder Gelder aus der Masse in Millionenhöhe veruntreuen, so dass sie nicht selten rechtskräftig zu langen Freiheitsstrafen verurteilt werden[591]. *Vallender* spricht sogar davon, seit einigen Jahren häuften sich Verurteilungen von Insolvenzverwaltern wegen Untreuehandlungen, wobei häufig Millionenbeträge auf dem Spiel stünden.[592]

2. *Schnelle Verfahrensbeendigung*

Ein Motiv für ein Unterlassen der Geltendmachung von Anfechtungsansprüchen kann zunächst das Interesse des Insolvenzverwalters an einer schnellen Beendigung des Verfahrens sein. Gerade in wenig lukrativen (Klein-) Verfahren kann der Insolvenzverwalter ein Interesse an einer möglichst raschen Beendigung des Verfahrens haben, um sich lukrativeren Verfahren widmen zu können, insbesondere wenn nicht zu erwarten ist, dass die potentiell zu ermittelnden Anfechtungsansprüche in erheblichem Maße zu einer höheren Vergütung des Verwalters führten.[593] Das Erforschen von Anfechtungsansprüchen an sich wird zudem nicht gesondert vergütet. Daher kann der Verwalter aus Vergütungsgesichtspunkten von der Erforschung anfechtungsrelevanter Sachverhalte abgehalten sein, wenn genügend andere Verfahren mit einer zu erwartenden

---

587 Vgl. *Joecks*, in: Bittmann, § 23 Rn. 13; mit zahlreichen Fallbeispielen aus der Rechtsprechung *Richter*, NZI 2002, 121 (129) sowie *Wessing*, NZI 2003, 1 (6 ff.).

588 *Pelz*, Handbuch Wirtschafts- und Steuerstrafrecht, Rn. 376 f.; *Knierim*, in: Dannecker/Knierim, Insolvenzstrafrecht, Rn. 1192.

589 LG Frankfurt, Urt. v. 15.11.2012 – 5/26 KLs 7640 Js 208746/10, ZInsO 2014, 1811.

590 LG Degendorf, Beschl. v. 24.07.2013 – 13 T 57/13, ZIP 2013, 1975.

591 Vgl. BGH, Urt. v. 09.10.2014 – IX ZR 140/11, BGHZ 202, 324 (325 f.) Rn. 1.

592 *Vallender*, NZI 2017, 641 (644) m. w. N. aus der Rechtsprechung.

593 *Pelz*, Handbuch Wirtschafts- und Steuerstrafrecht, Rn. 379.

höheren Vergütung verwaltet werden. Im Rahmen der Schadensersatzhaftung nach § 60 InsO ist vor diesem Hintergrund auch seit jeher anerkannt, dass eine Pflichtverletzung des Verwalters dann vorliegen kann, wenn er das Verfahren in großer und übertriebener Eile durchgeführt hat.[594]

3. *„Klimapflege“*

Genauso kann der Verwalter ein Interesse an einer Kontaktpflege mit bekannten Gläubigergruppen wie Kreditinstituten, Versicherungen oder anderen institutionellen (Groß-) Gläubigern haben (sogenannte Klimapflege). Eine Möglichkeit dieser besonderen Kontaktpflege besteht darin, Anfechtungsansprüche gegen diese Gläubiger gar nicht erst zu ermitteln oder ermittelte Ansprüche nicht gerichtlich durchzusetzen. Zweck dieser Vorgehensweise ist ein Entgegenkommen des Gläubigers in anderen Situationen. Durch die unterlassene Anfechtung kann der Insolvenzverwalter gegebenenfalls auch ein Entgegenkommen des Anfechtungsgegners in Bezug auf andere Verfahren oder generell ein allgemeines, vom Verfahren losgelöstes Entgegenkommen des Anfechtungsgegners erwirken. Kritisch zu betrachten sind daher insbesondere länger andauernde Beziehungen zwischen Insolvenzverwaltern und institutionellen (Groß-)Gläubigern sowie dem Insolvenzverwalter nahe stehenden Anfechtungsgegnern, etwa Kreditinstituten, Versicherungen, Angehörigen, Bekannten oder sonstigen nahe stehenden Personen.[595] So werden Anfechtungsprozesse teilweise unterlassen, weil der Insolvenzverwalter um ein gutes Verhältnis zu dem Anfechtungsgegner bemüht ist, etwa weil der Geschäftsführer für die Geschäftsfortführung oder Sanierung gebraucht wird. Genauso kann der Verwalter geneigt sein, Anfechtungsprozesse gegen eine Bank zu vermeiden, da diese Bank für die Zusammenarbeit bei der Sanierung des Schuldners oder in künftigen Verfahren gewonnen werden soll.[596] Auch wenn so eine Klimapflege im Einzelfall verständlich sein mag, ändert dies grundsätzlich nichts an der Haftung des Verwalters nach § 60 InsO und gegebenenfalls einer Strafbarkeit nach § 266 StGB. Nur ausnahmsweise kann der Verwalter mit Erfolg einwenden, dass die Klimapflege mit dem Anfechtungsgegner

---

594 Zur Haftung des Konkursverwalters nach § 82 KO BGH, Urt. v. 22.01.1985 – VI ZR 131/83, ZIP 1985, 423 (425); OLG München, Grundurt. v. 21.03.1997 – 14 U 520/96, NZI 1998, 84 (86); im Anschluss an RG, Urt. v. 07.09.1936 – VI Z 3/36, RGZ 152, 125 (128).

595 *Frind*, ZInsO 2017, 363 (363 f.); *Zipperer*, in: Uhlenbruck-InsO, § 56 Rn. 25; *Lind*, in: Ahrens/Gehrlein/Ringstmeier-InsO, § 56 Rn. 8.

596 Vgl. *Uhlenbruck*, KTS 1998, 1 (19).

aufgrund der besonderen Umstände des Einzelfalles aus Mangel an Alternativen für das Gelingen einer Betriebsfortführung oder einer Sanierung nicht zu umgehen war und deshalb letztendlich im Interesse der Verfahrensbeteiligten erfolgt ist. Insbesondere das allgemeine Interesse an einer Klimapflege im Hinblick auf künftige Verfahren kann aber unter keinen Umständen für eine solche Entlastung ausreichen. Die Vorteile aus der Klimapflege müssen sich immer auf die dadurch belastete Insolvenzmasse beziehen. Letztendlich kommt es also entscheidend darauf an, inwieweit die Führung eines Anfechtungsprozesses im Ergebnis zu einer geringeren Quote für die Gläubiger geführt hätte.[597] Im Ergebnis darf daher die (prozessuale) Durchsetzung von Anfechtungsansprüchen nur in besonderen Konstellationen unterbleiben, wenn es keine anderen Alternativen gibt, allerdings nicht aufgrund allgemeiner Gründe der „Klimapflege", insbesondere nicht im Hinblick auf ein Entgegenkommen des Anfechtungsgegners oder eine Art Zusammenarbeit in künftigen Verfahren.[598]

a) Berater, insbesondere Sanierungsberater

Sanierungen von in die Krise geratenen Unternehmen ziehen sich sehr häufig über längere Zeiträume hin. Zur Ausarbeitung von Sanierungsstrategien sind die Unternehmen auf externe Hilfe angewiesen.[599] Im Vorfeld einer Insolvenz werden regelmäßig Steuerberater, Wirtschaftsprüfer, Sanierungsberater, Rechtsanwälte etc. für das schuldnerische Unternehmen tätig. Bei Scheitern dieser außergerichtlichen Sanierung sind die Berater zum einen Haftungsrisiken ausgesetzt. Zum anderen aber besteht vor allem das Risiko, das vom Schuldner vor Insolvenzeröffnung erhaltene Honorar nach Insolvenzeröffnung nach erfolgter Insolvenzanfechtung wieder erstatten zu müssen.[600] In mehreren Großverfahren hat sich gezeigt, dass diese Risiken hoch sein können.[601] In der Krise sind Berater nicht uneingeschränkt berechtigt, weiterhin Beratungsleistung zu erbringen und

---

597 *Bork*, ZIP 2005, 1120 (1122); vgl. allg. zur Klimapflege *Hölzle*, ZIP 2003, 1376 (1376, 1382 f.).

598 *Thole*, ZIP 2014, 1653 (1655); *Zipperer*, ZInsO 2018, 2613 (2618).

599 BGH, Beschl. v. 21.07.2016 – IX ZB 70/14, BGHZ 211, 225 (249) Rn. 81; BGH, Beschl. v. 22.09.2016 – IX ZB 71/14, NZI 2016, 963 (967 f.) Rn. 81; *Hammes*, NZI 2017, 233 (233); *Büchler/Scholz*, in: Schmidt, Sanierungsrecht, Einf. zu §§ 54, 55, Rn. 2; ausf. zur Sanierungsberatung *Knierim*, in: Dannecker/Knierim, Insolvenzstrafrecht, Rn. 1225 ff.

600 *Büchler/Scholz*, in: Schmidt, Sanierungsrecht, Anhang zu §§ 60, 61 Rn. 83 ff.

601 Vgl. z. B. die Insolvenz der Arcandor AG, OLG Frankfurt, Urt. v. 17.01.2018 – 4 U 4/17, ZIP 2018, 488 (488 ff.).

damit Honorarverbindlichkeiten zu begründen. Jedenfalls darf keine weitere Beratung mehr erfolgen, wenn die Sanierung erkennbar aussichtlos ist; in diesem Fall erbringt der Berater seine Beratungsleistungen schließlich nicht mehr im Hinblick auf das Gelingen der Sanierung, sondern aus eigenen Vergütungsinteressen.[602] In der Praxis wird zudem nahezu jede Eigenverwaltung mit der Hilfe von externen Sanierungsberatern durchgeführt.[603] Dass ein Sanierungsberater zur Verfügung steht, wird von Insolvenzgerichten häufig schon als Anordnungsvoraussetzung vorausgesetzt. Obwohl im Gesetz eine Beratung des eigenverwaltenden Schuldners nicht ausdrücklich normiert ist, beziehen Gerichte diesen Umstand häufig bei der Prognose, ob Umstände bekannt sind, die zu Nachteilen für die Gläubiger führen können (§ 270 Abs. 2 Nr. 2 InsO), mit ein.[604] Zumeist erhalten die Sanierungsberater in kürzeren Zeitabständen Honorare für die erbrachten Beratungsleistungen, um der Anfechtbarkeit über das Bargeschäftsprivileg des § 142 InsO zu entgehen.[605] Nach der Rechtsprechung des BGH ist der nach dieser Norm erforderliche unmittelbare Leistungsaustausch in zeitlicher Hinsicht nur gewahrt, wenn zwischen Beginn der Beratungstätigkeit und der Erbringung der Gegenleistung nicht mehr als 30 Tage liegen.[606] Werden die Beratungsleistungen im Rahmen der Ausarbeitung eines Insolvenzplanes erbracht, ist darüber hinaus für eine Einordnung als angemessene Gegenleistung erforderlich, dass der auf den Beratungsleistungen aufbauende Insolvenzplan die Zustimmung der Gläubiger erwarten lässt; nur im Falle der Zustimmung zum Plan können sich die Befriedigungsaussichten der Gläubiger durch den auf den Beratungsleistungen beruhenden Insolvenzplan verbessern.[607]

---

602 *Büchler/Scholz*, in: Schmidt, Sanierungsrecht, Anhang zu §§ 60, 61 Rn. 83.

603 *Graeber*, FS-Vallender, 165 (177 f.); *Hammes*, NZI 2017, 233 (233); *Ehlers*, ZInsO 2013, 105 (105 ff.); *Reus/Höfer/Harig*, NZI 2019, 57 (57 f.); *Berner/Köster/Lambrecht*, NZI 2018, 425 (426); *Büchler/Scholz*, in: Schmidt, Sanierungsrecht, § 55 Rn. 1: Mindeststandard ein Sanierungsberater; ausf. zur Sanierungsberatung und zu Regressrisiken s. *Wellensiek/Büteröwe*, FS-Pannen, 319 (319 ff.).

604 Vgl. *Henkel*, ZIP 2015, 562 (654); *Berner/Köster/Lambrecht*, NZI 2018, 425 (426).; *Undritz*, in: K. Schmidt-InsO, § 270 Rn. 13; ausf. zur Prognose *Nickert/Nickert/Kühne*, KTS 2019, 29 (29 ff.).

605 *Van Marwyk*, ZInsO 2018, 1352 (1352).

606 BGH, Urt. v. 10.07.2014 – IX ZR 192/13, BGHZ 202, 59 (70 f.) Rn. 33 m. w. N.; s. auch *Büchler/Scholz*, in: Schmidt, Sanierungsrecht, Anhang zu §§ 60, 61 Rn. 85; *Ehmann*, GWR 2018, 81 (85 f.).

607 BGH, Urt. v. 06.12.2007 – IX ZR 113/06, NZI 2008, 173 (175) Rn. 22 ff.

Da sich der externe Sanierungsberater von Anfang an der Krise des Unternehmens bewusst ist, kann im Falle des Scheiterns der Sanierung und der damit verbundenen Eröffnung eines Regelinsolvenzverfahrens häufig eine Anfechtung der geleisteten Beraterhonorare begründet sein.[608] Gerade der sonst zumeist problematische Nachweis der subjektiven Tatbestandsmerkmale ist aufgrund seiner Kenntnis der wirtschaftlichen Verhältnisse beim Sanierungsberater oft verhältnismäßig einfach zu führen.[609] Aufgrund dieser besonderen Interessenlage muss der Insolvenzverwalter an sich besonders sorgfältig die gezahlten Beraterhonorare auf Anfechtungsmöglichkeiten hin untersuchen.[610] Zudem liegt es geradezu auf der Hand, dass Berater geneigt sind, ihre eigenen Ansprüche zu sichern und zu optimieren, und so leicht Fehlmotivationen erliegen können.[611] So sahen sich Sanierungsberater etwa in den Fällen der Q-Cells SE sowie der ARCANDOR AG auch erheblichen Anfechtungs- und Schadensersatzansprüchen ausgesetzt.[612] Problematisch an der Konstellation ist aber, dass sich Schuldner in Eigenverwaltungsverfahren oft sehr viel von Sanierungsberatern versprechen und häufig auch hohe Honorarforderungen akzeptieren.[613] Honorarverbindlichkeiten gegenüber Sanierungsberatern begründet der Schuldner dabei im Rang von Masseverbindlichkeiten durch gerichtliche Einzelermächtigungen oder im eröffneten Verfahren nach §§ 55 Abs. 1 Nr. 1 InsO.[614]

Denkbar ist letztendlich auch, dass der endgültige Verwalter auf die Anfechtung der Honorare für den Sanierungsberater verzichtet und eine Gegenleistung für das Unterlassen erhält. Möglich erscheint schließlich eine unterlassene

---

608 *Ehlers*, ZInsO 2013, 105 (107); *Flöther*, ZIP 2012, 1833 (1840); *Mock*, ZIP 2014, 445 (450 ff.); *Smid*, ZInsO 2014, 1127 (1131 ff.); *Büchler/Scholz*, in: Schmidt, Sanierungsrecht, Anhang zu §§ 60, 61 Rn. 83; zu Möglichkeiten und Grenzen der Vermeidung von Anfechtungsgefahren bei der Erarbeitung von Sanierungskonzepten s. *Prütting*, FS-Pannen, 290 (290 ff.).

609 *Buchalik/Hiebert*, ZInsO 2014, 1423 (1427 f.); *Büchler/Scholz*, in: Schmidt, Sanierungsrecht, Anhang zu §§ 60, 61 Rn. 84.

610 *Smid*, ZInsO 2014, 1127 (1131 f.); *Büchler/Scholz*, in: Schmidt, Sanierungsrecht, Anhang zu §§ 60, 61 Rn. 67, 83 ff.; zur Anfechtung nach § 133 InsO s. *van Marwyk*, ZInsO 2018, 1352 (1352 ff.).

611 *Weyand*, ZInsO 2016, 1969 (1969 f.); *Kayser*, NJW 2014, 422 (424).

612 Vgl. *Büchler/Scholz*, in: Schmidt, Sanierungsrecht, Einf. zu §§ 54, 55 Rn. 4 m. w. N.

613 *Hammes*, NZI 2017, 233 (234); vgl. *Siemon/Harder*, NZI 2016, 434 (438 f.).

614 *Büchler/Scholz*, in: Schmidt, Sanierungsrecht, § 55 Rn. 6; die Höhe der Masseverbindlichkeiten wird allerdings durch die Angemessenheit der Honorare begrenzt, s. auch *Smid*, ZInsO 2014, 1181 (1186); der Schuldner hat aber recht weitgehende Dispositionsbefugnisse, vgl. *Weyand*, ZInsO 2014, 1934 (1935).

Anfechtung von Beraterhonoraren auch deshalb, weil Insolvenzverwalter miteinander vereinbaren können, Honorare für Beratungsleistungen untereinander generell nicht anzufechten. Denkbar ist zudem, dass der endgültige Sachwalter auf die Anfechtung eigener Beraterhonorare verzichtet, wenn er selbst auch als Sanierungsberater tätig war (und damit an sich nicht als Insolvenzverwalter hätte bestellt werden dürfen, vgl. § 56 Abs. 1 Satz 3 Nr. 2 InsO).[615] Die Unabhängigkeit ist dem Verwalter daher zwingend abzusprechen, wenn der Verwalter eigene Beraterhonorare oder Honorare anderer Kanzleiangehöriger anfechten muss.[616]

b) Mandanten etc.

Möglich ist auch, dass der Insolvenzverwalter den Anfechtungsgegner selbst in seiner Funktion als Rechtsanwalt als Mandant oder sogar Dauermandant hat und auf die Anfechtung zur Mandantenpflege verzichtet.[617] Genauso könnte er zugunsten anderer Kanzleimitarbeiter auf die Anfechtung gegenüber deren Mandanten verzichten. Schließlich ist es in der Praxis in ähnlicher Weise immer wieder vorgekommen, dass Insolvenzverwalter den vormaligen Insolvenzschuldner im Rahmen ihrer Anwaltstätigkeit beraten haben oder gar an dem Schuldnerunternehmen beteiligt waren und dennoch diesen zu einer Verneinung der Unabhängigkeit im Sinne des § 56 Abs. 1 Satz 1 InsO führenden Umstand bei der Verwalterbestellung gegenüber dem Insolvenzgericht verschwiegen haben.[618]

c) Großgläubiger

Praktisch soll es häufiger vorkommen, das Großgläubiger, insbesondere Banken, versuchen, ihre hauseigenen Verwalter durch Abwahl des Insolvenzverwalters in der ersten auf die Bestellung des Insolvenzverwalters folgenden Gläubigerversammlung (§ 57 InsO) einzusetzen.[619] Durch die Möglichkeit der Abwahl des Insolvenzverwalters durch die Gläubigerversammlung kann sich der Insolvenzverwalter aus finanziellen Gründen gegebenenfalls veranlasst sehen, keine

615 Vgl. *Frings/Bernsen*, NJW-Spezial 2012, 405 (406); *Trams*, NJW-Spezial 2012, 149 (150); *Frind*, ZInsO 2012, 59 (63); vgl. bereits *Paulus*, NZI 2008, 705 (707).

616 *Frings/Bernsen*, NJW-Spezial 2012, 405 (406).

617 *Frind*, ZInsO 2017, 363 (364), dem als Insolvenzrichter mehrfach berichtet worden sei, dass solches dann auch in der Erwartung künftiger Beachtung "mitgeteilt" werde.

618 Etwa BGH, Urt. v. 04.05.2017 – IX ZB 102/15, ZIP 2017, 1230 (1231) Rn. 12; vgl. auch *Frind*, ZInsO 2017, 363 (363 f.).

619 *Reh*, FS-Heumann, 229 (230); *Frind*, ZInsO 2012, 59 (63); s. bereits *Bales*, BKR 2003, 967 (968).

Maßnahmen gegen Gläubiger mit erheblichen Stimmrechtsanteilen zu ergreifen, also Gefälligkeitsentscheidungen zu treffen, um nicht abgewählt zu werden.[620]

d) Degressive Verwaltervergütung

Die Vergütung des Insolvenzverwalters basiert auf dem Modell einer wertabhängigen, degressiv ausgerichteten Staffelvergütung. Zur Vermeidung extrem hoher Vergütungen enthält die Regelung zur Errechnung der Vergütung eine Staffelung in der Form, dass die Vergütung mit steigendem Berechnungswert immer mehr degressiv ausgestaltet ist.[621] Ein einseitig seine Vergütungsinteressen berücksichtigender Insolvenzverwalter kann daher im Einzelfall zu dem Ergebnis gelangen, dass eine zusätzliche Massemehrung durch die Insolvenzanfechtung in einem Verfahren aufgrund der Degression zu einer geringeren Vergütung als in anderen Verfahren führt, weil dort die Insolvenzmasse niedriger ist. Dann kann es für den Insolvenzverwalter im Hinblick auf seine Vergütung sinnvoller sein, seine und die Arbeitskraft seiner Mitarbeiter auf die Ermittlung derjenigen Anfechtungsansprüche zu bündeln, deren Realisierung mit der höchsten Vergütung verbunden ist. In massereichen Verfahren kann das zu einer Vernachlässigung der Insolvenzanfechtung führen.

Wurde dem Insolvenzverwalter die Verwaltung von widerstreitenden Insolvenzverfahren übertragen, kann zudem die Situation eintreten, dass die Anfechtung in einem Verfahren zu einer Verringerung führen würde, die die Vergütung erheblich schmälert, in dem anderen Verfahren aufgrund der dort höheren Masse aber durch die Degression der Verwaltervergütung nur mit einem geringen Anstieg der Vergütung verbunden wäre.[622] Auch in dieser Konstellation dürfte es für den Verwalter nahe liehen oder jedenfalls wirtschaftlich sinnvoll erscheinen, auf die Geltendmachung des Anfechtungsanspruchs zu verzichten.

e) Interessenkollisionen

Letzten Endes beruht die unterlassene Insolvenzanfechtung immer auf einem Interessenkonflikt. Grundsätzlich weiß jeder Verwalter, dass die Insolvenzanfechtung zu seinen Grundpflichten zählt. Insolvenzverwalter müssen sich aufgrund ihrer Stellung als solcher der besonderen Pflichtenstellung bewusst

---

620 *Reh*, FS-Heumann, 229 (232); *Frind*, ZInsO 2012, 59 (63); so ausdrücklich zu entsprechenden Versuchen von Banken aus der Praxis *Rosenmüller/Heitsch*, ZInsO 2013, 754 (756).

621 *Haarmeyer*, ZInsO 2014, 1237 (1237).

622 Vgl. *Pape*, ZInsO 2016, 2149 (2155).

sein und wissen, dass sie Insolvenzanfechtungsansprüche nach den §§ 129 ff. InsO ermitteln und durchsetzen müssen. Entsprechende Kenntnisse sind über das Merkmal der Geschäftskunde bereits Voraussetzung für die Bestellung als Verwalter nach § 56 InsO.[623] Grundsätzlich haben Verwalter naturgemäß aufgrund der haftungsrechtlichen, berufsrechtlichen und strafrechtlichen Risiken auch kein Interesse daran, gegen diese Pflicht zu verstoßen. Dennoch gelangt der Insolvenzverwalter häufig in Situationen, in denen eigene Interessen oder Fremdinteressen, die der Verwalter verwirklichen möchte, im Widerspruch zu seinen Pflichten stehen. Der Verwalter gerät also in eine Interessenkollision, die Veranlassung sein kann, auf die Geltendmachung von Anfechtungsansprüchen zu verzichten.

aa) Sachwidrige Eigeninteressen

Zunächst gelangt der Verwalter häufig in Situationen, in denen seine eigenen Interessen denen der Verfahrensbeteiligten an einer ordnungsgemäßen Abwicklung des Verfahrens entgegenstehen. Dass Insolvenzverwalter im Rahmen ihrer Verwaltungstätigkeit durchaus Eigeninteressen verfolgen, hat sich zuletzt wieder dadurch deutlich gezeigt, dass es einer Entscheidung des BGH bedurfte, um zu klären, dass Insolvenzverwalter Geschäftschancen, die in den Geschäftsbereich des Schuldnerunternehmens fallen und diesem zugeordnet sind, nicht selbst nutzen dürfen.[624]

Problematische Interessenkollisionen entstehen für den Verwalter insbesondere, wenn sein rechtlich gebotenes Handeln sich nachteilig im Hinblick auf seine eigenen (Vermögens-)Interessen auswirkt. Wirtschaftlich nachteilig dürfte es etwa für den Insolvenzverwalter selbst sein, wenn er Beratungshonorare eines kanzleiinternen Mitarbeiters anficht und so der Gesamtertrag der Kanzlei verringert wird. Geradezu typisch ist aufgrund der Vielzahl der bekannt gewordenen Fälle zudem, dass der Verwalter trotz einer bestehenden Abhängigkeit zum Schuldner oder zu Gläubigern, die einer Bestellung zum Insolvenzverwalter entgegengestanden hätte, über diese hinwegtäuscht, um sich auf diesem Wege eine hohe Vergütung zu erschleichen.[625] Bei einem Verwalter, der rechtswidrig über seine Abhängigkeit hinwegtäuscht, ist es nach Eröffnung des Insolvenzverfahrens

---

623 *Rechel*, in: Rattunde/Smid/Zeuner-InsO, § 56 Rn. 10a; *Ries*, in: K. Schmidt-InsO, § 56 Rn. 17.

624 BGH, Urt. v. 16.03.2017 – IX ZR 253/15, BGHZ 214, 220 (222 ff.) Rn. 11 ff.

625 *Frind*, ZInsO 2012, 59 (63); vgl. etwa BGH, Beschl. v. 04.05.2017 – IX ZB 102/15, NZI 2017, 677 (669) Rn. 13.

jedenfalls nicht unwahrscheinlich, dass der Insolvenzverwalter zugunsten derjenigen Anfechtungsgegner, die seine Abhängigkeit begründen, Insolvenzanfechtungsansprüche nicht ordnungsgemäß ermittelt oder bei deren Kenntnis auf die Durchsetzung der Ansprüche durch Abschluss eines Rechtsgeschäfts über den Anspruch oder allein in tatsächlicher Hinsicht (teilweise) verzichtet.

Vergütungsrechtlich kann für den Insolvenzverwalter die Situation problematisch sein, dass die Vergütung eines vorläufigen Verwalters für ein Verfahren, dass nicht zur Eröffnung führte, in einem Zweitverfahren angefochten werden müsste. Wenn der Verwalter in dem eröffneten Zweitverfahren auch vorläufiger Verwalter in dem (nicht eröffneten) Erstverfahren war, wird der Verwalter kaum seine Vergütung aus dem Erstverfahren anfechten. Nach dem BGH ist die Vergütung ggf. anfechtbar aus kongruenter Deckung nach §§ 143, 130 Abs. 1 Satz 1 Nr. 2 InsO.[626] Der BGH setzt damit den Vergütungsanspruch des vorläufigen Verwalters des Erstverfahrens mit den Ansprüchen von Insolvenzgläubigern gleich. Grundsätzlich stellt der Anspruch des vorläufigen Verwalters eine Insolvenzforderung also lediglich dar, weil der Anspruch zu einem Zeitpunkt vor der Eröffnung des Insolvenzverfahrens begründet wurde. Das Bargeschäftsprivileg des § 142 InsO hilft über die Anfechtbarkeit der Vergütungsansprüche des vorläufigen Verwalters im Erstverfahren nicht hinweg.

bb) Sachwidrige Fremdinteressen

Neben der Kollision mit Eigeninteressen treten in Insolvenzverfahren mit zahlreichen Verfahrensbeteiligten mit unterschiedlichen und häufig divergierenden Interessen häufig Interessenkonflikte zwischen einer ordnungsgemäßen Verwaltung und sachwidrigen Interessen von anderen Verfahrensbeteiligten auf, die auf bestimmten Wegen Einfluss auf den Verwalter ausüben können.

(1) Querfinanzierungen ähnlich Masse-an-Masse Darlehen

Motivation für ein Unterlassen der Geltendmachung von Anfechtungsansprüchen gegen eine Bank kann schließlich ähnlich wie bei Masse-an-Masse Darlehen eine Querfinanzierung in der Form sein, in einem anderen Verfahren einen Sanierungskredit bewilligt zu bekommen, wenn in dem anderen Verfahren ein

---

626 BGH, Urt. v. 15.12.2011 – IX ZR 118/11, NZI 2012, 135 (135 ff.) Rn. 8 ff.; ausf. dazu *Martini*, Die Anfechtbarkeit der Zahlung der Vergütung des vorläufigen Insolvenzverwalters im Zweitverfahren, passim, der die Vergütung des vorläufigen Verwalters des Erstverfahrens unter die sonstigen Masseverbindlichkeiten im Sinne des § 55 Abs. 1 Ziff. 1, 2 2. Alt. InsO subsumieren möchte.

Entgegenkommen unter den gegebenen dortigen Umständen nicht möglich ist, etwa weil dort keine Anfechtungsmöglichkeit gegeben ist.[627]

(2) Bindungen

Generell kann es für den Verwalter bei entsprechenden Bindungen, die aus anderen von der Kanzlei bearbeiteten Insolvenzverfahren oder aus sonstigen geschäftlichen Verbindungen resultieren, die auch in der Kreditfinanzierung des Praxisbetriebs bestehen können, geboten erscheinen, auf die Belange von Kapitalgebern, Banken oder anderen Großgläubigern besondere Rücksicht zu nehmen.[628] So kann der Verwalter bei Anfechtungsansprüchen in die Konfliktlage geraten, dass andere Kanzleimitglieder oder ein Verwalterkollege aus derselben Kanzlei diese Bank in einem anderen Verfahren um einen Massekredit bitten will. Das Risiko, dass der Verwalter einen vielleicht kritischen Anfechtungsanspruch nicht mit aller Konsequenz durchsetzt, ist hier sehr hoch.[629] Es können Konstellationen auftreten, in denen zwei Verwalter gegeneinander Anfechtungsansprüche insbesondere im Hinblick auf selbst oder von anderen Kanzleimitarbeitern erbrachte Leistungen im Zusammenhang mit der Sanierungsberatung geltend machen müssten. Hier liegt es nahe, jeweils im eigenen Interesse zu vereinbaren, auf die Anfechtung zu verzichten. Denkbar ist letztendlich auch, dass der Verwalter für die unterlassene Insolvenzanfechtung eine persönliche Gegenleistung entgegennimmt. In Erwägung zu ziehen ist schließlich auch, dass der Verwalter in Bezug auf die Anfechtungsansprüche wirtschaftlich nachteilige Vergleiche oder Erlassverträge schließt, die im Grundsatz ebenfalls eine Untreuestrafbarkeit begründen können.[630]

(3) Verwalterbestellung/-entlassung

So sind Fälle bekannt geworden, in denen der Insolvenzverwalter selbst zugleich in der Gläubigerversammlung als Bevollmächtigter einer Gläubigerbank beziehungsweise Sparkasse aufgetreten und für diese Vollmachtgeber sich jeweils an der Abstimmung beteiligt hat. Dieses Verhalten setzt den Insolvenzverwalter

627 Vgl. *Pape*, ZInsO 2016, 2149 (2154).

628 *Frind*, ZInsO 2017, 363 (363 f.); *Hill*, ZInsO 2010, 847 (848); vgl. auch *von Leoprechting*, in: v. Leoprechting/Ziechmann, Entscheidungsprozesse im Insolvenzverfahren, S. 23; *Bales*, BKR 2003, 967 (968); *Knierim*, in: Dannecker/Knierim, Insolvenzstrafrecht, Rn. 1192.

629 *Hill*, ZInsO 2010, 847 (848); *Rosenmüller/Heitsch*, ZInsO 2013, 754 (756).

630 Vgl. *Knierim*, in: Dannecker/Knierim, Insolvenzstrafrecht, Rn. 1192.

dem Verdacht aus, auch ansonsten die Interessen einzelner von ihm in der jeweiligen Gläubigerversammlung vertretener Gläubiger bei seiner Aufgabenerfüllung als Insolvenzverwalter besonders zu berücksichtigen.[631] Das kann auch in Form der unterlassenen Insolvenzanfechtung geschehen. Dieser Interessenkonflikt wird besonders deutlich, wenn der Insolvenzverwalter als Bevollmächtigter für einen Gläubiger (Kreditinstitut) in der Gläubigerversammlung gegen seine eigene Abwahl als Insolvenzverwalter und die Ersetzung durch eine dritte Person gem. § 57 InsO gestimmt und damit als Vertreter einer Gläubigerin zumindest auch eigene wirtschaftliche Interessen verfolgt hat.[632]

f) Beeinflussung des Insolvenzverwalters

Letztendlich können Großgläubiger häufig in erheblichem Maße Einfluss auf den Insolvenzverwalter im eröffneten Verfahren nehmen. Schließlich ist die Abwahl des Verwalters auf Druck einzelner Großgläubiger anders als zu Zeiten der KO nicht mehr undenkbar.[633] Denn die Entlassung aus dem Amt kann gem. § 59 Abs. 1 Satz 2 InsO auch auf Antrag des Gläubigerausschusses oder der Gläubigerversammlung erfolgen. Die Mitglieder dieser Organe können dem Verwalter jedenfalls mit einem entsprechenden Entlassungsantrag drohen, wenn die Mitglieder über entsprechende Mehrheiten im Sinne der §§ 72, 76 Abs. 2 InsO verfügen, denn die Antragstellung setzt eine ordnungsgemäße Beschlussfassung nach den §§ 72, 76 Abs. 2 InsO voraus.[634] Auch bei der Entlassung auf Antrag des Gläubigerausschusses oder der Gläubigerversammlung ist das Gericht verpflichtet, Feststellungen zu treffen, ob ein „wichtiger Grund" im Sinne des § 59 Abs. 1 Satz 1 InsO vorliegt. Die Amtsermittlungspflicht des § 5 InsO greift vor allem ein, wenn der Verwalter die ihm vorgeworfene Interessenkollision oder Pflichtwidrigkeit bestreitet. Anträge einzelner Gläubiger sind dagegen als unzulässig zurückzuweisen, weil einzelne Gläubiger kein Antragsrecht auf Entlassung des Verwalters haben. Verfahrensbeteiligte haben grundsätzlich keine Möglichkeit, den Verwalter entsprechend § 42 ZPO wegen der Besorgnis der Befangenheit, insbesondere aufgrund von Interessenkollisionen, abzulehnen.[635] Einzelne Verfahrensbeteiligte hätten anderenfalls die Möglichkeit, einen unerwünschten Verwalter aus seinem Amt zu drängen oder ihn von gebotenem Verwalterhandeln,

631 OLG Hamburg, Beschl. v. 19.10.2005 – 2 Va 2/05, NJW 2005, 451 (452).
632 OLG Hamburg, Beschl. v. 19.10.2005 – 2 Va 2/05, NJW 2005, 451 (452).
633 *Thole*, FS-Vallender, 678 (678); *Frind*, ZInsO 2012, 59 (63).
634 *Vallender*, in: Uhlenbruck-InsO, § 59 Rn. 17.
635 *Blümle*, in: Braun-InsO, § 59 Rn. 3; *Graeber*, in: MüKo-InsO, § 59 Rn. 6.

wie dem Bestreiten einer Forderung insbesondere eines nahen Angehörigen im Prüfungstermin oder eben der Geltendmachung eines Anfechtungsanspruchs, abzuhalten.[636] Dabei ist indes zu berücksichtigen, dass solche Anträge zugleich eine Anregung für das Gericht sein können, von Amts wegen das Vorliegen eines wichtigen Entlassungsgrundes zu prüfen und Ermittlungen anzustellen. Insoweit können einzelne Gläubiger nur Druck auf den Verwalter ausüben, wenn dem Verwalter aus einem anderen Grund die Entlassung droht, von dem der Gläubiger Kenntnis hat. Gerade diese Ausübung von Druck mit Entlassungsanträgen ist schließlich der Hintergrund dafür, dass einzelne Verfahrensbeteiligte keine Entlassungsanträge stellen können.[637]

4. Überkreuzbestellung im Gläubigerausschuss

Bereits zu Zeiten der KO wurde bei der Zusammensetzung eines Gläubigerausschusses das Problem der sogenannten Überkreuzbestellung erkannt. In dieser Konstellation erfolgt die Bestellung eines Verwalters als Gläubigerausschussmitglied in dem Verfahren eines Kollegen, der wiederum Gläubigerausschussmitglied in dem von ihm abzuwickelnden Verfahren ist. Mit dieser Überkreuzbestellung sind Interessenkollisionen geradezu zwangsläufig verbunden. Das Gericht hat derartige Konstellationen daher zu vermeiden. [638] Bleibt dieser Umstand allerdings unerkannt, und kommt es schließlich zu einer Überkreuzbestellung, besteht insbesondere die erhebliche Gefahr, dass die Insolvenzverwalter untereinander vereinbaren, bestimmte Anfechtungsansprüche nicht geltend zu machen.

5. Unterlassene Anfechtung in Sanierungssituationen

Gem. § 22 Abs. 1 Satz 2 Nr. 2 InsO hat der starke vorläufige Insolvenzverwalter ein Unternehmen, das der Schuldner betreibt, bis zur Entscheidung über die Eröffnung des Insolvenzverfahrens fortzuführen, soweit nicht das Insolvenzgericht einer Stilllegung zustimmt. Bei Bestellung eines schwachen vorläufigen Insolvenzverwalters bestimmt dagegen gem. § 22 Abs. 2 InsO das Gericht die Pflichten des vorläufigen Insolvenzverwalters. Entsprechend § 22 Abs. 1 Satz 2 Nr. 3 InsO kann das Gericht die Fortführung des Unternehmens zusammen mit einem allgemeinen Zustimmungsvorbehalt gem. § 21 Abs. 2 Satz 1 Nr. 2 Fall

636 *Zipperer*, in: Uhlenbruck-InsO, § 56 Rn. 65.
637 *Zipperer*, in: Uhlenbruck-InsO, § 56 Rn. 65.
638 *Weiß*, in: Nerlich/Römermann-InsO, § 67 Rn. 8.

2 InsO anordnen und den schwachen vorläufigen Verwalter ermächtigen, die im Rahmen der Betriebsfortführung notwendigen Geschäfte abzuschließen. Der schwache vorläufige Verwalter kann dann ebenfalls zu Lasten der späteren Insolvenzmasse Verpflichtungen eingehen und Massedarlehen zur Finanzierung der Betriebsfortführung aufnehmen.[639]

Besondere praktische Bedeutung haben Sanierungsdarlehen bei der Eigenverwaltung. Wenn das Gericht den Schuldner gem. § 270b Abs. 3 InsO ermächtigt, Masseverbindlichkeiten zu begründen, erlangt der Schuldner im Schutzschirmverfahren die Stellung eines starken vorläufigen Verwalters.[640] Hintergrund dieser Regelung ist, dass im Schutzschirmverfahren zur Steigerung der Sanierungschancen Lieferanten die Gewissheit verschafft werden soll, dass ihre Forderungen aus Lieferungen und Leistungen vorrangig befriedigt werden. Zudem soll die Möglichkeit der Begründung von Masseverbindlichkeiten dem Schuldner die Kreditaufnahme zur Insolvenzgeldvorfinanzierung ermöglichen.[641] Schließlich sind eine Fortführung des Geschäftsbetriebs und die erfolgreiche Durchführung einer Sanierung ohne den Zugang zu Geld- und Warenkrediten sowie anderen Vorleistungen in aller Regel von vornherein aussichtslos.[642]

Gesetzlich nicht geregelt ist hingegen, ob der Schuldner auch im eröffneten Eigenverwaltungsverfahren Masseverbindlichkeiten begründen kann. Gem. § 270 Abs. 1 Satz 2 InsO gelten für das Eigenverwaltungsverfahren die allgemeinen Vorschriften. Über die Verweisung könnte der Schuldner nach § 55 InsO zur Begründung von Masseverbindlichkeiten befugt sein, wenn es sich bei dieser Norm um eine allgemeine Vorschrift handelte. Das ist indes zu verneinen. Unter den Begriff der allgemeinen Vorschriften fallen zumindest keine Normen, die gerade auf das Regelinsolvenzverfahren zugeschnitten sind. Gerade um eine solche Vorschrift handelt es sich aber bei § 55 InsO. Schließlich geht es bei § 55 InsO um Handlungen des Insolvenzverwalters. In der Eigenverwaltung wird kein Insolvenzverwalter bestellt und der Schuldner kann auch nicht mit dem Insolvenzverwalter gleichgesetzt werden. Der Aufgabenkreis des Insolvenzverwalters im Regelverfahren unterscheidet sich in einigen Punkten maßgeblich von den Aufgaben des Schuldners im Eigenverwaltungsverfahren, insbesondere, weil eine

639 *Ganter*, ZIP 2013, 597 (597).

640 *Ganter*, ZIP 2013, 597 (598); *Vallender*, GmbHR 2012, 445 (447 f.); *Zipperer*, in: Uhlenbruck-InsO, § 270b Rn. 68.

641 *Zipperer*, in: Uhlenbruck-InsO, § 270b Rn. 68; *Kern*, in: MüKo-InsO, § 270b Rn. 106.

642 BGH, Urt. v. 22.11.2018 – IX ZR 167/16, NJW 2019, 224 (225) Rn. 9; Begr. zum GesE der BReg., BT-Drs. 17/5712, S. 2, 39.

Aufgabenverteilung zwischen eigenverwaltendem Schuldner und Sachwalter erfolgt.[643] Allerdings ist § 55 InsO analog auf den eigenverwaltenden Schuldner anzuwenden. In systematischer Hinsicht spricht für eine analoge Anwendung, dass § 277 Abs. 1 Satz 3 InsO die entsprechende Anwendung von § 61 InsO anordnet, wenn der Sachwalter der Begründung von Masseverbindlichkeiten zustimmt. Dieser Verweisung ist immanent, dass § 277 Abs. 1 Satz 3 InsO von der Kompetenz des Schuldners zur Begründung von Masseverbindlichkeiten ausgeht. In teleologischer Hinsicht spricht für die analoge Anwendung des § 55 InsO auf den eigenverwaltenden Schuldner, dass eine Betriebsfortführung ohne die Befugnis des Schuldners zur Begründung von Masseverbindlichkeiten kaum möglich ist.[644] Schließlich sind Lieferanten, Kreditgeber etc. im Allgemeinen kaum zur Erbringung von Leistungen bereit, wenn ihre Gegenleistungen nur den Rang von Insolvenzforderungen einnehmen werden. Da die Eigenverwaltung aber gerade auf die Fortführung des Schuldnerunternehmens ausgerichtet ist, muss dem Schuldner die Begründung von Masseverbindlichkeiten im eröffneten Verfahren genauso möglich sein wie im Schutzschirmverfahren. Andernfalls wäre der Schuldner weitgehend vom Rechtsverkehr abgeschnitten.[645] Erforderlich ist jedoch stets eine Ermächtigung durch das Insolvenzgericht auf Grundlage von § 270 Abs. 1 Satz 2 i. V. m. § 21 Abs. 1 Satz 1 InsO. Die gerichtliche Ermächtigung kann einzelne, zumindest der Art nach bestimmt bezeichnete Verpflichtungen zulasten der späteren Masse zum Gegenstand haben.[646] Insbesondere kann der Schuldner daher Masseverbindlichkeiten zur Aufnahme von Sanierungsdarlehen begründen.

Im eröffneten Eigenverwaltungsverfahren ist der Schuldner auch zur Begründung neuer Verbindlichkeiten befugt, wobei die Mitwirkungsbefugnisse des

643 *König*, Die Haftung bei der Eigenverwaltung, S. 11 f.

644 Vgl. BGH, Urt. v. 22.11.2018 – IX ZR 167/16, NJW 2019, 224 (225) Rn. 9; Begr. zum GesE der BReg., BT-Drs. 17/5712, S. 2, 39.

645 *König*, Die Haftung bei der Eigenverwaltung, S. 12; allerdings insbesondere bis zur Entscheidung des BGH äußerst streitig; vgl. ausf. m. w. N. *Klinck*, ZIP 2013, 853 (853 ff.); *Hefermehl*, in: MüKo-InsO, § 55 Rn. 233b.

646 BGH, Urt. v. 22.11.2018 – IX ZR 167/16, NJW 2019, 224 (226) Rn. 16 f.; ob auch eine globale Ermächtigung zulässig ist, die nicht auf bestimmte Geschäfte beschränkt ist und wie bei einem starken vorläufigen Verwalter zur Begründung von Masseverbindlichkeiten nach Maßgabe des § 55 Abs. 2 InsO führt, hat der BGH allerdings offen gelassen.

Sachwalters und des Gläubigerausschusses nach den §§ 274, 275 InsO beziehungsweise § 276 InsO zu berücksichtigen sind.[647]

a) Personengebundene Massedarlehen

Eine Betriebsfortführung und eine Sanierung eines Unternehmens können nur gelingen, wenn ausreichend Liquidität vorhanden ist. Daran mangelt es in der künftigen Insolvenzmasse indes in der Regel. Neue Liquidität kann daher meist nur über Darlehen aufgenommen werden. Sofern nicht Gesellschafter des Schuldners ausreichend neue Finanzmittel für die Sanierung zur Verfügung stellen, können Sanierungen meist nicht ohne die Mitwirkung von Kreditinstituten gelingen.[648] Sanierungsdarlehen meint in diesem Zusammenhang die darlehensweise Überlassung von Finanzmitteln durch Banken oder andere Kreditgeber an sanierungsbedürftige Unternehmen zur Abwendung der Insolvenz oder zur Beseitigung eines Insolvenzgrundes, verbunden mit der Wiederherstellung der wirtschaftlichen Leistungsfähigkeit des Unternehmens.[649] Aufgrund der Krise des Unternehmens können Sanierungsdarlehen aber nicht ohne weiteres aufgenommen werden. Darlehensgeber werden einem Unternehmen nur unter der Voraussetzung ein Darlehen für eine angestrebte Sanierung zur Verfügung stellen, dass sie erwarten, dass die Sanierung gelingt und das Darlehen sowie gegebenenfalls weitere vorinsolvenzlich begründete offene Forderungen auch zurückgezahlt werden können. Insofern müssen die Kreditinstitute die Ausfallrisiken im Falle einer trotz der angestrebten Sanierung eintretenden Insolvenz gegen die Geschäftserwartungen im Falle einer erfolgreichen Sanierung abwägen.[650] Die Rückzahlung des Darlehens ist insbesondere aufgrund deren Anfechtbarkeit und möglicher zivilrechtlicher Haftungsansprüche im Falle des Scheiterns der Sanierung und der folgenden Eröffnung eines Insolvenzverfahrens mit hohen Risiken belastet, und das Darlehen kann daneben zur Sanierung nicht ausreichend sein, so dass Sanierungsdarlehen insgesamt mit hohen Risiken seitens des Darlehensgebers belastet sind.[651]

---

647 Ausf. *König*, Die Haftung bei der Eigenverwaltung, S. 19.

648 *Urlaub/Kamp*, ZIP 2014, 1465 (1465); *Huber*, NZI 2015, 447 (449).

649 *Häuser*, in: Schimansky/Bunte/Lwowski, § 85 Rn. 8; *Urlaub/Kamp*, ZIP 2014, 1465 (1467).

650 *Häuser*, in: Schimansky/Bunte/Lwowski, § 85 Rn. 5.

651 Ausf. zu Risiken eines Sanierungsdarlehens *Häuser*, in: Schimansky/Bunte/Lwowski, § 85 Rn. 14 ff.; *Urlaub/Kamp*, ZIP 2014, 1465 (1465 ff.); *Huber*, NZI 2015, 447 (449 ff.).

Darlehensgeber versuchen aufgrund dieser besonderen Risikostruktur häufig, die Rückzahlungsansprüche durch Sicherheiten und im Rahmen der Kreditbedingungen ausgehandelte Einflussnahmemöglichkeiten auf die Sanierung abzusichern. Die Grenzen zulässiger Einflussnahme auf die Sanierung werden dabei jedoch nicht immer eingehalten.[652] Vor diesem Hintergrund haben Darlehensgeber häufig auch ein gesteigertes Interesse an der Person des (vorläufigen) Insolvenzverwalters oder (vorläufigen) Sachwalters. Schließlich ist der Erfolg einer Sanierung bei einem vertrauenswürdigen, erfahrenen und erfolgreichen Sanierer besser abzuschätzen.[653] Für Darlehensgeber kommt es in Sanierungssituationen insofern maßgeblich auf die Vertrauenswürdigkeit und Verlässlichkeit der handelnden Personen an. Das Vertrauen in den Schuldner ist aufgrund dessen (Mit-)Verursachung der Krise meist gering, so dass neben den Sanierungsberatern und Sanierungsgeschäftsführern der Person des (vorläufigen) Verwalters oder des (vorläufigen) Sachwalters eine entscheidende Rolle im Hinblick auf die Erfolgswahrscheinlichkeit des Sanierungskonzeptes zukommt.[654] Diese Konstellation hat in der Praxis dazu geführt, dass Darlehensgeber die Gewährung von Sanierungsdarlehen häufig davon abhängig gemacht haben, dass eine bestimmte Person als (vorläufiger) Insolvenzverwalter oder (vorläufiger) Sachwalter bestellt wird (sogenannte personengebundene Massedarlehen).[655] Der Darlehensvertrag sieht dann eine sogenannte Change-of-Control Klausel vor, nach der der Darlehensgeber bei einem Wechsel des (vorläufigen) Insolvenzverwalters oder (vorläufigen) Sachwalters das Darlehen kündigen kann.[656]

aa) Zulässigkeit

Die Zulässigkeit personengebundener Massedarlehen ist vor dem Hintergrund möglicher Interessenkollisionen zwischen den Interessen der Gläubigergemeinschaft und den (potentiellen) Sonderinteressen des Darlehensgebers streitig.

---

652 Zur daraus ggf. folgenden Sittenwidrigkeit nach § 138 BGB s. *Urlaub/Kamp*, ZIP 2014, 1465 (1468 ff.).

653 *Ganter*, ZIP 2013, 597 (598); *Seidl*, ZInsO 2012, 2285 (2288).

654 *Huber*, NZI 2014, 439 (445); *Fölsing*, ZInsO 2012, 2272 (2275).

655 AG Stendal, Beschl. v. 01.10.2012 – 7 IN 164/12, ZIP 2012, 2030 (2031); s. auch AG Stendal, Beschl. vom 31.08.2012 – 7 IN 164/12, ZIP 2012, 1875 (1876); *Seidl*, ZInsO 2012, 2285 (2287); *Ganter*, ZIP 2013, 597 (597); *Pape*, ZIP 2013, 2285 (2287); *Fölsing*, ZInsO 2012, 2272 (2274); *Huber*, NZI 2014, 439 (445); *Zipperer*, in: Uhlenbruck-InsO, § 270 Rn. 42; zur Rechtsnatur dieser Klausel als Rechtsbedingung, sonstige Kreditbedingung oder bloße Geschäftsgrundlage s. *Ganter*, ZIP 2013, 597 (598 f.).

656 *Seidl*, ZInsO 2012, 2285 (2287); *Zipperer*, in: Uhlenbruck-InsO, § 270 Rn. 42.

Auch wenn die personengebundenen Massedarlehen in der Praxis gängig sind, gibt es bislang nur sehr wenig Instanzrechtsprechung zur Zulässigkeit dieser Darlehensbedingungen.

bb) Zulässigkeit bei Unabhängigkeit

Teilweise wird angenommen, personengebundene Massedarlehen seien unter der Voraussetzung zulässig, dass sie nicht dazu dienen, einen dem Darlehensgeber genehmen, dadurch aber nicht mehr unabhängigen Verwalter zu bestellen.[657]

cc) Zulässigkeit bei offener Kommunizierung der Darlehensbedingungen

Andere Stimmen in der Literatur meinen, personengebundene Massedarlehen seien grundsätzlich zulässig, wenn der Darlehensgeber die Konditionen des Darlehens offen kommuniziert habe, denenzufolge der Darlehensgeber im Falle der Bestellung eines anderen vorläufigen Verwalters oder Sachwalters die Entscheidung zur Gewährung des Darlehens zurückziehen könne.[658]

dd) Zulässigkeit bei üblichen Darlehensbedingungen

Eine weitere Ansicht stellt darauf ab, ob das Sanierungsdarlehen mit den üblichen Darlehensbedingungen gewährt wurde. Nur Sonderbedingungen ließen Zweifel an der Unabhängigkeit zu. Allein die Bindung eines Sanierungsdarlehens an eine bestimmte Person könne nicht zu einer Besorgnis der Befangenheit oder gar zur Ungeeignetheit dieser Person führen.[659] Die richterliche Entscheidungskompetenz müsse in diesem Fall zurücktreten.[660]

ee) Unzulässigkeit

Dagegen hält die wohl überwiegende Ansicht personengebundene Massedarlehen für unzulässig.[661]

---

657 *Ganter*, ZIP 2013, 597 (600); ähnlich *Meller-Hannich*, KTS 2017, 309 (327).

658 *Haarmeyer*, ZInsO 2012, 2210 (2210 f.); *Seidl*, ZInsO 2012, 2285 (2287); in diese Richtung auch *Meyer-Löwy/Ströhmann*, ZIP 2012, 2432 (2434).

659 *Huber*, NZI 2014, 439 (445 f.); *Fölsing*, ZInsO 2012, 2272 (2275).

660 *Fölsing*, ZInsO 2012, 2272 (2275); vgl. *Haarmeyer*, ZInsO 2012, 2110 (2111).

661 AG Stendal, Beschl. v. 01.10.2012 – 7 IN 164/12, ZIP 2012, 2030 (2031); *Pape*, ZInsO 2013, 2129 (2132); *ders.*, ZIP 2013, 2285 (2287, 2290); *Ries*, in: K. Schmidt-InsO, § 60 Rn. 24; *Spliedt*, in: K. Schmidt/Uhlenbruck, Die GmbH in Krise, Sanierung und Insolvenz, Rn. 9.34; *Zipperer*, in: Uhlenbruck-InsO, § 270 Rn. 42; *Frind*, in: Hamburger Kommentar-InsO, § 56 Rn. 95; *Harbeck*, jurisPR-InsR 9/2013 Anm. 3.

b) Stellungnahme

Die ersten beiden Ansichten unterscheiden sich letztendlich kaum, da das Insolvenzgericht generell einen nicht unabhängigen Verwalter nicht bestellen darf. Dass die zweite Ansicht von dem Merkmal der Unabhängigkeit bei personengebundenen Massedarlehen verzichten möchte, ist nicht anzunehmen.

Das Insolvenzgericht müsste daher prüfen, ob der (vorläufige) Verwalter oder (vorläufige) Sachwalter aufgrund des personengebundenen Massedarlehens seine Unabhängigkeit verloren hat. Objektive Anhaltspunkte für eine fehlende Unabhängigkeit aufgrund des personengebundenen Massedarlehens dürften dem Gericht in aller Regel allerdings kaum erkennbar sein. Schließlich hat der von dem Darlehensgeber ins Auge gefassten Kandidat vor seiner Bestellung als (vorläufiger) Verwalter oder (vorläufiger) Sachwalter naturgemäß noch keine sachfremden Interessen verfolgt und von sich aus wird er seine fehlende Unabhängigkeit jedenfalls nicht ohne weiteres offenbaren. Schließlich bedeutete die Anzeige der Befangenheit regelmäßig, in dem Verfahren nicht bestellt werden zu können.

Auch die dritte Ansicht, die die Zulässigkeit an die Gewährung von Sonderbedingungen knüpfen will, vermag nicht zu überzeugen. Auf der einen Seite könnten die Gerichte so zwar von vornherein prüfen, ob dem Darlehensgeber schon durch die Darlehensbedingungen unzulässige Sondervorteile gewährt werden. Damit ist aber in Bezug auf die mögliche Befangenheit des (vorläufigen) Verwalters oder (vorläufigen) Sachwalters keine aussagefähige Entscheidung möglich. Die Wirksamkeit der Bedingungen von Sanierungsdarlehen ist stets nach allgemeinen zivilrechtlichen Maßstäben zu messen, insbesondere an dem von der Rechtsprechung entwickelten besonderen Regelungsregime zur Prüfung seiner Sittenwidrigkeit.[662] Rechtsfolge der Sittenwidrigkeit ist nach § 138 Abs. 1 BGB die Nichtigkeit des Rechtsgeschäfts.[663] Aus der Sittenwidrigkeit eines Rechtsgeschäfts kann aber nicht zwingend auf die Befangenheit eines (vorläufigen) Verwalters oder (vorläufigen) Sachwalters geschlossen werden. So kann der Verwalter aufgrund der besonderen Situation der Sanierung und des erhöhten Bedarfs an kurzfristiger Liquidität geneigt sein, ungünstigere Darlehensbedingungen in Kauf zu nehmen. Jedenfalls können in den Darlehensbedingungen enthaltene Sondervorteile für den Darlehensgeber allenfalls ein Indiz für eine fehlende Unabhängigkeit des Verwalters sein. Der Rückschluss auf die Unabhängigkeit beim Fehlen von Sondervorteilen in den Darlehensbedingungen kann

662 *Urlaub/Kamp*, ZIP 2014, 1465 (1468 ff.) m. w. N.
663 *Ellenberger*, in: Palandt-BGB, § 138 Rn. 19.

dagegen nicht gezogen werden. Schließlich können Sondervorteile nicht nur über die transparenten Darlehensbedingungen mit dem (vorläufigen) Verwalter oder (vorläufigen) Sachwalter vereinbart werden. Vielmehr kann der (vorläufige) Verwalter oder (vorläufige) Sachwalter dem Darlehensgeber in tatsächlicher Hinsicht Vorteile gewähren. Dazu zählt insbesondere die Zusicherung, im Falle einer gescheiterten Sanierung und der Eröffnung des Insolvenzverfahrens Haftungs- und Anfechtungsansprüche nicht geltend zu machen.[664]

Die Ansichten, die zumindest unter unterschiedlichen Voraussetzungen einer Zulässigkeit personengebundener Massedarlehen annehmen, können daher nicht überzeugen. Vielmehr sind personenbezogene Massedarlehen strikt abzulehnen. Die zunächst nachvollziehbare Interessenlage des Darlehensgebers aufgrund der besonderen Risikostruktur von Sanierungsdarlehen kann leicht zu Interessenkollisionen führen. Die Person des (vorläufigen) Insolvenzverwalters oder (vorläufigen) Sachwalters hat zwar zunächst nur ein legitimes berufsbedingtes Interesse daran, in den Verfahren als Verwalter bestellt zu werden. Durch die Bestellung des von dem Darlehensgeber gewünschten Kandidaten entsteht gleichwohl aber die Gefahr, dass dieser Kandidat sich vorrangig den Interessen jenes Darlehensgebers statt der Gläubigergemeinschaft verpflichtet fühlt.[665] Es entsteht mithin eine Interessenkollision, die leicht dazu führen kann, dass sich der (vorläufige) Sachwalter oder (vorläufige) Insolvenzverwalter nicht mehr allein am Verfahrensziel der bestmöglichen Gläubigerbefriedigung orientiert, sondern sein Interesse an der Bestellung als Verwalter oder Sachwalter über ein personengebundenes Massedarlehen überbewertet und deshalb den Darlehensgeber bevorteilt.

Der Darlehensgeber kann verschiedene verfahrensfremde Ziele verfolgen, insbesondere sachwidrige wirtschaftliche Eigeninteressen. So kann der Darlehensgeber ein erhebliches Interesse daran haben, dass Anfechtungsansprüche nicht ermittelt beziehungsweise nicht durchgesetzt werden. In dieser Situation konfligierender Interessen kann ein Verwalter geneigt sein, um von Darlehensgebern in Sanierungssituationen über personengebundene Massedarlehen möglichst häufig als Verwalter eingesetzt zu werden, auf eine Anfechtung gegenüber dem Darlehensgeber ganz oder teilweise zu verzichten.[666]

---

664 *Harbeck*, jurisPR-InsR 9/2013 Anm. 3.

665 *Pape*, ZIP 2013, 2285 (2287); *Ganter*, ZIP 2013, 597 (598).

666 *Ganter*, ZIP 2013, 597 (598); *Pape*, ZInsO 2013, 2129 (2132); *Harbeck*, jurisPR-InsR 9/2013 Anm. 3.

Das Insolvenzgericht wiederum steht bei personengebundenen Massedarlehen vor dem Problem, entweder den von dem Darlehensgeber gewünschten Kandidaten zu bestellen, so dass das Sanierungsdarlehen ausgezahlt wird und die zur Verfügung gestellte Liquidität eine Sanierung ermöglichen kann, oder den Verwalter nicht zu bestellen, damit aber auch die Sanierungsmöglichkeit durch das dann nicht ausgezahlte Sanierungsdarlehen zu vereiteln.[667] Darlehensgeber von Sanierungsdarlehen können das Insolvenzgericht entsprechend unter Druck setzen und versuchen, Einfluss auf die Auswahlentscheidung zu nehmen.[668]

Zum einen wird die gem. § 56 InsO grundsätzlich erforderliche Unabhängigkeit des Verwalters mit dieser Bindung missachtet. Zum anderen stellt diese Bindung einen unzulässigen Eingriff in die Entscheidungskompetenz des Gerichts dar.[669] Nur durch die Wahrung der Entscheidungskompetenz des Gerichts kann das Gebot der Rechtsstaatlichkeit eines Insolvenzverfahrens und die Wahrung der richterlichen Unabhängigkeit (Art. 97 GG) gewährleistet werden, was mit personengebundenen Massedarlehen unvereinbar ist. Betriebsfortführungen dürfen nicht über Druckausübung von Darlehensgebern gegenüber dem Insolvenzgericht behindert werden. Durch die personengebundenen Massedarlehen ist die Möglichkeit zur Beeinflussung der Auswahlentscheidung des Gerichts zu groß und die Unabhängigkeit des Verwalters zu stark gefährdet.[670] Das Insolvenzgericht darf nicht vor das Dilemma gestellt werden, das Sanierungsdarlehen nur unter der Bedingung eines abhängigen Verwalters dem Schuldner ermöglichen zu können.[671]

Die Gerichte sind gesetzlich durch § 56 InsO verpflichtet, einen von Gläubigern unabhängigen Verwalter zu bestellen. Auch wenn das Sanierungsdarlehen eine Sanierung des Schuldnerunternehmens unter Umständen ermöglichen kann, stellt die Bestellung eines abhängigen vorläufigen Verwalters oder Sachwalters einen Verstoß des Gerichts gegen diese Pflicht dar. Gerade bei der Bestellung des vorläufigen Verwalters oder Sachwalters herrscht regelmäßig enormer Zeitdruck.[672] Anders als bei der Bestellung des endgültigen Verwalters oder

667 *Ganter*, ZIP 2013, 597 (600).

668 Vgl. *Pape*, ZIP 2013, 2285 (2287).

669 AG Stendal, Beschl. v. 01.10.2012 – 7 IN 164/12, ZIP 2012, 2030 (2031); *Pape*, ZInsO 2013, 2129 (2132).

670 *Pape*, ZInsO 2013, 2129 (2132); vgl. *Ganter*, ZIP 2013, 597 (600).

671 Vgl. *Ganter*, ZIP 2013, 597 (600).

672 *Frind*, ZInsO 2014, 119 (121).

Sachwalters kann das Gericht auch nicht auf bereits gesammelte Erfahrungen mit dem vorläufigen Verwalter oder Sachwalter zurückgreifen.[673]

Genauso können Darlehensgeber Einfluss auf den Verwalter oder Sachwalter ausüben, indem eine Bestellung schon im Voraus von der Voraussetzung abhängig gemacht wird, dass etwa Anfechtungsansprüche nicht ermittelt werden. Über eine Einflussnahme auf das Gericht und den Verwalter können Darlehensgeber daher über die gewollte Gläubigerautonomie hinaus in hohem Maße auf das an sich neben der Gläubigerautonomie allein staatlich gelenkte und überwachte Gesamtvollstreckungsverfahren nehmen. Personengebundene Massedarlehen sind daher problematisch, insbesondere, wenn der Darlehensgeber in großem Umfang als Insolvenzgläubiger beteiligt ist. Je höher die potentiellen Anfechtungsansprüche des späteren Verwalters oder Sachwalters sind, desto größer ist das Interesse der Bank, einen Verwalter oder Sachwalter einzusetzen, der auf eine Anfechtung verzichtet. Die Gefahr, dass Insolvenzverwalter als Gegenleistung für ihre Bestellung durch das personengebundene Massedarlehen auf die Geltendmachung von Insolvenzanfechtungsansprüchen verzichten, ist gerade aufgrund der stark zunehmenden Konkurrenz unter Insolvenzverwaltern besonders groß. Dieses Interesse von Verwaltern kann durch eine zumindest in der Vergangenheit anscheinend geübte Praxis der Insolvenzgerichte, in Verfahren, in denen eine Sanierung angestrebt wird, nur Verwalter, die einen Massekredit „mitbringen“ konnten, zu bestellen, noch gesteigert werden; eine Praxis, die geradezu zwangsläufig zu Interessenkollisionen von Verwaltern führt.[674]

Letztendlich können personengebundene Massedarlehen zudem Zweifel an der Eignung des (vorläufigen) Verwalters oder (vorläufigen) Sachwalters begründen. Schließlich unterläuft der vorläufige Sachwalter durch sein Einverständnis mit solchen Bindungsklauseln die richterliche Bestellungskompetenz.[675] In den seltensten Fällen wird zudem die Bonität des Schuldners von einer einzigen als Sachwalter in Betracht kommenden Person abhängen.[676] Zu beachten ist schließlich auch, dass sich die Sanierungsgeschäftsführer nach § 43 Abs. 1 GmbHG und der zustimmende Sachwalter nach § 60 InsO bei der Vereinbarung

673 Vgl. *Ganter*, ZIP 2013, 597 (600).

674 *Ganter*, ZIP 2013, 597 (598); vgl. *Seidl*, ZInsO 2012, 2285 (2287); *von Leoprechting*, in: v. Leoprechting/Ziechmann, Entscheidungsprozesse im Insolvenzverfahren, S. 45.

675 *Spliedt*, in: K. Schmidt/Uhlenbruck, Die GmbH in Krise, Sanierung und Insolvenz, Rn. 9.34; *Frind*, DB 2014, 165 (170); *Pape*, ZInsO 2013, 2129 (2132).

676 *Spliedt*, in: K. Schmidt/Uhlenbruck, Die GmbH in Krise, Sanierung und Insolvenz, Rn. 9.34.

einer vorzeitigen Kündbarkeit des Sanierungsdarlehens Haftungsgefahren aussetzen, wenn die Liquidität für eine vorgezogene Tilgung nicht vorhanden ist.[677] Betroffenen Insolvenzverwaltern und Sachwaltern ist insoweit die Unabhängigkeit abzusprechen.[678] Kreditinstitute haben stattdessen die Möglichkeit, die Erfolgsaussichten des Sanierungsvorhabens vor der Vergabe eines Sanierungsdarlehens durch einen branchenkundigen Wirtschaftsfachmann eingehend und objektiv prüfen zu lassen.[679]

Aus den gleichen Gründen darf auch die Einzahlung des Vorschusses gem. § 26 Abs. 1 Satz 2 InsO zur Verhinderung der Abweisung mangels Masse nicht mit Zweckbestimmungen versehen werden.[680] In ähnlicher Weise können Darlehensgeber im vorläufigen Gläubigerausschuss versuchen, die anderen Ausschussmitglieder mittels personengebundener Massedarlehen über das Vorschlagsrecht des Ausschusses zu einem bestimmten Kandidaten zu zwingen. Auch hier kann der Verwalter oder Sachwalter leicht in gravierende Interessenkollisionen geraten.

Unabhängig von der Zulässigkeit derartiger Vertragsgestaltungen haben oder hatten zumindest in der Vergangenheit Darlehensgeber die Möglichkeit, gezielt auf die Auswahlentscheidung des Gerichts Einfluss zu nehmen, und konnten so einen Verwalter bestellen lassen, der ihre Interessen am besten wahrt. Die Gefahr, dass Insolvenzverwalter in diesen Konstellationen die Interessen des Darlehensgebers überbewerten und auf eine Anfechtung verzichten, ist groß. Wurden personengebundene Massedarlehen bei einem Sanierungsversuch gewährt und ist die Sanierung gescheitert, so dass das Insolvenzverfahren eröffnet wurde, sollten die Verfahrensbeteiligten genau prüfen, ob der Insolvenzverwalter Anfechtungsansprüche gegen den Darlehensgeber geltend macht hat und gegebenenfalls in der Gläubigerversammlung die Einsetzung eines Sonderinsolvenzverwalters anregen, damit dieser Ansprüche nach § 60 InsO gegen den Insolvenzverwalter

677 *Ganter*, ZIP 2013, 597 (600 ff.); *Spliedt*, in: K. Schmidt/Uhlenbruck, Die GmbH in Krise, Sanierung und Insolvenz, Rn. 9.34.

678 *Pape*, ZIP 2013, 2285 (2287, 2290).

679 *Urlaub/Kamp*, ZIP 2014, 1465 (1268 f.); von einem schlüssigen Sanierungskonzept hängt auch die spätere Anfechtbarkeit etwaiger Darlehensrückzahlungen ab, BGH, Urt. v. 12.5.2016 – IX ZR 65/14, BGHZ 210, 249 (253 f.) Rn. 14 ff.; BGH, Urt. v. 14.06.2018 – IX ZR 22/15, NZI 2018, 840 (840 f.) Rn. 9 ff.; s. dazu *Hölken*, jurisPR-InsR 20/2018 Anm. 1.

680 BGH, Beschl. v. 05.08.2002 – IX ZB 51/02, NZI 2002, 601 (602); *Pape*, in: Kübler/Prütting/Bork-InsO, § 26 Rn. 21; *Keller*, in: K. Schmidt-InsO, § 26 Rn. 39.

beziehungsweise Sachwalter prüfen und etwaiges strafrechtlich relevantes Verhalten anzeigen kann.

6. *Anfechtung von Geldstrafen und Bußgeldern*

Ein weiteres Motiv für ein Unterlassen der Anfechtung kann darin bestehen, in anfechtbarer Weise vor Verfahrenseröffnung vom Schuldner gezahlte Geldstrafen oder Bußgelder nicht anzufechten. Schließlich führt die Anfechtung dieser Zahlungen zu einem Wiederaufleben der Zahlungspflicht, und damit bei in Insolvenzverfahren naturgemäß fehlenden finanziellen Mitteln des Schuldners gegebenenfalls zur Anordnung der Ersatzfreiheitsstrafe oder der Erzwingungshaft. Will der Insolvenzverwalter den Schuldner vor dieser zusätzlichen Last bewahren, kann es aus menschlichen Gründen nachvollziehbar sein, auf die Anfechtung zu verzichten. In rechtlicher Hinsicht ist dies indes problematisch.

a) Anfechtbarkeit

Gem. § 39 Abs. 1 Nr. 3 InsO sind Geldstrafen nachrangige Insolvenzforderungen, und damit nach § 174 Abs. 3 Satz 1 InsO regelmäßig nicht zur Tabelle anzumelden. Zudem kann die Haftung des Schuldners für eine Geldstrafe aufgrund des Strafcharakters weder in einem Insolvenzplan ausgeschlossen oder eingeschränkt werden (§ 225 Abs. 3 InsO), noch werden Geldstrafen von der Erteilung einer Restschuldbefreiung berührt (§ 302 Nr. 2 InsO), weil Geldstrafen nicht der Disposition der Gläubiger unterliegen und der Schuldner sich durch das Insolvenzverfahren der Strafe nicht entziehen können soll.[681] In Insolvenzverfahren werden daher Geldstrafen nicht bei der Schlussverteilung berücksichtigt, so dass der Schuldner regelmäßig selbst nach Beendigung des Insolvenzverfahrens weiterhin zur Zahlung der Geldstrafe verpflichtet ist und ihn die allgemeinen Folgen der Nichtzahlung treffen. Regelmäßig treffen den Verurteilten die Folgen der Nichtzahlung aber bereits im eröffneten Verfahren. Gemeinsames Kennzeichen sowohl vieler Straftaten als auch der Insolvenz sind mangelnde Finanzmittel, so dass es zwischen beiden Rechtsgebieten nicht selten zu Überschneidungen kommt. In der Insolvenz einer natürlichen Person kommt es regelmäßig dazu, dass sich die Staatsanwaltschaften und Insolvenzverwalter um die wenigen verbliebenen Mittel streiten.

Aufgrund des Übergangs der Verwaltungs- und Verfügungsbefugnis auf den Insolvenzverwalter (§ 80 InsO) kann der Schuldner die Geldstrafe im eröffneten

681 BGH, Urt. v. 14.10.2010 – IX ZR 16/10, NZI 2011, 189 (189) Rn. 6.

Insolvenzverfahren nicht mehr bezahlen. Dazu ist nur noch der Insolvenzverwalter in der Lage, aber nicht mehr berechtigt, es kommt vielmehr eine Strafbarkeit des Verwalters nach § 283c StGB in Betracht, wenn der Verwalter dennoch Zahlungen auf eine Geldstrafenforderung leistet. Insoweit hat der Schuldner einen besonders hohen Anreiz, vor Verfahrenseröffnung mit den letzten ihm verbliebenen Mitteln zumindest die Geldstrafe zu bezahlen, um den negativen Folgen der Nichtzahlung entgehen zu können. Selbst wenn dem Schuldner die Zahlung gelingt, ist der Schuldner aber nicht vor einer erneuten Pflicht zur Leistung der Strafe sicher. Vielmehr kann der Verwalter verpflichtet sein, die Zahlung nach den insolvenzanfechtungsrechtlichen Normen rückabzuwickeln. So sind auch Zahlungen, die vom Schuldner auf eine Geldstrafe geleistet wurden, grundsätzlich nach den §§ 129 ff. InsO anfechtbar. Als staatlich auferlegtes Übel soll die Strafe den Verurteilten selbst treffen. Könnte der Schuldner eine Geldstrafe im Anfechtungszeitraum anfechtungsfest bezahlen, würde dieser Betrag der Masse entzogen. Anstelle des Schuldners, den die Geldstrafe treffen soll, würde dadurch die Gläubigergesamtheit zugunsten des Schuldners und der Staatskasse benachteiligt. Letztlich würde die Gläubigergesamtheit und nicht der Verurteilte dann die Straffolgen tragen müssen.[682] Das Gleiche gilt für eine Zahlung des Schuldners zur Verfahrenseinstellung nach § 153a StPO, für Bewährungsauflagen nach § 56b Abs. 2 Satz 1 Nr. 2 StGB oder § 59a Abs. 2 Satz 1 Nr. 3 StGB sowie für Geldzahlungen aufgrund einer Verständigung nach § 257c StPO, so dass auch zur Tilgung dieser Forderungen vom Schuldner vor Verfahrenseröffnung geleistete Zahlungen grundsätzlich nach Verfahrenseröffnung vom Verwalter angefochten werden müssen.[683] Das bezieht sich freilich nur auf Zahlungen aus dem vom Pfändungsbeschlag erfassten Vermögen. Zahlungen aus dem insolvenzfreien Vermögen stellen keine Gläubigerbenachteiligung dar,

682 BGH, Urt. v. 14.10.2010 – IX ZR 16/10, NZI 2011, 189 (189) Rn. 6; LG Göttingen, Beschl. v. 19.1.2016 – 5 QS 3/15, NZI 2016, 554 (554); *Bittmann*, wistra 2009, 15 (15 f.); i. E. mit abweichender Begründung zust. *Köllner/Mück*, NZI 2016, 768 (768 f.); *Rinjes*, wistra 2008, 336 (337 f.), der allerdings annimmt, dass die wegen Insolvenz des Verurteilten angefochtene Zahlung einer Geldstrafe auch bei erfolgreicher Insolvenzanfechtung an der Tilgungswirkung der Zahlung nichts ändert.

683 BGH, Urt. v. 05.06.2008 – IX ZR 17/07, NJW 2008, 2506 (2506 ff.) R. 9 ff.; zustimmend *Bittmann*, wistra 2011, 133 (133); *K. Schmidt*, FS-Samson, 161 (178); ablehnend *Eggers/Reuker*, wistra 2011, 413 ff.: anderenfalls könnte sich ein Beschuldigter nicht mehr auf den Strafklageverbrauch verlassen.

weil die Gläubiger zu keinem Zeitpunkt Zugriff auf das insolvenzfreie Vermögen haben.[684]

b) *Vollstreckung*

Die Insolvenz des Verurteilten ist kein Vollstreckungshindernis für die ausgeurteilte Geldstrafe.[685] Die Geldstrafe muss daher in der Insolvenz des Schuldners in Raten aus dessen insolvenzfreiem Vermögen beglichen werden. Im Insolvenzverfahren sind regelmäßig Zahlungserleichterungen gem. § 459a StPO zwingend zu gewähren, da mit der Insolvenz die Voraussetzungen des § 42 Satz 1 StGB gegeben sind, und auch die Vollstreckungsbehörde nur das in § 42 StGB genannte Entschließungsermessen hat.[686] Unter Umständen kann die Geldstrafe auch durch die Ableistung gemeinnütziger Arbeit getilgt werden (Art. 293 EGStGB i. V. m. den entsprechenden landesrechtlichen Bestimmungen, z. B. der Schleswig-Holsteinischen Landesverordnung über die Abwendung der Vollstreckung von Ersatzfreiheitsstrafen durch freie Arbeit vom 12. Februar 1993).[687] Gem. § 459e StPO kann bei Uneinbringlichkeit der Geldstrafe die Staatsanwaltschaft oder der Rechtspfleger anordnen, dass die Geldstrafe als Ersatzfreiheitsstrafe zu vollstrecken ist. Die Anordnung der Ersatzfreiheitsstrafe setzt nach § 43 Satz 1 StGB i.V. m. § 459e Abs. 2 StPO voraus, dass die Geldstrafe nicht eingebracht werden kann oder die Vollstreckung gem. § 459c Abs. 2 StPO unterbleibt, weil sie in absehbarer Zeit keinen Erfolg verspricht. Von der Uneinbringlichkeit der Geldstrafe ist nach allgemeiner Ansicht spätestens ab dem Zeitpunkt der Eröffnung des Insolvenzverfahrens auszugehen.[688] Uneinbringlichkeit in diesem Sinne tritt daher auch ein, wenn der Insolvenzverwalter eine Zahlung angefochten hat und die Zahlung an die Masse zurückgewährt wurde. Dann lebt Geldstrafenforderung nach §§ 143, 144 InsO wieder auf. Die Geldstrafe kann anschließend von der Staatsanwaltschaft als Vollstreckungsbehörde (§ 451 StPO) vollstreckt werden. Für die Vollstreckung von Geldstrafen verweist § 459 StPO auf die Regelungen des Justizbeitreibungsgesetzes, soweit die StPO nichts anderes bestimmt. Die Geldstrafe ist aus dem pfändungsfreien Vermögen des Schuldners zu zahlen. Dabei hat die Vollstreckungsbehörde auf Antrag des Verurteilten

---

684 *Rinjes*, wistra 2008, 336 (337); *Lorenz/Roth*, PStR 2011, 129; vgl. BGH, Urt. v. 14.10.2010 – IX ZR 16/10, NZI 2011, 189 (190) Rn. 8.

685 BVerfG, Beschl. v. 24.08.2006 – 2 BvR 1552/06, NJW 2006, 3626 (3626 ff.).

686 *Appl*, in: Karlsruher Kommentar-StPO, § 459a Rn. 3.

687 *Putzke*, in: MüKo-StPO, Art. 293 EGStGB Rn. 1 ff.

688 BVerfG, Beschl. v. 24.08.2006 – 2 BvR 1552/06, NJW 2006, 3626 (3627) m. w. N.

nach pflichtgemäßem Ermessen über Zahlungserleichterungen zu entscheiden; gem. § 459a Abs. 1 StPO hat nach Eintritt der Rechtskraft nicht mehr das erkennende Gericht von Amts wegen zu prüfen, ob gem. § 42 StGB Zahlungserleichterungen zu bewilligen sind, sondern die Vollstreckungsbehörde.[689] Dabei kann die Vollstreckungsbehörde gem. § 459a Abs. 2 Satz 1 StPO eine Entscheidung über Zahlungserleichterungen nach § 459a Abs. 1 StPO oder nach § 42 StGB nachträglich ändern oder aufheben.[690]

Soweit der Schuldner die Geldstrafe nicht zahlen kann, wird die Geldstrafe uneinbringlich im Sinne des § 43 StGB. An die Stelle der Geldstrafe tritt dann Freiheitsstrafe, so dass die Staatsanwaltschaft gem. § 459e StPO zur Ladung zur Ersatzfreiheitsstrafe befugt ist.[691] In ähnlicher Weise kann gerade bei Straftaten im Zusammenhang mit der Insolvenz die Anfechtung von Zahlungen des Schuldners wirken, wenn im Strafverfahren die Absprache getroffen wurde, dass die zu erwartende Freiheitsstrafe zur Bewährung ausgesetzt wird, sofern der Schuldner binnen einer von dem Gericht bestimmten Frist einen bestimmten Betrag an das Finanzamt zahlt.[692] Auch in dieser Situation kann die Anfechtung dazu führen, dass der Schuldner trotz zunächst geleisteter Zahlung die Freiheitsstrafe antreten muss.

c) Geldbußen

Im Ordnungswidrigkeitenrecht erfolgt die Vollstreckung von Geldbußen nicht durch Anordnung der Ersatzfreiheitsstrafe, sondern durch eine von § 43 StGB qualitativ grundverschiedene Vollstreckung durch Erzwingungshaft.[693] Anders als die Ersatzfreiheitsstrafe tritt die Erzwingungshaft als Beugehaft nicht an die Stelle der an sich zu zahlenden Geldstrafe, sondern dient allein der Beitreibung der Geldbuße. Die Erzwingungshaft setzt daher einen Zahlungsunwilligen und gerade keinen zahlungsunfähigen Betroffenen voraus.[694] Diese gesetzliche Fiktion des zahlungsfähigen, aber zahlungsunwilligen Schuldners gilt aber nur unter der Voraussetzung, dass dem Gericht keine Umstände bekannt

---

689 *Kinzig*, in: Schönke/Schröder-StGB, § 42 Rn. 9; *Radtke*, in: MüKo-StGB, § 42 Rn. 27.

690 *Radtke*, in: MüKo-StGB, § 42 Rn. 27.

691 BGH, Urt. v. 14.10.2010 – IX ZR 16/10, NZI 2011, 189 (189) Rn. 7; LG Göttingen, Beschl. v. 19.1.2016 – 5 QS 3/15, NZI 2016, 554 (554); *Cranshaw*, jurisPR-InsR 7/2016 Anm. 2.

692 Vgl. dazu BGH, Urt. v. 12.10.2017 – IX ZR 50/15, NJW 2018, 396 (397 f.) Rn. 14.

693 *K. Schmidt*, FS-Samson, 161 (167).

694 *K. Schmidt*, FS-Samson, 161 (168).

sind, welche die Zahlungsunfähigkeit des Schuldners ergeben (§ 96 Abs. 1 Nr. 4 OWiG). Zahlungsunfähigkeit wiederum ist aber gem. § 17 Abs. 1 InsO allgemeiner Eröffnungsgrund des Insolvenzverfahrens. Nach § 96 Abs. 1 OWiG ist daher erforderlich, dass der Betroffene seine Zahlungsunfähigkeit nicht dargetan hat (§ 66 Abs. 2 Nr. 2 Buchst. b OWiG). Genauso dürfen nach § 96 Abs. 1 Nr. 4 OWiG keine Umstände bekannt sein, welche seine Zahlungsunfähigkeit ergeben.

Bei der Anordnung der Erzwingungshaft gem. § 96 Abs. 1 OWiG etwa aufgrund der anfechtungsrechtlichen Rückgewähr einer Geldbuße ist allerdings in Instanzrechtsprechung und Literatur seit Längerem umstritten, ob die Eröffnung eines Insolvenzverfahrens die Zahlungsfähigkeit im Sinne des § 96 Abs. 1 Nr. 2 und 4 OWiG bedeutet und der Anordnung der Erzwingungshaft entgegensteht, wenn sich der Betroffene entweder auf die Eröffnung des Insolvenzverfahrens beruft (Nr. 2) oder die Insolvenzeröffnung dem Gericht aus anderen Gründen – insbesondere der Veröffentlichung auf Insolvenzbekanntmachungen.de – bekannt ist.[695] Nach zutreffender Ansicht ist die Anordnung der Erzwingungshaft nach § 96 Abs. 1 OWiG eine während des Insolvenzverfahrens unzulässige Maßnahme der Einzelzwangsvollstreckung im Sinne der § 89 Abs. 1, 294 Abs. 1 InsO.[696] Unter Zugrundelegung dieser Ansicht kann der Verwalter gezahlte Geldbußen anfechten, ohne dass dem Schuldner die Anordnung der Erzwingungshaft droht. Interessenkollisionen bestehen in diesem Fall nicht. In der Praxis kann aber aufgrund der uneinheitlichen Rechtsprechung nicht

---

695 S. bereits *Hölken*, jurisPR-InsR 24/2017 Anm. 5.

696 LG Bochum, Beschl. v. 04.12.2012 – 9 Qs 86/12, zitiert aus Rn. 7 ff.; LG Duisburg, Beschl. v. 05.07.2017 – 69 Qs 22/17, zitiert aus juris Rn. 7 ff.; LG Hechingen, Beschl. v. 24.05.2007 – 1 Qs 49/07 OWi, zitiert aus juris Rn. 5 ff.; AG Ahrensburg, Beschl. v. 09.02.2011 – 52 OWi E 471/10, zitiert aus juris Rn. 2 ff.; LG Berlin, Beschl. v. 19.01.2005 – 504 Qs 138/04, zitiert aus juris Rn. 5; LG Hannover, Beschl. v. 07.09.2009 – 48 Qs (OWi) 101/09, zitiert aus juris Rn. 9 f.; AG Pinneberg, Beschl. v. 11.07.2007 – 31 OWi 147/07, zitiert aus juris Rn. 4 ff.; LG Aurich, Beschl. v. 11.11.2010 – 12 Qs 167/10, zitiert aus juris Rn. 4 ff.; *Laroche*, VIA 2014, 17 (18); *Pauka*, NZI 2016, 653 (654); *Schlaeger*, JA 2005, 544 (545); *Petershagen*, ZInsO 2007, 703 (704 f.); a. A. LG Potsdam, Beschl. v. 12.01.2016 – 24 Qs 52/15, zitiert aus juris Rn. 7 ff.; LG Berlin, Beschl. v. 03.07.2006 – 505 Qs 54/06, zitiert aus juris Rn. 6 ff.; LG Potsdam, Beschl. v. 14.09.2006 – 21 Qs 108/06, zitiert aus juris Rn. 5 ff.; LG Deggendorf, Beschl. v. 28.03.2012 – 1 Qs (b) 62/12, zitiert aus juris Rn. 9 ff.; *Schuster*, NZV 2009, 538 (540); *Weyand*, ZInsO 2017, 307 (309); *Büttner*, VIA 2017, 86 (86); *Wieser*, DZWIR 2007, 72 (72 ff.); *Mitsch*, in: Karlsruher Kommentar-OWiG, § 96 Rn. 14; *Lampe*, jurisPR-StrafR 10/2016 Anm. 4.

mit Sicherheit prognostiziert werden, ob die Erzwingungshaft von dem jeweils zuständigen Gericht angeordnet wird. Kann der Verwalter nicht abschätzen, ob Erzwingungshaft nach erfolgreicher Anfechtung wird angeordnet werden, kann der Verwalter insoweit ein Interesse an dem Unterlassen der Anfechtung haben, wenngleich in rechtlicher Hinsicht auch in dieser Konstellation der Verwalter zweifellos zur Geltendmachung der Anfechtungsansprüche verpflichtet ist.

7. Anfechtung nachentrichteter Steuern, § 371 AO

Ein ähnlicher Konflikt entsteht, wenn der Insolvenzverwalter Zahlungen anfechten muss, mit denen der Schuldner vor Eröffnung des Insolvenzverfahrens hinterzogene Steuern nachentrichtet hat. Gem. § 371 Abs. 3 AO setzt die Straffreiheit bei Steuerhinterziehungen unter anderem voraus, dass der Täter die aus der Tat zu seinen Gunsten hinterzogenen Steuern und bestimmte Zinsen innerhalb einer ihm bestimmten angemessenen Frist entrichtet.[697] Der staatliche Strafanspruch ist also auflösend bedingt durch die fristgerechte Nachzahlung der Steuer. Es kommt aufgrund einer wirksamen Selbstanzeige daher zunächst zu einem Schwebezustand.[698] Wenn dem Täter die Nachentrichtung der zu seinen Gunsten hinterzogenen Steuer wirtschaftlich nicht möglich ist, ist die Selbstanzeige insgesamt unwirksam.[699] Das gleiche gilt, wenn nachentrichtete Steuern im Wege der Anfechtung durch den Insolvenzverwalter an die Insolvenzmasse zurückgewährt werden müssen. Hat der Insolvenzverwalter die geleisteten Zahlungen wirksam angefochten, lebt die Pflicht zur Tilgung der hinterzogenen Steuern rückwirkend wieder auf, und der persönliche Strafaufhebungsgrund gilt als von Anfang an nicht erfüllt.[700] Die Straffreiheit aufgrund der Selbstanzeige entfällt damit rückwirkend durch die anfechtungsrechtliche Rückabwicklung der Nachentrichtung, so dass es der Insolvenzverwalter letztendlich in der Hand hat, ob die Straffreiheit für den Schuldner bestehen bleibt, oder durch die Anfechtung der Zahlungen entfällt. Dies ändert aber nichts an der Pflicht des Verwalters, die anfechtbar geleisteten Zahlungen uneingeschränkt nach den

697 Ausf. *Hadamitzky/Senge*, in: Erbs/Kohlhaas, Strafrechtliche Nebengesetze, § 371 AO Rn. 18 ff.; *Joecks*, in: Joecks/Jäger/Randt, Steuerstrafrecht, § 371 AO Rn. 140 ff.; ausf. zur strafbefreienden Selbstanzeige *Stark*, Die strafbefreiende Selbstanzeige gem. § 371 Abs. 1 AO im Rahmen von Mehrpersonenverhältnissen, passim.

698 BGH, Urt. v. 03.06.1954 – 3 StR 302/53, BGHSt 7, 336 (341).

699 *Jäger*, in: Klein, AO, § 371 Rn. 210; für die Masseunzulänglichkeit als Ersatz für die Zahlung *Piepenburg*, FS-Wessing, 367 (367 ff.).

700 *Lorenz/Roth*, PStR 2011, 129; a. A. *Hüls/Reichling*, wistra 2010, 327 (330).

§§ 129 ff. InsO rückabzuwickeln. Dem Schuldner die Straffreiheit erhalten zu wollen, ist kein rechtlich zulässiges Motiv, das die Benachteiligung der übrigen Insolvenzgläubiger zu rechtfertigen vermag.

8. *Legitime unterlassene Insolvenzanfechtung*

Auf der anderen Seite kann der Verwalter auch aus legitimen Gründen auf die Anfechtung verzichten. So kann der Verwalter etwa frei wählen, ob er Zahlungen nach den Vorschriften der §§ 129 ff. InsO anficht oder den Geschäftsführer aus § 64 Satz 1 GmbHG in Anspruch nimmt.[701] Die Inanspruchnahme des Geschäftsführers hat regelmäßig allerdings den Vorteil, dass der Verwalter die Gesamtsumme der geleisteten Zahlungen in einem einzigen Rechtsstreit gegen einen Prozessgegner einklagen kann, anstatt unter Umständen eine Vielzahl von Anfechtungsprozessen gegen verschiedene Zahlungsempfänger führen zu müssen.[702] Bei der Beurteilung der Pflichtwidrigkeit einer unterlassenen Geltendmachung von Insolvenzanfechtungsansprüchen sind daher stets auch die legitimen Alternativen zu berücksichtigen.[703]

III. Zwischenergebnis

An sich haben Insolvenzverwalter kraft ihres Amtes ein erhebliches Interesse an der Geltendmachung von Anfechtungsansprüchen. Zudem kann ein Unterlassen erhebliche tatsächliche und rechtliche Konsequenzen mit sich bringen. Insoweit kommt ein Unterlassen nur in Betracht, wenn die mit dem Unterlassen verbundenen Nachteile beziehungsweise Risiken weniger schwer wiegen als die für ein Unterlassen sprechenden Umstände. Ein Überwiegen der für ein Unterlassen sprechenden Umstände kann sich für den Verwalter ergeben, wenn er in eine Interessenkollision gerät, insbesondere, weil der Anfechtungsgegner bei

---

701 *Altmeppen*, in: Roth/Altmeppen, GmbHG, § 64 Rn. 24; *Arnold*, in: Henssler/Strohn, Gesellschaftsrecht, § 64 GmbHG Rn. 36; *Haas*, in: Baumbach/Hueck, GmbH-Gesetz, § 64 Rn. 109; vgl. *Poertzgen*, ZInsO 2018, 1357 (1357 f.); BGH, Urt. v. 04.07.2017 – II ZR 319/15, NZI 2017, 809 (811) Rn. 16.

702 Problematisch ist die Inanspruchnahme des Geschäftsführers, wenn der bei der Inanspruchnahme des Geschäftsführers auf diesen übergehende Anfechtungsanspruch bereits verjährt ist, vgl. *Poertzgen*, ZInsO 2018, 1357 (1357 ff.).

703 Teilweise scheidet eine Anfechtung auch aus, weil der vorläufige Verwalter im Eröffnungsverfahren (etwa, um weiter beliefert zu werden) Altverbindlichkeiten bedient und damit einen einer Anfechtung im eröffneten Verfahren entgegenstehenden Vertrauenstatbestand geschaffen hat, vgl. m. w. N. *Frind*, ZInsO 2019, 1292 (1292 ff.).

der Bestellung des Verwalters mitgewirkt hat, und der Verwalter im Gegenzug dessen Interessen bei der Anfechtung pflichtwidrig vor den Interessen der Gläubigergemeinschaft berücksichtigt und auf die Anfechtung insoweit verzichtet.

I. Schwierige Zeiten für Insolvenzverwalter

Die Auswahl und Bestellung des Insolvenzverwalters wurde schon zu Zeiten der KO als Schicksalsfrage des Konkurses angesehen.[704] Auch nach Inkrafttreten der InsO wird die Auswahl des Verwalters als Schicksalsfrage eines jeden Insolvenzverfahrens und eine der schwierigsten Verfahrensentscheidungen des Insolvenzgerichts beschrieben.[705]

I. Gestiegene Konkurrenz

Zu Zeiten der KO und der GesO zählte das Amt des Konkursverwalters zu den eher unbeliebten Tätigkeiten. Häufig war es für das Konkursgericht gar nicht einfach, überhaupt einen geeigneten Kandidaten zu finden.[706] Dies hat sich insbesondere aufgrund finanzieller Anreize durch die häufig beachtliche Vergütung des Verwalters indes spätestens ab Inkrafttreten der InsO grundlegend geändert. Mittlerweile ist der Markt stark umkämpft.

1. Rückläufige Verfahrenszahlen

Seit Längerem stetig rückläufige Verfahrenszahlen[707] bei gleichzeitiger Verringerung der Insolvenzmassen haben den Konkurrenzkampf unter Insolvenzverwaltern in den vergangenen Jahren zunehmend verschärft.[708] Der Verteilungskampf

---

704 *Ernst Jaeger* prägte den Satz „Die Auslese des Verwalters ist die Schicksalsfrage des Konkurses", vgl. *Gerhardt*, in: Jaeger-InsO, § 56 Rn. 37 Fn. 78; *Uhlenbruck*, KTS 1989, 229 (229); ders., NZI 2006, 489 (489); *Lissner*, BB 2014, 265 (265 ff.); *Kammel/Staps*, NZI 2010, 791 (791) jeweils m. w. N.

705 *Uhlenbruck*, KTS 1989, 229 (243); ders., NZI 2006, 489 (489); *Graeber*, NZI 2003, 569 (569); *Lissner*, BB 2014, 265 (265 ff.); *Kammel/Staps*, NZI 2010, 791 (791) jeweils m. w. N.

706 Vgl. *Uhlenbruck*, KTS 1998, 1 (6 f.).

707 *Ganter*, NZI 2018, 137 (137); *Frind*, ZInsO 2017, 363 (363); *Lissner*, InsbürO 2016, 100 (101); *Knospe*, ZInsO 2009, 2276 (2277).

708 *Weiß/Joannidis*, NWB 2019, 1608 (1608 f.); *Kruth*, DStR 2017, 669 (669); *Paulus*, NZI 2008, 705 (706); *Haarmeyer*, NZI 2007, 635 (635); vgl. bereits *Uhlenbruck*, KTS 1989, 229 (232).

ist dadurch härter geworden.[709] Seitdem der BGH zudem entschieden hat, dass die Ortsnähe genauso wie die persönliche Erreichbarkeit keine geeigneten Kriterien für die generelle Eignung eines Bewerbers zur Aufnahme in die Vorauswahlliste sind,[710] stehen Insolvenzverwalter auch zu auswärtigen Insolvenzverwaltern insbesondere von überörtlichen Großkanzleien in Konkurrenz.[711] *Haarmeyer*[712] weist zutreffend darauf hin, die schwierigen Zeiten für einen Insolvenzverwalter in einem sich wandelnden Markt mit zugleich stark rückläufigen Verfahrenszahlen mögen an der einen oder anderen Stelle verführerisch wirken, die vergütungsrechtlichen Möglichkeiten auszureizen oder gar zu überschreiten. Aus den gleichen Gründen kann ein Insolvenzverwalter (in finanziellen Schwierigkeiten) geneigt sein, auf die Insolvenzanfechtung zu verzichten, wenn er dadurch selbst finanzielle Vorteile erlangen kann oder erwartet, durch die unterlassene Geltendmachung der Anfechtungsansprüche insbesondere von Großgläubigern wie Banken oder Versicherungen im vorläufigen Gläubigerausschuss oder in der Gläubigerversammlung in anderen Verfahren vorgeschlagen beziehungsweise gewählt zu werden.[713] Gerade in finanziell angespannten Verhältnissen kann eine Anfechtung zudem zugunsten einer zeitnahen Umsatz- und Gewinnrealisierung vernachlässigt werden, wenn die Erforschung und Ermittlung der Anfechtungsansprüche mühsam und zeitaufwendig erscheint, insbesondere, wenn in anderen Verfahren eine höhere und einfacher zu realisierende Vergütung zu erwarten ist.[714] Dieser starke kommerzielle Druck vor allem bei Verwaltern, die noch nicht in der Verwalterszene etabliert sind und sich mit weniger lukrativen Verfahren begnügen müssen, kann einer vorrangig am Grundsatz der bestmöglichen Gläubigerbefriedigung ausgerichteten, differenzierten und evtl. arbeitsaufwendigen Verfahrensabwicklung leicht entgegenstehen.[715] Auch kann der Verwalter versuchen, durch einen Vorschlag der Gläubiger, denen er entgegenkommt, in Verfahren bestellt zu werden, in denen er ohne die Wahl aufgrund

709 *Zipperer*, ZInsO 2018, 2613 (2619); *Ganter*, NZI 2018, 137 (137).

710 BGH, Beschl. v. 17.03.2016 – IX AR (VZ) 2/15, NJW 2016, 2037 (2040 f.) Rn. 24 ff.; BGH, Beschl. v. 17.03.2016 – IX AR (VZ) 3/15, BeckRS 2016, 7799; BGH, Beschl. v. 17.03.2016 – IX AR (VZ) 4/15, BeckRS 2016, 7883.

711 *Zipperer*, ZInsO 2018, 2613 (2617).

712 *Haarmeyer*, ZInsO 2016, 1605 (1605); ähnlich *Lissner*, InsbürO 2016, 100 (101).

713 Vgl. negativen Erfahrungen mit korrupten Insolvenzverwaltern in Tschechien und in der Slowakei *Konecny*, NZI 2008, 416 (416 ff.).

714 *Hill*, ZInsO 2010, 847 (849).

715 *Hill*, ZInsO 2010, 847 (849).

einer fehlenden Eignung nicht bestellt worden wäre.[716] Zu berücksichtigen ist dabei auch, dass eine wiederholte Bestellung aufgrund der Wahl einzelner Gläubiger dem Verwalter ein nicht unerhebliches Einkommen verschafft.[717] Generell kann es immer Insolvenzverwalter geben, die aus gewinnträchtigen Gründen die Abwicklung in einer für sie besonders geeigneten Weise durchführen und dabei aufgrund ihres übermäßigen Gebühreninteresses Pflichtverletzungen begehen.[718]

2. *Geänderte Praxis der Verwalterbestellung*

Die gesteigerte Konkurrenz zwischen Insolvenzverwaltern ist jedenfalls im erheblichen Maße auch zurückzuführen auf die Rechtsprechung des BVerfG[719] zur Wahrung der Grundrechte der Verwalter bei Erstellung der Auswahllisten und der Bestellung des vorläufigen und des endgültigen Verwalters.[720] Zu Zeiten der closed shops entwickelte sich die Anzahl der Verwalter und ihre Auslastung in etwa parallel zu den Entwicklungen der Konkurs- und Insolvenzverfahren. Die Insolvenzrichter konnten über die Vorauswahllisten die Anzahl der Verwalter letztendlich mehr oder weniger steuern. Infolge der bundesverfassungsgerichtlichen Anforderungen an die Vorauswahllisten und die Bestellentscheidung hat sich die Zahl der bestellten Verwalter stark vergrößert, obwohl die Anzahl der Unternehmensinsolvenzen in den letzten Jahren rückläufig war.[721]

3. *Gesunkene Vergütung*

Seit Inkrafttreten der InsVV im Jahr 1999 wurden die Regelsätze in § 2 InsVV abgesehen von der Ersetzung der Deutschen Mark durch Euro-Beträge nicht angepasst. Gleichzeitig haben die Aufgaben, Pflichten und Haftungsrisiken für Insolvenzverwalter durch gesetzliche Änderungen und eine Steigerung der Anforderungen der Insolvenzgerichte an die Insolvenzverwalter seitdem stark zugenommen und sich damit die durchschnittlichen Kosten eines Verwalterbüros

716 *Haarmeyer*, ZInsO 1999, 563 (564); vgl. *Ganter*, NZI 2018, 137 (142).
717 *Haarmeyer*, ZInsO 1999, 563 (564).
718 Vgl. *Uhlenbruck*, KTS 1989, 229 (243); *Frind*, ZInsO 2012, 59 (63).
719 S. dazu oben unter 2. Teil E. I.
720 *Graeber*, in: MüKo-InsO, § 56 Rn. 91b; *Ganter*, NZI 2018, 137 (139 f.).
721 *Graeber*, in: MüKo-InsO, § 56 Rn. 91b.

stark erhöht.[722] Dennoch führen diese Umstände auch nicht zu einem Zuschlag nach § 3 Abs. 1 InsVV, weil diese Aufgaben zu den mit der Regelvergütung abgegoltenen Regelaufgaben zählen.[723] Hoch ist zudem auch weiterhin die Anzahl masseloser Insolvenzverfahren, in denen der Verwalter nur eine Regelvergütung in Höhe der Mindestvergütung nach § 2 Abs. 2 InsVV erhält, die für eine längerfristige Deckung der Kosten eines Verwalterbüros nicht ausreicht.[724] Diese Entwicklung führt bei Verwalterbüros zu einem gestiegenen Kostendruck. Diese sind darauf angewiesen, auch Verfahren mit einer höheren Masse und damit einer höheren Regelvergütung beziehungsweise Aufschlägen zum wirtschaftlichen Überleben zu bekommen. Gleichzeitig können die Verwalter kaum Einfluss darauf nehmen, von Richtern nicht nur in masselosen Verfahren bestellt zu werden. Allein die einmalige unbegründete Ablehnung einer Amtsübernahme wird in den meisten Fällen dazu führen, an dem Gericht künftig nicht mehr bestellt zu werden.[725] Insoweit kann bei Verwaltern, die wirtschaftliche Schwierigkeiten haben, ein Anreiz bestehen, über missbräuchliche Einflussnahmen bei der Verwalterbestellung in Verfahren bestellt zu werden, in denen der Richter sie sonst nicht bestellt hätte.

II. Wettlauf um massereiche Verfahren

Da der eigene wirtschaftliche Erfolg für Insolvenzverwalter – wie für Berufsausübende im Allgemeinen – regelmäßig im Vordergrund steht, haben Insolvenzverwalter grundsätzlich ein erhebliches Interesse an lukrativen Verfahren.[726] Mögen die Zeiten für viele Insolvenzverwalter schlechter werden, werden sie für andere besser. Erfolgreiche Insolvenzverwalter können mitunter extrem hohe Verwaltervergütungen erwirtschaften.[727] Großinsolvenzen insbesondere auch von Banken können häufig zu enormen Verwaltervergütungen führen. Viele Insolvenzverwalter haben daher ein hohes Interesse, in bedeutsamen Verfahren als Insolvenzverwalter bestellt zu werden.[728] Manch ein Verwalter kann

---

722 *Graeber*, ZInsO 2019, 1590 (1592), der von einer Erhöhung um rd. 40 % ausgeht; *Menn/Lissner*, ZInsO 2016, 1618 (1619); *Lissner*, ZVI 2016, 263 (264); *Henkel*, ZInsO 2016, 2330 (2335).

723 *Graeber*, ZInsO 2019, 1590 (1593).

724 *Graeber*, ZInsO 2019, 1590 (1594).

725 *Graeber*, ZInsO 2019, 1590 (1595).

726 *Graeber*, NZI 2002, 345 (345); vgl. BGH, Beschl. v. 04.05.2017 – IX ZB 102/15, NZI 2017, 677 (669) Rn. 13.

727 S. bereits *Uhlenbruck*, KTS 1989, 229 (232).

728 *Uhlenbruck*, KTS 1989, 229 (232).

dabei geneigt sein, die Einflussnahmemöglichkeiten der Gläubiger im vorläufigen Gläubigerausschuss oder in der Gläubigerversammlung hinsichtlich der Wahl des Insolvenzverwalters in missbräuchlicher Weise auszunutzen.[729] Dabei hat der Insolvenzverwalter insbesondere die Möglichkeiten zu ermessensmissbräuchlichen Entscheidungen, etwa im Rahmen des unternehmerischen Ermessens, Anfechtungsansprüche geltend zu machen oder nicht.[730] Vor allem vor dem Hintergrund, dass Großinsolvenzen und die damit verbundenen hohen Honorarvolumen in den Händen weniger Verwalterkanzleien liegen,[731] kann für Verwalter, die nicht zu diesem Kreis zählen, ein Anreiz bestehen, durch Absprachen mit den Mitgliedern des vorläufigen Gläubigerausschusses oder der Gläubigerversammlung auch in diesen Verfahren durch den vorläufigen Gläubigerausschuss bestellt zu werden. Angesichts der gestiegenen Konkurrenz unter Insolvenzverwaltern agieren die Beteiligten zunehmend geschickter und versuchen aktiv die Aufdeckung von Verstrickungen und Abreden zu verhindern.[732]

III. Nebentätigkeiten

Problematisch und die Unabhängigkeit gefährdend ist überdies der Umstand, dass die weit überwiegende Mehrzahl von Verwaltern nicht auf die Tätigkeit als gerichtlich bestellter Verwalter beschränkt ist, sondern aufgrund einer zu geringen Anzahl verwalteter Verfahren darüber hinaus verschiedene Nebentätigkeiten eingeht oder eingehen muss. Viele Verwalter üben verschiedene Rechtsanwaltstätigkeiten aus und finanzieren sich oftmals vorrangig durch Beratungsmandate im Wirtschaftsbereich oder in anderen Rechtsgebieten.[733] Dadurch begründete Abhängigkeiten sind oftmals geeignet, die Unabhängigkeit des Verwalters erheblich zu gefährden.[734] So kann ein Verwalter leicht geneigt sein, Anfechtungsansprüche gegen eigene Mandanten oder Mandanten anderer Rechtsanwälte derselben Kanzlei nicht geltend zu machen. Vor allem steht auch der Verzicht auf die Anfechtung vorinsolvenzlicher Beraterhonorare im Raum.[735]

---

729 Vgl. bereits *Uhlenbruck*, KTS 1989, 229 (232 f.).

730 *Förster*, ZInsO 1999, 625 (626).

731 *Siemon*, NZI 2017, 741 (743).

732 *Zipperer*, ZInsO 2018, 2613 (2619).

733 *Frind*, ZInsO 2010, 1966 (1967).

734 *Frind*, ZInsO 2010, 1966 (1967 f.).

735 *Frind*, ZInsO 2010, 1966 (1969); ausf. dazu unter 2. Teil I. II. 3. a).

J. Die Aufsicht über den Insolvenzverwalter

Die ordnungsgemäße Abwicklung des Insolvenzverfahrens durch den Insolvenzverwalter erfordert gewisse Kontrollmaßnahmen hinsichtlich der Tätigkeit des Insolvenzverwalters. Der Insolvenzverwalter steht daher in einem gewissen Maße unter der Kontrolle durch das Insolvenzgericht und den Gläubigerausschuss.

I. Insolvenzgerichtliche Kontrolle, § 58 InsO

Gem. § 58 InsO übt das Insolvenzgericht die Kontrolle über den Insolvenzverwalter aus. Dadurch soll ein gesetzmäßiger Ablauf des Insolvenzverfahrens gesichert werden. Die Beaufsichtigung dient dem übergeordneten Ziel eines geordneten, effektiven Insolvenzverfahrens. Schließlich kann nur bei einer pflichtgemäßen Tätigkeit des Insolvenzverwalters den Rechtsuchenden bei Durchsetzung ihrer Forderungen der ihnen auch insoweit zustehende Anspruch auf Justizgewähr von Seiten des Staates erfüllt werden.[736] Das Insolvenzgericht kann eine „ständige Kontrolle" des Verwalters jedoch nicht ausüben. In der Praxis sieht es auch eher so aus, dass eine Aufsicht und Kontrolle aus Kapazitätsgründen kaum stattfindet;[737] die Aufsicht des Insolvenzgerichtes nach § 58 Abs. 1 InsO entspricht regelmäßig lediglich einer Rechtsaufsicht.[738] Die Art und Weise der Ausübung des Aufsichtsrechts liegt im pflichtgemäßen Ermessen des Gerichts.[739] Ausstattung und Kenntnisstand der Gerichte sind häufig nicht ausreichend für eine vollumfängliche Kontrolle.[740] Vielmehr sind aufgrund der Vielzahl der Eröffnungsverfahren und der Beobachtung der laufenden Verfahren zeitlich nur stichprobenhafte, aber keine tiefer gehenden Kontrollen möglich.[741] Damit fehlen jedenfalls hinreichende Kontrollmechanismen, um etwaige Untreuehandlungen bereits frühzeitig aufzudecken, obwohl Insolvenzverwalter häufig Fremdgelder in erheblichem Umfang verwahren.[742] Es ist in Rechtsprechung und Literatur daher anerkannt, dass die Aufsicht durch das Insolvenzgericht (§ 58 InsO) einen hinreichenden Schutz zugunsten der Beteiligten eines

---

736 BVerfG, Beschl. v. 12.01.2016 – 1 BvR 3102/13, BVerfGE 141, 121 (135) Rn. 45.

737 *Römermann*, ZIP 2016, 321 (330); ders., GmbHR 2013, 1249 (1256).

738 *Frind*, ZInsO 2014, 119 (120); ders., ZInsO 2012, 59 (60); ders., NZI 2011, 785 (788); *Lissner*, InsbürO 2016, 100 (102 f.).

739 BVerfG, Beschl. v. 12.01.2016 – 1 BvR 3102/13, BVerfGE 141, 121 (136) Rn. 47.

740 *Vallender*, NZI 2017, 641 (644).

741 *Pollmächer/Siemon*, NZI 2017, 93 (96); *Römermann*, ZIP 2016, 321 (330); ders., GmbHR 2013, 1249 (1256).

742 *Vallender*, NZI 2017, 641 (645).

Insolvenzverfahrens gegen Pflichtverletzungen des Insolvenzverwalters nicht gewährleistet.[743] Die gerichtliche Kontrolle ist damit gering. Problematisch an einer intensiveren Kontrolle ist aber, dass dadurch zwar die Risiken rechtsmissbräuchlichen Verhaltens des Verwalters in einem gewissen Maß verringert werden könnten, Folge davon aber eine längere Verfahrensdauer, höhere Kosten und damit einer geringere Insolvenzquote sowie eine häufigere Massearmut wäre.

Schließlich wird eine Kontrolle auch dadurch verwirklicht, dass der Insolvenzverwalter einer strengen Haftung nach § 60 InsO unterliegt.[744] Dabei ist aber zu berücksichtigen, dass – wie bei anderen gerichtlichen Aufgaben auch – von Verfahrensbeteiligten häufig vermutet wird, dass eine Kontrolle von Amts wegen stattfinde und das Gericht im Ernstfall „schon handeln werde".[745]

Zu berücksichtigen ist zudem, dass es nach der derzeitigen Rechtslage keine effektiven Vorkehrungen gibt und wahrscheinlich aufgrund der Vielzahl an Erscheinungsformen persönlicher Befangenheit auch künftig nicht geben wird, um diejenigen des Insolvenzverwalters festzustellen und die Einsetzung befangener Verwalter systematisch zu unterbinden. So ist keine Methode ersichtlich, mit der sich Loyalitäten, ökonomische und persönliche Abhängigkeiten (Familie, Freundschaft, Vereinsmitgliedschaft, Kredite, Anwaltsmandate, Empfehlungen, Netzwerk usw.) mit einem Anspruch auf Vollständigkeit abstrakt erfassen lassen.[746]

II. Kontrolle durch den Gläubigerausschuss, § 69 InsO

Daneben haben gem. § 69 Satz 1 InsO aber auch die Mitglieder des Gläubigerausschusses die Pflicht, den Insolvenzverwalter zu überwachen.[747] Wird kein Gläubigerausschuss gebildet, hat nach § 79 Satz 2 InsO die Gläubigerversammlung jedenfalls das Recht, den Geldverkehr und -bestand prüfen zu lassen. Dabei ist die Aufsicht gerade nicht auf eine bloße Kontrolle der Rechtmäßigkeit des Handelns des Insolvenzverwalters beschränkt; vielmehr haben die Mitglieder des Gläubigerausschusses auch eine Zweckmäßigkeitskontrolle durchzuführen. Durch diesen gegenüber der Kontrolle durch das Insolvenzgericht weit

743 BGH, Urt. v. 26.04.2018 – IX ZR 238/17, BGHZ 218, 290 (314) Rn. 55; BGH, Urt. v. 17.01.1985 – IX ZR 59/84, BGHZ 93, 278 (285) jeweils m. w. N.

744 *Paulus*, NZI 2008, 705 (707); ausf. zur Haftung *Schultz*, ZInsO 2015, 529 (531 ff.).

745 *Lissner*, InsbürO 2016, 100 (102); *Trams*, NJW-Spezial 2019, 149 (149).

746 *Römermann*, GmbHR 2013, 1249 (1257).

747 Ausf. zu den einzelnen Überwachungspflichten s. *Pape/Schultz*, ZIP 2015, 1663 (1663 ff.).

umfangreicheren Kontrollmechanismus sollen Insolvenzgläubiger und absonderungsberechtigte Gläubiger vor Schäden durch wirtschaftliche Fehlentscheidungen geschützt werden.[748] Es ist dennoch in Rechtsprechung und Literatur anerkannt, dass auch die Überwachung durch den Gläubigerausschuss (§ 69 InsO) einen hinreichenden Schutz zugunsten der Beteiligten eines Insolvenzverfahrens gegen Pflichtverletzungen des Insolvenzverwalters nicht zu gewährleisten vermag.[749]

K. Akteneinsicht und Auskunftsrechte der Gläubiger

Die Gläubigerinformation hat in Insolvenzverfahren insbesondere die Funktion der Stärkung der Gläubigerposition, der Transparenz- und Überwachungsfunktion und schließlich die Publizitätsfunktion.[750] Problematisch ist aufgrund der eingeschränkten Kontrolle des Insolvenzverwalters, dass dieser praktisch im Stillen auf die Anfechtung verzichten kann, ohne dass das Insolvenzgericht, die Gläubigerselbstverwaltungsorgane oder einzelne Gläubiger davon Kenntnis erlangen würden. Vor dem Hintergrund der besonderen Bedeutung der Insolvenzanfechtung für die Ordnungsfunktion des Insolvenzrechts und die Verwirklichung des Grundsatzes der Gläubigergleichbehandlung stellt sich daher die Frage, inwieweit einzelne Verfahrensbeteiligte Anfechtungssachverhalte aufdecken können. Informationsrechte der Verfahrensbeteiligten im eröffneten Verfahren erlauben es den Verfahrensbeteiligten, Entscheidungen des Insolvenzverwalters kritisch zu hinterfragen. So können Gläubiger unter Umständen eine unterlassene Geltendmachung von Anfechtungsansprüchen aufgrund einer Interessenkollision erkennen und die Einsetzung eines Sonderinsolvenzverwalters beantragen beziehungsweise eine Strafanzeige gegen den Verwalter stellen. Zu unterscheiden sind verschiedene Formen der Informationsrechte.

I. Akteneinsicht

Spezielle Akteneinsichtsrechte sind in den §§ 66, 153, 154, 175, 188 und § 234 InsO geregelt. Hinsichtlich des allgemeinen Akteneinsichtsrechts der Parteien in Bezug auf die Gerichtsakten verweist § 4 InsO auf die Regelung in § 299 ZPO.[751]

---

748 *Pape/Schultz*, ZIP 2016, 506 (508).

749 BGH, Urt. v. 26.04.2018 – IX ZR 238/17, BGHZ 218, 290 (314) Rn. 55; BGH, Urt. v. 17.01.1985 – IX ZR 59/84, BGHZ 93, 278 (285) jeweils m. w. N.; *Römermann*, GmbHR 2013, 1249 (1256).

750 *Sponagel*, DZWIR 2011, 270 (270); vgl. *Swierczok/Kontny*, NZI 2016, 566 (567).

751 Ausf. dazu *Swierczok/Kontny*, NZI 2016, 566 (566 ff.).

Die Parteien können danach die Prozessakten einsehen und sich aus ihnen durch die Geschäftsstelle Ausfertigungen, Auszüge und Abschriften erteilen lassen.[752] Auch wenn es in der InsO an einer eigenständigen Regelung fehlt, besteht damit ein Recht auf Einsicht.[753] Danach sind sowohl die Insolvenzgläubiger und Massegläubiger als auch die Absonderungsberechtigten und die Aussonderungsberechtigten zur Akteneinsicht berechtigt.[754] Das Einsichtsrecht umfasst grundsätzlich die gesamte Insolvenzakte unter Einschluss des Insolvenzgutachtens.[755] Gläubiger haben daher die Möglichkeit, sich im eröffneten Verfahren jederzeit – allerdings begrenzt durch die personellen und sachlichen Kapazitäten des Gerichts – über den Sach- und Verfahrensstand durch Akteneinsicht zu informieren.[756] Bei komplizierten und komplexen Verfahren sind Entscheidungen des Verwalters aber durch einzelne Verfahrensbeteiligte kaum überprüfbar.[757] Schließlich müsste sich der Einzelne (ggf. mit insolvenzrechtlicher Fachberatung) in die gesamten Unternehmensunterlagen Einblick verschaffen, was aufgrund des meist erheblichen Umfangs praktisch kaum möglich ist.[758] Gerade weil die Verfahrensbeteiligten aufgrund der praktischen Schwierigkeiten bei Einsichtnahmen und der oft fehlenden rechtlichen Kenntnisse über die verschiedenen Anfechtungsansprüche das Vorliegen werthaltiger, vom Verwalter pflichtwidrig nicht durchgesetzter Anfechtungsansprüche nicht beurteilen können, sind die Haftungsrisiken für den Verwalter naturgemäß schon gering. Außenstehende werden in der Regel auch nicht über die erforderlichen Mittel verfügen, um in den Buchhaltungsunterlagen etc. Anfechtungsansprüche zu ermitteln, und bei deren unterlassener Geltendmachung den Verwalter persönlich nach § 60 InsO in Anspruch zu nehmen. Die Verfahrensbeteiligten werden auch kaum Hinweise auf die unterlassene Anfechtung erhalten und müssten letztendlich ins Blaue hinein ermitteln. Dazu wird es praktisch aber nicht kommen. Gerade weil die Insolvenzgläubiger ohnehin nur eine geringe Quote zu

752 *Zeuner*, NJW 2007, 2952 (2954); zu erheblichen praktischen Schwierigkeiten, die Gläubigern gemacht werden, die Einsicht in Insolvenzakten nehmen wollen, s. *Pape*, ZIP 2004, 589 (599, 604).

753 *Thole*, ZIP 2012, 1533 (1538); *Pape*, ZIP 2004, 598 (598); *Swierczok/Kontny*, NZI 2016, 566 (567).

754 *Thole*, ZIP 2012, 1533 (1538); *Rein*, NJW-Spezial 2011, 661 (661).

755 *Rein*, NJW-Spezial 2011, 661 (662); zu Ausnahmen s. *Schuster/Friedrich*, ZIP 2009, 2418 (2420).

756 *Pape*, in: Uhlenbruck-InsO, § 4 Rn. 30; *Zeuner*, NJW 2007, 2952 (2954).

757 *Frind*, ZInsO 2013, 59 (60).

758 *Frind*, FS-Haarmeyer, 39 (40 f.).

erwarten haben, wird das Interesse an Gesamtschadensersatzansprüchen nach §§ 60, 92 InsO gegen den Verwalter regelmäßig eher klein sein. Zivilrechtlich sind die Konsequenzen der pflichtwidrig unterlassenen Insolvenzanfechtung daher gering. Allenfalls hat der Verwalter die nicht geltend gemachten Ansprüche zu ersetzen. Gelingt im Haftungsprozess zudem der Nachweis nicht, dass der Verwalter grob fahrlässig oder vorsätzlich gehandelt hat, was aufgrund der beschränkten Einsichtnahmemöglichkeiten der Gläubiger eher wahrscheinlich ist, ist der Ersatzanspruch gegen den Verwalter zudem von dessen Haftpflichtversicherung gedeckt, wodurch die Risiken nochmals reduziert werden.

II. Auskünfte vom Verwalter

Bei Auskunftsansprüchen gegenüber dem Insolvenzverwalter ist zwischen insolvenzverfahrensrechtlichen und materiell rechtlich begründeten zu unterscheiden, die aus der Stellung des Verwalters als Inhaber der Verwaltungs- und Verfügungsbefugnis über das Schuldnervermögen folgen.

1. Verfahrensrechtliche Auskunftspflichten

Außerhalb des Sonderfalls des § 167 InsO trifft den Insolvenzverwalter keine verfahrensrechtliche Pflicht, individuell einzelnen Gläubigern Auskunft zu geben.[759] Die Informationspflichten gegenüber der Gläubigerversammlung gem. § 79 InsO und ggf. dem Gläubigerausschuss gem. § 69 Satz 2 InsO sind insoweit vorrangig.[760] Das Fragerecht der Gläubigerversammlung nach § 79 InsO, das gem. § 20 Abs. 1 Satz 2 InsO auch im Insolvenzeröffnungsverfahren gilt, ist kein individuelles Recht einzelner Gläubiger oder Gläubigervertreter. Vielmehr stellt das Fragerecht die Ausübung eines Rechts der Gläubigerversammlung als Ganzes dar.[761] Fragen Einzelner müssen daher jedenfalls vom Willen der Mehrheit der Gläubigerversammlung getragen sein, um nicht vom Insolvenzgericht zurückgewiesen zu werden.[762] Problematisch an diesem kollektiven Auskunftsrecht ist, dass die Mehrheit der Gläubiger Fragerechte der Minderheit verhindern kann;[763] außerhalb der Gläubigerversammlung besteht überhaupt keine

---

759 *Thole*, ZIP 2012, 1533 (1539); *Pape*, in: Uhlenbruck-InsO, § 4 Rn. 30.

760 *Sponagel*, DZWIR 2011, 270 (271); *Stephan*, in: K. Schmidt-InsO, § 4 Rn. 37.

761 *Thole*, ZIP 2012, 1533 (1539); vgl. *Zeuner*, NJW 2007, 2952 (2954).

762 *Thole*, ZIP 2012, 1533 (1539); *Sponagel*, DZWIR 2011, 270 (273).

763 *Thole*, ZIP 2012, 1533 (1539), ernsthaft bedenkenswert erscheine daher die Einführung eines individuellen Auskunftsrechts einzelner Gläubiger gegenüber dem

allgemeine gesetzliche Verpflichtung zur individuellen Auskunft und Information gegenüber einzelnen Gläubigern.[764]

Bei juristischen Personen als Insolvenzschuldnern sind deren Organvertreter zur Erfüllung der Pflichten aus § 97 InsO verantwortlich. Die Auskunfts- und Mitwirkungspflichten sind persönliche Pflichten der Geschäftsleiter des Schuldners, für die also kein Weisungsrecht der Gesellschafterversammlung besteht.[765] Inhaltlich bezieht sich die Auskunftspflicht der Geschäftsleiter auf die rechtlichen, wirtschaftlichen und tatsächlichen Verhältnisse der von ihm vertretenen Gesellschaft einschließlich gegen Gesellschafter und ihn selbst gerichteter Ansprüche;[766] damit bezieht sich die Auskunftspflicht auch auf Anfechtungssachverhalte. Diese Möglichkeit steht einzelnen Gläubigern indes nicht zu, so dass sie nicht oder nur schwer aus den Buchhaltungsunterlagen ersichtliche Anfechtungsansprüche auch nicht über Auskunftsrechte gegenüber dem Schuldner oder dessen Organe ermitteln können.

Während der Zusammenkunft des Gläubigerausschusses ist der Insolvenzverwalter darüber hinaus gegenüber den Ausschussmitgliedern zu individuellen Auskünften verpflichtet. Dieses Recht auf individuelle Auskunft wird aus § 69 Satz 2 InsO hergeleitet. Schließlich haben sich nach dieser Norm die Mitglieder des Ausschusses über den Gang der Geschäfte zu unterrichten sowie die Bücher und Geschäftspapiere einzusehen und den Geldverkehr und -bestand prüfen zu lassen. Den Ausschussmitgliedern stehen Auskunftsrechte auch aus dem Grund zu, dass sie gem. § 69 Satz 1 InsO die Pflicht haben, den Verwalter bei dessen Geschäftsführung zu unterstützen und zu überwachen.[767]

2. *Materiell rechtliche Auskunftspflichten*

In materieller Hinsicht könnte sich ein Auskunftsanspruch in besonderen Konstellationen insbesondere aus § 242 BGB ergeben. So gebieten es Treu und Glauben, dem Anspruchsberechtigten unter besonderen Umständen einen Auskunftsanspruch zuzubilligen. Voraussetzung ist dazu zum einen, dass aufgrund der zwischen den Parteien bestehenden Rechtsbeziehungen der Anspruchsberechtigte in entschuldbarer Weise über das Bestehen oder den Umfang seines

Insolvenzverwalter unabhängig von dem Willen der Gläubigerversammlung; ausf. dazu *Heese*, Gläubigerinformation, S. 369 ff.

764 *Sponagel*, DZWIR 2011, 270 (273).

765 *Gehrlein*, ZInsO 2017, 1977 (1987).

766 *Gehrlein*, ZInsO 2017, 1977 (1987).

767 *Sponagel*, DZWIR 2011, 270 (273).

Rechts im Ungewissen ist; zum anderen muss der Verpflichtete in der Lage sein, unschwer die zur Beseitigung dieser Ungewissheit erforderliche Auskunft zu erteilen.[768] Da es in Bezug auf die unterlassene Geltendmachung von Anfechtungsansprüchen jedoch nicht um Rechte des einzelnen Gläubigers geht, kommt ein individuelles Auskunftsrecht zur Kenntniserlangung von Interessenkollisionen insoweit nicht in Betracht.

III. Zwischenergebnis

Es ist daher festzuhalten, dass Handlungen und Entscheidungen des (vorläufigen) Verwalters für einzelne Verfahrensbeteiligte kaum überprüfbar sind, insbesondere bei komplizierteren und umfangreicheren Verfahren.[769] In der Praxis bereitet die Durchsetzung der Informationsrechte zudem häufig Schwierigkeiten. So werden gerade in Großverfahren Akteneinsichtsgesuche teilweise allein unter Hinweis auf die nicht ausreichenden Gerichtskapazitäten abgelehnt.[770]

L. Fehlende Qualifikation der Insolvenzrichter und Rechtspfleger

Letztendlich kann nur ein Vollzeit-Insolvenzrichter die vom Insolvenzrichter zu treffenden zahlreichen Entscheidungen angemessen treffen. Teilzeit-Insolvenzrichter haben häufig nicht ausreichend insolvenzrechtliche Kenntnisse, um ihre Entscheidungen sachgerecht zu treffen. Insbesondere trifft dies auf die Eignungsprüfung und die damit verbundene Prüfung der Unabhängigkeit des Verwalters zu. Nur Vollzeit-Insolvenzrichter sind in der Lage, anhand ihrer insolvenzrechtlichen Kenntnisse und Erfahrung eine sachgerechte Entscheidung zu treffen.[771] In der Gerichtspraxis sieht es dagegen teilweise anders aus. Diese ist jedenfalls teilweise gekennzeichnet durch eine zu große Anzahl von Insolvenzgerichten[772], häufige Personalwechsel sowie unzureichende Fortbildung.[773] Mit dem ESUG wurde vor diesem Hintergrund zunächst eine Konzentration

768 BGH, Urt. v. 06.02.2007 – X ZR 117/04, NJW 2007, 1806 (1807) Rn. 13 m. w. N.

769 *Frind*, ZInsO 2013, 59 (60) m. w. N. aus Rechtsprechung und Literatur.

770 *Siemon/Harder*, NZI 2016, 434 (438) m. w. N.

771 *Flöther*, ZIP 2012, 1833 (1840).

772 Die Konzentrationsmaxime in § 2 Abs. 2 InsO wurde nicht von allen Bundesländern stringent umgesetzt.

773 Ausf. *Frind*, ZInsO 2018, 231 (232 ff.); *Pape*, ZInsO 2018, 2725 (2733 ff.) jeweils m. w. N.

der Insolvenzgerichte verfolgt.[774] Diese Gesetzesänderung hätte eine erhebliche Verbesserung der Qualifikation der Insolvenzrichter bedeuten können. Allerdings wurde dieses Gesetzesvorhaben aufgegeben.[775] Gerade bei ländlichen Insolvenzgerichten, die seltener mit größeren Verfahren befasst sind, sind die Insolvenzgerichte teilweise nur mit einer Viertelstelle besetzt. Missbräuchliches Verhalten des Verwalters und der Gläubiger kann hier von dem Insolvenzrichter gerade in schwieriger zu überblickenden Konstellationen häufig kaum verhindert werden.[776]

M. Der Sonderinsolvenzverwalter

Treten nicht behebbare Interessenkollisionen schon vor oder bei der Auswahl des Insolvenzverwalters auf, ist ein von Interessenkollisionen betroffener Insolvenzverwalter nicht zu bestellen. Zur Beurteilung etwaiger Interessenkollisionen ist der Verwalter daher verpflichtet, von sich aus dem Gericht rechtzeitig den Sachverhalt anzuzeigen, der die ernsthafte Besorgnis der Verhinderung rechtfertigt. Nur so kann das Gericht beurteilen, ob eine Interessenkollision vorliegt, und entscheiden, in welcher Art und Weise vorzugehen ist.[777] Interessenkollisionen treten aber teilweise auch erst nach Eröffnung des Insolvenzverfahrens auf. Zudem können Interessenkollisionen bei Verfahrenseröffnung unentdeckt oder unerkannt bleiben.[778] Zwecks Verfolgung von Eigeninteressen kann der Verwalter aber auch ein Interesse an deren (pflichtwidriger) Geheimhaltung haben. Schließlich würde die Interessenkollision seiner Bestellung entgegenstehen. Gerade in Zeiten erhöhter Konkurrenz um aussichtsreiche Insolvenzverfahren ist diese Gefahr besonders groß. Schließlich kann die Vergütung des Insolvenzverwalters in größeren Insolvenzverfahren sehr hoch sein und letztendlich die Existenz von Insolvenzverwalterkanzleien sichern.[779]

Rechtlich gelöst werden soll das Problem nachträglich auftretender Interessenkollisionen durch die Bestellung eines Sonderinsolvenzverwalters.[780] Die Bestellung von Sonderinsolvenzverwaltern ist in der weit überwiegenden Anzahl der Fälle auf gegebene oder drohende Interessenkollisionen des amtierenden

774 § 2 Abs. 2 Satz 1 RegE InsO, BT-Drucks. 127/11, S. 1.
775 Vgl. *Flöther*, ZIP 2012, 1833 (1840).
776 *Flöther*, ZIP 2012, 1833 (1840).
777 *Graeber/Pape*, ZIP 2007, 991 (993); *Graeber*, NZI 2002, 345 (348).
778 Vgl. *Lüke*, in: Kübler/Prütting/Bork-InsO, § 56 Rn. 75.
779 Ausf. dazu unter 2. Teil J. II.
780 *Graf/Wunsch*, DZWIR 2002, 177 (178).

Verwalters zurückzuführen.[781] Der Sonderinsolvenzverwalter tritt für den Bereich, in dem der Verwalter an der Amtsausübung gehindert ist, an dessen Stelle. Die Gesamtzuständigkeit für das weitere Verfahren verbleibt jedoch beim Insolvenzverwalter.[782] In besonders gravierenden Konfliktlagen oder bei einem vorsätzlichen Verschweigen der Interessenkollision seitens des Insolvenzverwalters kommt daneben immer eine Amtsenthebung in Betracht.[783] Die Bestellung eines Sonderinsolvenzverwalters stellt allerdings ein milderes Mittel gegenüber der Amtsenthebung dar. Soweit ein Festhalten am Verwalter daher für die Gläubiger vorteilhaft ist, kommt der Bestellung eines Sonderinsolvenzverwalters insoweit Vorrang zu, insbesondere, weil ein Verwalterwechsel durch Kommunikationsdefizite etc. stets mit einem Verlust an Verfahrenseffizienz und erhöhten Kosten einhergeht.[784] Zu beachten ist in Bezug auf den Verwalter dabei auch Art. 12 GG. Insoweit ist der Grundsatz der Verhältnismäßigkeit zu berücksichtigen.[785]

I. Voraussetzungen

Eine gesetzliche Regelung zu den formellen und materiellen Voraussetzungen sowie zum Verfahren der Bestellung eines Sonderinsolvenzverwalters besteht nicht. Der Gesetzgeber hat im Gesetzgebungsverfahren zur InsO auf eine zunächst in § 77 RegE-InsO[786] geplante Bestimmung verzichtet. Mit der Streichung dieses Normvorschlags hat der Gesetzgeber die nähere Bestimmung der Voraussetzungen und des Verfahrens der Bestellung eines Sonderinsolvenzverwalters sowie seiner Rechtsstellung der Rechtsprechung überlassen.[787] Die Bestellung eines Sonderverwalters setzt grundsätzlich eine tatsächliche oder rechtliche Verhinderung der Amtsausübung durch den

781 Vgl. *Frege*, Der Sonderinsolvenzverwalter, Rn. 20.

782 *Graeber/Pape*, ZIP 2007, 991 (992); *Frege*, Der Sonderinsolvenzverwalter, Rn. 12 ff.

783 Ausf. dazu unter 2. Teil I. I. 1. a).

784 *Lissau/Hölzle*, FS-Pannen, 465 (476).

785 *Lissau/Hölzle*, FS-Pannen, 465 (476 f.); *Frege*, Der Sonderinsolvenzverwalter, Rn. 68 ff. m. w. N.

786 Begr. RegE-InsO, BT-Drucks. 12/2443, S. 20; vgl. auch Beschlussempf. RegE-InsO, BT-Drucks. 12/7302, S. 162.

787 Vgl. BGH, Beschl. v. 20.02.2014 – IX ZB 16/13, NZI 2014, 307 (307) Rn. 8; *Lissau/Hölzle*, FS-Pannen, 465 (470 f.).

Verwalter voraus.[788] Eine rechtliche Verhinderung des Insolvenzverwalters kann sich insbesondere aus einem Fehlen der Unabhängigkeit im Sinne des § 56 InsO aufgrund einer Interessenkollision ergeben. Fehlt es an der Unabhängigkeit des Insolvenzverwalters in Bezug auf einzelne Handlungen, ist der Verwalter, obwohl er im Amt ist, insoweit rechtlich an der Ausübung des Amts gehindert.[789] Die Voraussetzungen der Bestellung eines Sonderinsolvenzverwalters sind in den Fällen, in denen der Verwalter vorsätzlich auf eine Durchsetzung von Anfechtungsansprüchen verzichtet, naturgemäß gegeben. Es bleibt aber fraglich, inwieweit das Gericht zu einer sachgerechten Beurteilung der Interessenkollision und der Bestellentscheidung überhaupt in der Lage ist, da der Verwalter die Interessenkollision in den maßgeblichen Fällen nicht von sich aus offenbaren wird. Erforderlich ist in der Regel daher, dass die Interessenkollision dem Gericht durch eine am Verfahren beteiligte Person angezeigt wird. Werden dem Gericht hinreichende Informationen hinsichtlich einer zumindest drohenden Interessenkollision des Verwalters vorgelegt, liegen damit Umstände vor, die für das Insolvenzverfahren von Bedeutung sind, so dass gem. § 5 Abs. 1 Satz 1 InsO der Amtsermittlungsgrundsatz greift, und das Gericht nach pflichtgemäßem Ermessen über Art und Umfang der Ermittlungen entscheiden muss.[790] Da insoweit in die Rechte des bereits bestellten Verwalters eingegriffen wird, ist bei der Bestellung eines Sonderinsolvenzverwalters der Verhältnismäßigkeitsgrundsatz zu beachten.[791]

II. Antragsbefugnis

Zuständig für die Entscheidung über die Bestellung eines Sonderinsolvenzverwalters ist allein das Insolvenzgericht. Andere Verfahrensbeteiligte und das Beschwerdegericht haben auf diese Entscheidung keinen Einfluss.[792] Gläubiger können wie jeder Dritte beim Insolvenzgericht die Bestellung

788 BGH, Beschl. v. 02.03.2006 - IX ZB 225/04, NZI 2006, 474 (475) Rn. 11; Beschl. v. 18.06.2009 - IX ZA 13/09, NZI 2009, 517 (517) Rn. 4; *Graeber/Pape*, ZIP 2007, 991 (992); Frege, Der Sonderinsolvenzverwalter, Rn. 12 ff.

789 *Lissau/Hölzle*, FS-Pannen, 465 (472); *Zipperer*, in: Uhlenbruck-InsO, § 56 Rn. 57; *Delhaes/Römermann*, in: Nerlich/Römermann-InsO, § 56 Rn. 30.

790 *Graeber*, DZWIR 1999, 515 (516); *Graf/Wunsch*, DZWIR 2002, 177 (181); *Ganter/Bruns*, in: MüKo-InsO, § 5 Rn. 21.

791 *Graf/Wunsch*, DZWIR 2002, 177 (180 f.).

792 *Graeber/Pape*, ZIP 2007, 991 (994); *Frege*, Der Sonderinsolvenzverwalter, Rn. 220.

eines Sonderinsolvenzverwalters gem. § 92 InsO anregen oder in der Gläubigerversammlung beantragen.[793] Dem Schuldner steht gegen die Entscheidung des Insolvenzgerichts, keinen Sonderinsolvenzverwalter zu bestellen, kein Beschwerderecht zu.[794] Genauso sieht die InsO weder ein Recht eines einzelnen Insolvenzgläubigers vor, die Bestellung eines Sonderinsolvenzverwalters zu beantragen, noch enthält sie ausdrückliche Bestimmungen über ein Beschwerderecht gegen die Entscheidung des Insolvenzgerichts, keinen Sonderinsolvenzverwalter einzusetzen. Lehnt das Insolvenzgericht es ab, einen Sonderinsolvenzverwalter zu bestellen, steht dem einzelnen Insolvenzgläubiger gegen diese Entscheidung daher kein Beschwerderecht zu.[795] Noch nicht höchstrichterlich entschieden ist, ob ein einzelner Gläubiger aufgrund eines von der Gläubigerversammlung abgeleiteten Beschwerderechts in entsprechender Anwendung von § 57 Satz 4, § 59 Abs. 2 Satz 2 InsO beschwerdebefugt ist. In jedem Fall setzt ein solches Beschwerderecht eines einzelnen Gläubigers voraus, dass ein Beschluss der Gläubigerversammlung vorliegt, einen Sonderinsolvenzverwalter zu bestellen. § 57 Satz 4, § 59 Abs. 2 Satz 2 InsO dienen nur dazu, eine Entscheidung der Gläubigergesamtheit durchzusetzen, nicht jedoch dazu, das Recht eines einzelnen Gläubigers zu verwirklichen.[796] Eine aus § 57 Satz 4, § 59 Abs. 2 Satz 2 InsO abgeleitete Beschwerdebefugnis eines einzelnen Gläubigers besteht daher allenfalls dann, wenn die Gläubigerversammlung einen förmlichen Beschluss getroffen hat, einen Sonderinsolvenzverwalter einzusetzen. Dies setzt zum einen eine vom Insolvenzgericht einberufene und geleitete Gläubigerversammlung voraus (§ 76 Abs. 1 InsO). Zum anderen muss die Tagesordnung öffentlich bekannt gemacht worden sein. Zu einer ordnungsgemäßen Bekanntmachung der Tagesordnung gehört eine wenigstens schlagwortartige Bezeichnung der Tagesordnungspunkte.

III. Eignung zur Verhinderung von Untreuerisiken

Würde der Insolvenzverwalter alle (drohenden) Interessenkollisionen gegenüber dem Insolvenzgericht offenlegen, bestünde kaum noch eine Gefahr, dass der Insolvenzverwalter sich von verfahrensfremden Motiven leiten lässt und zugunsten einzelner Anfechtungsgegner unzulässig auf die Durchsetzung

793 *Hiebert*, ZInsO 2016, 141 (143).
794 BGH, Beschl. v. 09.06.2016 – IX ZB 21/15, NZI 2016, 684 (684) Rn. 6.
795 BGH, Beschl. v. 09.06.2016 – IX ZB 21/15, NZI 2016, 684 (684) Rn. 9 f.
796 BGH, Beschl. v. 09.06.2016 – IX ZB 21/15, NZI 2016, 684 (684 f.) Rn. 10.

von Anfechtungsansprüchen verzichtet. Entscheidet sich ein Insolvenzverwalter aber dennoch dazu, unter Verletzung seiner Pflichten zwecks Verfolgung verfahrensfremder Eigen- oder Fremdinteressen auf die Anfechtung zu verzichten, wird der Verwalter stets auf eine Anzeige der Interessenkollision beim Gericht verzichten; der Verwalter wird in diesen Fällen gerade versuchen, die Aufdeckung der Interessenkollision zu verhindern. Die nur rudimentäre Aufsicht des Insolvenzverwalters führt in diesen Fällen auch nicht mit ausreichender Sicherheit zur Aufdeckung der Interessenkollision, so dass das Gericht in tatsächlicher Hinsicht oft nicht in der Lage ist, Interessenkollisionen des Insolvenzverwalters vollständig zu beurteilen und die Verfolgung verfahrensfremder Interessen durch die Einsetzung eines Sonderinsolvenzverwalters zu verhindern. Die Bestellung von Sonderinsolvenzverwaltern ist mithin kein ausreichendes Mittel zur Verhinderung der unterlassenen Insolvenzanfechtung. Vielmehr kann die Bestellung eines Sonderinsolvenzverwalters für die Ermittlung von Schadensersatzansprüchen nach § 60 InsO gegen den Verwalter erforderlich sein, nachdem der Insolvenzverwalter die Durchsetzung von Anfechtungsansprüchen unterlassen hat.

N. Stand der Diskussion

Interessenkollisionen des Insolvenzverwalters wurden bislang weitgehend auf der Ebene zivilrechtlicher Schadensersatzansprüche gegen den Insolvenzverwalter wegen Pflichtverletzungen nach § 60 InsO betrachtet. Etwa *Hölzle*[797] führt bezogen auf die unterlassene Geltendmachung von Anfechtungsansprüchen treffend aus, das Entschließungs- und Auswahlermessen des (vorläufigen) Insolvenzverwalters sei von Opportunitätserwägungen geleitet. Dabei gehe es aber ausschließlich um eine verfahrensbezogene Opportunität im Sinne der Erreichung des übergeordneten Verfahrensziels der bestmöglichen Gläubigerbefriedigung. Eine persönliche, verwalterbezogene Opportunität, z. B. aus dem Gesichtspunkt der „Klimapflege", Anfechtungsansprüche gegen häufig in Insolvenzverfahren beteiligte und in (vorläufigen) Gläubigerausschüssen vertretene Gläubiger nicht oder nicht mit der nötigen Konsequenz geltend zu machen, könne und dürfe nicht toleriert werden. Missbräuchlichen Tendenzen bei etwaigen Versuchen der Ausbildung lobbyistischer Verwalterstrukturen müsse insbesondere durch Transparenz der Entscheidungen des Insolvenzverwalters entgegengewirkt werden.[798] Die Strafbarkeit

797 NZI 2013, 348 (349)
798 *Zipperer*, ZInsO 2018, 2613 (2618 f.).

des Verwalters aufgrund der unterlassenen Anfechtung wurde dagegen nur vereinzelt in allgemeinerer Form in Betracht gezogen. So komme bei unterlassener Insolvenzanfechtung nach *Biermann* für den endgültigen Insolvenzverwalter eine Untreue in der Form des Treubruchstatbestands gem. § 266 Abs. 1, 2. Var StGB in Betracht.[799] Nach *Pelz* könne sich der Verwalter dadurch strafbar machen, dass er trotz Kenntnis von einem Anfechtungsanspruch nichts unternehme, um das Rechtsgeschäft rückgängig zu machen. Hier könne Motivation sein, das Verfahren möglichst schnell – ohne Rücksicht auf die Höhe der Insolvenzmasse – zu beenden.[800] Als theoretische Möglichkeit einer Untreuestrafbarkeit ziehen *Weyand/Diversy* in Betracht, dass der Insolvenzverwalter aus reiner Bequemlichkeit von ihm erkannte und als sicher durchsetzbar sowie für die Masse definitiv einträglich eingeschätzte Anfechtungsmöglichkeiten nicht umsetzt.[801] *Weyand* hat sich mit der unterlassenen Anfechtung von Beraterhonoraren auseinandergesetzt und erwägt hier ebenfalls eine Untreue. Soweit ein Anfechtungstatbestand gegeben sei, müsse der Verwalter aufgrund seiner Treuepflicht gegenüber der Gläubigergesamtheit auch anfechten. Zwar spreche § 129 Abs. 1 InsO von „kann" anfechten. Trotzdem stehe das Anfechtungsrecht nicht im Ermessen des Verwalters. Die Insolvenzanfechtung sei Ausdruck der Gläubigergleichbehandlung, die durch die Insolvenzanfechtung vorverlagert werde. Auf der anderen Seite dürfe der Verwalter allerdings auf eine Anfechtung verzichten, wenn die Erfolgsaussichten mit erheblichen Zweifeln belastet seien, etwa wegen eines unklaren und nicht weiter aufzuklärenden Sachverhalts.[802] *Schramm* erwägt eine Untreue allgemein durch die Nichtgeltendmachung oder das Verjährenlassen eines der Masse zustehenden Anspruchs.[803] Etwas eingehender mit der Problematik der unterlassenen Anfechtung aus strafrechtlicher Sicht – allerdings beschränkt auf den Treubruchstatbestand – haben sich bislang nur *Keramati/Klein* beschäftigt, und recht restriktiv eine Untreuestrafbarkeit des Verwalters „[…] nur in seltenen Fällen […]"[804] in Erwägung gezogen, wenn

799 *Biermann*, Die strafrechtlichen Risiken der Tätigkeit des (vorläufigen) Insolvenzverwalters, S. 204.

800 *Pelz*, Handbuch Wirtschafts- und Steuerstrafrecht, Rn. 379.

801 *Weyand/Diversy*, Insolvenzdelikte, Rn. 226; zust. *Buchalik/Hiebert*, ZInsO 2014, 109 (110).

802 *Weyand*, ZInsO 2014, 1934 (1938 f.); s. auch *Weyand/Diversy*, in: Haarmeyer/Huber/Schmittmann, Teil VIII Rn. 17.

803 *Schramm*, NStZ 2000, 398 (399); ebenso *Fischer*-StGB, § 266 Rn. 157.

804 *Keramati/Klein*, NZI 2017, 421 (427).

der Verwalter Anfechtungsansprüche entweder überhaupt nicht ermittelt oder ermittelte Ansprüche nicht geltend macht.[805] In der Literatur fanden die Erwägungen von *Keramati/Klein* im Allgemeinen Zustimmung, wenngleich eine nähere inhaltliche Auseinandersetzung oder Konkretisierung bislang aussteht.[806] Auf diesen Erwägungen aufbauend soll nun umfassend eine etwaige Strafbarkeit des Verwalters bei der rechtsmissbräuchlich unterlassenen Geltendmachung werthaltiger Anfechtungsansprüche geprüft werden.

805 *Keramati/Klein*, NZI 2017, 421 (421 ff.).

806 *Köllner/Cyrus*, NZI 2017, 521 (524); dies., NZI 2018, 514 (516); *Bittmann*, wistra 2018, 425 (426); *Zeuner*, in: Rattunde/Smid/Zeuner-InsO, § 129 Rn. 16; *Wittig*, in: BeckOK-StGB, § 266 Rn. 36.5; *Perron*, in: Schönke/Schröder-StGB, § 266 Rn. 35a; *Weyand/Diversy*, in: Haarmeyer/Huber/Schmittmann, Teil VIII Rn. 109; *Borries/Hirte*, in: Uhlenbruck-InsO, § 143 Rn. 17; *Seier/Lindemann*; in: Achenbach/Ransiek/Rönnau, Handbuch Wirtschaftsstrafrecht, 5. Teil 2. Kapitel Rn. 77.

3. Teil: Missbrauchstatbestand

Der Tatbestand des § 266 Abs. 1 StGB enthält zwei Tatbestandalternativen: zum einen den Missbrauchstatbestand und zum anderen den Treubruchstatbestand. Die erste Alternative schützt das Vermögen vor Gefahren, die sich aus der Einräumung von Dispositionsbefugnissen im Außenverhältnis ergeben. Die zweite Alternative betrifft die Risiken, die aus der Gewährung von Dispositionsbefugnissen im Innenverhältnis resultieren. Nach der h. L. und der Rechtsprechung liegt der Unrechtskern der Untreue in der Verletzung der für beide Tatbestandsalternativen identischen Pflicht zur fremdnützigen Vermögensbetreuung. Der Missbrauchstatbestand ist danach nur ein enger und präziser gefasster, speziell geregelter Anwendungsfall des Treubruchstatbestands, der als lex specialis Vorrang vor dem Treubruchstatbestand hat.[807] Eine Untreue durch Missbrauch einer rechtsgeschäftlichen Verfügungsbefugnis liegt danach nur vor, wenn die Befugnis gerade zum Zweck der Vermögensfürsorge erteilt wurde.[808]

A. Verletzung der Vermögensbetreuungspflicht

Der Missbrauchstatbestand ist erfüllt, wenn der Insolvenzverwalter oder Sachwalter die ihm durch Gesetz, behördlichen Auftrag oder Rechtsgeschäft eingeräumte Befugnis, über fremdes Vermögen zu verfügen oder einen anderen zu verpflichten, missbraucht hat und dadurch dem, dessen Vermögen er zu betreuen hat, Nachteil zufügt. Ein Missbrauch in diesem Sinn kann daher ausschließlich durch rechtsgeschäftliches oder hoheitliches Handeln verwirklicht werden.[809] Relevant im Hinblick auf ein nach § 266 Abs. 1 StGB strafbares Verhalten des Insolvenzverwalters durch die unterlassene Geltendmachung von Anfechtungsansprüchen sollen im Rahmen dieser Arbeit allein Konstellationen sein, in denen die Geltendmachung von Ansprüchen unterblieben ist. Durch

807 *Fischer*-StGB, § 266 Rn. 6 f.; *Hoyer*, in: SK-StGB, § 266 Rn. 11; *Wessels/Hillenkamp*, BT 2, Rn. 749; BGH NStZ 2013, 40 (40) Rn. 4; das Verhältnis beider Tatbestandsalternativen ist indes seit jeher umstritten, ausf. zu den verschiedenen Theorien *Schünemann*, in: LK-StGB, § 266 Rn. 18 ff.

808 *Fischer*-StGB, § 266 Rn. 6a; die m. M. beurteilt beide Tatbestandsvarianten dagegen als selbstständig und begrifflich verschieden, etwa *Perron*, in: Schönke/Schröder-StGB, § 266 Rn. 2 m. w. N.

809 *Matt*, in: Matt/Renzikowski-StGB, § 266 Rn. 48; *Saliger*, in: S/S/W-StGB, § 266 Rn. 33; *Fischer*-StGB, § 266 Rn. 10.

eine bloß tatsächlich unterlassene Geltendmachung von Anfechtungsansprüchen kommt ein Missbrauch insoweit nicht in Frage. Rein tatsächliches Handeln ohne rechtsgeschäftlichen oder hoheitlichen Charakter wird ausschließlich vom Treubuchtatbestand erfasst.

Genauso wie ein rein tatsächliches Unterlassen der Geltendmachung von Anfechtungsansprüchen durch den Insolvenzverwalter denkbar ist, kommt dieses Unterlassen auch als Folge eines aktiven Tuns in Form von einem rechtgeschäftlichen Unterlassen in Betracht.[810] So kann der Insolvenzverwalter etwa für die Masse nachteilige Vergleiche beziehungsweise Erlassverträge in Bezug auf potentiell durchsetzbare und werthaltige Anfechtungsansprüche schließen. Genauso kann der Insolvenzverwalter Anfechtungsansprüche unter Wert verkaufen und so nahestehenden Personen oder über Umwegen sich selbst einen Vermögensvorteil verschaffen.[811] Ein besonderer Anreiz zum rechtgeschäftlichen Verzicht auf Anfechtungsansprüche entsteht, wenn Anfechtungsgegner ein Unternehmen ist, an dem der Insolvenzverwalter selbst beteiligt ist.[812] Schließlich kommt es in der Verwalterpraxis durchaus vor, dass Insolvenzverwalter Unternehmen, an denen sie selbst beteiligt sind, im Rahmen ihrer Verwaltungstätigkeit besondere Vorteile gewähren, etwa durch die Beauftragung eines vom Verwalter selbst geleiteten Drittunternehmens zu überhöhten Preisen[813] oder durch den Abschluss von Kaufverträgen zulasten der Masse zugunsten von Unternehmen, an denen die Lebensgefährtin und die Kinder des Insolvenzverwalters beteiligt sind.[814] Durch den Abschluss eines Erlassvertrags, Vergleichs oder Kaufvertrags kann die unterlassene Anfechtung (jedenfalls teilweise) rechtsgeschäftlich abgesichert werden. Das praktische Bedürfnis einer rechtgeschäftlichen Absicherung darf indes nicht unterschätzt werden. Schließlich kann der Anfechtungsgegner auf anderem Wege keine Rechtssicherheit erlangen. Bei einem bloßen Unterlassen der Geltendmachung des Anfechtungsanspruchs kann der Anfechtungsgegner bis zum Eintritt der Verjährung nicht darauf vertrauen, dass der Insolvenzverwalter letztendlich nicht doch noch anficht. Darüber hinaus

---

810 Vgl. zur unterlassenen Geltendmachung von Schadensersatzansprüchen gegenüber (ehemaligen) Führungskräften *Helmrich/Eidam*, ZIP 2011, 257 (258).

811 Vgl. *Thole*, ZIP 2014, 1653 (1656); *Knierim*, in: Dannecker/Knierim, Insolvenzstrafrecht, Rn. 1192.

812 Vgl. dazu mit weiteren Beispielen von Interessenkollisionen aufgrund privater Belange *Frege*, Der Sonderinsolvenzverwalter, Rn. 123.

813 BGH, Beschl. v. 26.04.2012 – IX ZB 31/11, ZIP 2012, 1187 (1189) Rn. 16 ff.

814 BGH, Urt. v. 14.01.1998 – 1 StR 504/97, NStZ 1998, 246 (246 f.); weitere Beispiele bei *Weyand/Diversy*, Insolvenzdelikte, Rn. 226.

besteht stets das Risiko, dass ein Nachfolgeverwalter bestellt wird, der anders als sein Amtsvorgänger ordnungsgemäß die werthaltigen Anfechtungsansprüche durchsetzt. Daneben besteht zudem stets das Risiko, dass das Insolvenzgericht Interessenkollisionen des Insolvenzverwalters erkennt, einen Sonderinsolvenzverwalter bestellt und dieser die Anfechtungsansprüche durchsetzt. Rechtsgeschäftlich kann – jedenfalls auf den ersten Blick – die unterlassene Anfechtung auch gegenüber Nachfolgeverwaltern und Sonderinsolvenzverwaltern rechtlich abgesichert werden. Für den Missbrauchstatbestand kommen daher alleine diese in der Praxis aber nicht seltenen rechtsgeschäftlichen Formen der unterlassenen Geltendmachung von Anfechtungsansprüchen in Betracht.

I. Verfügungs- oder Verpflichtungsbefugnis

Der Handlung des Insolvenzverwalters muss eine Verfügungs- oder Verpflichtungsbefugnis zugrunde liegen. Diese Befugnis muss sich auf fremdes Vermögen beziehen und durch Gesetz, behördlichen Auftrag oder Rechtsgeschäft eingeräumt worden sein. Für eine Verfügungs- oder Verpflichtungsbefugnis ist eine Rechtsstellung erforderlich, die es dem Insolvenzverwalter nach außen ermöglicht, Vermögensrechte eines anderen wirksam zu ändern, zu übertragen oder aufzuheben oder mit Verbindlichkeiten zu belasten.[815] Gem. § 80 Abs. 1 InsO geht durch die Eröffnung des Insolvenzverfahrens das Recht des Schuldners, das zur Insolvenzmasse gehörende Vermögen zu verwalten und über es zu verfügen, auf den Insolvenzverwalter über. Nach der Eröffnung des Insolvenzverfahrens hat der Insolvenzverwalter das gesamte zur Insolvenzmasse gehörende Vermögen sofort in Besitz und Verwaltung zu nehmen (§ 148 Abs. 1 InsO). § 159 InsO begründet seine Pflicht, nach dem Berichtstermin unverzüglich das zur Insolvenzmasse gehörende Vermögen zu verwerten, soweit die Beschlüsse der Gläubigerversammlung nicht entgegenstehen. Mit der Bestellung als Insolvenzverwalter geht daher stets eine Verfügungs- und Verpflichtungsbefugnis einher.[816] Nach h. M. muss das Vermögen, um fremd zu sein, zivilrechtlich einer mit

815 *Dierlamm*, in: MüKo-StGB, § 266 Rn. 34; *Perron*, in: Schönke/Schröder-StGB, § 266 Rn. 4.

816 *Heger*, in: Lackner/Kühl-StGB, § 266 Rn. 5a; *Joecks*, in: Bittmann, Praxishandbuch Insolvenzstrafrecht, § 24 Rn. 11; *Wittig*, Wirtschaftsstrafrecht, § 20 Rn. 24; *Bork*, Einführung in das Insolvenzrecht, Rn. 151; die zivilrechtliche Stellung des Insolvenzverwalters ist seit jeher str. Im Wesentlichen vertreten wird die Organtheorie, die Vertretertheorie, die Theorie vom neutralen Handeln sowie von der h. M. die Amtstheorie, nach der der Verwalter als unabhängiges Rechtspflegeorgan, als „Partei kraft Amtes“ handelt; ausf. *Lüke*, in: Kübler/Prütting/Bork-InsO, § 80 Rn. 32 ff.; *Busch*,

dem Täter nicht identischen natürlichen oder juristischen Person zustehen.[817] Aufgrund des vollumfänglichen Übergangs der Verwaltungs- und Verfügungsbefugnis auf den Insolvenzverwalter könnte daran gezweifelt werden, ob sich die Vermögensbetreuungspflicht noch auf fremdes Vermögen bezieht. Der Schuldner bleibt indes auch nach Eröffnung des Insolvenzverfahrens Rechtsinhaber des Schuldnervermögens. Der Schuldner verliert lediglich seine Verwaltungs- und Verfügungsbefugnis, so dass Verfügungen des Schuldners über zur Masse gehörende Gegenstände (§ 81 Abs. 1 Satz 1 InsO) und Leistungen an den Schuldner auf zur Masse gehörende Forderungen (§ 82 InsO) unwirksam sind und Rechte an den Gegenständen der Insolvenzmasse nicht mehr wirksam erworben werden können, auch wenn keine Verfügung des Schuldners und keine Zwangsvollstreckung für einen Insolvenzgläubiger zugrunde liegt (§ 91 InsO). Insbesondere wird die Gläubigergesamtheit auch nicht Gesamtrechtsnachfolgerin.[818] Die Insolvenzmasse ist für den Insolvenzverwalter daher trotz dessen umfassender Verfügungs- und Verpflichtungsbefugnis fremdes Vermögen.[819] Nach überwiegender Ansicht ist die Bestellung zum Insolvenzverwalter ein behördlicher Auftrag im Sinne des 266 Abs. 1 StGB.[820] An einer umfassenden Verfügungs- und Verpflichtungsbefugnis im Sinne des § 266 StGB des Insolvenzverwalters bestehen daher keine Zweifel.

Der Insolvenzverwalter und die Überwindung der Masseunzulänglichkeit, S. 189 ff.; *Stamm*, KTS 2016, 279 (279 ff.); *Bork*, Einführung in das Insolvenzrecht, Rn. 73 ff.; ders., FS-K. Schmidt, 143 (144 ff.); *Smid*, FS-Pannen, 691 (695 ff.); vgl. bereits *Uhlenbruck*, KTS 1998, 1 (1); *K. Schmidt*, KTS 1984, 345 (345 ff.).

817 *Heger*, in: Lackner/Kühl-StGB, § 266 Rn. 3; ausf. m. abweich. A. *Biermann*, Die strafrechtlichen Risiken der Tätigkeit des (vorläufigen) Insolvenzverwalters, S. 163 ff.

818 *Biermann*, Die strafrechtlichen Risiken der Tätigkeit des (vorläufigen) Insolvenzverwalters, S. 165 m. w. N.

819 BGH, Urt. v. 08.05.1951 – 1 StR 171/51, BGHSt 1, 186 (187 f.); BGH, Urt. v. 11.07.2000 – 1 StR 93/00, ZIP 2001, 383 (383 ff.); *Dierlamm*, in: MüKo-StGB, § 266 Rn. 35; *Fischer*-StGB, § 266 Rn. 11; *Perron*, in: Schönke/Schröder-StGB, § 266 Rn. 6; str. allerdings, wer Inhaber des Schuldnervermögens ist, s. ausf. *Biermann*, Die strafrechtlichen Risiken der Tätigkeit des (vorläufigen) Insolvenzverwalters, S. 164 ff. m. w. N.

820 *Dierlamm*, in: MüKo-StGB, § 266 Rn. 38; *Weyand/Diversy*, in: Haarmeyer/Huber/Schmittmann, Teil VIII Rn. 86; dies., Insolvenzdelikte, Rn. 218; *Berger/Frege/Nicht*, NZI 2010, 321 (331 f.); *Biermann*, Die strafrechtlichen Risiken der Tätigkeit des (vorläufigen) Insolvenzverwalters, S. 224; *Hoyer*, in: SK-StGB, § 266 Rn. 39 m. abw. A.; a. A. *Fischer*-StGB, § 266 Rn. 16; *Perron*, in: Schönke/Schröder-StGB, § 266 Rn. 8: durch Gesetz. Die Unterscheidung ist an dieser Stelle aber nicht von Bedeutung, vgl. *Schünemann*, in: LK-StGB, § 266 Rn. 36; *Wittig*, Wirtschaftsstrafrecht, § 20 Rn. 24.

Auch den Sachwalter trifft im Eigenverwaltungsverfahren eine Verfügungs- und Verpflichtungsbefugnis im Sinne des § 266 StGB. Die Pflichten aus den §§ 280, 283 Abs. 1 Satz 1, 284 Abs. 2 und 285 InsO sind ihm zur selbständigen Wahrnehmung zugewiesen und insoweit ist er wie der Insolvenzverwalter als verwaltungs- und verfügungsbefugtes Organ anzusehen.[821] Diese bezieht sich gem. § 280 InsO gerade auf die Geltendmachung oder anderweitige Verwertung der Insolvenzanfechtungsansprüche.

II. Vermögensbetreuungspflicht

Zur Verfügungs- und Verpflichtungsbefugnis muss hinzukommen, dass der Inhaber der Befugnis die Vermögensinteressen desjenigen, über dessen Vermögen er verfügen beziehungsweise den er verpflichten kann, zu betreuen hat. Mit der herrschenden monistischen Theorie ist auch für den Missbrauchstatbestand diese Vermögensbetreuungspflicht zu verlangen und bei beiden Tatbestandsalternativen einheitlich zu bestimmen.[822] Sie ist gegeben, wenn den Täter eine inhaltlich besonders herausgehobene Pflicht zur Wahrnehmung fremder Vermögensinteressen trifft.[823] Ein bloßer Bezug zu fremden Vermögensinteressen ist dafür ebenso wenig ausreichend wie allgemeine vertragliche Nebenpflichten, auf die Vermögensinteressen des Vertragspartners Rücksicht zu nehmen.[824] Im Wege einer Gesamtbetrachtung ist zu entscheiden, ob es sich bei den einer Person übertragenen Aufgaben um Angelegenheiten handelt, denen die Bedeutung der Wahrnehmung von Vermögensinteressen zukommt. Von maßgeblicher

---

821 *Zipperer*, in: Uhlenbruck-InsO, § 273 Rn. 9.

822 BVerfG, Beschl. v. 23.06.2010 – 2 BvR 2559/08 u.a., BVerfGE 126, 170 (209 f.); BGH, Urt. v. 26.07.1972 – 2 StR 62/72, BGHSt 24, 386 (387 f.); BGH, Urt. v. 13.06.1985 – 4 StR 213/85, BGHSt 33, 244 (250); BGH, Urt. v. 24.11.2020 – 5 StR 553/19, BeckRS 2020, 43084 Rn. 20; *Fischer*-StGB, § 266 Rn. 6; *Dierlamm*, in: MüKo-StGB, § 266 Rn. 40; *Krell/Wackernagel*, in: Adick/Bülte, Fiskalstrafrecht, Rn. 23/11; *Theile*, ZIS 2011, 616 (616), 18; *Saliger*, in: S/S/W-StGB, § 266 Rn. 6; ausf. m. abw. Ansichten zur modifiziert dualistischen und modifiziert monistischen Theorie *Hoyer*, in: SK-StGB, § 266 Rn. 11 ff.; a. A. *Perron*, in: Schönke/Schröder-StGB, § 266 Rn. 2; *Schünemann*, in: LK-StGB, § 266 Rn. 13 ff.

823 BGH, Beschl. v. 03.05.2012 – 2 StR 446/11, NStZ 2013, 40 (40) Rn. 4; BGH, Beschl. v. 26.11.2015 – 3 StR 17/15, BGHSt 61 (62 f.); zuletzt etwa BGH, Urt. v. 24.11.2020 – 5 StR 553/19, BeckRS 2020, 43084 Rn. 22; *Hoyer*, in: SK-StGB, § 266 Rn. 28; ausf. zu Treueverhältnissen *Reiß*, Das „Treueverhältnis" des § 266 StGB, passim.

824 BGH, Beschl. v. 03.05.2012 – 2 StR 446/11, NStZ 2013, 40 (40) Rn. 4; *Hoyer*, in: SK-StGB, § 266 Rn. 28.

Bedeutung ist dabei in erster Linie, ob die fremdnützige Vermögensfürsorge den Hauptgegenstand der Rechtsbeziehung bildet und ob dem Verpflichteten bei deren Wahrnehmung ein gewisser Spielraum, eine gewisse Bewegungsfreiheit oder Selbstständigkeit, also die Möglichkeit zur verantwortlichen Entscheidung innerhalb eines gewissen Ermessensspielraums, verbleibt.[825] Aufgrund des umfassenden Übergangs der Verwaltungs- und Verfügungsbefugnis vom Schuldner auf den Insolvenzverwalter (§ 80 InsO) sowie der Übernahme der Insolvenzmasse (§ 148 InsO) ist eine Vermögensbetreuungspflicht sowohl gegenüber dem Schuldner als auch gegenüber den Insolvenz- und Massegläubigern anerkannt.[826]

Im Eigenverwaltungsverfahren nach §§ 270 ff. InsO ist der Schuldner berechtigt, unter der Aufsicht eines Sachwalters die Insolvenzmasse zu verwalten und über sie zu verfügen. Ein vollumfänglicher Übergang der Verwaltungs- und Verfügungsbefugnis findet anders als beim Insolvenzverwalter bei Sachwaltern nicht statt, sodass eine Vermögensbetreuungspflicht nicht ohne weiteres aus dem Übergang abgeleitet werden kann; den Sachwalter treffen aber zum einen über die bloße Überwachung des Schuldners hinaus verschiedene Zustimmungserfordernisse (§ 275 InsO), zum anderen kann gem. § 280 InsO nur der Sachwalter die Haftung nach den §§ 92 und 93 InsO für die Insolvenzmasse geltend machen und Rechtshandlungen nach den §§ 129 bis 147 InsO anfechten. Daher unterliegt der Sachwalter genauso wie der Insolvenzverwalter einer Vermögensbetreuungspflicht.[827]

III. Pflichtverletzung/Befugnismissbrauch

Der Tatbestand beider Untreuevarianten setzt die Pflichtwidrigkeit der Tathandlung voraus.[828] Die Pflichtverletzung äußert sich nach h. M. bei der

---

825 Ständige Rechtsprechung seit BGH, Urt. v. 04.11.1952 – 1 StR 441/52, BGHSt 3, 289 (294); BGH, Beschl. v. 03.05.2012 – 2 StR 446/11, NStZ 2013, 40 (40) Rn. 4; BGH, Beschl. v. 26.11.2015 – 3 StR 17/15, BGHSt 61 (62 f.); zuletzt etwa BGH, Urt. v. 24.11.2020 – 5 StR 553/19, BeckRS 2020, 43084 Rn. 22; s. a. *Hoyer*, in: SK-StGB, § 266 Rn. 29 ff.

826 BGH, Urt. v. 14.01.1998 – 1 StR 504/97, NStZ 1998, 246 (247) (Konkursverwalter); *Richter*, NZI 2002, 121 (129); *Ott/Vuia*, in: MüKo-InsO, § 80 Rn. 146 f.; *Dierlamm*, in: MüKo-StGB, § 266 Rn. 93; *Weyand/Diversy*, Insolvenzdelikte, Rn. 218; *Weyand*, ZInsO 2014, 1934 (1938); *Momsen/Christmann*, NZI 2010, 121 (122); *Wittig*, Wirtschaftsstrafrecht, § 20 Rn. 128.

827 *Dierlamm*, in: MüKo-InsO, § 266 Rn. 93; *Schramm*, NStZ 2000, 398 (401 f.); *Schünemann*, in: LK-StGB, § 266 Rn. 127.

828 *Fischer*-StGB, § 266 Rn. 57.

Missbrauchsuntreue in der Weise, dass der Täter auf Grund einer nach außen wirksamen Verfügungs- oder Verpflichtungsbefugnis handelt und dabei eine im Innenverhältnis bestehende Vermögensbetreuungspflicht verletzt.[829] Der Täter muss daher von der Befugnis im Außenverhältnis durch rechtsgeschäftliche Verfügung oder Verpflichtung wirksam Gebrauch gemacht und dabei die Schranken im Innenverhältnis überschritten haben.[830] Die Abweichung der Außenmacht von der Innenmacht bei der Vornahme der tatbestandsmäßigen Handlung ist anhand eines Vergleichs des gesetzlichen Befugnisumfangs mit dem regelmäßig weniger weit reichenden Innenverhältnis zu bestimmen.[831]

1. *Wirksamkeit des Gebrauchs*

Erforderlich für eine Pflichtwidrigkeit im Sinne des Missbrauchstatbestandes ist zunächst eine wirksame Verfügung oder Verpflichtung des Insolvenzverwalters.[832] Das Merkmal der zivilrechtlichen oder öffentlich-rechtlichen Wirksamkeit der Ausübung der Befugnis folgt aus der Aufgabe des Missbrauchstatbestandes, die ausschließlich im Schutz des Vermögensinhabers vor den spezifischen rechtlichen Gefahren der Überschreitung des rechtlichen Dürfens im Rahmen des rechtlichen Könnens besteht; ein rechtliches Können ist aber nur bei einer im Außenverhältnis rechtlich wirksamen Ausübung der Befugnis gegeben.[833] Auch nach der Ansicht des BGH führt die Unwirksamkeit des Rechtsgeschäfts daher zu einem Ausschluss des Missbrauchstatbestandes.[834] An dieser weit überwiegenden Ansicht wird mitunter kritisiert, der schlimmste Fall des Missbrauchs,

829 *Dierlamm*, in: MüKo-StGB, § 266 Rn. 137; *Kindhäuser*, in: NK-StGB, § 266 Rn. 86; *Fischer*-StGB, § 266 Rn. 24; *Wittig*, in: BeckOK-StGB, § 266 Rn. 8; *Perron*, in: Schönke/Schröder-StGB, § 266 Rn. 18.

830 *Dierlamm*, in: MüKo-StGB, § 266 Rn. 137; *Fischer*-StGB, § 266 Rn. 24; *Biermann*, Die strafrechtlichen Risiken der Tätigkeit des (vorläufigen) Insolvenzverwalters, S. 175; zum Schutzbereich der Untreue s. *Schünemann*, FS-Frisch, 837 (844 ff.).

831 *Fischer*-StGB, § 266 Rn. 28; *Bittmann*, in: Bittmann, Praxishandbuch Insolvenzstrafrecht, § 16 Rn. 21.

832 *Hoyer*, in: SK-StGB, § 266 Rn. 43; *Matt*, in: Matt/Renzikowski-StGB, § 266 Rn. 48; *Heger*, in: Lackner/Kühl-StGB, § 266 Rn. 6; *Dierlamm*, in: MüKo-StGB, § 266 Rn. 134; *Krell/Wackernagel*, in: Adick/Bülte, Fiskalstrafrecht, Rn. 23/13; *Fischer*-StGB, § 266 Rn. 24; *Bittmann*, in: Bittmann, Praxishandbuch Insolvenzstrafrecht, Rn. 16/36.

833 *Perron*, in: Schönke/Schröder-StGB, § 266 Rn. 17; *Dierlamm*, in: MüKo-StGB, § 266 Rn. 136; *Hoyer*, in: SK-StGB, § 266 Rn. 76; *Fischer*-StGB, § 266 Rn. 24.

834 St. Rspr seit BGH, Urt. v. 16.06.1953 – 1 StR 67/53, BGHSt 5, 61 (63); zuletzt etwa BGH, Beschl. v. 13.02.2007 – 5 StR 400/06, NStZ 2007, 579 (580) Rn. 6 ff.

der des (dem Geschäftsherrn unerkennbaren oder unbeweisbaren) bewussten Zusammenwirkens des Täters mit dem Geschäftsgegner zum Schaden des vertretenen Vermögens werde so nicht erfasst. Dadurch entstehe eine Strafbarkeitslücke, die auch von dem als Ersatz eingreifenden Treubruchstatbestand nicht wirksam geschlossen werden könne.[835] Schließlich sei für den Treubruchstatbestand ein qualifiziertes Maß an Selbständigkeit und Entscheidungsfreiheit für die Täterstellung erforderlich. Das sei gerade nicht gegeben etwa beim Handeln eines Vertretungsberechtigten mit im Detail festgelegter Marschroute. In diesem Fall entfiele eine Untreuestrafbarkeit, weil der Missbrauchstatbestand an einer wirksamen Verpflichtung oder Verfügung scheitere und der Treubruchstatbestand am Fehlen eines qualifizierten Maßes an Selbständigkeit und Entscheidungsfreiheit.[836] Dieser Kritik ist indes entgegenzuhalten, dass in Fällen, in denen es an der Wirksamkeit des Handelns im Außenverhältnis fehlt, insbesondere beim kollusiven Zusammenwirken des Täters mit dem Geschäftsgegner, der Treubruchstatbestand bei vollzogenen Rechtsgeschäften in aller Regel in Betracht kommt, soweit der Täter Inhaber einer Vermögensbetreuungspflicht ist. Scheitert indes der Treubruchstatbestand an der fehlenden Selbständigkeit und Entscheidungsfreiheit, kann bei einem unwirksamen Rechtsgeschäft auch der Missbrauchstatbestand nicht zu einer Strafbarkeit führen. Schließlich ist nach der herrschenden monistischen Theorie die Vermögensbetreuungspflicht beim Missbrauchs- und Treubruchstatbestand einheitlich zu bestimmen.[837] An das Tatbestandsmerkmal der Vermögensbetreuungspflicht beim Missbrauchstatbestand geringere Anforderungen zu stellten als beim Treubruchstatbestand ist vor dem Hintergrund der besonderen Zwecksetzung des Missbrauchstatbestands, dem Schutz des Vermögensinhabers vor den spezifischen rechtlichen Gefahren der Überschreitung des rechtlichen Dürfens im Rahmen des rechtlichen Könnens, abzulehnen.[838] Die

---

835 *Arzt*, FS-Bruns, 365 (368 ff., 370, 375); *Schünemann*, ZIS 2012, 183 (186 ff.).

836 *Schünemann*, ZIS 2012, 183 (187); vgl. *Perron*, in: Schönke/Schröder-StGB, § 266 Rn. 2; jeweils m. w. N.

837 BVerfG, Beschl. v. 23.06.2010 – 2 BvR 2559/08 u.a., BVerfGE 126, 170 (209 f.); BGH, Urt. v. 26.07.1972 – 2 StR 62/72, BGHSt 24, 386 (387 f.); BGH, Urt. v. 13.06.1985 – 4 StR 213/85, BGHSt 33, 244 (250); *Fischer*-StGB, § 266 Rn. 6; *Dierlamm*, in: MüKo-StGB, § 266 Rn. 40; *Krell/Wackernagel*, in: Adick/Bülte, Fiskalstrafrecht, Rn. 23/11; *Theile*, ZIS 2011, 616 (616), 18; *Saliger*, in: S/S/W-StGB, § 266 Rn. 6; ausf. m. abw. Ansichten zur modifiziert dualistischen und modifiziert monistischen Theorie *Hoyer*, in: SK-StGB, § 266 Rn. 11 ff.; a. A. *Perron*, in: Schönke/Schröder-StGB, § 266 Rn. 2; *Schünemann*, in: LK-StGB, § 266 Rn. 13 ff.

838 S. o. unter 3. Teil A. II.

von den Gegnern der monistischen Theorie befürchteten Strafbarkeitslücken sind also unmittelbare Folge der (modifiziert) dualistischen Theorie[839] selbst; bei Zugrundelegung der monistischen Theorie tritt dieses Problem gar nicht erst auf. Jedenfalls bei untreuerelevanten Handlungen des Insolvenzverwalters aufgrund einer unterlassenen Insolvenzanfechtung sind Strafbarkeitslücken nicht zu befürchten. Strafbarkeitslücken werden von den Gegnern der Ansicht, es sei ein wirksames Verpflichtungs- oder Verfügungsgeschäft erforderlich, nur dann befürchtet, wenn es an einer wirksamen Vermögensbetreuungspflicht mangelt. Da mit der Bestellung zum Amt des Insolvenzverwalters beziehungsweise Sachwalters aber stets eine Vermögensbetreuungspflicht einhergeht und daher bei Vermögensschädigungen infolge eines unwirksamen Rechtsgeschäfts über Anfechtungsansprüche stets der Treubruchstatbestand eingreift, sind Strafbarkeitslücken bei Handlungen des Insolvenzverwalters oder Sachwalters insoweit nicht zu befürchten. Mit der h. M. ist daher eine zivilrechtlich oder öffentlich-rechtlich wirksame Verpflichtung oder Verfügung zur Verwirklichung des Missbrauchstatbestands notwendige Voraussetzung. In Bezug auf eine Strafbarkeit des Insolvenzverwalters aufgrund für die Gläubigergemeinschaft nachteiliger Erlassverträge, Vergleiche oder Kaufverträge über Anfechtungsansprüche ist insoweit zunächst deren zivilrechtliche Wirksamkeit erforderlich.

a) Ermessensspielraum des Insolvenzverwalters

Aufgrund des weiten Ermessensspielraums des Insolvenzverwalters im Hinblick auf die Geltendmachung von Anfechtungsansprüchen wird zum Teil kritisiert, der Grundsatz der Gläubigergleichbehandlung finde im Anfechtungsrecht keine Anwendung und werde stattdessen durch ein selektives Auswahlermessen ersetzt.[840] Aufgrund der im freien Wahlermessen liegenden willkürlichen Anspruchsselektion, die auch nur sehr eingeschränkt gerichtlich nachprüfbar sei, sei das Insolvenzanfechtungsrecht mit dem verfassungsrechtlich jedenfalls im öffentlichen Recht uneingeschränkt geltenden Willkürverbot nicht uneingeschränkt vereinbar.[841] Tatsächlich geht diese Schlussfolgerung aber zu weit. Der Insolvenzverwalter darf sein Ermessen durchaus nicht willkürlich (zulasten einzelner Verfahrensbeteiligter) anwenden. Vielmehr muss er stets nach pflichtgemäßem Ermessen handeln. Insoweit unterliegt seine Ermessenentscheidung

839 Ausf. dazu m. w. N. *Schünemann*, in: LK-StGB, § 266 Rn. 6 ff.; *Hoyer*, in: SK-StGB, § 266 Rn. 15.

840 *Knospe*, ZInsO 2014, 861 (876).

841 *Knospe*, ZInsO 2014, 861 (876).

vielen Grenzen; bei Überschreitungen des Ermessensspielraums droht aufgrund der Haftungsnorm des § 60 InsO zudem stets eine strenge persönliche zivilrechtliche Schadensersatzpflicht. Der Insolvenzverwalter ist allen Verfahrensbeteiligten gegenüber zu einer bestmöglichen Verfahrensdurchführung verpflichtet.[842] Er hat die Insolvenzmasse entsprechend der Sorgfalt eines ordentlichen und gewissenhaften Verwalters zu verwerten, zu erhalten und zu mehren.[843] Allerdings hat der Insolvenzverwalter in einer für das Unternehmen schwierigen Lage regelmäßig von vielen, teils unbeherrschbaren Faktoren abhängige Prognoseentscheidungen zu treffen;[844] bei Unternehmen in einem möglicherweise fremden Geschäftszweig mit in der Regel fehlender ordnungsgemäßer Buchführung kommt der Insolvenzverwalter zum einen nur verzögert und nicht vollumfänglich an die zur bestmöglichen Verwaltung erforderlichen Informationen, auf der anderen Seite steht er unter erheblichem zeitlichen Entscheidungsdruck.[845] Zudem ist dabei zu berücksichtigen, dass unternehmerische Entscheidungen nie retrospektiv, sondern stets prospektiv zu treffen und insoweit denknotwendig mit Unsicherheit verbunden sind.[846] Immer wieder hat der Insolvenzverwalter daher auch Risikoentscheidungen zu treffen. Gerade bei der Fortführung von Unternehmen können ernsthafte Sanierungschancen auch nur durch informierte Risikoentscheidungen wahrgenommen werden.[847] Gleichzeitig enthält die InsO für diese Sachentscheidungen kaum Vorgaben, an denen sich der Insolvenzverwalter orientieren kann. Vielmehr sind in § 1 InsO (Ziele des Insolvenzverfahrens) und in § 159 InsO (Verwertung der Insolvenzmasse) lediglich generalklauselartig die Verwalterpflichten umschrieben. Das Vermögen hat der Insolvenzverwalter zügig zu verwerten und sich dabei am Insolvenzzweck und an den grundlegenden Entscheidungen der Gläubigerversammlung (vgl. §§ 157 - 164 InsO) zu orientieren.[848] Dabei hat der Insolvenzverwalter die gesetzliche Maßgabe zu beachten, das Vermögen bestmöglich im

---

842 BGH, Urt. v. 12.03.2020 – IX ZR 125/17, NJW 2020, 1800 (1801) Rn. 26.

843 BGH, Urt. v. 12.03.2020 – IX ZR 125/17, NJW 2020, 1800 (1801) Rn. 26; *Biermann*, Die strafrechtlichen Risiken der Tätigkeit des (vorläufigen) Insolvenzverwalters, S. 177 m. w. N.

844 BGH, Urt. v. 16.03.2017 – IX ZR 253/15, BGHZ 214, 220 (224) Rn. 15.

845 *Bönner*, Unternehmerisches Ermessen, S. 28; *Adam*, DZWIR 2019, 1 (1), vgl. auch Begr. RegE-InsO, BT-Drs. 12/2443, S. 129.

846 *Hölzle*, NZI 2013, 348 (348).

847 *Hölzle*, NZI 2013, 348 (348); ausf. dazu *Adam*, DZWIR 2007, 357 (357 ff.).

848 BGH, Urt. v. 07.12.1977 – VIII ZR 164/76, BGHZ 70, 87 (91); *Thole*, in: K. Schmidt-InsO, § 60 Rn. 11.

Sinne der gemeinschaftlichen und gleichmäßigen Befriedigung der Gläubiger im Rahmen der Gesamtvollstreckung zu verwerten.[849] Der Insolvenzverwalter hat in Bezug auf die Geltendmachung von Anfechtungsansprüchen daher das Durchsetzungsrisiko in rechtlicher und wirtschaftlicher Hinsicht zu den zu erwartenden Kosten und diese wiederum zur Insolvenzmasse in Relation zu setzen und die Entscheidung zu treffen, ob und auf welche Weise der Anspruch am effizientesten durchzusetzen oder anderweitig zu verwerten ist.[850] Kann der Insolvenzverwalter in Entscheidungssituationen unterschiedliche unternehmerische Handlungen vornehmen, die jeweils unterschiedliche, oft nicht eindeutig prognostizierbare wirtschaftliche Folgen nach sich ziehen, steht dem Insolvenzverwalter daher grundsätzlich ein weiter Ermessensspielraum zu.[851] Die durch die wenigen Grenzen entstehenden großen Entscheidungsspielräume hat der Insolvenzverwalter unter Opportunitätsgesichtspunkten auszufüllen.[852]

b) *Immanente Schranken der Rechtsmacht des Insolvenzverwalters*

In dem Beschluss des BVerfG zur Frage der Zulassung juristischer Personen zum Amt des Insolvenzverwalters betonte das BVerfG in besonders hohem Maße den in § 1 Abs. 1 InsO definierten Zweck des Insolvenzverfahrens als Teil des Zwangsvollstreckungsrechts. Zweck des Insolvenzverfahrens sei die unter Berücksichtigung der Lage des Schuldners bestmögliche Befriedigung der Forderungen der Gläubiger, die auch im Rahmen der Zwangsvollstreckung als private vermögenswerte Rechte von Art. 14 Abs. 1 GG geschützt seien. Damit ziele es unmittelbar auf den Schutz und die Durchsetzung verfassungsrechtlich geschützter privater Interessen ab.[853] Auch wenn dem Insolvenzverwalter durch die Übertragung der

---

849 *Berger/Frege/Nicht*, NZI 2010, 321 (322).

850 *Hölzle*, NZI 2013, 348 (349); vgl. BGH, Urt. v. 12.03.2020 – IX ZR 125/17, NJW 2020, 1800 (1801) Rn. 27.

851 BGH, Urt. v. 25.04.2002 – IX ZR 313/99, BGHZ 150, 353 (360 f.) m. w. N. aus Rechtsprechung und Literatur; BGH, VU. v. 10.01.2013 – IX ZR 172/11, NZI 2013, 347 (347) Rn. 8; BGH, Urt. v. 16.03.2017 – IX ZR 253/15, BGHZ 214, 220 (224) Rn. 15; BGH, Urt. v. 12.09.2019 – IX ZR 16/18, NZI 2019, 893 (893 f.) Rn. 11, s. dazu *Hölken*, NZI 2019, 896 (896 f.); BGH, Urt. v. 12.03.2020 – IX ZR 125/17, NJW 2020, 1800 (1801) Rn. 28; *Kreft*, FS-K. Schmidt, 965 (967); *Ott/Vuia*, in: MüKo-InsO, § 80 Rn. 61; vgl. auch Begr. RegE-InsO, BT-Drs. 12/2443, S. 129.

852 *Hölzle*, NZI 2013, 348 (348).

853 BVerfG, Beschl. v. 12.01.2016 – 1 BvR 3102/13, BVerfGE 141, 121 (134) Rn. 43; zust. *Mitlehner*, NZI 2016, 248 (249); *Frind*, NZI 2016, 156 (156 f.); s. bereits BVerfG, Beschl. v. 23.05.2006 – 1 BvR 2530/04, BVerfGE 116, 1 (13).

Verwaltungs- und Verfügungsbefugnis über das Vermögen des Schuldners gem. § 80 InsO eine umfassende Rechtsmacht zur Verfügung über das Vermögen des Schuldners verliehen ist, darf der Verwalter vor dem Hintergrund dieser besonderen Zwecksetzung nicht alle Möglichkeiten seiner umfassenden Rechtsmacht uneingeschränkt nutzen.[854] Der Insolvenzverwalter erhält nur scheinbar eine unbegrenzte Rechtsmacht über die Masse. Zwar steht dem Insolvenzverwalter bei der Ausübung seiner Tätigkeit grundsätzlich ein weiter Ermessensspielraum zu.[855] Bei der Vornahme von Handlungen für andere gibt es allerdings immer Konstellationen, in denen die Rechtsmacht des Handelnden durch ungeschriebene Einschränkungen begrenzt ist.[856] So muss auch der Insolvenzverwalter bei der Ausübung seiner Gestaltungsfreiheit bestimmte Grenzen einhalten. Die aus der Unabhängigkeit des Verwalters nach § 56 Abs. 1 InsO abgeleitete Interessenwahrungspflicht bildet etwa die Kehrseite der Verwaltungs- und Verfügungsbefugnis des Verwalters nach § 80 Abs. 1 InsO. Der Verwalter hat daher Interessenkonflikte zu vermeiden und muss sein Handeln am Interesse aller Verfahrensbeteiligten orientieren.[857] Das Insolvenzverfahren dient den Interessen der Gläubiger und des Insolvenzschuldners, nicht den Erwerbsinteressen des Insolvenzverwalters. Entsprechend hat der Verwalter die ihm übertragenen weitreichenden Befugnisse ausschließlich zur Verfolgung des Verfahrenszwecks zu nutzen.[858]

Da der Insolvenzverwalter bei der Ausübung seines Amts kraft staatlicher Ermächtigung wie der Inhaber des Vermögens selbst handelt, müssen sich die Grenzen – neben den auch vom Insolvenzverwalter stets zu berücksichtigenden Grenzen aus allgemeinen Vorschriften wie §§ 134, 138 BGB – aus seiner

---

854 Zur Privatautonomie im insolvenzrechtlichen Kontext s. *Hoffmann*, KTS 2018, 343 (343 ff.).

855 BGH, Urt. v. 25.04.2002 – IX ZR 313/99, BGHZ 150, 353 (360 f.) m. w. N. aus Rechtsprechung und Literatur; BGH, VU. v. 10.01.2013 – IX ZR 172/11, NZI 2013, 347 (347) Rn. 8; BGH, Urt. v. 16.03.2017 – IX ZR 253/15, BGHZ 214, 220 (224) Rn. 15; BGH, Urt. v. 12.09.2019 – IX ZR 16/18, NZI 2019, 893 (893 f.) Rn. 11, s. dazu *Hölken*, NZI 2019, 896 (896 f.); BGH, Urt. v. 12.03.2020 – IX ZR 125/17, NJW 2020, 1800 (1801) Rn. 28; *Ott/Vuia*, in: MüKo-InsO, § 80 Rn. 61; *Kreft*, FS-K. Schmidt, 965 (967).

856 Vgl. zu den Grenzen der Dispositionsbefugnis von Gesellschaftern *Radke/Hoffmann*, GA 2008, 535 (537 ff.).

857 *Kumpan*, KTS 2010, 169 (179 f.); *Adam*, DZWIR 2019, 1 (1).

858 BGH, Urt. v. 16.03.2017 – IX ZR 253/15, BGHZ 214, 220 (226 f.) Rn. 21; BGH, Urt. v. 12.03.2020 – IX ZR 125/17, NJW 2020, 1800 (1801) Rn. 26.

Aufgabenstellung selbst ergeben.[859] Insoweit ist die Rechtsmacht des Verwalters durch den Insolvenzzweck beschränkt.

c) *Evidente Insolvenzzweckwidrigkeit*[860]

Pflichtwidrige Rechtshandlungen des Insolvenzverwalters werden abgesehen von der zivilrechtlichen Haftung des Insolvenzverwalters nach § 60 InsO auf Rechtsfolgenseite von der InsO nicht weiter problematisiert. Nach dem gesetzgeberischen Willen sind daher auch pflichtwidrige Rechtsgeschäfte des Insolvenzverwalters grundsätzlich wirksam. Handelt der Insolvenzverwalter allerdings in besonders auffälliger Weise zum Nachteil der Masse und verstößt so gegen den das gesamte Insolvenzrecht prägenden Grundsatz der Gläubigergleichbehandlung, steht eine Nichtigkeit des Rechtsgeschäfts nach den von der Rechtsprechung entwickelten Grundsätzen der sogenannten evidenten Insolvenzzweckwidrigkeit[861] im Raum. Da eine Nichtigkeit des Rechtsgeschäfts einer Untreuestrafbarkeit jedenfalls nach dem Missbrauchstatbestand im Wege steht, kommt der Abgrenzung eines ermessenfehlerhaften, aber wirksamen Rechtsgeschäfts von einem solchen, das wegen evidenter Insolvenzzweckwidrigkeit nichtig ist, erhebliche Bedeutung zu. Die insoweit maßgebliche Grenze des Entschließungs- und Auswahlermessens liegt daher auf der Schnittstelle zwischen der Unwirksamkeit der Rechtshandlungen wegen evidenter Insolvenzzweckwidrigkeit des Verwalters auf der einen Seite und dessen zivilrechtlicher Haftung (§ 60 InsO) wegen einer zwar wirksamen, aber gegebenenfalls dennoch ermessensfehlerhaften Entscheidung auf der anderen Seite.[862] Gerade die Aufgabe oder Nichtverfolgung aussichtsreicher Rechtspositionen der Insolvenzmasse sind ein häufiger Anwendungsbereich der evidenten Insolvenzzweckwidrigkeit.[863]

---

859 *Pape*, ZInsO 2016, 2149 (2150); *Spickhoff*, KTS 2000, 15 (17); a. A. *Adam*, DZWIR 2019, 1 (7): Dem Ziel des Insolvenzverfahrens komme keine weitere Außenwirkung zu, wenn sie sich nicht zwingend aus dem Gesetz ergebe.

860 Ausf. zur evidenten Insolvenzzweckwidrigkeit im (vorläufigen) Regelinsolvenzverfahren und in der (vorläufigen) Eigenverwaltung bereits *Hölken*, DZWIR 2019, 51 (51 ff.).

861 Kritisch zum Begriff der Insolvenzzweckwidrigkeit *Adam*, DZWIR 2019, 1 (2 ff.).

862 *Hölzle*, NZI 2013, 348 (348).

863 *Pape*, ZInsO 2016, 2149 (2153).

aa) Reichsgerichtliche Rechtsprechung

Ihre Anfänge findet die Rechtsprechung zur evidenten Insolvenzzweckwidrigkeit[864] bereits im Jahr 1889.[865] Seit 1892 stellte das RG in ständiger Rechtsprechung darauf ab, die Rechtsmacht des Verwalters sei durch den Insolvenzzweck beschränkt. Deshalb seien solche Rechtshandlungen des Verwalters, welche der vornehmsten Aufgabe des Insolvenzverfahrens – der gleichmäßigen Befriedigung aller Insolvenzgläubiger – klar und eindeutig zuwiderlaufen, unwirksam; sie verpflichteten die Masse nicht.[866] Auch gewagte Geschäfte des Insolvenzverwalters seien aber nicht aufgrund der damit verbundenen Gefährdung der Insolvenzmasse insolvenzzweckwidrig. Vielmehr seien gewagte Geschäfte lediglich unzweckmäßig, aber nicht insolvenzzweckwidrig und daher im Allgemeinen wirksam.[867] Im Einzelfall war daher die Abgrenzung zwischen Insolvenzzweckwidrigkeit und bloßer Unzweckmäßigkeit entscheidend für die Wirksamkeit von Handlungen des Insolvenzverwalters. Naturgemäß ist diese Abgrenzung aufgrund der generalklauselartigen Umschreibung von Insolvenzzweckwidrigkeit auf der einen und Unzweckmäßigkeit auf der anderen Seite oft schwierig.

bb) Bundesgerichtshof bis 2002

Dieser Rechtsprechung ist auch der BGH lange Zeit gefolgt.[868] Erforderlich waren danach für die Unwirksamkeit eines Rechtsgeschäfts aufgrund evidenter Insolvenzzweckwidrigkeit zum einen die Insolvenzzweckwidrigkeit selbst und zum anderen die Evidenz dieser Zweckwidrigkeit. Nur bei Vorliegen beider Kriterien konnte die Insolvenzzweckwidrigkeit zur Unwirksamkeit eines Rechtsgeschäfts führen.

cc) Lent

Eine in der Literatur seit Längerem verbreitete, insbesondere von *Lent*[869] begründete Ansicht hatte für die Abgrenzung, wann eine Überschreitung der

---

864 Bis zum Inkrafttreten der InsO Konkurszweckwidrigkeit.

865 RG, Urt. v. 13.03.1889 – V 343/88, RGZ 23, 54 (62).

866 RG, Urt. v. 30.05.1892 – VI 336/91, RGZ 29, 80 (82); RG, Urt. v. 16.03.1904 – V 384/03, RGZ 57, 195 (199); RG, Urt. v. 25.04.1906 – I 614/05, RGZ 63, 203 (213); RG, Urt. v. 06.05.1911 – I 164/10, RGZ 76, 244 (249 f.).

867 RG, Urt. v. 30.05.1892 – VI 336/91, RGZ 29, 80 (85).

868 BGH, Urt. 03.02.1971 – VIII ZR 94/69, NJW 1971, 701 (702 f.); BGH, Urt. v. 13.01.1983 – III ZR 88/81, NJW 1983, 2018 (2019); BGH, Urt. v. 28.10.1993 – IX ZR 21/93, NJW 1994, 323 (326).

869 *Lent*, KTS 1956, 161 (162 ff.).

Verwaltungs- und Verfügungsbefugnis des Insolvenzverwalters zur Unwirksamkeit der Rechtshandlung aufgrund evidenter Insolvenzzweckwidrigkeit führt, dagegen die zum Missbrauch der Vertretungsmacht entwickelten Grundsätze herangezogen[870].

dd) Bundesgerichtshof ab 2002

Nachdem am 01.01.1999 die InsO in Kraft getreten ist und die Konkursordnung (KO), die Vergleichsordnung (VglO) sowie die in den neuen Bundesländern geltende Gesamtvollstreckungsordnung (GesO) ablöste, hat der BGH die in der höchstrichterlichen Rechtsprechung seit jeher angewandten Grundsätze zur Insolvenzzweckwidrigkeit in einer Grundsatzentscheidung vom 25.05.2002[871] (allerdings noch zur GesO) weiterentwickelt und ergänzt. Der BGH schloss sich in dem Urteil – allerdings ohne nähere inhaltliche Begründung – ausdrücklich der Ansicht von *Lent* an. Voraussetzung für die Unwirksamkeit sei außer einer Evidenz der Insolvenzzweckwidrigkeit, dass sich dem Geschäftspartner auf Grund der Umstände des Einzelfalls ohne weiteres begründete Zweifel an der Vereinbarkeit der Handlung mit dem Zweck des Insolvenzverfahrens aufdrängen mussten. Mit dem grundsätzlichen Rückgriff auf die bewährten Regeln zum Missbrauch der Vertretungsmacht werde dem Interesse an einem hinreichenden Schutz der Masse einerseits und an dem gebotenen Vertrauensschutz des redlichen Geschäftspartners andererseits jeweils in angemessener Weise Rechnung getragen.[872] Das ist seither die konstant festgehaltene Rechtsprechungslinie des BGH, auch wenn der BGH in jüngeren Entscheidungen wiederholt betont, wesentliche Voraussetzung des an den Grundsätzen zum Missbrauch der Vertretungsmacht orientierten Unwirksamkeitsgrunds der Insolvenzzweckwidrigkeit sei weiterhin der offensichtliche, ohne Weiteres erkennbare Verstoß gegen die Aufgaben eines Insolvenzverwalters. Der Schutz des Rechtsverkehrs gebiete es, nicht jede für die Masse nachteilige Rechtshandlung des Verwalters als unwirksam anzusehen. Mit der Nichtigkeitssanktion könnten deshalb nur solche Maßnahmen belegt werden, die dem Insolvenzzweck offensichtlich zuwiderlaufen.[873]

---

870 *Spickhoff*, KTS 2000, 15 (22 ff.) m. w. N.

871 BGH, Urt. v. 25.04.2002 – IX ZR 313/99, BGHZ 150, 353 (360 f.).

872 BGH, Urt. v. 25.04.2002 – IX ZR 313/99, BGHZ 150, 353 (361) m. w. N. der Literatur.

873 BGH, Urt. v. 18.04.2013 – IX ZR 165/12, NZI 2013, 641 (642) Rn. 14; BGH, VU v. 10.01.2013 – IX ZR 172/11, NZI 2013, 347 (348) Rn. 9; BGH, Urt. v. 12.09.2019 – IX ZR 16/18, NZI 2019, 893 (893 f.) Rn. 10 ff.; s. dazu *Hölken*, NZI 2019, 896 (896 f.); BGH, Urt. v. 12.03.2020 – IX ZR 125/17, NJW 2020, 1800 (1802) Rn. 38.

Wirksam seien dagegen Verfügungen des Verwalters, die nur unzweckmäßig oder sogar unrichtig sind.[874] Damit stellt der BGH letztendlich lediglich klar, dass die Anforderungen, die bereits das RG und der BGH in ständiger Rechtsprechung an die evidente Insolvenzzweckwidrigkeit selbst gestellt haben, durch die Hinzufügung des subjektiven Merkmals beim Geschäftsgegner nicht abgeschwächt beziehungsweise aufgehoben worden sind. Durch die Einschränkung über das zusätzliche subjektive Kriterium beim Geschäftsgegner gewährt der BGH dem Gesichtspunkt des Vertrauensschutzes nun prinzipiell Vorrang vor den Interessen der Gläubigergemeinschaft.[875] Erforderlich ist also auch weiterhin stets eine objektive Evidenz, der sich der andere Teil darüber hinaus zumindest in grob fahrlässiger Weise verschließt.[876] Der vom BGH seither konstant festgehaltenen Rechtsprechungslinie hat sich die nahezu einhellige Ansicht in der Literatur angeschlossen.[877] Kritische Stimmen werden nur vereinzelt laut.

ee) Lükes *Kritik an der geänderten Rechtsprechung*

So wird insbesondere von *Lüke* die Ergänzung der Rechtsprechung in subjektiver Hinsicht kritisiert. Es solle aus für das Gegenüber abgestellt werden. Nur bei objektiv schwerwiegenden Verstößen sei es gerechtfertigt, dem Schutz der Masse gegenüber dem Vertrauensschutz des Rechtsverkehrs den Vorrang zu geben;

---

874 BGH, Beschl. v. 20.03.2008 – IX ZR 68/06, NZI 2008, 365 (365) Rn. 4; BGH, VU v. 10.01.2013 – IX ZR 172/11, NZI 2013, 347 (348) Rn. 9; BGH, Urt. 20.03.2014 – IX ZR 80/13, NZI 2014, 450 (450) Rn. 14; BGH, Urt. v. 12.09.2019 – IX ZR 16/18, NZI 2019, 893 (893 f.) Rn. 11; s. dazu *Hölken*, NZI 2019, 896 (896 f.).

875 Vgl. *Preuß*, NZI 2003, 625 (628).

876 *Paulus*, NZI 2008, 705 (707); *Pape*, ZInsO 2016, 2149 (2151).

877 *Piepenbrock*, in: Ahrens/Gehrlein/Ringstmeier-InsO, § 80 Rn. 37; *Plather*, in: Kölner Kommentar, § 80 Rn. 66; *Borries/Hirte*, in: Uhlenbruck-InsO, § 129 Rn. 152; *Mock*, in: Uhlenbruck-InsO, § 80 Rn. 82 ff.; *Smid*, in: Rattunde/Smid/Zeuner-InsO, § 80 Rn. 46 f.; *Schäfer*, Die Wirkungen der Insolvenzeröffnung, § 80 Rn. 59 ff.; *Preuß*, NZI 2003, 625 (628 ff.); *Vill*, ZInsO 2015, 2245 (2245 ff.); *Pape*, ZInsO 2016, 2149 (2149 ff.); *Gehrlein*, ZInsO 2017, 849 (852); *Hoffmann*, KTS 2018, 343 (366); *Smid*, FS-Pannen, 691 (692 ff.); a. A. *Adam*, DZWIR 2019, 1 (4 ff.), nach dem sich eine Nichtigkeit allgemein nicht aus der evidenten Insolvenzzweckwidrigkeit, sondern nur aus allgemeinen Vorschriften, insbesondere aus §§ 134, 138 BGB, ergeben könne. Gegen diese Ansicht spricht indes, dass sich damit eine dem Insolvenzverfahren angemessene Einschränkung der Rechtsmacht des Verwalters nicht erreichen lässt, diese aber bei gesetzlichen Vertretern und gerichtlich bestellten Vermögensverwaltern allgemein erforderlich ist, vgl. *Mansel*, in: Jauernig-BGB, § 134 Rn. 3 f.

daher sei allein auf die objektive Schwere des Verstoßes abzustellen.[878] Der Schutz der Gläubigergemeinschaft vor Gefahren von insolvenzzweckwidrigen Rechtsgeschäften genieße dann generell Vorrang vor dem Schutz des Geschäftsgegners. *Lükes* Ansicht entspricht daher der Ansicht des RG und der früheren Ansicht des BGH.

ff) Die Ansicht von Klinck

Nach der Ansicht von *Klinck*[879] verleihe weder § 80 InsO noch sonst eine Norm der InsO dem Verwalter die Befugnis, Gläubigern einen Vorteil zu verschaffen, der mit der Verteilungsordnung nicht im Einklang stehe. Solche Handlungen seien unwirksam, so dass für den Verkehrsschutz kein Raum bleibe.

gg) Die Ansicht von Löhnig

Löhnig[880] wiederum schließt sich grundsätzlich der Ansicht an, es seien die Grundsätze zum Missbrauch der Vertretungsmacht entsprechend anzuwenden. Aus der evidenten Insolvenzzweckwidrigkeit folge allerdings das Entstehen einer Pflicht des Geschäftsgegners zum Unterlassen des Vertragsschlusses mit dem Insolvenzverwalter, die der Geschäftsgegner nur vorsätzlich verletzen könne. Anders als nach der Rechtsprechung des BGH sei also nicht die grobe Fahrlässigkeit des Geschäftsgegners ausreichend, sondern nur Vorsatz; erforderlich sei insofern neben der Kenntnis des Geschäftsgegners von der evidenten Insolvenzzweckwidrigkeit der Wille, das Rechtsgeschäft mit dem Insolvenzverwalter trotz der die evidente Insolvenzzweckwidrigkeit begründenden Umstände abzuschließen.

hh) Die Ansicht von Adam

Ähnlich kritisch meint *Adam*, es sei jedenfalls abzulehnen, die sogenannte Insolvenzzweckwidrigkeit nach für den Gläubiger erkennbaren Umständen zu beurteilen. Der gegenwärtige oder künftige Nutzen im Sinne eines aus Vor- und Nachteilen berechneten Saldos sei ihm regelmäßig unbekannt und könne daher für die Unwirksamkeit als Rechtsfolge keine konstituierende Bedeutung haben. Insofern bedürfe es klarer Kriterien.[881]

---

878 *Lüke*, in: Kübler/Prütting/Bork-InsO, § 80 Rn. 30; in diese Richtung *Ott/Vuia*, in: MüKo-InsO, § 80 Rn. 61.

879 *Klinck*, KTS 2019, 1 (15 ff.).

880 *Löhnig*, Treuhand: Interessenwahrnehmung und Interessenkonflikte, S. 679.

881 *Adam*, DZWIR 2019, 1 (6).

ii) Stellungnahme

Mit dem Abstellen auf die Erkennbarkeit für den Geschäftsgegner ist eine Differenzierung nach Geschäftskreisen[882] beziehungsweise der Stellung des Geschäftsgegners in Bezug auf das Insolvenzverfahren[883] zwangsläufig verbunden. Schließlich stehen den Personen je nach Abhängigkeit und Nähe zum Schuldner unterschiedliche Informationen zur Verfügung, aus denen der Schluss auf die Erkennbarkeit der evidenten Insolvenzzweckwidrigkeit zu ziehen ist. Je nachdem, ob der Person im Einzelfall ausreichend Informationen zur Erkennbarkeit der evidenten Insolvenzzweckwidrigkeit zur Verfügung standen, werden daher dem Gebot der Gläubigergleichbehandlung zuwiderlaufende Handlungen des Insolvenzverwalters in einem Fall rückgängig gemacht, im anderen nicht. Daraus folgt zwangsläufig ein Verlust an Transparenz evident insolvenzzweckwidriger Handlungen.[884] Die Kritik an der geänderten Rechtsprechung vermag aber dennoch im Ergebnis nicht zu überzeugen.

Zunächst gilt es, sich vor Augen zu führen, dass ein schwerwiegender Verstoß auch nach neuer Rechtsprechung nur bei einer (objektiven) Evidenz der Insolvenzzweckwidrigkeit gegeben ist. Für eine grobe Fahrlässigkeit auf Seiten des Geschäftsgegners verlangt der BGH, dass sich dem Geschäftspartner auf Grund der Umstände des Einzelfalls ohne weiteres begründete Zweifel an der Vereinbarkeit der Handlung mit dem Zweck des Insolvenzverfahrens aufdrängen mussten.[885] Wenn der Verstoß aber evident insolvenzzweckwidrig ist, d. h. unter allen in Betracht kommenden Gesichtspunkten für jeden verständigen Menschen offensichtlich ist, dann muss es regelmäßig auch dem Geschäftsgegner einleuchten, dass durch den Abschluss des Rechtsgeschäfts ein besonders schwerwiegender Verstoß gegen die Pflicht des Insolvenzverwalters zur gleichmäßigen Befriedigung der Gläubiger und damit gegen den Grundsatz der Gläubigergleichbehandlung begründet wird. Praktisch deckt sich die Evidenz daher im Wesentlichen mit den Voraussetzungen grober Fahrlässigkeit.[886] Damit kann in der Praxis regelmäßig sogar Kenntnis, jedenfalls aber eine grob fahrlässige Unkenntnis des Geschäftsgegners ohne größere Probleme bejaht werden. Auch die Kritiker des subjektiven Elements erkennen daher an, dass die zusätzliche

882 *Spickhoff*, KTS 2000, 15 (31-35).
883 *Preuß*, NZI 2003, 625 (630 f.).
884 *Windel*, in: Jaeger-InsO, § 80 Rn. 252, zust. *Smid*, FS-Pannen, 691 (698).
885 BGH, Urt. v. 25.04.2002 – IX ZR 313/99, BGHZ 150, 353 (361) m. w. N.
886 *Fleischer*, NZG 2005, 529 (535).

subjektive Erkennbarkeit regelmäßig nicht zu anderen Ergebnissen führt.[887] Es stellt sich daran anschließend aber die Frage, inwieweit durch das zusätzliche Element der subjektiven Erkennbarkeit ein rechtsdogmatischer und rechtspraktischer Zugewinn beabsichtigt beziehungsweise erreicht werden konnte. Auch wenn die objektive Evidenz regelmäßig mit einer subjektiven Erkennbarkeit für den Geschäftsgegner einhergeht, können objektive Evidenz und subjektive Erkennbarkeit nicht ohne weiteres gleichgesetzt werden. Schließlich ist eine objektive Evidenz weiterhin erforderlich und der BGH hätte – der Ansicht in der Literatur folgend – diese nicht um die subjektive Erkennbarkeit ergänzen müssen, ginge er davon aus, die subjektive Erkennbarkeit sei durch die Evidenz der Insolvenzzweckwidrigkeit stets indiziert.[888] Die objektive Evidenz bedeutet letzten Endes lediglich, dass die Insolvenzzweckwidrigkeit im Allgemeinen jedermann und damit auch dem Geschäftsgegner regelmäßig erkennbar war. Entscheidend ist aber, dass damit der insoweit beweispflichtige Geschäftsgegner im Einzelfall darlegen und beweisen kann, dass ihm unter den gegebenen besonderen Umständen des Einzelfalls der evidente Verstoß gegen den Grundsatz der Gläubigergleichbehandlung nicht erkennbar war. Diese Widerlegung der durch die Evidenz der Insolvenzzweckwidrigkeit vermuteten jedenfalls grob fahrlässigen Unkenntnis des Verstoßes gegen den Grundsatz der Gläubigergleichbehandlung ist dem Geschäftsgegner erst aufgrund der Ergänzung der Rechtsprechung um das subjektive Merkmal ermöglicht worden. Zuvor konnte der Geschäftsgegner nur darlegen und beweisen, dass die objektiven Voraussetzungen aufgrund der besonderen Umstände des Einzelfalls nicht vorliegen. Mit der durch das subjektive Merkmal eröffneten Möglichkeit des Nachweises der nicht auf grober Fahrlässigkeit beruhenden fehlenden Kenntnis wird dem Vertrauensschutz des Geschäftsgegners nun insoweit Vorrang gewährt. Aufgrund der objektiven Evidenz der Insolvenzzweckwidrigkeit wird es sich dabei aber um absolute Ausnahmefälle handeln. Dem Geschäftsgegner sind schließlich die Umstände des Abschlusses des Rechtsgeschäfts bekannt, so dass in der Regel aus dem objektiven Missverhältnis von Leistung und Gegenleistung, das der evidenten Insolvenzzweckwidrigkeit im Allgemeinen immanent ist, auf eine Kenntnis beziehungsweise zumindest auf eine grob fahrlässige Unkenntnis des Verstoßes

887 *Sternal*, in: K. Schmidt-InsO, § 80 Rn. 34; *Lüke*, in: Kübler/Prütting/Bork-InsO, § 80 Rn. 30; *Ott/Vuia*, in: MüKo-InsO, § 80 Rn. 62; vgl. *Spickhoff*, KTS 2000, 15, 33.

888 A. A. *Schubert*, in: MüKo-BGB, § 164 Rn. 222 m. w. N.: „Im Falle objektiver Evidenz ist die grobe Fahrlässigkeit des Geschäftsgegners indiziert, auch wenn Nachforschungspflichten des Geschäftsgegners grundsätzlich abgelehnt werden."

gegen den Grundsatz der Gläubigergleichbehandlung und damit auf die evidente Insolvenzzweckwidrigkeit geschlossen werden kann.

Es sind wiederum aber auch gegenläufige Indizien denkbar. Die Abwägung zwischen den Interessen der Gläubigergemeinschaft und denen des Geschäftsgegners muss daher zugunsten des Geschäftsgegners ausfallen, wenn der Geschäftsgegner aufgrund der besonderen Umstände des Einzelfalls die evidente Insolvenzzweckwidrigkeit auch bei Anwendung der im Verkehr erforderlichen Sorgfalt nicht hätte erkennen können. Erkennt der Geschäftsgegner etwa das Missverhältnis zwischen Leistung und Gegenleistung, erhält vom Insolvenzverwalter aber die Bestätigung, dass in der konkreten Situation dieses Rechtsgeschäft aufgrund der besonderen Umstände des Einzelfalls dennoch dem Grundsatz der Gläubigergleichbehandlung am besten entspricht, muss der Geschäftsgegner – soweit er nachweisen kann, von dem Insolvenzverwalter getäuscht worden zu sein – auf die Wirksamkeit des Geschäfts vertrauen können.

Letztendlich entspricht ein gewisser Vertrauensschutz des Geschäftsgegners auch durchaus dem Interesse der Gläubigergemeinschaft. Bei Fehlen jeglichen Vertrauensschutzes müssten vernünftig agierende Geschäftspartner von allen aufgrund einer geringeren Gegenleistung riskanten Geschäften mit Insolvenzverwaltern Abstand nehmen. Schließlich bestünde stets das Risiko, die evidente Insolvenzzweckwidrigkeit nicht erkannt zu haben und das Geschäft im Nachhinein rückabwickeln zu müssen beziehungsweise vom Verwalter getäuscht worden zu sein, dennoch aber keinen Schutz zu genießen, zumal der Geschäftsgegner des Insolvenzverwalters aufgrund fehlender Kenntnisse über den Ablauf und die besondere Interessenlage im Insolvenzverfahren nicht ohne weiteres erkennen kann, welche Handlungen des Insolvenzverwalters dem Insolvenzzweck widersprechen beziehungsweise welche Geschäfte im Interesse der Masse liegen.[889] Das kann insbesondere bei Folgeinvestitionen und weiteren Aufwendungen auf den Gegenstand aus der Insolvenzmasse zu erheblichen finanziellen Einbußen auf Seiten des Geschäftsgegners führen.[890] Damit würde der Insolvenzverwalter weitgehend vom Geschäftsverkehr ausgeschlossen und könnte die Massegegenstände überhaupt nicht mehr ordnungsgemäß verwerten. Jedenfalls stiegen die Transaktionskosten für den Geschäftsgegner, weil bei jedem Geschäft das Risiko der Rückabwicklung infolge evidenter Insolvenzzweckwidrigkeit eingepreist

---

889 *Lent*, KTS 1956, 161 (161).

890 Der Vertragspartner kann allenfalls den Insolvenzverwalter persönlich mit seinem Privatvermögen in Anspruch nehmen, s. *Wimmer/Amend*, in: Frankfurter Kommentar-InsO, § 80 Rn. 38.

werden müsste. Durch die gestiegenen Transaktionskosten könnte der Insolvenzverwalter wiederum einen geringen Verwertungserlös und damit eine geringere an die Insolvenzgläubiger zu verteilende Masse erzielen, so dass ein gewisser Vertrauensschutz durchaus auch dem Interesse der Gläubigergemeinschaft und dem obersten Ziel der bestmöglichen Befriedigung der Gläubigergemeinschaft entspricht. Jedenfalls würde die Geschäftsführung eines Insolvenzverwalters erheblich erschwert.[891] Das ließe sich kaum mit dem Grundsatz, dass die der Insolvenzanfechtung zugrunde liegenden Vorgänge mehr unter wirtschaftlichen als formalrechtlichen Gesichtspunkten betrachtet werden sollen[892], vereinbaren. Für diese Ansicht spricht überdies, dass Insolvenzverwalter nach heute herrschendem Verständnis Partei kraft Amtes[893] sind. Auch wenn Insolvenzverwalter als solche zwar nicht Vertreter einer Partei sind, sondern letztendlich die häufig gegenläufigen Interessen verschiedener am Insolvenzverfahren Beteiligter ausgleichen, darf nicht übersehen werden, dass es sich bei der Insolvenzverwaltung letztendlich – jedenfalls in rechtstatsächlicher Hinsicht – dennoch um eine besondere Art der Stellvertretung handelt, so dass die entsprechende Anwendung des Stellvertretungsrechts wie bei der gewöhnlichen Stellvertretung interessengerecht ist.[894] Die einen Verkehrsschutz gänzlich ablehnenden Ansichten von *Lüke* und *Klinck* vermögen vor diesem Hintergrund nicht zu überzeugen. Gegen die Ansicht von *Löhnig*, auf Seiten des Geschäftsgegners sei nur Vorsatz ausreichend, ist schließlich einzuwenden, dass auf diese Weise der Schutz des Geschäftsgegners gegenüber den Interessen der Verfahrensbeteiligten überbewertet würde. Würde erst bei vorsätzlichem Handeln des Geschäftsgegners die Unwirksamkeit aufgrund evidenter Insolvenzzweckwidrigkeit folgen, könnte diese Rechtsfolge in vielen Fällen aufgrund des erschwerten Nachweises der

---

891 *Lent*, KTS 1956, 161 (161).

892 BGH, Urt. v. 14.06.1978 – VIII ZR 149/77, BGHZ 72, 39 (41); *Huber*, in: Gottwald, Insolvenzrechts-Handbuch, § 46 Rn. 3.

893 *Graeber*, in: MüKo-InsO, § 56 Rn. 142, 146; wenngleich die zivilrechtliche Stellung des Insolvenzverwalters seit jeher str. ist. Im Wesentlichen vertreten wird die Organtheorie, die Vertretertheorie, die Theorie vom neutralen Handeln sowie von der h. M. die Amtstheorie, nach der der Verwalter als unabhängiges Rechtspflegeorgan, als „Partei kraft Amtes" handelt; ausf. *Lüke*, in: Kübler/Prütting/Bork-InsO, § 80 Rn. 32 ff.; *Busch*, Der Insolvenzverwalter und die Überwindung der Masseunzulänglichkeit, S. 189 ff.; *Stamm*, KTS 2016, 279 (279 ff.); *Bork*, Einführung in das Insolvenzrecht, Rn. 73 ff.; ders., FS-K. Schmidt, 143 (144 ff.); *Smid*, FS-Pannen, 691 (695 ff.); vgl. bereits *Uhlenbruck*, KTS 1998, 1 (1); *K. Schmidt*, KTS 1984, 345 (345 ff.).

894 *Löhnig*, Treuhand: Interessenwahrnehmung und Interessenkonflikte, S. 680.

Kenntnis des Geschäftsgegners von dem evidenten Verstoß gegen den Zweck des Insolvenzverfahrens nicht eingreifen. Der Schutz der Verfahrensbeteiligten vor evident insolvenzzweckwidrigen Rechtshandlungen des Insolvenzverwalters würde verfehlt. Mit dem BGH ist daher die Unwirksamkeit von Rechtshandlungen eines Insolvenzverwalters wegen evidenter Insolvenzzweckwidrigkeit grundsätzlich in Anlehnung an die Regeln über den Missbrauch der Vertretungsmacht zu beurteilen.[895] Rechtsgeschäfte des Insolvenzverwalters über Anfechtungsansprüche sind daher zunächst auf eine etwaige Unwirksamkeit aufgrund evidenter Insolvenzzweckwidrigkeit hin zu untersuchen.

d) Die Voraussetzungen im Einzelnen

Mit dem Insolvenzzweck wird auf einen zwar zutreffenden, allerdings sehr allgemeinen Gesichtspunkt verwiesen. Die Einschätzung der Zweckmäßigkeit von Handlungen des Insolvenzverwalters ist grundsätzlich Kernbestandteil der Verwalterautonomie und eröffnet dem Verwalter weite Ermessensspielräume.[896]

aa) Objektiver Zweckwidrigkeitsmaßstab

Da strafrechtlich relevante Rechtsgeschäfte über Anfechtungsansprüche nur denkbar sind, wenn sich der Verwalter dadurch Vorteile erhofft, werden diese Rechtsgeschäfte in aller Regel aufgrund einer Interessenkollision insolvenzzweckwidrig und damit unwirksam sein. Interessenkollisionen sind indes für andere Verfahrensbeteiligte oder Außenstehende regelmäßig nur schwer zu erkennen. Handlungen und Entscheidungen des Insolvenzverwalters sind – je komplizierter und umfangreicher das Verfahren, desto mehr – für den einzelnen Verfahrensbeteiligten kaum überprüfbar.[897] Zudem ist die Aufsicht des Insolvenzgerichts während des Verfahrens nach § 58 Abs. 1 InsO praktisch regelmäßig auf eine Rechtsaufsicht beschränkt, so dass auch das Insolvenzgericht letzten Endes auf das Vertrauen in eine verlässliche korrekte Amtsführung des Verwalters angewiesen ist.[898] Die Insolvenzzweckwidrigkeit wird daher regelmäßig nicht an der Offenbarung des Interessenkonflikts selbst ausgemacht werden können, sondern eher an dem erkennbaren Verstoß gegen den Zweck des

---

895 Zustimmend auch *Lissau/Hölzle*, FS-Pannen, 465 (472); *König*, Die Haftung bei der Eigenverwaltung, S. 29 f.

896 *Pape*, ZInsO 2016, 2149 (2152).

897 *Frind*, ZInsO 2014, 119 (120): lediglich über Akteneinsicht und über die in den Terminen des eröffneten Verfahrens zu erstattenden Berichte.

898 *Frind*, ZInsO 2014, 119 (120).

Insolvenzverfahrens. Das insolvenzzweckwidrige Verhalten des Insolvenzverwalters ist lediglich durch die Interessenkollision motiviert. Insoweit ist zunächst ein objektiver Zweckmäßigkeitsmaßstab anzulegen.

Das Merkmal der Insolvenzzweckwidrigkeit ist ein sehr unbestimmtes Kriterium und erlaubt keine genaue Abgrenzung zwischen erlaubten und nicht erlaubten Handlungen. Neben der Insolvenzzweckwidrigkeit aufgrund von erkannten Interessenkollisionen kann eine ausreichende Abgrenzung nur über den Einzelfall erfolgen.[899] Maßgeblich für die Bestimmung der Insolvenzzweckwidrigkeit ist, ob für die unterlassene Insolvenzanfechtung infolge eines Verzichts, Vergleichs oder Kaufvertrages über den Anfechtungsanspruch eine ausgleichende Kompensation zur Masse erfolgt ist beziehungsweise der (teilweise) Verzicht durch die unterlassene Anfechtung durch Vorteile für die Masse aus dem Rechtsgeschäft aufgewogen wurde.[900] Voraussetzung jedes dieser Rechtsgeschäfte ist mit anderen Worten stets ein wirtschaftlich überzeugender Grund. Bei Fehlen eines solchen hat der Insolvenzverwalter den Anspruch in vollem Umfang durchzusetzen.[901] Wenn die Verpflichtung oder Verfügung auf keinem wirtschaftlich überzeugenden Grund beruht und gleichzeitig in offensichtlichem Widerspruch zum Insolvenzzweck steht, ist das Handeln des Insolvenzverwalters jedenfalls in objektiver Hinsicht insolvenzzweckwidrig.[902] Bestehen an der Begründetheit eines Anfechtungsanspruchs bei der von jedem Insolvenzverwalter zu erwartenden objektiven Beurteilung der Sach- und Rechtslage keine ernsthaften Zweifel, ist der Insolvenzverwalter zur Durchsetzung des Anspruchs verpflichtet.[903] Hat der Insolvenzverwalter auf einen eindeutig bestehenden Anfechtungsanspruch ohne angemessene Gegenleistung ganz oder teilweise verzichtet, ist das zumindest in objektiver Hinsicht insolvenzzweckwidrig.[904] Der Insolvenzverwalter wird allerdings regelmäßig nicht ohne Grund auf eine Anfechtung verzichten und sich einer Haftung nach § 60 InsO sowie Strafbarkeitsrisiken mit den entsprechenden berufsrechtlichen Konsequenzen aussetzen. Insoweit kann

---

899 Vgl. *Bork*, ZIP 2006, 589 (592); *Wittkowski/Kruth*, in: Nerlich/Römermann-InsO, § 80 Rn. 120.

900 *Thole*, ZIP 2014, 1653 (1655).

901 *Kreft*, FS-K. Schmidt, 965 (968).

902 *Kreft*, FS-K. Schmidt, 965 (968); *Thole*, ZIP 2014, 1653 (1655).

903 *Kreft*, FS-K. Schmidt, 965 (968); *Thole*, ZIP 2014, 1653 (1655); vgl. BGH, Urt. v. 28.10.1993 – IX ZR 21/93, NJW 1994, 323 (324).

904 BGH, VU. v. 17.02.2011 – IX ZR 91/10, NZI 2011, 486 (487) Rn. 10; *Ganter*, NZI 2014, 122 (122); *Pape*, ZInsO 2016, 2149 (2156); a. A. *Adam*, DZWIR 2019, 1, 7: außerhalb der Grenzen von §§ 134, 138 BGB allein Haftung des Verwalters nach § 60 InsO.

sich die Insolvenzzweckwidrigkeit insbesondere aufgrund einer im Einzelfall völlig unangemessenen, im Widerspruch zum Grundsatz der Gläubigergleichbehandlung stehenden Gegenleistung ergeben, die die Insolvenzzweckwidrigkeit verdecken soll. Schließlich wird der Insolvenzverwalter vor Abschluss von erkanntermaßen evident insolvenzzweckwidrigen Rechtsgeschäften eine Prognose erstellen, ob und inwieweit sein Handeln aufgedeckt werden kann, und entsprechend versuchen, die Gegenleistung als angemessen erscheinen zu lassen. Die evidente Insolvenzzweckwidrigkeit liegt insoweit nahe, wenn das vom Verwalter gemachte Zugeständnis im krassen Missverhältnis zu dem damit für die Masse verbundenen Nutzen beziehungsweise zu den Rechtsrisiken steht oder wenn ersichtlich bestehende oder erfolgversprechende Ansprüche mehr oder weniger kampflos abgeschenkt werden und der Vertragsschluss dies nur mühevoll verdeckt.[905] Dahingegen können Durchsetzungsschwierigkeiten bei der Vollstreckung, etwa aufgrund einer schlechten Vermögenslage des Anfechtungsgegners, oder die Unfähigkeit der Masse, die Kosten für den Anfechtungsprozess aufzubringen (soweit keine Prozesskostenhilfe gewährt wird), Veranlassung für den Insolvenzverwalter sein, einen Vergleich etc. mit dem Anfechtungsgegner anzustreben, bei dessen Abschluss der Verwalter Abschläge auf den Nennwert der Forderung hinnehmen darf.[906] Der Vergleich, die Abtretung oder der Erlassvertrag muss mithin stets im Interesse der Gläubiger liegen. So kann etwa auch ein anderer Vorteil vom Anfechtungsgegner als Gegenleistung für das Entgegenkommen hinsichtlich des Anfechtungsanspruchs gewährt werden. Dabei kommt jeder wirtschaftliche Vorteil für die Masse in Betracht, etwa auch die zeitnahe Räumung einer Immobilie, damit der Insolvenzverwalter diese im Interesse der Masse verwerten kann.[907]

Es liegt daher bei Rechtsgeschäften des Insolvenzverwalters über Anfechtungsansprüche ein grober Verstoß gegen den Zweck des Insolvenzverfahrens im Allgemeinen vor, wenn die Gegenleistung im auffälligen Missverhältnis zum Wert des Anfechtungsanspruchs steht, insbesondere, wenn der Verwalter dem Anfechtungsgegner durch das Unterlassen in rechtsmissbräuchlicher Weise einen Vorteil gewährt hat.

---

905 *Thole*, ZIP 2014, 1653 (1655).

906 *Kreft*, FS-K. Schmidt, 965 (968 ff.); *Thole*, ZIP 2014, 1653 (1655).

907 OLG Karlsruhe, Beschl. v. 12.08.2013 – 9 U 55/13, NZI 2014, 121 (121).

bb) Evidenz der Insolvenzzweckwidrigkeit

Zweite Voraussetzung der Insolvenzzweckwidrigkeit ist neben dem pflichtwidrigen Verhalten des Insolvenzverwalters im Innenverhältnis die Evidenz dieses Verstoßes. Nach dem BGH liegt Evidenz angesichts des dem Insolvenzverwalter eingeräumten umfassenden Verwaltungs- und Verfügungsrechts nur bei Verfügungen des Insolvenzverwalters vor, die dem Insolvenzzweck offenbar zuwiderlaufen, bei denen der Verstoß also unter allen in Betracht kommenden Gesichtspunkten für jeden verständigen Menschen offensichtlich ist.[908] Der Schutz des Rechtsverkehrs gebiete es, nicht jede für die Masse nachteilige Rechtshandlung des Verwalters als unwirksam anzusehen. Mit der Nichtigkeitssanktion könnten deshalb nur solche Maßnahmen belegt werden, die dem Insolvenzzweck offensichtlich zuwiderlaufen.[909] Wirksam seien dagegen Verfügungen des Verwalters, die nur unzweckmäßig oder sogar unrichtig sind.[910] Unrichtig meint in diesem Zusammenhang, dass die Maßnahme zwar pflichtwidrig i. S. d. des § 60 Abs. 1 InsO, damit im Außenverhältnis aber noch wirksam ist und nur zu einem Schadensersatzanspruch der Beteiligten nach § 60 Abs. 1 Satz 1 InsO gegen den Verwalter führen kann. Problematisch ist insoweit die Abgrenzung der evident insolvenzzweckwidrigen Maßnahmen des Verwalters von solchen, die lediglich einfach unzweckmäßig oder unrichtig sind. Anhand objektiver Kriterien ist zu beurteilen, ob die Rechtsgeschäfte des Insolvenzverwalters mit dem Zweck des Insolvenzverfahrens schlechterdings unvereinbar sind.[911] Es muss sich um besonders schwerwiegende Verstöße gegen den Insolvenzzweck handeln. Der Schutz der Masse über die Regelungen der Verwalterhaftung (§§ 60 ff. InsO), die Genehmigungserfordernisse und die Aufsicht durch das Insolvenzgericht (§ 58 InsO) darf insoweit nicht mehr ausreichend sein.[912]

Dem Insolvenzverwalter steht wegen der mit seinem Amt verbundenen vielfältigen und schwierigen Aufgaben bei der Ausübung seiner Tätigkeit grundsätzlich

908 BGH, Urt. v. 28.10.1993 – IX ZR 21/93, NJW 1994, 323 (326); BGH, Urt. v. 12.03.2020 – IX ZR 125/17, NJW 2020, 1800 (1802) Rn. 38.

909 BGH, Urt. v. 18.04.2013 – IX ZR 165/12, NZI 2013, 641 (642) Rn. 14; BGH, VU. v. 10.01.2013 – IX ZR 172/11, NZI 2013, 347 (348) Rn. 9; BGH, Urt. v. 12.03.2020 – IX ZR 125/17, NJW 2020, 1800 (1802) Rn. 38.

910 BGH, Beschl. v. 20.03.2008 – IX ZR 68/06, NZI 2008, 365 (365) Rn. 4; BGH, VU. v. 10.01.2013 – IX ZR 172/11, NZI 2013, 347 (348) Rn. 9; BGH, Urt. v. 20.03.2014 – IX ZR 80/13, NZI 2014, 450 (450) Rn. 14.

911 Vgl. *Ott/Vuia*, in: MüKo-InsO, § 80 Rn. 61; *Lüke*, in: Kübler/Prütting/Bprk-InsO, § 80 Rn. 30.

912 *Lüke*, in: Kübler/Prütting/Bork-InsO, § 80 Rn. 28.

ein weiter Ermessensspielraum zu.[913] Ein Ermessensspielraum steht dem Verwalter indes nicht zu bei der Verfolgung von Eigeninteressen oder sachwidrigen Fremdinteressen. Interessenkollisionen hat der Insolvenzverwalter stets im Hinblick auf die bestmögliche Gläubigerbefriedigung zu lösen. Soweit daher dem Verwalter, Dritten oder Verfahrensbeteiligten durch Rechtsgeschäfte des Insolvenzverwalters über Anfechtungsansprüche für einen verständigen Beobachter ohne weiteres erkennbar Sondervorteile gewährt werden, führt dieser Verstoß zur Evidenz der Insolvenzzweckwidrigkeit. Dass Rechtsgeschäfte über Anfechtungsansprüche, mit denen der Insolvenzverwalter bestimmten Anfechtungsgegnern oder Dritten zielgerichtet Sondervorteile gewähren will, mit dem Zweck des Insolvenzverfahrens schlechterdings unvereinbar sind, leuchtet jedem verständigen Beobachter ein. Genauso wie Schenkungen aus der Masse[914], Zahlungen an einzelne Insolvenzgläubiger außerhalb des gesetzlich vorgeschriebenen Verteilungsverfahrens[915] oder sonstige Bevorzugungen einzelner Gläubiger[916] evident insolvenzzweckwidrig sind, sind daher auch Rechtsgeschäfte, mit denen der Verwalter über eine unterlassene Anfechtung zielgerichtet Sondervorteile an einzelne Anfechtungsgegner gewährt, wegen evidenter Insolvenzzweckwidrigkeit unwirksam.

Zusammenfassend ist die Insolvenzzweckwidrigkeit also evident, wenn die Gegenleistung in auffälligem Missverhältnis zur Leistung des Verwalters steht und dieses Missverhältnis unter allen in Betracht kommenden Gesichtspunkten für jeden verständigen Menschen offensichtlich ist. Das ist insbesondere bei der Gewährung von Sondervorteilen zugunsten einzelner Anfechtungsgegner durch die unterlassene Anfechtung der Fall.

---

913 BGH, Urt. v. 25.04.2002 – IX ZR 313/99, BGHZ 150, 353 (360) m. w. N. aus Rechtsprechung und Literatur; BGH, VU. v. 10.01.2013 – IX ZR 172/11, NZI 2013, 347 (347) Rn. 8; BGH, Urt. v. 16.03.2017 – IX ZR 253/15, BGHZ 214, 220 (224) Rn. 15; BGH, Urt. v. 12.09.2019 – IX ZR 16/18, NZI 2019, 893 (893 f.) Rn. 11, s. dazu *Hölken*, NZI 2019, 896 (896 f.); BGH, Urt. v. 12.03.2020 – IX ZR 125/17, NJW 2020, 1800 (1801) Rn. 28; *Ott/Vuia*, in: MüKo-InsO, § 80 Rn. 61; *Kreft*, FS-K. Schmidt, 965 (967).

914 RG, Urt. v. 30.05.1892 – VI 336/91, RGZ 29, 80 (82); RG, Urt. v. 16.12.1902 – III 437/02, RGZ 53, 190 (193).

915 BGH, Urt. v. 04.11.2004 – IX ZR 22/03, BGHZ 161, 49 (55); BGH, Urt. v. 04.11.2004 – IX ZR 82/03, ZInsO 2005, 40 (42).

916 RG, Urt. v. 13.03.1889 – V 343/88, RGZ 23, 54 (62); RG, Urt. v. 16.12.1902 – III 437/02, RGZ 53, 190 (193).

cc) *Grobe Fahrlässigkeit des Geschäftsgegners*

Dritte Voraussetzung für die Unwirksamkeit des Rechtsgeschäfts des Verwalters ist außer einer objektiven Evidenz der Insolvenzzweckwidrigkeit schließlich, dass sich dem Geschäftspartner auf Grund der Umstände des Einzelfalls ohne weiteres begründete Zweifel an der Vereinbarkeit der Handlung mit dem Zweck des Insolvenzverfahrens aufdrängen mussten. Dem Geschäftspartner des Verwalters muss zumindest grobe Fahrlässigkeit vorzuwerfen sein.[917] Bei positiver Kenntnis des Vertragspartners (Anfechtungsgegners) vom Vollmachtsmissbrauch, insbesondere bei kollusivem Zusammenwirken, können an der groben Fahrlässigkeit des Anfechtungsgegners und damit an der Unwirksamkeit wegen evidenter Insolvenzzweckwidrigkeit insoweit keine Zweifel bestehen.[918] In den meisten Fällen der aufgrund von evidenter Insolvenzzweckwidrigkeit unwirksamen Rechtsgeschäfte wird positive Kenntnis vorliegen. Der Insolvenzverwalter wird schließlich aufgrund der drohenden Konsequenzen einer persönlichen Haftung sowie eines strafgerichtlichen Urteils für seine gesamte Tätigkeit nicht von sich aus ohne die Verfolgung von Eigeninteressen auf die Anfechtung verzichten. Vielmehr liegt es aus Verwaltersicht näher, auf die Anfechtung auf Anraten des Anfechtungsgegners gegen eine gewisse Gegenleistung, etwa eines Vorschlages im vorläufigen Gläubigerausschuss etc., zu verzichten, so dass in der Regel kollusives Zusammenwirken vorliegt. Gleichwohl wird dieser Nachweis praktisch selten gelingen. Zur Annahme der Nichtigkeit wegen evidenter Insolvenzzweckwidrigkeit muss daher in der Regel nach den Grundsätzen des Indizienbeweises auf die Kenntnis oder grob fahrlässige Unkenntnis des Geschäftsgegners geschlossen werden können.[919] Gelingt der Nachweis kollusiven Zusammenwirkens von Anfechtungsgegner und Insolvenzverwalter, bereitet das Merkmal der Erkennbarkeit für den Geschäftsgegner insoweit keine Probleme. In den meisten Fällen wird jedoch der Nachweis der groben Fahrlässigkeit

917 BGH, Urt. v. 25.04.2002 – IX ZR 313/99, BGHZ 150, 353 (361) m. w. N. der Literatur; BGH, Urt. v. 25.10.2007 – IX ZR 217/06, BGHZ 174, 84 (99 f.) Rn. 42; BGH, Beschl. v. 20.03.2008 – IX ZR 68/06, NZI 2008, 365 (365) Rn. 7; BGH, Beschl. v. 14.04.2011 – IX ZR 114/10, BeckRS 2011, 11767 Rn. 3; BGH, VU. v. 10.01.2013 – IX ZR 172/11, BeckRS 2013, 03335 Rn. 9; BGH, Urt. v. 12.03.2020 – IX ZR 125/17, NJW 2020, 1800 (1802) Rn. 38; OLG Karlsruhe, Beschl. v. 12.08.2013 – 9 U 55/13, NZI 2014, 121 (121); OLG Dresden, Urt. v. 15.10.2014 – 13 U 1605/13, ZIP 2015, 1937 (1940 f.).

918 *Spickhoff*, KTS 2000, 15 (31); *Pape*, ZInsO 2016, 2149 (2151); vgl. BGH, Urt. v. 09.12.2004 – IX ZR 108/04, BGHZ 161, 315 (323); BGH, Urt. v. 13.03.2003 – IX ZR 64/02, BGHZ 154, 190 (194).

919 *Preuß*, NZI 2003, 625 (632).

des Anfechtungsgegners eher gelingen. Daher kommt es entscheidend auf die Maßstäbe der groben Fahrlässigkeit an.

Der BGH hat in seinem Grundsatzurteil zur evidenten Insolvenzzweckwidrigkeit die Anforderungen an die grobe Fahrlässigkeit nicht näher konkretisiert, sondern auch für die Beurteilung der groben Fahrlässigkeit auf die ständige Rechtsprechung zu den Grundsätzen zum Missbrauch der Vertretungsmacht[920] verwiesen.[921] Nach der ständigen Rechtsprechung trägt grundsätzlich der Vertretene das Risiko eines Missbrauchs der Vertretungsmacht. Im Allgemeinen trifft den Geschäftsgegner keine besondere Prüfungspflicht, ob und inwieweit dem Vertreter im Innenverhältnis Grenzen seiner im Außenverhältnis unbeschränkten Vertretungsmacht gesetzt sind. Nur ausnahmsweise ist der Vertretene gegen einen erkennbaren Missbrauch der Vertretungsmacht im Verhältnis zum Vertragspartner geschützt, wenn der Vertreter von seiner Vertretungsmacht in ersichtlich verdächtiger Weise Gebrauch gemacht hat, so dass beim Vertragspartner begründete Zweifel entstehen mussten, ob nicht ein Treueverstoß des Vertreters gegenüber dem Vertretenen vorliegt.[922] Das ist nach ebenfalls ständiger Rechtsprechung insbesondere der Fall, wenn sich nach den Umständen des Falls die Notwendigkeit einer Rückfrage des Vertragsgegners beim Vertretenen vor Vertragsschluss geradezu aufdrängte.[923] Notwendig ist dabei eine massive Verdachtsmomente voraussetzende objektive Evidenz des Missbrauchs.[924] Da es auf die Erkennbarkeit des Verstoßes gegen den Zweck des Insolvenzverfahrens nur ankommt, wenn das Vorliegen einer evident insolvenzzweckwidrigen Verfügung seitens des Insolvenzverwalters feststeht, liegen massive Verdachtsmomente in jedem Fall vor. Die Insolvenzzweckwidrigkeit ist einem allwissenden

---

920 BGH, Urt. v. 25.10.1994 – XI ZR 239/93, BGHZ 127, 239 (241) m. w. N.

921 BGH, Urt. v. 25.04.2002 – IX ZR 313/99, BGHZ 150, 353 (361).

922 BGH, Urt. v. 19.04.1994 – XI ZR 18/93, NJW 1994, 2082 (2083) m. w. N.; BGH, U. v. 29.06.1999 – XI ZR 277–98, NJW 1999, 2883 (2883 f.); zuletzt etwa BGH, Urt. v. 14.06.2016 – XI ZR 483/14, NJW-RR 2016, 1138 (1138 f.) Rn. 24; vgl. *Schubert*, in: MüKo-BGB, § 164 Rn. 222.

923 BGH, Urt. v. 28.04.1992 – XI ZR 164/91, NJW-RR 1992, 1135 (1136) m. w. N.; BGH, U. v. 29.06.1999 – XI ZR 277–98, NJW 1999, 2883 (2883 f.); zuletzt etwa BGH, Urt. v. 14.06.2016 – XI ZR 483/14, NJW-RR 2016, 1138 (1138 f.) Rn. 24; vgl. *Schubert*, in: MüKo-BGB, § 164 Rn. 222.

924 BGH, Urt. v. 19.04.1994 – XI ZR 18/93, NJW 1994, 2082 (2083) m. w. N.; BGH, Urt. v. 29.06.1999 – XI ZR 277–98, NJW 1999, 2883 (2883 f.); zuletzt etwa BGH, Urt. v. 14.06.2016 – XI ZR 483/14, NJW-RR 2016, 1138 (1138 f.) Rn. 24; vgl. *Schubert*, in: MüKo-BGB, § 164 Rn. 222.

Dritten daher bekannt, nicht gezwungenermaßen aber auch dem Geschäftsgegner.[925] Grundsätzlich dürfen Vertragspartner davon ausgehen, dass sich ein Insolvenzverwalter rechtmäßig verhält, zumal er unter der Aufsicht des Insolvenzgerichts, des Gläubigerausschusses und teilweise der Gläubigerversammlung steht; außerdem riskiert er im Falle eines Fehlverhaltens eine Haftung mit seinem gesamten Privatvermögen (§ 60 InsO).[926] Entscheidend ist insoweit, dass es auf die Perspektive der Beurteilung der groben Fahrlässigkeit ankommt. Es könnte zum einen auf den Geschäftsgegner selbst, zum anderen aber auch auf einen objektivierbaren Dritten abgestellt werden. Dem Merkmal der groben Fahrlässigkeit kommt neben dem Merkmal der objektiven Evidenz allerdings nur eine eigenständige Bedeutung zu, wenn die grobe Fahrlässigkeit nicht aus der Sicht eines objektivierbaren Dritten zu bestimmen ist, sondern aus der Sicht des Anfechtungsgegners selbst. Anders als einem objektivierbaren Dritten ist dem Anfechtungsgegner nicht in jedem Fall aufgrund der objektiven Evidenz grobe Fahrlässigkeit vorzuwerfen. Der Anfechtungsgegner muss auf ein Rechtsgeschäft danach nur verzichten, wenn er selbst hätte erkennen müssen, dass das Rechtsgeschäft evident insolvenzzweckwidrig ist. Nicht bei jeder evidenten Zweckwidrigkeit ist das der Fall. Jedenfalls bedarf es zur Beweisführung weiterer Indizien, die von der Evidenz auf die grobe Fahrlässigkeit des Anfechtungsgegners schließen lassen. Da der Insolvenzverwalter im Außenverhältnis keinen Beschränkungen unterliegt, sind insoweit die Grundsätze der Fälle der gesetzlich unbeschränkten Vertretungsmacht (z.B. §§ 50 Abs. 1, 126 Abs. 3 HGB, § 37 GmbHG, § 62 AktG) heranzuziehen, die mit einem besonderen Verkehrsschutz verbunden sind.[927] Gem. § 80 InsO gehen mit Eröffnung des Insolvenzverfahrens die Verwaltungs- und Verfügungsbefugnis über die Masse vom Schuldner auf den Verwalter über. Der Verwalter ist im Außenverhältnis mit unbeschränkter Verpflichtungsbefugnis ausgestattet, so dass die Parallele insbesondere zu einem organschaftlichen Vertreter nahe liegt. Nach § 164 InsO sind überdies Handlungen, die der Verwalter ohne die an sich erforderliche Zustimmung der Gläubiger (§§ 160 - 163 InsO) vornimmt, ungeachtet dieses Verstoßes gegen den Grundsatz der Gläubigerautonomie im Außenverhältnis wirksam, und aus einem Verstoß gegen §§ 160 - 163 InsO folgt auch nicht ohne weiteres eine Unwirksamkeit wegen evidenter Insolvenzzweckwidrigkeit.[928]

925 *Jauernig*, FS-Weber, 307 (309 f., 318 ff.); *Spickhoff*, KTS 2000, 15 (33).
926 *Wimmer/Amend*, in: Frankfurter Kommentar-InsO, § 80 Rn. 38.
927 *Preuß*, NZI 2003, 625 (628); vgl. *Schubert*, in: MüKo-BGB, § 164 Rn. 215.
928 *Smid*, in: Rattunde/Smid/Zeuner-InsO, § 164 Rn. 2.

Allein aufgrund der Tatsache, dass sich der Insolvenzverwalter dem Geschäftspartner gegenüber als Insolvenzverwalter zu erkennen gibt, hat der Geschäftspartner Kenntnis von der Zahlungsunfähigkeit und der lediglich quotalen Befriedigung der Gläubiger. Zu dieser Kenntnis gelangt der Anfechtungsgegner auch dadurch, dass Anfechtungsansprüche ausschließlich im eröffneten Verfahren geltend gemacht werden können. Dass eine möglichst hohe Quote für die Insolvenzgläubiger an erster Stelle steht und einzelne Gläubiger in einem Insolvenzverfahren nicht bevorzugt werden dürfen, kann als Wissen des Geschäftspartners vorausgesetzt werden. Schließlich stehen Verstöße gegen die Verteilungsgerechtigkeit und Beeinträchtigungen der Masse gem. den §§ 283 ff. StGB sogar unter Strafe. Erhält der Geschäftspartner daher erhebliche Vorteile, ohne seinerseits eine entsprechende Gegenleistung erbringen zu müssen, hat er zumindest grob fahrlässig die evidente Insolvenzzweckwidrigkeit verkannt. Jedenfalls hätten sich dem Anfechtungsgegner ausreichend Anhaltspunkte für eine Nachfrage beim Verwalter aufdrängen müssen, was ebenfalls für eine grobe Fahrlässigkeit ausreichend ist. Dabei muss allerdings berücksichtigt werden, dass es für Insolvenzverwalter üblich ist, Gegenstände aus der Insolvenzmasse gegebenenfalls auch weit unter Wert zu verkaufen, insbesondere bei Saisonartikeln und verderblichen Waren oder generell, etwa um für eine Sanierung des Unternehmens dringend benötigte Finanzmittel zu beschaffen. Insoweit ist ein höherer Maßstab an die Insolvenzzweckwidrigkeit zu setzen, soweit der Geschäftsgegner nicht bewusst zulasten der Masse Vorteile gezogen hat, etwa indem bewusst auf den Insolvenzverwalter eingewirkt wurde, auf die Anfechtung zu verzichten. Bei jeder Einwirkung auf den Insolvenzverwalter von Seiten des Anfechtungsgegners oder eines Dritten, den Anfechtungsanspruch zu erlassen, einen nachteiligen Vergleich darüber zu schließen oder den Anspruch unter Wert zu übertragen, hat der Geschäftsgegner Kenntnis von dem dadurch bewirkten Verstoß gegen den Grundsatz der Gläubigergleichbehandlung. Insolvenzzweckwidrigkeit ist daher bei evident insolvenzzweckwidrigen Geschäften mangels der subjektiven Erkennbarkeit seitens des Anfechtungsgegners beziehungsweise Geschäftsgegners nur ausnahmsweise abzulehnen, wenn der Insolvenzverwalter dem Geschäftspartner Vorteile gewähren wollte und der Geschäftspartner dies auch bei Beachtung der im Verkehr erforderlichen Sorgfalt beziehungsweise bei einem nur leicht fahrlässigen Verstoß gegen die Sorgfaltsanforderungen nicht hätte erkennen können. Dieser Fall wird praktisch aber nicht vorkommen, weil der Verwalter ein evident insolvenzzweckwidriges Rechtsgeschäft über Anfechtungsansprüche aufgrund der damit verbundenen berufsrechtlichen und haftungsrechtlichen Risiken nur abschließen wird, wenn der Anfechtungsgegner Kenntnis von den gewährten Vorteilen hat und dem Insolvenzverwalter entsprechende Vorteile gewähren kann. Dass der Anfechtungsgegner überhaupt keine Kenntnis von dem Unterlassen der Geltendmachung der Ansprüche erlangt, ist allein denkbar, wenn der Anfechtungsgegner schon keine Kenntnis von dem Anfechtungsanspruch des Verwalters hat. Denkbar ist diese Konstellation etwa, wenn der Verwalter auf die Anfechtung gegenüber nahestehenden Personen verzichtet. Bei Rechtsgeschäften über Anfechtungsansprüche hat der Anfechtungsgegner aber immer Kenntnis von dem Anfechtungsanspruch als Vertragsgegenstand und ist daher auch in der Lage, das Verhältnis von Leistung und Gegenleistung einzuordnen. Ein grobes Missverhältnis muss daher für den Anfechtungsgegner Veranlassung zu einer Nachfrage beim Verwalter sein, so dass der Abschluss des Rechtsgeschäfts über den Anspruch ohne Nachfrage beim Verwalter auf Seiten des Anfechtungsgegners eine grobe Fahrlässigkeit begründet. Eine ähnliche Konstellation kann bei der sogenannten Klimapflege mit Großgläubigern auftreten. Die Klimapflege mag zwar zunächst vom Verwalter ausgehen. Da Vertragsgegenstand aber der Anfechtungsanspruch ist, hat der Gläubiger genaue Kenntnisse von dem Anspruch und dem Wert seiner etwaigen Gegenleistung, so dass er die evidente Insolvenzzweckwidrigkeit ohne weiteres aus dem Missverhältnis von Leistung und Gegenleistung erkennen kann. Gerade Großgläubiger haben zudem genauere Kenntnisse vom Ablauf eines Insolvenzverfahrens und von den gegen sie gerichteten Anfechtungsansprüchen. Vor diesem Hintergrund scheitert eine Nichtigkeit aufgrund evidenter Insolvenzzweckwidrigkeit nicht an der fehlenden subjektiven Erkennbarkeit des Geschäftsgegners. Praktische Bedeutung hat der Fall der unerkannten evidenten Insolvenzzweckwidrigkeit nicht. Der Insolvenzverwalter hat keine Veranlassung, einem gutgläubigen Anfechtungsgegner wider eigenes besseres Wissen entgegenzukommen.[929]

e) *Interessenkonflikte*

Die evidente Insolvenzzweckwidrigkeit kann sich insbesondere daraus ergeben, dass der Insolvenzverwalter einem Interessenkonflikt unterliegt. An sich handelt der Insolvenzverwalter fremdnützig als unabhängiges Rechtspflegeorgan im wirtschaftlichen Interesse der Gläubiger und des Insolvenzschuldners; als solches muss der Verwalter den Zweck des Insolvenzverfahrens fördern und darf

929 *Lent*, KTS 1956, 161 (162 f.).

im Rahmen seiner Amtsausübung keine eigenen Interessen befriedigen.[930] Wie ein Geschäftsführer darf ein Insolvenzverwalter daher seine Stellung nicht zu seinen eigenen Gunsten und gegen die Interessen der Gläubigergemeinschaft ausnutzen.[931] Der Insolvenzverwalter sieht sich bei der Ausübung seines Amtes allerdings verschiedensten Interessenkonflikten ausgesetzt; schließlich herrscht in einem Insolvenzverfahren naturgemäß Interessenvielfalt.[932] Jeder Gläubiger oder jede Gläubigergruppe verfolgt im Rahmen eines Insolvenzverfahrens spezifische Eigeninteressen, die den Interessen anderer Gläubiger oder Gläubigergruppen häufig entgegenstehen.[933] Merkmal der Tätigkeit eines Insolvenzverwalters ist daher geradezu eine konstante Interessenkollision.[934] Während eine Gruppe von Gläubigern schnellstmöglich wenigstens die Quote erhalten möchte, wollen andere womöglich die Geschäftsverbindung mit dem Schuldner nach Möglichkeit nicht verlieren. Arbeitnehmern ist vorrangig an der Erhaltung des Unternehmens und damit an einem Erhalt ihrer Arbeitsplätze gelegen.[935] Insbesondere bei Kunden besteht häufig ein Interesse daran, die Geschäftsbeziehung mit dem Schuldner fortzuführen.[936] Gegebenenfalls sind wiederum andere Gläubiger Konkurrenten des Schuldners und sähen diesen am liebsten vom Markt verschwinden.[937] Schließlich kann es auch sein, dass Gläubiger

---

930 *Smid*, DZWIR 2002, 265 (268); *Berger/Frege/Nicht*, NZI 2010, 321 (328); *Frege*, Der Sonderinsolvenzverwalter, Rn. 88; vgl. zur Treuepflicht eines Geschäftsleiters *Fleischer*, NJW 2009, 2337 (2338).

931 Vgl. zum Geschäftsführer BGH, Beschl. v. 26.11.2007 – II ZR 161/06, NZG 2008, 104 (104) Rn. 3.

932 *Uhlenbruck*, KTS 1998, 1 (2); *Schoppmeyer*, NZI 2015, 185 (186); *Pape*, in: Uhlenbruck-InsO, § 1 Rn. 13; *Köster*, Die Bestellung des Insolvenzverwalters, S. 89; s. bereits *Uhlenbruck*, KTS 1989, 229 (232 f.).

933 *Vallender*, FS-Ganter, 391 (391); *Zeuner*, NJW 2007, 2952 (2952); *Uhlenbruck*, KTS 1998, 1 (2); *Cranshaw/Knöpnadel*, ZInsO 2016, 357 (364); *Schoppmeyer*, NZI 2015, 185 (186); *Frege*, Der Sonderinsolvenzverwalter, Rn. 88; *Westermann*, Die Auswahl und die Bestellung des (vorläufigen) Insolvenzverwalters im Widerstreit der Interessen von Gläubigern und Schuldner, Rn. 260; *von Leoprechting*, in: v. Leoprechting/Ziechmann, Entscheidungsprozesse im Insolvenzverfahren, S. 29 ff.; *Köster*, Die Bestellung des Insolvenzverwalters, S. 89.

934 *Löhnig*, Treuhand: Interessenwahrnehmung und Interessenkonflikte, S. 313; *Jelinek*, Insolvenzrecht im Umbruch, 21 (22); *Schoppmeyer*, NZI 2015, 185 (186).

935 *Pape*, in: Uhlenbruck-InsO, § 1 Rn. 13; *Uhlenbruck*, KTS 1998, 1 (1 f.); *Cranshaw/Knöpnadel*, ZInsO 2016, 357 (364); *Köster*, Die Bestellung des Insolvenzverwalters, S. 89.

936 *Schluck-Amend*, GWR 2013, 418 (419); *Cranshaw/Knöpnadel*, ZInsO 2016, 357 (364); *Köster*, Die Bestellung des Insolvenzverwalters, S. 89.

937 *Pape*, in: Uhlenbruck-InsO, § 1 Rn. 13.

Teilbereiche des schuldnerischen Unternehmens aufkaufen möchten. Genauso verfolgen die gesicherten, weil aus- oder absonderungsberechtigten Gläubiger und die ungesicherten, am Insolvenzverfahren beteiligten Gläubiger zwangsläufig grundsätzlich unterschiedliche Ziele. Insofern handelt es sich bei den Gläubigern keineswegs um eine homogene Gruppierung.[938] Vielmehr ist jeder einzelne Gläubiger an der Minimierung des eigenen Verlustes unter Inkaufnahme der damit verbundenen Verschiebung von Verlusten auf die übrigen Insolvenzgläubiger interessiert.[939] Dabei ist zu berücksichtigen, dass diejenigen Verfahrensbeteiligten, die nicht selbst verfahrenslenkend auf den Verwalter oder das Insolvenzverfahren Einfluss zu nehmen versuchen, an einer bestmöglichen Befriedigung und an einem fachkundigen und unabhängigen Verwalter interessiert sind, während diejenigen, die verfahrensfremde Einzelinteressen zu verfolgen versuchen, Interesse an einem leicht zu beeinflussenden Verwalter haben.[940] Kraft seines Amts ist der Insolvenzverwalter verpflichtet, diese Interessenkonflikte angemessen zu lösen.[941] Eine Abhängigkeit etwa von Gesellschaftern, von bestimmten Gläubigergruppen oder von der Belegschaft des Schuldnerunternehmens macht eine ordnungsgemäße Erfüllung der dem Verwalter obliegenden Aufgaben unmöglich.[942] Neben der naturgemäßen Kollision der Interessen verschiedener Verfahrensbeteiligter können auch Eigeninteressen des Insolvenzverwalters mit den von ihm wahrzunehmenden Fremdinteressen kollidieren.

Durch die Ausübung des Anfechtungsrechts gegenüber einem Insolvenzgläubiger zugunsten der Masse wahrt der Insolvenzverwalter etwa die Interessen der Gläubigergesamtheit, führt aber gleichzeitig dem Anfechtungsgegner einen wirtschaftlichen Nachteil zu.[943] Die InsO selbst enthält – über die Anzeigepflicht gegenüber dem Insolvenzgericht hinaus – keinerlei ausdrückliche Regelungen zur Behandlung möglicher Interessenkollisionen. Rechtlich gelöst werden soll das Problem der Interessenkonflikte über das Unabhängigkeitsgebot in § 56 Abs. 1 InsO. Danach hat der Insolvenzverwalter eine Gläubigern und dem

---

938 *Uhlenbruck*, KTS 1998, 1 (2); *ders.*, KTS 1989, 229 (230 f.); *Paulus*, DStR 2003, 31 (35); *Westermann*, Die Auswahl und die Bestellung des (vorläufigen) Insolvenzverwalters im Widerstreit der Interessen von Gläubigern und Schuldner, Rn. 299.

939 *Schoppmeyer*, NZI 2015, 185 (186); *Jelinek*, Insolvenzrecht im Umbruch, 21 (22); *Köster*, Die Bestellung des Insolvenzverwalters, S. 89; *Neubert*, ZInsO 2002, 309 (310).

940 *Weitzmann*, BB 2019, 521 (522).

941 Zur ordnungsgemäßen Durchsetzung von Gläubigerinteressen im Insolvenzverfahren s. *Zeuner*, NJW 2007, 2952 (2952 ff.).

942 *Uhlenbruck*, KTS 1989, 229 (230 f.); *Frege*, Der Sonderinsolvenzverwalter, Rn. 89.

943 *Kumpan*, KTS 2010, 169 (171); *Thole*, FS-Vallender, 678 (678).

Schuldner gegenüber unabhängige natürliche Person zu sein. Eine Konkretisierung dieser Unabhängigkeit hat über die besonderen insolvenzrechtlichen Zielsetzungen zu erfolgen, insbesondere über das in § 1 Satz 1 InsO normierte Ziel der gemeinschaftlichen Befriedigung der Gläubiger.[944]

Nach der höchstrichterlichen Rechtsprechung ist wegen der überragenden Bedeutung der Person des Insolvenzverwalters für die ordnungsgemäße Abwicklung des Insolvenzverfahrens und seiner den Interessen sowohl der Gläubiger wie auch des Schuldners verpflichteten Stellung eine Bestellung bereits dann ausgeschlossen, wenn objektive Umstände feststehen, die aus der Sicht eines vernünftigen Gläubigers oder Schuldners berechtigte Zweifel an der Unvoreingenommenheit oder Unparteilichkeit der in Aussicht genommenen Person begründen.[945] Über die Unabhängigkeit des Insolvenzverwalters sollen Interessenkonflikte von Anfang an ausgeschlossen beziehungsweise auf ein Minimum reduziert und so die in § 1 Satz 1 InsO genannten Ziele verwirklicht werden.[946] Nach der Gesetzesbegründung zur InsO muss der Insolvenzverwalter von den Verfahrensbeteiligten unabhängig sein, um sein Amt frei von sachwidrigen Einflüssen ausüben zu können.[947] Der Insolvenzverwalter soll daher eine von interessengeleiteten Einflussnahmen nicht zu beeindruckende Person sein.[948] Neben der fachlichen Qualifikation zählt zu den persönlichen Anforderungen an den Insolvenzverwalter daher stets auch seine persönliche Integrität, insbesondere seine Ehrlichkeit.[949] Darüber hinaus können genauso wie persönliche oder wirtschaftliche Bindungen auch eigene Vermögensinteressen des Insolvenzverwalters dessen Unabhängigkeit in Frage stellen, insbesondere, wenn der Verwalter sein Amt dazu missbraucht, sich selbst ungerechtfertigt Vorteile zu verschaffen.[950] Schließlich erfasst der Begriff der Unabhängigkeit neben der Staatsunabhängigkeit und der Beteiligtenunabhängigkeit auch das Verbot der Verwirklichung von Eigeninteressen.[951] Unter Unabhängigkeit im Sinne des § 56 Satz 1 InsO ist vor diesem Hintergrund die Freiheit von Bindungen

---

944 *Kumpan*, KTS 2010, 169 (173); *Uhlenbruck*, KTS 1998, 1 (2); *Prütting*, ZIP 2002, 1965 (1970); *Zipperer*, in: Uhlenbruck-InsO, § 56 Rn. 42.

945 BGH, Beschl. v. 04.05.2017 – IX ZB 102/15, ZIP 2017, 1230 (1231) Rn. 11.

946 *Kumpan*, KTS 2010, 169 (173); *Prütting*, ZIP 2002, 1965 (1970); *Schumann*, FS-Geimer, 1043 (1051); *Uhlenbruck*, KTS 1998, 1 (2).

947 Begr. RegE-InsO, BT-Drucks. 12/2443, S. 127.

948 *Frind*, ZInsO 2014, 119 (120); *Uhlenbruck*, KTS 1998, 1 (2).

949 BGH, Beschl. v. 04.05.2017 – IX ZB 102/15, NZI 2017, 677 (669) Rn. 14.

950 *Kumpan*, KTS 2010, 169 (174); *Schumann*, FS-Geimer, 1043 (1059).

951 *Prütting*, ZIP 2002, 1965 (1969); *Schumann*, FS-Geimer, 1043 (1059).

und Interessenkollisionen im weitesten Sinne zu verstehen.[952] So soll bereits bei der Verwalterbestellung sichergestellt werden, dass der Insolvenzverwalter bei einer Kollision von Eigeninteressen mit Fremdinteressen der Verfahrensbeteiligten Eigeninteressen nicht den Vorrang gibt.[953] Den Insolvenzverwalter trifft insoweit eine umfassende Verpflichtung zu einer unvoreingenommenen Amtsausführung.[954] Daher darf der Verwalter über seine Vergütung hinaus keine Vergütungen oder Zahlungen von Dritten wie Provisionen oder Rückvergütungen beziehungsweise Geschenke annehmen oder verlangen.[955]

Problematisch im Hinblick auf Interessenkollisionen sind neben eindeutigen Fällen wie der unmittelbaren Verfolgung von Eigeninteressen, die aufgrund direkter Sanktionen seltener auftreten, insbesondere mittelbare Verflechtungen des Insolvenzverwalters zu einzelnen Gläubigern (Anfechtungsgegnern). Gegenwärtige und frühere Geschäftsbeziehungen des Verwalters zu Gläubigern (Anfechtungsgegnern) sind insoweit stets verdächtig.[956] Genauso verdächtig ist die wiederholte Kooperation des Verwalters mit einzelnen Gläubigern oder die wiederholte Wahl des Verwalters durch einzelne Gläubiger.[957] Gerade daher muss die Unabhängigkeit verneint werden, wenn ständige geschäftliche Beziehungen zu institutionellen Gläubigern wie Banken, Sozialversicherungsträgern, Vermietern etc. unterhalten werden, ohne dass objektive sachliche Gründe diese Beziehung rechtfertigen. Aufgrund einer möglichen geschäftlichen Abhängigkeit des Verwalters oder seiner Kanzlei von den ständigen Mandaten können leicht Interessenkollisionen entstehen.[958] Schließlich sichern sowohl die wiederholte Bestellung als Insolvenzverwalter als auch ständige Mandate dem Insolvenzverwalter ein nicht unerhebliches Einkommen.[959] Wenn die Interessenkollisionen des Verwalters bei der Verwalterbestellung indes nicht erkannt wurden oder erst später auftreten, muss die Masse vor nachteiligen Handlungen des insoweit

952 *Römermann*, GmbHR 2013, 1249 (1257).

953 *Kumpan*, KTS 2010, 169 (180).

954 OLG Hamburg, Beschl. v. 19.10.2005 – 2 Va 2/05, ZInsO 2005, 1170 (1171); *Graeber*, NZI 2002, 345 (348); *Uhlenbruck*, KTS 1998, 1 (2).

955 *Kumpan*, KTS 2010, 169 (187).

956 *Schumann*, FS-Geimer, 1043 (1059).

957 *Schumann*, FS-Geimer, 1043 (1060); *Haarmeyer*, ZInsO 1999, 563 (564); *Förster*, ZInsO 1999, 625 (627).

958 *Frind*, ZInsO 2017, 363 (363 f.); *ders.*, ZInsO 2014, 119 (123); *Schumann*, FS-Geimer, 1043 (1060 f.); *Frege*, Der Sonderinsolvenzverwalter, Rn. 89; *Pape*, NZI 2013, 2285 (2290); *Rosenmüller/Heitsch*, ZInsO 2013, 754 (756).

959 *Haarmeyer*, ZInsO 1999, 563 (564).

vorbelasteten Insolvenzverwalters geschützt werden. Rechtlich gelöst werden nach Verfahrenseröffnung auftretende Interessenkollisionen vorbeugend durch die Bestellung eines Sonderinsolvenzverwalters. Ist der Insolvenzverwalter allerdings bei einer seiner Handlungen einer Interessenkollision erlegen, soll der Schutz der Masse durch die Unwirksamkeit evident insolvenzzweckwidriger Rechtsgeschäfte gewährleistet werden.

Häufig sind Interessenkollisionen des Insolvenzverwalters indes weder für das Insolvenzgericht noch für die anderen Verfahrensbeteiligten erkennbar.[960] Verfolgt der Insolvenzverwalter mit der (rechtsgeschäftlich) unterlassenen Insolvenzanfechtung Eigeninteressen, liegt bei Evidenz dieses Verstoßes gegen den Grundsatz der Gläubigergleichbehandlung Insolvenzzweckwidrigkeit sehr nahe. Nur in den seltensten Fällen werden dem Verwalter persönlich gewährte Vorteile und der Masse entstehende Masseverkürzungen aufgrund der unterlassenen Insolvenzanfechtung durch andere Vorteile für die Masse ausgeglichen werden können. Die Verfolgung von Eigeninteressen zulasten der Masse ist daher ein besonders starkes Indiz für die Insolvenzzweckwidrigkeit. Dementsprechend kommt eine Unwirksamkeit insbesondere bei der Verfolgung von eigensüchtigen Interessen des Insolvenzverwalters sowie bei kollusivem Zusammenwirken des Insolvenzverwalters mit dem Zessionar oder Geschäftsgegner in Betracht. Gleichwohl ist ein kollusives Verhalten nicht Voraussetzung für die evidente Insolvenzzweckwidrigkeit, da es ebenfalls ausreicht, dass der Geschäftsgegner die Insolvenzzweckwidrigkeit grob fahrlässig nicht erkennt. Bei kollusivem Zusammenwirken des Insolvenzverwalters mit dem Geschäftsgegner ist aber stets Insolvenzzweckwidrigkeit und damit Unwirksamkeit des Rechtsgeschäfts anzunehmen.[961] Genauso sind etwa Abtretungsverträge nichtig, durch die der Anfechtungsanspruch an eine dem Verwalter nahestehende Person abgetreten wird, ohne dass der Masse ein angemessener Gegenwert zufließt. Die Bereicherung von nahestehenden Personen ist ebenfalls ein völlig sachwidriges Motiv. Die Abtretung des Anfechtungsanspruchs gänzlich ohne Gegenleistung ist zweifellos insolvenzzweckwidrig und unwirksam. Genauso muss aber ein Kaufvertrag wegen Insolvenzzweckwidrigkeit unwirksam sein, in dem die Gegenleistung nicht in einem Vorteil für die Masse, sondern für den Insolvenzverwalter oder eine ihm nahestehende Person besteht. Im Ergebnis erhält die Masse auch in diesem Fall keine Gegenleistung, so dass der Vertrag insolvenzzweckwidrig und nichtig ist.

960 *Frege*, Der Sonderinsolvenzverwalter, Rn. 98.
961 *Pape*, ZInsO 2016, 2149 (2152).

Problematischer sind Fälle, in denen die Masse eine Gegenleistung, etwa in Form eines Kaufpreises erhält, dieser aber weit unter dem Wert des Anfechtungsanspruchs liegt und der Verwalter daneben eine weitere Leistung erhält, der Verwalter also lediglich teilweise aus eigennützigen Motiven handelt. Auch hier muss Insolvenzzweckwidrigkeit angenommen werden; schließlich erhält der Insolvenzverwalter seine Vergütung nach den Regelungen der InsVV. Jede weitere Vergütung und jeder weitere Vorteil zulasten der Masse widersprechen in offensichtlicher Weise dem Grundsatz der Gläubigergleichbehandlung und müssen aufgrund evidenter Insolvenzzweckwidrigkeit unwirksam sein. Der dem Insolvenzverwalter bei Abschluss von Rechtsgeschäften über den Anfechtungsanspruch zustehende weite Ermessensspielraum ist bei der Verfolgung von sachwidrigen Interessen auf Null reduziert. Der Verwalter darf überhaupt keine sachwidrigen Interessen verfolgen. Auf ein besonderes Gewicht der Vorteile für den Insolvenzverwalter kommt es daher gar nicht an. Der Verwalter hat sein Handeln bei der Ermittlung und Durchsetzung von Anfechtungsansprüchen ausschließlich an den Interessen der Gläubigergesamtheit zu orientieren.[962] Insoweit ist jedes Handeln mit sachwidrigen Motiven evident insolvenzzweckwidrig.

Festzuhalten ist daher, dass Rechtsgeschäfte über Anfechtungsansprüche im Allgemeinen wegen Insolvenzzweckwidrigkeit unwirksam sind, wenn der Insolvenzverwalter beim Abschluss der Rechtsgeschäfte Interessenkonflikten unterliegt, die Rechtsgeschäfte daher dem Insolvenzzweck offensichtlich zuwiderlaufen und sich dem Geschäftspartner auf Grund der Umstände des Einzelfalls ohne weiteres begründete Zweifel an der Vereinbarkeit der Handlung mit dem Zweck des Insolvenzverfahrens aufdrängen mussten.[963]

Dieses Ergebnis kann auch normativ begründet werden. So ist es mittlerweile überwiegend anerkannt, dass für den Verwalter die Bestimmungen der §§ 41 ff. ZPO über die Ausschließung und Ablehnung von Gerichtspersonen herangezogen werden können.[964] Mit dem Gedanken dieser Normen ist es nicht vereinbar, wenn ein Verwalter trotz eines Interessenkonflikts tätig werden dürfte oder müsste. Insbesondere liegt in einem Interessenkonflikt ein Grund, der geeignet

---

962 Ausf. unten 4. Teil A. II. 1. b).

963 Vgl. *Kumpan*, KTS 2010, 169 (190); BGH, Urt. v. 25.04.2002 – IX ZR 313/99, BGHZ 150, 353 (360 f.) m. w. N. der Literatur; BGH, Urt. v. 25.10.2007 – IX ZR 217/06, BGHZ 174, 84 (99 f.) Rn. 42; BGH, Beschl. v. 20.03.2008 – IX ZR 68/06, NZI 2008, 365 (365) Rn. 7; BGH, Beschl. v. 14.04.2011 – IX ZR 114/10, BeckRS 2011, 11767 Rn. 3.

964 *Graeber*, in: MüKo-InsO, § 56 Rn. 37; *Graeber/Pape*, ZIP 2007, 991 (992); *Frind*, ZInsO 2002, 745 (748); *Graeber*, NZI 2002, 345 (347 f.); *Schumann*, FS-Geimer, 1043 (1071); Köster, Die Bestellung des Insolvenzverwalters, S. 94 f.

ist, Misstrauen gegen die Unparteilichkeit eines Richters zu rechtfertigen, mit der Folge, dass eine Ablehnung wegen Besorgnis der Befangenheit stattzufinden hat (§ 42 Abs. 2 ZPO).[965]

Zudem können auch die Vorschriften der Berufsordnung desjenigen Berufs, welchem der Verwalter angehört, zur Bestimmung herangezogen werden, wenn die Tätigkeit des Verwalters mit dem Berufsbild des jeweiligen freien Berufs vergleichbar ist.[966] Dies kommt vor allem für die in der Praxis als Insolvenzverwalter weit am häufigsten bestellte Berufsgruppe der Rechtsanwälte in Betracht. Zwar stellt die Insolvenzverwaltertätigkeit nicht grundsätzlich eine anwaltliche Kerntätigkeit dar.[967] Die außergerichtliche und gerichtliche Durchsetzung von Anfechtungsansprüchen ist aber durchaus mit der Tätigkeit als Rechtsanwalt in diesem Sinne vergleichbar; die Durchsetzung einer Forderung ist eine typische Anwaltstätigkeit.[968] Für zum Insolvenzverwalter bestellte Rechtsanwälte gelten daher die Vorschriften der BRAO.[969] Gem. § 1 BRAO hat der Rechtsanwalt unabhängig zu sein.[970] Unabhängigkeit bedeutet in diesem Zusammenhang vor allem wirtschaftliche und gesellschaftliche Unabhängigkeit.[971] Als spezielle Ausprägung der Unabhängigkeit darf der Insolvenzverwalter insbesondere gem. § 43a Abs. 1 BRAO keine Bindungen eingehen, die seine berufliche Unabhängigkeit gefährden. Dazu zählen sowohl rechtliche Verpflichtungen als auch Bindungen tatsächlicher Art.[972] Der Insolvenzverwalter darf also keine Bindungen mit Anfechtungsgegnern eingehen, die zu einem Interessenkonflikt führen. Geht der Verwalter dennoch Bindungen mit einem Anfechtungsgegner ein, ist die Unabhängigkeit nicht mehr gewahrt; dies rechtfertigt gem. § 113 Abs. 1 BRAO die Verhängung einer anwaltsgerichtlichen Maßnahme nach § 114 BRAO, die als

---

965 Vgl. *Heinrich* , in: Musielak/Voit, ZPO, § 42 Rn. 5 f.

966 BGH, Urt. v. 06.07.2015 – AnwZ (Brfg) 24/14, NJW 2015, 3241 (3242) Rn. 21; *Köster*, Die Bestellung des Insolvenzverwalters, S. 96; ausf. *Thole*, NZI 2017, 737 (737 ff.) m. w. N.; vgl. auch *Beal/Fischer*, NZI 2015, 15 (15 ff.) m. w. N. sowie *Deckenbrock*, NJW 2015, 522 (522 ff.); vgl. bereits BGH, Urt. v. 12.10.2004 – WpSt (R) 1/04, BGHSt 49, 258 (263 f.).

967 *Thole*, NZI 2017, 737 (738).

968 BGH, Urt. v. 06.07.2015 – AnwZ (Brfg) 24/14, NJW 2015, 3241 (3243) Rn. 28.

969 BGH, Urt. v. 06.07.2015 – AnwZ (Brfg) 24/14, NJW 2015, 3241 (3242) Rn. 21.

970 S. dazu *Brüggemann*, in: Weyland, BRAO, § 1 Rn. 13 ff.

971 *Träger*, in: Weyland, BRAO, § 43a Rn. 4; *Brüggemann*, in: Weyland, BRAO, § 1 Rn. 16 f.

972 *Träger*, in: Weyland, BRAO, § 43a Rn. 7; *Henssler*, in: Henssler/Prütting, BRAO, § 43a Rn. 10, 34.

schwerste Maßnahme auch in der Ausschließung aus der Rechtsanwaltschaft[973] bestehen kann.[974]

f) Abtretung des Anfechtungsanspruchs

Zunächst könnte daran gedacht werden, der Abtretung von Anfechtungsansprüchen generell aufgrund von Insolvenzzweckwidrigkeit die Wirksamkeit zu versagen. Schließlich wird eine Abtretung regelmäßig nur möglich sein, wenn der Insolvenzverwalter (Zedent) dem Zessionar für die Einziehung der Forderung einen gewissen Nachlass gewährt. Es wäre für den Zessionar wirtschaftlich nicht sinnvoll, die Forderung zu erwerben, wenn er daraus keinen Gewinn erwirtschaften könnte.[975] Zudem entsprach es der h. M. zur KO, dass das Anfechtungsrecht nach den §§ 29 ff. KO nicht abgetreten werden kann; der Abtretbarkeit stehe insbesondere das „Ausübungsmonopol" des Konkursverwalters entgegen.[976] Das RG und der BGH hielten die Abtretung des Anfechtungsanspruchs daher seit jeher für ausgeschlossen.[977] Allen voran *Eckardt*[978] arbeitete jedoch heraus, dass keine durchgreifenden Bedenken gegen die Abtretbarkeit des anfechtungsrechtlichen Rückgewähranspruchs bestehen. Die Ziele des Anfechtungsrechts könnten auch mit einer Abtretung des anfechtungsrechtlichen Rückgewähranspruchs erreicht werden.[979] Mit einer Grundsatzentscheidung vom 17.02.2011[980] schloss sich der BGH dieser Ansicht an und entschied, dass der aus der Insolvenzanfechtung folgende Rückgewähranspruch abgetreten werden kann. Die Rückgewähr

---

973 Zu den Voraussetzungen im Einzelnen *Reelsen*, in: Weyland, BRAO, § 114 Rn. 35 ff.

974 *Reelsen*, in: Weyland, BRAO, § 113 Rn. 10 f.

975 So noch RG, Urt. v. 05.01.1893 – VI 228/93, RGZ 30, 71 (76).

976 Ausf. m. w. Nachw. der älteren Rechtsprechung und Literatur *Eckardt*, KTS 1993, 585 ff.; vgl. BGH, VU. v. 17.02.2011 – IX ZR 91/10, NZI 2011, 486 (487) Rn. 8.

977 RG, Urt. v. 05.01.1893 – VI 228/93, RGZ 30, 71 (75); RG, Urt. v. 12.04.1897 – VI 260/96, RGZ 39, 40 (43); BGH, Urt. v. 10.02.1982 – VIII ZR 158/80, BGHZ 83, 102 (105); BGH, Urt. v. 17.06.1992 – I ZR 182/90, BGHZ 118, 394 (396).

978 KTS 1993, 585 ff.

979 *Eckardt*, KTS 1993, 585 (600 ff.) zust. *Kirchhof*, in: MüKo-InsO, 2. Auflage 2007, § 129 Rn. 214 m. w. N.

980 BGH, VU. v. 17.02.2011 – IX ZR 91/10, NZI 2011, 486 (487) Rn. 7 ff.; zsf. *Kayser*, Höchstrichterliche Rechtsprechung zum Insolvenzrecht, Kap. 5 Rn. 453 f.; zust. *Wienberg*, in: Reul/Heckschen/Wienberg, § 9 Rn. 3; seit kurzem vom BGH auch für die Verwertung von Ersatzansprüchen nach § 64 Satz 1 GmbHG durch den Insolvenzverwalter anerkannt, BGH, Urt. v. 14.06.2018 – IX ZR 232/17, NJW 2018, 2494 (2494 ff.) Rn. 12 ff.; a. A. zuvor unter Heranziehung der Rechtsprechung des RG und des BGH zur KO etwa OLG Zweibrücken, Urt. v. 22.04.2010 – 4 U 128/09, NZI 2010, 483 (484).

des Vermögensgegenstands an einen Dritten widerspreche nicht dem Zweck des Anfechtungsrechts. Voraussetzung sei nur, dass eine gleichwertige Gegenleistung zur Masse gelange. Die dem Insolvenzverwalter obliegende Verwertung der Masse (§ 159 InsO) könne – etwa dann, wenn die Masse die Prozesskosten nicht aufbringen kann, die Gläubiger keinen Prozesskostenvorschuss leisten oder der Anfechtungsprozess schwierig und langwierig zu werden verspricht – durch die Abtretung des Anfechtungsanspruchs sogar erleichtert und beschleunigt werden.[981] Nach der Gesetzesbegründung[982] sei es Aufgabe der Insolvenzanfechtung, den Bestand des den Gläubigern haftenden Schuldnervermögens dadurch wiederherzustellen, dass bestimmte Vermögensverschiebungen rückgängig gemacht werden. Dieser Zweck könne auch dann erreicht werden, wenn der Insolvenzverwalter nicht den anfechtbar weggegebenen Vermögensgegenstand zurückerhalte, sondern den Rückgewähranspruch verwerte.[983]

Diese Wertung ist zutreffend; durch eine Abtretbarkeit der Rückgewähransprüche aus Insolvenzanfechtung werden die Handlungsmöglichkeiten des Insolvenzverwalters – zugunsten der Insolvenzgläubiger – erweitert. Damit steht die Abtretbarkeit gleichzeitig im Interesse der Masse. Schließlich kommt es im Hinblick auf eine möglichst hohe an die Insolvenzgläubiger auszuschüttende Insolvenzmasse nicht darauf an, dass die Insolvenzmasse einen bestimmten Gegenstand zurückerhält; maßgeblich ist vielmehr, dass wertmäßig der durch die anfechtbare Rechtshandlung begründete Verlust möglichst weitreichend ausgeglichen wird. Daher verdient diese Änderung der Rechtsprechung Zustimmung. Soweit ersichtlich fand diese Ansicht nach dem Urteil in der Literatur sofort viel Zuspruch und ist seitdem h. M.[984] Daher kann der Insolvenzverwalter

---

981 BGH, VU. v. 17.02.2011 – IX ZR 91/10, NZI 2011, 486 (487) Rn. 9 ff.; BGH, Urt. v. 12.09.2019 – IX ZR 16/18, NZI 2019, 893 (893 f.) Rn. 10 ff.; s. dazu *Hölken*, NZI 2019, 896 (896 f.).

982 Begr. RegE-InsO, BT-Drucks. 12/2443, S. 156.

983 BGH, VU. v. 17.02.2011 – IX ZR 91/10, NZI 2011, 486 (487) Rn. 9.

984 *Büteröwe*, in: K. Schmidt-InsO, § 143 Rn. 17; *Ede/Hirte*, in: Uhlenbruck-InsO, § 143 Rn. 102; *Kayser*, in: MüKo-InsO, § 129 Rn. 214; *Thole*, in: Heidelberger Kommentar-InsO, § 129 Rn. 113; *Huber*, in: Gottwald, Insolvenzrechts-Handbuch, § 51 Rn. 4; *Klockenbrink*, ZInsO 2011, 262 ff.; *Thole*, ZIP 2014, 1653 (1656); *Pape*, ZInsO 2016, 2149 (2156); a. A. *Smid*, ZInsO 2015, 1716 (1720 f. und 1724); problematisch und umstritten ist bei Aufhebung oder Einstellung des Verfahrens, ob der abgetretene Anfechtungsanspruch bei Verfahrensaufhebung gleichfalls erlischt und in welcher Höhe der Anfechtungsgegner seine gem. § 144 InsO wiederaufgelebte Forderung zur Tabelle anmelden kann, s. dazu *Smid*, ZInsO 2015, 1716 (1720 f.) m. w. N.

im Grundsatz den Anfechtungsanspruch rechtsgeschäftlich verwerten, insbesondere verkaufen (§§ 453, 433 ff. BGB) und zur Erfüllung seiner vertraglichen Verpflichtung auf einen anderen übertragen (§ 398 BGB). Mit dem Abschluss des Verfügungsgeschäfts tritt der neue Gläubiger an die Stelle des bisherigen Gläubigers.[985] Voraussetzung ist nach dem BGH aber, dass eine gleichwertige Gegenleistung zur Masse gelangt. Eine Abtretung ohne Gegenleistung sei in der Regel evident insolvenzzweckwidrig und damit nichtig.[986]

In einem weiteren Urteil führte der BGH schließlich explizit aus, die im Urteil vom 25.5.2002[987] zur Insolvenzzweckwidrigkeit aufgestellten Grundsätze gälten auch für die Abtretung des aus einer Insolvenzanfechtung folgenden Rückgewähranspruchs.[988] Soweit der Anfechtungsgegner den Anfechtungsanspruch bestreite oder der Anfechtungsanspruch dem Verwalter auf andere Weise streitig gemacht werde, könne sich der Verwalter daher etwa entschließen, die Durchsetzung des Anfechtungsanspruchs einem anderen zu überlassen und sich nur eine Erlösbeteiligung vorzubehalten. Fehler bei der Einschätzung der Erfolgsaussichten eines Anfechtungsprozesses könnten – ein Verschulden vorausgesetzt – zu einer Haftung nach § 60 InsO führen, nicht jedoch zu einer Unwirksamkeit der Abtretung wegen Insolvenzzweckwidrigkeit.[989] Damit ist die Abtretung eines Anfechtungsanspruchs grundsätzlich wirksam, soweit nicht im Einzelfall die evidente Insolvenzzweckwidrigkeit der Wirksamkeit entgegensteht. Verschleudern darf der Insolvenzverwalter Anfechtungsansprüche daher nicht.[990] Dieser Ansicht ist die Literatur nahezu einhellig gefolgt.[991]

985 Der Grundsatz der Gläubigergleichbehandlung ist dabei nur dann gewahrt, wenn der Verwalter die gem. § 144 InsO nach Rückgewähr der angefochtenen Leistung wiederaufgelebte Forderung nur in Höhe des Betrages, der als Gegenleistung in die Masse geflossen ist, anerkennt. Anderenfalls wäre die Aktivmasse um den Betrag in Höhe der Gegenleistung gemährt, während die Passivmasse in Höhe des Nennbetrages der Forderung erhöht wurde. Das widerspräche dem Grundsatz der Gläubigergleichbehandlung, s. dazu *Smid*, ZInsO 2015, 1716 (1720).

986 BGH, VU. v. 17.02.2011 – IX ZR 91/10, NZI 2011, 486 (487) Rn. 9 f.

987 BGH, Urt. v. 25.04.2002 – IX ZR 313/99, BGHZ 150, 353 (360 f.); entsprechend zum Anspruch nach § 64 GmbHG s. BGH, Urt. v. 17.12.2015 – IX ZR 143/13, BGHZ 208, 227 (236 f.) Rn. 24 ff.

988 BGH, Urt. v. 10.01.2013 – IX ZR 172/11, NZI 2013, 347 (348) Rn. 10.

989 BGH, Urt. v. 10.01.2013 – IX ZR 172/11, NZI 2013, 347 (348) Rn. 10.

990 *Pape*, ZInsO 2016, 2149 (2156).

991 *Thole*, in: Heidelberger Kommentar-InsO, § 129 Rn. 113; *Mohr*, in: Kölner Kommentar-InsO, § 143 Rn. 141; *Gehrlein*, in: Ahrens/Gehrlein/Ringstmeier-InsO, § 129 Rn. 18; *Dauernheim*, in: Frankfurter Kommentar-InsO, § 129 Rn. 90; ders., in: Wimmer/

g) Vergleich, Verzicht, Erfüllungssurrogate

Der Verwalter kann genauso zur Beseitigung einer unklaren Rechtslage auch einen Vergleich mit dem Anfechtungsgegner schließen, in dessen Rahmen die Insolvenzmasse belastende Zugeständnisse gemacht werden dürfen.[992] Da der Insolvenzanfechtungsanspruch nach §§ 129, 143 InsO in der Person des Insolvenzverwalters entsteht, liegt die Prozessführungsbefugnis auch beim Insolvenzverwalter. Daher räumt schon § 306 ZPO dem Verwalter Verzichtsbefugnisse ein.[993] Allein aufgrund des Umstandes, dass ein Vergleich grundsätzlich auch mit einem Insolvenzverwalter über einen Anfechtungsanspruch geschlossen werden kann, darf der andere Teil indes nicht darauf vertrauen, auch bei einem für die Masse ungünstigen Vergleich stets auf der sicheren Seite zu sein. Denn auch ein Vergleich kann wegen evidenter Insolvenzzweckwidrigkeit unwirksam sein, wenn das Nachgeben auf Seiten des Insolvenzverwalters nicht durch eine gleichwertige Gegenleistung des Anfechtungsgegners ausgeglichen wird.[994] Bevor sich der Insolvenzverwalter über einen Anfechtungsanspruch vergleicht, muss er sich daher zumindest überschlägig vergewissern, dass ein Anfechtungsanspruch schwer durchsetzbar sein wird.[995] Bei einer rechtlichen oder tatsächlichen Zweifellhaftigkeit des Anfechtungsanspruchs ist der Insolvenzverwalter

---

Dauernheim/Wagner/Gietl, Kap. 7 Rn. 180; *Huber*, in; Haarmeyer/Huber/Schmittmann, Teil I Rn. 65; *Glatt*, in: Mohrbutter/Ringstmeier, Handbuch Insolvenzverwaltung, Teil 1 Rn. 182; *Geißler*, ZInsO 2016, 1401 (1405); *Adam*, DZWIR 2019, 1 (6 f.) a. A. *Smid*, ZInsO 2015, 1716 (1719 ff.).

992 BGH, VU. v. 17.02.2011 – IX ZR 91/10, NZI 2011, 486 (487) Rn. 7; *Dauernheim*, in: Wimmer/Dauernheim/Wagner/Gietl, Kap. 7 Rn. 180; *Kreft*, FS-K. Schmidt, 965 (966); *Pape*, ZInsO 2016, 2149 (2152); die Forderung des Anfechtungsgegners nach § 144 InsO lebt dann nur in Höhe des der Masse zugeflossenen Betrages und nicht in Höhe des Nennwerts der Forderung wieder auf, s. dazu *Smid*, ZInsO 2016, 1716 (1722); zur Zulässigkeit eines Vergleich des Insolvenzverwalters mit einem Gesellschafter über dessen Haftung s. BGH, Urt. v. 17.12.2015 – IX ZR 143/13, BGHZ 208, 227 (236 f.) Rn. 22 ff.; zuvor bereits BAG, Urt. v. 28.11.2007 – 6 AZR 377/07, BAGE 125, 92 (96) Rn. 15 ff.

993 *Smid*, ZInsO 2016, 1716 (1722).

994 *Mohr*, in: Kölner Kommentar-InsO, § 143 Rn. 142; *Kreft*, FS-K. Schmidt, 965 (966); *Bork*, ZIP 2005, 1120 (1121); *Pape*, ZInsO 2016, 2149 (2152); a. A. *Adam*, DZWIR 2019, 1 (6 f.): Statt der Unwirksamkeit aufgrund der Insolvenzzweckwidrigkeit seien nur allgemeine Zivilrechtsnormen anzuwenden.

995 *Ganter*, NZI 2014, 122 (122); *Weyand/Diversy*, in: Haarmeyer/Huber/Schmittmann, Teil VIII Rn. 17.

zu Vergleichen daher stets berechtigt.[996] In Betracht kommen bei objektiver Betrachtung der Sach- und Rechtslage zweifellos begründeten Anfechtungsansprüchen insbesondere Durchsetzungsschwierigkeiten bei der Vollstreckung, etwa bei einem finanziell schwachen Anfechtungsgegner, oder eine unzureichende finanzielle Ausstattung der Masse, wenn die Masse nicht für die Aufbringung der Kosten für einen Anfechtungsprozess ausreicht und Prozesskostenhilfe nicht gewährt wird.[997]

Genauso wie eine Abtretung und ein Vergleich ist gleichermaßen ein Erlass (§ 397 BGB) beziehungsweise ein Verzicht auf den Anfechtungsanspruch zulässig, wenn die dadurch entstehenden Nachteile durch andere Vorteile für die Gläubigergesamtheit aufgewogen werden, etwa durch ersparte Prozesskosten bei einem nicht leistungsfähigen Anfechtungsgegner oder die Aufrechterhaltung einer für eine Betriebsfortführung unverzichtbaren Geschäftsverbindung.[998] Solange ein ausgewogener Ausgleich zur Masse erfolgt, scheitert ein Erlassvertrag nicht an der evidenten Insolvenzzweckwidrigkeit.[999] Ein Erlass eines offensichtlich begründeten Anfechtungsanspruchs ohne Gegenleistung ist dagegen in aller Regel unwirksam, ebenso ist auch eine Vereinbarung mit dem Anfechtungsgegner, aufgrund derer sich der Insolvenzverwalter verpflichtet, das Anfechtungsrecht nicht auszuüben, unwirksam.[1000] Letztendlich ist ein Verzicht oder ein Vergleich im Allgemeinen zulässig, wenn der Masse durch die unterlassene Anfechtung andere wirtschaftliche Vorteile zufließen, die der Insolvenzverwalter ohne den Verzicht beziehungsweise Vergleich nicht ohne weiteres hätte realisieren können.[1001] Der Insolvenzverwalter muss hierbei einen Abschlag hinnehmen. Dadurch wird nicht nur das Rechtsrisiko der Durchsetzung, sondern

---

996 *Kreft*, FS-K. Schmidt, 965 (972 f.).

997 *Kreft*, FS-K. Schmidt, 965 (968 ff.); *Weyand/Diversy*, in: Haarmeyer/Huber/Schmittmann, Teil VIII Rn. 17.

998 BGH, VU. v. 17.02.2011 – IX ZR 91/10, NZI 2011, 486 (487) Rn. 7; *Kreft*, FS-K. Schmidt, 965 (974 f.); *Weyand/Diversy*, in: Haarmeyer/Huber/Schmittmann, Teil VIII Rn. 17; *Wienberg*, in: Reul/Heckschen/Wienberg, § 9 Rn. 7; *Dauernheim*, in: Wimmer/Dauernheim/Wagner/Gietl, Kap. 7 Rn. 180; da nur eine Schuld, aber kein Anspruch erlassen werden kann, sollte man in Bezug auf den Anfechtungsanspruch besser von einem Verzicht sprechen, vgl. *Ganter*, NZI 2014, 122 (122).

999 *Pape*, ZInsO 2016, 2149 (2156).

1000 *Pape*, ZInsO 2016, 2149 (2156); *Ganter*, NZI 2014, 122 (122).

1001 OLG Karlsruhe, Beschl. v. 12.08.2013 – 9 U 55/13, NZI 2014, 121 (121); *Weyand/Diversy*, in: Haarmeyer/Huber/Schmittmann, Teil VIII Rn. 17; *Wienberg*, in: Reul/Heckschen/Wienberg, § 9 Rn. 7.

auch das kalkulierte Bonitätsrisiko des Anfechtungsgegners berücksichtigt. Bei sachgerechten Abschlägen kann von insolvenzzweckwidrigem Handeln des Insolvenzverwalters daher keine Rede sein.[1002]

Schließlich kann der Insolvenzverwalter auch eine andere als die geschuldete Leistung an Erfüllungs statt oder erfüllungshalber (§ 364 BGB) entgegennehmen, wenn die andere Leistung eine ausgewogene Gegenleistung darstellt.[1003] Anfechtungsansprüche können vor diesem Hintergrund auch als Sicherheiten dienen, insbesondere zur Absicherung eines für die Sanierung beziehungsweise Restrukturierung benötigten Massekredits.[1004] Diese rechtsgeschäftlichen Gestaltungsmöglichkeiten erweitern die Handlungsspielräume des Insolvenzverwalters und fördern so das Ziel der bestmöglichen Befriedigung der Gläubigergemeinschaft. Fehleinschätzungen des Insolvenzverwalters in Bezug auf eine angemessene Höhe der Gegenleistung können außerhalb der Grenzen der Insolvenzzweckwidrigkeit zu einer Schadensersatzhaftung des Verwalters nach § 60 InsO führen.[1005]

h) Rechtsfolge

Evident insolvenzzweckwidrige Handlungen sind nichtig. Diese Rechtsfolge betrifft zunächst alle entsprechenden Verpflichtungsgeschäfte des Insolvenzverwalters; nichtig sind aber genauso die Erfüllungsgeschäfte.[1006] Die evident insolvenzzweckwidrigen Erfüllungsgeschäfte widersprechen im selben Maße wie die Verpflichtungsgeschäfte dem Zweck des Insolvenzverfahrens, so dass die Erfüllungsgeschäfte auch gleichermaßen nichtig sein müssen. Der BGH hat dies bislang nicht ausdrücklich entschieden, nimmt allerdings an, dass Rechtshandlungen grundsätzlich wegen evidenter Insolvenzzweckwidrigkeit unwirksam sein können. Verfügungsgeschäfte sind genauso wie Verpflichtungsgeschäfte Rechtshandlungen. Erfüllt auch das Verfügungsgeschäft die Voraussetzungen der evidenten Insolvenzzweckwidrigkeit muss also auch dieses nichtig sein. Damit verlieren Ansprüche auf zugesagte Leistungen ihre Durchsetzbarkeit.[1007]

1002 *Cranshaw*, jurisPR-InsR 17/2011 Anm. 3 unter C. I.

1003 BGH, VU. v. 17.02.2011 – IX ZR 91/10, NZI 2011, 486 (487) Rn. 7; *Dauernheim*, in: Wimmer/Dauernheim/Wagner/Gietl, Kap. 7 Rn. 180.

1004 *Bähr/Schwartz*, in: Theiselmann, Praxishandbuch des Restrukturierungsrechts, 4. Abschn. Rn. 191 ff.

1005 *Smid*, ZInsO 2015, 1716 (1722).

1006 *Uhlenbruck*, in: Uhlenbruck-InsO, 13. Aufl. 2010, § 80 Rn. 153; *Vuia*, in: MüKo-InsO, § 80 Rn. 63; *Pape*, ZInsO 2016, 2149 (2152).

1007 *Sternal*, in: K. Schmidt-InsO, § 80 Rn. 35.

Der Anfechtungsgegner hat aus einem geschlossenen Kaufvertrag, Vergleich oder Erlass keinen durchsetzbaren Anspruch gegen den Verwalter auf ein Unterlassen der Anfechtung. Ist noch keine Verjährung eingetreten oder beruft sich der Anfechtungsgegner nicht auf diese Einrede kann der Verwalter den Anfechtungsanspruch daher uneingeschränkt durchsetzen. Einer bereicherungsrechtlichen Rückabwicklung bedarf es aufseiten des Insolvenzverwalters insoweit nicht. Der Anfechtungsgegner hat aber, wenn er eine Gegenleistung erbracht hat, einen bereicherungsrechtlichen Rückabwicklungsanspruch gegen den Insolvenzverwalter aus § 812 Abs.1 Satz 1 Alt. 1 BGB. Wird der Anfechtungsanspruch noch in voller Höhe vom Anfechtungsgegner erfüllt, scheidet eine Haftung des Insolvenzverwalters nach § 60 InsO mangels eines Schadens aus.

Etwas anderes gilt aber, wenn der Anfechtungsanspruch aufgrund des Eintritts der Verjährung und der Berufung des Anfechtungsgegners auf diese Einrede nicht mehr erfolgreich vom Verwalter durchgesetzt werden kann. Mit dem Ablauf der Verjährungsfrist infolge des Unterlassens der Durchsetzung des Anspruchs hat der Anfechtungsgegner etwas durch Leistung erlangt i. S. d. § 812 Abs. 1 Satz 1 Alt. 1 BGB. Das erlangte Etwas kann grundsätzlich auch in einem Unterlassen bestehen, wenn darin eine Vorteilsverschaffung liegt und diese bewusst und willentlich erfolgt ist.[1008] Bei dem Unterlassen einer störenden Handlung aufgrund der irrigen Annahme, zu dem Unterlassen verpflichtet zu sein, besteht das erlangte Etwas in eben diesem Unterlassen.[1009] Bereits Geleistetes ist insoweit nach Bereicherungsrecht rückabzuwickeln,[1010] wobei der Einwand der Entreicherung regelmäßig durch § 819 Abs. 1 BGB ausgeschlossen ist.[1011] Der Anfechtungsgegner hat Wertersatz nach § 818 Abs. 2 BGB für den nicht mehr durchsetzbaren Anfechtungsanspruch zu leisten. Das erlangte Etwas – die Befreiung von einer Verbindlichkeit – kann nicht in natura zurückgewährt werden.

Soweit die Rückabwicklung vollständig bewirkt wird, entfällt ebenfalls ein Schaden, so dass gleichermaßen eine Haftung ausscheidet. Unterbleibt dagegen eine (vollständige) Rückabwicklung, ist regelmäßig ein Schadensersatzanspruch nach § 60 InsO aufgrund der Erfüllung eines nichtigen Rechtsgeschäfts begründet. Die Erfüllung des nichtigen Rechtsgeschäfts über den Anfechtungsanspruch

---

1008 *Stadler*, in: Jauernig-BGB, § 812 Rn. 3; *Schwab*, in: MüKo-BGB, § 812 Rn. 4.

1009 *Köhler*, AcP 190 (1990), 496 (531 f.); *Schwab*, in: MüKo-BGB, § 812 Rn. 4.

1010 *Kuleisa*, in: Hamburger Kommentar-InsO, § 80 Rn. 22.

1011 *Pape*, ZInsO 2016, 2149 (2150); *Sternal*, in: K. Schmidt-InsO, § 80 Rn. 35; vgl. *Sprau*, in: Palandt-BGB, § 819 Rn. 7; kritisch dazu *Windel*, in: Jaeger-InsO, § 80 Rn. 252.

kann zudem eine untreuerelevante Pflichtwidrigkeit im Rahmen des Treubruchstatbestandes begründen.[1012]

Unterlässt der Gläubigerausschuss eine ausreichende Überwachung des Insolvenzverwalters, kommt zudem eine Schadensersatzpflicht der Ausschussmitglieder in Betracht, wenn die Abwicklung des nichtigen Rechtsgeschäfts zu einem Schaden für die Insolvenzmasse geführt hat.[1013]

Im Ergebnis scheidet der Missbrauchstatbestand damit bei rechtsmissbräuchlichen Rechtsgeschäften des Insolvenzverwalters über Anfechtungsansprüche aufgrund der Nichtigkeit der Rechtsgeschäfte in aller Regel aus.

2. *Anwendbarkeit auf den Sachwalter im Eigenverwaltungsverfahren*

Die Grundsätze der evidenten Insolvenzzweckwidrigkeit sind im Allgemeinen auf den (vorläufig) eigenverwaltenden Schuldner genauso anzuwenden wie auf den (vorläufigen) Insolvenzverwalter.[1014] Der Sachwalter hat allerdings selbst keine Verwaltungs- und Verfügungsbefugnis. Vielmehr hat der Sachwalter den eigenverwaltenden Schuldner zu kontrollieren. Darüber hinaus steht dem Sachwalter nach § 280 InsO allerdings das Recht zur Geltendmachung von Anfechtungsansprüchen und Gesamtschäden nach §§ 92, 93 InsO zu.[1015] Das Reichsgericht und der Bundesgerichtshof haben die Grundsätze zur evidenten Insolvenzzweckwidrigkeit maßgeblich im Zusammenhang mit der Insolvenzanfechtung begründet und erweitert. Jedenfalls auf den endgültigen Sachwalter sind im Zusammenhang mit Rechtsgeschäften über Anfechtungsansprüche daher die Grundsätze zur evidenten Insolvenzzweckwidrigkeit genauso anzuwenden wie auf den Insolvenzverwalter.[1016]

B. Ergebnis zum Missbrauchstatbestand

Strafrechtlich relevante Vergleiche, Erlassverträge und Kaufverträge über Anfechtungsansprüche sind in aller Regel wegen evidenter Insolvenzzweckwidrigkeit

---

1012 Vgl. BGH, Urt. v. 10.10.2012 – 2 StR 591/11, NJW 2013, 401 (401 ff.).

1013 *Pape*, ZInsO 2016, 2149 (2155).

1014 OLG Karlsruhe, Urt. v. 14.06.2016 – 8 U 44/15, ZInsO 2016, 1469 (1470 f.); *Gehrlein*, ZInsO 2017, 849 (852); *Pape*, ZInsO 2016, 2149 (2152 f.); *Haas*, in: Gottwald, Insolvenzrechts-Handbuch, § 90 Rn. 3; *Häsemeyer*, Insolvenzrecht, Rn. 14.09; *Gulde*, Die Anordnung der Eigenverwaltung, S. 36; *Schlegel*, Die Eigenverwaltung im Insolvenzverfahren, S. 220; *König*, Die Haftung bei der Eigenverwaltung, S. 31 f.

1015 *Gehrlein*, ZInsO 2017, 849 (860 f.).

1016 *Pape*, ZInsO 2016, 2149 (2152 f.).

unwirksam, wenn der Insolvenzverwalter außerhalb des Verfahrens liegende Interessen verfolgt, insbesondere bei der Verfolgung von Eigeninteressen und sachwidrigen Fremdinteressen. Daher scheidet eine Untreuestrafbarkeit mangels eines wirksamen Rechtsgeschäfts insoweit aus. Bei vollzogenen Geschäften kommt eine Strafbarkeit über den Treubruchstatbestand in Betracht.

4. Teil: Treubruchstatbestand

Eine von der rechtlichen Einwirkung auf den Anfechtungsanspruch zu unterscheidende Dispositionsmöglichkeit für den Verwalter liegt darin, die Geltendmachung des bestehenden Anfechtungsanspruchs schlicht zu unterlassen.[1017] Bei vollzogenen, wegen evidenter Insolvenzzweckwidrigkeit unwirksamen Rechtsgeschäften über Anfechtungsansprüche sowie bei der rein tatsächlich unterlassenen Geltendmachung von Anfechtungsansprüchen kommt der Treubruchstatbestand in Betracht. Als weitere untreuerelevante Handlung kommt die Übergabe fehlerhafter oder unvollständiger Anfechtungslisten an einen Nachfolgeverwalter in Betracht, wenn der Amtsvorgänger dadurch die Geltendmachung von Anfechtungsansprüchen durch den Amtsnachfolger erschweren oder verhindern will.[1018] Der ausscheidende Insolvenzverwalter ist verpflichtet, dem Amtsnachfolger Anfechtungslisten und Unterlagen zur Anfechtung zu übergeben.[1019]

A. Verletzung der Vermögensbetreuungspflicht

Da die Vermögensbetreuungspflicht nach der herrschenden monistischen Theorie beim Missbrauchs- und beim Treubruchstatbestand einheitlich zu bestimmen ist,[1020] kommt es beim Treubruchstatbestand nun auf eine untreuerelevante Pflichtverletzung des Insolvenzverwalters, die zu einem Vermögensnachteil bei demjenigen, dessen Vermögensinteressen er zu betreuen hat, an. Tatbestandliches Handeln im Sinne des § 266 StGB setzt auch in der Treubruchvariante ein pflichtwidriges Verhalten des zur Betreuung fremden Vermögens verpflichteten Täters voraus. Das vom Vermögensbetreuungspflichtigen einzuhaltende Pflichtenmaß bestimmt sich nach den Vorgaben des betroffenen Vermögensinhabers im Innenverhältnis. Das folgt aus der Notwendigkeit treuwidrigen Verhaltens

1017 *Thole*, ZIP 2014, 1653 (1656).

1018 Vgl. BGH, Beschl. v. 15.12.2016 – IX ZR 224/15, NZI 2017, 102 (103 ff.) Rn. 11 ff.

1019 Vgl. BGH, Beschl. v. 15.12.2016 – IX ZR 224/15, NZI 2017, 102 (103) Rn. 11 ff.

1020 BVerfG, Beschl. v. 23.06.2010 – 2 BvR 2559/08 u.a., BVerfGE 126, 170 (209 f.); BGH, Urt. v. 26.07.1972 – 2 StR 62/72, BGHSt 24, 386 (387 f.); BGH, Urt. v. 13.06.1985 – 4 StR 213/85, BGHSt 33, 244 (250); *Dierlamm*, in: MüKo-StGB, § 266 Rn. 40; *Perron*, in: Schönke/Schröder-StGB, § 266 Rn. 11; *Krell/ Wackernagel*, in: Adick/Bülte, Fiskalstrafrecht, Rn. 23/11; *Theile*, ZIS 2011, 616 (616); ausf. mit abweichenden Ansichten *Hoyer*, in: SK-StGB, § 266 Rn. 11 ff., 18; *Saliger*, in: S/S/W-StGB, § 266 Rn. 6.

des Täters gegenüber dem Vermögensinhaber.[1021] Die vermögensschädigende Handlung kann beim Treubruchstatbestand sowohl durch aktive Handlungen als auch durch ein Dulden oder Unterlassen begangen werden. In Abgrenzung zum Missbrauchstatbestand werden beim Treubruchstatbestand gerade auch rein tatsächliches Handeln, Dulden und Unterlassen als mögliche Tathandlungen erfasst.[1022] Das Unterlassen einer Vermögensmehrung kann treuwidrig sein, wenn die Vermögensbetreuungspflicht gerade diese Handlung erforderte.[1023] Daher stellt sich die Frage, unter welchen Voraussetzungen der Verwalter seine Vermögensbetreuungspflicht verletzt, wenn er einen (wirtschaftlich wertvollen) Anfechtungsanspruch nicht (gerichtlich) geltend macht und damit eine Vermögensmehrung unterlässt, ein aufgrund evidenter Insolvenzzweckwidrigkeit nichtiges Rechtsgeschäft über einen Anfechtungsanspruch pflichtwidrig (durch Unterlassen) erfüllt oder bei einem Ausscheiden aus dem Amt fehlerhafte Anfechtungslisten an den Amtsnachfolger übergibt.

I. Zivilrechtsakzessorietät/außerstrafrechtliche Pflichtwidrigkeit

Die Tathandlung ist im Treubruchstatbestand schlicht umschrieben als die Verletzung der dem Täter obliegenden Pflicht, fremde Vermögensinteressen wahrzunehmen. Herkunft der pflichtbegründenden Norm und die an sie zu stellenden Anforderungen sind dem Wortlaut der Norm genauso wenig zu entnehmen wie die Anforderungen an die Pflichtwidrigkeit.[1024] Nach allgemeiner Ansicht wird das Pflichtwidrigkeitsmerkmal in § 266 Abs. 1 StGB grundsätzlich durch außerstrafrechtliches Recht ausgefüllt. Der Untreuetatbestand ist insoweit

---

1021 *Radtke/Hoffmann*, GA 2008, 535 (537).

1022 *Hoyer*, in: SK-StGB, § 266 Rn. 46; *Fischer*-StGB, § 266 Rn. 55; *Kraatz*, ZStW 123 (2011), 449 (472); *Schünemann*, NStZ 2005, 473 (474).

1023 BVerfG, Beschl. v. 23.06.2010 – 2 BvR 2559/08 u.a., BVerfGE 126, 170 (214 ff.); BGH, Urt. v. 28.01.1983 – 1 StR 820/81, BGHSt 31, 232 (234 f.); *Fischer*-StGB, § 266 Rn. 55; *Hoyer*, in: SK-StGB, § 266 Rn. 28; *Perron*, in: Schönke/Schröder-StGB, § 266 Rn. 35a; *Weyand*, ZInsO 2014, 1934 (1938 f.).

1024 Aufgrund der Bezugnahme außerstrafrechtlicher Primärnormen wird die Norm teilweise auch als Blanketttatbestand eingeordnet, *Hoyer*, in: SK-StGB, § 266 Rn. 49; *Ulsamer/Müller*, wistra 1998, 1 (3); *Deiters*, ZIS 2006, 152 (159); a. A. BVerfG, Beschl. v. 23.06.2010 – 2 BvR 2559/08 u.a., BVerfGE 126, 170 (205); BGH, Beschl. v. 13.09.2010 – 1 StR 220/09, BGHSt 55, 288 (300) Rn. 35; *Kubiciel*, NStZ 2005, 353 (357); *Rönnau*, ZStW 119 (2007), 887 (905); *Schünemann*, in: LK-StGB, § 266 Rn. 94.

akzessorisch[1025] zur Gesamtrechtsordnung.[1026] Aus dem Gebot der Einheit der Rechtsordnung folgt, dass sich die Untreue negativ akzessorisch zur übrigen außerstrafrechtlichen Rechtsordnung verhält.[1027] Die Untreue setzt eine i. d. R. außerstrafrechtliche Pflichtverletzung auf der Primärebene voraus. Daher scheidet sie aus, wenn schon keine primäre Pflichtverletzung auf dem Gebiet des Zivilrechts oder öffentlichen Rechts vorliegt.[1028] Liegt auf der Ebene des Primärrechts eine Pflichtverletzung vor, ist auf zweiter Ebene zu prüfen, ob die verletzte Pflicht eine Pflicht ist, auf die sich die Vermögensbetreuungspflicht bezieht.[1029] Ist dies der Fall, ist auf dritter Ebene schließlich zu prüfen, ob auch die strafrechtsautonomen Voraussetzungen einer pflichtwidrigen Untreuehandlung vorliegen.[1030] Beurteilungsgrundlage können Gesetz, Vertrag, Richtlinien, Satzung oder Einzelanweisung sein. Die Bestimmung der strafrechtlich relevanten Pflichtverletzung kann daher nicht unabhängig von der primärrechtlichen Beurteilung des Verhaltens erfolgen. Die Normen der Primärrechtsordnung sind für

---

1025 Ausf. zur Akzessorietät des Wirtschaftsstrafrecht *Wagner*, Die Akzessorietät des Wirtschaftsstrafrechts, passim; *Rönnau*, ZStW 119 (2007), 887 (903 ff.).

1026 BVerfG, Beschl. v. 23.06.2010 – 2 BvR 2559/08 u.a., BVerfGE 126, 170 (204 f.); BGH, Urt. v. 23.05.2002 – 1 StR 372/01, BGHSt 47, 295 (297); BGH, Beschl. v. 13.09.2010 – 1 StR 220/09, BGHSt 55, 288 (300) Rn. 35; BGH, Urt. v. 24.11.2020 – 5 StR 553/19, BeckRS 2020, 43084 Rn. 28; *Hoyer*, in: SK-StGB, § 266 Rn. 47; *Saliger*, in: S/S/W-StGB, § 266 Rn. 33; *Fischer*-StGB, § 266 Rn. 58 f.; *Perron*, in: Schönke/Schröder-StGB, § 266 Rn. 18; *Rönnau*, ZStW 119 (2007), 887 (906 ff.); *ders.*, FS-Samson, 423 (430); *Wohlers*, ZStW 123 (2011), 791 (800); *Brüning/Samson*, ZIP 2009, 1089 (1090); *Dierlamm*, StraFo 2005, 397 (398); *Keramati/Klein*, NZI 2017, 421 (422); *Piel/Albert*, FS-Wessing, 209 (214).

1027 *Matt*, in: Matt/Renzikowski-StGB, § 266 Rn. 47; *Saliger*, in: S/S/W-StGB, § 266 Rn. 33; *Kraatz*, ZStW 123 (2011), 447 (449); *Lüderssen*, FS-Lampe, S.727 (728 f.); *Brand/Vogt*, wistra 2007, 408 (411); *Rönnau*, NStZ 2006, 218 (220); *Schramm*, Untreue und Konsens, S. 119 f.

1028 BGH, Urt. v. 12.10.2016 – 5 StR 134/15, NStZ 2017, 227 (230); *Hoyer*, in: SK-StGB, § 266 Rn. 47; *Saliger*, in: S/S/W-StGB, § 266 Rn. 33; *Fischer*-StGB, § 266 Rn. 59; *Dierlamm*, StraFo 2005, 397 (397); *Kraatz*, ZStW 123 (2011), 447 (449); *Schünemann*, NStZ 2005, 473 (474); *Piel/Albert*, FS-Wessing, 209 (214).

1029 *Hoyer*, in: SK-StGB, § 266 Rn. 46; *Fischer*-StGB, § 266 Rn. 60.

1030 *Hoyer*, in: SK-StGB, § 266 Rn. 46, teilweise wird im Rahmen einer dualen Prüfung nur das Vorliegen einer außerstrafrechtlichen und einer strafrechtlichen Pflichtverletzung geprüft, s. etwa *Matt*, in: Matt/Renzikowski-StGB, § 266 Rn. 47, Schünemann, in: LK-StGB, § 266 Rn. 93; im Ergebnis unterscheiden sich der zweigliedrige und der dreigliedrige Aufbau aber nicht; vgl. *Matt*, in: Matt/Renzikowski-StGB, § 266 Rn. 51.

die Bestimmung der Pflichtwidrigkeit indes nur insoweit maßgeblich, wie die am jeweiligen Rechtsverhältnis beteiligten Personen sie ausdrücklich oder konkludent vereinbart haben oder deren Geltung der Gesetzgeber angeordnet hat.[1031] Soweit dadurch konkrete Vorgaben des Vermögensinhabers für den Umgang mit dem Vermögen gegeben sind, kann aus der Verletzung dieser Vorgaben auf die Verletzung der Vermögensbetreuungspflicht geschlossen werden.[1032] Fehlen konkrete Vorgaben des Vermögensinhabers, ist das gebotene Verhalten anhand der dem jeweiligen Rechtsverhältnis zugrunde liegenden gesetzlichen Sorgfaltsmaßstäbe zu bestimmen.[1033]

1. Sorgfalt eines ordentlichen und gewissenhaften Insolvenzverwalters

Die unterlassene Insolvenzanfechtung müsste daher zunächst auf der Primärebene, hier dem Zivilrecht, eine Pflichtverletzung darstellen. Da der Insolvenzverwalter keinen bestimmten Erfolg schuldet, sind die ihn treffenden Pflichten grundsätzlich verhaltens- und nicht erfolgsbezogen ausgestaltet. Daraus folgt, dass die Pflichtverletzung nicht anhand des Nichteintritts eines gesetzlich vorgeschriebenen Erfolgs beurteilt werden kann; vielmehr ist eine normative Bestimmung des von dem Insolvenzverwalter objektiv geschuldeten Verhaltens erforderlich.[1034] Der Sorgfaltsmaßstab für Insolvenzverwalter ergibt sich insbesondere aus der zivilrechtlichen Haftungsnorm des § 60 InsO. Nach § 60 Abs. 1 Satz 1 InsO ist der Insolvenzverwalter allen Beteiligten zum Schadenersatz verpflichtet, wenn er schuldhaft die Pflichten verletzt, die ihm nach diesem Gesetz obliegen. Er hat gem. § 60 Abs. 1 Satz 2 InsO für die Sorgfalt eines ordentlichen und gewissenhaften Insolvenzverwalters einzustehen. Die normative Betrachtung der den Verwalter treffenden Pflichten hat sich daher an diesem gesetzlichen Leitbild des ordentlichen und gewissenhaften Insolvenzverwalters auszurichten, welches an die handels- und gesellschaftsrechtlichen Sorgfaltsanforderungen angelehnt ist (§ 347 Abs. 1 HGB, § 93 Abs. 1 Satz 1 AktG, § 34 Abs. 1 Satz 1 GenG, § 43 Abs. 1 GmbHG), aber den Besonderheiten des

---

1031 *Wohlers*, ZStW 123 (2011) 791 (800).

1032 *Saliger*, in: S/S/W-StGB, § 266 Rn. 33; *Perron*, in: Schönke/Schröder-StGB, § 266 Rn. 18; *Krell/Wackernagel*, in: Adick/Bülte, Fiskalstrafrecht, Rn. 23/14; *Bittmann*, in: Bittmann, Praxishandbuch Insolvenzstrafrecht, Rn. 16/21.

1033 *Saliger*, in: S/S/W-StGB, § 266 Rn. 33; *Krell/Wackernagel*, in: Adick/Bülte, Fiskalstrafrecht, Rn. 23/14; *Bittmann*, in: Bittmann, Praxishandbuch Insolvenzstrafrecht, Rn. 16/21.

1034 *Bittmann*, NStZ 2012, 57 (58 f.); *Schultz*, ZInsO 2015, 529 (532).

Insolvenzverfahrens Rechnung zu tragen hat.[1035] Den Insolvenzverwalter trifft also eine strenge persönliche Haftung.[1036] Aufgrund der Formulierung „nach diesem Gesetz“ kommt eine Haftung nach § 60 InsO nur in Frage, wenn der Verwalter eine insolvenzspezifische Pflicht verletzt hat.[1037] Spezifisch treuwidrig sind schließlich nur Handlungen, die im funktionalen Zusammenhang mit dem ureigensten Aufgabenbereich des Insolvenzverwalters stehen.[1038] Die Norm sanktioniert daher zunächst nur die Verletzung solcher Pflichten, die dem Insolvenzverwalter in dieser Eigenschaft nach den Vorschriften der InsO obliegen.[1039] Insolvenzspezifisch ist die Gesamtheit der Pflichten, die sich aus der InsO selbst ergeben, also Pflichten, die in Einzelvorschriften der InsO konkretisiert sind.[1040] Neben ausdrücklich normierten Pflichten sind auch ungeschriebene Pflichten, die aus der mit dem Verwalteramt und dessen Übernahme verbundenen Funktion als Amtsträger erwachsen, erfasst.[1041] Pflichten resultieren stets auch aus der Benennung von Aufgaben des Insolvenzverwalters.[1042] Darüber hinaus können Pflichten aus anderen Gesetzen, insbesondere insolvenzrechtlichen Nebengesetzen, aber auch allgemeinen Bestimmungen steuerrechtlicher, arbeitsrechtlicher,

---

1035 BGH, Urt. v. 12.03.2020 – IX ZR 125/17, NJW 2020, 1800 (1801) Rn. 26; BGH, Urt. v. 16.03.2017 – IX ZR 253/15, BGHZ 214, 220 (222 f.) Rn. 12; *Schultz*, ZInsO 2015, 529 (532); *Weyand/Diversy*, Insolvenzdelikte, Rn. 222; *Knierim*, in: Dannecker/Knierim, Insolvenzstrafrecht, Rn. 1191; ausf. zu der normativen Bestimmung des objektiven Pflichtenkreises des Insolvenzverwalters BGH, Urt. v. 26.06.2014 – IX ZR 162/13, NJW-RR 2014, 1516 ff.; zur Haftung des Insolvenzverwalters für unternehmerische Fehlentscheidungen s. *Hölken*, jurisPR-InsR 15/2017 Anm. 1.

1036 *Paulus*, DStR 2003, 31 (37).

1037 BGH, Urt. v. 05.05.2011 – IX ZR 144/10, BGHZ 189, 299 (308 f.) Rn. 29; BGH, Urt. v. 16.03.2017 – IX ZR 253/15, BGHZ 214, 220 (222 f.) Rn. 12; *Sinz*, in: Uhlenbruck-InsO, § 60 Rn. 12; *Klopp/Kluth/Pechartscheck*, in: Gottwald, Insolvenzrechts-Handbuch, § 23 Rn. 5; *Andres*, in: Andres/Leithaus-InsO, § 60 Rn. 4; *Thole*, in: K. Schmidt-InsO, § 60 Rn. 7; *Schultz*, ZInsO 2015, 529 (531 f.).

1038 *Schramm*, NStZ 2000, 398 (399); *Weyand/Diversy*, Insolvenzdelikte, Rn. 222.

1039 BGH, Urt. v. 25.01.2007 – IX ZR 216/05, NJW 2007, 1596, 1596 Rn. 8; Beschl. v. 25.09.2008 – IX ZR 235/07, NZI 2008, 735, 735 Rn. 3; *Schramm*, NStZ 2000, 398, 398; weitergehend *Lüke*, in: Kübler/Prütting/Bork-InsO, § 60 Rn. 12: spezielle, mit der Verwaltertätigkeit im Zusammenhang stehende Pflicht.

1040 *Bönner*, Unternehmerisches Ermessen, S. 20; *Weyand/Diversy*, Insolvenzdelikte, Rn. 222; *Schultz*, ZInsO 2015, 529 (532).

1041 *Schultz*, ZInsO 2015, 529 (531); *Thole*, in: K. Schmidt-InsO, § 60 Rn. 7.

1042 *Bönner*, Unternehmerisches Ermessen, S. 21.

sozialrechtlicher etc. Natur, hinzukommen.[1043] Die insolvenzspezifischen Pflichten sind dabei stets von den Pflichten, die den Insolvenzverwalter in gleichem Maße wie jeden Vertreter fremder Interessen gegenüber Dritten treffen, zu unterscheiden.[1044] Für nichtinsolvenzspezifische Pflichtverletzungen haftet der Verwalter nach allgemeinen Grundsätzen.[1045] Die Bestimmung der Verletzung insolvenzspezifischer Pflichten erfordert zunächst die Festlegung des dem § 60 InsO zu Grunde gelegten Pflichtenkreises des Insolvenzverwalters. Diese Bestimmung erfolgt maßgeblich anhand der Verfahrensziele sowie der in der InsO kodifizierten Aufgaben, Pflichten und Verantwortungsbereiche des Verwalters. Aufgrund der Interessenvielfalt der verschiedenen Verfahrensbeteiligten kommt es häufig zu Überschneidungen, aber auch Divergenzen hinsichtlich der Pflichten des Insolvenzverwalters gegenüber den einzelnen Beteiligten.[1046] Für die vom Verwalter oft unter hohem Zeitdruck und bei schwieriger Informationslage zu treffenden Sachentscheidungen enthält die InsO kaum konkrete Vorgaben. Vielmehr sind in § 1 InsO (Ziele des Insolvenzverfahrens) und in § 159 InsO (Verwertung der Insolvenzmasse) generalklauselartig die Verwalterpflichten umschrieben. Er soll das Vermögen zügig verwerten und sich dabei am Insolvenzzweck und an den grundlegenden Entscheidungen der Gläubigerversammlung (vgl. §§ 157 bis 164 InsO) orientieren.[1047] Zu beachten ist dabei stets, dass der Verwalter sein gesamtes Handeln am Insolvenzzweck der bestmöglichen gemeinschaftlichen Gläubigerbefriedigung zu orientieren hat.[1048] Maßgebliche insolvenzspezifische Pflicht des Insolvenzverwalters ist es, die Masse in Besitz zu nehmen (§ 148 InsO), sie zu erfassen (§ 151 InsO), zu erhalten und

---

1043 *Schultz*, ZInsO 2015, 529 (531 f.); *Klopp/Kluth/Pechartscheck*, in: Gottwald, Insolvenzrechts-Handbuch, § 23 Rn. 17 ff.; *Schoppmeyer*, in: MüKo-InsO, § 60 Rn. 10 ff.

1044 *Schultz*, ZInsO 2015, 529 (532); *Zipperer*, KTS 2008, 167 (177); *Klopp/Kluth/Pechartscheck*, in: Gottwald, Insolvenzrechts-Handbuch, § 23 Rn. 6; *Thole*, in: K. Schmidt-InsO, § 60 Rn. 7; *Lohmann*, in: Heidelberger Kommentar-InsO, § 60 Rn. 6.

1045 BGH, Urt. v. 14.04.1987 – IX ZR 260/86, BGHZ 100, 346 (351); *Schoppmeyer*, in: MüKo-InsO, § 60 Rn. 72 ff.; *Thole*, in: K. Schmidt-InsO, § 60 Rn. 44 ff.

1046 *Sinz*, in: Uhlenbruck-InsO, § 60 Rn. 12; *Zipperer*, KTS 2008, 167 (177).

1047 BGH, Urt. v. 07.12.1977 – VIII ZR 164/76, BGHZ 70, 87 (91); *Thole*, in: K. Schmidt-InsO, § 60 Rn. 11.

1048 BGH, Urt. v. 16.03.2017 – IX ZR 253/15, BGHZ 214, 220 (223 f.) Rn. 13; BVerfG, Beschl. v. 12.01.2016 – 1 BvR 3102/13, BVerfGE 141, 121 (134) Rn. 43; BVerfG, Beschl. v. 23.05.2006 – 1 BvR 2530/04, BVerfGE 116, 1 (13); *Berger/Frege/Nicht*, NZI 2010, 321 (322); *Buchalik/Hiebert*, ZInsO 2014, 109 (110).

gegebenenfalls durch die (gerichtliche) Geltendmachung von Anfechtungsansprüchen zu mehren. Er hat das Recht und die Pflicht zur bestmöglichen Verwertung der Insolvenzmasse.[1049]

a) Pflicht zur Ermittlung von Anfechtungssachverhalten

Als Verletzung der Vermögensbetreuungspflicht kommt in Bezug auf die unterlassene Geltendmachung von Anfechtungsansprüchen als Vorstufe die unterlassene Ermittlung der Ansprüche im Hinblick auf einzelne (potentielle) Anfechtungsgegner in Betracht. Denkbar ist als mögliche Untreuehandlung auf dieser Ebene etwa ein gänzlicher Verzicht, in eine bestimmte Richtung, z. B. eines Großgläubigers wie einer Bank etc., eines Gläubigers, der den Verwalter im vorläufigen Gläubigerausschuss vorgeschlagen hat oder einer sonstigen dem Verwalter nahe stehenden Personengruppe, Anfechtungsansprüche zu ermitteln. Motivation für einen entsprechenden Verzicht kann genauso der Wunsch nach einer schnellen Verfahrensbeendigung sein. Der (gerichtlichen) Durchsetzung eines werthaltigen Anfechtungsanspruchs geht stets die Ermittlung voraus, ob etwas durch anfechtbare Handlung aus dem Vermögen des Schuldner veräußert, weggegeben oder aufgegeben worden ist.[1050] Die Ermittlung von Insolvenzanfechtungsansprüchen ist zudem Voraussetzung für das Eingreifen des unternehmerischen Ermessens des Insolvenzverwalters. Schließlich ist Voraussetzung einer Haftungsprivilegierung im Rahmen des unternehmerischen Ermessens, dass das unternehmerische Handeln auf einer sorgfältigen Ermittlung der Entscheidungsgrundlagen beruht. Nur unter dieser Voraussetzung ist überhaupt Raum für die Zubilligung unternehmerischen Ermessens.[1051] Die Ermittlung und Prüfung insolvenzrechtlicher Ansprüche und damit vor allem von Anfechtungsansprüchen gehört zu den Regelaufgaben jedes Insolvenzverwalters.[1052]

Wenn an der grundsätzlichen Pflicht zur Ermittlung von Anfechtungsansprüchen keine Zweifel bestehen, stellt sich nun die Frage nach dem Umfang und

---

1049 *Berger/Frege/Nicht*, NZI 2010, 321 (321); *Thole*, in: K. Schmidt-InsO, § 60 Rn. 11.

1050 LG Krefeld, Urt. v. 06.02.2014 – 3 O 271/13, NZI 2014, 411 (411); *Keramati/Klein*, NZI 2017, 421 (422); *Sternal*, in: Uhlenbruck-InsO, § 311 Rn. 37; *Weyand/Diversy*, in: Haarmeyer/Huber/Schmittmann, Teil VIII Rn. 15; *Bork*, ZIP 2009, 1747 (1752).

1051 Vgl. BGH, Beschl. v. 14.07.2008 – II ZR 202/07, NJW 2008, 3362 (3362 f.) Rn. 11.

1052 BGH, Beschl. v. 08.03.2012 – IX ZB 162/11, NZI 2012, 372 (373) Rn. 11; BGH, Beschl. v. 14.11.2012 – IX ZB 95/10, ZInsO 2013, 152 (152) Rn. 4; *Wischemeyer/Dimassi*, ZIP 2017, 593 (593); *Bönner*, Unternehmerisches Ermessen, S. 22; *Fischer*, NZI 2014, 241 (242); *Frege/Keller/Riedel*-InsR, Rn. 1392c; *Thole*, in: K. Schmidt-InsO § 60 Rn. 16; *Bork* ZIP 2005, 1120 (1121).

der Reichweite dieser Pflicht. Die Ressourcen des Verwalters sind endlich und die Ermittlungskosten müssen in einem angemessenen Verhältnis zum potentiellen Nutzen stehen. Schließlich dient die Insolvenzanfechtung dem Ziel der bestmöglichen Gläubigerbefriedigung. Diese wird nur verwirklicht, solange die mit der Anfechtung zur Masse gezogenen Mittel nicht durch Kosten für die Ermittlung und Durchsetzung anderer Anfechtungsansprüche verbraucht werden. Der Insolvenzverwalter hat daher nicht uneingeschränkt jedem denkbaren Anspruch nachzugehen. Vielmehr hat der Verwalter im Rahmen einer kursorischen Prüfung jedenfalls diejenigen Ansprüche zu ermitteln, für die es entweder konkrete Anhaltspunkte gibt, oder die jedenfalls in einem Insolvenzverfahren regelmäßig in Betracht kommen.[1053] Die Pflicht zur Ermittlung von Anfechtungsansprüchen geht vor diesem Hintergrund weit. Es reicht grundsätzlich nicht aus, dass der Insolvenzverwalter sich auf die Prüfung solcher Anfechtungsansprüche beschränkt, die ohne weiteres aus der Buchhaltung des Schuldners erkennbar oder in einer vom Schuldner aufgestellten Vermögensübersicht aufgeführt sind;[1054] vielmehr hat der Insolvenzverwalter sich über das Bestehen aller potentiellen Anfechtungsansprüche Gedanken zu machen und die zugrunde liegenden Sachverhalte zu ermitteln.[1055] Bei Unternehmensinsolvenzen hat der Insolvenzverwalter daher in jedem Fall die beteiligten Banken nach anfechtbaren Verrechnungen zu fragen und im Verhältnis zu den Gläubigern mindestens die im Drei-Monats-Zeitraum vor dem Insolvenzantrag erfolgten Zahlungen auf ihre Anfechtbarkeit zu untersuchen.[1056]

Auf der anderen Seite kann der Insolvenzverwalter in besonderen Konstellationen ausnahmsweise auf die Ermittlung von Anfechtungsansprüchen verzichten, wenn etwa klar ist, dass der Anfechtungsgegner ebenfalls insolvent ist und die zu erwartende Quote außer Verhältnis zu dem Aufwand für die Ermittlung und Durchsetzung des Anfechtungsanspruchs steht. Auf die (weitere) Ermittlung von Anfechtungsansprüchen kann der Verwalter zudem ausnahmsweise verzichten, wenn nach der Ist-Masse bereits eine 100 %- Quote erreicht wird. Da der Anfechtungsgegner bei Rückgewähr seiner anfechtbar erhaltenen Leistung mit seiner dann wiederaufgelebten Forderung für die Gegenleistung regelmäßig

---

1053 *Keramati/Klein*, NZI 2017, 421 (422); *Bork*, ZIP 2005, 1120 (1123); ders., ZIP 2009, 1747 (1752); tendenziell weitergehend *Huber*, NZI 2004, 497 (497 f.).

1054 *Hiebert*, ZInsO 2016, 141 (142); *Sternal*, in: Uhlenbruck-InsO, § 311 Rn. 37; *Bork*, ZIP 2005, 1120 (1223).

1055 *Hiebert*, ZInsO 2016, 141 (142); *Sternal*, in: Uhlenbruck-InsO, § 311 Rn. 37.

1056 *Bork*, ZIP 2005, 1120 (1223).

Insolvenzgläubiger ist (§ 144 Abs. 2 Satz 2 InsO), bedeutete die Geltendmachung der Anfechtung in diesem Fall, dass der Anfechtungsgegner das anfechtbar Erlangte an die Masse zurückgewähren müsste, gleichzeitig aber seine wiederaufgelebte Forderung zu 100 % erfüllt würde. Da alle Gläubiger in diesem Fall vollumfänglich befriedigt würden, bedeutete die Anfechtung hier nur eine Erhöhung der Masse verbunden mit einer Steigerung der Verfahrenskosten, insbesondere der Vergütung des Insolvenzverwalters, die außer dem Verwalter niemandem zugutekäme. Von diesen wenigen Ausnahmefällen abgesehen hat der Insolvenzverwalter aber alle potentiellen Anfechtungsansprüche, für die es entweder Anhaltspunkte in den Buchhaltungsunterlagen, Kontoauszügen und sonstigen vorhandenen Aufzeichnungen gibt, die sich durch Zeugenbefragungen ergeben, oder die typischerweise in vergleichbaren Insolvenzverfahren auftreten, umfassend zu ermitteln.[1057] Als eines der zentralen Instrumente zur Mehrung der Insolvenzmasse des Verwalters im eröffneten Verfahren ist es für den Verwalter grundsätzlich von erheblicher Bedeutung, im Hinblick auf mögliche Anfechtungsansprüche entsprechende Nachforschungen anzustellen. In umfangreichen Verfahren billigt der BGH Insolvenzverwaltern gewisse Ermessensspielräume hinsichtlich der Ermittlungspflicht zu. So können Insolvenzverwalter strukturiert etwaige Anfechtungsansprüche prüfen und so vorgehen, dass sie zunächst die Buchhaltung des Schuldners nach inkongruenten Zahlungen im letzten Monat vor Antragstellung durchforsten, sodann die Prüfung auf Zahlungen in den letzten drei Monaten vor Antragstellung ausweiten und anschließend immer weiter in der Prüfung zeitlich zurückgehen. Ebenso können Insolvenzverwalter zunächst Zahlungen an die institutionellen Gläubiger und erst daran anschließend die Zahlungen an die anderen Gläubiger auf Anfechtungsansprüche prüfen. Auch nach dem Umfang der Zahlungen an einzelne Gläubiger kann dabei differenziert werden.[1058] Wie weit die Ermittlungspflicht des Insolvenzverwalters bezüglich potentieller Anfechtungsansprüche reicht, hängt letztendlich von den Umständen des Einzelfalls ab.[1059] Unter Berücksichtigung der bestmöglichen Befriedigung der Gläubiger hat der Verwalter insoweit alle ihm

1057 *Keramati/Klein*, NZI 2017, 421 (422); *Bork*, ZIP 2005, 1120 (1123); tendenziell weitergehend *Huber*, NZI 2004, 497 (497 f.).

1058 BGH, Beschl. v. 15.12.2016 – IX ZR 224/15, NZI 2017, 102 (104) Rn. 20; gerade bei mittelbaren Zuwendungen und Leistungsketten sowie bei gesellschaftsrechtlich unübersichtlichen Verhältnissen kann die Ermittlung der Anfechtungsansprüche Schwierigkeiten bereiten, vgl. BGH, Urt. v. 15.11.2018 – IX ZR 39/18, NZI 2019, 169 (169 ff.); s. dazu *Kayser*, FS-Ganter, 221 (221 ff.); *Vallender*, NJW 2019, 1351 (1354).

1059 *Hiebert*, ZInsO 2016, 141 (141).

bekannten Umstände des Einzelfalls umfassend zu würdigen.[1060] Unterlässt der Verwalter diese Ermittlung aufgrund sachwidriger Motive und verstößt er gegen seine aus § 148 InsO folgende Pflicht zur Ermittlung von Anfechtungsansprüchen, so verstößt er gegen die Sorgfalt eines ordentlichen und gewissenhaften Insolvenzverwalters und begeht eine Pflichtverletzung jedenfalls auf der Ebene des Primärrechts nach § 60 Abs. 1 Satz 1 InsO.

b) Umfang der insolvenzrechtlichen Anfechtungspflicht

Ist der Insolvenzverwalter seiner Pflicht zur Ermittlung aller potentiellen Anfechtungsansprüche nachgekommen, stellt sich im nächsten Schritt die Frage, welche Ansprüche der Verwalter bei deren Kenntnis geltend zu machen verpflichtet ist. Aus der Formulierung in § 129 Abs. 1 InsO, der Verwalter „kann" anfechten, könnte sich der Schluss ergeben, die Anfechtung stehe vollumfänglich im Ermessen des Insolvenzverwalters. Dies ist allerdings trotz des insoweit nicht ganz eindeutigen Wortlauts nicht der Fall. Auch wenn dem Verwalter grundsätzlich ein weites unternehmerisches Ermessen bei der Geltendmachung von Anfechtungsansprüchen zusteht, reduziert sich dieses Ermessen häufig zu einer Pflicht. Auf der anderen Seite darf nicht außer Acht gelassen werden, dass der Verwalter keine Prozesse mit mangelnder Erfolgsaussicht führen darf.[1061] Da der Insolvenzverwalter die Insolvenzmasse allerdings mit dem Ziel einer gleichmäßigen und bestmöglichen Befriedigung aller Gläubiger zu verwerten hat,[1062] ist der Verwalter zur Durchsetzung werthaltiger Anfechtungsansprüche verpflichtet[1063]. Der Insolvenzverwalter hat die Chancen und Risiken eines etwaigen Prozesses gegeneinander abwägen und ist nur dann zum Einklagen von Ansprüchen zu Gunsten der Masse verpflichtet, wenn die Klage erforderlich ist, Erfolg verspricht und wirtschaftlich vertretbar ist.[1064] Hat der Insolvenzverwalter daher einen Anfechtungsanspruch ermittelt, ist er auch verpflichtet, diesen – notfalls gerichtlich – durchsetzen, soweit die Geltendmachung erfolgsversprechend ist

---

1060 *Keramati/Klein*, NZI 2017, 421 (425).

1061 *Thole*, in: K. Schmidt-InsO, § 30 Rn. 16; LG Krefeld, Urt. v. 06.02.2014 – 3 O 271/13, NZI 2014, 410 (411).

1062 *Sternal*, in: K. Schmidt-InsO, § 80 Rn. 22; *Fischer*, NZI 2014, 241 (242).

1063 *Kreft*, FS-K. Schmidt, 965 (967); *Fischer*, NZI 2014, 241 (242); *Weyand*, ZInsO 2014, 1934 (1938); *Bork*, ZIP 2005, 1120 (1120); *Keramati/Klein*, NZI 2017, 421 (422); *Sternal*, in: Uhlenbruck-InsO, § 311 Rn. 37; LG Krefeld, Urt. v. 06.02.2014 – 3 O 271/13, NZI 2014, 411 (411).

1064 LG Krefeld, Urt. v. 06.02.2014 – 3 O 271/13, NZI 2014, 410 (411); *Schoppmeyer*, in: MüKo-InsO, § 60 Rn. 14; *Bork*, ZIP 2005, 1120 (1121, 1124).

und nach den Umständen des Falls die Geltendmachung nicht sinnlos oder masseschädlich erscheint.[1065] Ist nach dem zugrundeliegenden Sachverhalt eine Anfechtungsmöglichkeit eindeutig gegeben, muss der Insolvenzverwalter den Anfechtungsanspruch daher durchsetzen. Insoweit trifft den Verwalter eine Durchsetzungspflicht.[1066] Bei Verweigerung der Erfüllung von Insolvenzanfechtungsansprüchen gehört es zu den insolvenzspezifischen Pflichten des Insolvenzverwalters, diese gerichtlich geltend zu machen, soweit die hinreichende Aussicht besteht, einen für die Masse günstigen und in der Zwangsvollstreckung werthaltigen Titel zu erlangen.[1067] Die Pflicht zur Durchsetzung von Anfechtungsansprüchen ist indes nicht schrankenlos. Der Insolvenzverwalter ist zur Geltendmachung der Anfechtungsansprüche nur verpflichtet, wenn die potentiellen Vorteile aus der Anfechtung für die Masse vorteilhafter sind als der Verzicht auf die Geltendmachung.[1068] Erforderlich ist insoweit eine Kosten-Nutzen-Analyse des Verwalters. Dabei hat der Verwalter die sich aus der Aufnahme eines gerichtlichen Rechtsstreits ergebenden Vor- und Nachteile gegenüberzustellen.[1069] Entsprechend hat der Insolvenzverwalter auf die Geltendmachung zu verzichten, wenn die Geltendmachung der Ansprüche aufgrund der damit verbundenen Kosten in einer Gesamtschau ohnehin zu keiner Massemehrung führen würde.[1070] Die Entscheidung des Insolvenzverwalters, ob ein anfechtungsrechtlicher Rückgewähranspruch geltend gemacht werden soll, erfordert daher stets zunächst die Feststellung des zur Anfechtung berechtigenden Tatbestandes in tatsächlicher wie rechtlicher Hinsicht sowie eine Analyse des Prozessrisikos und der Beitreibbarkeit der Forderung.[1071] Bei der Prüfung der Anfechtungsansprüche hat der Verwalter schließlich auch zu prüfen, inwieweit anfechtbare Zahlungen gleichzeitig unter das Zahlungsverbot[1072] des § 64

1065 *Thole*, ZIP 2014, 1653 (1656); *Fischer*, NZI 2014, 241 (242).

1066 *Weyand/Diversy*, in: Haarmeyer/Huber/Schmittmann, Teil VIII Rn. 17; *Weyand*, ZInsO 2014, 1934 (1938).

1067 *Fischer*, NZI 2014, 241 (242); *Weyand*, ZInsO 2014, 1934 (1938); *Kreft*, FS-K. Schmidt, 965 (968); LG Krefeld, Urt. v. 06.02.2014 – 3 O 271/13, NZI 2014, 410 (411).

1068 *Weyand*, ZInsO 2014, 1934 (1938).

1069 LG Krefeld, Urt. v. 06.02.2014 – 3 O 271/13, NZI 2014, 410 (411); *Schoppmeyer*, in: MüKo-InsO, § 60 Rn. 14; *Bork*, ZIP 2005, 1120 (1121, 1124); *Fischer*, NZI 2014, 241 (242).

1070 *Keramati/Klein*, NZI 2017, 421 (425); *Pape*, ZInsO 2016, 2149 (2154).

1071 Vgl. zur Pflicht des Aufsichtsrats zur Geltendmachung von Schadensersatzansprüchen gegen Vorstandsmitglieder BGH, Urt. v. 21.04.1997 – II ZR 175/95, BGHZ 135, 244 (252 ff.).

1072 BGH, Urt. v. 23.06.2015 – II ZR 366/13, NJW 2015, 2806 (2808) Rn. 24.

Satz 1 GmbHG fallen und einen Ersatzanspruch gegen Geschäftsführer begründen. Der Ersatzanspruch nach § 64 Satz 1 GmbHG hat für den Insolvenzverwalter gegenüber der Anfechtung schließlich wesentliche Vorteile. Regelmäßig ist für den Insolvenzverwalter die Geltendmachung des Ersatzanspruchs gegen den Geschäftsführer einfacher als die Geltendmachung von Anfechtungsansprüchen. Der Verwalter kann frei wählen, ob er Zahlungen nach den Vorschriften der §§ 129 ff. InsO anficht oder den Geschäftsführer aus § 64 Satz 1 GmbHG in Anspruch nimmt. Die Inanspruchnahme des Geschäftsführers hat regelmäßig allerdings den Vorteil, dass er die Gesamtsumme der geleisteten Zahlungen in einem einzigen Rechtsstreit gegen einen Prozessgegner einklagen kann, anstatt unter Umständen eine Vielzahl von Anfechtungsprozessen gegen verschiedene Zahlungsempfänger führen zu müssen.[1073]

Eine Pflichtwidrigkeit auf der Primärebene liegt nach alledem vor, wenn der Verwalter nach den Umständen des Einzelfalls einen werthaltigen Anfechtungsanspruch nicht (gerichtlich) geltend macht, obwohl nach dem ermittelten Sachverhalt durch die Geltendmachung eine Mehrung der Insolvenzmasse eingetreten wäre, insbesondere, wenn durch die unterlassene Geltendmachung aus sachwidrigen Motiven ein einzelner Gläubiger oder der Verwalter selbst beziehungsweise nahestehende Personen bevorteilt werden sollen.

c) Erfüllung nichtiger Rechtsgeschäfte über Anfechtungsansprüche

Rechtsmissbräuchlich agierende Anfechtungsgegner haben ein Interesse daran, das Unterlassen der Anfechtung rechtsgeschäftlich abzusichern. Anderenfalls besteht das Risiko, dass ein Nachfolge- oder Sonderinsolvenzverwalter die Anfechtungsansprüche doch noch geltend macht. Derartige Rechtsgeschäfte sind in aller Regel aber aufgrund evidenter Insolvenzzweckwidrigkeit nichtig. Der Insolvenzverwalter darf allerdings nichtige Rechtsgeschäfte nicht erfüllen. Schließlich wird er bei der Erfüllung eines nichtigen Rechtsgeschäfts nicht von einer Verbindlichkeit befreit, so dass sich die Passivmasse nicht verringert, dafür aber die Aktivmasse. Diese Masseverkürzung ist bei der unterlassenen Insolvenzanfechtung aufgrund einer Interessenkollision durch keine legitimen Gründe gerechtfertigt und damit pflichtwidrig. Die Erfüllung eines nichtigen Rechtsgeschäfts über einen Anfechtungsanspruch in der Form, dass der Verwalter tatsächlich auf dessen Geltendmachung verzichtet, ist nicht mit der Sorgfalt

1073 *H.-F. Müller*, in: MüKo-GmbHG, § 64 Rn. 169.

eines ordentlichen und gewissenhaften Insolvenzverwalters zu vereinbaren, so dass ein Verstoß gegen § 60 Abs. 1 InsO begründet wird.[1074]

Eine Pflichtverletzung liegt schließlich genauso vor, wenn der Insolvenzverwalter die von ihm ermittelten Anfechtungsansprüche bei einem Ausscheiden aus dem Amt nicht vollumfänglich in einer Anfechtungsliste zusammenfasst und diese Liste an seinen Amtsnachfolger übergibt. Für einen später hinzutretenden Insolvenzverwalter ist die nochmalige Ermittlung der Ansprüche mit erheblichen Schwierigkeiten verbunden, und zudem drohen Verjährungsfristen abzulaufen.

d) Verstoß gegen die Insolvency Judgement Rule

In vielen Situationen hat der Insolvenzverwalter eine unsichere Entscheidungsgrundlage und ist verpflichtet, Ermessensentscheidungen zu treffen. Bei Ermessensentscheidungen sind besondere Maßstäbe an die Sorgfaltsanforderungen zu stellen. Liegt nach insolvenzrechtlichen Maßstäben eine Pflichtwidrigkeit im Sinne des § 60 InsO vor, kommt eine Privilegierung nach den Grundsätzen zur Business Judgement Rule in Betracht.

aa) Business Judgement Rule

Für Vorstand und Aufsichtsrat der Aktiengesellschaft ist seit der ARAG/Garmenbeck-Leitentscheidung des II. Zivilsenats des BGH vom 21.04.1997 zu berücksichtigen, dass dem Vorstand bei der Leitung der Geschäfte des Gesellschaftsunternehmens ein weiter Handlungsspielraum zugebilligt werden muss, ohne den eine unternehmerische Tätigkeit nicht denkbar ist. Dazu gehört neben dem bewussten Eingehen geschäftlicher Risiken grundsätzlich auch die Gefahr von Fehlbeurteilungen und Fehleinschätzungen, der jeder Unternehmensleiter, mag er auch noch so verantwortungsbewusst handeln, ausgesetzt ist.[1075] Diese aus dem amerikanischen Recht als Business Judgement Rule bekannten Sorgfaltsmaßstäbe für unternehmerische Entscheidungen wurden durch das

---

1074 Vgl. zur Pflichtwidrigkeit aufgrund der Erfüllung eines nichtigen Rechtsgeschäfts BGH, Urt. v. 10.10.2012 – 2 StR 591/11, NJW 2013, 401 (403) Rn. 30 f., zustimmend *Wessing*, NZG 2013, 494 (494 f.).

1075 BGH, Urt. v. 21.04.1997 – II ZR 175/95, BGHZ 135, 244 (253); ausf. zu Gründen für die Business Judgement Rule *Jungmann*, FS-K. Schmidt, 831 (834 ff.); kritisch dagegen *Haarmann/Weiß*, BB 2014, 2115 (2121), die die Business Judgement Rule als Luftschloss bezeichnen.

UMAG[1076] im Jahr 2005 in das deutsche Aktienrecht transformiert.[1077] Nach dem damals neu eingefügten § 93 Abs. 1 Satz 2 AktG haften Vorstandsmitglieder nicht, wenn das Organ in vernünftiger Weise annehmen durfte, aufgrund angemessener Informationen zum Wohle des Unternehmens zu handeln, auch für den Fall, dass sich die Entscheidung ex-post als unzutreffend herausstellt. Über die Verweisung in § 116 Satz 1 AktG gelten diese Sorgfaltsanforderungen sinngemäß auch für die Mitglieder des Aufsichtsrates. Ausdrücklich gilt die Business Judgement Rule zwar nur für Aktiengesellschaften. Die ursprünglich zum Aktienrecht entwickelten Grundsätze gelten aber unter Berücksichtigung der Besonderheiten der jeweiligen Gesellschaftsform in entsprechend modifizierter Weise für Geschäftsleiter anderer Gesellschaftsformen, soweit in ähnlicher Weise Ermessensspielräume bestehen, insbesondere für Geschäftsführer einer GmbH.[1078] Da auch dem Insolvenzverwalter in zahlreichen Situationen, vor allem bei Betriebsfortführungen, vergleichbar weite Ermessensspielräume zustehen, ist eine Übertragung dieser Grundsätze auf den Insolvenzverwalter in Erwägung zu ziehen.

bb) Insolvency Judgement Rule

§ 93 Abs. 1 Satz 1 AktG normiert die eher unbestimmte Pflicht für die Mitglieder der Geschäftsführung, die Sorgfalt eines ordentlichen und gewissenhaften Geschäftsleiters anzuwenden. § 93 Abs. 1 Satz 2 AktG enthält als Haftungsbegrenzung die Business Judgement Rule. Danach scheidet eine Pflichtverletzung aus, wenn das Vorstandsmitglied bei einer unternehmerischen Entscheidung vernünftigerweise annehmen durfte, auf der Grundlage angemessener Informationen zum Wohle der Gesellschaft zu handeln. Aus dem Merkmal des Handelns zum Wohle der Gesellschaft wird darüber hinaus die ungeschriebene, aber allgemein anerkannte Voraussetzung abgeleitet, dass das unternehmerische Handeln frei von Sonderinteressen und sachfremden Einflüssen erfolgen muss.[1079] Ein

---

1076 Gesetz zur Unternehmensintegrität und Modernisierung des Anfechtungsrechts v. 22.09.2005, BGBl. I 2005, S. 2802.

1077 Zur zivilrechtsdogmatische Erfassung des § 93 Abs. 1 Satz 2 AktG als Haftungsprivileg, safe harbor oder verbindliche Konkretisierung des Sorgfaltsmaßstabs *Scholz*, AG 2018, 173 (173 ff.).

1078 BGH, Beschl. v. 26.11.2015 – 3 StR 17/15, BGHSt 61, 48 (64 f.) Rn. 57; BGH, Urt. v. 12.10.2016 – 5 StR 134/15, NJW 2017, 578 (579) Rn. 29; *Bittmann*, wistra 2017, 121 (123); ausf. *Jungmann*, FS-K. Schmidt, 831 (846 ff.).

1079 *Esser*, NZWiSt 2018, 201 (206); *Dauner-Lieb*, in: Henssler/Strohn, Gesellschaftsrecht, § 93 AktG Rn. 24; vgl. *Fleischer*, in: Spindler/Stilz-AktG, § 93 Rn. 73 ff.

vergleichbares Haftungskonzept liegt auch der insolvenzrechtlichen Haftungsnorm des § 60 InsO zugrunde. So kommt es für die Haftungsbegründung gem. § 60 Abs. 1 Satz 1 InsO darauf an, dass der Insolvenzverwalter schuldhaft die Pflichten verletzt, die ihm nach der InsO obliegen. Nach § 60 Abs. 1 Satz 2 InsO hat er für die Sorgfalt eines ordentlichen und gewissenhaften Insolvenzverwalters einzustehen. Nach der überwiegenden Ansicht sind vor diesem Hintergrund die Tätigkeit des Insolvenzverwalters mit derjenigen des Vorstands und der des Aufsichtsrats einer Aktiengesellschaft vergleichbar. Mit Verweis auf § 22 Abs. 1 Satz 2 Nr. 2 InsO und § 158 InsO hat der Insolvenzverwalter insbesondere die Pflicht, ein Unternehmen fortzuführen und ist daher häufig in gleicher Weise unternehmerisch tätig.[1080] Bei unternehmerischen Entscheidungen ist der Ermessensspielraum des Insolvenzverwalters daher durch die Business Judgement Rule (§ 93 Abs. 1 Satz 2 AktG entsprechend) konkretisiert,[1081] wenngleich die Business Judgement Rule nach der neuesten höchstrichterlichen Rechtsprechung auf unternehmerische Entscheidungen des Insolvenzverwalters weder im Wege einer Analogie zu § 93 Abs. 1 Satz 2 AktG noch anderweitig Anwendung findet[1082].

Speziell für den Insolvenzverwalter ist der Begriff der Business Judgement Rule *Uhlenbruck* folgend allerdings durch den Begriff der Insolvency Judgement Rule zu konkretisieren.[1083] So heißt es auch bereits in der Begründung des Regierungsentwurfs des Reformgesetzgebers, die Formulierung in § 60 Abs. 1

1080 *Dauner-Lieb*, in: Hennsler/Strohn, Gesellschaftsrecht, § 93 Rn. 20 f.; *Bönner*, Unternehmerisches Ermessen, S. 112; *Frege/Keller/Riedel*-InsR, Rn. 1233; *Lissau/Hölzle*, FS-Pannen, 465 (472); *Cranshaw/Knöpnadel*, ZInsO 2016, 357 (362).

1081 *Resch*, Business Judgment Rule und Insolvenzverwalterhaftung, S. 197 ff.; *K. Schmidt*, ZIP 2018, 853 (853); *Uhlenbruck*, FS-K. Schmidt, 1603 (1604); *Bönner*, Unternehmerisches Ermessen, S. 111 ff.; *Frege/Nicht*, FS-Wellensiek, 291 (291 ff.); *Erker*, ZInsO 2012, 199 (200 ff.); *Cranshaw/Knöpnadel*, ZInsO 2016, 357 (362); *Berger/Frege/Nicht*, NZI 2010, 321 (323); *Berger/Frege*, ZIP 2008, 204 (204 ff.); *Ott/Vuia*, in: MüKo-InsO, § 80 Rn. 61; *Lissau/Hölzle*, FS-Pannen, 465 (472); *Weyand/Diversy*, Insolvenzdelikte, Rn. 222; *Rein*, in: Nerlich/Römermann-InsO, § 60 Rn. 78 f.; *Thole*, in: K. Schmidt-InsO, § 60 Rn. 14; *Weitzmann*, in: Hamburger Kommentar-InsO, § 60 Rn. 32 f.; *Jahntz*, in: Frankfurter Kommentar-InsO, § 60 Rn. 16; vgl. *Schneider*, wistra 2018, 281 (283 f.); a. A. *Jungmann*, NZI 2009, 80 (82 ff.); *Becker*, Insolvenzverwalterhaftung bei Unternehmensfortführung, S. 40 ff., 72; *Schoppmeyer*, in: MüKo-InsO, § 60 Rn. 90a; *Desch/Graßmann*, in: BeckOK-InsO, § 60 Rn. 63.

1082 BGH, Urt. v. 12.03.2020 – IX ZR 125/17, NJW 2020, 1800 (1801 ff.) Rn. 29 ff.

1083 *Uhlenbruck*, FS-K. Schmidt, 1603 (1604), zust. *Weitzmann*, in: Hamburger Kommentar-InsO, § 60 Rn. 33.

Satz 1 InsO sei angelehnt an § 347 Abs. 1 HGB (Sorgfalt eines ordentlichen Kaufmanns), § 93 Abs. 1 Satz 1 AktG und § 34 Abs. 1 Satz 1 GenG (Sorgfalt eines ordentlichen und gewissenhaften Geschäftsleiters) sowie an § 43 Abs. 1 GmbHG (Sorgfalt eines ordentlichen Geschäftsmannes). Sie mache zugleich deutlich, dass die Sorgfaltsanforderungen des Handels- und Gesellschaftsrechts nicht unverändert auf den Insolvenzverwalter übertragen werden könnten. Vielmehr seien die Besonderheiten zu beachten, die sich aus den Aufgaben des Insolvenzverwalters und aus den Umständen ergäben, unter denen er seine Tätigkeit ausübe. Daher komme allein ein besonderer, speziell auf die Verwaltertätigkeit bezogener Sorgfaltsmaßstab in Betracht.[1084] Eine Pflichtverletzung liegt gem. § 93 Abs. 1 Satz 2 AktG analog daher nicht vor, wenn der Insolvenzverwalter bei einer unternehmerischen Entscheidung vernünftigerweise annehmen durfte, auf der Grundlage angemessener Information zum Wohle der Gesellschaft zu handeln. Soweit es sich bei der Entscheidung, Anfechtungsansprüche zu ermitteln und geltend zu machen, um unternehmerische Entscheidungen handelt, kommt eine Privilegierung nach der Insolvency Judgement Rule in Betracht.[1085] Grundsätzlich hat der Insolvenzverwalter daher bei Eingreifen der Insolvency Judgement Rule weite unternehmerische Ermessenspielräume hinsichtlich der Ermittlung und Geltendmachung von Anfechtungsansprüchen, die wiederum aber stets am Insolvenzzweck der bestmöglichen Befriedigung der Insolvenzgläubiger zu messen sind und entsprechend auf null reduziert sein können.

(1) Unternehmerische Entscheidung

Eingangsvoraussetzung der Insolvency Judgement Rule ist das Vorliegen einer unternehmerischen Entscheidung.[1086] Unternehmerische Entscheidungen in diesem Sinne setzen eine unternehmerische Entscheidungssituation unter wirtschaftlicher Unsicherheit voraus, in der ein Entscheidungsträger verschiedene Handlungsoptionen hat, die jeweils unterschiedliche – oft nicht eindeutig prognostizierbare – wirtschaftliche Konsequenzen zeitigen.[1087] Keine

---

1084 Begr. RegE-InsO, BT-Drs. 12/2443, S. 129.

1085 Vgl. zur Pflicht zur Geltendmachung von Schadensersatzansprüchen gegen pflichtwidrig agierende Vorstandsmitglieder *Bieder*, NZG 2015, 1178 (1178 ff.); *Helmrich/Eidam*, ZIP 2011, 256 (256 ff.).

1086 *Rein*, in: Nerlich/Römermann-InsO, § 60 Rn. 81; *Berger/Frege/Nicht*, NZI 2010, 321 (323 f.); *Piel/Albert*, FS-Wessing, 209 (214).

1087 Voraussetzungen im Einzelnen allerdings umstritten; vgl. BGH, Urt. v. 21.04.1997 – II ZR 175/95, BGHZ 135, 244 (251); *Fleischer*, in: Spindler/Stilz-AktG, § 93 Rn. 68;

unternehmerische Entscheidung liegt daher bei gebundenen Entscheidungen vor.[1088] Zwar steht dem Insolvenzverwalter bei der Prüfung des Bestehens und der Durchsetzbarkeit eines anfechtungsrechtlichen Rückgewähranspruchs keine andere Aufgabe zu als jedem anderen, der in eigener oder fremder Sache ein Urteil über das Bestehen eines Anspruchs und die Aussichten einer gerichtlichen Geltendmachung desselben abzugeben hat. Die Handlungsmöglichkeiten des Insolvenzverwalters sind aber nicht auf diese Prüfung beschränkt. Vielmehr unterliegt der Anfechtungsanspruch dem Verfügungsrecht des Insolvenzverwalters (§ 80 InsO). Ihm obliegt die Verwertung des Anfechtungsanspruchs als Vermögenswert des Insolvenzschuldners nach § 159 InsO. Daher kann der Insolvenzverwalter statt einer gerichtlichen Geltendmachung des Anspruchs die geschuldete Leistung als Erfüllung (§ 362 Abs. 1 BGB) oder eine andere als die geschuldete Leistung an Erfüllungs statt oder erfüllungshalber (§ 364 BGB) entgegennehmen, einen Vergleich über den Anfechtungsanspruch schließen oder ihn erlassen (§ 397 BGB). Genauso kann er den Anfechtungsanspruch auf einen anderen übertragen (§ 398 BGB).[1089] Forderungsverkäufe finden auch beim Factoring statt, das mittlerweile auch bei Anfechtungsansprüchen praktiziert wird.[1090] Der Insolvenzverwalter muss also zunächst entscheiden, ob ein Anfechtungsanspruch besteht, und in einem nächsten Schritt, wie der Anspruch verwertet werden soll.[1091] Über das Bestehen und die Werthaltigkeit eines Anspruchs hat der Verwalter dabei eine Prognose zu erstellen. Danach hat er zu entscheiden, welche wirtschaftlichen Konsequenzen der jeweiligen Handlungsalternativen der bestmöglichen Verwertung der Insolvenzmasse am besten entsprechen. Genauso wie Entschlüsse über die Erhebung von Anfechtungsklagen Ermessensentscheidungen darstellen[1092], stellt auch die Entscheidung über die Verwertung eines Anfechtungsanspruchs daher eine unternehmerische Entscheidung dar.[1093] Eine unternehmerische Entscheidung liegt allerdings nicht vor bei der Erfüllung eines aufgrund evidenter Insolvenzzweckwidrigkeit nichtigen Rechtsgeschäfts über einen Anfechtungsanspruch, bei unterlassener Geltendmachung des Anfechtungsanspruchs sowie bei Übergabe fehlerhafter

Berger/Frege/Nicht, NZI 2010, 321 (323 f.); *Frege/Keller/Riedel*-InsR, Rn. 1233; *Uhlenbruck*, FS-K. Schmidt, 1603 (1616), *Piel/Albert*, FS-Wessing, 209 (214).

1088 *Loos*, FS-Wessing, 275 (278).

1089 BGH, VU. v. 17.02.2011 – IX ZR 91/10, NZI 2011, 486 (487 f.) Rn. 7 ff. m. w. N.

1090 *Kayser*, in: MüKo-InsO, § 129 Rn. 216; *Ede/Hirte*, in: Uhlenbruck-InsO, § 143 Rn. 90.

1091 *Buchalik/Hiebert*, ZInsO 2014, 109 (110).

1092 *Berger/Frege/Nicht*, NZI 2010, 321 (324).

1093 *Buchalik/Hiebert*, ZInsO 2014, 109 (110).

Anfechtungslisten an einen Amtsnachfolger. Insoweit kann das Verhalten des Täters auch nicht durch die Insolvency Judgement Rule privilegiert sein. Es bleibt beim allgemeinen Haftungsmaßstab des § 60 InsO.

(2) Angemessene Information des Insolvenzverwalters

Weiterhin muss sich der Insolvenzverwalter eine ausreichende Tatsachengrundlage für die zu treffende unternehmerische Entscheidung geschaffen haben. Erforderlich ist eine sorgfältige Ermittlung der Entscheidungsgrundlagen. In der höchstrichterlichen gesellschaftsrechtlichen Rechtsprechung wurde zunächst darauf abgestellt, der Geschäftsführer habe alle verfügbaren Informationsquellen tatsächlicher und rechtlicher Art auszuschöpfen und auf dieser Grundlage die Vor- und Nachteile der bestehenden Handlungsoptionen sorgfältig abzuschätzen und den erkennbaren Risiken Rechnung zu tragen.[1094] Mittlerweile hat der BGH diese Formulierung aber aufgehoben und stellt dem Wortlaut des § 93 Abs. 1 Satz 2 AktG entsprechend darauf ab, die Entlastung greife schon dann, wenn das Vorstandsmitglied vernünftigerweise annehmen durfte, auf der Grundlage angemessener Information zum Wohle der Gesellschaft zu handeln.[1095] Aus dem Wortlaut der Vorschrift (angemessen) ergibt sich, dass nicht notwendigerweise alle denkbaren Erkenntnisquellen ausgeschöpft werden müssen; es reicht vielmehr aus, eine angemessene Tatsachenbasis zu schaffen.[1096] § 93 Abs. 1 Satz 2 AktG stellt insoweit ein Angemessenheitskriterium auf und bringt damit zum Ausdruck, dass das Ausmaß der gebotenen Information von verschiedenen Umständen abhängt. Von Bedeutung für die im Rahmen der Angemessenheitsprüfung vorzunehmende Abwägung ist neben der Art und der Bedeutung der zu treffenden Entscheidung auch der jeweilige zeitliche Vorlauf, die tatsächliche und rechtliche Möglichkeit eines Informationszugangs und das Verhältnis von Informationsbeschaffungskosten und voraussichtlichem

---

1094 BGH, Beschl. v. 14.07.2008 – II ZR 202/07, NJW 2008, 3361 (3362) Rn. 11; zur überwiegend ablehnenden Kritik s. die zahlreichen Literaturnachweise in *Freitag/Koch*, ZIP 2012, 2281 (2282) Fn. 10.

1095 BGH, Urt. v. 22.02.2011 – II ZR 146/09, NZG 2011, 549 (550) Rn. 19, ausf. dazu *Freitag/Koch*, ZIP 2012, 2281 (2282 ff.); *Uhlenbruck*, FS-K. Schmidt, 1603 (1618).

1096 *Fleischer*, in: Spindler/Stilz-AktG, § 93 Rn. 70; *Dauner-Lieb*, in: Hennsler/Strohn, Gesellschaftsrecht, § 93 Rn. 22; *Freitag/Koch*, ZIP 2012, 2281 (2282); vgl. bereits BGH, Urt. v. 21.04.1997 – II ZR 175/95, BGHZ 135, 244 (253 f.).

Informationsnutzen.[1097] In umfangreichen Verfahren können Insolvenzverwalter strukturiert etwaige Anfechtungsansprüche prüfen und so vorgehen, dass sie zunächst die Buchhaltung des Schuldners nach inkongruenten Zahlungen im letzten Monat vor Antragstellung durchforsten, sodann die Prüfung auf Zahlungen in den letzten drei Monaten vor Antragstellung ausweiten und anschließend immer weiter in der Prüfung zeitlich zurückgehen. Ebenso können Insolvenzverwalter zunächst Zahlungen an die institutionellen Gläubiger und erst daran anschließend die Zahlungen an die anderen Gläubiger auf Anfechtungsansprüche prüfen. Auch nach dem Umfang der Zahlungen an einzelne Gläubiger kann dabei differenziert werden.[1098] Vor diesem Hintergrund muss der Insolvenzverwalter zunächst alle in Betracht kommenden Anfechtungsansprüche – ggf. strukturiert – umfassend ermitteln und eine Prognose über die Erfolgsaussichten der (gerichtlichen) Geltendmachung der Ansprüche sowie abweichender Verwertungsmöglichkeiten der Ansprüche erstellen.[1099] Die sorgfältige Sachverhaltsermittlung ist dabei Grundpflicht des Verwalters.[1100] Wie weit die Ermittlungspflicht des Insolvenzverwalters bezüglich potentieller Anfechtungsansprüche reicht, hängt von den Umständen des Einzelfalls ab.[1101] Die Pflicht zur Ermittlung von Anfechtungsansprüchen reicht grundsätzlich sehr weit; der Insolvenzverwalter hat sich über das Bestehen aller potentiellen Anfechtungsansprüche Gedanken zu machen und die zugrunde liegenden Sachverhalte vollständig zu ermitteln.[1102] Erst wenn der Insolvenzverwalter die Anfechtungsansprüche umfänglich ermittelt hat, ist eine Prognose über die Werthaltigkeit und die Durchsetzbarkeit der Ansprüche möglich. Anhand dieses Prognoseergebnisses hat der Insolvenzverwalter zu entscheiden, auf welche Art und Weise

---

1097 *Fleischer*, in: Spindler/Stilz-AktG, § 93 Rn. 70; *Dauner-Lieb*, in: Henssler/Strohn, Gesellschaftsrecht, § 93 Rn. 22; *Freitag/Koch*, ZIP 2012, 2281 (2282); vgl. bereits BGH, Urt. v. 21.04.1997 – II ZR 175/95, BGHZ 135, 244 (253 f.).

1098 BGH, Beschl. v. 15.12.2016 – IX ZR 224/15, NZI 2017, 102 (104) Rn. 20; gerade bei mittelbaren Zuwendungen und Leistungsketten sowie bei gesellschaftsrechtlich unübersichtlichen Verhältnissen kann die Ermittlung der Anfechtungsansprüche Schwierigkeiten bereiten, vgl. BGH, Urt. v. 15.11.2018 – IX ZR 39/18, NZI 2019, 169 (169 ff.); s. dazu *Kayser*, FS-Ganter, 221 (221 ff.); *Vallender*, NJW 2019, 1351 (1354).

1099 *Hiebert*, ZInsO 2016, 141 (142); *Buchalik/Hiebert*, ZInsO 2014, 109 (110); *Weyand/Diversy*, in: Haarmeyer/Huber/Schmittmann, Teil VIII Rn 16.

1100 *Weyand/Diversy*, in: Haarmeyer/Huber/Schmittmann, Teil VIII Rn 16.

1101 *Hiebert*, ZInsO 2016, 141 (141).

1102 *Hiebert*, ZInsO 2016, 141 (142); zum Verbraucherinsolvenzverfahren *Sternal*, in: Uhlenbruck-InsO, § 311 Rn. 37.

die Ansprüche verwertet werden. Nur so kann der Insolvenzverwalter Klarheit über die denkbaren wirtschaftlichen Entscheidungsalternativen erlangen.[1103]

(3) Handeln zum Wohle der Insolvenzmasse

Der Insolvenzverwalter musste im Zeitpunkt der Entscheidung davon ausgehen dürfen, zum Wohle der Insolvenzmasse zu handeln[1104]. Erforderlich ist guter Glaube des Verwalters und die objektive Dritteinschätzung, dass er von der Richtigkeit seiner Entscheidung überzeugt sein durfte (so genannter gemischt subjektiv-objektiver Sorgfaltsmaßstab).[1105] Da der Insolvenzverwalter zur bestmöglichen Verwertung der Insolvenzmasse verpflichtet ist, wird grundsätzlich die Wiederherstellung des geminderten Schuldnervermögens durch die Insolvenzanfechtung verlangt. Der Insolvenzverwalter darf daher von der Geltendmachung voraussichtlich begründeter Anfechtungsansprüche nur dann ausnahmsweise absehen, wenn gewichtige Interessen und Belange der Gesellschaft dafür sprechen, den vorinsolvenzlichen Vermögensabfluss ersatzlos hinzunehmen. Diese Voraussetzung wird im Allgemeinen nur dann erfüllt sein, wenn die Interessen, auf die Anfechtung zu verzichten, die Gesichtspunkte, die für eine Anfechtung sprechen, überwiegen oder ihnen zumindest annähernd gleichwertig sind.[1106] Wenn eine freigiebige Zuwendung wie die unterlassene Geltendmachung von Anfechtungsansprüchen mit Sicherheit keinen wirtschaftlichen Vorteil für das Unternehmen hat, handelt der Verwalter schon aufgrund des sicheren Schadens nicht mehr zum Wohle der Gesellschaft.[1107]

(4) Ohne eigene Sonderinteressen

Ungeschriebene Voraussetzung des § 93 Abs. 1 Satz 2 AktG ist, dass das Vorstandsmitglied ohne Sonderinteressen und sachfremde Einflüsse handelt, mithin frei von Interessenkonflikten ist.[1108] Während die zur Business Judgement Rule

---

1103 *Buchalik/Hiebert*, ZInsO 2014, 109 (110).

1104 Vgl. *Uhlenbruck*, FS-K. Schmidt, 1603 (1616).

1105 *Fleischer*, in: Spindler/Stilz-AktG, § 93 Rn. 73 ff.

1106 Vgl. zur Pflicht des Aufsichtsrats zur Geltendmachung von Schadensersatzansprüchen gegen Vorstandsmitglieder BGH, Urt. v. 21.04.1997 – II ZR 175/95, BGHZ 135, 244 (252 ff.); vgl. daneben *Weyand/Diversy*, in: Haarmeyer/Huber/Schmittmann, Teil VIII Rn. 17.

1107 Vgl. *Samson*, Non Profit Law Year Book 2004, 233 (243).

1108 *Dauner-Lieb*, in: Hennsler/Strohn, Gesellschaftsrecht, § 93 Rn. 22; *Loos*, FS-Wessing, 275 (278).

gehörende Pflicht zur angemessenen Information dogmatisch als Ausprägung der organschaftlichen Sorgfaltspflicht des Insolvenzverwalters verstanden wird, findet das Gebot, sich frei von Interessenkonflikten zu halten, seine dogmatische Grundlage in der organschaftlichen Treuepflicht des Insolvenzverwalters.[1109] Ein die Anwendung des § 93 Abs. 1 Satz 2 AktG ausschließender Interessenkonflikt ist jedenfalls dann gegeben, wenn der Vorstand zum unmittelbaren Eigennutzen oder zum Nutzen ihm nahestehender Personen oder Gesellschaften handelt und dadurch die unternehmerische Entscheidung beeinflusst werden kann.[1110]

(5) Handeln in gutem Glauben

Schließlich gehört es zu den Anwendungsvoraussetzungen der Business Judgement Rule, dass der Insolvenzverwalter in gutem Glauben gehandelt hat. Maßgeblich für dieses Merkmal ist, dass der Insolvenzverwalter zum Zeitpunkt seiner Entscheidung selber davon überzeugt ist, richtig zu handeln, also keine Pflichtverletzung zu begehen.[1111]

cc) Anwendung auf die unterlassene Insolvenzanfechtung

Auch unter Zugrundelegung der Insolvency Judgement Rule bleibt es bei einer Pflichtwidrigkeit der rechtsmissbräuchlich unterlassenen Ermittlung oder Geltendmachung von Insolvenzanfechtungsansprüchen. Bei der unterlassenen Ermittlung von Anfechtungsansprüchen steht dem Verwalter schon keine angemessene Informationsgrundlage zur Verfügung. Hat der Verwalter Anfechtungsansprüche ordnungsgemäß ermittelt und entscheidet sich aufgrund einer Interessenkollision rechtsmissbräuchlich gegen deren Geltendmachung, handelt er jedenfalls nicht zum Wohle der Gesellschaft, so dass eine Privilegierung ebenfalls ausscheidet.

dd) Zwischenergebnis

Dem Insolvenzverwalter steht bei der Ermittlung und Geltendmachung grundsätzlich ein weiter Ermessenspielraum zu. Dieser ist als Insolvency Judgement Rule durch die entsprechend anwendbare Business Judgement Rule des

1109 *Berger/Frege/Nicht*, NZI 2010, 321 (328); *Frege*, Der Sonderinsolvenzverwalter, Rn. 88 ff.

1110 *Fleischer*, in: Spindler/Stilz-AktG, § 93 Rn. 72; *Dauner-Lieb*, in: Hennsler/Strohn, Gesellschaftsrecht, § 93 Rn. 22; *Loos*, FS-Wessing, 275 (278).

1111 *Fleischer*, in: Spindler/Stilz-AktG, § 93 Rn. 76; *Dauner-Lieb*, in: Hennsler/Strohn, Gesellschaftsrecht, § 93 Rn. 25; *Loos*, FS-Wessing, 275 (278).

§ 93 Abs. 1 Satz 3 AktG konkretisiert. Bei der Ausübung seines Entschließungs- und Auswahlermessens hat sich der Verwalter von Opportunitätserwägungen im Sinne der Erreichung des übergeordneten Verfahrensziels einer bestmöglichen Gläubigerbefriedigung leiten zu lassen. Die Insolvency Judgement Rule gilt allerdings nicht bei der Erfüllung aufgrund evidenter Insolvenzzweckwidrigkeit nichtiger Rechtsgeschäfte über Anfechtungsansprüche sowie bei der Übergabe fehlerhafter Anfechtungslisten an einen Amtsnachfolger. Insoweit handelt es sich nicht um eine unternehmerische Entscheidung, so dass der allgemeine Haftungsmaßstab des § 60 InsO gilt.

II. Vermögensschützender Charakter der verletzten Norm

Erforderlich für eine Pflichtverletzung im Sinne des § 266 StGB ist weiterhin, dass die verletzte Pflicht zu den Pflichten zählt, die als Vermögenbetreuungspflicht im Sinne des § 266 StGB einzustufen sind, und der Täter diese Pflicht entgegen deren Schutzzweck durch Einwirkungen auf das zu betreuende Vermögen verletzt hat.[1112]

1. Vermögensschützender Charakter

Zunächst muss die verletzte Pflicht zu den vermögensbezogenen Pflichten zählen, also zumindest mittelbar vermögenswerten Gläubigerinteressen dienen.[1113] Schließlich schützt § 266 Abs. 1 StGB das Vermögen im Sinne der Gesamtheit der geldwerten Güter einer Person.[1114] Pflichtverletzungen, die keinen zumindest mittelbaren Bezug zu den Vermögensinteressen des Treugebers haben, erfüllen nicht die Voraussetzungen einer untreuespezifischen Pflichtverletzung. Auf den vermögensschützenden Charakter einer die Nichtigkeit eines Rechtsgeschäfts

---

1112 *Hoyer*, in: SK-StGB, § 266 Rn. 51.

1113 BVerfG, Beschl. v. 23.06.2010 – 2 BvR 2559/08 u.a., BVerfGE 126, 170 (201); BGH, Beschl. *v.* 20.06.2018 – 4 StR 561/17, NStZ-RR 2018, 349 (350); BGH, Beschl. v. 16.8.2016 – 4 StR 163/16, NJW 2016, 3253 (3255) Rn. 24; BGH, Beschl. v. 13.04.2011 – 1 StR 94/10, BGHSt 56, 203 (211) Rn. 24; BGH, Beschl. v. 13.09.2010 – 1 StR 220/09, BGHSt 55, 288 (300 f.) Rn. 36; *Saliger*, FS-Roxin, 1053 (1060 f.); ders., in: S/S/W-StGB, § 266 Rn. 36; *Krell*, NStZ 2014, 62 (63); *Bittmann*, in: Bittmann, Praxishandbuch Insolvenzstrafrecht, Rn. 16/21; ders., wistra 2017, 121 (122); *Matt*, in: Matt/Renzikowski-StGB, § 266 Rn. 65 f.; kritisch dagegen *Wachter*, ZStW 2019, 286 (307 ff.); *Buchholz*, StV 2019, 36 (37).

1114 BVerfG, Beschl. v. 23.06.2010 – 2 BvR 2559/08 u.a., BVerfGE 126, 170 (201); BGH, Beschl. v. 13.09.2010 – 1 StR 220/09, BGHSt 55, 288 (300 f.) Rn. 36.

auslösenden Norm kommt es allerdings nicht an.[1115] Erfüllt der Insolvenzverwalter daher ein wegen evidenter Insolvenzzweckwidrigkeit nichtiges Rechtsgeschäft über einen Anfechtungsanspruch, indem er den Anspruch nicht geltend macht, ist der vermögensschützende Charakter allein hinsichtlich der Norm erforderlich, die den Verwalter zur Geltendmachung der Ansprüche verpflichtet.

a) Zugunsten der Gläubiger

Durch die Insolvenzanfechtung nach den §§ 129 ff. InsO werden Vermögensverfügungen im Vorfeld der Insolvenz in unterschiedlichen Anfechtungszeiträumen rückgängig gemacht und so der Grundsatz der Gläubigergleichbehandlung vor die Verfahrenseröffnung vorverlagert.[1116] Durch die Anfechtung soll mithin die gleichmäßige Befriedigung der Insolvenzgläubiger schon für einen früheren Zeitpunkt als den der formellen Eröffnung des Insolvenzverfahrens sichergestellt werden.[1117] Die Pflicht zur Ermittlung und Geltendmachung von Anfechtungsansprüchen folgt aus § 148 InsO. Danach obliegt dem Insolvenzverwalter die Bildung der Teilungsmasse. Dabei hat der Verwalter nach eigenem, pflichtgemäßem Ermessen vorzugehen.[1118] Er ist verpflichtet, das gesamte dem Insolvenzbeschlag unterliegende, ihm bekannt gewordene Vermögen des Insolvenzschuldners sofort in Besitz zu nehmen. Diese Pflicht umfasst auch die Einziehung und gegebenenfalls gerichtliche Durchsetzung von Forderungen, soweit die Prozessführung hinreichende Erfolgsaussichten hat, wirtschaftlich vertretbar

---

1115 BGH, Urt. v. 10.10.2012 – 2 StR 591/11, NJW 2013, 401 (403) Rn. 31, zustimmend *Wessing*, NZG 2013, 494 (494 f.).

1116 Begr. RegE. InsO, BT-Drucks. 12/2443, S. 156; *Raebel*, KTS 2015, 285 (305 f.); *von Gleichenstein*, NZI 2015, 49 (53); *Wegener*, NJW 2010, 3607 (3607); *Zeuner*, NJW 2007, 2952 (2952); *Weyand*, ZInsO 2014, 1934 (1938 f.); *K. Schmidt*, FS-Samson, 161 (174); *Weyand/Diversy*, in: Haarmeyer/Huber/Schmittmann, Teil VIII Rn. 17; *Jensen*, Grundfragen des Rechts der Gläubiger- und Insolvenzanfechtung, S. 190 f.; kritisch zur Vorverlagerung des Grundsatzes der Gläubigergleichbehandlung durch die Insolvenzanfechtung *Knospe*, ZInsO 2014, 861 (867 ff., 876): „Bei dieser Sachlage lässt sich folgern, dass der Grundsatz der Gläubigergleichbehandlung im Tatsächlichen zu einer Rechtfertigung massiver Ungleichbehandlung von Gläubigern im Insolvenzverfahren dient und damit weder seinem rechtlichen Anspruch noch seinem Namen nur annähern gerecht wird.".

1117 BGH, Urt. v. 10.02.2005 – IX ZR 211/02, BGHZ 162, 143 (148 f.) m. w. N.; *Raebel*, FS-Ganter, 339 (341); kritisch dazu *Hoffmann*, Prioritätsgrundsatz und Gläubigergleichbehandlung, S. 39 ff.

1118 *Sinz*, in: Uhlenbruck-InsO, § 148 Rn. 7.

ist und eine Vollstreckung nicht ausgeschlossen erscheint.[1119] Zugunsten der Gläubiger gehört zur Masseverwaltungspflicht aus § 148 InsO auch ein allgemeines Wertmehrungsgebot.[1120] Bei der Entscheidung, ob der Verwalter mögliche Anfechtungsrechte ausüben will, hat er sich allein von dem Interesse der Gläubiger leiten zu lassen.[1121] Ein Vermögensbezug der Masseverwaltungspflicht aus § 148 InsO i. V. m. den Anfechtungsnormen der §§ 129 ff. InsO besteht damit zumindest in Bezug auf die Gläubigerinteressen der am Verfahren teilnehmenden Gläubiger.

b) Zugunsten des Schuldners

Schwieriger zu beantworten ist hingegen die Frage, inwieweit den anfechtungsrechtlichen Normen darüber hinaus auch ein Bezug zu den Vermögensinteressen des Schuldners zukommt. Dies scheint insbesondere vor dem Hintergrund nahezuliegen, dass auch mit Verfahrenseröffnung das Vermögen rechtlich dem Schuldner zugeordnet bleibt. Der Schuldner verliert lediglich die Prozessführungsbefugnis hinsichtlich des insolvenzbefangenen Vermögens. Diese geht mit Verfahrenseröffnung insoweit auf den Insolvenzverwalter über.[1122] Daher ist Gläubiger des Rückgewähranspruchs aus Insolvenzanfechtung als Rechtsinhaber der Massegegenstände auch allein der Insolvenzschuldner, obwohl das Recht zur Anfechtung in der Person des Insolvenzverwalters als Aktivum des Sondervermögens Insolvenzmasse entsteht und nur vom Insolvenzverwalter ausgeübt werden kann.[1123]

Ersichtlich zieht aber allein *K. Schmidt*[1124] einen Bezug zu den Vermögensinteressen des Schuldners der §§ 129 ff. InsO ernstlich in Erwägung. So solle die

---

1119 LG Krefeld, Urt. v. 06.02.2014 – 3 O 271/13, NZI 2014, 410 (411); *Schoppmeyer*, in: MüKo-InsO, § 60 Rn. 14; *Bork*, ZIP 2005, 1120 (1121, 1124).

1120 BGH, Urt. v. 16.03.2017 – IX ZR 253/15, BGHZ 214, 220 (222 f.) Rn. 12 f.; *Römermann*, BB 2017, 1038 (1038); vgl. bereits BGH, Urt. v. 26.06.2014 – IX ZR 162/13, NZI 2014, 757 (758) Rn. 15; *Jungclaus*, EWiR 2014, 563 (564); *Jungmann*, in: K. Schmidt-InsO, § 148 Rn. 8.

1121 BGH, Urt. v. 18.12.1995 – II ZR 277/94, BGHZ 131, 325 (328); *Brandes/Schoppmeyer*, in: MüKo-InsO, § 60 Rn. 11.

1122 *Mock*, in: Uhlenbruck-InsO, § 80 Rn. 18.

1123 *Henckel*, in: Jaeger-InsO, § 143 Rn. 97; *Borries/Hirte*, in: Uhlenbruck-InsO, § 143 Rn. 8 f.; *Jacoby*, in: Kübler/Prütting/Bork-InsO, § 143 Rn. 2; *Bork*, ZIP 2006, 589 (590); a. A. zur KO hingegen BGH, Urt. v. 22.12.1982 – VIII ZR 214/81, BGHZ 86, 190 (196); BGH, Urt. v. 10.02.1982 – VIII ZR 158/80, BGHZ 83, 102 (105), der den Konkursverwalter als Anspruchsinhaber ansah.

1124 *K. Schmidt*, in: K. Schmidt-InsO, § 129 Rn. 1.

Schutzrichtung des Insolvenzanfechtungsrechts über den Gläubigerschutz hinausgehen und den Schuldner gerade im Hinblick auf § 259 Abs. 3 InsO jedenfalls auch vor Rechtshandlungen schützen, die die Ziele eines Insolvenzplans bzw. der Restschuldbefreiung gefährdeten.[1125] Teilweise wird – allerdings ohne nähere inhaltliche Auseinandersetzung – darauf abgestellt, die Insolvenzanfechtung sei ein wichtiges Mittel zur Anreicherung der Insolvenzmasse im Interesse des Zwecks des Insolvenzverfahrens insgesamt.[1126]

Die Insolvenzanfechtung ist tatsächlich das bedeutsamste Mittel zur Anreicherung der Masse und damit zur Überwindung der Massearmut.[1127] Insoweit dient die Insolvenzanfechtung der Verwirklichung der Ordnungsfunktion des Insolvenzverfahrens und damit dem Insolvenzverfahren insgesamt. Einen Bezug zu den Vermögensinteressen des Schuldners anzunehmen steht aber dennoch, wenngleich nicht übersehen werden darf, dass zunehmend die Sanierung von Unternehmen und die Restschuldbefreiung des Schuldners zunehmend an Bedeutung gewinnen, nicht in Einklang mit dem derzeitigen Regelungskonzept des Insolvenzanfechtungsrechts und dem Verfahrenszweck. Gem. § 259 Abs. 3 InsO kann ein anhängiger Anfechtungsprozess nach Aufhebung des Insolvenzverfahrens vom Verwalter (fort-)geführt werden, wenn dies im gestaltenden Teil des Insolvenzplans vorgesehen war. *Keramati/Klein*[1128] nehmen zutreffend an, dass mit § 259 Abs. 3 InsO zwar ein gewisser Schutz des Schuldners einhergehen kann, weil nach § 259 Abs. 3 Satz 2 InsO ein Anfechtungsrechtsstreit nach der Aufhebung des Verfahrens für Rechnung des Schuldners[1129] geführt wird, wenn im Plan keine abweichende Regelung getroffen wird, und damit ein etwaiger Erlös aus dem Prozess dem ehemaligen Schuldner zusteht. Diese Regelung bezieht sich aber in zeitlicher Hinsicht nur auf Anfechtungsprozesse nach Aufhebung des Insolvenzverfahrens, so dass sich die mittelbare Schutzwirkung nicht auf das eröffnete Insolvenzverfahren beziehen kann. Aus dem Stadium nach Aufhebung des Verfahrens können insoweit auch keine Rückschlüsse auf das

1125 *K. Schmidt*, in: K. Schmidt-InsO, § 129 Rn. 1.

1126 BGH, Urt. v. 03.12.1954 – V ZR 96/53, BGHZ 15, 333 (337); *Kirchhof/Freudenberg*, in: MüKo-InsO, Vorbemerkungen vor §§ 129 bis 147 Rn. 3; in diese Richtung auch *Huber*, in: Gottwald, Insolvenzrechts-Handbuch, § 46 Rn. 3.

1127 Ausf. dazu unter 2. Teil C. II. 1.

1128 *Keramati/Klein*, NZI 2017, 421 (423).

1129 „für Rechnung des Schuldners" meint, dass der Verwalter dann als Privatperson in gewillkürter Prozessstandschaft und nicht mehr wie im Insolvenzverfahren als Partei kraft Amtes handelt, BGH, Beschl. v. 26.04.2018 – IX ZB 49/17, NZI 2018, 691 (691 f.) Rn. 16.

eröffnete Verfahren gezogen werden. Für das eröffnete Verfahren existiert eine vergleichbare Regelung nicht und die Interessenlage ist eine andere. Schließlich sind im eröffneten Verfahren die Anfechtungsansprüche ausnahmslos Bestandteil der Insolvenzmasse. Zudem hängt der Schuldnerschutz nach Aufhebung des Verfahrens maßgeblich von der Disposition der Beteiligten ab. Der Anfechtungsrechtsstreit wird gem. § 259 Abs. 3 Satz 1 InsO nur dann für Rechnung des Schuldners geführt, wenn im Plan keine andere Regelung enthalten ist. Einer nach Aufhebung des Verfahrens von der Disposition der Beteiligten abhängigen Regelung kann aber kaum erhebliche Bedeutung für die Bestimmung des Normzwecks der §§ 129 ff. InsO im eröffneten Insolvenzverfahren zukommen.[1130]

Gegen einen Vermögensbezug zugunsten des Schuldners spricht überdies schon der Wortlaut der §§ 129 ff., 143 InsO. Zentrales Tatbestandsmerkmal aller Anfechtungsnormen ist nach § 129 Abs. 1 InsO das Vorliegen einer Gläubigerbenachteiligung. Als Rechtsfolge sieht § 143 InsO deshalb die Rückgewähr des anfechtbar – also gläubigerbenachteiligend – aus dem Vermögen des Schuldners ausgeschiedenen Vermögens vor. Es wird mithin nicht die Rechtshandlung selbst angefochten und nach § 143 Abs. 1 InsO rückgängig gemacht; vielmehr geht es um die Beseitigung der gläubigerbenachteiligenden Wirkung der Rechtshandlung des Schuldners.[1131] Die Anfechtung sanktioniert kein Handlungsunrecht, sondern soll im Interesse der Gläubigergesamtheit allein die durch die Rechtshandlung ausgelöste Rechtswirkung beseitigen, sofern diese gläubigerbenachteiligend ist.[1132] Der Zugriff auf das Vermögen des Anfechtungsgegners ist vor diesem Hintergrund nur gerechtfertigt, wenn die anfechtbare Handlung die Gläubiger benachteiligt hat, in dem das Schuldnervermögen verkürzt wurde.[1133] Unter Gläubigerbenachteiligung ist also allein die Verkürzung des den Insolvenzgläubigern haftenden Vermögens zu verstehen. Sobald sich die Befriedigung der Insolvenzgläubiger ohne die anfechtbare Rechtshandlung günstiger gestaltet hätte, liegt eine Gläubigerbenachteiligung vor.[1134] Ob und inwieweit der Schuldner durch die Rechtshandlung benachteiligt wurde spielt für die Anfechtung

---

1130 *Keramati/Klein*, NZI 2017, 421 (423).

1131 BGH, Urt. v. 01.06.2017 – IX ZR 48/15, NZI 2017, 715 (716) Rn. 17; BGH, Urt. v. 12.1.2017 – IX ZR 130/16, NZI 2017, 352 (353) Rn. 15; BGH, Urt. v. 05.04.2001 – IX ZR 216/98, BGHZ 147, 233 (236);

1132 BGH, Urt. v. 05.04.2001 – IX ZR 216/98, BGHZ 147, 233 (236); BGH, Urt. v. 09.07.2009 – IX ZR 86/08, NZI 2009, 644 (645) Rn. 29; BGH, Urt. v. 30.04.2020 – IX ZR 162/16, NJW 2020, 2399 (2400) Rn. 15.

1133 *Henckel*, in: Jaeger-InsO, § 129 Rn. 76.

1134 *Henckel*, in: Jaeger-InsO, § 129 Rn. 76 f.

also keine Rolle. Dann kann auch bei der Rückabwicklung – der Beseitigung der Benachteiligung – nicht auf die Belange des Schuldners abgestellt werden. Entsprechend hat sich der Verwalter bei der Entscheidung, ob Anfechtungsansprüche durchgesetzt werden, auch allein von dem Interesse der Gläubiger leiten zu lassen.[1135] Ein Bezug zu den Vermögensinteressen des Schuldners besteht damit nicht.

2. Verletzung der Vermögensbetreuungspflicht

Daneben muss der Verstoß gegen die Normen des Primärrechts in der Weise erfolgen, dass der Täter entgegen seiner spezifischen Pflichtenstellung als Vermögensbetreuungspflichtiger auf das von ihm betreute Vermögen einwirkt und damit deren Schutzzweck verletzt.[1136] Die Ermittlung und Durchsetzung werthaltiger Anfechtungsansprüche ist Kernbestandteil der Masseverwaltungspflicht aus § 148 InsO, so dass deren Verletzung einen Verstoß gegen seine Pflichten als Vermögensbetreuungspflichtiger bedeutet. Ein solcher Verstoß wird genauso dadurch begründet, dass der Verwalter einen wegen evidenter Insolvenzzweckwidrigkeit nichtigen Vertrag über Anfechtungsansprüche erfüllt oder fehlerhafte Anfechtungslisten an den Amtsnachfolger übergibt. Auch dadurch wird die Durchsetzung werthaltiger Anfechtungsansprüche als Kernbestandteil der Masseverwaltungspflicht aus § 148 InsO verletzt.

III. Anforderungen an die strafrechtsautonome Pflichtwidrigkeit

Wenn damit an der Pflichtwidrigkeit auf der Ebene des Primärrechts bei der unterlassenen Ermittlung oder Geltendmachung von werthaltigen Anfechtungsansprüchen und dem vermögensschützenden Charakter der Pflicht im Grundsatz keine Zweifel bestehen, kommt eine Untreuestrafbarkeit aufgrund der ultima-ratio Funktion des Strafrechts allein bei einer strafrechtlichen Relevanz dieses Verwalterhandelns in Betracht.[1137] Wie diese zu bestimmen ist, wird in Rechtsprechung und Literatur unterschiedlich beurteilt.

1135 BGH, Urt. v. 18.12.1995 – II ZR 277/94, BGHZ 131, 325 (328); *Brandes/Schoppmeyer*, in: MüKo-InsO, § 60 Rn. 11.

1136 *Hoyer*, in: SK-StGB, § 266 Rn. 52; *Dierlamm*, in: MüKo-StGB, § 266 Rn. 170; *Matt*, in: Matt/Renzikowski-StGB, § 266 Rn. 69; *Schünemann*, in: LK-StGB, § 266 Rn. 101.

1137 *Hoyer*, in: SK-StGB, § 266 Rn. 47; *Matt*, NJW 2005, 389 (389 f.); *Lüderssen*, FS-Lampe, 727 (729); *Brand/Sperling*, KTS 2009, 355 (365).

1. *Asymmetrische Akzessorietät*

Auf dritter Prüfungsebene ist daher die strafrechtliche Relevanz des Verhaltens des Insolvenzverwalters anhand der zugrundeliegenden Vermögensbetreuungspflicht untreuespezifisch zu beurteilen.[1138] Allein die zivilrechtliche Pflichtverletzung sagt hierzu nichts aus. Nicht jeder Verstoß gegen eine zivilrechtliche Pflicht, die zu den dem Täter obliegenden Vermögensbetreuungspflichten zählt und der eine Schadensersatzpflicht nach § 60 InsO auslöst, stellt ohne weiteres bereits eine straftatbestandsmäßige Verletzung der Vermögensbetreuungspflicht dar.[1139] Stattdessen wird verbreitet insoweit keine positive, sondern eine asymmetrische Akzessorietät angenommen.[1140]

2. *Gewicht der Pflichtverletzung*

Umstritten ist insoweit, ob ein besonderes Gewicht für eine untreuespezifische Pflichtverletzung erforderlich ist, und der primärrechtliche Verstoß gegen die Vermögensbetreuungspflicht im Sinne der asymmetrischen Akzessorietät nur eine notwendige, nicht aber eine hinreichende Bedingung für eine strafrechtsautonome Pflichtwidrigkeit darstellt. Dem Wortlaut des § 266 StGB ist ein entsprechendes Tatbestandsmerkmal nicht zu entnehmen. Dennoch wird seit längerem diskutiert, ob über den Wortlaut der Norm hinaus ein entsprechendes Merkmal aus anderen Gründen erforderlich ist.

a) *Gravierende Pflichtverletzung in der Rechtsprechung*

Mittlerweile hat der BGH auf der Ebene der strafrechtsautonomen Prüfung der Pflichtwidrigkeit das Merkmal der sogenannten gravierenden Pflichtverletzung als Ausprägung der asymmetrischen Akzessorietät etabliert.[1141] Erstmalig

---

1138 *Hoyer*, in: SK-StGB, § 266 Rn. 54; *Matt*, in: Matt/Renzikowski- StGB, § 60 Rn. 56; *Kubiciel*, NStZ 2005, 353 (357); *Buchholz*, StV 2019, 36 (37).

1139 *Weyand/Diversy*, in: Haarmeyer/Huber/Schmittmann, Teil VIII Rn. 93; *Buchholz*, StV 2019, 36 (37).

1140 *Saliger*, in: S/S/W-StGB, § 266 Rn. 33; ders., in: Esser/Rübenstahl/Saliger/Tsambikakis, Wirtschaftsstrafrecht, § 266 Rn. 34; *Matt*, in: Matt/Renzikowski- StGB, § 60 Rn. 56; *Wohlers*, ZStW 123 (2011) 791, 801; *Dierlamm*, StraFo 2005, 397 (398 ff.); *Kubiciel*, NStZ 2005, 353 (357); *Kraatz*, ZStW 123 (2011), 447 (449 f.); *Jahn/Ziemann*, ZIS 2016, 552 (558 f.); *Buchholz*, StV 2019, 36 (37); *Lüderssen*, FS-Lampe, 727 (729); BGH, Urt. v. 13.04.2010 – 5 StR 428/09, NStZ 2010, 632 (634) Rn. 13; kritisch *Schünemann*, in: LK-StGB, § 266 Rn. 93 ff.; *Hoyer*, in: SK-StGB, § 266 Rn. 55 ff.

1141 Ausf. zur Entwicklung der Rechtsprechung *Wagner*, ZStW 2019, 319 (320 ff.).

statuierte der 1. Strafsenat des BGH das Erfordernis einer gravierenden Pflichtverletzung in seinem Urteil vom 15.11.2001 zur Kredituntreue[1142] und hat dieses ungeschriebene Tatbestandsmerkmal in den Folgejahren auf weitere Fälle neben Risikogeschäften ausgeweitet und zudem klargestellt, dass sich die Gravität nicht auf die verletzte Pflicht selbst, sondern auf den Verstoß gegen diese Pflicht bezieht.[1143] Zudem konkretisierte der 1. Strafsenat – unter Zugrundelegung der Regeln, die das Gesellschaftsrecht zur Begrenzung der Spendenvergabebefugnis vorgibt – die Anforderungen, die an die Gravität zu stellen sind.[1144] Eine Gesamtschau insbesondere der gesellschaftsrechtlichen Kriterien wie fehlende Nähe zum Unternehmensgegenstand, die Unangemessenheit im Hinblick auf die Ertrags- und Vermögenslage, eine fehlende innerbetriebliche Transparenz sowie das Vorliegen sachwidriger Motive, namentlich die Verfolgung rein persönlicher Präferenzen, indiziere die Gravität der Pflichtwidrigkeit, jedenfalls soweit der Täter alle genannten Kriterien erfülle.[1145] Später wurde in ähnlicher Weise vom 1. und dann auch vom 5. Strafsenat anstelle einer gravierenden Pflichtverletzung eine klare und evidente Pflichtverletzung vorausgesetzt.[1146] Der 3. Strafsenat lehnte hingegen das Erfordernis einer gravierenden, klaren oder evidenten Pflichtverletzung für Fälle risikobehafteter unternehmerischer Entscheidungen von Vorstandsmitgliedern grundsätzlich ab.[1147]

Dann ergänzte der 1. Strafsenat seine Rechtsprechung allerdings hinsichtlich unternehmerischer Ermessensentscheidungen und nimmt mittlerweile an, dem Vorstand einer Aktiengesellschaft sei grundsätzlich zwar ein weiter unternehmerischer Ermessensspielraum zuzubilligen. Würden hingegen die weit zu ziehenden äußersten Grenzen unternehmerischer Entscheidungsfreiheit überschritten und werde damit eine Hauptpflicht gegenüber dem zu betreuenden

---

1142 BGH, Urt. v. 15.11.2001 – 1 StR 185/01, BGHSt 47, 148 (150).

1143 BGH, Urt. v. 06.12.2001 – 1 StR 215/01, BGHSt 47, 187 (197); BGH, Beschl. v. 13.04.2011 – 1 StR 94/10, BGHSt 56, 203 (213) Rn. 30.

1144 Vgl. *Beckemper*, NStZ 2002, 324 (325 f.).

1145 BGH, Urt. v. 06.12.2001 – 1 StR 215/01, BGHSt 47, 187 (197); ausf. zu diesen und ähnlichen Kriterien *Dierlamm*, in: MüKo-StGB, § 266 Rn. 175 ff.; vgl. auch *Ransiek*, NJW 2006, 814 (814 ff.); *Matt*, NJW 2005, 389 (90); *Kiethe*, NStZ 2005, 529 (531); *Buchholz*, StV 2019, 36 (37).

1146 BGH, Urt. v. 28.05.2013 – 5 StR 551/11, NStZ 2013, 715 (715); BGH, Beschl. v. 13.09.2010 – 1 StR 220/09, BGHSt 55, 288 (300) Rn. 35; BGH, Beschl. v. 08.01.2020 – 5 StR 366/19, NJW 2020, 628 (629) Rn. 17.

1147 BGH, Urt. v. 21.12.2005 – 3 StR 470/04, BGHSt 50, 331 (343 ff.); allerdings offengelassen in BGH, Urt. v. 11.12.2014 – 3 StR 265/14, BGHSt 60, 95 (108) Rn. 30.

Unternehmen verletzt, liege eine Verletzung gesellschaftsrechtlicher Pflichten vor, die so gravierend sei, dass sie zugleich eine Pflichtwidrigkeit im Sinne von § 266 StGB begründe.[1148]

Der 5. Strafsenat hat im Anschluss an die letztgenannte Rechtsprechung des 1. Strafsenats schließlich in ähnlicher Weise und im Ergebnis übereinstimmend angenommen, gravierende Pflichtverletzungen ließen sich nur bejahen, wenn die Pflichtverletzung evident sei. Allerdings liege bei einem Verstoß gegen die in § 93 Abs. 1 Satz 1 AktG normierte Business Judgement Rule stets eine gravierende beziehungsweise evidente Pflichtverletzung vor.[1149] Angesichts des durch § 93 Abs. 1 AktG eingeräumten weiten unternehmerischen Entscheidungsspielraums sei für eine gesonderte Prüfung der Pflichtverletzung als gravierend, klar oder evident kein Raum.[1150] Auch der 3. Strafsenat nimmt damit übereinstimmend mittlerweile an, das einschränkende Merkmal der gravierenden Pflichtverletzung spiegele lediglich den weiten Beurteilungs- und Ermessensspielraum wider, ohne den unternehmerische Entscheidungen nicht möglich seien.[1151] Bei Verstößen gegen die Business Judgement Rule erfolgt nach der höchstrichterlichen Rechtsprechung die strafrechtsautonome Erheblichkeitsprüfung daher bereits auf der Ebene des Primärrechts.[1152]

Das BVerfG hält eine Restriktion der Untreuestrafbarkeit auf klare und deutliche Verstöße verfassungsrechtlich zugunsten der Vorhersehbarkeit der Strafbarkeit und der Kohärenz der Rechtsordnung für geboten.[1153] Das tatbestandsbegrenzende Erfordernis einer gravierenden Pflichtverletzung des BGH hat das BVerfG vor diesem Hintergrund als deren Unterfall ausdrücklich anerkannt.[1154]

Letztendlich besteht mithin zwischen den Strafsenaten des BGH insoweit Einigkeit, als dass es jedenfalls bei Verstößen gegen § 93 Abs. 1 Satz 1 AktG nicht zusätzlich auf eine strafrechtsautonome Prüfung der Erheblichkeit der Pflichtverletzung ankommt und insoweit zwar eine negative, aber keine asymmetrische Akzessorietät zum Primärrecht besteht. Die Auslegungsprobleme

---

1148 BGH, Urt. v. 22.11.2005 – 1 StR 571/04, NJW 2006, 453 (454 f.).

1149 BGH, Urt. v. 12.10.2016 – 5 StR 134/15, NJW 2017, 578 (579) Rn. 25.

1150 BGH, Urt. v. 12.10.2016 – 5 StR 134/15, NJW 2017, 578 (579) Rn. 27.

1151 BGH, Beschl. v. 26.11.2015 – 3 StR 17/15, BGHSt 61, 48 (65) Rn. 60.

1152 Zustimmend *Bittmann*, wistra 2017, 121 (123); *Nepomuk*, NZWiSt 2017, 119 (119); *Becker*, NStZ 2017, 232 (233); *Hotz*, ZWH 2016, 355 (356 f.); a. A. *Brand*, NJW 2017, 582 (582); *Esser*, NZWiSt 2018, 201 (205).

1153 BVerfG, Beschl. v. 23.06.2010 – 2 BvR 2559/08 u.a., BVerfGE 126, 170 (210 f.).

1154 BVerfG, Beschl. v. 23.06.2010 – 2 BvR 2559/08 u.a., BVerfGE 126, 170 (211).

des Untreuetatbestands werden damit bei unternehmerischen Entscheidungen in das Aktienrecht verlagert, und es besteht eine Konvergenz zwischen außerstrafrechtlicher und strafrechtlicher Rechtsmaterie.[1155] Inwieweit ein Verstoß als gravierend oder evident anzusehen ist, ist in der aktienrechtlichen Beurteilung allerdings nicht von Bedeutung.[1156] Maßgeblich ist auf der Ebene des Aktienrechts vielmehr ausschließlich, ob bei einem Verstoß gegen die Sorgfalt eines ordentlichen und gewissenhaften Geschäftsleiters die Voraussetzungen der Business Judgement Rule erfüllt und die Sorgfaltsanforderungen entsprechend konkretisiert sind. Entscheidend ist also, ob der Vorstand bei einer unternehmerischen Entscheidung vernünftigerweise annehmen durfte, auf der Grundlage angemessener Information zum Wohle der Gesellschaft gehandelt zu haben (§ 93 Abs. 1 Satz 2 AktG). Diese Maßstäbe sind nicht auf die Aktiengesellschaft, bei der die Business Judgement Rule ausdrücklich normiert ist, beschränkt. Die ursprünglich zum Aktienrecht entwickelten und mittlerweile als Business Judgement Rule in § 93 Abs. 1 Satz 2 AktG kodifizierten Grundsätze gelten in gleicher Weise für Geschäftsleiter anderer Gesellschaftsformen, insbesondere den Geschäftsführer einer GmbH, soweit in ähnlicher Weise Ermessensspielräume bestehen, und sind auch Maßstab für das Vorliegen einer Pflichtverletzung im Sinne des § 266 StGB. Die Business Judgement Rule ist dabei anhand der Besonderheiten der jeweiligen Gesellschaftsform zu modifizieren.[1157] Wie bei Aktiengesellschaften werden auch bei anderen Gesellschaften die Auslegungsprobleme des Untreuetatbestands bei unternehmerischen Entscheidungen auf die jeweiligen gesellschaftsrechtlichen Normen verlagert. Da die Business Judgement Rule als Insolvency Judgement Rule auch auf den Insolvenzverwalter Anwendung findet, erfolgt eine Bestimmung der Pflichtwidrigkeit allein auf der Ebene des Primärrechts.

Auch bei der Ermittlung und Geltendmachung von Anfechtungsansprüchen steht dem Verwalter ein weiter unternehmerischer Ermessensspielraum zu. Unter Zugrundelegung der aktuellen höchstrichterlichen Rechtsprechung ist eine Pflichtwidrigkeit im Sinne des § 266 StGB daher bereits bei jeder Überschreitung dieses weiten unternehmerischen Ermessensspielraums anzunehmen.

1155 *Theile*, ZIS 2011, 616 (617); *Müller-Michaels*, BB 2017, 81 (81); *Esser*, NZWiSt 2018, 201 (205).

1156 *Müller-Michaels*, BB 2017, 81 (81).

1157 BGH, Beschl. v. 26.11.2015 – 3 StR 17/15, BGHSt 61, 48 (64 f.) Rn. 57; BGH, Urt. v. 12.10.2016 – 5 StR 134/15, NJW 2017, 578 (579) Rn. 29; *Bittmann*, wistra 2017, 121 (123).

Hat der Insolvenzverwalter unter Verletzung seiner zivilrechtlichen Pflichten Anfechtungsansprüche nicht ermittelt oder ermittelte Ansprüche trotz deren Werthaltigkeit nicht durchgesetzt, liegt damit gleichzeitig eine untreuespezifische Pflichtwidrigkeit vor.

b) Gravierende Pflichtverletzung in der Literatur

Ob neben einem Verstoß auf der Primärrechtsebene zusätzlich eine gravierende, klare oder evidente Pflichtverletzung erforderlich sein soll, ist in der Literatur weiterhin streitig. Während sich Teile der Literatur insbesondere im Hinblick auf das ultima ratio Prinzip, den Verhältnismäßigkeitsgrundsatz und das Bestimmtheitsgebot der Rechtsfigur der gravierenden Pflichtverletzung (im Ergebnis) angeschlossen haben oder bereits zuvor eine Beschränkung auf evidente Fälle forderten[1158], lehnen andere eine strafrechtsautonome Einschränkung ab[1159].

c) Stellungnahme

Der unternehmerische Ermessensspielraum des Insolvenzverwalters wird maßgeblich bestimmt durch zivilrechtliche Normen. Daher kann die Zugrundelegung allein zivilrechtlicher Pflichtwidrigkeitsmaßstäbe im Untreuetatbestand zu einer bedenklichen Weite des Untreuetatbestandes führen. Dennoch vermag eine Einschränkung auf gravierende oder evidente Pflichtverletzungen nicht zu überzeugen. Die Einführung des Kriteriums der Gravität der Pflichtverletzung vermag zur Klärung der Problematik nicht beizutragen, da das Ultima-ratio-Prinzip, der Verhältnismäßigkeitsgrundsatz und das Bestimmtheitsgebot mit dem zusätzlichen Merkmal nicht gefördert werden und entsprechend auch nicht als Argument für dieses Merkmal angeführt werden können.

1158 *Buchholz*, StV 2018, 36 (37); *Schneider*, wistra 2018, 281 (283 f.); *Esser*, NZWiSt 2018, 201 (204 ff.); *Jahn/Ziemann*, ZIS 2016, 552 (560); *Lüderssen*, FS-Lampe, 727 (729); *Trüg*, NStZ 2013, 717 (717 f.); *Bittmann*, wistra 2013, 1 (7 f.); *Theile*, ZIS 2011, 616 (628); *Krause*, StV 2006, 307 (308); *Ransiek*, ZStW 116 (2004), 635 (643); *Kutzner*, NJW 2006, 3541 (3543); *Kubiciel*, NStZ 2005, 353 (357 ff.); *Saliger*, in: S/S/W-StGB, § 266 Rn. 50; vgl. ausf. m. w. N. auch *Wagner*, ZStW 2019, 319 (332 ff.).

1159 *Kindhäuser*, in: NK-StGB, § 266 Rn. 75b; *Fischer*-StGB, § 266 Rn. 61a; *Hoyer*, in: SK-StGB, § 266 Rn. 56 f.; *Saffering*, NStZ 2011, 376 (377 f.); *Rönnau*, NStZ 2006, 218 (220); *Schünemann*, in: LK-StGB, § 266 Rn. 94; ders., NStZ 2005, 473 (475 f.); ders., NStZ 2006, 196 (197 f.); *Rönnau/Hohn*, NStZ 2004, 113 (118); *Dinter*, Der Pflichtwidrigkeitsvorsatz der Untreue, Rn. 196 ff., der das Bestimmtheitserfordernis über den subjektiven Tatbestand zu verwirklichen sucht, vgl. auch *Zehetgruber*, wistra 2018, 489 (493 f.); vgl. ausf. m. w. N. auch *Wagner*, ZStW 2019, 319 (336 ff.).

Im Ergebnis stimmen Rechtsprechung und Lehre jedenfalls bei Verstößen gegen die Business Judgement Rule weitgehend überein, dass bei jedem Überschreiten des außerstrafrechtlichen Ermessensspielraums von einem untreuerelevanten Pflichtenverstoß auszugehen ist. Es besteht insoweit nur eine negative, aber keine asymmetrische Akzessorietät. Dogmatisch wird dieses Ergebnis aber auf unterschiedlichem Weg erreicht. So setzt der BGH im Allgemeinen eine gravierende Pflichtverletzung voraus, die anhand von indizienbasierten Feststellungen zu bestimmen ist. Nur bei unternehmerischen Ermessensentscheidungen bedarf es nach dem BGH dieses Prüfungsschrittes nicht, weil bei jeder Überschreitung des weiten unternehmerischen Ermessensspielraums des § 93 Abs. 1 Satz 2 AktG eine gravierende Pflichtverletzung vorliegen soll. Allein bei unternehmerischen Entscheidungen liegt nach dem BGH mithin ausnahmsweise eine Konvergenz zwischen außerstrafrechtlicher und strafrechtlicher Rechtsmaterie vor, allgemein wird auf das Merkmal der Gravität hingegen nicht verzichtet. Demgegenüber nehmen die Gegner dieser Ansicht an, dass generell keine spezifisch strafrechtliche Höhenmarke zur Bestimmung der Pflichtwidrigkeit erforderlich ist, so dass es konsequenterweise auch bei unternehmerischen Entscheidungen darauf nicht ankommen soll.

Aus dem Wortlaut ergibt sich das Merkmal der Gravität nicht, so dass es allenfalls anhand der allgemeinen Auslegungsmethoden begründet werden könnte. Keiner der Strafsenate des BGH indes hat bislang das Erfordernis der Gravität näher begründet.[1160]

Zutreffend wird von den Gegnern der zusätzlichen strafrechtsautonomen Erheblichkeitsprüfung gegen das Merkmal der gravierenden, klaren oder evidenten Pflichtverletzung ins Feld geführt, dass es sich letztendlich bei der gravierenden Pflichtverletzung lediglich um einen weiteren unbestimmten Rechtsbegriff handelt, der die Bestimmtheit des § 266 StGB nicht zu fördern vermag. Vielmehr kann die Einstufung einer Handlung als gravierende Pflichtverletzung durch den Tatrichter im Einzelfall zu geradezu beliebigen Abwägungsergebnissen führen. Schließlich obliegt dem Tatrichter die Gewichtung und Gesamtwürdigung der vom BGH angeführten zivilrechtlichen Kriterien für eine gravierende Pflichtverletzung. Wie diese Gesamtschau und Gewichtung im Einzelfall zu erfolgen hat, vermochte der BGH indes nicht zu entscheiden, und dies lässt sich auch nicht anhand der gesetzgeberischen Wertungen des § 266 StGB ermitteln.[1161]

1160 Vgl. *Esser*, NZWiSt 2018, 201 (205).

1161 *Samson*, Non Profit Law Year Book 2004, 233 (237); *Saffering*, NStZ 2011, 376 (377 f.); *Beckemper*, NStZ 2002, 324 (326); vgl. *Saliger*, in: S/S/W-StGB, § 266 Rn. 50.

Weitere Ausführungen zur Konkretisierung der Schwere der Pflichtverletzung finden sich entsprechend in der Rechtsprechung des BGH auch nicht. Welche Kriterien zur Ermittlung evidenter, gravierender oder klarer Pflichtverstöße anzulegen sind, ist daher weiterhin offen.[1162] Eine Begrenzung und Konturierung des weiten Untreuetatbestandes kann jedenfalls mit diesen Kriterien nicht erreicht werden. Vielmehr bedroht die nahezu beliebige Abwägung durch den Tatrichter das Gewaltenteilungsprinzip. Schließlich maßt sich die Judikative mit dem Merkmal der gravierenden Pflichtverletzung die Kompetenz an, den Strafbarkeitsrahmen festzulegen, eine Befugnis, die verfassungsrechtlich nicht der Judikative, sondern allein dem Gesetzgeber zusteht.[1163] Die strafrechtsautonome Erheblichkeitsprüfung anhand des Merkmals einer gravierenden, evidenten oder klaren Pflichtverletzung ist daher abzulehnen, und es kommt nach einer treffenden Bezeichnung von *Fischer*[1164] auf die Vertretbarkeit der Entscheidung nach pflichtimmanenten Kriterien an.[1165] Entscheidend ist daher, ob das konkrete Verhalten des Insolvenzverwalters, Anfechtungsansprüche nicht zu ermitteln oder ermittelte Ansprüchen nicht (gerichtlich) durchzusetzen, noch innerhalb seines unternehmerischen Ermessensspielraums liegt, der durch die Insolvency Judgement Rule konkretisiert ist.

d) Verstoß gegen die insolvency judgement rule

Bei einem Verstoß gegen § 93 Abs. 1 Satz 1 AktG liegt damit stets eine Pflichtverletzung vor. Der Verstoß gegen § 93 Abs. 1 Satz 2 AktG indiziert eine Pflichtverletzung.[1166] Es besteht eine Konvergenz zwischen außerstrafrechtlicher und strafrechtlicher Rechtsmaterie und damit insoweit keine asymmetrische Akzessorietät. Ist das Unterlassen der Ermittlung von Anfechtungsansprüchen oder die unterlassene (gerichtliche) Geltendmachung von Anfechtungsansprüchen unter den oben genannten Voraussetzungen pflichtwidrig, liegt damit gleichzeitig eine Pflichtwidrigkeit im Sinne des § 266 StGB vor.

1162 *Dinter*, Der Pflichtwidrigkeitsvorsatz der Untreue, Rn. 200.

1163 *Hoyer*, in: SK-StGB, § 266 Rn. 57; *Samson*, Non Profit Law Year Book 2004, 233 (233), *Rönnau*, NStZ 2006, 218 (220); *Kindhäuser*, in: NK-StGB, § 266 Rn. 75b.

1164 *Fischer*-StGB, § 266 Rn. 61a, abl. *Beulke*, FS-Eisenberg, 245 (256).

1165 So im Ergebnis bereits *Schünemann*, NStZ 2005, 473 (475 f.); vgl. auch ders., NStZ 2006, 196 (197 f.).

1166 BGH, Urt. v. 12.10.2016 – 5 StR 134/15, NJW 2017, 578 (579) Rn. 25; zust. *Bittmann*, wistra 2017, 121 (122).

Bei der Erfüllung nichtiger Rechtsgeschäfte über Anfechtungsansprüche sowie der Übergabe fehlerhafter Anfechtungslisten an einen Amtsnachfolger greift die Insolvency Judgement Rule hingegen nicht, so dass nach der Rechtsprechung und Teilen der Literatur das Merkmal der gravierenden, evidenten oder klaren Pflichtverletzung zu prüfen wäre. Dieses zusätzliche Merkmal ist indes abzulehnen, so dass es auch insoweit allein auf eine Pflichtverletzung auf der Ebene des Primärrechts ankommt.

B. Vermögensschaden

Durch die unterlassene Ermittlung beziehungsweise Geltendmachung von Anfechtungsansprüchen, die Erfüllung eines aufgrund evidenter Insolvenzzweckwidrigkeit nichtigen Rechtsgeschäfts über einen Anfechtungsanspruch oder die Übergabe fehlerhafter Anfechtungslisten muss der Verwalter schließlich dem Vermögensinhaber pflichtwidrig einen Vermögensnachteil als Taterfolg zugefügt haben. Das muss durch einen ex-ante vorzunehmenden Vergleich des gesamten Vermögens vor und nach dem beanstandeten aktiven Tun oder Unterlassen unter wirtschaftlichen Gesichtspunkten geprüft werden.[1167] Wie sich die Dinge im weiteren Verlauf entwickelt haben, ist für die strafrechtliche Wertung nicht von Bedeutung, sondern nur im Rahmen der Strafzumessung zu berücksichtigen.[1168] Vermögensnachteil ist hier gleichbedeutend mit dem Vermögensnachteil in § 253 StGB sowie mit dem Vermögensschaden im Sinne des § 263 StGB. Während sich das Handlungsunrecht bei §§ 253; 263 StGB und § 266 StGB unterscheidet, besteht ein Gleichlauf beim Erfolgsunrecht und damit auch ein einheitlicher Vermögensbegriff.[1169] Der Nachteil muss sich gerade

1167 Vgl. BGH, Beschl. v. 17.08.2006 – 4 StR 117/06, NStZ-RR 2006, 378 (379); BGH, Urt. v. 07.09.2011 – 2 StR 600/10, NJW 2011, 3528 (3529) Rn. 8; *Saliger*, in: Esser/Rübenstahl/Saliger/Tsambikakis, Wirtschaftsstrafrecht, § 266 Rn. 71; kritisch zur ex ante Betrachtung *Bittmann*, NStZ 2013, 72 (72 ff.).

1168 BGH, Urt. v. 07.03.2006 – 1 StR 379/05, BGHSt 51, 10 (17); BGH, Beschl. v. 18.02.2009 – 1 StR 731/08, BGHSt 53, 199 (201 f.) Rn. 11; BGH, Beschl. v. 19.09.2018 – 1 StR 194/18, NJW 2019, 378 (381) Rn. 28; vgl. *Hefendehl*, FS-Samson, 295 (304).

1169 *Hoyer*, in: SK-StGB, § 266 Rn. 94; *Fischer*-StGB, § 266 Rn. 110; *Kindhäuser*, in: NK-StGB, § 266 Rn. 94; *Hellmann*, ZIS 2007, 433 (439); *Bock*, BT 2, S. 550; *Kindhäuser*, Abhandlungen zum Vermögensstrafrecht, 337 (352); a. A. *Perron*, FS-Tiedemann, 737 (737 ff.); *Matt*, in: Matt/Renzikowski, § 266 Rn. 122; *Gähler*, der Gefährdungsschaden im Untreuetatbestand, S. 46 ff.; kritisch auch *Schünemann*, in: Fischer/Hoven et al., Dogmatik und Praxis des strafrechtlichen Vermögensschadens, 61

auf die vom Täter zu betreuenden Vermögensinteressen beziehen. Erforderlich ist daher eine durch die Tathandlung beziehungsweise das Unterlassen kausal herbeigeführte Vermögenseinbuße. Die Bestimmung erfolgt wie bei §§ 253; 263 StGB anhand einer Gesamtsaldierung.

Aufgrund des verfassungsrechtlichen Verschleifungsverbotes ist die Feststellung des Vermögensnachteils strikt von der Feststellung der Pflichtwidrigkeit zu trennen.[1170] Vor dem Hintergrund, dass es sich bei der Untreue um ein reines Vorsatzdelikt handelt, darf insbesondere die mit der Pflichtverletzung naturgemäß einhergehende Gefährdung der Vermögensinteressen des Treugebers nicht automatisch als Gefährdungsschaden eingestuft werden.[1171] Die Strafgerichte müssen daher den von ihnen angenommenen Nachteil der Höhe nach beziffern und dessen Ermittlung in wirtschaftlich nachvollziehbarer Weise in den Urteilsgründen darlegen, wobei die Anforderungen mit dem Grad der Komplexität steigen.[1172] Ist eine genaue Feststellung der Schadenshöhe zum Zeitpunkt der pflichtwidrigen Handlung nicht möglich, hat der Tatrichter im Hinblick auf die Besonderheiten des Strafrechts Mindestfeststellungen zu treffen.[1173] Dabei wird dem Richter ein Beurteilungsspielraum eingeräumt.[1174] Soweit bei der ggf. durch Sachverständige erfolgten Ermittlung des Schadens Unsicherheiten nicht ausgeräumt werden können, ist unter Beachtung des Zweifelssatzes der (Mindest-) Schaden im Wege der Schätzung zu ermitteln.[1175] Prozessual handelt es sich bei der Zulässigkeit von Schätzungen um eine Begrenzung der Amtsaufklärungspflicht des § 244 Abs. 2 StPO, wenn eine exakte Aufklärung nicht möglich ist.[1176]

(61 ff.); eingehend *Ensenbach*, Der Prognoseschaden bei der Untreue, S. 124 ff. m. w. N.

1170 BVerfG, Beschl. v. 01.11.2012 – 2 BvR 1235/11, NJW 2013, 365 (366); BVerfG, Beschl. v. 23.06.2010 – 2 BvR 2559/08 u.a., BVerfGE 126, 170 (211 f.); *Saliger*, in: S/S/W-StGB, § 266 Rn. 8; ders., ZStW 112 (2000), 563 (610); *Matt*, NJW 2005, 389 (390); *Buchholz*, StV 2019, 36 (38); *Perron*, FS-Frisch, 857 (866); ausf. *Bittmann*, wistra 2013, 1 (1 ff.).

1171 *Perron*, in: Schönke/Schröder-StGB, § 266 Rn. 39b; ders., FS-Frisch, 857 (866).

1172 BVerfG, Beschl. v. 23.06.2010 – 2 BvR 2559/08 u.a., BVerfGE 126, 170 (211 f.).

1173 BGH, Beschl. v. 23.02.1982 – 5 StR 685/81, BGHSt 30, 388 (390).

1174 BGH, Beschl. v. 18.02.2009 – 1 StR 731/08, BGHSt 53, 199 (203) Rn. 14.

1175 BVerfG, Beschl. v. 23.06.2010 – 2 BvR 2559/08 u.a., BVerfGE 126, 170 (212); BGH, Beschl. v. 20.10.2009 – 3 StR 410/09, NStZ 2010, 329 (330).

1176 *Fischer*, StraFo 2012, 429 (432); *Noll*, in: Fischer/Hoven et al., Dogmatik und Praxis des strafrechtlichen Vermögensschadens, 313 (316).

I. Schadensberechnung

Nach der höchstrichterlichen Rechtsprechung[1177] sowie der herrschenden Lehre[1178] ist der Vermögensnachteil als Taterfolg der Untreue wie bei §§ 253; 263 StGB durch einen Vergleich des gesamten Vermögens vor und nach der pflichtwidrigen Handlung unter wirtschaftlichen Gesichtspunkten zu prüfen.[1179] Maßgeblich für die Bestimmung eines Schadens ist daher, ob die Gesamtsumme des Vermögens nach der pflichtwidrigen Handlung oder Unterlassung geringer ist als zuvor, ob also bei objektiver Gesamtsaldierung aller mit der Tathandlung zusammenhängenden Vor- und Nachteile der (objektive) wirtschaftliche Wert des Vermögens geschmälert ist.[1180] Ein schadensbegründender Negativsaldo ist deshalb gegeben, wenn die durch die Untreuehandlung verursachte Wertminderung nicht gleichzeitig durch eine durch dieselbe Untreuehandlung bewirkte Werterhöhung voll ausgeglichen wird.[1181]

II. Verjährte Anfechtungsansprüche nach Erhebung der Einrede

Noch etwas weniger problematisch zu beurteilen ist zunächst die Bestimmung eines Vermögensnachteils, wenn der vom Insolvenzverwalter pflichtwidrig nicht geltend gemachte werthaltige Anfechtungsanspruch bereits verjährt ist, und

---

1177 BVerfG, Beschl. v. 10.03.2009 – 2 BvR 1980/07, NJW 2009, 2370 (2371) Rn. 24; BVerfG, Beschl. v. 23.06.2010 – 2 BvR 2559/08 u.a., BVerfGE 126, 170 (213 f.); BGH, Beschl. v. 18.02.1999 – 5 StR 193-98, BGHSt 45, 1 (4); BGH, Urt. v. 23.05.2002 – 1 StR 372/01, BGHSt 47, 295 (301 f.); BGH, Beschl. v. 17.08.2006 – 4 StR 117/06, NStZ-RR 2006, 378 (379); BGH, Beschl. v. 10.11.2009 – 4 StR 194/09, NStZ 2010, 330 (331); BGH, Urt. v. 12.12.2013 – 3 StR 146/13, NStZ 2015, 220 (222) Rn. 21; BGH, Beschl. v. 26.11.2015 – 3 StR 17/15, NJW 2016, 2585 (2592) Rn. 62; BGH, Beschl. v. 19.09.2018 – 1 StR 194/18, NJW 2019, 378 (380) Rn. 22; BGH, Beschl. v. 26.06.2019 – 1 StR 551/18, GmbHR 2019, 1343 (1344) Rn. 17.

1178 *Dierlamm*, in: MüKo-StGB, § 266 Rn. 178; *Fischer*-StGB, § 266 Rn. 115; Hoyer, in: SK-StGB, § 266 Rn. 97; Fischer-StGB, § 266 Rn. 115a; *Saliger*, in: S/S/W-StGB, § 266 Rn. 71; *Heger*, in: Lackner/Kühl-StGB, § 266 Rn. 17; *Bittmann*, in: Praxishandbuch Insolvenzstrafrecht, § 16 Rn. 38; *Maurer/Odörfer*, GmbHR 2008, 412 (415); *Saliger*, NJW 2019, 886 (887).

1179 Kritisch dagegen *Kindhäuser*, in: NK-StGB, § 266 Rn. 96 ff.

1180 *Maurer/Odörfer*, GmbHR 2008, 412 (415); *Zebisch/Kubik*, NStZ 2017, 322 (322); *Schünemann*, in: LK-StGB, § 266 Rn. 168; *Saliger*, NJW 2019, 886 (887).

1181 *Saliger*, in: Esser/Rübenstahl/Saliger/Tsambikakis, Wirtschaftsstrafrecht, § 266 Rn. 71; ders., NJW 2019, 886 (887); *Heger*, in: Lackner/Kühl, § 266 Rn. 17; *Dierlamm*, in: MüKo-StGB, § 266 Rn. 202.

neben einen bis dahin (möglicherweise) bestehenden Gefährdungsschaden der endgültige Schaden in Form der Undurchsetzbarkeit der Forderung getreten ist, jedenfalls soweit der Anfechtungsgegner von seinem nach Ablauf der Verjährungsfrist bestehenden Leistungsverweigerungsrecht (§ 214 BGB) Gebrauch macht und damit auch ein Nachfolge- oder Sonderinsolvenzverwalter den Anfechtungsanspruch nicht mehr durchsetzen könnte.

Zunächst ist bei der unterlassenen Anfechtung zu bestimmen, ob es sich bei der Undurchsetzbarkeit einer Forderung aus Insolvenzanfechtung um den Verlust einer Chance auf eine Vermögensmehrung in Form des Verlustes einer Anwartschaft beziehungsweise Exspektanz oder um den Verlust eines bereits bestehenden Vermögensbestandteils der Insolvenzmasse handelt. Das Ausbleiben einer Vermögensmehrung führt zwar auch bei der Untreue grundsätzlich nicht zu einem Vermögensschaden. Der Wortlaut verlangt einen Nachteil; darunter zu verstehen ist eine Abnahme des Vermögens und gerade nicht dessen Nichtzunahme, so dass die Gleichsetzung von Schaden und Ausbleiben einer Vermögensmehrung einen Verstoß gegen die Wortlautschranke und damit gegen das Bestimmtheitsgebot des Art. 103 Abs. 2 GG bedeutete.[1182]

Den Insolvenzverwalter trifft grundsätzlich ein allgemeines Wertmehrungsgebot,[1183] und es wird auch bei der Insolvenzanfechtung häufig davon gesprochen, der Insolvenzverwalter habe die Masse nach den Vorschriften der §§ 129 ff. InsO zu mehren[1184]. Tatsächlich unterscheidet sich aber die Geltendmachung von Anfechtungsansprüchen von dem allgemeinen Wertmehrungsgebot grundlegend. So sind die Anfechtungsansprüche bereits Teil der Insolvenzmasse und müssen vom Verwalter nur noch geltend gemacht werden, während es bei dem allgemeinen Wertmehrungsgebot lediglich um der Masse beziehungsweise dem Vermögensinhaber zustehende rein faktische Chancen etwa bei ungewissen Hoffnungen wie der Aussicht auf einen Vertragsabschluss ohne verbindliche Vorverhandlungen, der Aussicht des Erben auf den Anfall der Erbschaft, der Chance auf Zuteilung einer freien Wohnung aufgrund öffentlich-rechtlicher

---

1182 BVerfG, Beschl. v. 23.06.2010 – 2 BvR 2559/08 u.a., BVerfGE 126, 170 (205); *Hoyer*, in: SK-StGB, § 266 Rn. 98; *Schünemann*, in: LK-StGB, § 266 Rn. 173; *Bock*, BT 2, S. 393.

1183 BGH, Urt. v. 16.03.2017 – IX ZR 253/15, BGHZ 214, 220 (222 f.) Rn. 12 f.; *Römermann*, BB 2017, 1038 (1038); vgl. bereits BGH, Urt. v. 26.06.2014 – IX ZR 162/13, NZI 2014, 757 (758) Rn. 15; *Jungclaus*, EWiR 2014, 563 (564); *Jungmann*, in: K. Schmidt-InsO, § 148 Rn. 8.

1184 *Fischer*, NZI 2014, 241 (242); *Kreft*, FS-K. Schmidt, 965 (967); *Bork*, ZIP 2006, 589 (593); *Huber*, NZI 2004, 497 (497 f.).

Vorschriften, den Zins- und Gewinnerwartungen bei hochspekulativen Kapitalanlagen oder der Chance, ein Grundstück bei Zahlungsunfähigkeit des Geschäftspartners wesentlich günstiger zu erwerben, handelt.[1185] Bei Letzteren handelt es sich strafrechtlich um rein faktische Exspektanzen, deren Verlust nur unter besonderen Voraussetzungen einen Nachteil im Sinne des § 266 StGB begründen kann,[1186] während es sich bei Anfechtungsansprüchen um einen unmittelbar aus dem gesetzlichen Tatbestand erwachsenden schuldrechtlichen Anspruch auf Rückgewähr handelt,[1187] der grundsätzlich vom Insolvenzverwalter geltend

---

1185 *Saliger*, in: S/S/W-StGB, § 266 Rn. 68 m. w. N. aus der Rechtsprechung des RG sowie des BGH.

1186 Nach h. M. liegt in dem Ausbleiben eines Vermögenszuwachses der Verlust einer vermögenswerten Anwartschaft bzw. Exspektanz, dessen Verlust bereits einen konkreten Vermögensnachteil i. S. d. § 266 StGB bedeuten kann, vgl. BGH, Urt. v. 28.01.1983 – 1 StR 820/81, BGHSt 31, 232 (234 f.); BGH, Beschl. v. 20.01.1984 – 3 StR 520/83, wistra 1984, 109 (110); *Schünemann*, in: LK-StGB, § 266 Rn. 167; *Fischer*-StGB, § 266 Rn. 116; *Hoyer*, in: SK-StGB, § 266 Rn. 99; *Dierlamm*, in: MüKo-StGB, § 266 Rn. 210. Umstritten ist dabei allerdings, welche Anforderungen an die Anwartschaft bzw. die Exspektanz zu stellen sind, um bei deren Verlust von einem Nachteil i. S. d. § 266 StGB sprechen zu können. Nicht jede irgendwie geartete Chance einer Vermögensmehrung bedeutet automatisch eine vermögenswerte Anwartschaft bzw. Exspektanz. Erforderlich für eine Einstufung als strafrechtlichen Vermögensschaden ist vielmehr eine gewisse Sicherung oder eine gewisse Wahrscheinlichkeit, vgl. *Hoyer*, in: SK-StGB, § 266 Rn. 99; ähnlich *Hellmann*, ZIS 2007, 433 (442 f.); *Ensenbach*, Der Prognoseschaden bei der Untreue, S. 33 f.; vgl. BGH, Beschl. v. 18.02.2009 – 1 StR 731/08, BGHSt 53, 199 (201 f.) Rn. 10 ff.; enger dagegen *Dierlamm*, in: MüKo-StGB, § 266 Rn. 210; weiter hingegen *Perron*, in: Schönke/Schröder-StGB, § 266 Rn. 46 jeweils m. w. N.

1187 Wenngleich die Rechtsnatur des anfechtungsrechtlichen Rückgewähranspruchs seit jeher umstritten ist; zum Streitstand s. *Zeuner*, Die Anfechtung in der Insolvenz, Rn. 5; *Glatt*, in: Mohrbutter/Ringstmeier, Handbuch Insolvenzverwaltung, Teil 1 Rn. 2; *Dauernheim*, in: Frankfurter Kommentar-InsO, § 129 Rn. 3 ff.; ausf. zu den einzelnen Theorien *Henckel*, in: Jaeger-InsO, § 143 Rn. 2 ff.; *Zenger*, Die Insolvenzanfechtung aus zivilrechtlicher Perspektive, S. 14 ff.; *Busch*, Der Insolvenzverwalter und die Überwindung der Masseunzulänglichkeit, S. 187 ff.; vertreten werden Dinglichkeitstheorien, die eine rechtsgestaltende Wirkung der Anfechtung annehmen, haftungsrechtliche Theorien, die die Unwirksamkeit von Rechtshandlungen nur auf der haftungsrechtlichen Ebene sehen und schuldrechtliche Theorien, nach denen die Anfechtung einen schuldrechtlichen Rückgewähranspruch begründet; In den §§ 129 ff. InsO finden sich Anhaltspunkte für die schuldrechtliche Theorie. Insbes. hat sich der Gesetzgeber in § 143 Abs. 1 InsO ausdrücklich einem schuldrechtlichen Rückgewähranspruch zugewandt und konsequenterweise die nicht als

zu machen ist,[1188] also um ein subjektives Recht. Als solches gehört der Rückgewähranspruch aus Insolvenzanfechtung wie Forderungen im Allgemeinen[1189] zum strafrechtlich durch § 266 StGB geschützten Vermögen. Der Untergang oder Verlust einer Forderung kann daher grundsätzlich einen Schaden im Sinne des § 266 StGB darstellen.[1190]

Unsicherheiten bestehen insoweit zum einen hinsichtlich des Vorliegens der Tatbestandsvoraussetzungen der §§ 129 ff. InsO und zum anderen hinsichtlich eines etwaigen Untergangs des Anspruchs, der Durchsetzbarkeit sowie der Werthaltigkeit des Anspruchs, insbesondere der Solvenz des Anfechtungsgegners. Es ist daher stets auch zu beurteilen, ob ein nicht geltend gemachter Anfechtungsanspruch zum Zeitpunkt der Entscheidung des Verwalters, auf die Anfechtung zu verzichten, aussichtsreich war.[1191]

1. Verjährungsfristen

Gem. § 146 Abs. 1 InsO richtet sich die Verjährung des Rückgewähranspruchs nach der regelmäßigen Verjährungsfrist des BGB, so dass die §§ 194 ff. BGB maßgeblich sind.[1192] Die regelmäßige Verjährungsfrist beträgt nach § 195 BGB drei Jahre und beginnt gem. § 199 BGB mit dem Schluss des Jahres, in dem der Anspruch entstanden ist und der Gläubiger von den den Anspruch begründenden Umständen und der Person des Schuldners Kenntnis erlangt oder ohne

---

Ausschlussfrist ausgestaltete Anfechtungsfrist in der Konkursordnung (§ 41 KO) in eine Verjährungsfrist umgewandelt (§ 146 Abs. 1 InsO), ausf. dazu *Borries/Hirte*, in: Uhlenbruck-InsO, § 129 Rn. 4 ff. m. w. N.

1188 Vgl. *Weyand/Diversy*, in: Haarmeyer/Huber/Schmittmann, Teil VIII Rn. 109.

1189 *Hoyer*, in: SK-StGB, § 263 Rn. 124; *Weyand/Diversy*, in: Haarmeyer/Huber/Schmittmann, Teil VIII Rn. 109 nehmen dagegen an, bei dem Anfechtungsanspruch handle es sich um eine Exspektanz, und verweisen daher für die Bestimmung des Schadens auf die Rechtsprechung des BGH zu Exspektanzen.

1190 *Kindhäuser*, in: NK-StGB, § 266 Rn. 101; Hoyer, in: SK-StGB, § 266 Rn. 100; *Helmrich/Eidam*, ZIP 2011, 257 (262); vgl. *Zebisch/Kubik*, NStZ 2017, 322 (324).

1191 *Weyand/Diversy*, in: Haarmeyer/Huber/Schmittmann, Teil VIII Rn. 113; vgl. *Zebisch/Kubik*, NStZ 2017, 322 (322); die Werthaltigkeit ist allerdings regelmäßig bereits bei der Bestimmung der Pflichtwidrigkeit festzustellen. Schließlich ist der Verwalter nur zur Geltendmachung werthaltiger Forderungen verpflichtet, so dass bei nicht werthaltigen Ansprüchen bereits keine Pflichtwidrigkeit gegeben ist.

1192 BGH, VU. v. 30.04.2015 – IX ZR 1/13, NZI 2015, 734 (734 f.) Rn. 6 ff.; BGH, Beschl. v. 15.12.2016 – IX ZR 224/15, NZI 2017, 102 (102 f.) Rn. 8.

grobe Fahrlässigkeit erlangen müsste.[1193] Die Regelungen in §§ 203 ff. BGB über die Hemmung der Verjährung sowie die Regelung in § 212 BGB über den Neubeginn der Verjährung sind unmittelbar anzuwenden. Bei Ablauf der Verjährungsfrist kann der mit Eröffnung des Insolvenzverfahrens entstandene Rückgewähranspruch nicht mehr erfolgreich geltend gemacht werden. Erforderlich ist, da es sich bei der Verjährungseinrede um ein Gestaltungsrecht handelt, dass der Anfechtungsgegner die rechtshemmende Einrede der Verjährung erhebt (§ 214 BGB).[1194] Bei Erhebung der Einrede wäre eine Klage des Insolvenzverwalters abzuweisen.[1195]

2. *Vermögensnachteil*

Nach Ablauf der Verjährungsfrist kann der Anfechtungsanspruch daher nicht mehr durchgesetzt werden, wenn der Anfechtungsgegner die Verjährungseinrede erhebt. Ein endgültiger Schaden tritt erst mit Erhebung der Einrede mit der Folge ein, dass keine durchsetzbare Forderung mehr besteht (§ 214 BGB). Das schadensbegründende Unterlassen kann dabei zum einen in einem bloß tatsächlichen Unterlassen der Geltendmachung liegen, genauso aber auch in einem Unterlassen zur Erfüllung eines aufgrund evidenter Insolvenzzweckwidrigkeit nichtigen Rechtsgeschäfts über einen Anfechtungsanspruch.[1196] Der Eintritt der Verjährung kann zudem auf dem Umstand beruhen, dass der Insolvenzverwalter fehlerhafte Anfechtungslisten an seinen Amtsnachfolger übergeben hat und dadurch diesem die Geltendmachung der Ansprüche vor Eintritt der Verjährung nicht möglich war.

Bei einem Vergleich des gesamten Vermögens vor und nach dem pflichtwidrigen Unterlassen des Verwalters unter wirtschaftlichen Gesichtspunkten ergibt sich nach Erhebung der Einrede eine Insolvenzmasse, die um den Wert der Forderung herabgemindert ist. Handelt es sich um einen solventen Anfechtungsgegner, liegen die Tatbestandsmerkmale einer Anfechtungsnorm vor und war die Forderung vor Erhebung der Verjährungseinrede einredefrei, ist die Masse

---

1193 Zur Verjährung des Anfechtungsanspruchs wegen grob fahrlässiger Unkenntnis des Insolvenzverwalters s. BGH, Beschl. v. 15.12.2016 – IX ZR 224/15, NZI 2017, 102 (102 ff.); s. dazu *Hölken*, jurisPR-InsR 3/2017 Anm. 2.

1194 *Mansel*, in: Jauernig-BGB, § 194 Rn. 4.

1195 *Zeuner*, in: Rattunde/Smid/Zeuner-InsO, § 146 Rn. 7.

1196 Vgl. zum Vermögensschaden aufgrund der Erfüllung eines nichtigen Rechtsgeschäfts BGH, Urt. v. 10.10.2012 – 2 StR 591/11, NJW 2013, 401 (403) Rn. 30 f., zustimmend *Wessing*, NZG 2013, 494 (495).

insoweit um den Nennwert der Forderung gemindert und der Schaden kann genau beziffert werden.[1197] Eine schadensausschließende Kompensation, nach der ein Schaden nicht vorliegt, wenn durch die Tathandlung zugleich ein dem Vermögensverlust aufwiegender Vermögenszuwachs eintritt[1198], liegt aufgrund der Verfolgung von sachwidrigen Eigen- oder Fremdinteressen, die der Insolvenzmasse nicht zugutekommen, regelmäßig nicht vor. Anderenfalls handelte es sich schon nicht um eine pflichtwidrig unterlassene Geltendmachung der Insolvenzanfechtungsansprüche. Schließlich kann der Insolvenzverwalter pflichtgemäß auf die Anfechtung verzichten, wenn dafür eine angemessene Gegenleistung zur Masse fließt. Hat der Verwalter aufgrund einer Interessenkollision auf die (gerichtliche) Geltendmachung eindeutig bestehender Anfechtungsansprüche verzichtet und den Anspruch verjähren lassen, ist die Schadensfeststellung daher nicht weiter problematisch, wenn an der Zahlungsfähigkeit des Anfechtungsgegners keine begründeten Zweifel bestehen und der Anfechtungsgegner die Verjährungseinrede erhoben hat.[1199] Vor dem Hintergrund, dass Interessenkollisionen bei der Verwalterbestellung, in deren Folge der Verwalter auf die Geltendmachung von Anfechtungsansprüchen zugunsten derjenigen Gläubiger, die auf seine Bestellung etwa im vorläufigen Gläubigerausschuss hingewirkt haben, verzichtet, in erster Linie gegenüber Großgläubigern, insbesondere Banken, eintreten, bestehen an der Solvenz des Anfechtungsgegners selten begründete Zweifel. Kleingläubiger, deren Zahlungsfähigkeit zweifelhaft ist, versuchen regelmäßig schon nicht, sich in rechtsmissbräuchlicher Weise am Verfahren zu beteiligen, oder jedenfalls ist ihnen dies auch tatsächlich nicht möglich, weil sie nicht in dem zur rechtsmissbräuchlichen Beeinflussung des Verwalters erforderlichen Maße Einfluss auf die Bestellung des Verwalters ausüben können.

Der Insolvenzverwalter kann auf der Ebene der Bestimmung des Nachteils als gegenläufige Indizien regelmäßig auch nicht darlegen und begründen, dass der Anfechtungsanspruch wertlos oder nicht durchsetzbar war, weil dieser Nachweis dem Insolvenzverwalter bei den in Frage kommenden (Missbrauchs-) Konstellationen naturgemäß auf der Ebene der Bestimmung des Vermögensnachteils

---

1197 Vgl. *Hoyer*, in: SK-StGB, § 266 Rn. 100; *Kindhäuser*, in: NK-StGB, § 266 Rn. 101.

1198 BGH, Beschl. v. 19.09.2018 – 1 StR 194/18, NJW 2019, 378 (380) Rn. 22; BGH, Beschl. v. 13.09.2010 – 1 StR 220/09, BGHSt 55, 288 (304) Rn. 41 m. w. N.; *Fischer*-StGB, § 266 Rn. 115a; *Hoyer*, in: SK-StGB, § 266 Rn. 108; *Heger*, in: Lackner/Kühl-StGB, § 266 Rn. 17.

1199 *Keramati/Klein*, NZI 2017, 421 (424); *Hoyer*, in: SK-StGB, § 266 Rn. 100; *Kindhäuser*, in: NK-StGB, § 266 Rn. 101; *Bittmann*, in: Praxishandbuch Insolvenzstrafrecht, § 16 Rn. 38.

nicht gelingen kann. Schließlich liegt schon keine Pflichtwidrigkeit vor, wenn der Verwalter einen wertlosen oder nicht durchsetzbaren Anspruch nicht geltend macht, so dass es auf einen Schaden dann nicht mehr ankommt.

Im Ergebnis liegt daher ein konkreter Vermögensnachteil im Sinne des § 266 StGB vor, wenn der Insolvenzverwalter einen werthaltigen Anfechtungsanspruch nicht geltend macht und sich der Anfechtungsgegner mit Erfolg auf die Einrede der Verjährung berufen hat. In der Regel verbleiben bei der Beurteilung der Begründetheit, Durchsetzbarkeit und Werthaltigkeit eines Anfechtungsanspruchs zum Zeitpunkt vor Erhebung der Einrede Unwägbarkeiten und gewisse Prognosespielräume. Diese sind bei der Feststellung und Bezifferung des Vermögensnachteils durch vorsichtige Schätzungen und unter Berücksichtigung des Zweifelssatzes durch den Tatrichter auszufüllen.[1200] Mit Erhebung der Verjährungseinrede gegen einen werthaltigen Anfechtungsanspruchs ist bei einem pflichtwidrigen Unterlassen der Geltendmachung des Anspruchs durch den Verwalter der objektive Tatbestand der Untreue daher erfüllt; bei der Übergabe fehlerhafter Anfechtungslisten ebenfalls, wenn der Anfechtungsgegner gegenüber dem Amtsnachfolger erfolgreich die Einrede der Verjährung erheben kann, und die Verjährung allein dadurch eingetreten ist, dass der Amtsvorgänger fehlerhafte Anfechtungslisten übergeben hat.

III. Gefährdungsschaden

Erheblich schwieriger zu bestimmen ist dagegen das Vorliegen eines Vermögensnachteils, wenn die Verjährungsfrist noch nicht abgelaufen oder jedenfalls die Verjährungseinrede vom Anfechtungsgegner noch nicht erhoben worden ist, so dass der Anfechtungsanspruch noch entweder von dem Verwalter selbst oder von einem Nachfolge- beziehungsweise Sonderinsolvenzverwalter geltend gemacht werden könnte. Denkbar ist insbesondere der Fall, dass der Verwalter auf die Anfechtung verzichtet, aufgrund dieses pflichtwidrigen Verhaltens aus dem Amt entlassen wird, und dann von einem Nachfolgeverwalter die Ansprüche noch ermittelt und geltend gemacht werden können, so dass der Schaden in Form der Undurchsetzbarkeit der Forderung letztendlich ausbleibt, oder wenn ein Sonderinsolvenzverwalter bestellt wird, und die Ansprüche ebenfalls letztendlich noch realisiert werden können. In dieser Konstellation kommt der Frage nach einem Gefährdungsschaden entscheidendes Gewicht zu. Das

1200 Vgl. *Fischer*, StraFo 2012, 429 (432); *Noll*, in: Fischer/Hoven et al., Dogmatik und Praxis des strafrechtlichen Vermögensschadens, 313 (316).

schadensbegründende Unterlassen kann auch hier zum einen in einem bloß tatsächlichen Unterlassen der Geltendmachung liegen, genauso aber auch in einem Unterlassen zur Erfüllung eines aufgrund evidenter Insolvenzzweckwidrigkeit nichtigen Rechtsgeschäfts über einen Anfechtungsanspruch sowie in der Übergabe fehlerhafter Anfechtungslisten an einen Amtsnachfolger.

Zu berücksichtigen ist an dieser Stelle zunächst erneut die besondere Interessenlage. Anfechtungsberechtigter ist gem. § 129 Abs. 1 InsO grundsätzlich allein der Insolvenzverwalter.[1201] Allerdings werden die Eigentumsrechte an den zur Insolvenzmasse (§ 35 InsO) gehörenden Gegenständen vom Verlust der Verwaltungs- und Verfügungsbefugnis gem. § 80 InsO nicht berührt, so dass grundsätzlich der Schuldner Eigentümer der insolvenzbefangenen Sachen und Inhaber der in die Masse fallenden Rechte und Forderungen bleibt.[1202] Der Schuldner verliert lediglich die Prozessführungsbefugnis hinsichtlich des insolvenzbefangenen Vermögens. Diese geht mit Verfahrenseröffnung insoweit auf den Insolvenzverwalter über.[1203] Daher ist Gläubiger des Rückgewähranspruchs als Rechtsinhaber der Massegegenstände auch allein der Insolvenzschuldner, obwohl das Recht zur Anfechtung in der Person des Insolvenzverwalters als Aktivum des Sondervermögens Insolvenzmasse entsteht und nur vom Insolvenzverwalter ausgeübt werden kann.[1204] Das Anfechtungsrecht ist daher mit dem Amt des Verwalters verbunden, allerdings nicht mit einer bestimmten Person. Scheidet eine Person aus dem Verwalteramt aus, kann der Nachfolgeverwalter gleichermaßen die Ansprüche durchsetzen wie der Amtsvorgänger. Wird daher ein Verwalter aus dem Amt entlassen, ist der Nachfolgeverwalter gleichermaßen wie der Amtsvorgänger verpflichtet, alle werthaltigen Anfechtungsansprüche geltend zu machen. Kommt der Nachfolgeverwalter dieser Pflicht nach, tritt ein Schaden in Form des wirtschaftlichen Verlusts der Forderung aufgrund deren Verjährung letztendlich nicht ein. Das Gleiche gilt bei der Bestellung eines Sonderinsolvenzverwalters. Der Anfechtungsanspruch ist also trotz des pflichtwidrigen Unterlassens der Geltendmachung weiterhin Teil der Aktiva

---

1201 *Gehrlein*, in: Ahrens/Gehrlein/Ringstmeier-InsO, § 129 Rn. 14; *Wienberg*, in: Reul/Heckschen/Wienberg, § 9 Rn. 3.

1202 *Mock*, in: Uhlenbruck-InsO, § 80 Rn. 11.

1203 *Mock*, in: Uhlenbruck-InsO, § 80 Rn. 18.

1204 *Henckel*, in: Jaeger-InsO, § 143 Rn. 97; *Borries/Hirte*, in: Uhlenbruck-InsO, § 143 Rn. 8 f.; *Jacoby*, in: Kübler/Prütting/Bork-InsO, § 143 Rn. 2; *Bork*, ZIP 2006, 589 (590); a. A. zur KO hingegen BGH, Urt. v. 22.12.1982 – VIII ZR 214/81, BGHZ 86, 190 (196); BGH, Urt. v. 10.02.1982 – VIII ZR 158/80, BGHZ 83, 102 (105), der den Konkursverwalter als Anspruchsinhaber ansah.

der Insolvenzmasse und kann weiterhin geltend gemacht werden, insbesondere bei der Bestellung eines Nachfolge- oder Sonderinsolvenzverwalters oder auch, weil der Verwalter die Aufdeckung seiner Interessenkollision befürchtet und zur Vermeidung einer zivilrechtlichen Inanspruchnahme nach § 60 InsO sowie ggf. erkannter Strafbarkeitsrisiken den Anspruch doch noch erfolgreich durchsetzt. Da der Insolvenzverwalter seinen Plan, auf die Geltendmachung eines werthaltigen Anfechtungsanspruchs zu verzichten, im Normalfall indes nicht ändern dürfte, und die Aufsicht des Insolvenzverwalters beschränkt, dagegen aber sein Verwaltungs- und Verfügungsbefugnis uneingeschränkt ist, dürfte es sich bei der nachträglichen Geltendmachung durch den Verwalter selbst oder einen Nachfolge- oder Sonderinsolvenzverwalter eher um Ausnahmesituationen handeln. Vielmehr lässt es die eingeschränkte Aufsicht des Verwalters als sehr unwahrscheinlich erscheinen, dass Verfahrensbeteiligte oder das Insolvenzgericht überhaupt Kenntnis von dem pflichtwidrigen Unterlassen erlangen, und ein aufgrund des pflichtwidrigen Verwalterhandelns beziehungsweise bereits aufgrund dessen Interessenkollision bestellter Nachfolge- oder Sonderinsolvenzverwalter die Ansprüche doch noch durchsetzen kann. Bis zu einer etwaigen Entlassung aus dem Amt und der Bestellung eines Nachfolge- beziehungsweise Sonderverwalters entsteht zudem stets ein Schwebezustand, in dem die Geltendmachung des Anspruchs höchst unwahrscheinlich ist. Dabei ist zu berücksichtigen, dass dieser Schwebezustand i. d. R. länger andauert, so dass die Ermittlung und Geltendmachung des Anspruchs durch den Zeitablauf erschwert oder unmöglich gemacht werden kann. Es kommt daher bereits vor Ablauf der Verjährungsfrist beziehungsweise der Erhebung der Verjährungseinrede durch den Anfechtungsgegner ein Schaden als sogenannter Gefährdungsschaden in Betracht.[1205] Dabei geht es nicht um eine künftig mit einem gewissen Grad an Wahrscheinlichkeit eintretende Minderung des Vermögens, sondern um die Gefährdung des Vermögens als Nachteil selbst.[1206] Letztendlich handelt es sich mithin um die Bezeichnung für die Berechnungsart einer eingetretenen

1205 In älterer Literatur und Rechtsprechung als Rechtsfigur der schadensgleichen Vermögensgefährdung bezeichnet, allerdings werden die Begriffe mittlerweile synonym verwendet, vgl. BVerfG, Beschl. v. 23.06.2010 – 2 BvR 2559/08 u.a., BVerfGE 126, 170 (222); *Hinrichs*, wistra 2013, 161 (161); *Fischer*, StraFo 2008, 269 (271); die Begriffsbezeichnung schadensgleich ist im Hinblick auf Art. 103 Abs. 2 GG bedenklich, da die Gefährdung bereits schadensbegründend wirken muss; vgl. *Saliger*, in: S/S/W-StGB, § 263 Rn. 248.

1206 *Bittmann*, in: Bittmann, Praxishandbuch Insolvenzstrafrecht, § 16 Rn. 44 m. w. N.

Vermögensminderung.[1207] Problematisch ist dabei vor allem, dass die Ansprüche zum einen durch ihre unterbliebene Geltendmachung nicht in ihrem Bestand berührt werden und zum anderen auch nicht ohne weiteres ihr Wert in bezifferbarer Weise vermindert worden ist. Es ist mithin problematisch, inwieweit eine Forderung durch ihre bloße Nichtgeltendmachung überhaupt abgewertet und daher bereits zu einem Zeitpunkt vor Ablauf der Verjährungsfrist beziehungsweise der Erhebung der Einrede von einem Vermögensnachteil gesprochen werden kann. Bei der Bestimmung eines etwaigen Gefährdungsschadens ist zunächst zu berücksichtigen, dass die Bejahung eines Gefährdungsschadens (im Falle der unterlassenen Geltendmachung von Anfechtungsansprüchen) die Trennung zwischen Versuch und Vollendung der Untreue beziehungsweise zwischen Gefährdung und Schädigung nicht berühren darf, gerade auch, weil der Tatbestand der Untreue keine Versuchsstrafbarkeit enthält. Anderenfalls drohte eine Überdehnung des Tatbestandes.[1208] Die zu weite Einbeziehung von Gefährdungslagen als Vermögensnachteil kann zu einer Vorverlagerung der Strafbarkeit in den Versuchsbereich führen, die der Gesetzgeber gerade nicht vorgesehen hat.[1209] Soweit daher der Eintritt eines Schadens zwar möglich, aber ungewiss bleibt, ist nach dem Grundsatz in dubio pro reo freizusprechen.[1210]

1. Unterbliebene Geltendmachung einer Forderung als Gefährdungsschaden

Die Anerkennung eines Schadens im Sinne der §§ 253; 263; 266 StGB bei der bloßen Gefährdung des Vermögens sowie dessen Voraussetzungen sind seit jeher äußerst streitig.[1211] Die Voraussetzungen und die Bewertung einer Gefährdungslage als schadensgleich beziehungsweise als konkreter Schaden sind weiterhin weitgehend ungeklärt und damit auch, wann eine Gefahrensituation eine solche Intensität erreicht, dass sie einer real eingetretenen endgültigen Vermögenseinbuße in Form eines Substanzverlustes gleichgestellt werden kann.[1212] Es werden in Rechtsprechung und Literatur verschiedene Theorien zur Bestimmung des Gefährdungsschadens vertreten. Der Gefährdungsschaden kann dabei in

1207 *Fischer*, StraFo 2008, 269 (271).

1208 BVerfG, Beschl. v. 10.03.2009 – 2 BvR 1980/07, NJW 2009, 2370 (2372) Rn. 34; *Zebisch/Kubik*, NStZ 2017, 322 (322).

1209 BVerfG, Beschl. v. 10.03.2009 – 2 BvR 1980/07, NJW 2009, 2370 (2372) Rn. 34.

1210 BVerfG, Beschl. v. 23.06.2010 – 2 BvR 2559/08 u.a., BVerfGE 126, 170 (206).

1211 Vgl. bereits RG Vereinigte Strafsenate, Urt. v. 20.04.1987 – 2237/86, RGSt 16, 1 (11).

1212 Vgl. *Dierlamm*, in: MüKo-StGB, § 266 Rn. 211; *Blassl*, wistra 2016, 425 (428).

dem möglichen künftigen Forderungsausfall entweder aufgrund einer etwaigen Insolvenz des Schuldners im konkreten Einzelfall oder aufgrund des Eingreifens einer Einrede, insbesondere der Einrede der Verjährung, aber auch in aufgrund des Zeitablaufes sich steigernden Beweisproblemen bei der Geltendmachung des Anspruchs liegen.[1213]

a) *Rechtsprechung*

Nach der höchstrichterlichen Rechtsprechung kann ein Nachteil im Sinne von 266 Abs. 1 StGB als sogenannter Gefährdungsschaden auch darin liegen, dass das Vermögen des Opfers aufgrund der bereits durch die Tathandlung begründeten Gefahr des späteren endgültigen Vermögensabflusses in einem so hohen Maße konkret beeinträchtigt wird, das bereits zu diesem Zeitpunkt eine faktische Vermögensminderung begründet wird, selbst wenn sich der Nachteil letztlich nicht endgültig realisiert.[1214] Erforderlich sei für die Anerkennung eines Vermögensschadens im Allgemeinen, dass das Vermögen des Opfers durch die Tathandlung bereits konkret gefährdet werde. Eine bloß abstrakte Gefährdungslage reiche grundsätzlich nicht aus. Daher sei maßgeblich für die Annahme eines Gefährdungsschadens, ob unter Berücksichtigung der besonderen Umstände des Einzelfalles die Betroffenen bereits mit wirtschaftlichen Nachteilen ernstlich zu rechnen hätten und damit der Eintritt eines Schadens so naheliegend sei, dass der Vermögenswert allein aufgrund der Verlustgefahr bereits gemindert sei.[1215] Der Vermögensnachteil sei insoweit eigenständig zu ermitteln und anhand üblicher Maßstäbe des Wirtschaftslebens zu konkretisieren.[1216] Teilweise wurde auch darauf abgestellt, inwieweit der Eintritt eines Schadens nur noch von dem Einfluss des Täters abhängt und einer Kontrolle des Berechtigten entzogen worden

---

1213 *Zebisch/Kubik*, NStZ 2017, 322 (323); *Keramati/Klein*, NZI 2017, 421 (424).

1214 BGH, Urt. v. 03.02.2005 – 5 StR 84/04, NStZ-RR 2005, 343 (343); BGH, Beschl. v. 26.11.2015 – 3 StR 17/15, NJW 2016, 2585 (2592) Rn. 62; BGH, Beschl. v. 26.06.2019 – 1 StR 551/18, GmbHR 2019, 1343 (1344 f.) Rn. 18; ausf. zur älteren Rechtsprechung s. *Cramer*, Vermögensbegriff und Vermögensschaden im Strafrecht, S. 119 ff.

1215 BGH, Urt. v. 20.07.1966 – 2 StR 188/66, BGHSt 21, 112 (113); BGH, Urt. v. 09.07.1987 – 4 StR 216/87, BGHSt 34, 394 (395); BGH, Urt. v. 17.02.1999 – 5 StR 494-98, BGHSt 44, 376 (384); BGH, Urt. v. 18.10.2006 – 2 StR 499/05, BGHSt 51, 100 (113 f.) Rn. 43; BGH, Beschl. v. 26.11.2015 – 3 StR 17/15, NJW 2016, 2585 (2592) Rn. 62; BGH, Beschl. v. 26.06.2019 – 1 StR 551/18, GmbHR 2019, 1343 (1344 f.) Rn. 18; vgl. dazu *Gähler*, Der Gefährdungsschaden im Untreuetatbestand, S. 55 ff.

1216 BGH, Beschl. v. 18.02.2009 – 1 StR 731/08, BGHSt 53, 199 (202 f.) Rn. 13; BGH, Beschl. v. 26.11.2015 – 3 StR 17/15, NJW 2016, 2585 (2592) Rn. 62.

ist.[1217] Dennoch ist die Rechtsfigur der konkreten Vermögensgefährdung im Einzelnen von den Strafsenaten des BGH nicht immer einheitlich konkretisiert worden.[1218] Die Entwicklung der Vermögensgefährdung in der höchstrichterlichen Rechtsprechung erfolgte letzten Endes vornehmlich in Fallgruppen.[1219]

aa) Überschießende Innentendenz

In jüngeren Entscheidungen hat der 2. Strafsenat des BGH zusätzlich eine Art überschießende Innentendenz angenommen und darauf abgestellt, der Tatbestand der Untreue sei bei Gefährdungsschäden im subjektiven Bereich dahingehend zu begrenzen, dass der bedingte Vorsatz eines Gefährdungsschadens nicht nur die Kenntnis des Täters von der konkreten Möglichkeit eines Schadenseintritts und das Inkaufnehmen dieser konkreten Gefahr voraussetze, sondern darüber hinaus eine Billigung der Realisierung dieser Gefahr, sei es auch nur in der Form, dass der Täter sich mit dem Eintritt des ihm unerwünschten Erfolgs abfinde.[1220]

Im Unterschied zur allgemeinen Vorsatzdogmatik werden – da im objektiven Tatbestand auf das Merkmal des endgültigen Schadenseintritts in Form des Substanzverlustes verzichtet wird – mit der überschießenden Innentendenz unterschiedliche Anforderungen an objektiven und subjektiven Tatbestand

---

1217 BGH, Urt. v. 18.10.2006 – 2 StR 499/05, BGHSt 51, 100 (113 f.) Rn. 43.

1218 Vgl. *Hinrichs*, wistra 2013, 161 (161).

1219 *Fischer*, StraFo 2008, 269 (271); ausf. m. w. N. *Dierlamm*, in: MüKo-StGB, § 266 Rn. 214 ff.; *Ensenbach*, Der Prognoseschaden bei der Untreue, S. 188 ff.

1220 BGH, Urt. v. 18.10.2006 – 2 StR 499/05, BGHSt 51, 100 (121 f.) Rn. 63; BGH, Beschl. v. 25.05.2007 – 2 StR 469/06, NStZ 2007, 704 (705) Rn. 11; dazu *Fischer*, StraFo 2008, 169 (275 ff.); dem ist der 1. Strafsenat in einem obiter dictum deutlich entgegengetreten und von der Konstruktion der konkreten Vermögensgefährdung generell abgerückt, BGH, Beschl. v. 20.03.2008 – 1 StR 488/07, NJW 2008, 2451 (2451 f.) Rn. 15 ff.; bestätigt in BGH, Beschl. v. 18.02.2009 – 1 StR 731/08, BGHSt 53, 199 (202) Rn. 12 f.; BGH, Urt. v. 06.09.2016 – 1 StR 104/15, wistra 2017, 193 (195 f.); schließlich ebenso der 3. Strafsenat des BGH, Urt. 13.08.2009 – 3 StR 576/08, wistra 2010, 21 (23) Rn. 25; BGH, Urt. v. 14.08.2009 – 3 StR 552/08, BGHSt 54, 69 (123) Rn. 158; BGH, Beschl. v. 20.10.2009 – 3 StR 410/09, NStZ 2010, 329 (330); die überschießende Innentendenz ablehnend auch *Nack*, StraFo 2008, 277 (278); zustimmend dagegen der 5. Strafsenat, BGH, Beschl. v. 02.04.2008 – 5 StR 354/07, BGHSt 52, 182 (189 f.) Rn. 31; BGH, Urt. v. 28.05.2013 – 5 StR 551/11, NStZ 2013, 715 (716 f.); ausf. dazu *Ensenbach*, Der Prognoseschaden bei der Untreue, S. 190 ff.; *Gähler*, Der Gefährdungsschaden im Untreuetatbestand, S. 71 ff.

gestellt; die an sich im Wortlaut des § 266 StGB angelegte Kongruenz von objektivem und subjektivem Tatbestand also aufgegeben.

bb) Bundesverfassungsgerichtliche Billigung

Das BVerfG hat die grundsätzliche Verfassungsmäßigkeit der Schadenskategorie des Gefährdungsschadens in zwei grundlegenden Beschlüssen aus den Jahren 2009 und 2010 bestätigt.[1221] Die vom. 2. und vom 5. Strafsenat des BGH für erforderlich gehaltene überschießende Innentendenz hält das BVerfG nicht für erforderlich. Vielmehr ist nach dem BVerfG die Bestimmung anhand der objektiven Voraussetzungen durchzuführen. Die subjektive Restriktion ist überhaupt nicht erwähnt worden.[1222] Das BVerfG hat aber das sogenannte Bezifferungsgebot aufgestellt. Danach haben die Strafgerichte von einfach gelagerten und eindeutigen Fällen – etwa bei einem ohne Weiteres greifbaren Mindestschaden – abgesehen (Evidenzfälle), den von ihnen angenommenen Nachteil der Höhe nach zu beziffern und dessen Ermittlung in wirtschaftlich nachvollziehbarer Weise in den Urteilsgründen darzulegen.[1223]

cc) Bezifferung anhand der handelsrechtlichen Bilanzierungsnormen

Zunächst hat das BVerfG in der ersten Untreueentscheidung eine marktwertorientierte Bezifferung des Nachteils bei Gefährdungsschäden vorgenommen. So sei bei der der Entscheidung zugrundeliegenden Auszahlung eines ungesicherten Darlehensbetrages der Marktwert einer ungesicherten (Darlehens-)Forderung deutlich niedriger als der einer gesicherten.[1224] In seiner zweiten Untreueentscheidung führte das BVerfG dann für die Begründung der Gleichsetzung von Schaden und Gefährdung weiter aus, dass sich in einem marktorientierten Wirtschaftssystem die Preise über den Mechanismus von Angebot und Nachfrage bilden und dass sich daher auch die Zukunftserwartungen der Marktteilnehmer auf den erzielbaren Preis und damit den Wert von Gegenständen auswirkten.[1225]

Diese Art der Bezifferung des Nachteils kann herangezogen werden, wenn für das Bezugsobjekt ein Marktwert ermittelt und der Schadensberechnung

---

1221 BVerfG, Beschl. v. 10.03.2009 – 2 BvR 1980/07, NJW 2009, 2370 (2372 f.) Rn. 29 ff.; BVerfG, Beschl. v. 23.06.2010 – 2 BvR 2559/08 u.a., BVerfGE 126, 170 (222 ff.).

1222 Vgl. *Hinrichs*, wistra 2013, 161 (167); *Gähler*, Der Gefährdungsschaden im Untreuetatbestand, S. 76 f.

1223 BVerfG, Beschl. v. 23.06.2010 – 2 BvR 2559/08 u.a., BVerfGE 126, 170 (211 f.).

1224 BVerfG, Beschl. v. 10.03.2009 – 2 BvR 1980/07, NJW 2009, 2370 (237 f.) Rn. 37.

1225 BVerfG, Beschl. v. 23.06.2010 – 2 BvR 2559/08 u.a., BVerfGE 126, 170 (223 f.).

zugrunde gelegt werden kann.[1226] In zahlreichen Konstellationen liegen der Untreue indes komplexere Sachverhalte zugrunde, bei denen für bestimmte Vermögensdispositionen ein Marktwert nicht ohne weiteres ermittelt werden kann. Dann muss die marktwertorientierte Betrachtungsweise konkretisiert werden.[1227] In der zweiten Entscheidung hat das BVerfG insoweit die auf *Hefendehl*[1228] zurückgehende Schadensbezifferung anhand von Bewertungsvorschriften des Bilanzrechts nach dem HGB ausdrücklich zur Konkretisierung des Marktwertes anerkannt.[1229] Maßgeblich sei insbesondere das Abschreibungsgebot in § 253 HGB. So sehe § 253 Abs. 4 HGB im Interesse einer realitätsgerechten Bewertung vor, bei Vermögensgegenständen des Umlaufvermögens (ausgehend von deren Anschaffungs- oder Herstellungskosten, vgl. § 253 Abs. 1 Satz 1 HGB) Abschreibungen vorzunehmen, um diese mit dem niedrigeren Wert anzusetzen, der sich aus einem Börsen- oder Marktpreis am Abschlussstichtag ergebe.[1230] Bei Forderungen aus der Vergabe von Risikodarlehen sei der niedrigere beizulegende Wert im Sinne des § 253 Abs. 4 HGB regelmäßig nicht auf einen Markt- oder Börsenpreis zurückführbar, sondern ergebe sich aus der Einbringlichkeit der Forderung am Bilanzstichtag, so dass insoweit unter Berücksichtigung der Bonität des Kreditnehmers und der Rendite des Kredits der Barwert der voraussichtlich erzielbaren künftigen Zins- und Tilgungszahlungen zu ermitteln sei.[1231]

Auch der BGH wendet mittlerweile die bilanzielle Betrachtungsweise nach dem HGB zur Bezifferung des Vermögensnachteils bei Vermögensgefährdungen an.[1232]

Unter Zugrundelegung dieser Maßstäbe kann auch bei der unterlassenen Anfechtung anhand der Einbringlichkeit des Anspruchs der Vermögensnachteil beziffert werden, indem der Nennwert im Verhältnis zur Bonität des

---

1226 *Ginou*, NZWiSt 2017, 138 (139).

1227 *Ginou*, NZWiSt 2017, 138 (139); *Raum*, in: Fischer/Hoven et al., Dogmatik und Praxis des strafrechtlichen Vermögensschadens, 43 (47).

1228 *Hefendehl*, Vermögensgefährdung und Exspektanzen, S. 166 ff.; ders., FS-Samson, 295 (301 ff.);

1229 BVerfG, Beschl. v. 23.06.2010 – 2 BvR 2559/08 u.a., BVerfGE 126, 170 (224 ff.).

1230 BVerfG, Beschl. v. 23.06.2010 – 2 BvR 2559/08 u.a., BVerfGE 126, 170 (224 f.).

1231 BVerfG, Beschl. v. 23.06.2010 – 2 BvR 2559/08 u.a., BVerfGE 126, 170 (227).

1232 BGH, Beschl. v. 19.09.2018 – 1 StR 194/18, NJW 2019, 378 (380) Rn. 24; vgl. in diese Richtung bereits BGH, Beschl. v. 18.02.2009 – 1 StR 731/08, BGHSt 53, 199 (202 f.) Rn. 13.

Anfechtungsgegners sowie der Beweisbarkeit der Anspruchsvoraussetzungen im Anfechtungsprozess reduziert wird.[1233]

dd) Schadensbestimmung bei der unterlassenen Anfechtung

Nach der höchstrichterlichen Rechtsprechung läge daher bei der unterlassenen Anfechtung ein Nachteil in Form eines Gefährdungsschadens vor, wenn aufgrund der besonderen Umstände des Einzelfalles die Verfahrensbeteiligten, die von der Anfechtung profitiert hätten, bereits aufgrund des bloßen Unterlassens vor dem (drohenden) Ablauf der Verjährungsfrist beziehungsweise der Erhebung der Verjährungseinrede mit wirtschaftlichen Nachteilen ernstlich zu rechnen hätten. Nach dem 2. und 5. Strafsenat des BGH müsste sich zudem der Vorsatz des Täters (dolus eventualis) nicht bloß auf die Gefährdung, sondern auch auf den endgültigen Schadenseintritt bezogen haben.[1234]

In einer jüngeren Entscheidung zur unterlassenen Geltendmachung einer Forderung hat der 3. Strafsenat des BGH in Anlehnung an eine Ansicht von *Bublitz/Gehrmann*[1235] entschieden, die Verletzung der Pflicht, einen Forderungsinhaber auf das Bestehen einer Forderung hinzuweisen, stelle keinen Schaden dar, weil der Wert der Forderung durch die unterlassene Aufklärung über den Anspruch nicht vermindert werde. Vielmehr würden der in dem Fall bestehende Schadensersatzanspruch sowie der bereicherungsrechtliche Anspruch durch die unterbliebene Geltendmachung der Ansprüche nicht berührt. Dass der Forderungsinhaber die Forderungen auch nach dem Zeitpunkt, in dem der Vermögensbetreuungspflichtige deren Bestehen hätte offenbaren müssen, aufgrund der fortbestehenden Unkenntnis bis zur letztendlichen Zahlung weiterhin nicht geltend gemacht habe, habe den Wert dieser Vermögensbestandteile

1233 Vgl. *Bublitz/Gehrmann*, wistra 2004, 126 (128).

1234 Der 2. Strafsenat des BGH bewertete den Gefährdungsschaden nunmehr als Scheinproblem und nimmt stattdessen bei Gefährdungen (pflichtwidrigen Risikogeschäften) an, die so genannte konkrete Vermögensgefährdung stelle in Wirklichkeit einen bereits unmittelbar mit der Tathandlung eingetretenen Vermögensnachteil dar, BGH, Beschl. v. 20.03.2008 – 1 StR 488/07, NJW 2008, 2451 (2452) Rn. 18 f. Im Ergebnis unterscheiden sich die unterschiedlichen Ansichten der Strafsenate regelmäßig aber wenig, was auch der 2. Strafsenat selbst annimmt, BGH, Beschl. v. 20.03.2008 – 1 StR 488/07, NJW 2008, 2451 (2452) Rn. 20.

1235 wistra 2004, 126 (126 ff.).

auch nicht in bezifferbarer Weise im Sinne einer schadensgleichen Gefährdung vermindert.[1236]

Wenn also keine Anhaltspunkte dafür bestehen, dass eine Forderung allein durch das bloße pflichtwidrige Unterlassen von deren Geltendmachung im Wert gemindert wird, liegt nach dem 3. Strafsenat kein Gefährdungsschaden vor. In dem der Entscheidung zugrundeliegenden Fall war es allerdings so, dass die Forderung im Nachhinein noch vollständig realisiert werden konnte und andere Anhaltspunkte für eine Gefährdung der Forderung nicht ersichtlich waren. Dass aber überhaupt keine nachteiligen Folgen mit einer unterlassenen Geltendmachung von Forderungen verbunden sind, dürfte – je länger die Zeit fortgeschritten, desto mehr – im Wirtschaftsverkehr selten sein. Wie bei entsprechenden Risiken zu entscheiden ist, kann der Entscheidung nicht entnommen werden. Vielmehr hat der BGH in dieser Entscheidung ausdrücklich offen gelassen, inwieweit ein Gefährdungsschaden anzunehmen ist, wenn der Bestand der Forderung gefährdet ist, insbesondere bei drohender Verjährung, drohender Zahlungsunfähigkeit des Schuldners oder zu erwartenden anderen der Durchsetzung der Forderung künftig entgegenstehenden Gründen, wenn also die künftige Durchsetzung der Forderung aufgrund des Unterlassens erschwert oder unmöglich gemacht wird.[1237] Dass dies nach der höchstrichterlichen Rechtsprechung durchaus der Fall sein kann, zeigt ein Vergleich mit anderen Entscheidungen.

Vergleichbar ist die Konstellation der unterlassenen Geltendmachung von Anfechtungsansprüchen insbesondere mit den vom BGH entschiedenen Fällen zur unordentlichen oder manipulativen Buchführung, aufgrund derer dem Berechtigten zustehende werthaltige und durchsetzbare Forderungen nicht mehr oder nur unter erschwerten Bedingungen geltend gemacht werden können. Nach dieser bereits gefestigten Rechtsprechung können in einer lückenhaften oder falschen Buchführung oder Abrechnung, die es wahrscheinlich macht, dass die Geltendmachung begründeter Ansprüche unterbleibt oder deren Durchsetzung erheblich erschwert wird, Nachteile gesehen werden, wenn das

---

1236 BGH, Urt. v. 12.12.2013 – 3 StR 146/13, NStZ 2015, 220 (221) Rn. 14; vom RG wurde dagegen ein Schaden unabhängig von einer erschwerten Durchsetzbarkeit oder einer drohenden Verjährung angenommen, vgl. RG, Urt. v. 14.05.1936 – 2 D 695/35, RGSt 70, 225 (228); RG, Urt. v. 07.06.1929 – I 52/29, RGSt 63, 186 (191); der BGH stellt aber schon seit längerem auf dieses Restriktion ab, vgl. BGH, Urt. v. 07.12.1965 – 5 StR 312/65, BGHSt 20, 304 (304); BGH, Beschl. v. 08.06.1988 – 2 StR 219/88, wistra 1988, 353 (353).

1237 BGH, Urt. v. 12.12.2013 – 3 StR 146/13, NStZ 2015, 220 (221) Rn. 14 a. E.

Bestehen solcher begründeter Ansprüche festgestellt ist, die Ansprüche also bei pflichtgemäßer Geltendmachung realisierbar gewesen wären.[1238]

Auch bei der unterlassenen Ermittlung und Geltendmachung von Anfechtungsansprüchen kann das pflichtwidrige Verhalten des Verwalters dazu führen, dass die Ansprüche allenfalls noch bei der Bestellung eines Nachfolge- oder Sonderinsolvenzverwalters, oder wenn sich der Verwalter ausnahmsweise nachträglich entscheidet, die Ansprüche doch geltend zu machen, und regelmäßig nur noch unter erschwerten Bedingungen geltend gemacht werden können. Der Nachfolge- oder Sonderinsolvenzverwalter hat sich anders als der Amtsvorgänger nicht während der regelmäßig lange andauernden Abwicklung des Insolvenzverfahrens mit den oft umfangreichen Geschäftsunterlagen des Schuldners beziehungsweise des Schuldnerunternehmens vertraut machen können. Anders als der Amtsvorgänger hat der Nachfolge- oder Sonderinsolvenzverwalter daher erhebliche Schwierigkeiten, Anfechtungsansprüche überhaupt zu ermitteln. Zudem ist dann häufig bereits eine längere Zeitspanne vergangen, so dass Beweismittel und insbesondere auch Zeugen zu Anfechtungsansprüchen nicht mehr in dem gleichen Maße zur Verfügung stehen. Häufig sind ehemalige Arbeitnehmer nur noch schwer zu erreichen und können bei der regelmäßig nur lückenhaft vorzufindenden Buchführung des Schuldners – je weiter die Zeit fortgeschritten, desto weniger – Auskunft über mögliche anfechtbare Rechtshandlungen des Schuldners sowie das Vorliegen der Tatbestandsvoraussetzungen der §§ 129 ff. InsO geben.[1239]

Vor diesem Hintergrund kann bereits infolge der Entscheidung des Verwalters, Anfechtungsansprüche entweder überhaupt nicht zu ermitteln oder trotz Vorliegens der Anfechtungsvoraussetzungen und eines zahlungsfähigen Anfechtungsgegners auf die Geltendmachung der Ansprüche zu verzichten, dazu führen, dass die künftige Geltendmachung der Ansprüche (durch den Verwalter selbst beziehungsweise einen Nachfolge- oder Sonderinsolvenzverwalter) zumindest erheblich erschwert, häufig sogar unmöglich gemacht wird, so dass

1238 BGH, Urt. v. 07.12.1965 – 5 StR 312/65, BGHSt 20, 304 (304 f.); BGH, Urt. v. 13.05.1986 – 1 StR 215/86, wistra 1986, 217 (218); BGH, Beschl. v. 08.06.1988 – 2 StR 219/88, wistra 1988, 353 (353); BGH, Beschl. v. 16.02.1996 – 3 StR 185/94, NStZ 1996, 543 (543); BGH, Beschl. v. 26.04.2001 – 5 StR 587/00, BGHSt 47, 8 (11); BGH, Beschl. v. 12.05.2004 – 5 StR 46/04, NStZ 2004, 559 (559); BGH, Urt. v. 03.02.2005 – 5 StR 84/04, NStZ-RR 2005, 343 (344).

1239 Vgl. *Tiedemann*, in: LK-StGB, § 263 Rn. 229.

nach dieser Rechtsprechung des BGH bereits zu diesem Zeitpunkt ein Gefährdungsschaden vorliegen kann.

Aufgrund des Verschleifungsverbotes[1240] ist aber besonderes Augenmerk auf die konkrete Feststellung und Bezifferung des Gefährdungsschadens zu legen. Keineswegs darf aus dem Unterlassen als solchem bereits auf einen Vermögensschaden geschlossen werden. Ein Gefährdungsschaden kann etwa anzunehmen sein, wenn sich nach der Entscheidung des Verwalters, einen bestehenden werthaltigen Anfechtungsanspruch nicht geltend zu machen, die Bonität des Anfechtungsgegners wesentlich verschlechtert und der Anspruch aufgrund des Bonitätsrisikos abgewertet werden muss. Ein Gefährdungsschaden kann auch dadurch eintreten, dass sich das Durchsetzungsrisiko in tatsächlicher Hinsicht verschlechtert, weil etwa aufgrund der verstrichenen Zeit Beweismittel, insbesondere Zeugen, nicht mehr in gleichem Maße zur Verfügung stehen. Dies kann vor allem der Fall sein, wenn ein Nachfolge- oder Sonderinsolvenzverwalter die Ansprüche geltend machen muss und weit weniger mit den oft umfangreichen Geschäftsunterlagen des Schuldners beziehungsweise des Schuldnerunternehmens vertraut ist; auch hier können die tatsächlichen Durchsetzungsschwierigkeiten zu einer Abwertung des Anspruchs und damit zu einem Gefährdungsschaden führen.

Nach dem 2. und 5. Strafsenat des BGH wäre zusätzlich erforderlich, dass der Insolvenzverwalter auch das Merkmal der überschießenden Innentendenz erfüllt hat, mithin einen endgültigen Verlust des Anfechtungsanspruchs zumindest billigend in Kauf genommen hat. Hat der Verwalter aufgrund einer Interessenkollision aber auf die Ermittlung oder Durchsetzung von Anfechtungsansprüchen verzichtet, soll der Anfechtungsgegner endgültig zulasten der Insolvenzgläubiger begünstigt werden, so dass der Verwalter auch die endgültige Undurchsetzbarkeit des Anspruchs erkennt und jedenfalls billigend in Kauf nimmt.[1241]

Genauso kann ein Gefährdungsschaden vor diesem Hintergrund anzunehmen sein bei der Übergabe fehlerhafter oder unvollständiger Anfechtungslisten an einen Nachfolgeverwalter, wenn der Amtsvorgänger dadurch die Geltendmachung von Anfechtungsansprüchen durch den Amtsnachfolger erschwert

1240 BVerfG, Beschl. v. 01.11.2012 – 2 BvR 1235/11, NJW 2013, 365 (366); BVerfG, Beschl. v. 23.06.2010 – 2 BvR 2559/08 u.a., BVerfGE 126, 170 (211 f.); *Saliger*, in: S/S/W-StGB, § 266 Rn. 8; ders., ZStW 112 (2000), 563 (610); *Matt*, NJW 2005, 389 (390); *Buchholz*, StV 2019, 36 (38); *Perron*, FS-Frisch, 857 (866); ausf. *Bittmann*, wistra 2013, 1 (1 ff.).

1241 Vgl. *Fischer*-StGB, § 266 Rn. 157.

oder verhindert.[1242] Der ausscheidende Insolvenzverwalter ist verpflichtet, dem Amtsnachfolger Anfechtungslisten und Unterlagen zur Anfechtung zu übergeben.[1243] Übergibt der ausscheidende Verwalter daher Anfechtungslisten, die die vollständige Geltendmachung der von ihm bereits ermittelten Ansprüche nicht ermöglichen, wird die Durchsetzung der Ansprüche durch den Nachfolgeverwalter erheblich erschwert oder unmöglich gemacht, so dass nach der Rechtsprechung ein Gefährdungsschaden anzunehmen sein kann.

Dass die unterlassene Forderungsdurchsetzung einen Gefährdungsschaden zu begründen vermag, hat der BGH auch in vergleichbaren Situationen bei der Erpressung (§ 253 StGB) und beim Betrug (§ 263 StGB) angenommen. Danach liegt ein Gefährdungsschaden bei diesen Delikten vor, wenn das Opfer bei der Erpressung durch Drohung oder Gewalt beziehungsweise beim Betrug durch Täuschung dazu veranlasst wird, auf die Geltendmachung einer Forderung zu verzichten, wobei auch hier der Schaden nur eintritt, wenn die Forderung werthaltig ist.[1244] Umgekehrt liegt nach dem BGH ein Gefährdungsschaden ebenfalls dann vor, wenn das Vermögen des Vermögensinhabers allein durch eine Verpflichtung bereits konkret geschädigt ist, weil bei einem gewöhnlichem Gang der Dinge eine Inanspruchnahme nahezu sicher zu erwarten und nicht von ungewissen oder unbeherrschbaren Geschehensabläufen abhängig ist.[1245] Schädlich ist insbesondere auch nicht, dass zwischen der pflichtwidrigen Unterlassung und dem die finanziellen Nachteile endgültig auslösenden Ablauf der Verjährungsfrist ein längerer Zeitraum liegt.[1246] Je näher der Ablauf der Verjährungsfrist rückt, desto größer ist allerdings die Wahrscheinlichkeit des endgültigen Forderungsausfalls aufgrund der Erhebung der Verjährungseinrede durch den Anfechtungsgegner.

Anhand der bilanzrechtlichen Bewertungsmaßstäbe kann der Gefährdungsschaden regelmäßig auch beziffert werden. Die Höhe des Schadens hängt von der geminderten Werthaltigkeit des Anspruchs ab. Einzubeziehen in die Prognose sind insoweit die Wahrscheinlichkeit, dass in einem Anfechtungsprozess die Tatbestandsmerkmale der jeweiligen Anfechtungsnormen dargelegt und

1242 Vgl. BGH, Beschl. v. 15.12.2016 – IX ZR 224/15, NZI 2017, 102 (103 ff.) Rn. 11 ff.

1243 Vgl. BGH, Beschl. v. 15.12.2016 – IX ZR 224/15, NZI 2017, 102 (103) Rn. 11 ff.

1244 BGH, Beschl. v. 17.08.2006 – 3 StR 279/06, NStZ 2007, 95 (96).

1245 BGH, Beschl. v. 16.08.2016 – 4 StR 163/16, NJW 2016, 3253 (2356) Rn. 36 f., vgl. auch OLG Stuttgart, Urt. v. 18.12.2012 – 1 Ss 559/12, NStZ-RR 2013, 174 (175).

1246 Vgl. BGH, Beschl. v. 13.04.2011 – 1 StR 94/10, BGHSt 56, 203 (220) Rn. 58.

bewiesen werden können, die Zahlungsfähigkeit des Anfechtungsgegners sowie etwaige Einreden.

Wird der Anfechtungsanspruch letztendlich doch noch durch einen Nachfolge- oder Sonderinsolvenzverwalter erfolgreich geltend gemacht und das Zurückgewährte zur Masse gezogen, so dass die Gläubiger bei der Schlussverteilung eine höhere Quote erhalten, liegt eine bloße Schadenswiedergutmachung vor, die den tatbestandlichen Gefährdungsschaden nicht berührt.[1247] Wie sich die Dinge später entwickeln, ist für die strafrechtliche Wertung ohne Belang und hat allein für die Strafzumessung Bedeutung.[1248]

b) Literaturmeinungen

Mittlerweile ist der Gefährdungsschaden auch in der Literatur grundsätzlich weitestgehend anerkannt. Recht verbreitet wird der Ansicht der höchstrichterlichen Rechtsprechung in der Literatur zugestimmt.[1249] Daneben werden aber im Schrifttum seit langem auch zahlreiche weitere Ansichten zur Konkretisierung des Gefährdungsschadens vertreten; es gibt mittlerweile geradezu eine unüberschaubare Vielzahl an Literatur zu diesem Thema.[1250] Etwa *Matt/Saliger* fordern ein Unmittelbarkeitskriterium[1251] in der Form, dass ein Gefährdungsschaden allein vorliegt, wenn er unmittelbar in den endgültigen Schaden übergehen kann.[1252] *Schünemann* nimmt im Sinne einer Art normativer Richtlinie für die

---

1247 BGH, Beschl. v. 18.02.2009 – 1 StR 731/08, BGHSt 53, 199 (201 f.) Rn. 11; vgl. *Nack*, StraFo 2008, 277 (278).

1248 BGH, Beschl. v. 23.02.1982 – 5 StR 685/81, BGHSt 30, 388 (389 f.); BGH, Urt. 07.03.2006 – 1 StR 379/05, BGHSt 51, 10 (17); BGH, Beschl. v. 18.02.2009 – 1 StR 731/08, BGHSt 53, 199 (201 f.) Rn. 11.

1249 *Heger*, in: Lackner/Kühl-StGB, § 266 Rn. 17a; *Fischer*-StGB, § 266 Rn. 150 ff.; *Bittmann*, in: Bittmann, Praxishandbuch Insolvenzstrafrecht, § 16 Rn. 40 ff.; *Ginou*, NZWiSt 2017, 138 (138 ff.) jeweils m. w. N.; ausf. zur älteren Literatur s. *Cramer*, Vermögensbegriff und Vermögensschaden im Strafrecht, S. 119 ff.

1250 Die zahlreichen verschiedenen Ansichten einschließlich der Kombinationen der einzelnen Ansichten können in dieser Arbeit aus Platzgründen nicht umfassend dargestellt werden, vgl. dazu *Ensenbach*, der Prognoseschaden bei der Untreue, S. 217 ff.; *Gähler*, Der Gefährdungsschaden im Untreuetatbestand, S. 138 ff.; *Tiedemann*, in: LK-StGB, § 263 Rn. 171.

1251 Ausf. zur Unmittelbarkeit des Nachteils bei der Untreue *Albrecht*, GA 2017, 130 (130 ff.).

1252 *Matt/Salier*, Irrwege der Strafgesetzgebung, 217 (234 ff.); *Saliger*, in: S/S/W-StGB, § 266 Rn. 89; ders., FS-Samson, 455 (482); ders., NStZ 2007, 545 (549); ZStW 112 (2000), 562 (577 f., 611 f.); *Matt*, NJW 2005, 389 (391); ders., in: Matt/

Bestimmung des Nachteils an, es komme darauf an, ob dem drohenden Verlust keine Vermeidemachtmöglichkeiten des Bedrohten mehr gegenüberstünden.[1253] Nach *Hoyer* wiederum setzt ein Nachteil eine Vermögensminderung in der Weise voraus, dass bei einer ex ante Betrachtung sicher erwartet werden könne, dass die Vermögensminderung in einen Vermögensschaden umschlagen werde.[1254] *Gähler* nimmt an, der Gefährdungsschaden sei grundsätzlich durch Anwendung eines Unmittelbarkeitskriteriums zu konkretisieren.[1255] Je nach Fallgruppe des Gefährdungsschadens seien aber unterschiedliche Anforderungen an das Unmittelbarkeitskriterium zu stellen.[1256] Bei einem Unterlassen könne das Unmittelbarkeitskriterium allein kein geeignetes Restriktionspotential vermitteln. Abzustellen sei daher, wenn für die Nachteilszufügung ein Unterlassen als notwendiger Zwischenakt erforderlich sei, auf die bilanzrechtsorientierte Nachteilsfeststellung.[1257] *Ensenbach* hat eine eigene Definition des als Prognoseschaden bezeichneten Gefährdungsschadens erarbeitet: „Ein Prognoseschaden liegt vor, wenn mit an Sicherheit grenzender Wahrscheinlichkeit von einem künftigen Ereignis auszugehen ist, aufgrund dessen sich der Wert des Vermögens dauernd vermindern würde, wenn die Prognose keinen vernünftigen Zweifeln unterliegt."[1258]

c) Stellungnahme

Ausgangspunkt für die Bestimmung des Vermögensnachteils bei der Untreue ist zunächst der Vermögensbegriff. Ob ein Nachteil vorliegt, lässt sich regelmäßig unmittelbar aus dem Vermögensbegriff ableiten.[1259] Insoweit ist die Bestimmung einer Gefährdungslage als Schaden anhand des von der wohl herrschenden Meinung vertretenen juristisch-ökonomischen Vermögensbegriffs[1260]

Renzikowski-StGB, § 266 Rn. 132; vgl. m. w. N. *Ensenbach*, Der Prognoseschaden bei der Untreue, S. 217 ff.

1253 *Schünemann*, in: LK-StGB, § 266 Rn. 181.

1254 *Hoyer*, in: SK-StGB, § 266 Rn. 106; kritisch dazu *Ensenbach*, Der Prognoseschaden bei der Untreue, S. 239 ff. m. w. N.

1255 *Gähler*, Der Gefährdungsschaden im Untreuetatbestand, S. 280.

1256 Gähler, Der Gefährdungsschaden im Untreuetatbestand, S. 285 ff.

1257 *Gähler*, Der Gefährdungsschaden im Untreuetatbestand, S. 362 f.

1258 *Ensenbach*, Der Prognoseschaden bei der Untreue, S. 245 ff., 275.

1259 Vgl. *Hefendehl*, in: Fischer/Hoven et al., Dogmatik und Praxis des strafrechtlichen Vermögensschadens, 77 (79).

1260 Ausf. m. w. N. zu den verschiedenen Begriffen des Vermögens *Hoyer*, in: SK-StGB, § 263 Rn. 88 ff.; ders., FS-Samson, 339 (340 ff.), *Tiedemann*, in: LK-StGB, § 263 Rn. 127 ff.

vorzunehmen.[1261] Danach zählen zum Vermögen alle geldwerten Güter einer Person, die frei von einer Missbilligung durch die Rechtsordnung sind.[1262] Maßgeblich ist dabei der durch den Marktwert bestimmte Geldwert eines Vermögensgegenstandes.[1263] Entscheidend im Hinblick auf die Nachteilsbestimmung bei der unterlassenen Anfechtung ist daher zunächst die Bestimmung des Marktwertes einer Forderung und anschließend, ob und in welcher Höhe der Marktwert beeinträchtigt wurde. Der Marktwert einer Forderung wird dabei durch ihre Bonität bestimmt. Die Bonität wiederum wird negativ beeinträchtigt, wenn der Geltendmachung rechtliche oder tatsächliche Hindernisse im Wege stehen (Verität).[1264]

Gerade im heutigen Wirtschaftsleben, in dem hohe Fremdkapitalquoten gängig sind und in dem an vielen Stellen mit Risiken gehandelt wird, können bloße Gefährdungen bereits unmittelbare Vermögensrelevanz haben. So ist es in der Wirtschaft durchaus üblich, Zukunftserwartungen oder Risiken in aktuelle positive oder negative Vermögenswerte umzurechnen und mit diesen dann an sich noch virtuellen Werten Handel zu treiben.[1265] Wirtschaftlich gesehen sind daher keine relevanten Unterschiede zwischen einem Vermögensschaden in Form eines endgültigen Substanzverlustes und einem Vermögensschaden in Form einer Vermögensgefährdung auszumachen. Die Rechtsfigur des Gefährdungsschadens ist vor diesem Hintergrund ein im Wirtschaftsverkehr erforderliches Instrument. Nur so können auch im Vermögensstrafrecht die Realitäten des Wirtschaftsverkehrs und die dort vorgenommenen Bewertungen angemessen berücksichtigt werden.[1266] Gefährdungen und effektiver Substanzverlust sind daher bei der Ermittlung eines Vermögensnachteils grundsätzlich gleichzusetzen.

Dennoch kann nicht jede Gefährdung des Vermögens bereits untreuerelevant sein.[1267] Schließlich handelt es sich bei der Untreue um ein Verletzungs- und

---

1261 Vgl. *Hefendehl*, in: Fischer/Hoven et al., Dogmatik und Praxis des strafrechtlichen Vermögensschadens, 77 (79).

1262 Im Einzelnen werden freilich verschiedene Ansätze zum Merkmal der Missbilligung durch die Rechtsordnung angenommen, vgl. dazu m. w. N. *Tiedemann*, in: LK-StGB, § 263 Rn. 132 m. w. N.

1263 *Raum*, in: Fischer/Hoven et al., Dogmatik und Praxis des strafrechtlichen Vermögensschadens, 43 (45); *Tiedemann*, in: LK-StGB, § 263 Rn. 132 m. w. N.

1264 *Otto*, Jura 1991, 494 (496); *Peglau*, wistra 2012, 368 (368).

1265 *Perron*, FS-Frisch, 857 (866).

1266 *Saliger*, in: S/S/W-StGB, § 263 Rn. 250; *Blassl*, wistra 2016, 425 (427).

1267 *Cramer*, Vermögensbegriff und Vermögensschaden im Strafrecht, S. 130 f.

nicht um ein Gefährdungsdelikt. Es bedarf also stets der Überschreitung einer gewissen Erheblichkeitsschwelle, um von einem Vermögensschaden ausgehen zu können.[1268] In vielen Situationen stellt sich daher die Frage, wann eine Gefährdung einen Wert erreicht hat, der einen untreuespezifischen Nachteil zu begründen vermag. *Hefendehl* formuliert insoweit treffend, es bedürfe der Abgrenzung von vermögensrelevanten und vermögensirrelevanten Gefährdungen.[1269] Auf der anderen Seite ist zu berücksichtigen, dass letztendlich bei uneingeschränkter wirtschaftlicher Betrachtung jedes Wert- oder Verlustrisiko bereits eine gewisse Auswirkung auf die Wertschätzung des Wirtschaftsverkehrs haben kann; es droht also eine Überdehnung des Nachteilsbegriffs. Entscheidendes Gewicht ist insofern zunächst der Frage beizumessen, welche Intensität die Gefährdung erreichen muss, um für den Untreuetatbestand als Schaden eingestuft werden zu können.[1270]

Im Wirtschaftsleben gibt es theoretisch bei Gefährdungen stets einen exakten Zeitpunkt, an dem eine Gefährdung einen so hohen Grad erreicht hat, dass sich bereits allein die Gefährdung vermögensmindernd auswirkt. In diesem Moment wandelt sich die vermögensirrelevante Gefährdung in eine vermögensrelevante um, und in der Bilanz eines Unternehmens würde eine Wertberichtigung erforderlich. Die praktische Bestimmung dieses theoretischen Zeitpunktes ist indes weitaus problematischer und hängt von zahlreichen wirtschaftlichen Parametern ab. Schließlich folgt der Minderwert des Vermögens aufgrund einer Gefährdung daraus, dass der Markt aufgrund der Gefährdung dem Vermögensbestandteil einen geringeren Wert beimisst. Es sind daher die wertbestimmenden Faktoren am Markt letztendlich entscheidend für die Bestimmung des Gefährdungsschadens. Welche Faktoren aber ausschlaggebend für die strafrechtliche Methodik der Nachteilsermittlung maßgebend sein sollen, kann nicht ohne weiteres bestimmt werden. Dabei ist in praktischer Hinsicht zu berücksichtigen, dass sich der Tatrichter häufig nicht uneingeschränkt aller betriebswirtschaftlichen Methoden zur Ermittlung von Marktwerten eines Vermögensgegenstandes bedienen kann. Zum einen lässt sich ein Marktwert nicht immer sicher ermitteln, insbesondere, wenn gar kein Markt für den Vermögensbestandteil auszumachen ist,[1271] zum anderen ist der Marktwert einem ständigen Wandel unterzogen. Gerade in

1268 *Cramer*, Vermögensbegriff und Vermögensschaden im Strafrecht, S. 131 ff.

1269 *Hefendehl*, in: MüKo-StGB, § 263 Rn. 693.

1270 *Saliger*, in: S/S/W-StGB, § 263 Rn. 251.

1271 Vgl. *Raum*, in: Fischer/Hoven et al., Dogmatik und Praxis des strafrechtlichen Vermögensschadens, 43 (47).

strafrechtlichen Ermittlungsverfahren, in denen es immer um die Bestimmung eines häufig bereits weiter in der Vergangenheit liegenden Ereignisses geht, kann es schwierig sein, Marktwerte für Vermögensgegenstände zum Zeitpunkt der Tathandlung zu ermitteln. Zudem darf auch nicht außer Acht gelassen werden, dass eine einzelfallunabhängige generalisierende Bestimmung von Gefährdungen als Vermögensnachteil im Wirtschaftsleben kaum zielführend sein kann. Zu unterschiedlich sind die wirtschaftlichen Risiken und Chancen sowie deren Bewertung, als dass eine generalisierende Bestimmung des Schadens anhand einer feststehenden strafrechtlichen Definition erfolgen könnte. Gefährdungen sind zudem, insbesondere wenn man etwa an Gefährdungen im Zusammenhang mit der Kreditvergabe denkt, im erheblichen Maße abhängig von den gesamtwirtschaftlichen Entwicklungen.[1272]

Vor dem Hintergrund, dass es sich bei dem Gefährdungsschaden nicht lediglich um ein aliud gegenüber dem endgültigen Schaden handelt, sondern um einen aktuellen Wertverlust durch negative Bewertung einer Vermögensposition seitens des Wirtschaftsverkehrs, ist der herrschenden Meinung grundsätzlich darin zuzustimmen, dass die hinreichende Intensität der konkreten Vermögensgefährdung anhand einer wertenden Betrachtung im Einzelfall zu bestimmen ist.[1273] Es bedarf daher zur einzelfallbezogenen Bestimmung des Nachteils bei Gefährdungen Kriterien, die – unter Wahrung des Bestimmtheitsgrundsatzes – auf den wirtschaftlichen Verhältnissen am Markt beruhen und gleichzeitig eine möglichst hohe Praktikabilität aufweisen. Hinsichtlich der Abgrenzung tatbestandsirrelevanter Gefährdungen von tatbestandsrelevanten ist der Ansicht der Rechtsprechung des BGH grundsätzlich zuzustimmen, die überschießende Innentendenz indes abzulehnen. Die in der Literatur zur Konkretisierung des Gefährdungsschadens vertretenen Ansichten vermögen nicht in einem höheren Maße, die Abgrenzung tatbestandsrelevanter von tatbestandsirrelevanten Vermögensgefährdungen zu fördern, und sind damit auch nicht besser geeignet, den Bestimmtheitsgrundsatz zu verwirklichen. Dagegen ist die fallgruppenartige Einzelfallbetrachtung anhand allgemeiner Kriterien, wie sie der BGH anstellt, am ehesten geeignet, für das insoweit stark wirtschaftlich geprägte Strafrecht

---

1272 Vgl. *Raum*, in: Fischer/Hoven et al., Dogmatik und Praxis des strafrechtlichen Vermögensschadens, 43 (47); *Cramer*, Vermögensbegriff und Vermögensschaden im Strafrecht, S. 132.

1273 Vgl. *Saliger*, in: S/S/W-StGB, § 263 Rn. 252; *Cramer*, Vermögensbegriff und Vermögensschaden im Strafrecht, S. 132 ff.

geeignete Konkretisierungen des Gefährdungsschadens herauszuarbeiten.[1274] Dabei kann die auf *Hefendehl*[1275] zurückgehende und mittlerweile von BVerfG und BGH angewandte Konkretisierung des Nachteiles anhand der bilanzrechtlichen Bewertungsmaßstäbe dem Bestimmtheitsgrundsatz am ehesten gerecht werden. Mit den bilanziellen Kriterien steht eine sicherere Entscheidungsgrundlage zur Bestimmung des Gefährdungsschadens zu Verfügung.[1276] Das Bilanzrecht bietet daher – auch wenn damit gerade bei Prognoseentscheidungen freilich nicht alle Unsicherheiten beseitigt werden können – die sicherste Methode zur Bewertung von Vermögensbestandteilen.[1277] Mit den in § 252 HGB normierten allgemeinen Bewertungsgrundsätzen und den in §§ 253 – 256a HGB enthaltenen konkretisierenden Bewertungsvorschriften liegen anerkannte und in der Praxis bewährte Bewertungsregeln vor. Durch den Rückgriff auf die handelsrechtlichen Bilanzierungsregeln mit den zahlreichen Kriterien zur Bewertung von Wirtschaftsgütern kann die Rechtssicherheit hinsichtlich der Konkretisierung strafrechtlich relevanter Vermögensgefährdungen in einem höheren Maße verwirklicht werden.[1278]

Allerdings können die handelsrechtlichen Bilanzierungsregeln aufgrund des in dubio pro reo-Grundsatzes jedenfalls nicht uneingeschränkt angewandt werden.[1279] So sind gem. § 252 Abs. 1 Nr. 4 HGB Vermögensgegenstände „vorsichtig zu bewerten, namentlich sind alle vorhersehbaren Risiken und Verluste, die bis zum Abschlußstichtag entstanden sind, zu berücksichtigen (…)". Aufgrund dieser Konkretisierung des allgemeinen handelsrechtlichen Vorsichtsprinzips als allgemeinen Bewertungsgrundsatz ist bei dem Vorhandensein mehrerer Alternativen stets die ungünstigste Alternative zugrunde zu legen.[1280] Bei Vermögensgegenständen ist daher bei unsicheren Werteinschätzungen die untere Grenze des Schätzungsspielraums als Wertansatz zu wählen.[1281] Für die Feststellung

---

1274 Wenngleich nicht übersehen wird, dass auch die Ansichten in der Literatur zumeist unter Zugrundelegung der vertretenen Ansicht Fallgruppen bilden.

1275 *Hefendehl*, Vermögensgefährdung und Exspektanzen, S. 166 ff.; ders., FS-Samson, 295 (301 ff.);

1276 Vgl. *Hefendehl*, Vermögensgefährdung und Exspektanzen, S. 197.

1277 Vgl. *Nickert/Nickert/Kühne*, KTS 2019, 29 (47 ff.).

1278 Vgl. *Kempf*, in: Fischer/Hoven et al., Dogmatik und Praxis des strafrechtlichen Vermögensschadens, 325 (334).

1279 *Blassl*, wistra 2016, 425 (429).

1280 *Böcking/Gros/Wirth*, in: Ebenroth/Boujong/Joost/Strohn-HGB, § 252 Rn. 25; *Ginou*, NZWiSt 2017, 138 (140); *Blassl*, wistra 2016, 425 (429).

1281 *Ballwieser*, in: MüKo-HGB, § 252 Rn. 40; *Morck/Drüen*, in: Koller/Kindler/Roth/Drüen-HGB, § 252 Rn. 5.

eines Gefährdungsschadens bedeutete die Anwendung des Vorsichtsprinzips, dass allein die bilanzrechtliche Unterbewertung zu Lasten des Angeklagten zur Annahme eines Vermögensnachteils führen könnte.[1282] Dies wäre mit dem in dubio pro reo-Grundsatz nicht zu vereinbaren.[1283] Dieser gebietet es vielmehr, die für den Angeklagten günstigste Alternative zugrunde zu legen und damit der obere Grenzwert eines Bewertungsrahmen.[1284] Lässt man das Vorsichtsprinzip aber zur schlüssigen Darlegung der gerichtlichen Schadensschätzung außer Acht, bietet das Bilanzrecht geeignete Prognoseparameter zur Konkretisierung strafrechtlich relevanter Vermögensgefährdungen.[1285] Für die Feststellung eines Gefährdungsschadens ist daher der Wert des Anfechtungsanspruchs nach bilanzrechlichen Kriterien unter Berücksichtigung des in dubio pro reo-Grundsatzes zu schätzen.[1286] Da der Zweifelssatz einer Anwendung des bilanzrechtlichen Vorsichtsprinzips entgegensteht ist bei der Schätzung zugunsten des Angeklagten eine Überbewertung des Anspruchs vorzunehmen, also die für den Angeklagten günstigere Bewertungsmethode zugrunde zu legen.

Der vom 2. und 5. Strafsenat des BGH angenommenen überschießenden Innentendenz kann indes nicht gefolgt werden. Die überschießende Innentendenz beruht auf der Weite des Untreuetatbestandes und soll eine Begrenzungsfunktion einnehmen. Von einer besonderen Weite ist der Untreuetatbestand allerdings in objektiver Hinsicht geprägt; eine Korrektur kann daher nur durch eine sinnvolle restriktive Auslegung der Merkmale des objektiven Tatbestandes erfolgen.[1287] Die überschießende Innentendenz führt zudem zu einem

---

1282 *Ginou*, NZWiSt 2017, 138 (140); *Becker*, HRRS 2009, 334 (338); ders., HRRS 2010, 383 (390 ff.).

1283 BGH, Urt. v. 20.12.2012 – 4 StR 55/12, BGHSt 58, 102 (114 f.) Rn. 41; *Schuhr*, ZStW 123 (2011), 517 (530); *Becker*, HRRS 2009, 334 (338 f.); *Fischer*, StV 2010, 95 (100 f.); *Kulhanek*, NZWiSt 2013, 246 (248); *Krell*, NZWiSt 2013, 370 (375); im Ergebnis auch BVerfG, Beschl. v. 23.06.2010 – 2 BvR 2559/08 u.a., BVerfGE 126, 170 (215 f.), das insoweit darauf hinweist, dass der eigenständige strafbarkeitseinschränkende Charakter des Nachteilsmerkmals gewahrt bleiben muss; vgl. *Becker* HRRS 2009, 334 (338); *Ginou*, NZWiSt 2017, 138 (140).

1284 *Wessing/Krawczyk*, NZG 2010, 1121 (1124); *Kulhanek*, NZWiSt 2013, 246 (248).

1285 *Kulhanek*, NZWiSt 2013, 246 (248); im Ergebnis auch *Schünemann*, in: LK-StGB, § 266 Rn. 181.

1286 *Kulhanek*, NZWiSt 2013, 246 (249).

1287 *Beulke*, FS-Eisenberg, 245 (264); *Rönnau*, FS-Tiedemann, 713 (732); *Weber*, FS-Eisenberg, 371 (375); *Schünemann*, NStZ 2008, 430 (433); *Perron*, in: Schönke/Schröder-StGB, § 266 Rn. 50; *Saliger*, in: S/S/W-StGB, § 266 Rn. 88; *Hoyer*,

Auseinanderfallen von objektivem und subjektivem Tatbestand. Mit der überschießenden Innentendenz soll im subjektiven Tatbestand über die Kenntnis und das Inkaufnehmen der konkreten Gefahr eines Schadenseintritts hinaus eine Billigung der Realisierung dieser Gefahr erforderlich sein. Diese Realisierung des endgültigen Schadenseintritts in Form eines Substanzverlustes ist gerade keine Voraussetzung im objektiven Tatbestand; vielmehr reicht hier die Gefährdung als Nachteil aus. Diese Inkongruenz von objektivem und subjektivem Tatbestand lässt sich nicht mit der im Strafrecht allgemein für Vollendungsdelikte geltenden einheitlichen Vorsatzdogmatik vereinbaren; vielmehr bedeutete sie, da im objektiven Tatbestand auf ein Merkmal verzichtet wird, eine – im Wortlaut nicht angelegte – Strafbarkeit aufgrund der versuchten Herbeiführung eines endgültigen Substanzverlustes als vollendetes Delikt.[1288] Diesem Einwand ist der BGH mit der von *Cramer/Perron*[1289] begründeten Ansicht entgegengetreten, die Anerkennung einer konkreten Vermögensgefährdung auf der Grundlage einer wirtschaftlichen Betrachtung bedeute der Sache nach eine Vorverlagerung der Vollendung in den Bereich des Versuchs. Der Versuch einer Straftat zeichne sich aber gerade durch diese Inkongruenz, das heißt durch objektive Nichtvollendung bei auf Vollendung gerichtetem Vorsatz, aus.[1290] Wenn aber die Gefährdung selbst bereits einen Nachteil darstellt, handelt es sich um ein Vollendungsdelikt; das Versuchsstadium wird in dem Moment des strafrechtlich relevanten Gefährdungserfolges verlassen. Dass die Regelungen des Allgemeinen Teils des StGB zum Versuch anwendbar sein sollen, kann auch der BGH nicht annehmen, da der Versuch bei der Untreue straflos ist. Warum dennoch ausnahmsweise die versuchstypische Inkongruenz von objektivem und subjektivem Tatbestand anzunehmen sein soll, ist dem Wortlaut nicht zu entnehmen und auch in systematischer Hinsicht eine kaum zu rechtfertigende Einzelerscheinung.[1291]

---

in: SK-StGB, § 266 Rn. 105; der überschießenden Innentendenz zustimmend dagegen *Fischer*-StGB, § 266 Rn. 181 ff. m. w. N.

1288 *Hoyer*, in: SK-StGB, § 266 Rn. 105; *Saliger*, in: S/S/W-StGB, § 266 Rn. 88; *Rönnau*, FS-Tiedemann, 713 (732); vgl. *Beulke*, FS-Eisenberg, 245 (264); *Weber*, FS-Eisenberg, 371 (375); *Hillenkamp*, FS-Maiwald, 323 (339 ff.).

1289 *Cramer/Perron*, in: Schönke/Schröder-StGB, 27. Aufl. 2006, § 263 Rn. 143.

1290 BGH, Urt. v. 18.10.2006 – 2 StR 499/05, BGHSt 51, 100 (123) Rn. 66.

1291 *Schünemann*, NStZ 2008, 430 (433); *Bernsmann*, GA 2007, 219 (229 f.); *Rönnau*, FS-Tiedemann, 713 (732); *Bock*, BT 2, S. 564.

aa) Verjährte Anfechtungsansprüche vor Erhebung der Einrede

Ist die dreijährige Verjährungsfrist der Anfechtungsansprüche bereits abgelaufen, die Einrede der Verjährung aber noch nicht erhoben worden, so dass ein endgültiger Schaden noch nicht eingetreten ist, kommt es für die Bestimmung des Gefährdungsschadens entscheidend darauf an, wie wahrscheinlich es ist, dass der Forderungsgegner die Einrede der Verjährung in einem Prozess erheben würde und deren Voraussetzungen darlegen könnte. Im Wirtschaftsverkehr und allgemein bei anwaltlich vertretenen Forderungsgegnern ist im Regelfall davon auszugehen, dass der Anfechtungsgegner ein Leistungsverweigerungsrecht erheben wird, so dass nach Ablauf der dreijährigen Verjährungsfrist die Forderung regelmäßig wertlos wird mit der Folge, dass deren Wert in einer Bilanz auf null zu berichtigen wäre.[1292] Obwohl die Einrede der Verjährung noch nicht erhoben worden ist, kann davon ausgegangen werden, dass bei einem Anfechtungsrechtsstreit die Einrede erhoben würde, so dass je nach Anfechtungsgegner mit an Sicherheit grenzender Wahrscheinlichkeit oder jedenfalls mit sehr hoher Wahrscheinlichkeit die Forderung nicht wird gerichtlich durchgesetzt werden können. Gerade bei für ein missbräuchliches Verhalten in Frage kommenden Großgläubigern, insbesondere Banken, bestehen in den maßgeblichen Konstellationen keine ernsthaften Zweifel daran, dass die Einrede der Verjährung erhoben werden wird. Schließlich dient die gesamte Beeinflussung des Verwalters allein dem Ziel, dass die Ansprüche nicht durchgesetzt werden können. Bei Naturalparteien, zugunsten derer der Insolvenzverwalter auf die Anfechtung verzichtet hat, etwa bei Angehörigen oder anderen nahestehenden Personen, kann die Prognose, ob die Einrede erhoben wird, im Einzelfall anders ausfallen. Es müssen aber konkrete Anhaltspunkte dafür vorliegen, dass die Einrede nicht erhoben wird. Indizielle Bedeutung kann dabei der Umstand haben, inwieweit der Anfechtungsgegner in der Lage ist, die Verjährungseinrede zu erkennen, oder ob andere Gründe dafür sprechen können, dass der Anfechtungsgegner trotz der Verjährung leisten wird, etwa, weil er die weitere Zusammenarbeit mit dem (sanierten) Schuldnerunternehmen nicht gefährden möchte.[1293] Das sind aber eher Ausnahmefälle, so dass mit Ablauf der Verjährungsfrist regelmäßig ein Gefährdungsschaden eintritt. Forderungen sind gem. § 266 Abs. 2 lit. b Nr. II HGB Bestandteil des Umlaufvermögens und unterfallen als solches der Abschreibungspflicht nach § 253 Abs. 4 Satz 1 HGB.[1294] Je nach

---

1292 Vgl. *Ensenbach*, Der Prognoseschaden bei der Untreue, S. 336.

1293 Vgl. *Ensenbach*, Der Prognoseschaden bei der Untreue, S. 336.

1294 Ausf. *Böcking/Gros*, in: Ebenroth/Boujong/Joost/Strohn-HGB, § 253 Rn. 99 ff.

Bonität und Verität der Forderung sind anhand des Marktwertes der Forderung Abschläge auf den Nennwert der Forderung vorzunehmen und ggf. durch Schätzung unter Berücksichtigung des in dubio pro reo-Grundsatzes zu ermitteln. Insoweit wird mit dem Ablauf der Verjährungsfrist regelmäßig eine Wertberichtigung auf null erforderlich. Die konkrete Höhe des Gefährdungsschadens ergibt sich aus der Differenz von Marktwert der Forderung zum Tatzeitpunkt und der aufgrund des Verjährungseintritts erforderlich gewordenen Wertberichtigung.

bb) Nicht verjährte Ansprüche

Entschließt sich der Verwalter, Anfechtungsansprüche überhaupt nicht zu ermitteln oder einen ermittelten werthaltigen Anfechtungsanspruch nicht geltend zu machen, kann ein Gefährdungsschaden eintreten, wenn sich die Werthaltigkeit des Anspruchs durch das Unterlassen negativ verändert hat.

In einer Bilanz der Insolvenzmasse begründete die Beeinträchtigung der Werthaltigkeit des Anspruchs aufgrund der Abschreibungspflicht des § 253 Abs. 4 Satz 1 HGB eine Pflicht zur Wertberichtigung.[1295] Der Forderungsbestand der Insolvenzmasse weist daher nach dem pflichtwidrigen Unterlassen des Verwalters mit der Folge der Wertminderung des Anfechtungsanspruchs relativ zur materiellen Rechtslage eine nicht gerechtfertigte Differenz auf. Damit ergibt sich ein Negativsaldo und mithin ein untreuerelevanter Nachteil in Form eines Gefährdungsschadens.[1296]

Die konkrete Schadenshöhe ist abhängig von der Bonität und Verität des Anfechtungsanspruchs. Insoweit ist unter Berücksichtigung des in dubio pro reo-Grundsatzes nach den handelsrechtlichen Bilanzierungsregeln eine Abschreibung vom Nennwert der Forderung (ggf. durch Schätzung) vorzunehmen.

C. Subjektiver Tatbestand

Die Untreue ist ein Vorsatzdelikt, § 15 StGB. Erforderlich ist beim Täter zumindest dolus eventualis hinsichtlich aller objektiv tatbestandsmäßigen Umstände.[1297] Der Vorsatz muss sich auf die Pflichtenstellung des Täters, das Bestehen einer Vermögensbetreuungspflicht, die Pflichtverletzung sowie den Vermögensnachteil beziehen.[1298] Aufgrund seiner Position als insolvenzgerichtlich legitimierter

---

1295 Vgl. *Hefendehl*, Vermögensgefährdung und Exspektanzen, S. 318.

1296 Vgl. *Hefendehl*, Vermögensgefährdung und Exspektanzen, S. 318.

1297 *Hoyer*, in: SK-StGB, § 266 Rn. 118; *Dierlamm*, in: MüKo-StGB, § 266 Rn. 284 f.; *Bock*, BT 2, S. 564.

1298 *Fischer*-StGB, § 266 Rn. 171; *Weyand/Diversy*, Insolvenzdelikte, Rn. 224.

Amtstreuhänder (Amtstheorie)[1299] handelt der Verwalter stets in Kenntnis seiner Pflichtenstellung und seiner Vermögensbetreuungspflicht. Die Kenntnis der Pflichtenstellung sowie deren Umfangs sind schließlich schon zwingende Voraussetzung des zur Bestellung als Verwalter erforderlichen Merkmals der Geeignetheit eines Verwalters im Sinne des § 56 Abs. 1 InsO.[1300] Verbreitet wird in der höchstrichterlichen Rechtsprechung darüber hinaus angenommen, aufgrund der grundsätzlichen Weite des Untreuetatbestandes in der Treubruchsalternative seien strenge Anforderungen an die Annahme des Vorsatzes zu stellen, insbesondere, wenn nur bedingter Vorsatz in Frage stehe und der Täter nicht eigennützig gehandelt habe oder die Tathandlung in einem Unterlassen bestehe.[1301] Eine Einschränkung der als zu weit empfundenen Merkmale des objektiven Tatbestandes kann jedoch nicht über erhöhte Beweisanforderungen im subjektiven Tatbestand erreicht werden;[1302] es ist bereits völlig unklar, welche Kriterien zur Bestimmung der strengeren Beweisanforderungen herangezogen

---

1299 *Graeber*, in: MüKo-InsO, § 56 Rn. 142, 146; wenngleich die zivilrechtliche Stellung des Insolvenzverwalters seit jeher str. ist. Im Wesentlichen vertreten wird die Organtheorie, die Vertretertheorie, die Theorie vom neutralen Handeln sowie von der h. M. die Amtstheorie, nach der der Verwalter als unabhängiges Rechtspflegeorgan, als „Partei kraft Amtes" handelt; ausf. *Lüke*, in: Kübler/Prütting/Bork-InsO, § 80 Rn. 32 ff.; *Busch*, Der Insolvenzverwalter und die Überwindung der Masseunzulänglichkeit, S. 189 ff.; *Stamm*, KTS 2016, 279 (279 ff.); *Bork*, Einführung in das Insolvenzrecht, Rn. 73 ff.; *ders.*, FS-K. Schmidt, 143 (144 ff.); *Smid*, FS-Pannen, 691 (695 ff.); vgl. bereits *Uhlenbruck*, KTS 1998, 1 (1); *K. Schmidt*, KTS 1984, 345 (345 ff.).

1300 Vgl. *Frind*, in: Hamburger Kommentar-InsO, § 56 Rn. 41; *Jahntz*, in: Frankfurter Kommentar-InsO, § 56 Rn. 15.

1301 BGH, Urt. v. 23.05.2002 – 1 StR 372/01, BGHSt 47, 295 (301 f.); BVerfG, Beschl. v. 10.03.2009 – 2 BvR 1980/07, NJW 2009, 2370 (2372) Rn. 36 m. w. N. aus der Rechtsprechung des BGH.

1302 *Beulke*, FS-Eisenberg, 245 (264); *Weber*, FS-Eisenberg, 371 (375); *Schünemann*, NStZ 2008, 430 (433); *Fischer*-StGB, § 266 Rn. 176; *Dierlamm*, in: MüKo-StGB, § 266 Rn. 283; *Perron*, in: Schönke/Schröder-StGB, § 266 Rn. 50; *Hoyer*, in: SK-StGB, § 266 Rn. 105; zutreffend wird gegen die Formel der strengen Anforderungen eingewandt, dass i. S. e. Gleichheitsarguments bei anderen Delikten nicht geringere Anforderungen an den Vorsatz gestellt werden können. Zudem geht es bei der Eingrenzung des Tatbestandes der Untreue um eine Auslegungs- und damit um eine Rechtsfrage, die nicht mit gesteigerten Beweisanforderungen und damit als Tatfrage beantwortet werden darf. Schließlich führten die strengeren Anforderungen rechtspraktisch zu einem gewissen Grad an Willkür, weil der Ausgang eines Verfahrens von dem tatrichterlichen Ermessen abhinge, vgl. m. w. N. *Hillenkamp*, FS-Maiwald, 323 (339 ff.); Schünemann, in: LK-StGB, § 266 Rn. 190.

werden könnten. Auch der Rechtsprechung des BGH sind keine Kriterien oder Maßgaben zur Bestimmung strengerer Feststellungsanforderungen zu entnehmen; die Formel der strengen Anforderungen wird von der Rechtsprechung – unter Zugrundelegung der allgemeinen Kriterien – lediglich ohne inhaltliche Auseinandersetzung wiederholt.[1303] Letztendlich handelt es sich daher bei dem Hinweis des BGH um nicht mehr als einen rhetorischen Hinweis auf die üblichen prozessualen Beweisanforderungen. Dass – gerade zur Abgrenzung des dolus eventualis von der bewussten Fahrlässigkeit – besondere Anforderungen an den Nachweis sowohl des Wissens- als auch des Willenselements zu stellen sind, nimmt der BGH auch nicht allein bezogen auf Verurteilungen wegen Untreue an; vielmehr sind dies allgemein gültige Feststellungsanforderungen.[1304] Erhöhte Feststellungsanforderungen sind damit aber auch bei diesen Delikten nicht verbunden. Es gelten für die Feststellung des (bedingten) Vorsatzes bei der Untreue daher trotz des widersprüchlich lautenden Hinweises des BGH uneingeschränkt die allgemeinen Regeln.[1305]

I. Vorsatz bezüglich der Pflichtverletzung

Im Treubruchstatbestand muss sich der Vorsatz des Täters auf die Verletzung seiner Plicht, fremde Vermögensinteressen wahrzunehmen, beziehen.[1306] Neben der Kenntnis der Tatsachen, aus denen sich die Verletzung der Vermögenbetreuungspflicht ergibt, muss der Täter daher zumindest auf Grundlage einer Parallelwertung in der Laiensphäre die Pflichtwidrigkeit erkannt haben können.[1307]

1303 Vgl. *Hillenkamp*, FS-Maiwald, 232 (338).

1304 S. etwa zur gefährlichen Körperverletzung m. w. N. BGH, Urt. v. 04.11.1988 – 1 StR 262/88, BGHSt 36, 1 (9): „Da diese beiden Schuldformen im Grenzbereich eng beieinander liegen, müssen bei der Annahme bedingten Vorsatzes beide Elemente der inneren Tatseite, also sowohl das Wissenselement als auch das Willenselement, in jedem Einzelfall besonders geprüft und durch tatsächliche Feststellungen belegt werden."; ebenso BGH, Beschl. v. 05.03.2008 – 2 StR 50/08, NStZ 2008, 451 (451); sowie zum Betrug etwa BGH, Beschl. v. 26.08.2003 – 5 StR 145/03, BGHSt 48, 331 (346 ff.); BGH, Beschl. v. 16.04.2008 – 5 StR 615/07, NStZ-RR 2008, 239 (240).

1305 *Schünemann*, in: LK-StGB, § 266 Rn. 191; *Bock*, BT 2, S. 564; *Fischer*-StGB, § 266 Rn. 176.

1306 Ausf. *Dinter*, Der Pflichtwidrigkeitsvorsatz bei der Untreue, passim.

1307 BGH, Urt. v. 21.02.2017 – 1 StR 296/16, BGHSt 62, 144 (153) Rn. 75 m. w. N.; *Hoyer*, in: SK-StGB, § 266 Rn. 118; *Perron*, in: Schönke/Schröder-StGB, § 266 Rn. 49; *Schünemann*, in: LK-StGB, § 266 Rn. 193; *Matt*, in: Matt/Renzikowski-StGB, § 266 Rn. 151; *Bittmann*, wistra 2017, 121 (124).

Insolvenzverwalter müssen sich aufgrund ihrer Stellung der besonderen rechtlichen Verantwortung bewusst sein und wissen, dass sie kraft ihres Amtes verpflichtet sind, Insolvenzanfechtungsansprüche nach den §§ 129 ff. InsO zu ermitteln und durchzusetzen. Entsprechende Kenntnisse sind über das Merkmal der Geschäftskunde bereits Voraussetzung für die Bestellung als Verwalter nach § 56 InsO.[1308] Unterlassen sie daher aus sachwidrigen Eigen- oder Fremdinteressen die ordnungsgemäße Geltendmachung von Anfechtungsansprüchen, handeln sie insoweit stets mit dem für § 266 StGB erforderlichen Vorsatz in Bezug auf die Pflichtverletzung. Dabei liegt in der Regel nicht bloß der zumindest erforderliche dolus eventualis vor, sondern aufgrund des planmäßigen Vorgehens dolus directus 2. Grades.

II. Vorsatz bezüglich des Vermögensnachteils

Neben dem Vorsatz bezüglich der Pflichtwidrigkeit ist Vorsatz hinsichtlich des Vermögensnachteils erforderlich.[1309] Dieser ist aufgrund des auch für den subjektiven Tatbestand geltenden verfassungsrechtlichen Verschleifungsverbotes unabhängig vom Vorsatz bezogen auf die Pflichtwidrigkeit zu bestimmen.[1310] Ausreichend ist das Bewusstsein des Verwalters, die Gläubiger zu schädigen. Der Vorsatz des Verwalters muss sich weder auf sämtliche Einzelheiten noch auf die genaue Höhe des Schadens beziehen.[1311] Vielmehr muss der Täter lediglich die wesentlichen, den Schaden begründenden Umstände erkennen oder mit ihrer Möglichkeit ernsthaft rechnen und sie billigend in Kauf nehmen.[1312]

1. Bei der endgültigen Undurchsetzbarkeit des Anfechtungsanspruchs

Bei der missbräuchlich unterlassenen Anfechtung lässt sich der Verwalter bei seinem Handeln stets von sachwidrigen Fremd- oder Eigeninteressen leiten.

1308 *Rechel*, in: Rattunde/Smid/Zeuner-InsO, § 56 Rn. 10a; *Ries*, in: K. Schmidt-InsO, § 56 Rn. 17.

1309 *Fischer*-StGB, § 266 Rn. 175.

1310 BGH, Urt. v. 28.05.2013 – 5 StR 551/11, NStZ 2013, 715 (715); BGH, Beschl. v. 29.12.2014 – 2 StR 29/14, NStZ-RR 2015, 81 (82); BVerfG, Beschl. v. 01.11.2012 – 2 BvR 1235/11, NJW 2013, 365 (366); BVerfG, Beschl. v. 23.06.2010 – 2 BvR 2559/08 u.a., BVerfGE 126, 170 (211 f.); *Saliger*, ZStW 112 (2000), 563 (610); ders., in: S/S/W-StGB, § 266 Rn. 126; *Dierlamm*, in: MüKo-StGB, § 266 Rn. 285.

1311 *Bittmann*, NStZ 2012, 57 (61).

1312 *Fischer*-StGB, § 263 Rn. 181; vgl. BGH, Beschl. v. 16.04.2008 – 5 StR 615/07, NStZ-RR 2008, 239 (240).

Schließlich verzichtet der Verwalter auf die Anfechtung nur, weil er sich dadurch andere Vorteile erhofft oder weil er nahestehende Personen bereichern möchte. Verzichtet der Verwalter nach der Ermittlung der Ansprüche auf deren Geltendmachung, nimmt er den Ablauf der Verjährungsfrist und die damit in Anfechtungsrechtsstreiten verbundene Wahrscheinlichkeit der Erhebung der Verjährungsreinrede durch den Anfechtungsgegner zumindest billigend in Kauf. Damit nimmt der Verwalter gleichzeitig in Kauf, dass der Anspruch nicht mehr (gerichtlich) durchgesetzt werden kann. In den meisten Fällen kommt es dem Verwalter aufgrund der Absprache mit dem Anfechtungsgegner gerade darauf an, dass die Anfechtung unterbleibt, und der in anfechtbarer Weise der Masse entzogene Vermögensgegenstand endgültig beim Anfechtungsgegner verbleibt. Die Abrede wird schließlich hinfällig, wenn der Anfechtungsgegner das Erlangte letztendlich doch zur Masse zurückzugewähren hätte. Damit schiede jedenfalls für die Zukunft eine weitere rechtmissbräuchliche Zusammenarbeit mit dem Anfechtungsgegner aus; daran dürfte der Verwalter – wenn er sich einmal auf die rechtsmissbräuchlichen Absprachen eingelassen hat – kein Interesse haben.

Etwas problematischer gestaltet sich die Bestimmung des Vorsatzes in Bezug auf den Vermögensnachteil, wenn der Insolvenzverwalter die Anfechtungsansprüche (in eine bestimmte Richtung, etwa eines Großgläubigers) aufgrund einer Interessenkollision gar nicht erst ermittelt. Problematisch ist insoweit, ob der Verwalter die für den Vorsatz erforderliche Kenntnis eines Anfechtungsanspruchs hat. Hat aber der Verwalter eine missbräuchliche Absprache mit einem Anfechtungsgegner getroffen, zu dessen Gunsten auf die Anfechtung zu verzichten, damit der Anfechtungsgegner seinerseits etwa bei der Bestellung des Insolvenzverwalters rechtsmissbräuchlich seine Einflussnahmemöglichkeiten zugunsten dieses Verwalters ausnutzt, muss der Verwalter von dem grundsätzlichen Bestehen von Anfechtungsansprüchen in nicht unerheblicher Höhe ausgehen. Anderenfalls würde der Anfechtungsgegner sich nicht zu einer entsprechenden rechtsmissbräuchlichen Abrede veranlasst sehen. Der Insolvenzverwalter nimmt daher auch in dieser Konstellation jedenfalls billigend in Kauf, Anfechtungsansprüche in erheblicher Höhe endgültig nicht durchzusetzen. Dadurch wird die Geltendmachung der Ansprüche in tatsächlicher Hinsicht erheblich erschwert und häufig unmöglich gemacht, so dass ein Gefährdungsschaden auch bei einer unterlassenen Ermittlung von Anfechtungsansprüchen nach der Rechtsprechung des BGH anzunehmen sein kann.[1313] Dass sich der Vorsatz des Verwalters nicht auf konkrete Anfechtungsansprüche und damit

1313 *Keramati/Klein*, NZI 2017, 421 (424).

auch nicht auf deren konkrete Höhe beziehen kann, ist bei der Strafzumessung zu berücksichtigen.

2. *Bei Gefährdungsschäden*

Anders als bei einem endgültigen wirtschaftlichen Verlust eines Anfechtungsanspruchs insbesondere aufgrund der Erhebung der Verjährungseinrede durch den Anfechtungsgegner besteht der Schaden bei zwar nicht geltend gemachten, aber auch noch nicht untergegangenen oder einredebehafteten Anfechtungsansprüchen in der Wertminderung aufgrund der Gefahr, dass die Ansprüche letztendlich durch den Verwalter selbst oder einen Nachfolge- beziehungsweise Sonderinsolvenzverwalter nicht mehr oder nur noch unter erschwerten Bedingungen ermittelt und geltend gemacht werden können. Da das vom 1. Strafsenat vom BGH für den Gefährdungsschaden bei der Untreue entwickelte Merkmal der überschießenden Innentendenz abzulehnen ist,[1314] kommt es bei der Bestimmung des Vorsatzes des Verwalters darauf an, ob jener den mit der Gefährdung des Anfechtungsanspruchs begründeten Vermögensnachteil erkannt und zumindest billigend in Kauf genommen hat.[1315] Genauso wie bei der endgültigen Undurchsetztbarkeit des Anfechtungsanspruchs aufgrund der Erhebung der Einrede der Verjährung nimmt der Verwalter aufgrund des planmäßigen Vorgehens in aller Regel bewusst in Kauf beziehungsweise es kommt ihm gerade darauf an, dass Anfechtungsansprüche nicht mehr ermittelt und durchgesetzt werden können, und dadurch der Insolvenzmasse bereits vor dem Ablauf der Verjährungsfrist ein Schaden in Form eines Gefährdungsschadens entsteht; der Vorsatz ist damit auch hinsichtlich eines Gefährdungsschadens in aller Regel zu bejahen.

In materiell-rechtlicher Hinsicht scheitert die Strafbarkeit des Verwalters vor diesem Hintergrund regelmäßig nicht an dessen fehlendem Vorsatz. Vielmehr ist die Bestimmung des Vorsatzes bei der missbräuchlichen unterlassenen Anfechtung zumeist allein in praktischer Hinsicht problematisch. Der strafprozessuale Nachweis des Vorsatzes der Pflichtverletzung sowie des Vermögensnachteils ist gerade aufgrund der in vielen Situationen umfangreichen Ermessensspielräume des Verwalters oft kaum fassbar.[1316]

1314 Siehe oben unter 4. Teil B. III. 1. a) aa).

1315 *Hoyer*, in: SK-StGB, § 266 Rn. 119; *Saliger*, in: S/S/W-StGB, § 266 Rn. 128; *Perron*, in: Schönke/Schröder-StGB, § 266 Rn. 49.

1316 *Weyand/Diversy*, Insolvenzdelikte, Rn. 224.

5. Teil: Strafprozessrecht

Die Problematik der Untreue durch den Insolvenzverwalter liegt sehr häufig nicht in der materiell-rechtlichen Beurteilung des Untreuetatbestandes als vielmehr in der Nachweisbarkeit der Tatbestandsverwirklichung durch den Insolvenzverwalter, vor allem der Beweisbarkeit des Vorsatzes.[1317] Wenngleich der Vorwurf der Untreue daher häufiger im Raum steht, scheitert die Strafbarkeit im Einzelfall in vielen Fällen an der fehlenden Beweisbarkeit.[1318] Auf der anderen Seite kann der Nachweis im Indizienprozess mitunter auch ohne größere Schwierigkeiten geführt werden, wenn etwa bewiesen werden kann, dass hinter der Handlung des Insolvenzverwalters massive Eigeninteressen stehen, z. B. durch den Nachweis der Zahlung von Provisionen für die unterlassene Insolvenzanfechtung oder den Nachweis der Gewährung anderer Vorteile.[1319]

Der strafrechtlichen Praxis stehen verschiedene Instrumente zur Verfolgung von Insolvenzdelikten zur Verfügung. Ein Anfangsverdacht wird dabei regelmäßig durch eine Strafanzeige eines geschädigten Gläubigers, des Nachfolgeinsolvenzverwalters, des Sonderinsolvenzverwalters oder eines der Organe der Gläubigerselbstverwaltung entstehen.[1320] Im Ermittlungsverfahren können insbesondere Stellen wie die Schuldnerkartei, das Mahngericht, der örtlich zuständige Gerichtsvollzieher und das Handelsregister als Informationsquelle genutzt werden. In Bezug auf die unterlassene Insolvenzanfechtung des Insolvenzverwalters ergeben sich die meisten Informationen allerdings aus den von der Staatsanwaltschaft anzufordernden Insolvenzakten; jene enthalten die für einen Nachweis der Verwirklichung der Tatbestandsmerkmale der Insolvenzanfechtungsnormen zumeist erforderlichen Indizien. Zulasten des Insolvenzverwalters dürfen die Insolvenzakten auch vollständig verwendet werden. Zwar ist die Einsicht in die Insolvenzakten beschränkt durch § 97 Abs. 1 InsO. Danach dürfen Auskünfte des Schuldners in einem Strafverfahren oder Ordnungswidrigkeitenverfahren gegen den Schuldner oder einen in § 52 Abs. 1 StPO bezeichneten Angehörigen des Schuldners nur mit Zustimmung des Schuldners verwendet werden. Angaben zulasten des Insolvenzverwalters sind von diesem

1317 *Joecks*, in: Bittmann, Praxishandbuch Insolvenzstrafrecht, § 24 Rn. 13.

1318 *Weyand/Diversy*, Insolvenzdelikte, Rn. 226.

1319 *Joecks*, in: Bittmann, Praxishandbuch Insolvenzstrafrecht, § 24 Rn. 13.

1320 *Ogiermann/Weber*, wistra 2011, 206 (212); *Bittmann*, in: Bittmann, Praxishandbuch Insolvenzstrafrecht, § 1 Rn. 2 ff.

Verwertungsverbot aber nicht betroffen. Zu berücksichtigen ist hingegen, dass Durchsuchungen und Beschlagnahmen etwa bei Steuerberatern, Wirtschaftsprüfern oder Sanierungsberatern durch die Schutzvorschriften der §§ 97 Abs. 1, 53 Abs. 1 Nr. 3 StPO nur eingeschränkt möglich sind.[1321]

A. Vorsätzliche Tatbestandsverwirklichung zur Überzeugung des Gerichts

Zu einer Verurteilung des Verwalters oder Sachwalters kann es nur kommen, wenn das Gericht davon überzeugt ist, dass der Täter vorsätzlich in Bezug auf alle Merkmale des objektiven Tatbestandes des § 266 StGB gehandelt hat. Problematisch stellt sich die Überzeugungsbildung dabei vor allem hinsichtlich des Vorsatzes bezüglich der Pflichtverletzung dar. Zum einen stehen dem Verwalter weitreichende Ermessenspielräume zu, zum anderen ist eine Abgrenzung zu einer straflosen fahrlässigen Begehung erforderlich. Hingegen ist der Schädigungsvorsatz i. d. R. weniger problematisch zu bestimmen. Hat der Insolvenzverwalter pflichtwidrig aufgrund einer Interessenkollision auf die Durchsetzung eines werthaltigen Anfechtungsanspruchs verzichtet, nimmt er damit i. d. R. gleichzeitig in Kauf, dass der Anspruch endgültig nicht mehr wird durchgesetzt werden können und damit der Insolvenzmasse ein Vermögensnachteil entsteht. Erforderlich für eine Strafbarkeit des Insolvenzverwalters oder Sachwalters aufgrund einer unterlassenen Insolvenzanfechtung ist in strafprozessualer Hinsicht daher, dass der Tatrichter von dem Vorliegen eines werthaltigen Anfechtungsanspruchs sowie dem untreuerelevanten Unterlassen der Geltendmachung dieses Anspruchs überzeugt im Sinne des § 261 StPO ist. Es stellt sich insoweit die Frage, wie für die Überzeugungsbildung des Tatrichters ausreichende Beweismittel für das Vorliegen der Tatbestandsmerkmale der verschiedenen Anfechtungsnormen sowie der Bonität und Verität des Anspruchs und schließlich der Erfüllung des § 266 StGB durch das Unterlassen der Geltendmachung des Anspruchs in die Hauptverhandlung eingeführt werden können. Für die Bestimmung des Vorliegens der Tatbestandsvoraussetzungen der Anfechtungsnormen kommt es zunächst allein auf zivilrechtliche Maßstäbe an; ob ein Anfechtungsanspruch besteht, einredefrei und durchsetzbar ist, bestimmt sich ausschließlich anhand zivilrechtlicher Maßstäbe. Im Ermittlungsverfahren muss insoweit zunächst das Vorliegen der Anspruchsvoraussetzungen einer Anfechtungsnorm ermittelt werden. Konnten insoweit genügend Beweismittel in die Hauptverhandlung

---

1321 Allg. zur Durchsuchung und Verwertungsverboten *Ransiek*, StV 2002, 565 (565 ff.).

eingeführt werden, müssen im Weiteren Beweismittel für die Erfüllung des § 266 StGB durch das Unterlassen der Geltendmachung des Anspruchs in die Hauptverhandlung eingebracht werden. Entscheidendes Gewicht kommt im Strafprozess letztendlich der Frage zu, inwieweit die Kenntnis des Verwalters von dem Bestehen eines werthaltigen Anfechtungsanspruchs sowie das vorsätzliche Unterlassen der Geltendmachung dieses Anspruchs zur Überzeugung des Gerichts festgestellt werden können. Gerade bei der Anfechtung länger in der Vergangenheit liegender Rechtshandlungen nach § 133 InsO, bei der es zudem mit dem Benachteiligungsvorsatz des Schuldners und der Kenntnis des Anfechtungsgegners von diesem Vorsatz auf naturgemäß schwer zu beweisende subjektive Merkmale ankommt, kann die für die Überzeugungsbildung maßgebliche Beweisaufnahme erhebliche Probleme bereiten.

Für zivilprozessuale Anfechtungsprozesse wurden von der Rechtsprechung zahlreiche Beweisanzeichen für den Nachweis der subjektiven Tatbestandsmerkmale der Anfechtungsnormen gebildet. Insoweit kann es in strafprozessualer Hinsicht bei der Kenntnis des Verwalters im Rahmen der Bestimmung des Vorsatzes maßgeblich auf die Kenntnis dieser Beweisanzeichen ankommen. So wird etwa bei § 133 InsO selten zur Überzeugung des Gerichts festgestellt werden können, dass der Verwalter positive Kenntnis der Kenntnis des Anfechtungsgegners vom Benachteiligungsvorsatz des Schuldners hatte. Wenn aber diese unmittelbare Beweisführung, dass der Verwalter positive Kenntnis vom Benachteiligungsvorsatz des Schuldners und der entsprechenden Kenntnis des Gläubigers hatte, nicht gelingt, kann unter Umständen die Kenntnis eines oder mehrerer Beweisanzeichen zur Überzeugung des Gerichts festgestellt werden. Damit kann sich das Gericht gleichzeitig von der Kenntnis des Verwalters von der Anfechtungsmöglichkeit überzeugen; es handelt sich also insoweit weniger um materiell-anfechtungsrechtliche als vielmehr um beweisrechtliche Fragen. Schließlich geht es im Zivilrecht zunächst um Beweisanzeichen, die den Schluss auf den subjektiven Tatbestand der Anfechtungsnorm erlauben,[1322] und im Strafprozess sodann um Indizien, die die Kenntnis des Verwalters von diesen Beweisanzeichen zur Überzeugung des Gerichts belegen. Zwar setzt dies voraus, dass der Verwalter auch die indizielle Bedeutung des Beweisanzeichens kannte. Von dieser Kenntnis kann regelmäßig aber schon aufgrund der zur Bestellung als Verwalter erforderlichen Geschäftskunde ausgegangen werden. Um als Insolvenzverwalter bestellt zu werden, muss der mögliche Insolvenzverwalter das notwendige insolvenzrechtliche Wissen vorweisen können. So muss es sich bei

1322 *Huber*, FS-Ganter, 203 (203).

dem Insolvenzverwalter gem. § 56 Abs. 1 Satz 1 InsO unter anderem um eine geschäftskundige Person handeln. Unter den Begriff der Geschäftskunde fallen alle zur Führung eines Insolvenzverfahrens erforderlichen Kenntnisse, die ein Verwalter aufweisen muss.[1323] Umfasst sind insbesondere auch Kenntnisse des Insolvenzanfechtungsrechts.[1324] Dies ist auch schon allein deshalb erforderlich, weil ein Insolvenzverwalter sein Amt als solches nicht auf einen anderen übertragen darf; vielmehr ist er mit diesem höchstpersönlich betraut.[1325] Insolvenzverfahrensspezifische Handlungen darf der Verwalter nur persönlich vornehmen; zulässig ist lediglich der gezielte Einsatz von Mitarbeitern. Dies ist in größeren Verfahren auch praktisch unvermeidbar und kann sogar geboten sein. Dazu gehört auch die Führung eines Anfechtungsprozesses.[1326] Insoweit ist aber stets erforderlich, dass der Insolvenzverwalter persönlich über das „Ob“ der Prozessführung entscheidet. Lediglich das „Wie“, also die Umsetzung seiner Entscheidung, darf auf Mitarbeiter deligiert werden.[1327] Ohne Kenntnisse im Insolvenzanfechtungsrecht ist dem Verwalter diese Entscheidung nicht möglich.

Letzten Endes muss im Strafprozess zur Überzeugungsbildung des Gerichts eine Prognose erstellt werden, ob der Verwalter in einem zivilrechtlichen Anfechtungsprozess obsiegt hätte, der Titel hätte vollständig realisiert werden können, und der Verwalter dennoch – aufgrund sachwidriger Motive – trotz Kenntnis des werthaltigen Anspruchs pflichtwidrig auf dessen Geltendmachung verzichtet und damit der Insolvenzmasse vorsätzlich einen Vermögensschaden zugefügt hat. Der Tatrichter im Strafprozess muss also insbesondere nach § 261 StPO überzeugt sein, dass zum einen in einem Zivilprozess der Zivilrichter gem. § 286 Abs. 1 Satz 1 ZPO die Überzeugung erlangt hätte, dass der Anfechtungsanspruch besteht, und zum anderen, dass der Anspruch auch werthaltig war, insbesondere also ein zahlungsfähiger Anfechtungsgegner gegeben war. Der Insolvenzverwalter muss daher auch über alle zur ordnungsgemäßen Insolvenzverwaltung

---

1323 *Zipperer*, in: Uhlenbruck-InsO, § 56 Rn. 17; *Riedel*, in: Heidelberger Kommentar-InsO, § 56 Rn. 5.

1324 *Zipperer*, in: Uhlenbruck-InsO, § 56 Rn. 18; *Ries*, in: K. Schmidt-InsO, § 56 Rn. 17.

1325 Vgl. BVerfG, Beschl. v. 03.08.2009 – 1 BvR 369/08, NJW-RR 2009, 1502 (1504 f.) Rn. 22 ff.

1326 BGH, Beschl. v. 19.09.2013 – IX AR (VZ) 1/12, NJW 2013, 3374 (3374) Rn. 9; BGH, Beschl. v. 25.09.2014 – IX ZB 11/14, NZI 2015, 20 (22) Rn. 27; BGH, Beschl. v. 13.10.2016 – IX AR (VZ) 7/15, NJW-RR 2016, 1447 (1448) Rn. 13.

1327 BFH, Urt. v. 15.12.2010 – VIII R 50/09, NZI 2011, 301 (304) Rn. 46; *Zipperer*, in: Uhlenbruck-InsO, § 56 Rn. 21; *Graeber*, in: MüKo-InsO, § 56 Rn. 149.

notwendigen rechtlichen und kaufmännischen Kenntnisse verfügen.[1328] Unter diese Kenntnis fällt auch diejenige des Insolvenzanfechtungsrechts.[1329]

I. Grundstrukturen des zivilprozessualen Beweisrechts

In der Praxis kommen Anfechtungsansprüche, die weder mit einem Veritäts- noch mit einem Bonitätsrisiko verbunden sind, praktisch nicht vor; der Verwalter muss auch beim grundsätzlichen Vorliegen der Tatbestandsvoraussetzungen einer Anfechtungsnorm die Risiken der gerichtlichen Geltendmachung abschätzen.[1330] Über die Möglichkeit der Durchsetzung eines materiell-rechtlichen Anspruchs entscheidet im zivilrechtlichen Anfechtungsprozess die Beweisbarkeit des behaupteten Anspruchs, soweit die klägerseitige Behauptung bestritten wird und nicht offenkundig ist.[1331] In Anfechtungsrechtsstreiten ist zunächst zu berücksichtigen, dass es sich beim Anfechtungsverfahren um eine bürgerlichrechtliche Streitigkeit im Sinne des § 13 GVG handelt,[1332] so dass die Dispositionsmaxime sowie die Verhandlungsmaxime (Beibringungsgrundsatz) gelten und nicht wie gem. § 5 InsO im Insolvenzverfahren der Amtsermittlungsgrundsatz.[1333] Aufgrund der Geltung der Dispositionsmaxime können die Parteien alleine oder mit wechselseitiger Zustimmung über den Streitgegenstand und insoweit über Gang und Inhalt des Verfahrens frei verfügen.[1334] Mit dem Beibringungsgrundsatz ist es prinzipiell Aufgabe der Parteien, Tatsachen und Beweismittel in den Prozess einzuführen.[1335] Grundsätzlich ist im Zivilverfahren der Strengbeweis erforderlich. Dieser kann nur durch die gesetzlich geregelten (förmlichen) Beweismittel der §§ 373 - 484 ZPO geführt werden.[1336] Förmliche Beweismittel sind der Augenschein (§§ 371 - 372a ZPO), Zeugen (§§ 373 - 401 ZPO), Sachverständige (§§ 402 - 414 ZPO), Urkunden (§§ 415 - 444 ZPO),

---

1328 *Zipperer*, in: Uhlenbruck InsO, § 56 Rn. 18.

1329 *Zipperer*, in: Uhlenbruck-InsO, § 56 Rn. 18.

1330 *Kirstein*, ZInsO 2016, 1522 (1540).

1331 Ausf. *Wüstenberg*, Non liquet im Insolvenzverfahren, S. 35 ff.

1332 BGH, Urt. v. 07.05.1991 – IX ZR 30/90, BGHZ 114, 315 (320); BGH, Beschl. v. 02.06.2005 – IX ZB 235/04, NZI 2005, 499 (499).

1333 *Pape/Uhlenbruck/Voigt-Salus*, Insolvenzrecht, Kap. 12 Rn. 5 f.; *Laumen/Vallender*, NZI 2016, 609 (609); *Prütting*, in: MüKo-ZPO, § 284 Rn. 89; *K. Schmidt*, in: K. Schmidt-InsO § 17 Rn. 37; ausf. *Wüstenberg*, Non liquet im Insolvenzverfahren, passim.

1334 *Musielak*, in: Musielak/Voit-ZPO, Einleitung Rn. 37.

1335 *Stadler*, in: Musielak/Voit-ZPO, § 139 Rn. 1.

1336 *Saenger*, in: Saenger-ZPO, § 284 Rn. 19; *Foerste*, in: Musielak/Voit-ZPO, § 284 Rn. 5.

Parteivernehmung (§§ 445 - 455 ZPO); daneben ist förmliches Beweismittel ausnahmsweise auch die amtliche Auskunft (§§ 273 Abs. 2 Nr. 2, 358a Satz 2 Nr. 2 ZPO), wenn sie in der Sache als Zeugen- oder Sachverständigenbeweis durchgeführt wird.[1337] Gem. § 4 InsO gelten die beweisrechtlichen Vorschriften der ZPO auch im Anfechtungsprozess.[1338] Damit kommt es im Anfechtungsprozess wie allgemein in Zivilprozessen auf die richterliche Würdigung der Behauptungen der Parteien und der angebotenen Beweise an.[1339] Gem. § 286 Abs. 1 Satz 1 ZPO hat das Gericht unter Berücksichtigung des gesamten Inhalts der Verhandlung und des Ergebnisses einer etwaigen Beweisaufnahme nach freier Überzeugung zu entscheiden, ob eine tatsächliche Behauptung für wahr oder für nicht wahr zu erachten sei. Der Zivilrichter ist dabei gem. § 286 Abs. 2 ZPO in den durch dieses Gesetz bezeichneten Fällen an gesetzliche Beweisregeln gebunden. Daneben kann ausnahmsweise der Freibeweis angeordnet werden bei Amtsauskunft (§§ 273 Abs. 2 Nr. 2, 358a Satz 2 Nr. 2 ZPO) sowie bei Zustimmung der Parteien (§ 284 Satz Satz 2 - 4 ZPO).[1340] Nach mittlerweile allgemeiner Ansicht ist dabei zunächst zwischen dem Beweismaß und der Beweiswürdigung zu unterscheiden.[1341] Insoweit bestimmt zunächst das Beweismaß als Rechtsfrage[1342], welche Anforderungen an die beweiskräftige Feststellung der streitigen Tatsache zu stellen sind.[1343] Gegenstand der freien Beweiswürdigung als einer Tatfrage ist demgegenüber die Frage, ob die erforderliche Beweisstärke im jeweiligen Einzelfall tatsächlich auch erreicht ist.[1344] Grundlage der Beweiswürdigung ist der gesamte Inhalt der Verhandlung, also das Vorbringen, Handlungen, Unterlassungen, persönlicher Eindruck von den Prozessbeteiligten sowie ihrer Vertreter einschließlich einer Beweisaufnahme.[1345] Die Beweislastregeln ordnen schließlich an, wie

---

1337 *Saenger*, in: Saenger-ZPO, § 284 Rn. 3; *Foerste*, in: Musielak/Voit-ZPO, § 284 Rn. 8.

1338 *Laumen/Vallender*, NZI 2016, 609 (609).

1339 *Kopp/Schmidt*, JR 2015, 51 (51); vgl. *Walter*, JZ 2006, 340 (340).

1340 *Foerste*, in: Musielak/Voit-ZPO, § 284 Rn. 5, 26; *Bacher*, in: BeckOK-ZPO, § 284 Rn. 106 ff.

1341 *Kopp/Schmidt*, JR 2015, 51 (52); *Huber*, FS-Ganter, 203 (204).

1342 Rechtsfrage meint die rechtliche Würdigung des Sachverhalts, Tatfrage die Feststellung der zugrunde liegenden Tatsachen. Die Abgrenzung ist relevant bei der Bestimmung der Zulässigkeit der Revision nach §§ 545, 546 ZPO, s. dazu *Krüger*, in: MüKo-ZPO, § 546 Rn. 2 f. m. w. N.

1343 *Prütting*, in: MüKo-ZPO, § 286 Rn. 28; *Saenger*, in: Saenger-ZPO, § 286 Rn. 15; *Kopp/Schmidt*, JR 2015, 51 (52); *Treuer/Schönberg/Treuer*, Leitfaden zur Zeugenvernehmung, Rn. 221.

1344 *Saenger*, in: Saenger-ZPO, § 286 Rn. 15; *Huber*, FS-Ganter, 203 (204).

1345 *Reichold*, in: Thomas/Putzo-ZPO, § 286 Rn. 6.

der Richter zu entscheiden hat, wenn weder der Tatsachenvortrag der einen noch der anderen Seite bewiesen werden kann (non liquet).[1346]

Nach dem ungeschriebenen Grundprinzip der Beweislastverteilung muss jede Partei die Voraussetzungen der ihr günstigen Norm beweisen.[1347] Im Allgemeinen trifft daher den Anspruchssteller die Beweislast für die rechtsbegründenden Tatsachen, während der Gegner den Beweis für rechtshemmende, rechtshindernde oder rechtsvernichtende Tatsachen zu erbringen hat.[1348] Die Darlegungs- und Beweislast in einem Anfechtungsprozess trägt danach grundsätzlich der Insolvenzverwalter.[1349] Schließlich handelt es sich bei den Tatbestandsmerkmalen der Anfechtungsnormen um für ihn günstige Tatsachen. Der Anfechtungsprozess wird grundsätzlich von dem Regelbeweismaß des § 286 Abs. 1 Satz 1 ZPO beherrscht, wonach das Gericht nach freier Überzeugung entscheidet, ob eine tatsächliche Behauptung für wahr oder für nicht wahr zu erachten ist (sogenannter Vollbeweis).[1350] Nach der wohl herrschenden objektiv-subjektiven Beweismaßtheorie ist damit maßgeblich die aufgrund eines (objektiv) hohen Wahrscheinlichkeitsgrades erlangte persönliche (subjektive) Gewissheit des Richters, die aber keine von allen Zweifeln freie Überzeugung voraussetzt.[1351] In einer Grundsatzentscheidung (Anastasia) hat der BGH insoweit ausgeführt, der Richter dürfe und müsse sich „[…] in tatsächlich zweifelhaften Fällen mit

1346 *Huber*, FS-Ganter, 203 (204); *Prütting*, in: MüKo-ZPO, § 286 Rn. 104 ff.; ausf. *Wüstenberg*, Non liquet im Insolvenzverfahren, S. 60 ff.

1347 Ständige Rechtsprechung, BGH, Urt. v. 14.01.1991 – II ZR 190/89, BGHZ 113, 222 (224); BGH, Urt. v. 18.05.2005 – VIII ZR 368/03, NJW 2005, 2395 (2396); BGH, Urt. v. 10.03.2010 – IV ZR 264/08, NJW-RR 2010, 1378 (1379) Rn. 12.

1348 BGH, Urt. v. 14.01.1991 – II ZR 190/89, BGHZ 113, 222 (224).

1349 *Zeuner*, in: Rattunde/Smid/Zeuner-InsO, § 129 Rn. 48; *Laumen/Vallender*, NZI 2016, 609 (615).

1350 *Saenger*, in: Saenger-ZPO, § 286 Rn. 13; *Schoppmeyer*, in: Kübler/Prütting/Bork-InsO, § 130 Rn. 114; *Huber*, FS-Ganter, 203 (204); *Laumen/Vallender*, NZI 2016, 609 (611).

1351 BGH, Urt. v. 17.02.1970 – III ZR 139/67, BGHZ 53, 245 (256); *Kopp/Schmidt*, JR 2015, 51 (52 ff.); *Wüstenberg*, Non liquet im Insolvenzverfahren, S. 46; die subjektive Beweismaßtheorie betrachtet dagegen ausschließlich die subjektive Überzeugung des berufenen Richter, vgl. *Saenger*, in: Saenger-ZPO, § 286 Rn. 13; die objektive Beweismaßtheorie stellt dagegen allein, losgelöst von der subjektiven Einschätzung des berufenen Richters, auf einen bestimmten Grad der Wahrscheinlichkeit als die entscheidende Größe für die Überzeugungsbildung ab, *Pfeiffer*-StPO, § 261 Rn. 1 f.; ausf. m. w. N. *Huber*, Das Beweismaß im Zivilprozess, S. 102 ff., vgl. *Luttermann/Vahlenkamp*, ZIP 2003, 1629 (1632 f.).

einem für das praktische Leben brauchbaren Grad von Gewißheit begnügen, der den Zweifeln Schweigen gebietet, ohne sie völlig auszuschließen."[1352] Der BGH erkennt also an, dass das Ideal der absoluten Gewissheit rechtstatsächlich nicht zu erreichen ist; eine die absolute Gewissheit verschaffende Erkenntnismöglichkeit steht dem Richter schließlich in aller Regel nicht zur Verfügung.[1353] Gleichwohl müssen der subjektiven Gewissheit objektive Tatsachen wie allgemeine Erfahrungssätze sowie Natur- und Denkgesetze zugrunde gelegt werden.[1354] Durch diese objektiv-subjektive Beweismaßtheorie kann – jedenfalls zu einem gewissen Grade – eine objektive Überprüfbarkeit der richterlichen (subjektiven) Überzeugungsfindung erreicht werden, die diese Theorie gegenüber einer allein objektiven oder allein subjektiven Theorie überlegen macht.[1355] Entscheidend ist vor diesem Hintergrund zunächst, wie der Richter – unter Berücksichtigung objektiver Tatsachen wie allgemeiner Erfahrungssätze sowie Natur- und Denkgesetze – die Wahrscheinlichkeit der Existenz einer streitigen Tatsache beurteilt.[1356] Im Anschluss daran ist zu beurteilen, ob sich der Richter aufgrund des ermittelten Grades an Wahrscheinlichkeit auch die persönliche Gewissheit verschaffen kann.[1357]

II. Der Indizienprozess

Eine erhebliche Bedeutung kommt im Rahmen der freien Beweiswürdigung den Indiztatsachen für die Voraussetzungen eines Anfechtungsanspruchs zu.[1358] Das streitige Tatbestandsmerkmal selbst ist Gegenstand des unmittelbaren Beweises. Durch den unmittelbaren Beweis wird das Gericht in die Lage versetzt, direkt – ohne logische Zwischenschritte – auf das Vorliegen oder Nichtvorliegen eines

---

1352 BGH, Urt. v. 17.02.1970 – III ZR 139/67, BGHZ 53, 245 (256).

1353 Vgl. *Kopp/Schmidt*, JR 2015, 51 (53 f.).

1354 Ständige Rechtsprechung, BGH, Urt. v. 17.02.1970 – III ZR 139/67, BGHZ 53, 245 (261); BGH, Urt. v. 05.10.2004 – XI ZR 210/03, BGHZ 160, 308 (316 f.); BGH, Urt. v. 08.07.2008 – VI ZR 274/07, NJW 2008, 2845 (2845) Rn. 7; BGH, Urt. v. 16.04.2013 – VI ZR 44/12, NJW 2014, 71 (73) Rn. 13; BGH, Urt. v. 18.01.2018 – IX ZR 144/16, NZI 2018, 264 (265) Rn. 12; zust. *Reichold*, in: Thomas/Putzo-ZPO, § 286 Rn. 2; ausf. *Foerste*, in: Musielak/Voit-ZPO, § 286 Rn. 10a.

1355 *Kopp/Schmidt*, JR 2015, 51 (54); ausf. *Herdegen*, Beweisantragsrecht, Beweiswürdigung, strafprozessuale Revision, 108 (118 ff.).

1356 *Kopp/Schmidt*, JR 2015, 51 (54); *Huber*, FS-Ganter, 203 (204 f.).

1357 *Huber*, FS-Ganter, 203 (205).

1358 *Huber*, FS-Ganter, 203 (205); *Laumen/Vallender*, NZI 2016, 609 (617).

Tatbestandsmerkmals beziehungsweise einer Tatsache zu schließen.[1359] Der mittelbare (Indizien-)Beweis bezieht sich demgegenüber auf andere, tatbestandsfremde Tatsachen, die sogenannten Indizien, Anzeichen, Indiz-, Beweis- oder Hilfstatsachen; in der Regel soll durch ihr Zusammenwirken das Gericht von dem Vorliegen tatbestandsfremder – ihrerseits zu beweisender – Umstände, die den Schluss auf das gesetzliche Tatbestandsmerkmal erlauben, überzeugt werden.[1360] Es kann also von einem Indiz oder einer Mehrzahl auf die festzustellende Haupttatsache geschlossen werden, wenn die Haupttatsache selbst der Wahrnehmung nicht zugänglich ist.[1361] Entscheidendes Gewicht kommt beim Indizienbeweis demnach nicht der eigentlichen Indiztatsache zu, sondern dem Denkprozess, der durch das Indiz angestoßen wird, und der den Schluss auf die Haupttatsache ermöglicht; der Denkprozess ist damit das eigentliche Kernstück des Indizienbeweises.[1362] Gerade dieser mittelbare Beweis spielt in Anfechtungsprozessen häufig – vor allem bei dem Beweis der subjektiven Tatbestandsmerkmale – eine zentrale Rolle.[1363] Schließlich können innere Tatsachen wie die Kenntnis der Zahlungsunfähigkeit anders als äußere Tatsachen wie die objektive Zahlungsunfähigkeit zumeist nur durch äußere Indiztatsachen belegt werden.[1364] Gleichwohl ist beim Indizienprozess zu berücksichtigen, dass die Schlüsse aus den Beweisanzeichen naturgemäß mit gewissen Unsicherheiten verbunden sind.[1365] Indizien sind zur Überzeugungsbildung jedenfalls dann beweiskräftig, wenn andere Schlüsse als diejenigen, die auf das gesuchte Tatbestandsmerkmal hinweisen, nicht ernstlich in Betracht kommen.[1366]

1359 *Saenger*, in: Saenger-ZPO, § 286 Rn. 25; *Huber*, FS-Ganter, 203 (206); *Laumen/Vallender*, NZI 2016, 609 (610).

1360 *Saenger*, in: Saenger-ZPO, § 286 Rn. 26; *Huber*, FS-Ganter, 203 (206); *Laumen/Vallender*, NZI 2016, 609 (610).

1361 *Kopp/Schmidt*, JR 2015, 51 (55).

1362 BGH, Urt. v. 17.02.1970 – III ZR 139/67, BGHZ 53, 245 (260 f.); BGH, Urt. v. 14.01.1993 – IX ZR 238/91, NJW 1993, 935 (938); *Kopp/Schmidt*, JR 2015, 51 (55); *Huber*, FS-Ganter, 203 (206 f.).

1363 *Henssler/Markworth*, NZI 2016, 986 (989); *Laumen/Vallender*, NZI 2016, 609 (610).

1364 BVerfG, Beschl. v. 30.06.1993 – 2 BvR 459/93, NJW 1993, 2165 (2166); BGH, Urt. v. 18.01.2018 – IX ZR 144/16, NZI 2018, 264 (265) Rn. 10 m. w. N. (ständige Rechtsprechung); *Kopp/Schmidt*, JR 2015, 51 (51); *Henssler/Markworth*, NZI 2016, 986 (989); *Reichold*, in: Thomas/Putzo-ZPO, § 286 Rn. 2.

1365 *Kopp/Schmidt*, JR 2015, 51 (51); *Henssler/Markworth*, NZI 2016, 986 (989).

1366 BGH, Urt. v. 14.01.1993 – IX ZR 238/91, NJW 1993, 935 (938); *Huber*, FS-Ganter, 203 (206); *Laumen/Vallender*, NZI 2016, 609 (610).

Die Beweisführung im Rahmen des Indizienprozesses folgt im Zivilverfahren den gleichen Regeln wie im Strafverfahren. Es kann beiden also ein einheitliches Denkmodell zugrunde gelegt werden. Zunächst ist die gesuchte Haupttatsache zu bestimmen, sodann sind die dazu vorliegenden Indizien zu ermitteln, und im Anschluss daran ist festzustellen, welche Beweisrichtung die jeweiligen Indizien haben und ob sich dadurch die Wahrscheinlichkeit für die Existenz der Haupttatsache erhöht. Die Wahrscheinlichkeit für die Existenz der Haupttatsache wird erhöht, wenn das Indiz bei der Haupttatsache öfter als bei der Nicht-Haupttatsache auftritt; je häufiger ein Indiz bei der Haupttatsache gegenüber dem Auftreten bei der Nicht-Haupttatsache auftritt, desto höher ist die Wahrscheinlichkeit in Bezug auf die Haupttatsache und entsprechend höher die Beweiskraft des Indizes.[1367] Darüber hinaus hängt die Beweiskraft davon ab, wie häufig die Haupttatsache im Vergleich zu allen anderen Fällen eintritt.[1368] Empirische Belege für die zugrundeliegenden Häufigkeiten liegen praktisch indes häufig nicht vor. Dann kann die Wahrscheinlichkeit nur anhand empirisch nicht gesicherter Erfahrungssätze abgeschätzt werden.[1369] Reicht keine der Indiztatsachen für sich allein zum Nachweis der Haupttatsache aus, besteht die Möglichkeit, dass die Indizien in ihrer Gesamtheit dem Gericht die erforderliche Überzeugung vermitteln können.[1370] Beim Indizienprozess hängt die Gesamtbeweiskraft aller in die Hauptverhandlung ordnungsgemäß eingeführten Indizien von dem Zusammenspiel der Indizien ab. Erforderlich ist daher stets eine Gesamtwürdigung.[1371] Belastende und entlastende Indizien sind mit

---

1367 *Liebhart*, NStZ 2016, 134 (134); *Velten*, in: SK-StPO, Vor § 261 Rn. 4; *Nack*, NJW 1983, 35 (36); *Treuer/Schönberg/Treuer*, Leitfaden zur Zeugenvernehmung, Rn. 246; *Bender/Nack/Treuer*, Tatsachenfeststellung vor Gericht, Rn. 568.

1368 *Velten*, in: SK-StPO, Vor § 261 Rn. 4; *Treuer/Schönberg/Treuer*, Leitfaden zur Zeugenvernehmung, Rn. 245; *Bender/Nack/Treuer*, Tatsachenfeststellung vor Gericht, Rn. 589.

1369 *Liebhart*, NStZ 2016, 134 (134); *Bender/Nack/Treuer*, Tatsachenfeststellung vor Gericht, Rn. 579.

1370 BGH, Urt. v. 30.03.2004 – 1 StR 354/03, NStZ-RR 2004, 238 (239); BGH, Urt. v. 11.11.2015 – 1 StR 235/15, NStZ-RR 2016, 47 (49); BGH, Urt. v. 27.01.1994 – I ZR 326/91, NJW 1994, 2289 (2291 f.); BAG, Urt. v. 21.09.2017 – 2 AZR 57/17, BAGE 160, 221 (227 f.) Rn. 38.

1371 BGH, Urt. v. 30.03.2004 – 1 StR 354/03, NStZ-RR 2004, 238 (239); BGH, Urt. v. 10.08.2011 – 1 StR 114/11, NStZ 2012, 110 (111); BGH, Urt. v. 05.11.2014 – 1 StR 327/14, NStZ-RR 2015, 83 (85); BGH, Urt. v. 21.05.2015 – 4 StR 577/14, BeckRS 2015, 10699 Rn. 15; BGH, Urt. v. 11.11.2015 – 1 StR 235/15, NStZ-RR 2016, 47 (49);

ihrem jeweiligen Beweiswert in die Gesamtwürdigung einzustellen und in ihrer Gesamtheit bei der Überzeugungsbildung des Tatrichters im Zusammenhang mit anderen Beweisanzeichen umfassend zu würdigen.[1372] Liegen mehrere voneinander unabhängige Indizien vor, können die Indizien in ihrer Gesamtschau die erforderliche Überzeugung vermitteln.[1373] Dazu ist zunächst für jedes Indiz die Beweisstärke zu bestimmen und anschließend der Gesamtbeweiswert aller Indizien.[1374] Es handelt sich dann in der Regel um einen sogenannten Beweisring.[1375] Ein solcher liegt vor, wenn jedes Indiz für sich genommen auf die Haupttatsache hinweist und sich deshalb der Gesamtbeweiswert aller Indizien erhöht;[1376] mehrere Indizien, die für sich allein genommen keinen Nachweis der Haupttatsache erlauben, können beim Beweisring durch ihre Gesamtschau dem Richter die erforderliche richterliche Überzeugung vom Bestehen der Haupttatsache vermitteln.[1377] Erlauben hingegen die vorliegenden Indizien nicht unabhängig voneinander den Schluss auf die Haupttatsache, kann eine sogenannte Beweiskette, bei der ein Indiz auf das nächste und erst das letzte auf die gesuchte Haupttatsache hinweist, Grundlage für die Überzeugungsbildung des Richters sein.[1378] In der Regel sind zwischen den Indizien der Beweiskette und der Haupttatsache mehrere Schlussfolgerungen erforderlich; in diesem Fall muss die Beweiskette lückenlos sein.[1379] Bei der Beweiskette stehen die einzelnen Indizien in der Weise in Abhängigkeit zueinander, dass sie nur dann einen Schluss

---

vgl. BVerfG, Beschl. v. 30.04.2003 – 2 BvR 2045/02, NJW 2003, 2444 (2445); *Puppe*, ZIS 2015, 320 (320 f.).

1372 *Ott*, in: Karlsruher Kommentar-StPO, § 261 Rn. 58.

1373 *Liebhart*, NStZ 2016, 134 (135); *Velten*, in: SK-StPO, Vor § 261 Rn. 4.

1374 *Maier*, NStZ 2005, 246 (249 f.).

1375 *Bender/Nack/Treuer*, Tatsachenfeststellung vor Gericht, Rn. 627 ff.; *Ott*, in: Karlsruher Kommentar-StPO, § 261 Rn. 78; *Liebhart*, NStZ 2016, 134 (134); *Kopp/Schmidt*, JR 2015, 51 (56).

1376 *Treuer/Schönberg/Treuer*, Leitfaden zur Zeugenvernehmung, Rn. 259; *Bender/Nack/Treuer*, Tatsachenfeststellung vor Gericht, Rn. 606 ff.

1377 BGH, Urt. v. 26.05.1999 – 3 StR 110/99, NStZ-RR 2000, 45 (45) Ls. 1; BGH, Urt. v. 30.03.2004 – 1 StR 354/03, NStZ-RR 2004, 238 (239); BGH, Urt. v. 10.08.2011 – 1 StR 114/11, NStZ 2012, 110 (111) Rn. 21; BGH, Urt. v. 18.08.2015 – 5 StR 78/15, NStZ-RR 2015, 349 (350); *Ceffinato*, ZStW 2016, 804 (816); *Ott*, in: Karlsruher Kommentar-StPO, § 261 Rn. 77; *Huber*, FS-Ganter, 203 (207).

1378 *Ott*, in: Karlsruher Kommentar-StPO, § 261 Rn. 78; *Bender/Nack/Treuer*, Tatsachenfeststellung vor Gericht, Rn. 613 ff.; *Ceffinato*, ZStW 2016, 804 (816); *Liebhart*, NStZ 2016, 134 (134); *Kopp/Schmidt*, JR 2015, 51 (56).

1379 *Schmitt*, in: Meyer-Goßner/Schmitt-StPO, § 261 Rn. 25.

auf die Beweistatsache zulassen, wenn sie zusammen vorliegen. Folge dieses Zusammenhangs ist, dass sich bei der Beweiskette die jeweiligen Unsicherheiten der einzelnen Indizien verstärken und damit die Gesamtwahrscheinlichkeit abnimmt.[1380] Je mehr Indizien in einer Beweiskette vorhanden sind, desto mehr Unsicherheiten sind zu berücksichtigen. Je größer die Unsicherheiten der einzelnen Indizien, desto geringer ist der Beweiswert der Beweiskette. Sind weder Beweisring noch Beweiskette allein ausreichende Grundlage für die Überzeugungsbildung des Gerichts, können Beweisring und Beweiskette dem Richter auch in ihrem Zusammenspiel den Schluss auf die Haupttatsache vermitteln.[1381]

III. Anfechtungsrechtliche Beweisführung

Die besondere Problematik bei der Insolvenzanfechtung besteht darin, dass der Verwalter uneingeschränkt darlegungspflichtig ist. Das ist insofern problematisch, als dass Anfechtungsansprüche i. d. R. auf komplexen wirtschaftlichen Tatbeständen beruhen, die der Verwalter ausermitteln, dokumentieren und darlegen muss.[1382] Zwar kann der Insolvenzverwalter auf die gesamte Buchhaltung des Schuldners zugreifen, soweit diese in der Krise noch geführt wurde; aus Bilanzen, Summen- und Saldenlisten, betriebswirtschaftlichen Auswertungen und der Buchhaltung lassen sich regelmäßig allerdings nicht alle Angaben, die zum Beweis der Voraussetzungen der Anfechtungsnormen der §§ 129 ff. InsO erforderlich sind, entnehmen.[1383] Vielmehr fehlt eine ausreichende Dokumentation durch den Schuldner über die den den Anfechtungsansprüchen zugrundeliegenden Sachverhalte in den meisten Fällen.[1384] Teilweise werden Anfechtungsansprüche darüber hinaus auch – etwa als rechtswidrige Asset Protection Maßnahmen – durch die Art der Buchhaltung, durch irreführende Dokumentationen oder eine nicht ordnungsgemäße und nicht vollständige Buchhaltung zielgerichtet verdeckt. [1385] Generell reicht es nicht aus,

---

1380 *Ott*, in: Karlsruher Kommentar-StPO, § 261 Rn. 78; *Velten*, in: SK-StPO, Vor § 261 Rn. 4; *Liebhart*, NStZ 2016, 134 (135); *Treuer/Schönberg/Treuer*, Leitfaden zur Zeugenvernehmung, Rn. 266; *Bender/Nack/Treuer*, Tatsachenfeststellung vor Gericht, Rn. 616.

1381 *Ott*, in: Karlsruher Kommentar-StPO, § 261 Rn. 78; vgl. *Kopp/Schmidt*, JR 2015, 51 (56).

1382 *Weyand/Diversy*, in: Haarmeyer/Huber/Schmittmann, Teil VIII Rn. 16.

1383 *Kirstein*, ZInsO 2006, 966 (971).

1384 *Weyand/Diversy*, in: Haarmeyer/Huber/Schmittmann, Teil VIII Rn. 16.

1385 *Kirstein*, ZInsO 2006, 966 (971 f.).

dass der Insolvenzverwalter zur Darlegung der Anfechtungsansprüche allein auf das Rechnungswesen des Schuldners verweist; das Rechnungswesen liefert zumeist lediglich Anhaltspunkte für weitere Ermittlungen. Die Darlegung des Anspruchs erfordert darüber hinaus besondere betriebswirtschaftliche Auswertungen.[1386] Zusätzlich erschwert wird die Darlegung im Prozess dadurch, dass das Rechnungswesen – soweit überhaupt – stets nur die Vermögenssituation zu bestimmten Stichtagen darstellt. Für die Anfechtungszeiträume ist dagegen eine Vermögens- und Schuldenentwicklung in den verschiedenen Anfechtungszeiträumen nach dem jeweiligen Zeitpunkt der anfechtbaren Rechtshandlung des Schuldners (§ 140 InsO) erforderlich. Es ist daher absoluter Regelfall, dass Anfechtungsansprüche verdeckt sind und vom Verwalter ermittelt und aufbereitet werden müssen; lediglich bei ordnungsgemäßer Buchführung und Vermögensverfügungen kurz vor Antragstellung kann es vorkommen, dass der Verwalter Insolvenzanfechtungsansprüche problemlos erkennen und ohne besondere Anstrengungen prozessreif aufbereiten kann.[1387]

Für verschiedene Tatbestandsmerkmale der anfechtungsrechtlichen Normen, insbesondere zu den subjektiven Merkmalen der Vorsatzanfechtung nach § 133 InsO, hat sich im Laufe der Zeit in der höchstrichterlichen Rechtsprechung eine Vielzahl von Beweisanzeichen herausgebildet. Die Beweisfragen bei der Anfechtung wegen vorsätzlicher Benachteiligung nach § 133 InsO sind mittlerweile keineswegs mehr einfach zu überblicken, da die Rechtsprechung etliche Modifizierungen und Ausdifferenzierungen bezüglich der Beweislastverteilung vorgenommen hat.[1388] Die Beweisanzeichen beziehen sich fast ausschließlich auf sogenannte innere Tatsachen. Daran zeigt sich auch die besondere Problematik des Beweisgangs. Schließlich sind innere Tatsachen nur einem mittelbaren Beweis zugänglich.[1389] Es sind daher Indizien festzustellen, die einen beweiskräftigen Schluss auf die jeweilige subjektive Tatsache zulassen.[1390]

1386 *Kirstein*, ZInsO 2006, 966 (971 f.).

1387 Vgl. *Kayser*, NJW 2014, 422 (422 f.).

1388 Vgl. BGH, Urt. v. 08.12.2005 – IX ZR 182/01, NZI 2006, 159 (161 f.) Rn. 21 ff.; *Thole*, ZIP 2013, 2081 (2081 ff.); *Bartels*, KTS 2016, 301 (304 ff.).

1389 BGH, Urt. v. 17.09.2020 – IX ZR 174/19, NZI 2020, 1101 (1102) Rn. 17.

1390 BGH, Urt. v. 18.01.2018 – IX ZR 144/16, NZI 2018, 264 (265) Rn. 10 m. w. N. (ständige Rechtsprechung); *Huber*, FS-Ganter, 203 (208); *Laumen/Vallender*, NZI 2016, 609 (617).

1. Objektive Kriterien

Erforderlich für die Anfechtung nach einer der Normen der §§ 129 ff. InsO ist zunächst die Erfüllung der jeweiligen objektiven Tatbestandsmerkmale. Neben den für alle anfechtungsrechtlichen Normen erforderlichen Voraussetzungen der Rechtshandlung des Schuldners[1391] und einer dadurch eingetretenen zumindest mittelbaren Gläubigerbenachteiligung[1392] sind in den verschiedenen Anfechtungstatbeständen zusätzliche objektive Voraussetzungen erforderlich. Zudem muss in allen Tatbeständen, in denen die Kenntnis der Zahlungsunfähigkeit gefordert wird, zunächst die objektive Zahlungsunfähigkeit eingetreten sein.

a) Die objektive Zahlungsunfähigkeit

Die Zahlungsunfähigkeit[1393] ist einer der zentralen Rechtsbegriffe der InsO. Der Begriff bezeichnet nicht nur den allgemeinen Eröffnungsgrund des Insolvenzverfahrens (§ 17 Abs. 1 InsO) und zwingt die Geschäftsleiter juristischer Personen zur Insolvenzantragsstellung (§ 15a InsO); vielmehr ist die Zahlungsunfähigkeit des Schuldners Tatbestandsmerkmal verschiedener anfechtungsrechtlicher Normen, insbesondere §§ 130 Abs. 1 Nr. 1, 131 Abs. 1 Nr. 2, 132 Abs. 1 InsO. Durch die Anknüpfung des Insolvenzanfechtungsrechts an die Zahlungsunfähigkeit des Schuldners soll der Gläubigerschutz verwirklicht werden. Schließlich ermöglicht

---

1391 Ausf. dazu *Kayser*, in: MüKo-InsO, § 129 Rn. 76 ff.; *Zeuner*, in: Rattunde/Smid/Zeuner-InsO, § 129 Rn. 30 ff.; vgl. BGH, Urt. v. 20.02.2014 – IX ZR 164/13, BGHZ 200, 210 (213) Rn. 9; BGH, VU. v. 04.07.2013 – IX ZR 229/12, BGHZ 198, 77 (82) Rn. 15.

1392 Ausf. dazu *Zeuner*, in: Rattunde/Smid/Zeuner-InsO, § 129 Rn. 41 ff.; mit historischen Bezügen *Raebel*, KTS 2015, 285 (286 ff.); vgl. BGH, Urt. v. 22.12.2005 – IX ZR 190/02, BGHZ 165, 343 (350); BGH, Urt. v. 24.05.2007 – IX ZR 105/05, NJW-RR 2007, 1275 (1276) Rn. 18; eine unmittelbare Gläubigerbenachteiligung ist erforderlich allein in § 132 Abs. 2 InsO und § 133 Abs. 4 Satz 1 InsO. Voraussetzung einer unmittelbaren Gläubigerbenachteiligung ist, dass bereits durch die angefochtene Rechtshandlung die Befriedigungsmöglichkeiten der Insolvenzgläubiger negativ beeinträchtigt wurden, wobei allein unmittelbare Folgen zu berücksichtigen sind, die also an die anzufechtende Rechtshandlung selbst anknüpfen, ohne dass es auf das Hinzutreten weiterer Umstände ankommt, BGH, Urt. v. 13.03.2003 – IX ZR 64/02, BGHZ 154, 190 (195 f.); BGH, Urt. v. 08.10.2009 – IX ZR 173/07, NZI 2009, 847 (849) Rn. 17; BGH, Urt. v. 09.06.2016 – IX ZR 153/15, NZI 2016, 773 (774) Rn. 17.

1393 Ausf. zur Ermittlung der Zahlungsunfähigkeit s. *Harz/Bornmann/Conrad/Ecker*, NZI 2015, 737 (737 ff.). *Ampferl/Kilper*, NZI 2018, 191 (191 ff.); zur Beurteilung der Insolvenzeröffnungsgründe nach IDW S 11 s. *Zabel/Pütz*, ZIP 2015, 912 (912 ff.).

der Insolvenzgrund der Zahlungsunfähigkeit gleichzeitig die Eröffnung des Insolvenzverfahrens als kollektive Befriedigungsmöglichkeit.[1394] Die Zahlungsunfähigkeit ist dabei stets in demselben Sinn zu verstehen und einheitlich zu bestimmen; sie beurteilt sich also auch im Rahmen des Insolvenzanfechtungsrechts einheitlich nach § 17 InsO.[1395] Die objektive Zahlungsunfähigkeit kann im Anfechtungsprozess entweder anhand der betriebswirtschaftlichen Methode durch eine Liquiditätsbilanz (§ 17 Abs. 2 Satz 1 InsO) oder durch das Vorliegen einer Zahlungseinstellung nach § 17 Abs. 2 Satz 2 InsO ermittelt werden.[1396] Charakteristisch ist in Anfechtungsprozessen, dass nicht die aktuelle Zahlungsunfähigkeit festzustellen ist, sondern die Zahlungsunfähigkeit zu einem in der Vergangenheit liegenden Zeitpunkt (Anfechtungsstichtag, § 140 InsO),[1397] so dass aus der im Zulassungs- und Eröffnungsverfahren erforderlichen Prognose zur Glaubhaftmachung eines Insolvenzgrundes im Anfechtungsrecht eine Rückschau auf einen in der Vergangenheit liegenden Prüfungszeitpunkt, also eine simulierte ex-post-Prognose, wird.[1398] Die Zahlungsunfähigkeit ist insoweit retrograd zu ermitteln.[1399] Da das Insolvenzgericht den Zeitpunkt der Zahlungsunfähigkeit im Eröffnungsbeschluss nicht feststellt, ist es grundsätzlich Sache des Insolvenzverwalters, hierzu Feststellungen zu treffen.[1400]

aa) Voraussetzungen der objektiven Zahlungsunfähigkeit

Definiert ist die Zahlungsunfähigkeit ausschließlich in § 17 Abs. 2 Satz 1 InsO. Eine weitere Konkretisierung hat auf normativer Ebene nicht stattgefunden. Auf die Merkmale der Dauer und der Wesentlichkeit hat der Reformgesetzgeber der

1394 *Mock*, in: Uhlenbruck-InsO, § 17 Rn. 2; *K. Schmidt*, in: K. Schmidt-InsO, § 17 Rn. 1.

1395 BGH, Urt. v. 12.02.2015 – IX ZR 180/12, NJW 2015, 1756 (1758) Rn. 18; BGH, Urt. v. 16.06.2016 – IX ZR 23/15, NZI 2016, 739 (740) Rn. 9; *Fischer*, FS-Ganter, 153 (153).

1396 BGH, Urt. v. 12.02.2015 – IX ZR 180/12, NJW 2015, 1756 (1758) Rn. 18; BGH, Urt. v. 16.06.2016 – IX ZR 23/15, NZI 2016, 739 (740) Rn. 9; *Schoppmeyer*, in: Kübler/Prütting/Bork-InsO, § 130 Rn. 69; *Ede/Hirte*, in: Uhlenbruck-InsO, § 130 Rn. 39; *Baumert*, NZI 2015, 589 (589); kritisch zur Zahlungseinstellung im Anfechtungsrecht *Schönfelder*, WM 2017, 11 (14).

1397 *K. Schmidt*, in: K. Schmidt-InsO, § 17 Rn. 37; vgl. *Hölzle*, ZIP 2007, 613 (616).

1398 *K. Schmidt*, in: K. Schmidt-InsO, § 17 Rn. 32; ausf. *Nickert/Nickert/Kühne*, KTS 2019, 29 (29 ff.).

1399 *Ampferl/Kilper*, in: Beck/Depré, Praxis der Insolvenz, § 2 Rn. 90; *Harz/Bornmann/Conrad/Ecker*, NZI 2015, 737 (740); ausf. *Pabst*, Materielle Insolvenz - Die retrograde Ermittlung der Zahlungsunfähigkeit, passim.

1400 *Hölzle*, in: Bork/Hölzle, Handbuch Insolvenzrecht, Kapitel 2 Rn. 124.

InsO bei der Umschreibung der Zahlungsunfähigkeit verzichtet. Wenngleich § 17 Abs. 2 Satz 1 InsO dem Wortlaut nach eine Gegenüberstellung von Zahlungsmitteln und Zahlungsverpflichtungen fordert, bleibt offen, welche genauen Anforderungen an diese Gegenüberstellung zu stellen sind. Durch die höchstrichterliche Rechtsprechung hat der Begriff der Zahlungsunfähigkeit indes eine umfangreiche Ausgestaltung erfahren, indem diese vor allem quantitative und zeitliche Anforderungen entwickelt hat. Die maßgeblichen Kriterien zur Ermittlung der Zahlungsunfähigkeit anhand der betriebswirtschaftlichen Methode hat der IX. Zivilsenat in einem grundlegenden Urteil vom 24.05.2005[1401] herausgearbeitet. Danach gilt eine Zahlungsunfähigkeit, die sich voraussichtlich innerhalb kurzer Zeit beheben lässt, lediglich als Zahlungsstockung und stellt keinen Insolvenzeröffnungsgrund dar. Als Zahlungsstockung ist aber nur eine Illiquidität anzusehen, die den Zeitraum nicht überschreitet, den eine kreditwürdige Person benötigt, um sich die benötigten Mittel zu leihen. Dieser Zeitraum darf drei Wochen nicht überschreiten (zeitliche Anforderung).[1402] Darüber ist Zahlungsunfähigkeit nicht anzunehmen, wenn der Schuldner seine Verbindlichkeiten bis auf einen geringfügigen Rest bedienen kann (geringfügige Liquiditätslücke); liegt eine Unterdeckung von weniger als 10 % vor, genügt sie daher allein nicht zum Beleg der Zahlungsunfähigkeit. In diesem Fall müssen für die Annahme der Zahlungsunfähigkeit besondere Umstände vorliegen, die diesen Standpunkt stützen. Beträgt dagegen die Liquiditätslücke des Schuldners 10 % oder mehr, ist regelmäßig von Zahlungsunfähigkeit auszugehen, sofern nicht ausnahmsweise mit an Sicherheit grenzender Wahrscheinlichkeit zu erwarten ist, dass die Liquiditätslücke demnächst vollständig oder fast vollständig beseitigt werden wird und den Gläubigern ein Zuwarten nach den besonderen Umständen des Einzelfalls zuzumuten ist (quantitative Anforderung).[1403] Der prozentuale Schwellenwert ist also als eine widerlegliche Vermutung ausgestaltet worden. An diesen Anforderungen hält der Senat bis heute fest.[1404] Sowohl der II. Zivilsenat[1405] als auch das BAG[1406] haben diese Kriterien übernommen. Offen gelassen hatte der BGH in diesem Grundsatzurteil allerdings, ob für die stichtagsbezogene Beurteilung der Zahlungsunfähigkeit anhand einer Liquiditätsbilanz nur die zum Stichtag

---

1401 BGH, Urt. v. 24.05.2005 – IX ZR 123/04, BGHZ 163, 134.
1402 BGH, Urt. v. 24.05.2005 – IX ZR 123/04, BGHZ 163, 134 (137 ff.).
1403 BGH, Urt. v. 24.05.2005 – IX ZR 123/04, BGHZ 163, 134 (145).
1404 BGH, Urt. v. 17.11.2016 – IX ZR 65/15, NZI 2017, 64 (65) Rn. 17.
1405 BGH, Urt. v. 27.03.2012 – II ZR 171/10, NZI 2012, 567 (568) Rn. 10.
1406 BAG, Urt. v. 06.10.2011 – 6 AZR 262/10, BAGE 139, 235 (243 f.) Rn. 23.

bereits fälligen Verbindlichkeiten (sogenannte Passiva I), oder auch die innerhalb des dreiwöchigen Prognosezeitraums fällig werdenden Verbindlichkeiten (sogenannte Passiva II) zu berücksichtigen sind. Es war daher lange umstritten, ob der Schuldner durch die Begleichung ausschließlich der Altverbindlichkeiten (Passiva I) mit den neu hinzukommenden Mitteln eine Liquiditätsunterdeckung von mehr als 10 % vor sich herschieben kann, ohne zahlungsunfähig im Sinne des § 17 Abs. 2 Satz 1 InsO zu sein (sogenannte Bugwellentheorie).[1407] Schließlich hat der Gesellschaftsrechtssenat des BGH aber entschieden, dass bei der Feststellung der Zahlungsunfähigkeit gem. § 17 Abs. 2 Satz 1 InsO anhand einer Liquiditätsbilanz auch die Passiva II einzubeziehen sind.[1408] Insbesondere führt der BGH dabei zutreffend aus, ein Schuldner könne ohne Berücksichtigung der Passiva II durch Begleichung ausschließlich der Altverbindlichkeiten mit den neu hinzukommenden Mitteln womöglich über Monate oder Jahre hinweg stets eine Liquiditätsunterdeckung von mehr als 10% vor sich herschieben, damit auf Dauer nicht zum Ausgleich einer relevanten Liquiditätslücke in der Lage sein und deshalb ersichtlich am finanzwirtschaftlichen Abgrund operieren.[1409] Es ist zu erwarten, dass sich der für das Insolvenzrecht zuständige IX. Senat der Ansicht des II. Senats anschließen wird. So vertreten bereits drei[1410] der derzeitigen Mitglieder des IX. Senats in der Literatur diese Auffassung.[1411]

Für die Aufnahme einer Verbindlichkeit in die Liquiditätsbilanz ist zudem das sogenannte ernsthafte Einfordern des Gläubigers erforderlich.[1412] Über dieses Merkmal werden an den Fälligkeitsbegriff im Rahmen von § 17 Abs. 2 Satz 1 InsO erhöhte Anforderungen gestellt.[1413] Neben der Fälligkeit einer

---

1407 S. etwa *Frystatzki*, NZI 2014, 840 (841); ausf. *Baumert*, NZI 2013, 919 (920); *Harz/Bornmann/Conrad/Ecker*, NZI 2015, 737 (739) jeweils m. w. N.

1408 BGH, Urt. v. 19.12.2017 – II ZR 88/16, BGHZ 217, 129 (140 ff.) Rn. 34 ff.

1409 BGH, Urt. v. 19.12.2017 – II ZR 88/16, BGHZ 217, 129 (147 f.) Rn. 56; ausf. dazu *Hölken*, jurisPR-InsR 8/2018 Anm. 1; vgl. auch *Haneke*, NZI 2018, 209 (209).

1410 *Gehrlein*, in: Gehrlein/Born/Simon-GmbHG, Vor § 64, Rn. 9; *Pape*, WM 2008, 1949 (1952); *Kayser*, Höchstrichterliche Rechtsprechung zum Insolvenzrecht, Kapitel I A II. 1, Rn. 16.

1411 Das Urteil führt allerdings zu der Frage, ob in der Liquiditätsbilanz im Rahmen einer einstufigen Prüfung die Aktiva I und Aktiva II den Passiva I und Passiva II gegenübergestellt werden, oder in einer zweistufigen Prüfung zunächst nur die Aktiva I den Passiva I gegenübergestellt werden und nur bei einer Unterdeckung von mindestens 10 % die Aktiva II und die Passiva II in die Betrachtung mit einbezogen werden, vgl. dazu *Haneke*, NZI 2018, 209 (210) m. w. N.

1412 Kritisch zu diesem Merkmal *K. Schmidt*, EWiR 2018, 179 (180) m. w. N.

1413 *Mock*, in: Uhlenbruck-InsO, § 17 Rn. 123.

Verbindlichkeit im zivilrechtlichen Sinne ist stets zu prüfen, ob der Gläubiger den Schuldner auch tatsächlich in Anspruch nehmen wird. Die Anforderungen sind aber gering. Ausreichend für ein ernsthaftes Einfordern ist jede Art von Gläubigerhandlung, aus der sich der Wille des Schuldners, Erfüllung zu verlangen, im Allgemeinen ergibt.[1414] Ein ernsthaftes Einfordern liegt daher bereits im Einbuchen der jeweiligen Verbindlichkeit in die Buchhaltung des Schuldners, so dass es auf etwaige Rechnungen nicht mehr ankommt; eine Rechnung wiederum ist aber grundsätzlich auch ausreichend für ein ernsthaftes Einfordern.[1415]

bb) Nachweis der objektiven Zahlungsunfähigkeit

In der Praxis fällt der Beweis der Zahlungsunfähigkeit häufig schwer, weil dieser die Würdigung eines komplexen Tatsachengeflechts aus dem Betriebsablauf erfordert und der Begriff ein prognostisches Element enthält.[1416] Im einfachsten Fall kann der Insolvenzverwalter die materielle Insolvenz zu dem für die Feststellung der Anfechtungsvoraussetzungen maßgeblichen Zeitpunkt aufgrund seiner Einblicke in das Schuldnerunternehmen und die Aufstellung einer Liquiditätsbilanz beweisen.[1417] Eine geordnete Buchführung und Finanzbuchhaltung, aus denen sich die Zahlungsunfähigkeit zweifelsfrei ergibt, wird der Insolvenzverwalter i. d. R. aber nicht vorfinden.[1418] Im Anfechtungsprozess kann der Insolvenzverwalter den Nachweis der Zahlungsunfähigkeit daher häufig nur schwer führen. Die reale finanzielle Situation im Zeitpunkt der maßgeblichen Rechtshandlung hat der Insolvenzverwalter nicht persönlich erlebt und kann daher die Zahlungsunfähigkeit eher aus einer Reihe an Indizien schließen, auf die es für den Beweis einer Zahlungseinstellung ankommt.[1419]

Anders als im Eröffnungsverfahren, wo der antragstellende Gläubiger für gewöhnlich keine ausreichenden Einblicke in die Buchhaltungsunterlagen des Schuldners hat,[1420] kann der Insolvenzverwalter im eröffneten Verfahren die

1414 BGH, Urt. v. 19.12.2017 – II ZR 88/16, BGHZ 217, 129 (134) Rn. 16.

1415 BGH, Urt. v. 19.12.2017 – II ZR 88/16, BGHZ 217, 129 (134 f.) Rn. 16 f.

1416 *Fischer*, FS-Ganter, 153 (164); ausf. *Nickert/Nickert/Kühne*, KTS 2019, 29 (29 ff.).

1417 *Huber*, FS-Ganter, 203 (210).

1418 *Baumert*, NZI 2015, 589 (591).

1419 *Fischer*, FS-Ganter, 153 (166).

1420 Gläubigeranträge sind gem. § 14 InsO zulässig, wenn der Gläubiger ein rechtliches Interesse an der Eröffnung des Insolvenzverfahrens hat und seine Forderung sowie den Eröffnungsgrund glaubhaft macht. In diesem Verfahrensabschnitt greift die Amtsermittlungspflicht des Insolvenzgerichts (§ 5 InsO) noch nicht ein. Diese greift erst ein, wenn ein zulässiger Eröffnungsantrag vorliegt. Die Glaubhaftmachung einer

Zahlungsunfähigkeit zwar auch mit einer Liquiditätsbilanz ermitteln. Haben zum Zeitpunkt der anfechtbaren Rechtshandlung fällige Verbindlichkeiten bestanden, die bis zur Verfahrenseröffnung nicht mehr beglichen worden sind, ist regelmäßig von der Zahlungsunfähigkeit zu jenem Zeitpunkt auszugehen. Etwas anderes gilt nur dann, wenn aufgrund konkreter Umstände, die sich nachträglich geändert haben, damals angenommen werden konnte, der Schuldner werde rechtzeitig wieder in der Lage sein, die Verbindlichkeiten zu erfüllen. Dass nicht lediglich eine Zahlungsstockung vorlag, ist im Nachhinein aufgrund ausreichender Angaben in den Buchhaltungsunterlagen daher teilweise ohne größere Probleme feststellbar.[1421]

Auch wenn der Verwalter grundsätzlich das Vorliegen der Zahlungsunfähigkeit anhand der zur Tabelle angemeldeten Forderungen beweisen kann, kann der Verwalter aber nicht alle zur Tabelle angemeldeten Forderungen ohne weiteres in die Liquiditätsbilanz aufnehmen. Schließlich muss der Verwalter für die nachträgliche Erfassung der für die Feststellung der Zahlungsunfähigkeit maßgeblichen Verbindlichkeiten des Schuldners am Anfechtungsstichtag danach unterscheiden, welche Zahlungspflichten überhaupt zu berücksichtigen waren, ob diese fällig waren, ob diese auch vom Gläubiger ernsthaft eingefordert[1422] wurden und mit welchem Betrag diese einzustellen waren.[1423] Vor dem Hintergrund einer oftmals nicht mehr ordnungsgemäß durchgeführten Buchhaltung des Schuldners kann den Verwalter diese nachträgliche Prüfung der

tatsächlichen Behauptung einer Partei im Zivilprozess gem. § 294 ZPO unterscheidet sich maßgeblich von den in §§ 355 ff. ZPO für Beweisverfahren allgemein geltenden Regeln. Es ist allein Sache der Partei, der die Last der Glaubhaftmachung obliegt, die Beweismittel beizubringen. Die zulässigen Mittel der Glaubhaftmachung ergeben sich aus § 294 ZPO. Es ist mithin ausreichend, dass der Gläubiger Beweismittel vorlegt, die die überwiegende Wahrscheinlichkeit begründen, dass der Schuldner zahlungsunfähig oder überschuldet ist. Spricht bei umfassender Würdigung aller Umstände des Einzelfalls mehr für das Vorliegen eines Eröffnungsgrundes als dagegen, ist dem Gläubiger die Glaubhaftmachung gelungen, vgl. BGH, Beschl. v. 11.09.2003 – IX ZB 37/03, BGHZ 156, 139 (143 f.); BGH, Beschl. v. 01.02.2007 – IX ZB 79/06, NZI 2007, 350 (350); *Klinck*, Die Grundlagen der besonderen Insolvenzanfechtung, S. 303; *Wegener*, in: Uhlenbruck-InsO, § 14 Rn. 46.

1421 Vgl. BGH, Urt. v. 12.10.2006 – IX ZR 228/03, NZI 2007, 36 (37 f.) Rn. 28.

1422 BGH, Urt. v. 22.05.2014 – IX ZR 95/13, NZI 2014, 698 (701) Rn. 29 f.; *Geißler*, ZInsO 2017, 297 (298); kritisch dazu *Klinck*, Die Grundlagen der besonderen Insolvenzanfechtung, S. 222 ff.

1423 *Mock*, in: Uhlenbruck-InsO, § 17 Rn. 74; *Burgenger*, in: Rattunde/Smid/Zeuner, § 17 Rn. 4 f.

Zahlungsunfähigkeit vor Probleme stellen und eine Nacherfassung und Vervollständigung der Buchhaltung erfordern,[1424] zumal Buchhaltungen auf vielfältige Weise ausgestaltet sein können, unterschiedliche Darstellungen insbesondere in größeren Unternehmen oder Konzernen leicht zu Verwirrungen führen und jedenfalls den Einsatz erheblicher Ressourcen erforderlich machen können.[1425] Insbesondere streitige, objektiv zweifelhafte Verbindlichkeiten werfen praktische Fragen auf, die einer einfachen Feststellung der Zahlungsunfähigkeit im Anfechtungsprozess im Wege stehen können.[1426] Daher ist der Beweis der Zahlungseinstellung gem. § 17 Abs. 2 Satz 2 InsO, die eine gesetzliche Vermutung für die Zahlungsunfähigkeit begründet, im Anfechtungsprozess häufig einfacher zu führen. Vor diesem Hintergrund wird der Insolvenzverwalter den Beweis der Zahlungsunfähigkeit regelmäßig nur dann führen, wenn der Beweis der Zahlungseinstellung nicht gelingt.[1427]

cc) Zahlungseinstellung[1428]

Da die Gründe für einen Zahlungsrückstand für Außenstehende selten erkennbar sind, enthält § 17 Abs. 2 Satz 2 InsO eine gesetzliche Vermutung, wonach der Schuldner, der seine Zahlungen eingestellt hat, i. d. R. auch zahlungsunfähig ist.[1429] Durch die Zahlungseinstellung wird unabhängig von einem rechnerischen Nachweis der Eintritt der Zahlungsunfähigkeit nach außen hin manifestiert.[1430] Zur Begründung dieser Vermutung kann der Gläubiger äußere Anzeichen einer Zahlungseinstellung vortragen.[1431] Da auf diesem Wege die Zahlungseinstellung erheblich einfacher festzustellen ist,[1432] kommt der Zahlungseinstellung

---

1424 Vgl. *Koppel*, ZInsO 2017, 74 (77 f.); *Geißler*, ZInsO 2017, 297 (298).

1425 *Koppel*, ZInsO 2017, 74 (75); *Geiser*, ZInsO 2017, 1185 (1189).

1426 *K. Schmidt*, in: K. Schmidt-InsO, § 17 Rn. 8; *Koppel*, ZInsO 2017, 74 (74).

1427 *Koppel*, ZInsO 2017, 74 (74); *Baumert*, NZI 2013, 919 (920 f.); *Stage/Ludwig*, NZS 2017, 15 (17).

1428 Ausf. dazu bereits *Hölken*, DZWIR 2018, 207 (207 ff.); ders., jurisPR-InsR 13/2019 Anm. 2; ders., jurisPR-InsR 7/2018 Anm. 4.

1429 BGH, Urt. v. 08.01.2015 – IX ZR 203/12, NZI 2015, 369 (370) Rn. 14; *Hölzle*, ZIP 2006, 101 (101); *Geißler*, ZInsO 2017, 297 (298); ausf. *Wüstenberg*, Non liquet im Insolvenzverfahren, S. 88 f.

1430 *Ampferl/Kilper*, in: Beck/Depré, Praxis der Insolvenz, § 2 Rn. 74; *Leithaus*, in: Andres/Leithaus-InsO, § 17 Rn. 3.

1431 *Wegener*, in: Uhlenbruck-InsO, § 14 Rn. 26; *Hölzle*, in: Bork/Hölzle, Handbuch Insolvenzrecht, Kapitel 2 Rn. 89.

1432 BGH, Beschl. v. 05.02.2015 – IX ZR 211/13, WM 2015, 931 (931) Rn. 12.

im Anfechtungsrecht in der Praxis ein hoher Stellenwert zu.[1433] Die Zahlungseinstellung selbst ist kein eigenständiger Eröffnungstatbestand und auch kein Spezialtatbestand der Zahlungsunfähigkeit, sondern ein Tatbestand vermuteter Zahlungsunfähigkeit.[1434] Nach der höchstrichterlichen Rechtsprechung bedeutet eine Zahlungseinstellung dasjenige nach außen hervortretende Verhalten des Schuldners, in dem sich typischerweise ausdrückt, dass er nicht in der Lage ist, seine fälligen Zahlungspflichten zu erfüllen. Es muss sich mindestens für die beteiligten Verkehrskreise der berechtigte Eindruck aufdrängen, dass der Schuldner außerstande ist, seinen fälligen Zahlungsverpflichtungen zu genügen.[1435] Nicht nötig hierfür ist, dass der Schuldner überhaupt keine Zahlungen mehr leistet. Das gilt selbst dann, wenn tatsächlich noch geleistete Zahlungen beträchtlich sind, aber im Verhältnis zu den fälligen Gesamtschulden nicht den wesentlichen Teil ausmachen.[1436] Zudem genügt es, wenn die Zahlungseinstellung auf Grund der Nichtbezahlung nur einer nicht unwesentlichen Forderung gegenüber einer einzigen Person erkennbar wird.[1437] Die herrschende Lehre ist dieser Rechtsprechung von Anfang an gefolgt.[1438]

Entscheidend ist immer ein Verhalten des Schuldners oder einer Person, die berechtigt ist, für ihn zu handeln;[1439] als ein rein tatsächliches Verhalten ist eine entsprechende Willensbildung beim Schuldner indes nicht erforderlich.[1440]

1433 *Vuia*, in: Gottwald, Insolvenzrechts-Handbuch, § 6 Rn. 14; *Schmerbach*, in: Frankfurter Kommentar-InsO, § 17 Rn. 42; *Burgenger*, in: Rattunde/Smid/Zeuner-InsO, § 14 Rn. 31.

1434 *Schönfelder*, WM 2017, 11 (14); *Bremen*, in: Graf-Schlicker-InsO, § 17 Rn. 3.

1435 BGH, Urt. v. 20.11.2001 – IX ZR 48/01, BGHZ 149, 178 (184); BGH, Urt. v. 08.01.2015 – IX ZR 203/12, NZI 2015, 369 (370) Rn. 15.

1436 BGH, Urt. v. 11.02.2010 – IX ZR 104/07, NZI 2010, 985 (989) Rn. 42; *Hölzle*, ZIP 2006, 101 (101).

1437 BGH, Urt. v. 20.11.2001 – IX ZR 48/01, BGHZ 149, 178 (185); BGH, Urt. v. 11.02.2010 – IX ZR 104/07, NZI 2010, 985 (988) Rn. 39.

1438 *Klinck*, Die Grundlagen der besonderen Insolvenzanfechtung, S. 229; *K. Schmidt*, in: K. Schmidt-InsO, § 17 Rn. 41 ff.; *Burgenger*, in: Rattunde/Smid/Zeuner-InsO § 17 Rn. 11 jeweils m. w. N.

1439 BGH, Urt. v. 17.04.1986 – IX ZR 54/85, NJW-RR 1986, 848, 849; *Mock*, in: Uhlenbruck-InsO, § 17 Rn. 152; *Kirchhof*, in: Heidelberger Kommentar-InsO, § 17 Rn. 28; *K. Schmidt*, in: K. Schmidt-InsO, § 17 Rn. 42.

1440 BGH, Urt. v. 11.02.2010 – IX ZR 104/07, NZI 2010, 985 (988) Rn. 40; *Mock*, in: Uhlenbruck-InsO, § 17 Rn. 154; *Burgenger*, in: Rattunde/Smid/Zeuner-InsO, § 17 Rn. 11.

Ausreichend ist die Erkennbarkeit der Zahlungseinstellung für die Gläubiger.[1441] Der Schuldner muss daher nach außen zu erkennen geben, dass er finanziell außerstande ist, mindestens eine nicht unwesentliche Forderung zu erfüllen, oder erklären, hierzu nicht in der Lage zu sein,[1442] so dass es einer ausdrücklichen Zahlungsverweigerung nicht bedarf.[1443] Entscheidend ist deshalb stets die Frage, ob die vorliegenden Tatsachen in objektiver Hinsicht den Schluss rechtfertigen, dass die Zahlungen eingestellt sind. Die Zahlungseinstellung kann insbesondere durch die Fruchtlosigkeitsbescheinigung eines mit Vollstreckungsmaßnahmen beauftragten Gerichtsvollziehers oder anhand eines Protokolls einer eidesstattlichen Versicherung des Schuldners vom Insolvenzverwalter dargelegt werden.[1444] Vor allem kann eine Zahlungseinstellung aber auch aus einem einzelnen oder aus einer Gesamtschau mehrerer darauf hindeutender, in der Rechtsprechung entwickelter Beweisanzeichen gefolgert werden.[1445] Dabei ist eine individuelle Gesamtbewertung der vorgetragenen Tatsachen, die den Schluss auf die Zahlungsunfähigkeit ermöglichen sollen, vorzunehmen.[1446] So reicht etwa die tatsächliche Nichtzahlung eines erheblichen Teils der fälligen Verbindlichkeiten für eine Zahlungseinstellung aus.[1447] Genauso stellt die Nichtabführung sowie die mehrmonatige verspätete Zahlung von Sozialversicherungsbeiträgen ein starkes Indiz für die Zahlungseinstellung dar, weil diese Forderungen i. d. R. wegen der drohenden Strafbarkeit gem. § 266a StGB bis zuletzt bedient werden.[1448] Entscheidend kann zudem sein, ob die Verbindlichkeiten im Hinblick auf den Geschäftsbetrieb des Schuldners existenzielle Bedeutung haben, etwa weil ohne eine Stromversorgung ein Betrieb nicht zu unterhalten ist.[1449] Schon eine

---

1441 *Mock*, in: Uhlenbruck-InsO, § 17 Rn. 155; *Schmerbach*, in: Frankfurter Kommentar-InsO, § 17 Rn. 44.

1442 *Burgenger*, in: Rattunde/Smid/Zeuner-InsO, § 17 Rn. 11; *Hölzle*, ZIP 2006, 101 (101).

1443 BGH, Urt. v. 12.10.2006 – IX ZR 228/03, NZI 2007, 36 (37) Rn. 24.

1444 BGH, Beschl. v. 13.06.2006 – IX ZB 238/05, NZI 2006, 591 (591 f.) Rn. 4; *Pape*, in: Kübler/Prütting/Bork-InsO, § 14 Rn. 86; ausf. *Schmahl/Vuia*, in: MünchKomm-InsO, § 14 Rn. 74.

1445 BGH, Urt. v. 08.01.2015 – IX ZR 203/12, NZI 2015, 369 (370) Rn. 16; BGH, Urt. v. 30.06.2011 – IX ZR 134/10, NZI 2011, 589 (590 f.) Rn. 13; *Hölzle*, in: Bork/Hölzle, Handbuch Insolvenzrecht, Kapitel 2 Rn. 90; *Pape*, in: Kübler/Prütting/Bork-InsO, § 14 Rn. 88; *Baumert*, NZI 2015, 589 (589).

1446 *Pape*, in: Kübler/Prütting/Bork-InsO, § 14 Rn. Rn. 88.

1447 BGH, Urt. v. 08.01.2015 – IX ZR 203/12, NZI 2015, 369 (370) Rn. 15 f.

1448 BGH, Urt. v. 07.11.2013 – IX ZR 49/13, NZI 2014, 23 (24) Rn. 13.

1449 BGH, Urt. v. 18.07.2013 – IX ZR 143/12, NZI 2013, 932 (933) Rn. 12.

dauerhaft schleppende Zahlungsweise kann Indizwirkung für eine Zahlungseinstellung haben.[1450] Für eine Zahlungseinstellung spricht es zudem, wenn ein Schuldner seinem Gläubiger erklärt, dass eine vollständige Begleichung offener Verbindlichkeiten nicht möglich sei, sondern nur das gezahlt werden könne, was da sei, wobei man sich um Abschlagszahlungen bemühen werde.[1451]

Zur Darlegung eines gegen die Zahlungseinstellung sprechenden Indizes wiederum neigen Schuldner häufig dazu, bei einer für den Schuldner erkennbar bereits eingetretenen Zahlungsunfähigkeit bloße Zahlungsunwilligkeit vorzuschieben.[1452] In § 17 InsO hat dieses Problem der böswilligen Zahlungsverweigerung oder Zahlungsunwilligkeit keine ausdrückliche Regelung erfahren. Zahlungsunwilligkeit liegt vor, wenn sich der Schuldner trotzt Zahlungsfähigkeit böswillig weigert, seine fälligen Verbindlichkeiten zu erfüllen.[1453] Da die Gläubiger gegen den leistungsfähigen, aber nicht leistungsbereiten Schuldner die Einzelzwangsvollstreckung betreiben können, kann die Zahlungsverweigerung oder Zahlungsunwilligkeit nicht mit der Zahlungsunfähigkeit gleichgesetzt werden. Zahlungsunwilligkeit bedeutet keine materielle Insolvenz im Sinne von § 17 Abs. 2 Satz 1 InsO.[1454] Zahlungsunfähig ist nur, wer nicht zahlen kann, nicht dagegen, wer nicht zahlen will.[1455] Zwingende Voraussetzung der Zahlungsunwilligkeit ist daher, dass der Schuldner tatsächlich zahlungsfähig ist.[1456] Die Fälle böswilliger Zahlungsverweigerung können auch nicht ohne weiteres über den Begriff der Zahlungseinstellung nach § 17 Abs. 2 Satz 2 InsO gelöst werden, denn die Zahlungseinstellung ist an sich lediglich die nach außen in Erscheinung tretende Zahlungsunfähigkeit eines Schuldners, nicht dagegen seine bloße Zahlungsunwilligkeit.[1457] Die Zahlungsunwilligkeit erfüllt aber regelmäßig die objektiven Voraussetzungen einer Zahlungseinstellung nach § 17 Abs. 2 Satz 2 InsO, wenn der Schuldner etwa erklärt hat, er habe die Zahlungen eingestellt,

1450 BGH, Urt. v. 18.07.2013 – IX ZR 143/12, NZI 2013, 932 (933) Rn. 12.

1451 BGH, Beschl. v. 05.03.2020 – IX ZR 171/18, NZI 2020, 520 (521) Rn. 14.

1452 *Geißler*, ZInsO 2017, 297 (300).

1453 *Schmerbach*, in: Frankfurter Kommentar-InsO, § 17 Rn. 38; *Harz/Bornmann/Conrad/Ecker*, NZI 2015, 737 (737).

1454 BGH, Beschl. v. 13.06.2006 – IX ZB 214/05, NZI 2006, 590 (591) Rn. 13; *Mock*, in: Uhlenbruck-InsO, § 17 Rn. 168; *K. Schmidt*, in: K. Schmidt-InsO, § 17 Rn. 16; *Schmerbach*, in: Frankfurter Kommentar-InsO, § 17 Rn. 38.

1455 *Mock*, in: Uhlenbruck-InsO, § 17 Rn. 168.

1456 BGH, Urt. v. 15.03.2012 – IX ZR 239/09, NZI 2012, 416 (417) Rn. 18.

1457 *Mock*, in: Uhlenbruck-InsO, § 17 Rn. 170; *K. Schmidt*, in: K. Schmidt-InsO, § 17 Rn. 39; *Schönfelder*, WM 2017, 11 (14).

oder die Zahlungsunwilligkeit für die beteiligten Geschäftskreise zu dem Schluss führt, dass der Schuldner nicht mehr zahlen kann.[1458] Ausschlaggebend für die Zahlungseinstellung nach § 17 Abs. 2 Satz 2 InsO ist schließlich der nach außen hervortretende objektive Eindruck und nicht die subjektive Zahlungsunwilligkeit des Schuldners, so dass allein die Erkennbarkeit gegenüber dem Anfechtungsgegner genügt. Die Zahlungseinstellung braucht schließlich nicht vom Willen des Schuldners getragen zu sein und es ist auch nicht erforderlich, dass er selbst seine Zahlungsunfähigkeit kennt, sofern diese nur objektiv vorliegt.[1459] Der Schuldner kann die vermutete Zahlungsunfähigkeit bei objektiv erkennbarer Zahlungseinstellung daher nicht mit dem Argument widerlegen, er sei nur zahlungsunwillig. Grundsätzlich liegt hingegen keine Zahlungseinstellung vor, wenn der Schuldner wesentliche Teile der fälligen Forderungen der Gesamtheit der Gläubiger erfüllt.[1460] Regelmäßig verspätete Zahlungen lassen keinen automatischen Rückschluss auf eine Zahlungseinstellung des Schuldners zu, wenn etwa Sozialversicherungsbeiträge lediglich mit einer Verzögerung von jeweils drei bis vier Wochen beglichen wurden.[1461] Hier kann sich eine Zahlungseinstellung nur aufgrund einer Gesamtschau weiterer auf eine Zahlungseinstellung hindeutender Beweisanzeichen ergeben.[1462] Genauso liegt keine Zahlungsunfähigkeit vor, wenn der Schuldner die Forderung aus tatsächlichen oder rechtlichen Gründen dem Grunde oder der Höhe nach bestreitet und deshalb nicht zahlt.[1463] Gegenläufiges Indiz kann daher etwa in einem Bestreiten der nichterfüllten Forderungen des Sozialversicherungsträgers liegen.[1464] Ebenfalls unschädlich ist es, wenn ein Schuldner nach eigenem Bekunden zwar nicht aktuell, aber innerhalb der nächsten drei Wochen zur Zahlung in der Lage ist.[1465] Beweisanzeichen für eine Zahlungseinstellung sind zudem als weniger schwerwiegend zu behandeln, wenn die nicht beglichene Forderung im Verhältnis zum Umfang eines Geschäftsbetriebes und den dem antragstellenden Gläubiger

---

1458 *Mock*, in: Uhlenbruck-InsO, § 17 Rn. 146; *Bremen*, in: Graf-Schlicker-InsO, § 17 Rn. 11.

1459 BGH, Urt. v. 11.02.2010 – IX ZR 104/07, NZI 2010, 985 (988) Rn. 40.

1460 *Harz/Bornmann/Conrad/Ecker*, NZI 2015, 737 (738); Geißler, ZInsO 2017, 297 (299).

1461 BGH, Urt. v. 07.11.2013 – IX ZR 49/13, NZI 2014, 23 (24) Rn. 13.

1462 BGH, Urt. v. 07.11.2013 – IX ZR 49/13, NZI 2014, 23 (24) Rn. 14.

1463 BGH, Beschl. v. 22.09.2005 – IX ZB 205/04, NZI 2005, 34 (34); BGH, Urt. v. 11.02.2010 – IX ZR 104/07, NZI 2010, 985 (989) Rn. 42; *Burgenger*, in: Rattunde/Smid/Zeuner-InsO, § 17 Rn. 12a.

1464 BGH, Beschl. v. 13.06.2006 – IX ZB 238/05, NZI 2006, 591 (592) Rn. 6.

1465 *Ampferl/Kilper*, in: Beck/Depré, Praxis der Insolvenz, § 2 Rn. 81 ff.

bekannten Gesamtverbindlichkeiten vergleichsweise gering ist und deshalb aus Sicht des Gläubigers wegen der geringen Höhe der ihm gegenüber bestehenden Verbindlichkeiten eine nur geringfügige Liquiditätslücke vorliegt.[1466]

Gem. § 292 Satz 1 ZPO kann zur Widerlegung der Vermutung des § 17 Abs. 2 Satz 2 InsO der Beweis des Gegenteils erbracht werden. Eine einmal eingetretene Zahlungseinstellung kann ausschließlich dadurch wieder beseitigt werden, dass der Schuldner seine Zahlungen allgemein wieder aufnimmt, wobei die Wiederaufnahme vom Schuldner zu beweisen ist.[1467] Dazu kann insbesondere durch den Antrag auf Erstellung einer Liquiditätsbilanz durch einen Sachverständigen nach § 403 ZPO oder auf Vernehmung von Zeugen nach § 373 ZPO der Nachweis erbracht werden, dass eine Liquiditätsbilanz im maßgebenden Zeitraum für den Schuldner eine Deckungslücke von weniger als 10 % auswies.[1468] In der Praxis gelingt dieser Gegenbeweis allerdings nur selten.[1469] Insbesondere kann die Zahlungsfähigkeit nicht durch eine bloße Patronatserklärung eines Dritten hergestellt werden.[1470]

2. *Subjektive Kriterien*

Schon der Beweis der objektiven Kriterien stellt den Insolvenzverwalter insoweit häufig vor erhebliche Probleme. Umso schwieriger ist der Beweis der subjektiven Kriterien. Das Gesetz unterscheidet zwischen verschiedenen subjektiven Merkmalen mit unterschiedlichen Anforderungen. Die subjektiven Tatbestandsmerkmale der Anfechtung können – weil es sich um innere, dem Beweis nur eingeschränkt zugängliche Tatsachen handelt – meist nur mittelbar aus objektiven Tatsachen hergeleitet werden. Soweit dabei Rechtsbegriffe wie

---

1466 BGH, Urt. v. 20.11.2001 – IX ZR 48/01, BGHZ 149, 178 (187); BGH, Urt. v. 14.06.2012 – IX ZR 145/09, NJW 2013, 53 (56) Rn. 32; BGH, Urt. v. 07.11.2013 – IX ZR 49/13, NZI 2014, 23 (24) Rn. 14.

1467 BGH Urt. v. 21.06.2007 – IX ZR 231/04, NZI 2007, 517 (519) Rn. 32; BGH, Urt. v. 6.12.2012 – IX ZR 3/12, NJW 2013, 940 (942) Rn. 33; BGH, Urt. v. 16.06.2016 – IX ZR 23/15, NZI 2016, 739 (741) Rn. 22; *Mock*, in: Uhlenbruck-InsO, § 17 Rn. 156; *Ampferl/Kilper*, in: Beck/Depré, Praxis der Insolvenz, § 2 Rn. 84; *Baumert*, NZI 2015, 589 (590).

1468 BGH, Urt. v. 15.03.2012 – IX ZR 239/09, NZI 2012, 416 (417) Rn. 18; BGH, Beschl. v. 26.03.2015 – IX ZR 134/13, NJW 2015, 1824 (1824) Rn. 6; *Klinck*, Die Grundlagen der besonderen Insolvenzanfechtung, S. 230.

1469 *K. Schmidt*, in: K. Schmidt-InsO, § 17 Rn. 39; *Kirchhof*, in: Heidelberger Kommentar-InsO, § 18 Rn. 47, kritisch dazu *Baumert*, NZI 2015, 589 (590) Fn. 14.

1470 BGH, Urt. v. 11.02.2010 – IX ZR 104/07, NZI 2010, 985 (989) Rn. 48.

die Zahlungsunfähigkeit betroffen sind, muss deren Kenntnis oft aus der Kenntnis von Anknüpfungstatsachen geschlossen werden.[1471] Insbesondere können insoweit aus der Art und dem Verlauf einer Handlung des Schuldners beziehungsweise des Gläubigers Rückschlüsse auf den Vorsatz, auf dem die Handlung beruht, gezogen werden.[1472] Auf der anderen Seite ist aber auch zu berücksichtigen, dass der Nachweis subjektiver Merkmale im Allgemeinen zwar schwierig ist, die Beweisprobleme sich aber durchaus bewältigen lassen. Schließlich handelt es sich letztendlich bei anfechtbaren Rechtshandlungen um wirtschaftliche Gestaltungen, deren Ergebnisse im rechtsgeschäftlichen Verkehr keineswegs zufällig aufgrund unvorhergesehener Umstände eintreten; vielmehr werden diese Umstände von den Parteien zielgerichtet verwirklicht.[1473] Es liegt daher regelmäßig eine Sachverhaltsgestaltungsabsicht vor, der indizielle Bedeutung hinsichtlich des herbeigeführten Ergebnisses zukommt.[1474]

a) *Kenntnis*

Die Kenntnis wird in verschiedenen Anfechtungstatbeständen der InsO vorausgesetzt, so in § 130 Abs. 1 Nr. 1 und 2, § 131 Abs. 1 Nr. 3, § 132 Abs. 1 Nr. 1 und 2, § 133 Abs. 1 Satz 1 Hs. 2, Satz 2, § 145 Abs. 2 Nr. 1 und 2 InsO. Das Gesetz verlangt hier stets positive Kenntnis der maßgeblichen Umstände. Kenntnis meint für sicher gehaltenes Wissen.[1475] Die Kenntnis des Eröffnungsantrages bereitet insoweit keine Probleme. Ausreichend ist hier, dass der Anfechtungsgegner über den Eröffnungsantrag informiert ist. Auf eine Begründetheit des Antrags kommt es nach dem Wortlaut dabei nicht an.[1476] Schwieriger zu beurteilen ist dagegen zumeist die Kenntnis der Zahlungsunfähigkeit oder Zahlungseinstellung. Der Gläubiger muss die Kenntnis von der Zahlungsunfähigkeit im Zeitpunkt der Rechtshandlung, das heißt grundsätzlich bei Eintritt ihrer Rechtswirkungen (§ 140 InsO), gehabt haben, so dass eine der Rechtshandlung nachfolgende Kenntnis und eine frühere Kenntnis, soweit der Gläubiger im Zeitpunkt der Rechtshandlung nicht bösgläubig war, nicht schadet.[1477] Dieses zusätzliche

---

1471 BGH, Urt. v. 06.07.2017 – IX ZR 178/16, NZI 2017, 850 (851 f.) Rn. 12; BGH, Urt. v. 18.01.2018 – IX ZR 144/16, NZI 2018, 264 (265) Rn. 10 m. w. N. (ständige Rechtsprechung).

1472 *Gehrlein*, FS-Ganter, 169 (179).

1473 *Cahn*, FS-K. Schmidt, 157 (173).

1474 *Cahn*, FS-K. Schmidt, 157 (173).

1475 BGH, Urt. v. 27.03.2008 – IX ZR 98/07, NZI 2008, 366 (367) Rn. 14.

1476 *Gehrlein*, FS-Ganter, 169 (171).

1477 BGH, Urt. v. 27.3.2008 – IX ZR 98/07, NZI 2008, 366 (367) Rn. 13.

subjektive Element erschwert dem beweisbelasteten Insolvenzverwalter die Durchsetzung von Anfechtungsansprüchen erheblich. Subjektive Tatbestandsmerkmale in Person des Prozessgegners können naturgemäß schwer bewiesen werden. Die Kenntnis der Zahlungsunfähigkeit ist daher anhand objektivierter Umstände festzustellen.[1478]

b) *Kenntnis der Zahlungsunfähigkeit*

Für §§ 130 Abs. 1 Satz 1 Nr. 1 und 132 Abs. 1 Nr. 1 InsO ist die Kenntnis des Anfechtungsgegners von der Zahlungsunfähigkeit des Schuldners erforderlich. Die Kenntnis ist ein subjektives Tatbestandsmerkmal. Da der Anfechtungsgegner in aller Regel keinen Einblick in die Liquiditätslage des Schuldners hat, gelingt äußerst selten der Beweis der positiven Kenntnis des Anfechtungsgegners von der Zahlungsunfähigkeit. Das kommt letztendlich nur bei Insidern in Betracht.[1479] Hinzu kommt, dass das Merkmal der Zahlungsunfähigkeit einen komplexen Rechtsbegriff bildet und einem juristischen Laien daher nicht ohne weiteres geläufig ist. Eine genaue Kenntnis der rechtlichen Zusammenhänge wird wiederum auch nicht vorausgesetzt.[1480] Für die Kenntnis von der Zahlungsunfähigkeit genügt es daher, wenn der Anfechtungsgegner aus den ihm bekannten Tatsachen und dem Verhalten des Schuldners bei natürlicher Betrachtungsweise den zutreffenden Schluss gezogen hat, dass der Schuldner 10 % oder mehr seiner fällig gestellten Verbindlichkeiten in einem Zeitraum von drei Wochen nicht wird tilgen können.[1481] Zur Kenntnis der Zahlungsunfähigkeit aufgrund der Kenntnis einer Liquiditätsbilanz im Sinne des § 17 Abs. 2 Satz 1 InsO ist eine Kenntnis des Gesamtbestandes der gegen den Schuldner gerichteten, in den nächsten drei Wochen fällig werdenden und ernsthaft eingeforderten Verbindlichkeiten sowie über die in dieser Zeit vorhandenen Geldmittel erforderlich. Aus dieser Kenntnis kann der Anfechtungsgegner den Schluss ziehen, der Schuldner werde erhebliche Teile seiner in den nächsten drei Wochen fällig werdenden Verbindlichkeiten nicht tilgen können. Über diese Informationen wird der Anfechtungsgegner jedoch allenfalls aufgrund einer besonderen schuldnernahen Tätigkeit etwa als Buchhalter oder Sanierungsberater verfügen, so dass i.

1478 *Hölzle*, ZIP 2006, 101 (104); zum anfechtungsrechtlichen Indizienprozess s. *Huber*, ZInsO 2012, 53 (55 ff.); ders., FS-Ganter, 203 (204 ff.).

1479 *Huber*, FS-Ganter, 203 (208).

1480 BGH, Urt. v. 27.04.1995 – IX ZR 147/94, NJW 1995, 2103 (2105) m. w. N. zur Rechtsprechung des RG und des BGH; *Gehrlein*, FS-Ganter, 169 (172).

1481 BGH, Urt. v. 12.10.2006 – IX ZR 228/03, NZI 2007, 36 (38) Rn. 30.

d. R. der Nachweis der Kenntnis des Anfechtungsgegners von der Zahlungsunfähigkeit des Schuldners auf direktem Wege nicht gelingen kann.[1482]

c) Kenntnis von Umständen nach § 130 Abs. 2 InsO

Nach § 130 Abs. 2 InsO genügt für die Annahme der Kenntnis der Zahlungsunfähigkeit aber auch, dass der Anfechtungsgegner Umstände kannte, aus denen sich zwingend auf die Zahlungsunfähigkeit schließen lässt. Erfasst sind daher vor allem Fälle, in denen der Beweis der Kenntnis selbst nicht gelingt, allerdings der Beweis der Kenntnis von Tatsachen, die für sich genommen objektiv den Schluss auf die Zahlungsunfähigkeit zwingend erscheinen lassen. Maßgeblich für § 130 Abs. 2 InsO sind daher nur die Tatsachen, die der Anfechtungsgegner kennt.[1483] Bezugspunkt der Kenntnis ist dann nicht mehr die Zahlungsunfähigkeit selbst, sondern positive Kenntnis der Vermutungstatsachen, die den Schluss auf die Haupttatsache zulassen.[1484] Die Vermutung gilt aufgrund der Verweisung in § 132 Abs. 3 InsO auch im Rahmen der Anfechtung nach § 132 Abs. 1 InsO. Grob fahrlässige Unkenntnis solcher Umstände ist hingegen nicht ausreichend.[1485] Vielmehr muss der Anfechtungsgegner Kenntnis von tatsächlichen Umständen gehabt haben, aus denen bei zutreffender rechtlicher Bewertung die Zahlungsunfähigkeit zweifelsfrei folgt.[1486] Auch im Rahmen des § 130 Abs. 2 InsO muss daher zwischen der Tatsachenkenntnis und dem daraus folgenden zwingenden Schluss auf die Zahlungsunfähigkeit unterschieden werden.[1487] Vorausgesetzt wird demgemäß, dass der Insolvenzgläubiger die tatsächlichen Umstände kennt, aus denen bei zutreffender rechtlicher Bewertung die Zahlungsunfähigkeit zweifelsfrei folgt. Dann kann er sich nicht mehr darauf berufen, dass er den an sich zwingenden Schluss von den Tatsachen auf die Rechtsfolge selbst nicht gezogen hat.[1488] Es handelt sich daher um eine unwiderlegliche Vermutung.[1489] Die Kenntnis solcher Tatsachen, die nur die ungewisse Möglichkeit einer Zahlungsunfähigkeit befürchten lassen, kann daher nicht genügen. Vielmehr kann der

---

1482 *Klinck*, Die Grundlagen der besonderen Insolvenzanfechtung, S. 303 f.

1483 *Schoppmeyer*, in: Kübler/Prütting/Bork-InsO, § 130 Rn. 116.

1484 *Huber*, FS-Ganter, 203 (208).

1485 BGH, Urt. v. 19.02.2009 – IX ZR 62/08, BGHZ 180, 63 (66 f.) Rn. 13; *Ede/Hirte*, in: Uhlenbruck-InsO, § 130 Rn. 58.

1486 BGH, Urt. v. 19.02.2009 – IX ZR 62/08, NJW 2009, 1202 (1203) Rn. 13.

1487 *Schoppmeyer*, in: Kübler/Prütting/Bork-InsO, § 130 Rn. 117.

1488 BGH, Urt. 20.11.2001 – IX ZR 48/01, BGHZ 149, 178 (185); BGH, Urt. v. 06.07.2017 – IX ZR 178/16, NZI 2017, 850 (851 f.) Rn. 12.

1489 *Huber*, FS-Ganter, 203 (208); *Gehrlein*, FS-Ganter, 169 (174).

gesetzlich zwingende Schluss von den Indiztatsachen auf die Zahlungsunfähigkeit ausschließlich dann gezogen werden, wenn sich ein von Eigeninteressen nicht beeinflusster redlich Denkender aufgrund der ihm bekannten Tatsachen der Einsicht nicht verschließen kann, der Schuldner sei zahlungsunfähig.[1490] Soweit sich in die Vorstellungen des Gläubigers Tatsachen mischen, die bei einer Gesamtbetrachtung den Schluss auf die Zahlungsunfähigkeit des Schuldners nicht zwingend nahe legen, fehlt dem Gläubiger die entsprechende Kenntnis. Kenntnis ist aber anzunehmen, wenn der Anfechtungsgegner die Tatsachen kennt, die eine Zahlungsunfähigkeit begründen, aber aufgrund einer falschen Bewertung des Tatsachenbildes den Schluss auf die Zahlungsunfähigkeit nicht zieht.[1491] Die subjektiven Voraussetzungen der Anfechtungstatbestände setzen keine rechtlichen Vorstellungen des Anfechtungsgegners voraus.[1492]

Die Abgrenzung der Kenntnis von Umständen, die zwingend auf eine Zahlungsunfähigkeit hinweisen, von der nicht ausreichenden grob fahrlässigen Unkenntnis kann nur über den Einzelfall erfolgen und ist letztendlich der Rechtsprechung überlassen worden.[1493] Außer allenfalls institutionellen Gläubigern oder Gläubigern mit Insiderkenntnissen wird der Überblick eines Gläubigers in aller Regel begrenzt sein und nur Schlussfolgerungen allgemeiner Art wie diejenige auf Zahlungsschwierigkeiten, Zahlungsstockungen oder eine Tendenz zum Vermögensverfall zulassen. Die Vorschrift des § 130 Abs. 2 InsO verlangt hingegen Kenntnis von den konkreten Umständen, die ein eindeutiges Urteil über die Liquiditätsgesamtlage des Unternehmens ermöglichen. Andernfalls erfasste die Vorschrift entgegen dem Willen des Gesetzgebers auch Fahrlässigkeitstatbestände.[1494] Vor diesem Hintergrund bereitet auch der Beweis der Kenntnis des Anfechtungsgegners von der Zahlungsunfähigkeit des Schuldners über die Vermutung des § 130 Abs. 2 InsO häufig erheblich Probleme.[1495]

d) Kenntnis der Zahlungseinstellung

Kenntnis des Gläubigers von der Zahlungsunfähigkeit ist schließlich aber auch dann anzunehmen, wenn der Gläubiger Umstände kennt, die zwingend auf eine

1490 BGH, Urt. v. 19.02.2009 – IX ZR 62/08, NJW 2009, 1202 (1203 f.) Rn. 14.

1491 BGH, Urt. v. 19.02.2009 – IX ZR 62/08, NJW 2009, 1202 (1203) Rn. 13; BGH, Urt. v. 18.07.2013 – IX ZR 143/12, NZI 2013, 932 (934) Rn. 17.

1492 *Klinck*, Die Grundlagen der besonderen Insolvenzanfechtung, S. 308.

1493 *Ede/Hirte*, in: Uhlenbruck-InsO, § 130 Rn. 58.

1494 BGH, Urt. v. 19.02.2009 – IX ZR 62/08, BGHZ 180, 63 (68 f.) Rn. 17.

1495 *Klinck*, Die Grundlagen der besonderen Insolvenzanfechtung, S. 310.

Zahlungseinstellung schließen lassen, denn die Vermutung des § 17 Abs. 2 Satz 2 InsO gilt auch im Rahmen des Insolvenzanfechtungsrechts.[1496] Die Kenntnis der Zahlungsunfähigkeit kann häufig nur und jedenfalls mit dem geringsten Aufwand über die Kenntnis der Zahlungseinstellung vom Insolvenzverwalter bewiesen werden.[1497]

Problematisch erscheint dabei zunächst, dass die Kenntnis der Zahlungsunfähigkeit ein subjektives Tatbestandsmerkmal ist und § 17 Abs. 2 Satz 2 InsO nur eine objektive Vermutung für den Eintritt der Zahlungsunfähigkeit bei Zahlungseinstellung aufstellt. Soweit der Anfechtungsgegner aber Kenntnis von den die objektive Vermutung begründenden Umständen hatte, war ihm der Schluss von der Zahlungseinstellung auf die Zahlungsunfähigkeit zumindest möglich.[1498] Wenngleich auch grob fahrlässige Unkenntnis der Zahlungsunfähigkeit grundsätzlich nicht für die Kenntnis der Zahlungsunfähigkeit ausreicht, ist es nicht erforderlich, dass der Anfechtungsgegner aus den bekannten Umständen im Rechtssinne die richtigen Schlüsse zieht. Ob der Anfechtungsgegner den Schluss von der erkannten Zahlungseinstellung auf die Zahlungsunfähigkeit gezogen hat ist daher irrelevant. Die fehlende Schlussfolgerung schließt die Kenntnis im Rechtssinne jedenfalls nicht aus.[1499] Die Zahlungseinstellung macht die Zahlungsunfähigkeit nach außen sichtbar und damit für den Anfechtungsgegner erkennbar.[1500] Insoweit wird die Zahlungseinstellung allein aus einem realen nach außen getretenen Verhalten des Schuldners abgeleitet und belegt die Zahlungsunfähigkeit des Schuldners in dem Moment, in dem sein die Zahlungseinstellung begründendes Verhalten oder Unterlassen im Rechtsverkehr wahrgenommen wird.[1501] Gelingt dem Insolvenzverwalter daher der Beweis, der Anfechtungsgegner habe Kenntnis von dem nach außen hervortretenden Verhalten des Schuldners, in dem sich ausdrückt, dass er nicht in der Lage ist, seine fälligen Zahlungspflichten zu erfüllen, und muss sich für den Anfechtungsgegner der berechtigte Eindruck aufdrängen, dass der Schuldner außerstande ist, seinen fälligen Zahlungsverpflichtungen zu genügen, ist die

---

1496 BGH, Urt. v. 19.02.2009 – IX ZR 62/08, BGHZ 180, 63 (66 f.) Rn. 13; BGH, Urt. v. 18.01.2018 – IX ZR 144/16, NZI 2018, 264 (265) Rn. 10 m. w. N.

1497 *Geißler*, ZInsO 2017, 297 (301).

1498 Vgl. *Huber*, ZInsO 2012, 53 (55 f.).

1499 BGH, Urt. v. 10.07.2003 – IX ZR 89/02, NZI 2003, 542 (544); BGH, Urt. v. 11.02.2010 – IX ZR 104/07, NZI 2010, 985 (989) Rn. 47; *Zeuner*, in: Rattunde/Smid/Zeuner-InsO, § 130 Rn. 24.

1500 *Huber*, FS-Ganter, 203 (208); *Fischer*, FS-Ganter, 153 (165).

1501 *Fischer*, FS-Ganter, 153 (165).

Kenntnis der Zahlungseinstellung bewiesen.[1502] Diesen Beweis kann der Insolvenzverwalter mit den verschiedenen Beweisanzeichen für die Zahlungseinstellung des Schuldners führen, soweit die Kenntnis des Anfechtungsgegners von diesen Beweisanzeichen bewiesen werden kann.[1503] Erforderlich ist dabei eine Gesamtwürdigung sämtlicher Umstände, aus denen ein zwingender Schluss auf die Kenntnis der Zahlungseinstellung folgt.[1504] Im Anfechtungsprozess muss der Insolvenzverwalter daher Indizien darlegen, die die Zahlungseinstellung im Zeitpunkt der Vornahme der Rechtshandlung erkennbar gemacht haben. Auch im Insolvenzanfechtungsrecht kann sich der Anfechtungsgegner grundsätzlich nicht darauf berufen, er sei lediglich von einer Zahlungsunwilligkeit und nicht von einer Zahlungsunfähigkeit ausgegangen.[1505]

e) *Benachteiligungsvorsatz des Schuldners*

Vorsatz wird ausschließlich in § 133 Abs. 1 Satz 1 Hs. 1 InsO gefordert. Die Beurteilung des Vorsatzes richtet sich auch im Rahmen der Vorsatzanfechtung nach der Grundregel des § 276 Abs. 1 Satz 1 BGB.[1506] Der Schuldner muss insoweit mit Wissen und Wollen des missbilligten Erfolges gehandelt haben.[1507] Nach allgemeiner Ansicht genügt bedingter Vorsatz; ein Benachteiligungsvorsatz ist deshalb nicht nur dann gegeben, wenn der Schuldner bei Vornahme der Rechtshandlung die Benachteiligung der Gläubiger als Ziel seiner Rechtshandlung erstrebt hat, sondern auch dann, wenn er lediglich die Benachteiligung als mutmaßliche Folge beziehungsweise als unvermeidliche Nebenfolge eines an sich erstrebten anderen Vorteils erkannt und gebilligt hat.[1508] Die Beweislast für den Benachteiligungsvorsatz trägt der Insolvenzverwalter. Praktisch ist der Nachweis des von inneren Tatsachen abhängigen Vorsatzes naturgemäß häufig

---

1502 Vgl. BGH, Urt. v. 08.01.2015 – IX ZR 203/12, NZI 2015, 369 (370) Rn. 15.

1503 *Huber*, in: Gottwald, Insolvenzrechts-Handbuch, § 47 Rn. 28, 12; zu weiteren Indizien s. *Harz/Bornmann/Conrad/Ecker*, NZI 2015, 737 (738).

1504 BGH, Urt. v. 18.07.2013 – IX ZR 143/12, NZI 2013, 932 (934) Rn. 17.

1505 BGH, Urt. v. 15.03.2012 – IX ZR 239/09, NZI 2012, 416 (417) Rn. 10; kritisch dazu *Schönfelder*, WM 2017, 11 (14).

1506 *Gehrlein*, FS-Ganter, 169 (178); *Jacoby*, KTS 2009, 3 (10); *Bartels*, KTS 2016, 301 (309).

1507 *Grüneberg*, in: Palandt-BGB, § 276 Rn. 10 m. w. N.

1508 BGH, Urt. v. 30.06.2011 – IX ZR 134/10, NZI 2011, 589 (589) Rn. 8; BGH, Urt. v. 01.06.2017 – IX ZR 48/15, NZI 2017, 715 (716) Rn. 10; *Henckel* in: Jaeger-InsO, § 133 Rn. 22; *Bartels*, KTS 2016, 301 (304); ders., Insolvenzanfechtung und Leistungen Dritter, S. 8 ff.; 117 ff.; *Jacoby*, KTS 2009, 3 (10); *Gehrlein*, in: Ahrens/Gehrlein/Ringstmeier-InsO, § 133 Rn. 11; Begr. RegE-InsO, BT-Drucks. 12/2443, S. 160.

problematisch.[1509] Als subjektives Tatbestandsmerkmal kann der Benachteiligungsvorsatz meist nur mittelbar aus objektiven Tatsachen hergeleitet werden.[1510] So erlaubt im Allgemeinen ein eine bestimmte Handlung tragendes und objektiv erkennbares Motiv den Schluss auf das Vorliegen bestimmter subjektiver Tatbestandsmerkmale wie den Benachteiligungsvorsatz; kommt es einem Schuldner ersichtlich darauf an, bestimmte Gläubiger vorrangig zu befriedigen, handelt er mit dem Vorsatz, die nachrangig befriedigten Gläubiger zu benachteiligen.[1511] Die Rechtsprechung hat eine differenzierte Kasuistik von Beweisanzeichen und Gegenanzeichen sowie Erfahrungssätze zur Feststellung des Benachteiligungsvorsatzes des Schuldners geschaffen.[1512] In der Praxis wird der Nachweis des Benachteiligungsvorsatzes nahezu ausnahmslos über die Beweisanzeichen geführt.

aa) Kenntnis der (drohenden) Zahlungsunfähigkeit

So ist ein Gläubigerbenachteiligungsvorsatz des Schuldners, der einen bestimmten Gläubiger befriedigt, nach allgemeiner Ansicht insbesondere bei Kenntnis der eigenen Zahlungsunfähigkeit anzunehmen.[1513] Kennt ein Schuldner seine Zahlungsunfähigkeit, weiß er damit auch, dass sein Vermögen nicht zur Befriedigung ausreicht, und handelt daher in aller Regel mit Benachteiligungsvorsatz.[1514]

1509 *Jacoby*, KTS 2009, 3 (10).

1510 BGH, Urt. v. 06.07.2017 – IX ZR 178/16, NZI 2017, 850 (851 f.) Rn. 12; *Bartels*, KTS 2016, 301 (311); *Gehrlein*, FS-Ganter, 169 (179); *Kirchhof*, FS-Ganter, 237 (238).

1511 *Thole*, ZIP 2013, 2081 (2085); *Bartels*, KTS 2016, 301 (312).

1512 BGH, Urt. v. 16.06.2016 – IX ZR 23/15, NZI 2016, 739 (740 f.); BGH, Urt. v. 24.05.2007 – IX ZR 97/06, NJW-RR 2007, 1537 (1538) Rn. 11; vgl. *Bartels*, KTS 2016, 301 (301), *Kayser*, NJW 2014, 422 (424 ff.); *Zeuner*, in: Rattunde/Smid/Zeuner-InsO, § 133 Rn. 30.

1513 BGH, Urt. v. 13.04.2006 – IX ZR 158/05, BGHZ 167, 190 (194 f.) Rn. 14; BGH, Urt. v. 20.12.2007 – IX ZR 93/06, NZI 2008, 231 (232) Rn. 19; BGH, Urt. v. 17.11.2016 – IX ZR 65/15, NZI 2017, 64 (64) Rn. 8; BGH, Urt. v. 01.06.2017 – IX ZR 48/15, NZI 2017, 715 (716) Rn. 10; BGH, Urt. v. 06.07.2017 – IX ZR 178/16, NZI 2017, 850 (851) Rn. 9; BGH, Urt. v. 07.05.2020 – IX ZR 18/19, NJW 2020, 2404 (2405) Rn. 10; *Borries/Hirte*, in: Uhlenbruck-InsO, § 133 Rn. 37, 67; *Gehrlein*, in: Ahrens/Gehrlein/Ringstmeier-InsO, § 133 Rn. 11.

1514 BGH, Urt. v. 13.04.2006 – IX ZR 158/05, BGHZ 167, 190 (194 f.) Rn. 14; BGH, Urt. v. 20.12.2007 – IX ZR 93/06, NZI 2008, 231 (232) Rn. 19; BGH, Urt. v. 17.11.2016 – IX ZR 65/15, NZI 2017, 64 (64) Rn. 8; BGH, Urt. v. 01.06.2017 – IX ZR 48/15, NZI 2017, 715 (716) Rn. 10; BGH, Urt. v. 06.07.2017 – IX ZR 178/16, NZI 2017, 850

Aufgrund der Kenntnis der Zahlungsunfähigkeit rechnet der Schuldner bei der Befriedigung eines Gläubigers zwangsläufig mit der dadurch eintretenden Benachteiligung der übrigen Gläubiger.[1515] Ein Gläubigerbenachteiligungsvorsatz des Schuldners ist allerdings nicht nur bei erkannter eingetretener Zahlungsunfähigkeit zu vermuten, sondern auch schon bei Kenntnis der lediglich drohenden Zahlungsunfähigkeit; dies ergibt sich mittelbar aus der Vermutung des § 133 Abs. 1 Satz 2 InsO. So ist es im Rahmen dieser Vermutung für die Kenntnis des Anfechtungsgegners vom Gläubigerbenachteiligungsvorsatz des Schuldners ausreichend, dass er wusste, dass dessen Zahlungsunfähigkeit drohte. Wenn im Rahmen dieser gesetzlichen Vermutung diese Kenntnis für den Anfechtungsgegner ausreicht, können für den Schuldner selbst keine strengeren Anforderungen gelten.[1516] Kann daher anhand der Liquiditätsbilanz die (drohende) Zahlungsunfähigkeit sowie deren Kenntnis dem Schuldner nachgewiesen werden, ist gleichzeitig der Benachteiligungsvorsatz des Schuldners bewiesen. Der Nachweis der Kenntnis des Schuldners anhand einer Liquiditätsbilanz bereitet indes häufig Probleme, vor allem, wenn eine ungeordnete Buchhaltung vorliegt.[1517] Die Aufstellung einer Liquiditätsbilanz kann aber auch im Anfechtungsrecht entbehrlich sein, wenn eine Zahlungseinstellung die gesetzliche Vermutung der Zahlungsunfähigkeit begründet.[1518]

bb) Kenntnis der Zahlungseinstellung

Die Zahlungseinstellung begründet grundsätzlich auch für die Insolvenzanfechtung gem. § 17 Abs. 2 Satz 2 InsO die gesetzliche Vermutung der Zahlungsunfähigkeit.[1519] Der Insolvenzverwalter kann daher mit den oben genannten Beweisanzeichen zur Zahlungseinstellung den Benachteiligungsvorsatz des Schuldners beweisen, wenn der Nachweis gelingt, dass der Schuldner Kenntnis

---

(851) Rn. 9; BGH, Urt. v. 07.05.2020 – IX ZR 18/19, NJW 2020, 2404 (2405) Rn. 10; *Kayser*, NJW 2014, 422 (424 f.).

1515 BGH, Urt. v. 17.07.2003 – IX ZR 272/02, NJW 2003, 2560 (3561); BGH, Urt. v. 07.05.2015 – IX ZR 95/14, NJW 2015, 2113 (2114) Rn. 11 m. w. N.

1516 BGH, Urt. v. 13.04.2006 – IX ZR 158/05, BGHZ 167, 190 (194 f.) Rn. 14; BGH, Urt. v. 18.03.2010 – IX ZR 57/09, NZI 2010, 439 (441) Rn. 19; BGH, Urt. v. 08.01.2015 – IX ZR 203/12, NZI 2015, 369 (370) Rn. 12.

1517 *Baumert*, NZI 2015, 589 (591).

1518 BGH, Urt. v. 12.02.2015 – IX ZR 180/12, NJW 2015, 1756 (1758) Rn. 18.

1519 BGH, Urt. v. 30.06.2011 – IX ZR 134/10, NZI 2011, 589 (590) Rn. 10; BGH, Urt. v. 07.11.2013 – IX ZR 49/13, NZI 2014, 23 (24) Rn. 11; *Raupach*, in: BeckOK-InsO, § 133 Rn. 19.2.

dieser Beweisanzeichen hatte.[1520] Gelingt dieser Nachweis nicht, hat der Insolvenzverwalter auf anderem Wege den Benachteiligungsvorsatz des Schuldners darzulegen und zu beweisen. Keiner vergleichbaren indiziellen Bedeutung kommt dagegen der Kenntnis von einer Überschuldung im Sinne des § 19 InsO zu, wenngleich dann häufig zugleich die Kenntnis der drohenden Zahlungsunfähigkeit naheliegt.[1521]

cc) Kenntnis der Inkongruenz

Ein starkes Beweisanzeichen für den Benachteiligungsvorsatz des Schuldners liegt zudem vor, wenn der Schuldner dem Gläubiger eine inkongruente Deckung gewährt hat; der Inkongruenz wohnt naturgemäß eine Begünstigungstendenz inne.[1522] Das folgt aus dem Umstand, dass Schuldner im Allgemeinen nicht bereit sind, mehr oder früher zu leisten, als sie verpflichtet sind.[1523] Deshalb ist allein die Inkongruenz ein Beweisanzeichen für den Benachteiligungsvorsatz des Schuldners; auf eine Kenntnis der jedenfalls drohenden Zahlungsunfähigkeit kommt es dann nicht mehr an.[1524] Erforderlich ist aber stets, dass die Rechtshandlung bei beengten finanziellen Verhältnissen vorgenommen wurde. Nach dem BGH liegen finanziell beengte Verhältnisse vor, wenn die finanziellen

---

1520 BGH, Urt. v. 30.06.2011 – IX ZR 134/10, NZI 2011, 589 (590) Rn. 8 ff.; BGH, Urt. v. 07.11.2013 - IX ZR 49/13, NZI 2014, 23 (24) Rn. 9 ff.; BGH, Urt. v. 07.05.2015 - IX ZR 95/14, NJW 2015, 2113 (2114) Rn. 11 ff.; BGH, Urt. v. 18.01.2018 - IX ZR 144/16, NZI 2018, 264 (265) Rn. 23; *Hölzle*, ZIP 2006, 101 (106 f.); *Raupach*, in: BeckOK-InsO, § 133 Rn. 19.2.

1521 *Thole*, in: Heidelberger Kommentar-InsO, § 133 Rn. 19; *Ganter/Weinland*, in: K. Schmidt-InsO, § 133 Rn. 57; *Kayser*, in: MüKo-InsO, § 133 Rn. 24c.

1522 BGH, Urt. v. 30.09.1993 - IX ZR 227/92, BGHZ 123, 320 (326); BGH, Urt. v. 19.03.1998 - IX ZR 22–97, BGHZ 138, 291 (308); BGH, Urt. v. 08.12.2005 - IX ZR 182/01, NJW 2006, 1348 (1350) Rn. 21; BGH, Urt. v. 19.12.2013 - IX ZR 127/11, NZI 2014, 266 (268) Rn. 17; BGH, Urt. v. 19.09.2013 – IX ZR 4/13, NJW-RR 2014, 231 (232) Rn. 14; *Fischer*, FS-Kirchhof, 2003, 73 (83 f.); *Huber*, FS-Kirchhof, 247 (255); *Schoppmeyer*, ZIP 2009, 600 (606); *Thole*, in: Heidelberger Kommentar-InsO, § 133 Rn. 20, 22; *Kayser*, in: MüKo-InsO, § 133 Rn. 29; *Ganter/Weinland*, in: K. Schmidt-InsO, § 1333 Rn. 47; *Dauernheim*, in: FK-InsO, § 133 Rn. 15; *Gehrlein*, in: Ahrens/Gehrlein/Ringstmeier-InsO, § 133 Rn. 15; kritisch dagegen *Henckel*, in: Jaeger-InsO, § 133 Rn. 35; *Jacoby*, KTS 2009, 3 (20).

1523 BGH, Urt. v. 18.11.2004 – IX ZR 299/00, NZI 2005, 329 (330); *Kayser*, NJW 2014, 422 (425); *Borries/Hirte*, in: Uhlenbruck-InsO, § 133 Rn. 101; *Ganter/Weinland*, in: K. Schmidt-InsO, § 133 Rn. 47.

1524 *Borries/Hirte*, in: Uhlenbruck-InsO, § 133 Rn. 101.

Reserven des Schuldners nicht ausreichen, um einen Einfluss der inkongruenten Leistung auf die Gleichheit der Befriedigungschancen anderer Gläubiger auszuschließen. Dabei ist für den Benachteiligungsvorsatz des Schuldners entscheidend, welche Vorstellungen sich der Schuldner von der zukünftigen finanziellen Entwicklung macht.[1525] Inkongruenz liegt insbesondere vor bei nicht fälligen, aufschiebend bedingten oder befristeten, nichtigen oder rechtsgrundlosen Leistungen, Leistungen erfüllungshalber oder an Erfüllungs statt (§ 364 BGB), Leistungen Dritter oder an Dritte, Vorschusszahlungen, Darlehensrückzahlungen vor Fälligkeit des Rückzahlungsanspruchs, nachträglichen Besicherungen sowie abweichenden Zahlungswegen.[1526] Die Indizwirkung einer inkongruenten Deckung kann umso weniger ins Gewicht fallen, je länger die Handlung vor der Verfahrenseröffnung liegt. Allerdings ist die Fortexistenz des Schuldners erst dann ein Gegenindiz, wenn dieser weiter geschäftlich tätig ist und regelmäßig Einnahmen und Ausgaben zu verbuchen hat.[1527]

Auch Zahlungen unter dem Druck eines Insolvenzantrags sind stets inkongruent, wohingegen im Wege der Einzelzwangsvollstreckung oder zu deren Abwendung erlangte Zahlungen nur im Dreimonatszeitraum vor Antragstellung inkongruent sind.[1528]

dd) Abwendung der Zwangsvollstreckung

Eine Leistung des Schuldners zur Abwendung einer unmittelbar drohenden Zwangsvollstreckung begründet als inkongruente Deckung ebenfalls die Vermutung für den Gläubigerbenachteiligungsvorsatz, wenn es sich um Druckzahlungen handelt, die der Schuldner innerhalb der Drei-Monats-Frist vor dem Eröffnungsantrag zur Abwendung einer unmittelbar bevorstehenden Zwangsvollstreckung leistet; außerhalb der Drei-Monats-Frist handelt es sich um kongruente Deckungen.[1529] Zu berücksichtigen ist dabei aber, dass nicht jede Zwangsvollstreckungsmaßnahme bereits das Tatbestandsmerkmal der Rechtshandlung des Schuldners verwirklicht. Anfechtbar sind nur Rechtshandlungen

1525 BGH, Urt. v. 17.09.2020 – IX ZR 174/19, NZI 2020, 1101 (1103) Rn. 24.

1526 *Kayser*, NJW 2014, 422 (425 ff.); ausf. zur Inkongruenz mit Fallgruppen *Borries/Hirte*, in: Uhlenbruck-InsO, § 131 Rn. 24 ff.; *Zeuner*, in: Rattunde/Smid/Zeuner-InsO, § 131 Rn. 17 ff. jeweils m. w. N.

1527 BGH, Urt. v. 17.09.2020 – IX ZR 174/19, NZI 2020, 1101 (1104) Rn. 37.

1528 *Gehrlein*, ZIP 2020, 1481 (1484) m. w. N.

1529 BGH, Urt. v. 20.12.2007 – IX ZR 93/06, NZI 2008, 231 (233) Rn. 32; BGH, Urt. v. 22.06.2017 – IX ZR 111/14, NZI 2017, 718 (719 f.) Rn. 20.

des Schuldners. Zwar sind Rechtshandlungen aller Art sowie Unterlassungen erfasst. Probleme können sich bei Zwangsvollstreckungsakten ergeben. Sie stellen sich dann nicht als eine Rechtshandlung des Schuldners dar, wenn sie ohne oder gegen seinen Willen durchgeführt werden. Nach der Rechtsprechung des BGH unterliegt die Maßnahme allerdings der Anfechtung wegen vorsätzlicher Benachteiligung, sobald der Schuldner irgendwie an dem Vollstreckungsakt mitgewirkt hat, sei es durch einverständliches Zusammenwirken zwischen dem Anfechtungsgegner und dem Schuldner, durch Nichteinlegen eines Widerspruchs gegen einen Mahnbescheid, durch Nichteinlassung auf eine Klage, durch Geständnis, Anerkenntnis oder auch durch Benachrichtigung eines Gläubigers von der beabsichtigten Vollstreckung anderer Gläubiger.[1530] Eine Rechtshandlung des Schuldners liegt daher insbesondere vor, wenn der Schuldner nach der Pfändung dafür sorgt, dass das entstandene Pfandrecht werthaltig wird, indem er etwa auf das gepfändete Konto Bareinzahlungen leistet[1531] oder im Wissen um eine bevorstehende Kassenpfändung die Kasse durch Einlegen von Bargeld auffüllt[1532]. Zuletzt hat der BGH diese Rechtsprechung allerdings eingeschränkt. Wenn der Schuldner Vollstreckungsmaßnahmen nicht durch die Eröffnung eines neuen Kontos und die Änderung des Forderungseinzugs verhindert hat, liegt bei der unterlassenen Eröffnung eines neuen Kontos ein der Rechtshandlung gleichgestelltes Unterlassen nur dann vor, wenn der Schuldner andere Handlungsmöglichkeiten zum Schutz der Gläubigergesamtheit in Erwägung gezogen und hiervon bewusst im Interesse einzelner Gläubiger absehen hat.[1533] Allgemein fehlt es einer willensgeleiteten Entscheidung des Schuldners, wenn der Schuldner die berechtigte Vollstreckung eines Gläubigers lediglich hinnimmt und sich angesichts einer bevorstehenden oder bereits eingeleiteten Vollstreckungsmaßnahme nicht anders verhält, als er dies ohne die Vollstreckungsmaßnahme getan hätte. Entsprechendes gilt, soweit an ein Unterlassen des Schuldners angeknüpft werden solle. Voraussetzung ist auch hier, dass die Unterlassung auf einer Willensbetätigung beruht. Ein Unterlassen rechtfertigt daher die Gleichstellung einer Vollstreckungsmaßnahme mit einer Rechtshandlung des Schuldners nicht, wenn es sich in der bloßen Hinnahme einer berechtigten Vollstreckung erschöpft. Insoweit liegt eine Rechtshandlung des Schuldners

---

1530 BGH, Urt. v. 16.01.2014 – IX ZR 31/12, NZI 2014, 218 (218) Rn. 7; ausf. dazu *Hölken*, jurisPR-InsR 16/2017 Anm. 1.

1531 BGH, Urt. v. 19.09.2013 – IX ZR 4/13, NJW-RR 2014, 231 (231 f.) Rn. 8 ff.

1532 BGH, Urt. v. 03.02.2011 – IX ZR 213/09, NZI 2011, 249 (250) Rn. 11 ff.

1533 BGH, Urt. v. 16.01.2014 – IX ZR 31/12, NZI 2014, 218 (219) Rn. 13.

nicht mehr bei jeder Mitwirkung an dem Vollstreckungsakt vor, sondern nur noch, wenn der Verursachungsbeitrag des Schuldners ein der Vollstreckungstätigkeit des Gläubigers zumindest vergleichbares Gewicht erreicht.[1534]

ee) Zahlungserleichterungen, § 133 Abs. 3 Satz 2 InsO

Ratenzahlungsvereinbarungen galten in der Rechtsprechung des BGH lange Zeit – wenn auch zunehmend nur noch unter besonderen Voraussetzungen – als Indiz für eine Kenntnis der (drohenden) Zahlungsunfähigkeit.[1535] Durch das Gesetz zur Verbesserung der Rechtssicherheit bei Anfechtungen nach der Insolvenzordnung und nach dem Anfechtungsgesetz[1536] wurde diese Vermutung ins Gegenteil umgewandelt. Nach der neu eingefügten Vermutung i. S. d § 292 ZPO werden Zahlungsvereinbarungen gem. § 133 Abs. 3 Satz 2 InsO nun privilegiert.[1537] So wird gem. § 133 Abs. 3 Satz 2 InsO jetzt vermutet, dass der Anfechtungsgegner zur Zeit der inkriminierten Handlung die Zahlungsunfähigkeit des Schuldners nicht kannte, wenn er dem Schuldner eine Zahlungserleichterung gewährt hat. Es handelt sich dabei um eine widerlegliche gesetzliche Vermutung, wobei Vermutungstatbestand der Abschluss einer Zahlungsvereinbarung oder die Gewährung einer sonstigen Zahlungserleichterung und Vermutungsfolge die Nichtkenntnis der Zahlungsunfähigkeit des Schuldners zur Zeit der angefochtenen Handlung ist.[1538] Hinter dieser Gesetzesänderung steht nach der Begründung des Regierungsentwurfs der Gedanke, dass die mit einer Stundungs- oder Ratenzahlungsbitte dem Gläubiger offenbar werdende Liquiditätslücke mit der Gewährung der Stundung beziehungsweise dem Abschluss der Ratenzahlungsvereinbarung regelmäßig beseitigt sein werde.[1539] Nach allgemeiner Lebenserfahrung dürfte die Einräumung von Zahlungserleichterungen aber entgegen dem gesetzgeberischen Willen eher für eine Kenntnis der Zahlungsunfähigkeit

---

1534 BGH, Urt. v. 01.06.2017 – IX ZR 48/15, NZI 2017, 715 (716) Rn. 14 ff.; BGH, Urt. v. 01.06.2017 – IX ZR 114/16, NJW-Spezial 2017, 662 (662 f.).

1535 Ausf. m. w. N. aus der Rechtsprechung des BGH *Zeuner*, in: Rattunde/Smid/Zeuner, § 130 Rn. 24a.

1536 BGBl. 2017 I, S. 654.

1537 Zur Neueinfügung dieser Vermutung vgl. *Thole*, ZIP 2017, 401 (405 f.); *Pape*, ZInsO 2018, 296 (300); diese Regelung wird zu Recht überwiegend als misslungen angesehen, vgl. *Maier*, ZInsO 2015, 2262 (2262 ff.); *Thole*, ZIP 2017, 401 (410); *Kindler/Bitzer*, NZI 2017, 369 (375); *Dahl/Schmitz*, NJW 2017, 1505 (1508), *Schoppmeyer*, WM 2018, 353 (358); *Kayser*, ZIP 2018, 1153 (1159); *Ganter*, NZI 2019, 481 (484 f.).

1538 BGH, Urt. v. 07.05.2020 – IX ZR 18/19, NJW 2020, 2404 (2405) Rn. 17.

1539 Begründung des Gesetzesentwurfs der Bundesregierung, BT-Drucks. 18/7054, S. 18.

sprechen, die auch nicht ohne weiteres allein durch den Abschluss einer Ratenzahlungsvereinbarung beseitigt werden kann.[1540] Vielmehr kann eine Ratenzahlungsvereinbarung nur ausnahmsweise die Zahlungsunfähigkeit beseitigen, wenn durch die Vereinbarung deren Voraussetzungen entfallen. Davon kann aber nur ausnahmsweise ausgegangen werden, wenn der Anfechtungsgegner davon ausgehen darf, dass keine weiteren offenen Verbindlichkeiten bestehen, die ihrerseits die Voraussetzungen der Zahlungseinstellung oder Zahlungsunfähigkeit erfüllen. Dies wiederum kann nur in Ausnahmefällen bei nicht unternehmerisch beziehungsweise gewerblich tätigen Schuldnern der Fall sein, wenn dem Anfechtungsgegner der Nachweis gelingt, dass er aufgrund konkreter Anhaltspunkte nicht mit weiteren Gläubigern zu rechnen hatte.[1541] Letztendlich sind auch keine anderen Gründe dafür ersichtlich, warum ein Gläubiger, der mit seinem Schuldner Zahlungserleichterungen vereinbart, besser gestellt werden soll als ein Gläubiger, dessen Verbindlichkeiten der Schuldner ordnungsgemäß erfüllt und dem keine gesetzliche Vermutung zugutekommt.[1542] Jedenfalls kann die Kenntnis der Zahlungsunfähigkeit nach der Gesetzesänderung nicht mehr mit dem Beweisanzeichen des Abschlusses einer Ratenzahlungsvereinbarung vom Verwalter bewiesen werden. Der Verwalter muss die neu eingefügte Vermutungsregelung vielmehr durch andere Umstände widerlegen;[1543] dazu kann der Verwalter auf alle Beweisanzeichen mit Ausnahme der den Vermutungstatbestand bildenden Umstände zurückgreifen.[1544] Bei Ratenzahlungsvereinbarungen kann es bereits ausreichen, dass der Schuldner die vereinbarten Raten nicht ordnungsgemäß erbringt (Ratenzahlungsversagen).[1545] Zudem ist zu berücksichtigen, dass die Kenntnis weiterer auf die Zahlungsunfähigkeit hindeutender Indizien aus der Zeit vor der Ratenzahlungsvereinbarung durch den Abschluss einer Zahlungsvereinbarung nicht beseitigt wird. Nur wenn die Kenntnis der

---

1540 *Wimmer*, jurisPR-InsR 5/2017 Anm. 1 unter 4; *Brinkmann/Jacoby/Thole*, ZIP 2015, 2001 (2001 f.); *Zeuner*, in: Rattunde/Smid/Zeuner-InsO, § 133 n. F. Rn. 4.

1541 Vgl. BGH, Urt. v. 06.12.2012 – IX ZR 3/12, NJW 2013, 940 (942 f.) Rn. 30 ff., 35; z. B. bei einem kleinen Einzelunternehmen, OLG München, Urt. v. 20.12.2016 - 5 U 3172/16, ZInsO 2017, 607 (607 f.), s. dazu *Hölken*, jurisPR-InsR 17/2017 Anm. 3.

1542 *Hacker*, NZI 2017, 148 (149); *Wimmer*, in: Frankfurter Kommentar-InsO, § 133 Rn. 83.

1543 Begründung des Gesetzesentwurfs der Bundesregierung, BT-Drucks. 18/7054, S. 18.

1544 BGH, Urt. v. 07.05.2020 – IX ZR 18/19, NJW 2020, 2404 (2406) Rn. 17.

1545 *Wimmer*, in: Frankfurter Kommentar-InsO, § 133 Rn. 86; vgl. BGH, Urt. v. 06.12.2012 – IX ZR 3/12, NJW 2013, 940 (942 f.) Rn. 35; ausf. *Tolani*, JZ 2018, 652 (660 ff.).

Zahlungsunfähigkeit auf Verbindlichkeiten gegenüber dem Anfechtungsgegner beruht und diese Verbindlichkeiten von der Zahlungsvereinbarung gedeckt sind, entfällt die Kenntnis.[1546]

ff) Gegenläufige Indizien

Genauso wie es dem Insolvenzverwalter zugutekommende Beweisanzeichen für das Vorliegen bestimmter Tatbestandsmerkmale gibt, kommen auch zugunsten des Anfechtungsgegners gegenläufige Beweisanzeichen in Betracht, die die Tatbestandsmerkmale von Anfechtungsnormen indizierenden Beweisanzeichen entkräften können.[1547] So können etwa die einen Benachteiligungsvorsatz nahelegenden Beweisanzeichen der Inkongruenz und der erkannten (drohenden) Zahlungsunfähigkeit durch die Umstände des Einzelfalls entkräftet werden. Das ist anzunehmen, wenn der Schuldner darlegen kann, dass die angefochtene Rechtshandlung von einem anderen, anfechtungsrechtlich unbedenklichen Willen geleitet war und das Bewusstsein der Benachteiligung anderer Gläubiger dadurch in den Hintergrund getreten ist.[1548] Das ist etwa anzunehmen, wenn die Rechtshandlung Bestandteil eines ernsthaften, letztendlich aber fehlgeschlagenen Sanierungsversuchs war. Von einem den Benachteiligungsvorsatz entfallenlassenden Sanierungsversuch kann jedoch nur ausgegangen werden, wenn auf Seiten des Schuldners zu der Zeit der angefochtenen Handlung ein schlüssiges, von den tatsächlichen Gegebenheiten ausgehendes Sanierungskonzept vorlag, das mindestens in den Anfängen schon in die Tat umgesetzt war und die ernsthafte und begründete Aussicht auf Erfolg rechtfertigte.[1549] Erforderlich dazu sind jedenfalls eine Analyse der Verluste und der Möglichkeit deren künftiger Vermeidung, eine Beurteilung der Erfolgsaussichten und der Rentabilität des Unternehmens in der Zukunft sowie Maßnahmen zur Vermeidung oder Beseitigung der (drohenden) Insolvenzreife.[1550] Das Beweisanzeichen der Inkongruenz verliert zudem an Gewicht, je weniger intensiv die Inkongruenz ist und je weiter entfernt die Deckungshandlung vor Stellung des Insolvenzantrages erfolgte.[1551]

1546 BGH, Urt. v. 07.05.2020 – IX ZR 18/19, NJW 2020, 2404 (2406) Rn. 18.

1547 BGH, Urt. v. 30.04.2020 – IX ZR 162/16, NJW 2020, 2399 (2403) Rn. 53.

1548 BGH, Urt. v. 08.03.2012 – IX ZR 51/11, NJW 2012, 2099 (2102) Rn. 41.

1549 BGH, Urt. v. 12.05.2016 – IX ZR 65/14, BGHZ 210, 249 (254) Rn. 15; s. dazu *Hölken*, jurisPR-InsR 20/2018 Anm. 1; ausf. bereits *Thole*, ZIP 2015, 2145 (2145 ff.); zur Darlegungs- und Beweislast in diesem Fall BGH, Urt. v. 12.05.2016 – IX ZR 65/14, BGHZ 210, 249 (249 ff.); s. dazu *Hölken*, jurisPR-InsR 16/2016 Anm. 3.

1550 BGH, Urt. v. 12.05.2016 – IX ZR 65/14, BGHZ 210, 249 (255) Rn. 18.

1551 BGH, Urt. v. 18.11.2004 – IX ZR 299/00, NZI 2005, 329 (330).

Ein gegenläufiges Indiz liegt darüber hinaus vor, wenn der Schuldner bei Wirksamwerden der Rechtshandlung entweder zweifelsfrei liquide war oder davon ausging, mit Sicherheit alle seine Gläubiger befriedigen zu können.[1552] Bei Kenntnis der Zahlungsunfähigkeit handelt der Schuldner ausnahmsweise nicht mit Benachteiligungsvorsatz, wenn er auf Grund konkreter Umstände – etwa der sicheren Aussicht, demnächst Kredit zu erhalten oder Forderungen realisieren zu können – mit einer baldigen Überwindung der Krise rechnen kann.[1553]

f) Kenntnis des Anfechtungsgegners

Weiterhin setzt die Vorsatzanfechtung gem. § 133 Abs. 1 InsO voraus, dass der Anfechtungsgegner zur Zeit der Rechtshandlung des Schuldners dessen Gläubigerbenachteiligungsvorsatz kannte. Ob der Anfechtungsgegner selbst Benachteiligungsvorsatz hatte, ist daher genauso wenig relevant wie eine etwaige Mitwirkung am nachteiligen Erfolg, während eine Anfechtbarkeit nach § 133 Abs. 1 InsO ohne einen Benachteiligungsvorsatz des Schuldners von vornherein ausscheidet.[1554] Der von § 133 Abs. 1 Satz 1 InsO verlangte Benachteiligungsvorsatz des Schuldners knüpft also an die von ihm vorgenommene, eine Gläubigerbenachteiligung hervorrufende Rechtshandlung an; spiegelbildlich muss der Anfechtungsgegner erkannt haben, dass die Rechtshandlung des Schuldners dessen Gläubiger benachteiligt und dass der Schuldner dies auch wollte.[1555] Der Benachteiligungsvorsatz des Schuldners ist mithin genauso wie die Kenntnis beim Anfechtungsgegner auf die gläubigerbenachteiligende Rechtshandlung des Schuldners bezogen; der Anfechtungsgegner muss neben der Willensrichtung des Schuldners auch die von ihm ausgehende Rechtshandlung nebst der dadurch hervorgerufenen Gläubigerbenachteiligung erkannt haben.[1556] Indes muss sich der Gläubigerbenachteiligungsvorsatz des Schuldners nicht auf die später

---

1552 BGH, Beschl. v. 02.06.2005 – IX ZR 217/02, NZI 2005, 678 (678) m. w. N.; *Jacoby*, KTS 2009, 3 (14 ff.) will dagegen darauf abstellen, ob das Vertrauen des Anfechtungsgegners ungeachtet seiner Kenntnis vom Benachteiligungsvorsatz des Schuldners schutzwürdig ist.

1553 BGH, Urt. v. 07.05.2015 – IX ZR 95/14, NJW 2015, 2113 (2114) Rn. 11 m. w. N.

1554 BGH, Urt. v. 30.06.2011 – IX ZR 155/08, BGHZ 190, 201 (210) Rn. 28.

1555 BGH, Urt. v. 17.07.2003 – IX ZR 272/02, NJW 2003, 3560 (3561); BGH, Beschl. v. 09.02.2012 – IX ZR 48/11, NZI 2012, 514 (515) Rn. 4; BGH, Urt. v. 19.09.2013 – IX ZR 4/13, NJW-RR 2014, 231 (232) Rn. 18.

1556 BGH, Urt. v. 19.09.2013 – IX ZR 4/13, NJW-RR 2014, 231 (232) Rn. 17; BGH, Urt. v. 24.10.2013 – IX ZR 104/13, NZI 2014, 66 (67) Rn. 13 f.; a. A. *Häger/Harig*, ZInsO 2013, 1677 (1680).

tatsächlich eingetretene Benachteiligung bezogen haben, und es ist auch nicht erforderlich, dass der Anfechtungsgegner alle Umstände, aus denen sich der Benachteiligungsvorsatz des Schuldners ergibt, im Einzelnen kennt. Ausreichend ist vielmehr die allgemeine Kenntnis von dem Benachteiligungsvorsatz.[1557] Jene allgemeine Kenntnis ist anzunehmen, wenn sich der Anfechtungsgegner der Kenntnis nicht verschließen konnte, dass sein Vermögenserwerb auf einer die Gläubigergesamtheit benachteiligenden und benachteiligen sollenden Rechtshandlung des Schuldners beruhte.[1558] Auch grob fahrlässige Unkenntnis vom Benachteiligungsvorsatz des Schuldners reicht hingegen grundsätzlich nicht aus.[1559] Ein kollusives Zusammenwirken von Schuldner und Anfechtungsgegner ist wiederum aber nicht erforderlich; liegt es jedoch vor, sind Benachteiligungsvorsatz des Schuldners und Kenntnis des Anfechtungsgegners hiervon stets gegeben.[1560]

Der Nachweis positiver Kenntnis des Anfechtungsgegners vom Benachteiligungsvorsatz des Schuldners wird selten gelingen. Schließlich haben Gläubiger keine Einsicht in die Buchhaltungsunterlagen und auch sonst keine Informationsquellen über die finanzielle Lage des Schuldners. Abgesehen von kollusivem Verhalten von Schuldner und Anfechtungsgegner zulasten der (künftigen) Insolvenzgläubiger kann der Nachweis der Kenntnis daher regelmäßig nur über Beweisanzeichen, insbesondere den Nachweis der Kenntnis der Zahlungsunfähigkeit oder Zahlungseinstellung, im Anfechtungsprozess gelingen.

aa) Vermutung des § 133 Abs. 1 Satz 2 InsO

Die Kenntnis, dass die Rechtshandlung des Schuldners dessen Gläubiger benachteiligt und dass der Schuldner dies auch wollte, wird gem. § 133 Abs. 1 Satz 2 InsO vermutet, wenn der Anfechtungsgegner gewusst hat, dass eine Zahlungsunfähigkeit drohte und dass die Handlung die Gläubiger objektiv benachteiligte. Greift die Vermutung des § 133 Abs. 1 Satz 2 InsO ein, bewirkt dies eine Umkehr der

1557 BGH, Urt. v. 19.12.2002 – IX ZR 377/99, NZI 2003, 253 (258); BGH, Urt. v. 30.06.2011 – IX ZR 155/08, BGHZ 190, 201 (209) Rn. 25; BGH, Urt. v. 24.10.2013 – IX ZR 104/13, NZI 2014, 66 (67) Rn. 14.

1558 BGH, Urt. v. 19.09.2013 – IX ZR 4/13, NJW-RR 2014, 231 (232) Rn. 20; BGH, Urt. v. 01.06.2017 – IX ZR 48/15, NZI 2017, 715 (717) Rn. 25.

1559 BGH, Urt. v. 30.06.2011 – IX ZR 155/08, BGHZ 190, 201 (208) Rn. 21; BGH, Urt. v. 22.06.2017 – IX ZR 111/14, NZI 2017, 718 (720) Rn. 22.

1560 BGH, Urt. v. 26.04.2012 – IX ZR 74/11, BGHZ 193, 129 (139) Rn. 26; *Gehrlein*, in: Ahrens/Gehrlein/Ringstmeier-InsO, § 133 Rn. 11; *Thole*, in: Heidelberger Kommentar-InsO, § 133 Rn. 41.

Beweislast. Es obliegt dann dem Anfechtungsgegner, darzulegen und zu beweisen, dass er nichts von einem Benachteiligungsvorsatz des Schuldners wusste.[1561] Gem. § 18 Abs. 2 InsO droht der Schuldner zahlungsunfähig zu werden, wenn er voraussichtlich nicht in der Lage sein wird, die bestehenden Zahlungspflichten im Zeitpunkt der Fälligkeit zu erfüllen. Die drohende Zahlungsunfähigkeit ist wie die Zahlungsunfähigkeit anhand einer Liquiditätsbilanz zu erstellen. Der maßgebliche Unterschied zwischen der drohenden Zahlungsunfähigkeit und der Zahlungsunfähigkeit besteht zum einen in dem Prognosezeitraum und zum anderen in einem unterschiedlichen Wahrscheinlichkeitsgehalt des Eintritts der Zahlungsunfähigkeit. Während der Prognosezeitraum bei der Bestimmung der Zahlungsunfähigkeit ausnahmslos drei Wochen beträgt, ist der Zeitraum bei der drohenden Zahlungsunfähigkeit nicht gesetzlich normiert, und kann letztendlich mehrere Jahre andauern; wie bei § 17 Abs. 1 InsO handelt es sich also um eine Zeitraum-Illiquidität, nur mit einem erheblich längeren Prognosezeitraum.[1562] Maßgeblich ist bei der Bestimmung der drohenden Zahlungsunfähigkeit anders als bei § 17 Abs. 1 InsO, dass die drohende Zahlungsunfähigkeit in dem längeren Prognosezeitraum nur verneint werden kann, wenn der Schuldner alle in dem Prognosezeitraum fälligen und fällig werdenden Verbindlichkeiten erfüllen kann.[1563] Daraus folgt wiederum, dass ein zeitlich begrenzter Prognosezeitraum letztendlich nicht bestimmt werden kann. Vielmehr kommt es darauf an, ob der Schuldner zu irgendeinem künftigen Zeitpunkt voraussichtlich nicht in der Lage sein wird, sämtliche fälligen Verbindlichkeiten zu erfüllen. Ist dies der Fall, droht der Schuldner zahlungsunfähig zu werden. Maßgeblich ist daher letztendlich der Zeitraum bis zur letzten Fälligkeit einer schon bestehenden Verbindlichkeit.[1564]

1561 BGH, Urt. v. 05.03.2012 – IX ZR 239/09, NZI 2012, 416 (417) Rn. 14; BGH, Urt. v. 12.05.2016 – IX ZR 65/14, BGHZ 210, 249 (257) Rn. 23.

1562 *Mock*, in: Uhlenbruck-InsO, § 18 Rn. 12; *Schmerbach*, in: Frankfurter Kommentar-InsO, § 18 Rn. 18.

1563 *Mock*, in: Uhlenbruck-InsO, § 18 Rn. 20; *K. Schmidt*, in: K. Schmidt-InsO, § 18 Rn. 19; *Schmerbach*, in: Frankfurter Kommentar-InsO, § 18 Rn. 18; a. A. *Schröder*, in: Hamburger Kommentar-InsO, § 18 Rn. 10.

1564 *K. Schmidt*, in: K. Schmidt-InsO, § 18 Rn. 19; *Bußhard*, in: Braun-InsO, § 18 Rn. 8; *Drukarczyk*, in: MüKo-InsO, § 18 Rn. 60; dagegen werden in der Literatur aber auch feste Prognosezeiträume angenommen, *Leithaus*, in: Andres/Leithaus-InsO, § 18 Rn. 5 (max. drei bis sechs Monate); *Mönning*, in: Nerlich/Römermann, § 18 Rn. 34 f. (wenige Monate); *Kadenbach*, in: Ahrens/Gehrlein/Ringstmeier-InsO, § 18 Rn. 8 (eher kurze Frist); *Gundlach*, in: Gottwald, Insolvenzrechts-Handbuch, § 6 Rn. 19 (ein bis höchsten zwei Jahre); *Pape*, in: Kübler/Prütting/Bork-InsO, § 18 Rn. 9 (zwei

Daran anschließend stellt sich die Frage, wie wahrscheinlich es sein muss, dass der Schuldner in dem Prognosezeitraum nicht alle Verbindlichkeiten wird erfüllen können. Abzustellen ist insoweit darauf, dass der Eintritt der Zahlungsunfähigkeit wahrscheinlicher sein muss als der Nichteintritt, so dass für die Annahme einer drohenden Zahlungsunfähigkeit eine Wahrscheinlichkeit von über 50 % sprechen muss.[1565]

Wegen des prognostischen Elements der drohenden Zahlungsunfähigkeit sowie der tatbestandlichen Ungenauigkeiten aufgrund der fehlenden gesetzlichen Normierung der Voraussetzungen der drohenden Zahlungsunfähigkeit sowie fehlender Kenntnisse des Anfechtungsgegners über die zur Erstellung einer Liquiditätsbilanz erforderlichen Informationen kann der direkte Nachweis der drohenden Zahlungsunfähigkeit im Anfechtungsrecht praktisch kaum gelingen. Dem § 133 Abs. 1 Satz 2 InsO kommt aber dennoch eine erhebliche praktische Bedeutung zu. So wird diese gesetzliche Vermutung vor allem bei positiver Kenntnis des Anfechtungsgegners von der bereits eingetretenen und nicht bloß drohenden Zahlungsunfähigkeit des Schuldners ausgelöst. Reicht für die Vermutung die bloß drohende Zahlungsunfähigkeit aus, muss erst recht die eingetretene Zahlungsunfähigkeit genügen. Bei Kenntnis der Zahlungsunfähigkeit des Schuldners muss der Anfechtungsgegner grundsätzlich davon ausgehen, dass Zahlungen an ihn selbst die Befriedigungsmöglichkeit anderer Gläubiger vereiteln oder zumindest erschweren und verzögern. Mithin kennt ein solcher Gläubiger zugleich die Gläubigerbenachteiligung.[1566] Das gilt allerdings nur, wenn der Schuldner unternehmerisch tätig und deshalb damit zu rechnen ist, dass auch andere Gläubiger existieren, weil der Gläubiger dann wissen muss, dass Leistungen aus dem Vermögen des Schuldners an ihn die Befriedigungsmöglichkeiten

---

Jahre); ebenso *Hess*, in: Kölner Kommentar-InsO, § 18 Rn. 4; *Schmerbach*, in: Frankfurter Kommentar-InsO, § 18 Rn. 19 (max. drei Jahre).

1565 *Schmerbach*, in: Frankfurter Kommentar-InsO, § 18 Rn. 28; *Hess*, in: Kölner Kommentar-InsO, § 18 Rn. 21; *Goetsch*, in: Berliner Kommentar-InsO, § 18 Rn. 14; *K. Schmidt*, in: K. Schmidt-InsO, § 18 Rn. 21; *Pape*, in: Kübler/Prütting/Bork-InsO, § 18 Rn. 10; *Schröder*, in: Hamburger Kommentar-InsO, § 18 Rn. 11; *Gundlach*, in: Gottwald, Insolvenzrechts-Handbuch, § 6 Rn. 20; *Bußhard*, in: Braun-InsO, § 18 Rn. 5; *Leithaus*, in: Andres/Leithaus-InsO, § 18 Rn. 6.

1566 BGH, Urt. v. 27.05.2003 – IX ZR 169/02, BGHZ 155, 75 (85); BGH, Urt. v. 10.02.2005 – IX ZR 211/02, BGHZ 162, 143 (153); BGH, Urt. v. 29.09.2011 – IX ZR 202/10, NZI 2012, 137 (138) Rn. 15; BGH, Urt. v. 14.09.2017 – IX ZR 108/16, NZI 2017, 926 (928) Rn. 21; BGH, Urt. v. 07.05.2020 – IX ZR 18/19, NJW 2020, 2404 (2406) Rn. 21.

anderer Gläubiger vereiteln oder zumindest erschweren oder verzögern. Bei positiver Kenntnis der Zahlungsunfähigkeit hat der Anfechtungsgegner daher regelmäßig gleichzeitig Kenntnis von dem Benachteiligungsvorsatz des Schuldners.[1567] Der Nachweis positiver Kenntnis des Anfechtungsgegners von der Zahlungsunfähigkeit des Schuldners wird jedoch praktisch seltener gelingen. Schließlich haben Gläubiger keine Einsicht in die Buchhaltungsunterlagen und auch sonst keine Informationsquellen über die finanzielle Lage des Schuldners, so dass die für die Erstellung einer Liquiditätsbilanz erforderlichen Daten, anhand derer die Zahlungsunfähigkeit ermittelt werden könnte, dem Anfechtungsgegner nicht zur Verfügung stehen. Insbesondere sind dem Anfechtungsgegner nicht die Summen- und Saldenlisten, aus denen der Anfechtungsgegner entnehmen könnte, welche Forderungen (Aktiva, Passiva) wann zu welchem Zeitpunkt einbringlich beziehungsweise fällig waren, bekannt, genauso wenig wie etwaige Stundungen, die die Fälligkeit ausschließen können.[1568] Vielmehr sind dem Anfechtungsgegner i. d. R. nur Zahlungsrückstände gegenüber ihm selbst bekannt.[1569] Daher weiß der Anfechtungsgegner dann auch nicht, ob und inwieweit der Schuldner anderen Gläubigern gegenüber Verbindlichkeiten hatte, die nicht pünktlich beglichen wurden, und anhand derer sich die Zahlungsunfähigkeit aus einer Liquiditätsbilanz ergeben könnte.[1570] Die gesetzliche Vermutung hilft daher im Anfechtungsprozess insoweit häufig nicht weiter. Praktisch weitaus am bedeutsamsten zum Nachweis der Kenntnis des Anfechtungsgegners ist vor diesem Hintergrund der Nachweis der Kenntnis der Zahlungseinstellung; die gesetzliche Vermutung des § 133 Abs. 1 Satz 2 InsO gilt entsprechend, wenn die Vermutung der Zahlungsunfähigkeit aufgrund der Zahlungseinstellung eingreift.[1571] Bei Kenntnis der Zahlungseinstellung wird daher gem. § 17 Abs. 2 Satz 2 InsO auch im Rahmen des Insolvenzanfechtungsrechts die Kenntnis der Zahlungsunfähigkeit gesetzlich vermutet.[1572] Da die Kenntnis der Zahlungsunfähigkeit ihrerseits die Vermutung begründet, dass der Anfechtungsgegner auch

---

1567 BGH, Urt. v. 12.05.2016 – IX ZR 65/14, BGHZ 210, 249 (256 f.) Rn. 22.

1568 *Baumert*, NZI 2015, 589 (590).

1569 *Stade/Ludwig*, NZS 2017, 15 (19); *Wiester/Naumann*, ZIP 2016, 2351 (2352).

1570 Vgl. BGH, Urt. v. 07.05.2013 – IX ZR 113/10, NZI 2013, 888 (889) Rn. 10; BGH, Urt. v. 07.11.2013 – IX ZR 49/13, NZI 2014, 23 (24) Rn. 15.

1571 BGH, Urt. v. 17.11.2016 – IX ZR 65/15, NZI 2017, 64 (64) Rn. 8; *Stage/Ludwig*, NZS 2017, 15 (17).

1572 BGH, Urt. v. 06.12.2012 – IX ZR 3/12, NJW 2013, 940 (941) Rn. 20; BGH, Urt. v. 16.06.2016 – IX ZR 23/15, NZI 2016, 739 (740) Rn. 9; BGH, Urt. v. 07.05.2020 – IX ZR 18/19, NJW 2020, 2404 (2406) Rn. 21.

Kenntnis vom Gläubigerbenachteiligungsvorsatz des Schuldners hatte, kennt er den Benachteiligungsvorsatz des Schuldners auch bei Kenntnis der Zahlungseinstellung.[1573] Dabei kann von der Kenntnis der Gläubigerbenachteiligung allerdings nur ausgegangen werden, wenn der Anfechtungsgegner Kenntnis von weiteren ungedeckten Verbindlichkeiten des Schuldners hatte. Ausreichend ist allerdings auch die Kenntnis von Umständen, mit denen die Entstehung weiterer ungedeckter Verbindlichkeiten regelmäßig verbunden ist. Letzteres ist jedenfalls der Fall, wenn der Anfechtungsgegner weiß, dass es sich um einen unternehmerisch oder gewerblich tätigen Schuldnern handelt; [1574] bei diesen ist das Entstehen von Verbindlichkeiten gegenüber anderen Gläubigern, die der Schuldner nicht vollständig bedienen kann, unvermeidlich.[1575]

Neben der Kenntnis der Zahlungseinstellung wurde die Vermutungsregel des § 133 Abs. 1 Satz 2 InsO vom BGH durch eine weitere Beweisregel ergänzt. In teilweise entsprechender Anwendung der in § 130 Abs. 2 InsO enthaltenen Vermutung, wonach der Kenntnis der Zahlungsunfähigkeit oder des Eröffnungsantrags die Kenntnis von Umständen gleichsteht, die zwingend auf die Zahlungsunfähigkeit oder den Eröffnungsantrag schließen lassen, steht der Kenntnis von der (drohenden) Zahlungsunfähigkeit auch im Rahmen des § 133 Abs. 1 InsO die Kenntnis von Umständen gleich, die zwingend auf eine drohende oder bereits eingetretene Zahlungsunfähigkeit hinweisen. Vor diesem Hintergrund genügt auch im Rahmen der Vermutung des § 133 Abs. 1 Satz 2 InsO die Kenntnis des Anfechtungsgegners von Umständen, aus denen bei zutreffender rechtlicher Beurteilung die Zahlungsunfähigkeit zweifelsfrei folgt.[1576] Diese Kenntnis

---

1573 BGH, Urt. v. 07.11.2013 – IX ZR 49/13, NZI 2014, 23 (24) Rn. 9; BGH, Urt. v. 12.05.2016 – IX ZR 65/14, BGHZ 210, 249 (256 f.) Rn. 22; BGH, Urt. v. 07.05.2020 – IX ZR 18/19, NJW 2020, 2404 (2406) Rn. 21; *Zeuner*, in: Rattunde/Smid/Zeuner-InsO, § 131 Rn. 36; *Wiester/Naumann*, ZIP 2016, 2351 (2352).

1574 BGH, Urt. v. 18.03.2010 – IX ZR 57/09, NZI 2010, 439 (441) Rn. 21; BGH, Urt. v. 12.05.2016 – IX ZR 65/14, BGHZ 210, 249 (256 f.) Rn. 22; BGH, Urt. v. 07.05.2020 – IX ZR 18/19, NJW 2020, 2404 (2406) Rn. 21; bei kleinen Einzelunternehmen kann dies ausnahmsweise nicht der Fall sein, vgl. etwa OLG München, Urt. v. 20.12.2016 – 5 U 3172/16, ZInsO 2017, 607 (607 ff.).

1575 BGH, Urt. v. 27.05.2003 – IX ZR 169/02, BGHZ 155, 75 (85 f.); BGH, Urt. v. 13.08.2009 – IX ZR 159/06, NZI 2009, 768 (769) Rn. 14; BGH, Urt. v. 07.05.2020 – IX ZR 18/19, NJW 2020, 2404 (2406) Rn. 21; *Ganter*, WM 2009, 1441 (1445).

1576 BGH, Urt. v. 17.07.2003 – IX ZR 272/02, NJW 2003, 3560 (3561); BGH, Urt. v. 24.05.2007 – IX ZR 97/06, NZI 2007, 512 (514) Rn. 25; BGH, Urt. v. 21.1.2016 – IX ZR 32/14, NZI 2016, 222 (224) Rn. 21; BGH, Urt. v. 22.06.2017 – IX ZR 111/14, NZI 2017, 718 (719) Rn. 18.

ist anzunehmen, wenn die Verbindlichkeiten des Schuldners bei dem späteren Anfechtungsgegner über einen längeren Zeitraum in beträchtlicher Höhe nicht ausgeglichen wurden und dem Anfechtungsgegner nach den Umständen bewusst ist, dass es noch weitere Gläubiger mit ungedeckten Ansprüchen gibt, wie es insbesondere bei unternehmerisch beziehungsweise gewerblich tätigen Schuldnern der Fall ist, da bei diesen das Entstehen von Verbindlichkeiten unvermeidlich ist.[1577] Die Kenntnis des Anfechtungsgegners von weiteren ungedeckten Verbindlichkeiten des Schuldners begründet also nicht nur ein starkes Indiz für die Kenntnis des Anfechtungsgegners von der (drohenden) Zahlungsunfähigkeit, sondern auch für die Kenntnis von der objektiven Gläubigerbenachteiligung und damit die Erfüllung der Voraussetzungen der Vermutung des § 133 Abs. 1 Satz 2 InsO.[1578]

bb) Kongruente Deckungshandlungen, § 133 Abs. 3 Satz 1 InsO

Bei kongruenten Deckungen reicht für das Eingreifen der Vermutung des § 133 Abs. 1 Satz 2 InsO nach dem durch das Gesetz zur Verbesserung der Rechtssicherheit bei Anfechtungen nach der Insolvenzordnung und nach dem Anfechtungsgesetz[1579] neu eingefügten § 133 Abs. 3 Satz 1 InsO nicht die Kenntnis der drohenden, sondern nur der eingetretenen Zahlungsunfähigkeit. Der gesetzgeberische Hintergrund besteht darin, dass der Schuldner bei kongruenten Leistungen eine geschuldete Leistung erbringt und vor Eintritt der Insolvenz grundsätzlich frei ist zu entscheiden, welche Forderung er erfüllt.[1580] Dies ist jedenfalls dann zutreffend, wenn das der kongruenten Deckungshandlung zugrundeliegende Verpflichtungsgeschäft nicht bereits mit einem Benachteiligungsvorsatz begründet wurde.[1581] Ähnlich hatte der BGH – allerdings in

---

1577 BGH, Urt. v. 27.05.2003 – IX ZR 169/02, BGHZ 155, 75 (85 f.); BGH, Urt. v. 20.11.2008 – IX ZR 188/07, NZI 2009, 168 (169) Rn. 10; BGH, Urt. v. 25.02.2016 – IX ZR 109/15, NJW 2016, 1168 (1168) Rn. 11; BGH, Urt. v. 04.05.2017 – IX ZR 285/16, NZI 2017, 620 (621) Rn. 8.

1578 BGH, Urt. v. 27.05.2003 – IX ZR 169/02, BGHZ 155, 75 (85 f.); BGH, Urt. v. 17.02.2004 – IX ZR 318/01, NZI 2005, 690 (692); BGH, Urt. v. 13.08.2009 – IX ZR 159/06, NZI 2009, 768 (769) Rn. 14; BGH, Urt. v. 18.03.2010 – IX ZR 57/09, NZI 2010, 439 (441) Rn. 21; BGH, Urt. v. 07.05.2020 – IX ZR 18/19, NJW 2020, 2404 (2406) Rn. 21.

1579 BGBl. 2017 I, S. 654.

1580 Begründung des Gesetzesentwurfs der Bundesregierung, BT-Drucks. 18/7054, S. 18.

1581 *Kayser*, in: MüKo-InsO, § 129 Rn. 62; *Borries/Hirte*, in: Uhlenbruck-InsO, § 133 Rn. 94.

teilweise etwas uneinheitlicher Rechtsprechung – auch schon vor der Gesetzesänderung die Kenntnis der drohenden Zahlungsunfähigkeit bei kongruenten Deckungen nur dann als Beweisanzeichen für die Kenntnis des Benachteiligungsvorsatzes ausreichen lassen, wenn zusätzlich eine weitergehende gläubigerbenachteiligende Motivation oder sonst ein weiteres Beweisanzeichen für den Benachteiligungsvorsatz vorlag.[1582] Jedenfalls greift nach der geltenden Fassung des § 133 Abs. 3 Satz 1 InsO die Vermutung des § 133 Abs. 1 Satz 2 InsO nur noch bei positiver Kenntnis der tatsächlich eingetretenen Zahlungsunfähigkeit.[1583]

Ob das gleiche nicht nur für die Kenntnis des Anfechtungsgegners, sondern auch für den Benachteiligungsvorsatz des Schuldners selbst gilt, ist der Norm nicht zu entnehmen, und vom BGH noch nicht entschieden worden. Da der BGH annimmt, dass an den Benachteiligungsvorsatz des Schuldners keine höheren Anforderungen gestellt werden können als an die entsprechende Kenntnis des Anfechtungsgegners,[1584] und im Allgemeinen der Benachteiligungsvorsatz und die Kenntnis des Anfechtungsgegners spiegelbildlich zu bestimmen sind, muss die Vermutung aber auch für den Benachteiligungsvorsatz des Schuldners gelten.[1585]

cc) Kenntnis der Inkongruenz und weiterer Beweiserleichterungen

Da sich die Kenntnis des Anfechtungsgegners im Allgemeinen spiegelbildlich auf die einzelnen Elemente des Vorsatzes beziehen muss, gelten die in verschiedenen Fallgruppen vom BGH gewährten Beweiserleichterungen für den Benachteiligungsvorsatz des Schuldners entsprechend auch für die Darlegung der Tatsachen, aus denen sich die Kenntnis des Anfechtungsgegners

---

1582 BGH, Urt. v. 13.08.2009 – IX ZR 159/06, NZI 2009, 768 (769) Rn. 10; BGH, Urt. v. 08.10.2009 – IX ZR 173/07, NZI 2009, 847 (848) Rn. 11; vgl. bereits *Ganter*, WM 2009, 1441 (1445); weiter dagegen BGH, Urt. v. 25.04.2013 – IX ZR 235/12, NZI 2013, 583 (584) Rn. 24 f.; ausf. dazu m. w. N. *Borries/Hirte*, in: Uhlenbruck-InsO, § 133 Rn. 89 ff.

1583 *Kayser/Freudenberg*, in: MüKo-InsO, § 133 Rn. 24a; *Borries/Hirte*, in: Uhlenbruck-InsO, § 133 Rn. 95a; *Hirte*, ZInsO 2017, 427 (428 f.); *Hirte/Fontaine*, ZInsO 2017, 1817 (1823); *Tolani*, ZIP 2018, 1997 (2002); LG Aachen, Urt. v. 19.07.2018 – 9 O 16/18, ZInsO 2018, 2413 (2415); vgl. BT-Drucks. 18/7054, S. 13.

1584 BGH, Urt. v. 13.04.2006 – IX ZR 158/05, BGHZ 167, 190 (194 f.) Rn. 14; BGH, Urt. v. 18.03.2010 – IX ZR 57/09, NZI 2010, 439 (441) Rn. 19; BGH, Urt. v. 08.01.2015 – IX ZR 203/12, NZI 2015, 369 (370) Rn. 12.

1585 *Borries/Hirte*, in: Uhlenbruck-InsO, § 133 Rn. 95a; a. A. *Thole*, ZIP 2017, 401 (404); ders., in: Heidelberger Kommentar-InsO, § 133 Rn. 39.

vom Benachteiligungsvorsatz des Schuldners ergibt.[1586] Bei dem Beweisanzeichen der inkongruenten Deckung ist aber zu berücksichtigen, dass der inkongruenten Deckung indizielle Wirkung nur zukommt, wenn die Wirkungen der Rechtshandlung zu einem Zeitpunkt eintraten, als zumindest aus der Sicht des Empfängers der Leistung Anlass bestand, an der Liquidität des Schuldners zu zweifeln.[1587] Ausschlaggebend ist dazu, ob zum Zeitpunkt der Rechtshandlung mit einer hinreichenden Wahrscheinlichkeit zu erwarten war, dass der Schuldner seine bestehenden und zukünftig entstehenden Verbindlichkeiten nicht wird erfüllen können. Verdächtig wird die Inkongruenz, wenn erste, ernsthafte Zweifel an der Zahlungsfähigkeit des Schuldners auftreten.[1588] Während also aus der Inkongruenz ein Indiz für die Kenntnis des Anfechtungsgegners vom Gläubigerbenachteiligungsvorsatz des Schuldners ausnahmsweise nicht abzuleiten ist, wenn zum Zeitpunkt der Handlung für den Anfechtungsgegner noch keine ernsthaften Zweifel an der Liquidität des Schuldners bestehen oder der Schuldner zweifelsfrei liquide war, steht der Indizwirkung einer inkongruenten Deckung nicht entgegen, dass diese zeitlich wesentlich vor der materiellen Insolvenz des Schuldners oder sogar vor der drohenden Zahlungsunfähigkeit gem. § 18 InsO erfolgt ist.[1589]

dd) Entgeltliche Verträge nach § 133 Abs. 4 Satz 2 InsO

§ 133 Abs. 4 Satz 2 InsO enthält schließlich eine Beweislastumkehr. Danach ist ein vom Schuldner mit einer nahestehenden Person (§ 138 InsO) geschlossener entgeltlicher Vertrag, durch den die Insolvenzgläubiger unmittelbar

---

1586 *Thole*, in: Heidelberger Kommentar-InsO, § 133 Rn. 41; *Kayser*, in: MüKo-InsO, § 133 Rn. 38b; *Borries/Hirte*, in: Uhlenbruck-InsO, § 133 Rn. 63; vgl. BGH, Urt. v. 24.10.2013 – IX ZR 104/13, NJW 2014, 465 (466) Rn. 13; *Hölken*, jurisPR-InsR 19/2017 Anm. 3; zu Indizien für die Kenntnis der speziell von Banken *von Danckelmann*, in: Cranshaw/Paulus/Michel, Bankenkommentar zum Insolvenzrecht, § 130 Rn. 56 ff.

1587 BGH, Urt. v. 18.12.2003 – IX ZR 199/02, BGHZ 157, 242 (250 f.); BGH, Urt. v. 05.06.2008 – IX ZR 163/07, NZI 2008, 556 (557) Rn. 19; BGH, Urt. v. 25.10.2012 – IX ZR 117/11, NZI 2012, 963 (963) Rn. 13; BGH, Urt. v. 19.12.2013 – IX ZR 127/11, NZI 2014, 266 (268) Rn. 17; BGH, Urt. v. 19.09.2013 – IX ZR 4/13, NJW-RR 2014, 231 (232) Rn. 14.

1588 BGH, Urt. v. 17.09.2020 – IX ZR 174/19, NZI 2020, 1101 (1102) Rn. 23.

1589 BGH, Urt. v. 21.01.1999 – IX ZR 329/97, NZI 1999, 152 (153); *Thole*, in: Heidelberger Kommentar-InsO, § 133 Rn. 32; *Zeuner*, in: Rattunde/Smid/Zeuner, § 133 Rn. 38.

benachteiligt[1590] werden, anfechtbar, es sei denn, dem Anfechtungsgegner war zur Zeit des Vertragsschlusses ein Vorsatz des Schuldners, die Gläubiger zu benachteiligen, nicht bekannt.[1591] Diese Beweislastumkehr folgt aus dem Umstand, dass Vertragsschlüsse mit dem Schuldner nahestehenden Personen innerhalb des zweijährigen Anfechtungszeitraums besonders verdächtig sind. Nahestehende Personen sind regelmäßig über die wirtschaftlichen Schwierigkeiten des späteren Schuldners informiert. Daher können sie seine Absichten leichter durchschauen und sind aufgrund ihrer wirtschaftlichen und persönlichen Verbundenheit eher bereit, mit ihm zum Schaden seiner Gläubiger Verträge abzuschließen.[1592] Es handelt sich um eine widerlegliche Vermutung.[1593] Gelingt dem Verwalter der Beweis, dass es sich um einen entgeltlichen Vertrag mit einer nahestehenden Person handelt, durch den die Gläubiger unmittelbar benachteiligt werden, obliegt dem Anfechtungsgegner der Entlastungsbeweis, dass er keine Kenntnis vom Vorsatz des Schuldners gehabt hatte. Dieser Beweis ist für den Verwalter häufig einfacher zu führen, da es sich bei den zu beweisenden Tatbestandsmerkmalen um objektive Merkmale handelt.

ee) Gegenläufige Indizien

Der Anfechtungsgegner kann schließlich auch gegenläufige Indizien vortragen, die gegen eine Kenntnis von der (drohenden) Zahlungsunfähigkeit sprechen, insbesondere, dass die Leistungen aufgrund von Sanierungsbemühungen auf der Grundlage eines belastbaren Sanierungskonzepts erfolgt sind.[1594] Bei der Bestimmung der Kenntnis des Anfechtungsgegners vom Vorliegen der

---

1590 Voraussetzung einer unmittelbaren Gläubigerbenachteiligung ist, dass bereits durch die angefochtene Rechtshandlung die Befriedigungsmöglichkeiten der Insolvenzgläubiger negativ beeinträchtigt wurden, wobei allein unmittelbare Folgen zu berücksichtigen sind, die also an die anzufechtende Rechtshandlung selbst anknüpfen, ohne dass es auf das Hinzutreten weiterer Umstände ankommt, BGH, Urt. v. 13.03.2003 – IX ZR 64/02, BGHZ 154, 190 (195 f.); BGH, Urt. v. 08.10.2009 – IX ZR 173/07, NZI 2009, 847 (849) Rn. 17; BGH, Urt. v. 09.06.2016 – IX ZR 153/15, NZI 2016, 773 (774) Rn. 17.

1591 Zu den Tatbestandsvoraussetzung im Einzelnen s. *Raupach*, in: BeckOK-InsO, § 133 Rn. 35 ff.; *Huber*, in: Gottwald, Insolvenzrechts-Handbuch, § 48 Rn. 26 ff.

1592 *Borries/Hirte*, in: Uhlenbruck-InsO, § 133 Rn. 183.

1593 *Ganter/Weinland*, in: K. Schmidt-InsO, § 133 Rn. 97.

1594 BGH, Urt. v. 12.05.2016 – IX ZR 65/14, BGHZ 210, 249 (253 f.) Rn. 14 ff.; s. dazu *Hölken*, jurisPR-InsR 20/2018 Anm. 1; *Stade/Ludwig*, NZS 2017, 15 (19); *Thole*, ZIP 2015, 2145 (2148 f.).

Voraussetzungen eines ernsthaften Sanierungsversuchs sind grundsätzlich geringere Anforderungen zu stellen als beim Schuldner oder dessen Geschäftsführer, da der Anfechtungsgegner auf die vom Schuldner mitgeteilten Informationen angewiesen ist; der Anfechtungsgegner hat zudem weder ein Auskunftsrecht gegen seinen Schuldner, insbesondere auch nicht zu dem wesentlichen Inhalt eines Insolvenzplans und zu der Frage, welche anderen Gläubiger mit welcher Quote bedient werden sollen und ob sie diesem Vorgehen zugestimmt haben, noch muss der Schuldner ihm eine entsprechende Prüfung ermöglichen.[1595] Der Anfechtungsgegner muss aber konkrete Umstände darlegen und beweisen, die es naheliegend erscheinen lassen, dass ihm im Hinblick auf den Sanierungsversuch der Gläubigerbenachteiligungsvorsatz des Schuldners unbekannt geblieben ist.[1596] Zumindest muss der Anfechtungsgegner so viele Informationen verlangen, dass er die Frage der möglichen Benachteiligung anderer Gläubiger nach dem Konzept des Schuldners einschätzen kann.[1597]

g) „Wissen müssen"

Ein weiteres subjektives Element im Anfechtungsrecht besteht in dem „Wissen müssen". Gem. § 143 Abs. 2 Satz 1 InsO hat der Empfänger einer unentgeltlichen Leistung diese nur zurückzugewähren, soweit er noch durch sie bereichert ist. Dieses Privileg gilt nach § 143 Abs. 2 Satz 2 InsO allerdings nicht, sobald er weiß oder den Umständen nach wissen muss, dass die unentgeltliche Leistung die Gläubiger benachteiligt. Die Kenntnis bzw. das Kennenmüssen des Anfechtungsgegners nach § 143 Abs. 2 Satz 2 InsO muss sich daher auf die aus der Zuwendung der unentgeltlichen Leistung folgende Gläubigerbenachteiligung beziehen. § 143 Abs. 2 Satz 2 InsO führt damit eine weitere Kategorie mit dem „Wissen müssen" ein. Wie dieses Tatbestandsmerkmal auszulegen ist, ist umstritten. Auf der einen Seite wird vertreten, es reiche bereits einfache Fahrlässigkeit aus. Der Wortlaut spreche für eine Parallelität zwischen § 143 Abs. 2 InsO und § 122 Abs. 2 BGB. Da bei § 122 BGB einfache Fahrlässigkeit ausreiche, müsse jene auch bei § 143 Abs. 2 InsO ausreichen.[1598] Der BGH hat sich nicht

---

1595 BGH, Urt. v. 12.05.2016 – IX ZR 65/14, BGHZ 210, 249 (257 f.) Rn. 25 f.

1596 BGH, Urt. v. 12.05.2016 – IX ZR 65/14, BGHZ 210, 249 (257) Rn. 25.

1597 BGH, Urt. v. 12.05.2016 – IX ZR 65/14, BGHZ 210, 249 (257 f.) Rn. 26.

1598 *Gehrlein*, FS-Ganter, 169 (187 f.); *Kirchhof*, in: MüKo-InsO, § 143 Rn. 107; *Dauernheim*, in: Frankfurter Kommentar-InsO, § 143 Rn. 29; *Mohr*, in: Kölner Kommentar-InsO, § 143 Rn. 302; *Gehrlein*, in: Ahrens/Gehrlein/Ringstmeier-InsO, § 143 Rn. 31; *Jacoby*, in: Kübler/Prütting/Bork-InsO, § 143 Rn. 72.

ausdrücklich zur einfachen oder groben Fahrlässigkeit bekannt,[1599] sondern stellt darauf ab, dem Anfechtungsgegner sei die Benachteiligung bekannt, wenn er wisse, dass die empfangene Leistung aus dem den Gläubigern haftenden Vermögen des (späteren) Insolvenzschuldners stamme und dieses nicht mehr ausreiche, um alle Verbindlichkeiten zu erfüllen. Dies sei regelmäßig anzunehmen, wenn dem Anfechtungsgegner die zumindest drohende Zahlungsunfähigkeit des Schuldners bekannt sei.[1600]

Die historische und systematische Auslegung sprechen hier dafür, dass nur grobe Fahrlässigkeit ausreicht. Schließlich wird in der Begr. zu § 162 RegE-InsO (jetzt § 143 InsO) auf den gutgläubigen Empfänger abgestellt.[1601] Von Gutgläubigkeit ist unter Bezugnahme auf § 162 RegE auch in der Begr. zu § 164 RegE-InsO (jetzt § 145 InsO) die Rede.[1602] Nach der Definition des § 932 Abs. 2 BGB ist allein derjenige nicht gutgläubig, dem Umstände bekannt oder infolge grober Fahrlässigkeit unbekannt sind.[1603] Für eine Bestimmung der Gutgläubigkeit in § 143 InsO nach anderen Maßstäben als bei § 932 Abs. 2 BGB sind keine Gründe ersichtlich.[1604]

3. *Beweiswert der Beweisanzeichen*

Bei Vorliegen der Voraussetzungen einer der Fallgruppen der Beweisanzeichen stufte der BGH das Beweisanzeichen zunächst als widerlegliche tatsächliche Vermutung ein.[1605] Teilweise wurde daraus der Schluss gezogen, prozessual bedeute dies eine Beweislastumkehr, so dass dem Anfechtungsgegners der Gegenbeweis obliege.[1606] Dieser stelle den Anfechtungsgegner regelmäßig vor praktisch kaum lösbare Aufgaben, weil der Anfechtungsgegner nur sehr eingeschränkt auf Beweispersonen oder andere Beweismittel zurückgreifen könne.[1607] Daher

---

1599 Ausdr. offengelassen in BGH, Urt. v. 24.03.2016 – IX ZR 159/15, NZI 2016, 690 (692) Rn. 17.

1600 BGH, Urt. v. 08.09.2016 – IX ZR 151/14, NZI 2017, 71 (72) Rn. 12.

1601 Begr. RegE-InsO, BT-Drucks. 12/2443, S. 167.

1602 Begr. RegE-InsO, BT-Drucks. 12/2443, S. 168.

1603 *Herrler*, in: Palandt-BGB, § 932 Rn. 6 ff.

1604 *Thole/Kleindiek*, in: Heidelberger Kommentar-InsO, § 143 Rn. 33; *Zeuner*, in: Rattunde/Smid/Zeuner-InsO, § 143 n. F. Rn. 19; *Rogge/Leptien*, in: Hamburger Kommentar-InsO, § 143 Rn. 86; *Nerlich*, in: Nerlich/Römermann-InsO, § 143 Rn. 60; *Ede/Hirte*, in: Uhlenbruck-InsO, § 143 Rn. 59; *Büteröwe*, in: K. Schmidt-InsO, § 143 Rn. 30.

1605 BGH, Urt. v. 17.07.2003 – IX ZR 272/02, NJW 2003, 3560 (3562).

1606 *Gehrlein*, FS-Ganter, 169 (183).

1607 *Gehrlein*, FS-Ganter, 169 (183); *Laumen/Vallender*, NZI 2016, 609 (617).

wurde gefordert, die Beweisanzeichen stattdessen im Rahmen einer Gesamtabwägung zu berücksichtigen (§ 286 ZPO).[1608] Aufgrund der Bezeichnung als widerlegliche Vermutung hätte die Ansicht des BGH auch durchaus so verstanden werden können, als handle es sich dabei um eine tatsächliche Vermutung mit den Rechtsfolgen des § 292 ZPO. Da die Entkräftung einer widerleglichen Vermutung aber voraussetzt, dass der Gegner den vollen Beweis des Nichtvorliegens der vermuteten Tatsache führt, der Beweis gegen eine Vermutung also kein Gegenbeweis, sondern ein Hauptbeweis ist,[1609] würde mit der Einordnung einer tatsächlichen Vermutung als solche i. S. d. § 292 ZPO die gesetzliche Beweislastverteilung verändert.[1610] Wenngleich der BGH mittlerweile auch ausdrücklich entschieden hat, den tatsächlichen Vermutungen werde generell nur eine Bedeutung bei der Beweiswürdigung zugemessen, als sie einen Anscheins- oder Indizienbeweis für die behauptete Tatsache begründen können, [1611] hat sich der BGH der Kritik an der problematischen Bezeichnung angenommen und stellt nunmehr – unter ausdrücklicher Aufgabe früherer Entscheidungen, *die* anders hätten verstanden werden können – darauf ab, dass Beweisanzeichen nur mehr oder weniger gewichtige Beweisanzeichen im Rahmen einer Gesamtwürdigung darstellten.[1612] Die Tatgerichte haben daher die Beweisanzeichen im Rahmen ihres ihnen gem. § 286 ZPO zustehenden Beurteilungsspielraumes zu gewichten.[1613] Gleichwohl darf nicht außer Acht gelassen werden, dass ein starkes Beweisanzeichen in rechtstatsächlicher Hinsicht an die Beweislastumkehr heranreichen kann.[1614] Anders als bei einer Beweislastumkehr können die Beweisanzeichen aber grundsätzlich durch vom Anfechtungsgegner zu beweisende Umstände entkräftet werden;[1615] der Anfechtungsgegner kann stets Indizien vortragen, die gegen eine Kenntnis von der Zahlungsunfähigkeit sprechen.[1616]

1608 *Fischer*, NZI 2008, 588 (592); *Ganter*, WM 2009, 1441 (1443).

1609 Ausf. *Wüstenberg*, Non liquet im Insolvenzverfahren, S. 43 f.

1610 *Prütting*, in: MüKo-ZPO, § 292 Rn. 23.

1611 BGH, Urt. v. 09.10.2009 – V ZR 178/08, NJW 2010, 363 (364) Rn. 15.

1612 BGH, Urt. v. 13.08.2009 – IX ZR 159/06, NZI 2009, 768 (769) Rn. 8; BGH, Urt. v. 06.07.2017 – IX ZR 178/16, NZI 2017, 850 (851 f.) Rn. 12; BGH, Urt. v. 07.05.2020 – IX ZR 18/19, NJW 2020, 2404 (2405) Rn. 10; BGH, Urt. v. 17.09.2020 – IX ZR 174/19, NZI 2020, 1101 (1102) Rn. 17; dagegen ausdrücklich für einen Anscheinsbeweis *Kayser*, FS-Fischer, 267 (282); vgl. *Thole*, ZIP 2015, 2145 (2147 f.).

1613 *Gehrlein*, FS-Ganter, 169 (184); *Laumen/Vallender*, NZI 2016, 609 (617 f.).

1614 *Kayser*, NJW 2014, 422 (425); *Raupach*, in: BeckOK-InsO, § 133 Rn. 20.

1615 *Kayser*, NJW 2014, 422 (425); *Laumen/Vallender*, NZI 2016, 609 (618).

1616 BGH, Urt. v. 12.05.2016 – IX ZR 65/14, NZI 2016, 636 (637 f.) Rn. 14 ff.; *Stade/Ludwig*, NZS 2017, 15 (19); *Thole*, ZIP 2015, 2145 (2148 f.).

IV. Grundstrukturen des strafprozessualen Beweisrechts

Im Strafprozess hat das Gericht für eine Strafbarkeit des Insolvenzverwalters nach § 244 Abs. 2 StPO Beweis zu erheben und sich die Überzeugung im Sinne des § 261 StPO zu verschaffen, ob die Voraussetzungen eines Anfechtungsanspruchs vorgelegen haben, Bonität und Verität des Anspruchs gewährleistet waren, und der Verwalter trotz Kenntnis dieses werthaltigen Anspruchs pflichtwidrig auf dessen Geltendmachung verzichtet hat. Aufgrund des im Strafrecht geltenden Offizialprinzips sind grundsätzlich nur staatliche Organe befugt, den Straftäter zu verfolgen und zur Aburteilung zu bringen, insbesondere die Staatsanwaltschaft, der ein Anklagemonopol zukommt (§ 152 Abs. 1 StPO), während dem einzelnen Bürger abgesehen von dem Privatklageverfahren nach §§ 374 ff. StPO keine Strafverfolgung obliegt.[1617] Gem. § 261 StPO entscheidet im Strafprozess das Gericht über das Ergebnis der Beweisaufnahme nach seiner freien, aus dem Inbegriff der Verhandlung geschöpften Überzeugung.[1618] Eine dem § 286 Abs. 2 ZPO entsprechende Norm, nach der der Zivilrichter in den durch dieses Gesetz bezeichneten Fällen an gesetzliche Beweisregeln gebunden ist, fehlt in der StPO indes. Freie Beweiswürdigung meint im Strafprozess, anders als im Zivilprozess, dass das Gericht bei der Beweiswürdigung nicht an feste oder gesetzlich normierte Beweisregeln gebunden ist.[1619] Insbesondere insolvenzrechtliche Vermutungen, Fiktionen oder Beweislastumkehrungen etwa zur Feststellung der (drohenden) Zahlungsunfähigkeit oder Überschuldung sind im Strafrecht daher grundsätzlich nicht zulässig.[1620] Wenngleich das Gericht bei der Bildung seiner Überzeugung damit keinen festen Beweisregeln unterworfen ist, bedeutet dies nicht, dass die Überzeugungsbildung der Willkür subjektiven Meinens zugänglich ist; der Freiheit der Überzeugungsbildung sind nach § 261 StPO Grenzen gesetzt.[1621] So ist das Gericht an wissenschaftliche Erkenntnisse,

---

1617 *Schmitt*, in: Meyer-Goßner/Schmitt-StPO, § 152 Rn. 1.

1618 Ausf. zu den Grundsätzen der freien richterlichen Beweiswürdigung mit historischen Bezügen *Schmidt*, Grundsätze der freien Beweiswürdigung im Strafprozeßrecht, passim.

1619 *Ott*, in: Karlsruher Kommentar-StPO, § 261 Rn. 49; *Gercke/Temming* in: Gercke/Julius/Temming/Zöller-StPO, Einleitung Rn. 63; *Schluckebier*, in: S/S/W-StPO, § 261 Rn. 13; *Maier*, NStZ 2005, 246 (250).

1620 *Heine/Schuster*, in: Schönke/Schröder-StGB, § 283 Rn. 52; *Brand*, ZInsO 2018, 689 (693); ders., in: Bittmann, Praxishandbuch Insolvenzstrafrecht, § 12 Rn. 37.

1621 BGH, Urt. v. 01.08.1962 – 3 StR 28/62, BGHSt 17, 382 (385); zust. *Julius/Beckemper*, in: Gercke/Julius/Temming/Zöller-StPO, § 261 Rn. 8; *Hoyer*, ZStW 105 (1993), 523 (533); *Maier*, NStZ 2005, 246 (250).

Regeln der Logik (Denkgesetze) und Erfahrungssätze gebunden.[1622] Die Überzeugung hat sich das Gericht allein anhand des Beweisstoffs, der Gegenstand der mündlichen Hauptverhandlung war, zu bilden, also anhand der Beweismittel, die in verfahrensrechtlich zulässiger Weise in die Hauptverhandlung eingeführt und somit zum Gegenstand der Verhandlung geworden sind.[1623] Für diejenigen Tatsachen und Erfahrungssätze, auf denen das tatrichterliche Urteil seinem sachlichen Gehalt nach beruht, gilt die förmliche Beweisaufnahme (Strengbeweisverfahren).[1624] Im Strengbeweisverfahren ist gesetzlich abschließend geregelt, auf welche Weise Beweis erhoben werden kann. Der Beweiskatalog ist abschließend. Zulässig sind als Beweismittel im Strengbeweisverfahren nur Zeugen (§§ 48 - 71 StPO), Sachverständige (§§ 72 - 85 StPO), Augenschein (§§ 86 - 93 StPO) und Urkunden (§§ 249 - 256 StPO).[1625] Daneben können Einlassung und Geständnis des Beschuldigten verwertet werden.[1626]

Eine rechtsfehlerfreie Überzeugungsbildung anhand einer rechtsfehlerfreien Beweiswürdigung setzt bei einer in der Praxis regelmäßig vorliegenden Mehrzahl an Beweismitteln eine Abwägung und Gewichtung der einzelnen Beweise voraus.[1627] Abgesehen von Verwertungsverboten sind alle in der Hauptverhandlung erhobenen Beweise umfassend zu würdigen. Das Gericht ist verpflichtet, sich mit allen wesentlichen den Angeklagten möglicherweise belastenden und entlastenden Indizien auseinanderzusetzen (Ausschöpfungsgebot).[1628]

Gem. § 244 Abs. 2 StPO hat das Gericht zur Erforschung der Wahrheit die Beweisaufnahme von Amts wegen auf alle Tatsachen und Beweismittel zu

---

1622 BGH, Urt. v. 09.02.1957 – 2 StR 508/56, BGHSt 10, 208 (211); BGH, Urt. v. 01.08.1962 – 3 StR 28/62, BGHSt 17, 382 (385); BGH, Urt. v. 02.12.2005 – 5 StR 119/05, NJW 2006, 925 (928); BGH, Urt. v. 16.11.2006 – 3 StR 139/06, NJW 2007, 384 (387) Rn. 30; BGH, Urt. v. 18.09.2008 – 5 StR 224/08, NStZ 2009, 401 (402) Rn. 10; ausf. m. w. N. *Ott*, in: Karlsruher Kommentar-StPO, § 261 Rn. 51 ff.

1623 *Miebach*, in: MüKo-StPO, § 261 Rn. 51; *Ott*, in: Karlsruher Kommentar-StPO, § 261 Rn. 18; *Schluckebier*, in: S/S/W-StPO, § 261 Rn. 5.

1624 *Krehl*, in: Karlsruher Kommentar-StPO, § 244 Rn. 8; *Stamp*, Die Wahrheit im Strafverfahren, S. 85 ff. jeweils m. w. N. aus Rechtsprechung und Literatur.

1625 Ausf. *Krehl*, in: Karlsruher Kommentar-StPO, § 244 Rn. 18 ff.

1626 *Stamp*, Die Wahrheit im Strafverfahren, S. 85.

1627 BGH, Urt. v. 06.05.1998 – 2 StR 57/98, NStZ 1998, 475 (475); BGH, Beschl. v. 09.11.1999 – 5 StR 252/99, StV 2000, 243 (244); BGH, Urt. v. 25.10.2012 – 4 StR 170/12, NStZ-RR 2013, 52 (53).

1628 BGH, Urt. v. 16.11.2006 – 3 StR 139/06, NJW 2007, 384 (387) Rn. 30; BGH, Beschl. v. 28.01.2010 – 5 StR 524/09, NStZ-RR 2010, 152 (153); BGH, Urt. v. 26.04.2017 – 5 StR 445/16, BeckRS 2017, 110190 Rn. 11.

erstrecken, die für die Entscheidung von Bedeutung sind. Der Tatrichter ist gehalten, im Rahmen des faktisch Möglichen und des rechtlich Zulässigen dieser der Beweiswürdigung vorgelagerten Aufklärungspflicht nachzukommen und den Beweisstoff in optimaler Weise zu sammeln.[1629] Im Strafprozess gilt anders als im Zivilprozess, bei dem die Verhandlungsmaxime gilt, mithin der Untersuchungsgrundsatz.[1630] Trotz Geltung des Untersuchungsgrundsatzes müssen allerdings auch im Strafprozess die Beteiligten praktisch an der Beweisführung mitwirken. Zwar wirkt sich ein Unterlassen nicht unmittelbar nachteilig aus; der Angeklagte darf auf den Antritt eines Entlastungsbeweises verzichten, und das Gericht muss sich dennoch bemühen, den Sachverhalt auch zugunsten des Angeklagten ohne dessen Hilfe aufzuklären.[1631] Das Gericht hat indes nur bei Vorliegen eines Anlasses nach § 244 Abs. 2 StPO zu ermitteln. Insbesondere verpflichtet § 244 Abs. 2 StPO das Gericht nur, alle bekannten Beweismittel vollständig zu erheben.[1632] Diese Kenntnis beziehungsweise dieser Anlass kann fehlen, wenn der Beschuldigte keine entlastenden Beweismittel benennt. Dann müssen Beteiligte faktisch an der Klärung entlastender Sachverhalte mitwirken, so dass letztendlich auch der Beschuldigte faktisch eine gewisse Behauptungs- und Benennungslast für entlastende Umstände trägt, die Anlass für das Gericht zu weiteren Ermittlungen und damit zum Eingreifen der richterlichen Aufklärungspflicht nach § 244 Abs. 2 StPO sind.[1633] Ohne einen solchen Anlass würde die Herbeiführung und Erhebung des Beweises über entlastende Umstände faktisch unterbleiben. Die Staatsanwaltschaft, der Angeklagte oder die Verteidigung stellen dazu Beweisanträge nach § 244 Abs. 3-6 StPO.[1634] Folge der grundsätzlich beim Gericht liegenden Beweislast im Strafprozess ist aber, dass sich Zweifel stets zulasten der Anklage auswirken. Kann der Tatbestand einer Norm nicht vom Gericht bewiesen werden (non liquet), ist der Beschuldigte stets freizusprechen. Die Beweislast greift allerdings nur ein, wenn die freie Beweiswürdigung abgeschlossen worden ist, ohne dass sich das Gericht eine feste Überzeugung

---

1629 BVerfG, Beschl. v. 30.04.2003 – 2 BvR 2045/02, NJW 2003, 2444 (2445); *Herdegen*, NJW 2003, 3513 (3513); *Julius*, in: Gercke/Julius/Temming/Zöller-StPO, § 244 Rn. 1.

1630 *Walter*, JZ 2006, 340 (340); *Julius*, in: Gercke/Julius/Temming/Zöller-StPO, § 244 Rn. 7.

1631 *Ott*, in: Karlsruher Kommentar-StPO, § 261 Rn. 161.

1632 BVerfG, Beschl. v. 30.04.2003 – 2 BvR 2045/02, NJW 2003, 2444 (2445).

1633 *Walter*, JZ 2006, 340 (340); ausf. m. w. N. zur umstrittenen Reichweite der gerichtlichen Aufklärungspflicht *Sättele*, in: S/S/W-StPO, § 261 Rn. 32 ff.

1634 Ausf. *Julius*, in: Gercke/Julius/Temming/Zöller-StPO, § 244 Rn. 13 ff.

hat verschaffen können, und dennoch eine eindeutige Entscheidung zu treffen hat.[1635]

Das für die Überzeugungsbildung im Sinne des § 261 StPO erforderliche Beweismaß im Strafprozess wird nach den gleichen Grundsätzen wie im Zivilprozess bestimmt.[1636] Maßgeblich sind daher auch im Strafprozess die auf die grundlegende Anastasia-Entscheidung zurückgehenden Maßstäbe.[1637] Danach dürfe und müsse sich der Richter „[…] in tatsächlich zweifelhaften Fällen mit einem für das praktische Leben brauchbaren Grad von Gewißheit begnügen, der den Zweifeln Schweigen gebietet, ohne sie völlig auszuschließen."[1638] Nach der ständigen Rechtsprechung der Strafsenate des BGH setzt die Überzeugung des Tatrichters von einem bestimmten Sachverhalt keine absolute, das Gegenteil oder andere Möglichkeiten zwingend ausschließende Gewissheit voraus; es genügt vielmehr ein nach der Lebenserfahrung ausreichendes Maß an Sicherheit, das vernünftige Zweifel nicht aufkommen lässt.[1639] Indes setzt die zur richterlichen Überzeugung erforderliche persönliche Gewissheit des Richters objektive Grundlagen voraus, die aus rationalen Gründen den Schluss erlauben, dass der festgestellte Sachverhalt mit hoher Wahrscheinlichkeit zutrifft (subjektiv-objektive Beweismaßtheorie).[1640] Verbeiben dem Gericht nach

1635 *Walter*, JZ 2006, 340 (344); *Ceffinato*, ZStW 2016, 804 (809).

1636 *Treuer/Schönberg/Treuer*, Leitfaden zur Zeugenvernehmung, Rn. 222; *Bender/Nack/Treuer*, Tatsachenfeststellung vor Gericht, Rn. 534.

1637 *Treuer/Schönberg/Treuer*, Leitfaden zur Zeugenvernehmung, Rn. 225; *Bender/Nack/Treuer*, Tatsachenfeststellung vor Gericht, Rn. 537 ff.

1638 BGH, Urt. v. 17.02.1970 – III ZR 139/67, BGHZ 53, 245 (256).

1639 Ständige Rechtsprechung, BGH, Urt. v. 08.01.1988 – 2 StR 551/87, NJW 1988, 3273 (3273); BGH, Urt. v. 23.06.1999 – 3 StR 132–99, NStZ-RR 1999, 332 (333); BGH, Urt. v. 28.01.2010 – 3 StR 533/09, NStZ-RR 2010, 144 (145); BGH, Urt. v. 10.08.2011 – 1 StR 114/11, NStZ 2012, 110 (111); BGH, Urt. v. 21.05.2015 – 4 StR 577/14, BeckRS 2015, 10699 Rn. 16; zu anderen Auffassungen *Hoyer*, ZStW 105 (1993), 523 (534 ff.) m. w. N.

1640 Ständige Rechtsprechung, BGH, Urt. v. 24.11.1992 – 5 StR 456/92, StV 1993, 510 (511); BGH, Beschl. v. 12.12.2001 – 5 StR 520/01, StV 2002, 235 (235); BGH, Beschl. v. 22.08.2013 – 1 StR 378/13, NStZ-RR 2013, 387 (388); BGH, Urt. v. 27.04.2017 – 4 StR 434/16, BeckRS 2017, 111615 Rn. 8; BGH, Urt. v. 18.05.2017 – 2 StR 473/16, BeckRS 2017, 123735 Rn. 9; vgl. BVerfG, Beschl. v. 30.04.2003 – 2 BvR 2045/02, NJW 2003, 2444 (2445 f.); ausf. *Schulz*, Sachverhaltsfeststellung und Beweistheorie, S. 42 ff.

der erforderlichen Gesamtwürdigung rational begründbare Zweifel, ist unter Anwendung des in dubio pro reo-Grundsatzes freizusprechen.[1641]

V. Der Indizienprozess im Strafverfahren

Im Strafprozess bestehen die unmittelbar entscheidungserheblichen Tatsachen (Haupttatsachen) in den Tatbestandsmerkmalen der Strafnorm, dessen Verletzung durch den Angeklagten im Raum steht.[1642] Sie sind in § 267 Abs. 1 Satz 1 StPO umschrieben als Tatsachen, in denen die gesetzlichen Merkmale der Straftat gefunden werden, und müssen als verfahrensrechtliche Anforderung in den Urteilsgründen angegeben werden.[1643] Ein feststehender Geschehensablauf ist in der strafrechtlichen Praxis aber genauso wie im Zivilprozess äußerst selten.[1644] Es kann daher praktisch kaum der unmittelbare Beweis der Haupttatsache gelingen. Vielmehr stehen dem Gericht mehr oder weniger aussagekräftige mittelbare Beweismittel zur Verfügung, anhand derer das tatbestandsmäßige Geschehen zu rekonstruieren ist.[1645] Im Allgemeinen sind für den mittelbaren Beweis im Strafverfahren eher die Begriffe Indizien und Indizienprozess gebräuchlich. Im Zivilprozess ist dagegen der Begriff Beweisanzeichen gebräuchlich. Insoweit handelt es sich allerdings um synonyme Begriffe; es besteht eine einheitliche Wirkungsweise und Bestimmung des Beweiswertes von strafprozessualen Indizien einerseits und zivilprozess- und damit auch anfechtungsrechtlichen Beweisanzeichen andererseits.[1646]

Da das Gericht den tatbestandsmäßigen Geschehensablauf nicht miterlebt hat, kann das Gericht die Verwirklichung eines Tatbestandes durch einen Beschuldigten als zu beweisende Haupttatsache regelmäßig nur durch eine Rekonstruktion der Tat anhand der Beweismittel beweisen. So lassen Indizien – mit einem unterschiedlichen Maß an Wahrscheinlichkeit – einen Schluss auf die

1641 *Liebhart*, NStZ 2016, 134 (138); *Herdegen*, NJW 2003, 3513 (3515 f.); ders. Beweisantragsrecht, Beweiswürdigung, strafprozessuale Revision, 108 (118 ff.).

1642 *Ott*, in: Karlsruher Kommentar-StPO, § 261 Rn. 76; *Liebhart*, NStZ 2016, 134 (134).

1643 Ausf. *Schledorn*, Die Darlegungs- und Beweiswürdigungspflicht des Tatrichters im Falle der Verurteilung, S. 64 ff.

1644 *Treuer/Schönberg/Treuer*, Leitfaden zur Zeugenvernehmung, Rn. 235; *Bender/Nack/Treuer*, Tatsachenfeststellung vor Gericht, Rn. 553.

1645 *Velten*, in: SK-StPO, Vor § 261 Rn. 4; *Ceffinato*, ZStW 2016, 804 (804); *Liebhart*, NStZ 2016, 134 (134); *Nack*, NJW 1983, 1035 (1036); ausf. *Stamp*, Die Wahrheit im Strafverfahren, S. 63 ff.

1646 *Huber*, FS-Ganter, 203 (206).

Haupttatsache zu.[1647] Gesetzlich umschrieben ist der strafrechtliche Indizienbeweis in § 267 Abs. 1 Satz 2 StPO. Dieser ordnet an, dass in den Urteilsgründen neben den erwiesenen Tatsachen auch diejenigen angegeben werden sollen, aus denen der Beweis gefolgert wird.[1648] Qualitativ unterscheidet sich der Indienbeweis nicht vom direkten Beweis, und es gelten uneingeschränkt die Grundsätze der freien richterlichen Beweiswürdigung.[1649] Der Indizienprozess richtet sich im Übrigen nach den Grundsätzen, die auch im zivilrechtlichen Indizienprozess Anwendung finden.[1650]

VI. Indizien für ein untreuerelevantes Unterlassen

In rechtspraktischer Hinsicht kommt es letzten Endes entscheidend darauf an, wie in einem Strafverfahren für die Überzeugungsbildung des Tatrichters gem. § 261 StPO ausreichende Beweismittel im Hinblick auf die Kenntnis des Verwalters von dem Bestehen werthaltiger Anfechtungsansprüche in die Hauptverhandlung eingebracht werden können.

1. Nachweis der Anspruchsvoraussetzungen der §§ 129 ff. InsO

Zunächst ist zu berücksichtigen, dass es für die Ermittlung der Tatbestandsmerkmale der §§ 129 ff. InsO allein auf insolvenzrechtliche Maßstäbe ankommt. Anders als bei den Insolvenzdelikten der §§ 283 ff. StGB ist mithin nicht die strafrechtsautonome Ermittlung der Zahlungsunfähigkeit über die betriebswirtschaftliche oder wirtschaftskriminalistische Methode, die im Rahmen der §§ 283 ff. StGB angewandt wird, entscheidend; schließlich ist die Zahlungsunfähigkeit nicht Tatbestandsvoraussetzung des § 266 StGB selbst, sondern allein der Anfechtungsnormen der §§ 129 ff. InsO, so dass die Feststellung der Zahlungsunfähigkeit nur über das Merkmal der Pflichtwidrigkeit Eingang in den Untreuetatbestand findet und aufgrund der Zivilrechtsakzessorietät nach zivilrechtlichen Maßstäben zu bestimmen ist. Im Strafprozess ist daher zur Feststellung des Vorliegens eines werthaltigen Anfechtungsanspruchs nach zivilrechtlichen Maßstäben das Vorliegen der jeweiligen Anspruchsvoraussetzungen

---

1647 *Ceffinato*, ZStW 2016, 804 (808); *Liebhart*, NStZ 2016, 134 (135); *Treuer/Schönberg/Treuer*, Leitfaden zur Zeugenvernehmung, Rn. 239.

1648 Ausf. *Schledorn*, Die Darlegungs- und Beweiswürdigungspflicht des Tatrichters im Falle der Verurteilung, S. 147 ff.

1649 *Ott*, in: Karlsruher Kommentar-StPO, § 261 Rn. 76

1650 Siehe dazu oben unter 5. Teil A. II.

genauso vorzugehen wie in einem Anfechtungsprozess. Erforderlich ist daher im ersten Schritt eine Prognose, ob der Anspruch (prozessual) hätte durchgesetzt und vollstreckt werden können. Im zweiten Schritt ist zu beurteilen, ob der Verwalter pflichtwidrig auf die Geltendmachung verzichtet, dadurch den objektiven Tatbestand des § 266 StGB verwirklicht hat, und sich auch sein Vorsatz auf dieses pflichtwidrige Verhalten bezog.

2. *Ermittlung von Anfechtungsansprüchen in der Praxis*

Forderungen und damit auch Insolvenzanfechtungsansprüche sind Bestandteil der Insolvenzmasse. Im Gegensatz zu in der Buchhaltung erfassten Forderungen des Schuldners sind Anfechtungsansprüche nicht offensichtlich oder ohne weiteres aus der Buchhaltung des Schuldners zu entnehmen. Vielmehr ist es Aufgabe des Verwalters, die erst mit Verfahrenseröffnung durchsetzbaren Ansprüche zu ermitteln und zu prüfen.[1651] Auch wenn sich eine schematische, allgemeingültige und umfassende Feststellung zu den notwendigen Voraussetzungen hierfür nicht treffen lässt, sind bei der Ermittlung von Anfechtungsansprüchen im Grundsatz die als punktuelle juristische Methode sowie die als zeitraumbezogene betriebswirtschaftliche Methode bezeichnete Vorgehensweise zu unterscheiden. Anhand dieser Methoden können Anfechtungsansprüche auch im Strafprozess ermittelt werden.

a) *Punktuelle juristische Methode*

Die in der Praxis gängigste Methode zur Ermittlung von Anfechtungsansprüchen ist die punktuelle juristische Methode. Grundsätzlich folgt diese Methode der Anspruchsermittlung derjenigen Vorgehensweise, die bei der juristischen Anspruchsprüfung im Allgemeinen angewandt wird. Ausgehend von der Kenntnis der gesetzlichen Tatbestandsmerkmale der Anfechtungsnormen der §§ 129 ff. InsO werden anhand der Sachverhaltsangaben aus dem jeweiligen Anfechtungszeitraum auffällige Rechtshandlungen ausfindig gemacht, nach juristischen Vorgaben geprüft und anschließend mit dem Ziel der gerichtsfesten Anspruchsbelegung ergänzt.[1652] Ausgehend vom Zeitpunkt der Verfahrenseröffnung werden dazu die Sachverhaltsangaben rückwärts immer weiter in

---

1651 *Kirstein*, in: Haarmeyer/Huber/Schmittmann, Praxis der Insolvenzanfechtung, Teil II Rn. 1; *Glatt*, in: Mohrbutter/Ringstmeier, Handbuch Insolvenzverwaltung, Teil I Kapitel 9 Rn. 198.

1652 *Kirstein*, ZInsO 2016, 1522 (1523), ders. in: Haarmeyer/Huber/Schmittmann, Praxis der Insolvenzanfechtung, Teil II Rn. 11 ff.; vgl. *Kirstein*, InsbürO 2008, 213 (217 f.).

der Vergangenheit nach auffälligen Einzelsachverhalten untersucht.[1653] Indizien für anfechtbare Rechtshandlungen können sich aus dem Schriftverkehr und den Unterlagen zum Zahlungsverkehr des jeweiligen Anfechtungszeitraums ergeben. Die zu der Prüfung erforderlichen Sachverhaltsangaben sind daher aus der Durchsicht der Unterlagen der Geschäftskonten, Kredit- und Sicherungsunterlagen des Schuldners, des Schriftverkehrs mit den Gläubigern von wesentlichen Forderungen sowie aus Gesprächen mit dem Schuldner und insbesondere dem Mahnschriftverkehr zu entnehmen.[1654] Daneben sind auch ältere Vermögensverzeichnisse, Inventarlisten, Jahresabschlüsse, Bilanzen oder Anlagespiegel auszuwerten und ggf. der Verbleib früher vorhandener Vermögenswerte genauer zu ermitteln.[1655] Zu auffälligen Rechtshandlungen zählen vor allem Vollstreckungsmaßnahmen, die dem Gläubiger eine Sicherung oder Befriedigung in den letzten drei Monaten von Insolvenzantragstellung gewährt haben. Dabei handelt es sich um inkongruente Sicherungen oder Deckungen, die zum einen unter erleichterten Voraussetzungen nach § 131 InsO angefochten werden können; zum anderen können die Vollstreckungsmaßnahmen ein Indiz für eine Zahlungseinstellung begründen.[1656] Für Hinweise auf Zwangsvollstreckungsmaßnahmen ist der Schriftverkehr des Schuldners, der Buchungstext in Kontoauszügen und das Kassenbuch im Hinblick auf Hinweise auf Zahlungen auf Pfändungen oder Aktenzeichen eines Gerichtsvollziehers auszuwerten und Kontakt mit dem örtlich zuständigen Gerichtsvollzieher aufzunehmen, um Auskunft über Vollstreckungshandlungen beim Schuldner im kritischen Zeitpunkt zu erfragen.[1657] Entsprechendes gilt für Zahlungen zur Abwendung der Zwangsvollstreckung oder von Insolvenzanträgen. Bei den in der Praxis sehr häufigen Kontokorrentkrediten ist im Hinblick auf eine Anfechtbarkeit zu prüfen, ob sich

---

1653 *Kirstein*, ZInsO 2016, 1522 (1523); ders. in: Haarmeyer/Huber/Schmittmann, Praxis der Insolvenzanfechtung, Teil II Rn. 14; *Huber*, in: Haarmeyer/Huber/Schmittmann, Praxis der Insolvenzanfechtung, Teil VII Rn. 72; vgl. zur Billigung ausdrücklichen dieser strukturierten Vorgehensweise BGH, Beschl. v. 15.12.2016 – IX ZR 224/15, NZI 2017, 102 (104) Rn. 20.

1654 *Kirstein*, ZInsO 2016, 1522 (1523); ders. in: Haarmeyer/Huber/Schmittmann, Praxis der Insolvenzanfechtung, Teil II Rn. 15 ff.

1655 *Hartwig*, InsbürO 2010, 52 (53).

1656 *Kirstein*, ZInsO 2016, 1522 (1523); ders. in: Haarmeyer/Huber/Schmittmann, Praxis der Insolvenzanfechtung, Teil II Rn. 17 ff.

1657 *Kirstein*, ZInsO 2016, 1522 (1523); ders. in: Haarmeyer/Huber/Schmittmann, Praxis der Insolvenzanfechtung, Teil II Rn. 20; *Hartwig*, InsbürO 2010, 52 (52 f.).

im Anfechtungszeitraum der Saldo bis zur Antragstellung reduziert hat.[1658] Sind im Anfechtungszeitraum noch Sicherungen für bereits bestehende Forderungen erfolgt, ist zu prüfen, ob darin eine anfechtbare Nachbesicherung liegt.[1659] Bei Zahlungen auf der Grundlage von Sanierungsversuchen ist zu prüfen, ob der Sanierungsversuch die strengen Anforderungen der Rechtsprechung erfüllt.[1660] Eine besonders wichtige Ermittlungspflicht besteht hinsichtlich der Prüfung von Deckungen von Forderungen Nahestehender sowie von unentgeltlichen Zuwendungen, da häufig versucht wird, Nahestehenden durch die Befriedigung offener Verbindlichkeiten oder unentgeltliche Zuwendungen einen Vorteil zu verschaffen. Gerade bei Organen des Schuldners ist zudem zu prüfen, inwieweit wirtschaftliche Verflechtungen bestanden, die in der Krise zu einer bevorzugten Befriedigung geführt haben können.[1661]

Die punktuelle juristische Methode stößt bei umfangreichen und komplexen Geschäftsvorfällen allerdings an ihre Grenzen. Gerade bei Unternehmensinsolvenzen kann die umfassende wirtschaftliche Tätigkeit häufig nicht einzelfallbezogen betrachtet werden; vielmehr ist hier eine systematische Aufarbeitung anfechtungsrelevanter Sachverhalte notwendig.

b) Zeitraumbezogene betriebswirtschaftliche Methode

Ist mit der punktuellen juristischen Methode eine Aufarbeitung aller anfechtungsrelevanten Vorgänge nicht mehr möglich, tritt an deren Stelle die zeitraumbezogene betriebswirtschaftliche Methode. Diese dient der systematischen und umfassenden Durchsicht der Buchhaltung und des Belegwesens des Schuldners auf anfechtungsrechtliche Sachverhalte; dabei wird der gesamte

---

1658 Bei Kontokorrentkrediten ist anfechtbar nach § 131 InsO nicht jede einzelne Zahlung, die im Kontokorrent verbucht wird, sondern nur der Betrag, um den sich im Anfechtungszeitraum der Saldo reduziert hat. Inkongruenz liegt nur in Höhe des Betrags vor, in dem die verrechneten Einzahlungen in diesem Zeitraum die Auszahlungen übersteigen. Allein in diesem Umfang hat die Bank den Schuldner nicht wieder über seine Eingänge verfügen lassen, BGH, Urt. v. 24.01.2013 – IX ZR 11/12, NZI 2013, 249 (249 f.) Rn. 15 m. w. N.; *Zeuner*, in: Rattunde/Smid/Zeuner-InsO, § 131 Rn. 27; ausf. zu den Auswirkungen der Verfahrenseröffnung auf ein Kontokorrentverhältnis *Zeuner*, in: Rattunde/Smid/Zeuner-InsO, § 116 Rn. 26 ff.

1659 *Kirstein*, ZInsO 2016, 1522 (1524); ders. in: Haarmeyer/Huber/Schmittmann, Praxis der Insolvenzanfechtung, Teil II Rn. 23.

1660 Siehe dazu oben unter 5. Teil A. III. 2. e) ff).

1661 *Kirstein*, ZInsO 2016, 1522 (1537); ders. in: Haarmeyer/Huber/Schmittmann, Praxis der Insolvenzanfechtung, Teil II Rn. 25.

anfechtungsrechtlich relevante vorinsolvenzliche Zeitraum anhand des rechtlichen Gesamtkonzepts der Insolvenzanfechtung auf Anhaltspunkte für Insolvenzanfechtungsansprüche hin untersucht.[1662] Dazu wird zunächst der darlegbare Zeitpunkt des Eintritts eines Insolvenzgrundes bestimmt, anhand dessen der Anfechtungszeitraum zu bestimmen ist. Sodann ist für den ermittelten Zeitraum festzulegen, welche Personen zu welchem Zeitpunkt Kenntnis von der materiellen Insolvenz des Schuldners hatten. Darauf aufbauend sind die anfechtungsrelevanten Einzelsachverhalte zu ermitteln und schließlich prozessreif aufzubereiten.[1663] Zunächst ist die Zahlungsunfähigkeit nach den allgemeinen Grundsätzen zu bestimmen.[1664] Die Kenntnis der in Frage kommenden Anfechtungsgegner ist sodann anhand der dem jeweiligen Anfechtungsgegner aufgrund der Geschäftsbeziehung bekannten Umstände zu bestimmen; die Kenntnis kann praktisch zumeist anhand äußerer Anzeichen einer Zahlungseinstellung sowie der in der Buchhaltung vorhandenen Geschäftskonten festgestellt werden.[1665] Bei Auffälligkeiten ist die Suche zu vertiefen, insbesondere sind der Schriftverkehr auf weitere Anhaltspunkte hin zu untersuchen oder der Schuldner beziehungsweise die Organe des Schuldners anlassbezogen zu befragen.[1666] Konnte damit für einen Anfechtungsgegner zu einem Zeitpunkt dessen Kenntnis von der Zahlungsunfähigkeit des Schuldners festgestellt werden, sind alle nach diesem Zeitpunkt liegenden Geschäftsvorfälle auf eine Anfechtbarkeit hin zu überprüfen.[1667] Schließlich sind die dann ermittelten Anfechtungsansprüche anhand des Belegwesens des Schuldners prozessreif aufzubereiten. In der Buchhaltung wird einem Geschäftsvorfall stets eine Belegnummer zugeordnet. Können die Belege aufgefunden werden, sind die anfechtbaren Rechtshandlungen den entsprechenden Belegnummern zuzuordnen.[1668]

1662 *Kirstein*, ZInsO 2016, 1522 (1524); ders. in: Haarmeyer/Huber/Schmittmann, Praxis der Insolvenzanfechtung, Teil II Rn. 33 ff.; vgl. *Kirstein*, InsbürO 2008, 213 (2178 ff.).

1663 *Kirstein*, ZInsO 2016, 1522 (1525); ders. in: Haarmeyer/Huber/Schmittmann, Praxis der Insolvenzanfechtung, Teil II Rn. 39.

1664 Siehe dazu oben unter 5. Teil A. III. 1. a).

1665 *Kirstein*, ZInsO 2016, 1522 (1529); ders. in: Haarmeyer/Huber/Schmittmann, Praxis der Insolvenzanfechtung, Teil II Rn. 57; vgl. *Kirstein*, InsbürO 2008, 213 (216).

1666 *Kirstein*, ZInsO 2016, 1522 (1532); ders. in: Haarmeyer/Huber/Schmittmann, Praxis der Insolvenzanfechtung, Teil II Rn. 62.

1667 *Kirstein*, ZInsO 2016, 1522 (1532); ders. in: Haarmeyer/Huber/Schmittmann, Praxis der Insolvenzanfechtung, Teil II Rn. 64.

1668 *Kirstein*, ZInsO 2016, 1522 (1532); ders. in: Haarmeyer/Huber/Schmittmann, Praxis der Insolvenzanfechtung, Teil II Rn. 68.

c) *Anforderungen an ordnungsgemäße Ermittlungsmaßnahmen*

Grundvoraussetzung der ordnungsgemäßen Ermittlung und Durchsetzung von Anfechtungsansprüchen ist, dass – abhängig von der Größe des Schuldners und dem erwarteten Umfang der Anspruchsermittlung – eine ausreichende Anzahl fachkundiger Mitarbeiter für die Bewältigung der umfangreichen Aufgaben zur Verfügung steht.[1669] Gerade in größeren Verwalterbüros sind interne Checklisten oder Arbeitshandbücher zur Sicherstellung einer ordnungsgemäßen Ermittlung gängig.[1670] Entscheidend kommt es für eine erfolgreiche Insolvenzanfechtung häufig darauf an, frühzeitig und umfangreich die schuldnerischen Datengrundlagen zu sichern; neben der Sicherung der Buchhaltungsunterlagen sind ggf. Mitarbeiter zu befragen und Daten von Dritten, insbesondere Steuerberatern und Wirtschaftsprüfern, herauszuverlangen. Daneben ist der geschäftliche Mail-Verkehr zu speichern. Liegen Kontoauszüge nicht mehr vollständig vor, sind diese beim Kreditinstitut nacherstellen zu lassen.[1671]

3. *Indizien für Kenntnis des Verwalters*

Im zweiten Schritt sind – wenn ausreichend Indizien zur Überzeugungsbildung des Gerichts dazu, dass der Anspruch in zivilrechtlicher Hinsicht durchsetzbar und werthaltig ist, ermittelt und in die Hauptverhandlung eingeführt wurden – Beweismittel für die Bildung der Überzeugung des Gerichts von der Kenntnis des Verwalters von diesem werthaltigen Anspruch und davon, dass der Verwalter dennoch pflichtwidrig mit Schädigungsvorsatz auf dessen (prozessuale) Geltendmachung verzichtet hat, in die Hauptverhandlung einzuführen.

Maßgeblich kommt es bei der aufgrund der langen Anfechtungsfrist bedeutsamen Vorsatzanfechtung nach § 133 InsO darauf an, ob der Verwalter Kenntnis vom Vorliegen der verschiedenen Beweisanzeichen auf Seiten des Schuldners und des Anfechtungsgegners hatte. Es ist also der Kenntnisstand des Verwalters und damit eine innere Tatsache zu ermitteln. Insoweit sind Indizien festzustellen, die in ihrer Gesamtwertung die Überzeugung des Richters im Sinne des § 261 StPO des Vorliegens der Tatbestandsvoraussetzungen ermöglichen.

Können die Voraussetzungen eines Anfechtungsanspruchs, den der Verwalter nicht geltend gemacht hat, im Strafprozess zur Überzeugung des Gerichts

---

1669 *Kirstein*, ZInsO 2016, 1522 (1533).

1670 *Kirstein*, ZInsO 2016, 1522 (1534); *Huber*, in: Haarmeyer/Huber/Schmittmann, Praxis der Insolvenzanfechtung, Teil I Rn. 71 ff.

1671 *Kirstein*, ZInsO 2016, 1522 (1535); *Hartwig*, InsbürO 2010, 52 (52).

festgestellt werden, besteht allein darin ein Indiz für eine Kenntnis des Verwalters, wenngleich die Beweiskraft abhängig von der Schwierigkeit der Ermittlung des Anspruchs auch gering sein kann. Schließlich hat der Insolvenzverwalter in jedem Insolvenzverfahren stets Anfechtungsansprüche zu ermitteln und geltend zu machen. Damit kann grundsätzlich davon ausgegangen werden, dass in dem konkreten Verfahren Ansprüche ermittelt wurden, vor allem, wenn Anfechtungsansprüche gegen andere Anfechtungsgegner ordnungsgemäß ermittelt und durchgesetzt wurden und keine objektiv nachvollziehbaren Gründe für ein Unterlassen gerade im Hinblick auf einen speziellen Anfechtungsgegner bestehen. Konnte das Gericht den Anfechtungsanspruch anhand der zur Verfügung stehenden Beweismittel zu seiner Überzeugung feststellen, wäre dies im Allgemeinen auch dem Verwalter möglich gewesen. Indizielle Bedeutung kann daher vor allem die Tatsache erlangen, dass der Verwalter nach der punktuellen juristischen Methode oder der zeitraumbezogenen betriebswirtschaftlichen Methode Anfechtungsansprüche im Allgemeinen umfassend ermittelt hat, Anfechtungsansprüche, die sich gegen einen bestimmten Anfechtungsgegner wenden, indes nicht ermittelt hat, obwohl sich im gleichen Maße wie bei den ermittelten und durchgesetzten Ansprüchen gegen andere Anfechtungsgegner ausreichend Anhaltspunkte für das Vorliegen der jeweiligen Tatbestandsvoraussetzungen der §§ 129 ff. InsO den Buchhaltungsunterlagen des Schuldners entnehmen lassen. Es kann grundsätzlich erwartet werden, dass der Verwalter, wenn die Tatbestandsmerkmale einer Anfechtungsnorm anhand der Buchhaltungsunterlagen des Schuldners oder weiterer zivilprozessualer Beweismittel bewiesen werden können, den Anspruch auch durchsetzt. Liegen daher nach den dem Verwalter bekannten Beweismitteln ausreichend Anhaltspunkte für einen Anfechtungstatbestand vor, spricht dies indiziell dafür, dass der Verwalter aufgrund sachwidriger Motive auf die Anfechtung verzichtet hat. Schließlich setzt sich der Verwalter bei der mit der unterlassenen Insolvenzanfechtung verbundenen unterbliebenen Massemehrung stets einer Haftungsgefahr nach § 60 InsO aus. Die Kenntnis des Verwalters von dem Bestehen eines Anfechtungsanspruchs kann also aus der Kenntnis der Beweismittel abgeleitet werden, anhand derer der Verwalter Anfechtungsansprüche gegen andere Anfechtungsgegner ermittelt und durchgesetzt hat. Maßgebliche Bedeutung kommt vor diesem Hintergrund der Kenntnis von Kontoauszügen, Gesprächsnotizen, Rechnungen, Verträgen, Mahnungen, (angedrohten) Zwangsvollstreckungsmaßnahmen und Hinweisen auf inkongruenzbegründende Umstände wie Änderungen der Zahlungsmodalitäten, Vorleistungen, Ersatzleistungen, Surrogate oder zusätzliche Sicherheiten zu. Daneben kommen als Indizien in Betracht Zeugenaussagen des Schuldners, dessen Organen oder Mitarbeitern, des Steuerberaters oder Wirtschaftsprüfers, von

Sanierungsberatern, Bankangestellten und Lieferanten. Bei dem Schuldner und Organen des Schuldners sowie dem Anfechtungsgegner ist allerdings das Auskunftsverweigerungsrecht des § 55 StPO zu berücksichtigen, nach dem Zeugen die Aussage auf solche Fragen verweigern können, deren Beantwortung ihnen selbst oder einem der in § 52 Abs. 1 StPO bezeichneten Angehörigen die Gefahr zuziehen würde, wegen einer Straftat oder einer Ordnungswidrigkeit verfolgt zu werden. Schließlich kommt eine Anstiftung gem. § 26 StGB oder Beihilfe gem. § 27 StGB zu einer Untreue in Betracht, wenn die Person rechtsmissbräuchlich auf den Verwalter eingewirkt hat und damit für das Unterlassen der Anfechtung mitverantwortlich ist.

Ein besonders bedeutsames Indiz liegt vor, wenn der Verwalter seine Mitarbeiter, vor allem Insolvenzsachbearbeiter, angewiesen hat, Ansprüche gegen bestimmte Anfechtungsgegner nicht zu ermitteln oder jedenfalls nicht durchzusetzen. Möglich ist auch, dass sich, wenn der vorläufige Insolvenzverwalter nicht mit dem endgültigen Insolvenzverwalter übereinstimmt, in dem Gutachten des vorläufigen Verwalters bereits Hinweise auf Anfechtungsansprüche finden. Diese Hinweise können als Ausgangspunkt für weitere Ermittlungen herangezogen werden. Eine besondere Bedeutung kommt der Vernehmung des Schuldners beziehungsweise dessen Organen oder Mitarbeitern zu. Anders als der Insolvenzverwalter unterliegen diese – wenn sie nicht selbst an dem rechtsmissbräuchlichen Verhalten des Verwalters beteiligt sind – keiner Interessenkollision und sind daher nicht an einem Unterlassen der Insolvenzanfechtung interessiert. Sie haben daher auch kein Interesse daran, das Bestehen der Ansprüche zu leugnen. Nehmen Mitarbeiter, etwa wegen ausstehender Lohnforderungen, selbst am Insolvenzverfahren teil, haben sie vielmehr ein Interesse an einer Erhöhung der Insolvenzmasse durch die Anfechtung, um mit ihrer Insolvenzforderung von einer höheren Quote zu profitieren. Häufig können Mitarbeiter des Schuldners auch Auskunft darüber erteilen, ob Vermögensgegenstände vor Verfahrenseröffnung in tatsächlicher Hinsicht fortgeschafft oder auf Angehörige oder andere nahestehende Personen übertragen wurden. Gerade bei einer überhaupt nicht mehr oder nicht mehr ordnungsgemäß geführten Buchhaltung können diese Transaktionen auf anderem Wege oft schwer nachzuvollziehen sein.

Arbeiten Insolvenzverwalter beziehungsweise Sachwalter und Sanierungsberater häufiger zusammen, ist auch der jeweilige Sanierungsberater als Zeuge zu vernehmen. Zu prüfen ist insbesondere, ob der Sanierungsberater anfechtbare Honorarzahlungen erhalten hat und diese vom Verwalter nicht angefochten wurden. Indizielle Bedeutung hat zudem das grundlose Ausbuchen eines Anfechtungsanspruchs oder dessen Wertberichtigung auf null, obwohl der Anspruch an sich werthaltig ist. Da es um Interessenkollisionen geht, und die

Konsequenzen sowohl für den Anfechtungsgegner als auch für den Insolvenzverwalter gravierend sein können, handelt es sich dabei i. d. R. nicht um schwer zu ermittelnde Ansprüche in geringer Höhe. Besondere Bedeutung können vor allem anfechtbare Darlehensrückzahlungen haben. Banken haben zum einen oft hohe Ansprüche gegen den Schuldner, zum anderen sind die Einflussnahmemöglichkeiten auf den Verwalter groß. Gleichzeitig lassen sich Darlehensrückzahlungen in größerem Umfang aus den Buchhaltungsunterlagen und jedenfalls anhand der Kontoauszüge meist ohne größeren Aufwand ermitteln. Ergibt sich anhand der dem Verwalter vorliegenden Kontoauszüge die Anfechtbarkeit bestimmter Darlehensrückzahlungen, begründet dieser Umstand, wenn der Verwalter keine Gründe für die unterlassenen Anfechtung benennen kann, ein Indiz für ein rechtmissbräuchliches Unterlassen. Das gleiche gilt in Bezug auf die Anfechtung von Zahlungen auf Honoraransprüche eines Sanierungsberaters. Die Anfechtungsvoraussetzungen sind hier eng und regelmäßig ohne größere Probleme zu bestimmen, so dass allein ein begründungsloses Unterlassen indizielle Wirkung entfalten kann. Besonders schwer wiegt der Umstand, dass Maßnahmen der asset protection nicht angefochten wurden. Indizielle Bedeutung haben insoweit Vermögensverfügungen an nahe Angehörige, Freunde oder Stiftungen etc., entweder unentgeltlich oder nur zum Schein entgeltlich, allgemein also Hinweise auf Maßnahmen der asset protection, die nicht angefochten wurden, insbesondere, wenn der Schuldner auf die Bestellung des Verwalters Einfluss nehmen konnte. Indizielle Bedeutung erlangen können ferner persönliche Beziehungen des Verwalters zum Anfechtungsgegner, Gegenleistungen, die der Verwalter für das Unterlassen der Geltendmachung eines Anfechtungsanspruchs erhalten hat, sowie wirtschaftliche Probleme des Verwalters aufgrund zu weniger Verfahren mit ausreichender Masse, die ihn darauf angewiesen machen, von Anfechtungsgegnern als Verwalter vorgeschlagen zu werden, und deswegen dazu veranlassen, dass die Anfechtung unterbleibt. Maßgebliches Gewicht kommen Indizien für Interessenkollisionen zu, also Indizien, die die Unabhängigkeit des Verwalters zu dem Anfechtungsgegner in Frage zu stellen geeignet sind. Das können vor allem sachwidrige Gründe für den Vorschlag eines vorläufigen Verwalters im vorläufigen Gläubigerausschuss sein; bei einem Vorschlag und der Bestellung eines ungeeigneten oder nicht unabhängigen Verwalters ist die indizielle Wirkung insoweit besonders hoch. Um besonders schwer wiegende Indizien handelt es sich, wenn der Schuldner oder dessen Organe vor Verfahrenseröffnung Vermögensgegenstände beiseite geschafft haben und deswegen Ermittlungsverfahren wegen Straftaten nach den §§ 283 ff. StGB laufen.

Problematischer ist hingegen der Fall, dass der Verwalter von vornherein auf die weitere Ermittlung von Anfechtungsansprüchen verzichtet, etwa um das

Verfahren schnell abzuschließen, oder weil in anderen Verfahren eine höhere Vergütung für die gleiche Tätigkeit zu erwarten ist; bei diesen Anfechtungsansprüchen muss es sich nicht um hohe und leicht zu ermittelnde Ansprüche handeln. Zudem unterliegt der Insolvenzverwalter in dieser Konstellation keiner Interessenkollision mit den Interessen des Anfechtungsgegners. Schließlich wahrt er nicht dessen Interessen, sondern seine eigenen Interessen, in einem anderen Verfahren besser vergütet zu werden. In diesem Fall ist zu ermitteln, ob der Verwalter Kenntnis von Umständen hatte, die auf das Bestehen werthaltiger Anfechtungsansprüche hinweisen. Auch diese können sich anhand der Beweismittel ergeben, anhand derer der Verwalter andere Ansprüche geltend gemacht hat. Indizielle Bedeutung kann insoweit der Umstand erlangen, dass die Ansprüche eher niedrig waren und die Vergütung nur geringfügig erhöht hätten.[1672]

1672 Allerdings kann dieser Umstand auch einen Aufschlag auf die Vergütung nach § 3 InsVV rechtfertigen. Die Anfechtung von Rechtshandlungen ist an sich eine gesetzliche Aufgabenerfüllung und daher grundsätzlich mit der Regelvergütung abgegolten, zumal durchgesetzte Anfechtungsansprüche auch die Berechnungsgrundlage für die Regelvergütung erhöhen, BGH, Beschl. v. 14.11.2012 – IX ZB 95/10, ZInsO 2013, 152 (152) Rn. 4. Im Verhältnis zur Größe des Verfahrens wenige, relativ einfach zu beurteilende Anfechtungsfälle sind daher bei außergerichtlicher Erledigung mit der Regelvergütung abgegolten. Daneben gehört zu den Regelaufgaben jedenfalls die Prüfung, wo Anfechtungsansprüche überhaupt ernsthaft in Betracht kommen, BGH, Beschl. v. 08.03.2012 – IX ZB 162/11, NZI 2012, 372 (373) Rn. 11. Aus § 3 Abs. 1 Buchst. a, b und c InsVV lässt sich zudem das allgemeine Regelungsmodell ableiten, dass in Fällen, in denen eine Tätigkeit die Masse und damit schon die Regelvergütung erhöht, die Gewährung und die Höhe eines Zuschlags davon abhängt, dass die bewirkte Erhöhung der Regelvergütung keine angemessene Vergütung der Tätigkeit darstellt. Es ist deshalb, bezogen auf den einzelnen in Betracht zu ziehenden Zuschlagstatbestand, zu prüfen, ob trotz der Erhöhung der Regelvergütung ein (Ausgleichs-)Zuschlag zu gewähren ist, weil sich die Vergütung ohne Masseerhöhung bei angemessenem Zuschlag stärker erhöht hätte. Bei der Ermittlung eines Zuschlags ist insoweit stets zu berücksichtigen, ob und in welchem Umfang sich die zuschlagsrelevante Tätigkeit bereits auf die Höhe der Berechnungsgrundlage und damit auf die Regelvergütung ausgewirkt hat. Für die Bestimmung der Gewährung und der Höhe eines Zuschlags ist eine Vergleichsrechnung unverzichtbar, *Haarmeyer/Mock* in: Haarmeyer/Mock-InsVV, § 3 Rn. 89). Dazu ist der Wert, um den sich die Masse durch die Anfechtung vergrößert hat, und die dadurch bedingte Zunahme der Regelvergütung mit der Höhe der Vergütung zu vergleichen, die ohne die Massemehrung über den dann zu gewährenden Zuschlag erreicht würde, vgl. BGH, Beschl. v. 24.01.2008 – IX ZB 120/07, NZI 2008, 239 (239) Rn. 8, zu einer konkreten

VII. Der in dubio pro reo-Grundsatz im strafrechtlichen Indizienprozess

Verfahrenstechnisch regelt der in dubio pro reo Grundsatz, wie das Gericht zu entscheiden hat, wenn das Gericht Zweifel am Vorliegen eines Tatumstandes hat (non liquet).[1673] Der Grundsatz in dubio pro reo knüpft an das Ergebnis der vollzogenen Beweiswürdigung an, so dass es sich nicht um eine Beweisregel, sondern um eine Entscheidungsregel handelt.[1674] Voraussetzung des in dubio pro reo-Grundsatzes im Rahmen der Beweiswürdigung ist stets das Vorliegen eines non liquet; anderenfalls ist dem Richter die Überzeugungsbildung möglich, und der Grundsatz kommt nicht zum Tragen. Der Grundsatz lässt gleichzeitig aber offen, wann ein non liquet anzunehmen ist, und knüpft damit an die Frage an, wann ein Gericht Zweifel haben muss.[1675] Ob das Gericht zu zweifeln hat, kann aufgrund der Freiheit der Überzeugungsbildung des Gerichts aber nicht abschließend beantwortet werden. Vorschriften, die bestimmen, wann ein Richter eine Tatsache als erwiesen anzusehen hat, bestehen generell nicht.[1676] Weder kann der Tatrichter daher von Rechts wegen gehindert werden, an sich mögliche, wenn auch nicht zwingende Folgerungen aus bestimmten Tatsachen zu ziehen, noch kann ihm vorgeschrieben werden, unter welchen Voraussetzungen er zu einer bestimmten Folgerung und einer bestimmten Überzeugung kommen muss.[1677] Auch das Revisionsgericht kann deshalb die Gesamtwürdigung des Gerichts nicht bewerten; die revisionsrechtliche Kontrolle ist auf Rechtsfehler des Tatgerichts beschränkt (§ 337 StPO).[1678] Ein beachtlicher Rechtsfehler liegt wiederum

---

Vergleichsrechnung s. AG Hamburg, Beschl. v. 23.05.2016 – 67g IN 184/07, juris Rn. 58; vgl. *Hölken*, jurisPR-InsR 9/2019 Anm. 4.

1673 *Velten*, in: SK-StPO, § 261 Rn. 84; *Schluckebier*, in: S/S/W-StPO, § 261 Rn. 52; zum Konflikt zwischen richterlicher Beweiswürdigungsfreiheit und dem in dubio reo Grundsatz *Hoyer*, ZStW 105 (1993), 523 (523 ff.).

1674 BGH, Urt. v. 27.06.2001 – 3 StR 136/01, NStZ 2001, 609 (609); BGH, Urt. v. 30.08.2006 – 2 StR 198/06, NStZ-RR 2007, 43 (44); BGH, Urt. v. 21.10.2008 – 1 StR 292/08, NStZ-RR 2009, 90 (91); BGH, Beschl. v. 12.10.2011 – 2 StR 202/11, NStZ 2012, 171 (172); BGH, Urt. v. 01.02.2017 – 2 StR 78/16, NStZ-RR 2017, 183 (184); im Einzelnen allerdings str., vgl. m. w. N. *Velten*, in: SK-StPO, § 261 Rn. 84.

1675 *Velten*, in: SK-StPO, § 261 Rn. 85; vgl. ausf. *Wüstenberg*, Non liquet im Insolvenzverfahren, S. 60 ff.

1676 *Schmitt*, in: Meyer-Goßner/Schmitt-StPO, § 261 Rn. 11.

1677 *Schluckebier*, in: S/S/W-StPO, § 261 Rn. 66.

1678 *Ott*, in: Karlsruher Kommentar-StPO, § 261 Rn. 188; *Schmitt*, in: Meyer-Goßner/Schmitt-StPO, § 261 Rn. 38; *Miebach*, NStZ-RR 2015, 297 (302); *Puppe*, ZIS 2015,

insbesondere vor, wenn die Beweiswürdigung des Tatgerichts den Umfang und die Bedeutung des Zweifelssatzes nicht beachtet hat.[1679] Hat aber das Tatgericht die vorgegebenen sachlich-rechtlichen Regeln eingehalten und seine Überzeugung ordnungsgemäß aus dem Inbegriff der Hauptverhandlung gewonnen, ist die Überzeugung auch für das Revisionsgericht bindend.[1680] Rechtsfolge des Grundsatzes ist, dass sich jeder nicht behebbare Zweifel an einer für die Überzeugungsbildung erheblichen Tatsache zugunsten des Angeklagten auswirken muss.[1681] Günstigere Fallgestaltungen, für die keine konkreten Anhaltspunkte bestehen und die deshalb nach den gesamten Umständen nicht ernsthaft als möglich in Betracht kommen, hat das Gericht bei der Würdigung indes nicht einzubeziehen; nur bei Vorliegen realer Anknüpfungspunkte sind Unterstellungen zugunsten des Angeklagten rechtsfehlerfrei.[1682] Zu berücksichtigen ist der Zweifelssatz nach der Gesamtwürdigung aller Indizien und daraus abgeleiteter Überzeugungsbildung.[1683] Das Gericht darf den in dubio pro reo Grundsatz daher erst anwenden, wenn es nach abgeschlossener Beweiserhebung und Beweiswürdigung nicht zu einer Überzeugung im Sinne des § 261 StPO gelangen kann.[1684] Auf einzelne Elemente der Beweiswürdigung ist der Grundsatz

---

320 (320); ausf. zur Revisibilität der Beweiswürdigung *Nack*, StV 2002, 510 (510 ff.); ders., StV 2002, 558 (558 ff.).

1679 *Ott*, in: Karlsruher Kommentar-StPO, § 261 Rn. 189; zu weiteren Ansätzen für Revisionsrügen s. *Schluckebier*, in: S/S/W-StPO, § 261 Rn. 68 f.

1680 *Ott*, in: Karlsruher Kommentar-StPO, § 261 Rn. 190.

1681 BVerfG, Beschl. v. 06.11.1974 – 2 BvR 407/74, MDR 1975, 468 (469); vgl. BGH, Beschl. v. 09.05.2001 – 2 StR 123/01, StV 2001, 666 (666); BGH, Urt. v. 30.08.2006 – 2 StR 198/06, NStZ-RR 2007, 43 (44); BGH, Beschl. v. 12.10.2011 – 2 StR 202/11, NStZ 2012, 171 (172); *Velten*, in: SK-StPO, § 261 Rn. 84; *Julius/Beckemper*, in: Gercke/Julius/Temming/Zöller-StPO, § 261 Rn. 18; *Miebach*, NStZ-RR 2015, 297 (301).

1682 Ständige Rechtsprechung, BGH, Beschl. v. 09.05.2001 – 2 StR 123/01, StV 2001, 666 (666); BGH, Urt. v. 26.06.2003 – 1 StR 269/02, NStZ 2004, 35 (36) Rn. 7; BGH, Urt. v. 11.01.2005 – 1 StR 478/04, NStZ-RR 2005, 147 (147); BGH, Urt. v. 13.12.2012 – 4 StR 177/12, NStZ-RR 2013, 117 (118); zust. *Julius/Beckemper*, in: Gercke/Julius/Temming/Zöller-StPO, § 261 Rn. 18.

1683 BGH, Urt. v. 31.10.1989 – 1 StR 419/89, BGHSt 36, 286 (290); BGH, Urt. v. 27.06.2001 – 3 StR 136/01, NStZ 2001, 609 (609); BGH, Urt. v. 30.03.2004 – 1 StR 354/03, NStZ-RR 2004, 238 (239); BGH, Urt. v. 21.10.2008 – 1 StR 292/08, NStZ-RR 2009, 90 (91); BGH, Beschl. v. 12.10.2011 – 2 StR 202/11, NStZ 2012, 171 (172); BGH, Urt. v. 01.02.2017 – 2 StR 78/16, NStZ-RR 2017, 183 (184); zust. *Miebach*, NStZ-RR 2015, 297 (299).

1684 BGH, Urt. v . 25.11.1998 – 3 StR 334–98, NStZ 1999, 205 (206); BGH, Urt. v. 27.06.2001 – 3 StR 136/01, NStZ 2001, 609 (609).

im Hinblick auf die Haupttatsache daher grundsätzlich nicht anzuwenden.[1685] Belastende Indizien müssen zudem, um als Beweistatsache bewertet werden zu können, ihrerseits bewiesen sein.[1686] Auf Verdachtsgründe oder lediglich wahrscheinliche Umstände, die den Angeklagten zu belasten geeignet sind, darf das Gericht eine Verurteilung nicht stützen.[1687] Stehen belastende Indiztatsachen nicht zur Überzeugung des Tatgerichts fest – kommt es mithin bei einem Indiz zu einem non liquet – kommt der Zweifelssatz zum Tragen, und das Indiz kann für den Nachweis der konkret abzuurteilenden Tat keine Indizwirkung entfalten; das Indiz ist auch bei der Gesamtwürdigung nicht zu berücksichtigen.[1688] Für entlastende Indiztatsachen gilt der in dubio pro reo-Grundsatz dagegen nicht.[1689] Non liquet-Situationen führen bei entlastenden Indiztatsachen mithin keineswegs dazu, dass sie zugunsten des Angeklagten als bewiesen anzusehen sind; vielmehr hat das Gericht die Ungewissheit bei der Gesamtwürdigung zu berücksichtigen.[1690] Maßgeblich bei dem Nachweis der rechtsmissbräuchlich unterlassenen Insolvenzanfechtung kommt es auf den Beweis des Vorsatzes des

---

1685 BGH, Urt. v. 27.06.2001 – 3 StR 136/01, NStZ 2001, 609 (609); BGH, Urt. v. 21.10.2008 – 1 StR 292/08, NStZ-RR 2009, 90 (91); BGH, Urt. v. 01.02.2017 – 2 StR 78/16, NStZ-RR 2017, 183 (184).

1686 BGH, Urt. v. 31.10.1989 – 1 StR 419/89, BGHSt 36, 286 (290); BGH, Urt. v. 14.11.1984 – 3 StR 349/84, BeckRS 1984, 05202 Rn. 11; zust. *Miebach*, NStZ-RR 2015, 297 (299).

1687 BGH, Urt. v. 23.01.1974 – 3 StR 303/73, JR 1975, 34 (34); BGH, Urt. v. 14.11.1984 – 3 StR 349/84, BeckRS 1984, 05202 Rn. 11; BGH, Beschl. v. 15.12.2016 – 2 StR 379/16, NStZ-RR 2017, 88 (88); zust. *Peters*, JR 1975, 34 (34 f.); a. A. *Ott*, in: Karlsruher Kommentar-StPO, § 261 Rn. 84, der annimmt, dass Indizien stets mit der jeweiligen Ungewissheit in die Gesamtwürdigung einzubeziehen sind.

1688 BGH, Urt. v. 31.10.1989 – 1 StR 419/89, BGHSt 36, 286 (290); BGH, Urt. v. 09.06.2005 – 3 StR 269/04, NJW 2005, 2322 (2325); BGH, Beschl. v. 15.12.2016 – 2 StR 379/16, NStZ-RR 2017, 88 (88).

1689 Ständige Rechtsprechung, BGH, Urt. v. 27.06.2001 – 3 StR 136/01, NStZ 2001, 609 (609); BGH, Urt. v. 21.10.2008 – 1 StR 292/08, NStZ-RR 2009, 90 (91); BGH, Urt. v. 01.02.2017 – 2 StR 78/16, NStZ-RR 2017, 183 (184); a. A. aber der 4. Strafsenat in BGH, Beschl. v. 24.01.2006 – 4 StR 416/05, StV 2006, 285 (286): „Der Zweifelssatz gilt auch für entlastende Indizien, und zwar unabhängig davon, ob sie einen zwingenden oder nur einen möglichen Schluss auf die Haupttatsache zulassen".

1690 BVerfG, Beschl. v. 06.11.1974 – 2 BvR 407/74, MDR 1975, 468 (469); BGH, Urt. v. 06.07.1999 – 1 StR 206–99, NStZ 1999, 523 (523); BGH, Urt. v. 27.06.2001 – 3 StR 136/01, NStZ 2001, 609 (609); BGH, Urt. v. 25.06.2014 – 2 StR 333/13, BeckRS 2014, 17468 Rn. 14.

Verwalters und damit auf innere Tatsachen an. Der in dubio-Grundsatz erfasst auch die Voraussetzungen des inneren Tatbestandes, so dass das Gericht bei der Klärung des subjektiven Tatgeschehens die dem Angeklagten günstigste Alternative zugrunde zu legen hat.[1691]

B. Zwischenergebnis

Liegen einerseits Indizien für die Kenntnis des Verwalters von auf die Anfechtbarkeit hinweisenden Indizien und andererseits Indizien, die auf eine Interessenkollision hinweisen, vor, können diese Indizien als Beweiskette oder Beweisring dem Gericht die Überzeugung im Sinne des § 261 StPO vermitteln, dass der Verwalter aufgrund der Interessenkollision pflichtwidrig auf die Anfechtung verzichtet und vorsätzlich den Tatbestand des § 266 StGB verwirklicht hat. Vermögen die Indizien hingegen auch in ihrer Gesamtschau dem Gericht die erforderliche Überzeugung nicht zu vermitteln, ist der Insolvenzverwalter freizusprechen.

1691 BGH, Beschl. v. 10.05.2000 – 1 StR 617/99, NStZ 2000, 498 (499); BGH, Beschl. v. 09.05.2001 – 2 StR 123/01, StV 2001, 666 (666).

6. Teil: Strafbarkeit des Verwalters nach § 283 StGB

Neben der Verwirklichung des Untreuetatbestandes durch die rechtsmissbräuchlich unterlassene Insolvenzanfechtung kann sich der Insolvenzverwalter durch diese Unterlassung einer Bankrottstraftat nach § 283 StGB schuldig machen. Geschütztes Rechtsgut der besonderen Insolvenzdelikte der §§ 283 ff. StGB ist nach allgemeiner Meinung die Sicherung der Insolvenzmasse im Interesse der Gesamtheit der Gläubiger; vor allem soll die Gesamtheit der Gläubiger vor einer unwirtschaftlichen Verringerung zu ihrem Nachteil geschützt werden.[1692] Geschützt wird mithin das Interesse der Gläubiger an einer vollständigen oder möglichst hohen Befriedigung ihrer geldwerten Ansprüche.[1693] Dabei kommt es, wie es sich am deutlichsten aus dem Wortlaut des § 283c StGB ergibt, auf die Gesamtheit der Gläubiger und ihre in § 1 Satz 1 InsO normierte gemeinschaftliche Befriedigung an.[1694] Ergänzend tritt daneben der Schutz des gesamtwirtschaftlichen Systems.[1695]

A. Handeln für einen anderen, § 14 StGB

Aus der objektiven Strafbarkeitsbedingung des § 283 Abs. 6 StGB,[1696] die die Täterqualität auf denjenigen beschränkt, der seine Zahlungen eingestellt hat oder

---

1692 BGH, Urt. v. 04.04.1979 – 3 StR 488/78, BGHSt 28, 371 (373); BGH, Urt. v. 22.02.2001 – 4 StR 421/00, NJW 2001, 1874 (1875); BGH, Urt. v. 29.04.2010 – 3 StR 314/09, BGHSt 55, 107 (115 f.) Rn. 30; *Bosch*, in: S/S/W-StGB, Vor §§ 283 ff. Rn. 1; *Tiedemann*, in: LK-StGB, Vor § 283 Rn. 45 ff.; *Hoyer*, in: SK-StGB, Vorb. § 283 Rn. 3; *Fischer*-StGB, Vor § 283 Rn. 3; *Heine/Schuster*, in: Schönke/Schröder-StGB, Vorb. §§ 283 ff. Rn. 2; *Heger*, in: Lackner/Kühl-StGB, § 283 Rn. 1.

1693 *Tiedemann*, in: LK-StGB, Vor § 283 Rn. 45; *Heine/Schuster*, in: Schönke/Schröder-StGB, Vorb. §§ 283 ff. Rn. 2; *Heger*, in: Lackner/Kühl-StGB, § 283 Rn. 1.

1694 RG, Urt. v. 20.03.1934 – 1 D 1088/33, RGSt 68, 108 (109); BGH, Urt. v. 04.04.1979 – 3 StR 488/78, BGHSt 28, 371 (373); *Bosch*, in: S/S/W-StGB, Vor §§ 283 ff. Rn. 1; *Tiedemann*, in: LK-StGB, Vor § 283 Rn. 45; *Heine/Schuster*, in: Schönke/Schröder-StGB, Vorb. §§ 283 ff. Rn. 2.

1695 BGH, Urt. v. 29.04.2010 – 3 StR 314/09, BGHSt 55, 107 (115 f.) Rn. 30; *Fischer*-StGB, Vor § 283 Rn. 3; *Tiedemann*, in: LK-StGB, Vor § 283 Rn. 53 ff.; *Bosch*, in: S/S/W-StGB, Vor §§ 283 ff. Rn. 1; *Heger*, in: Lackner/Kühl-StGB, § 283 Rn. 1.

1696 *Matzen*, FS-Samson, 401 (414); ausf. dazu *Niu*, Die objektive Bedingung der Strafbarkeit der §§ 283 ff. StGB, passim.

über dessen Vermögen das Insolvenzverfahren eröffnet oder der Eröffnungsantrag mangels Masse abgewiesen worden ist, und dem Gesamtzusammenhang der Insolvenzdelikte, die sich nur an den Schuldner richten, ergibt sich, dass bei den Sonderdelikten der §§ 283 bis 283c StGB tauglicher Täter nur der Schuldner sein kann.[1697] Allein § 283d StGB ist ein Allgemeindelikt, das keine besondere Beziehung des Täters zum Schuldnervermögen erfordert.[1698] Bei dieser objektiven Bedingung der Strafbarkeit handelt es sich um ein strafbegründendes besonderes persönliches Merkmal im Sinne des § 14 Abs. 1 StGB.[1699] Zu berücksichtigen ist bei § 283 Abs. 6 StGB zunächst, dass der Wortlaut zwar ausdrücklich hinsichtlich der objektiven Bedingung der Strafbarkeit auf den Täter abstellt; darauf kann es aber nicht ankommen, wenn der in der Krise Befindliche und der strafrechtlich Haftbare nicht personenidentisch sind. Vielmehr ist diesen Fällen für die Bestimmung der objektiven Strafbarkeit auf den krisenbefangenen Schuldner abzustellen.[1700] Nur so können bei einem Handeln für einen anderen die in § 14 StGB genannten Handelnden wegen einer Straftat nach § 283 StGB verantwortlich sein, ohne die objektive Bedingung der Strafbarkeit selbst zu erfüllen.[1701] Hinsichtlich einer Strafbarkeit des Insolvenzverwalters nach § 283 StGB kommt es daher darauf an, dass der Schuldner § 283 Abs. 6 StGB erfüllt, der Insolvenzverwalter als einer der Handelnden i. S. d § 14 StGB zu qualifizieren ist, bei der jeweiligen Handlung auch konkret als Handelnder im Sinne des § 14 StGB agiert, und seine Handlung als eine tatbestandliche Bankrotthandlung einzuordnen ist.

Da bei der Bestellung des Insolvenzverwalters ein Insolvenzverfahren stets eröffnet ist, ist auch die objektive Bedingung der Strafbarkeit des § 283 Abs. 6 StGB in der Person des Schuldners bei Handlungen des Insolvenzverwalters stets erfüllt. Mit Eröffnung des Insolvenzverfahrens über das Vermögen des

---

1697 BGH, Urt. v. 22.02.2001 – 4 StR 421/99, NStZ 2001, 485 (486); BGH, Anfrage-Beschl. v. 15.09.2011 – 3 StR 118/11, NStZ 2012, 89 (90); BGH, Beschl. v. 22.01.2013 – 1 StR 234/12, BGHSt 58, 115 (117 f.) Rn. 9; *Hoyer*, in: SK-StGB, Vorb. § 283 Rn. 7; *Tiedemann*, in: LK-StGB, Vor § 283 Rn. 59 ff.; *Bosch*, in: S/S/W-StGB, Vor §§ 283 ff. Rn. 3; *Heger*, in: Lackner/Kühl-StGB, § 283 Rn. 2; *Fischer*-StGB, Vor § 283 Rn. 18; *Weber*, StV 1988, 16 (16); *Vormbaum*, GA 1981, 101 (129).

1698 *Bosch*, in: S/S/W-StGB, Vor §§ 283 ff. Rn. 3; *Fischer*-StGB, Vor § 283 Rn. 18.

1699 *Schünemann*, in: LK-StGB, § 14 Rn. 44; *Fischer*-StGB, Vor § 283 Rn. 21.

1700 *Heine/Schuster*, in: Schönke/Schröder-StGB, § 283 Rn. 59a; *Kindhäuser*, in: NK-StGB, Vorbemerkungen zu §§ 283 ff Rn. 43.

1701 *Tiedemann*, in: LK-StGB, vor § 283 Rn. 63; *Heine/Schuster*, in: Schönke/Schröder-StGB, § 283 Rn. 59a.

Schuldners geht die Verwaltungs- und Verfügungsbefugnis über das Vermögen des Schuldners auf den Insolvenzverwalter über (§ 80 InsO). Unter Zugrundelegung der von der h. M. vertretenen Amtstheorie gilt der Insolvenzverwalter als gesetzlicher Vertreter im Sinne des § 14 Abs. 1 Nr. 3 StGB.[1702] Als solcher kann sich der Insolvenzverwalter grundsätzlich genauso strafbar machen wie der Schuldner oder dessen Vertreter.[1703] Voraussetzung einer Strafbarkeit des Verwalters nach den §§ 283 ff. StGB ist weiterhin aber stets, dass der Verwalter neben seiner abstrakten Stellung als Vertreter des Sonderpflichtigen auch konkret als dessen Vertreter gehandelt hat.[1704] In Bezug auf ein tatsächliches oder rechtsgeschäftliches Unterlassen der Geltendmachung von Anfechtungsansprüchen reicht daher allein die Stellung des Verwalters als Vertreter im Sinne des § 14 Abs. 1 Nr. 3 StGB sowie ein tatbestandliches Handeln im Sinne der §§ 283 ff. StGB nicht aus.

Das RG[1705] und dessen Rechtsprechung fortführend in ständiger Rechtsprechung lange Zeit auch der BGH[1706] ist davon ausgegangen, dass der Geschäftsführer einer GmbH sich wegen Bankrotts nach §§ 283 Abs. 1 Nr. 1, 14 Abs. 1 Nr. 1 StGB nur strafbar machen könne, wenn er die Tathandlung für die GmbH und (zumindest auch) in deren Interesse vorgenommen hat (sogenannte Interessentheorie). Maßgeblich für die Abgrenzung von Untreue und Bankrott war danach das wirtschaftliche Interesse des Täters an einer eigennützigen Handlung (Untreue) gegenüber dem Interesse an einem dem Unternehmen zukommenden

1702 *Hoyer*, in: SK-StGB, § 14 Rn. 57; *Bosch*, in: S/S/W-StGB, § 14 Rn. 9; *Schröder/Bergmann*, in: Matt/Renzikowski-StGB, § 14 Rn. 50; *Fischer*-StGB, § 14 Rn. 3; *Pelz*, in: Beck/Depré, Praxis der Insolvenz, § 37 Rn. 223.

1703 *Bosch*, in: S/S/W-StGB, § 14 Rn. 1; *Schröder/Bergmann*, in: Matt/Renzikowski-StGB, § 14 Rn. 1 ff.; *Pelz*, in: Beck/Depré, Praxis der Insolvenz, § 37 Rn. 223; *Wessing*, NZI 2003, 1 (5); ausf. zur Vertreterhaftung nach § 14 StGB *Ceffinato*, Legitimation und Grenzen strafrechtlicher Vertreterhaftung nach § 14 StGB, S. 204 ff.

1704 *Hoyer*, in: SK-StGB, § 14 Rn. 71; *Petermann*, in: MüKo-StGB, Vorbemerkungen zu § 283 Rn. 57; *Perron/Eisele*, in: Schönke/Schröder-StGB, § 14 Rn. 25; *Radtke*, JR 2010, 233 (236).

1705 S. etwa RG, Urt. v. 29.03.2009 – III 877/08, RGSt 42, 278 (282), zeitweise Abkehr von der Interessentheorie in RG, Urt. v. 12.02.1942 – 2 D 518/42, RGSt 73, 68 (70), allerdings bereits wieder aufgegeben in RG, Urt. v. 28.02.1939 – 1 D 650/38, RGSt 73, 117 (119 f.).

1706 S. etwa BGH, Urt. v. 05.10.1954 – 2 StR 447/53, NJW 1954, 1854 (1854); BGH, Urt. v. 20.05.1981 – 3 StR 94/81, BGHSt 30, 127 (128); BGH, Urt. v. 06.11.1986 – 1 StR 327/86, BGHSt 34, 221 (223); BGH, Beschl. v. 14.12.1999 – 5 StR 520/99, NStZ 2000, 206 (207) jeweils m. w. N.

Vorteil (Bankrott). Da der Verwalter bei der unterlassenen Anfechtung stets eigennützig handelt, läge nach der Interessentheorie stets nur eine Untreue und kein Bankrott vor. Auf Drängen der Literatur[1707] hat der BGH diese Rechtsprechung allerdings aufgegeben[1708] und stellt nun in Anlehnung an den sehr verbreitet in der Literatur[1709] vertretenen objektiv-funktionalen Zusammenhang darauf ab, ob der Handelnde gerade in seiner Eigenschaft als vertretungsberechtigtes Organ, also im Geschäftskreis des Vertretenen und nicht bloß „bei Gelegenheit", tätig wird.[1710] Nach der neuen Ansicht des BGH kommt, insbesondere wenn der Vertreter eigennützig handelt, Idealkonkurrenz zwischen §§ 283 ff. StGB und § 266 StGB in Betracht. Das ist nach dem BGH gerechtfertigt, weil in diesen Fällen durch dieselbe Handlung unterschiedliche Rechtsgüter beeinträchtigt würden. Der Untreuetatbestand diene dem Schutz des Vermögens des Treugebers, während die Bankrottbestimmungen dem Schutz der Insolvenzmasse im Interesse der Gläubiger dienten.[1711] Aufgrund der Aufgabe der Interessenformel ist neben einer Untreuestrafbarkeit nun also auch immer § 283 Abs. 1 Nr. 1 in Betracht zu ziehen.[1712] Der BGH unterscheidet insoweit für die Zurechnung der

---

1707 S. die Nachweise bei *Arloth*, NStZ 1990, 570 (574) Fn. 53; *Radtke*, JR 2010, 233 (237) Fn. 33; *Maurer/Odörfer*, GmbHR 2008, 412 (412) Fn. 81.

1708 Angekündigt in BGH, Urt. v. 10.02.2009 – 3 StR 372/08, NJW 2009, 2225 (2227) Rn. 22; auf Anfrage des 3. Strafsenats in BGH, Anfrage-Beschl. v. 15.09.2011 – 3 StR 118/11, NStZ 2012, 89 (90 f.) haben alle Strafsenate mitgeteilt, an der Interessentheorie nicht festhalten zu wollen, s. etwa BGH, Beschl. v. 29.11.2011 – 1 ARS 19/11, ZInsO 2012, 650 (650); BGH, Beschl. v. 10.01.2012 – 4 ARs 17/11, wistra 2012, 191 (191), so dass der 3. Strafsenat die Interessentheorie aufgegeben hat, BGH, Beschl. v. 15.05.2012 – 3 StR 118/11, BGHSt 57, 229 (233 ff.) Rn. 12 ff.

1709 S. die zahlreichen Nachweise bei *Radtke*, in: MüKo-StGB, § 14 Rn. 61 Fn. 218, sowie ders., JR 2010, 233 (237); s. auch *Brand*, Untreue und Bankrott in der KG und der GmbH & Co KG, S. 217 ff.

1710 BGH, Beschl. v. 15.05.2012 – 3 StR 118/11, BGHSt 57, 229 (237) Rn. 22; nach *Fischer*-StGB, Vor § 283 Rn. 22 habe sich der BGH dem sogenannten Zurechnungsmodell angeschlossen; für eine Rückkehr zur Interessentheorie dagegen *Rogall*, FS-Paeffgen, 363 (363 ff.); in diese Richtung auch *Hoyer*, FS-Rogall, 159 (165 ff.); ders., in: SK-StGB, § 14 Rn. 19, 80 ff.

1711 BGH, Urt. v. 10.02.2009 – 3 StR 372/08, NJW 2009, 2225 (2228) Rn. 24; BGH, Beschl. v. 30.08.2011 – 3 StR 228/11, NStZ-RR 2012, 80 (80); BGH, Beschl. v. 15.05.2012 – 3 StR 118/11, NJW 2012, 2366 (2369) Rn. 31; für ein Exklusivitätsverhältnis dagegen *Hoyer*, in: SK-StGB, § 283 Rn. 122 m. w. N.; ders., FS-Rogall, 159 (165 ff.); *Rogall*, FS-Paeffgen, 363 (368 ff.).

1712 *Borchardt*, in: Hamburger Kommentar-InsO, § 283 StGB Rn. 58; *Dannecker/Hagemeier*, in: Gottwald, Insolvenzrechts-Handbuch, § 127 Rn. 19.

Schuldnereigenschaft nach § 14 Abs. 1 Nr. 3 StGB zwischen rechtsgeschäftlichem und faktischem Handeln. Es ist daher wie bei der Untreuestrafbarkeit zwischen rechtsgeschäftlichem und tatsächlichem Unterlassen der Geltendmachung von Anfechtungsansprüchen zu unterscheiden.

I. Rechtsgeschäftliches Handeln des Verwalters

In Betracht für Bankrotthandlungen kommt zunächst ein rechtsgeschäftliches Unterlassen in Form der Abtretung des Anspruchs, eines Vergleichs über den Anspruch, eines Verzichts oder einer Annahme einer anderen als der geschuldeten Leistung an Erfüllungs statt oder erfüllungshalber (§ 364 BGB) jeweils ohne angemessene Gegenleistung. Erforderlich ist für die Einordnung dieser Rechtsgeschäfte als Bankrotthandlung im Sinne des entweder in Frage kommenden § 283 Abs. 1 Nr. 1 StGB, dass der Verwalter den Anspruch beiseite schafft oder verheimlicht oder in einer den Anforderungen einer ordnungsgemäßen Wirtschaft widersprechenden Weise zerstört, beschädigt oder unbrauchbar macht, oder des als Auffangtatbestand ebenfalls in Frage kommenden § 283 Abs. 1 Nr. 8 StGB durch das Rechtsgeschäft in einer anderen, den Anforderungen einer ordnungsgemäßen Wirtschaft grob widersprechenden Weise seinen Vermögensstand verringert oder seine wirklichen geschäftlichen Verhältnisse verheimlicht oder verschleiert. Es ist zwar durchaus denkbar, dass der Insolvenzverwalter Rechtsgeschäfte über Anfechtungsansprüche abschließt, und dadurch ein tatbestandliches Handeln i. d. S. im Raum steht. Die Rechtsmacht des Verwalters ist jedoch durch den Insolvenzzweck beschränkt. Deshalb sind Rechtshandlungen des Verwalters, die der gleichmäßigen Befriedigung aller Insolvenzgläubiger (§ 1 Satz 1 InsO) klar und eindeutig zuwiderlaufen, unwirksam, wenn sich dem Geschäftspartner auf Grund der Umstände des Einzelfalls ohne weiteres begründete Zweifel an der Vereinbarkeit der Handlung mit dem Zweck des Insolvenzverfahrens aufdrängen mussten.[1713] Wie beim Missbrauchstatbestand der Untreue, bei dem an sich tatbestandliche Rechtsgeschäfte über Anfechtungsansprüche nach diesen Grundsätzen zur evidenten Insolvenzzweckwidrigkeit nichtig sind und daher den Tatbestand nicht erfüllen können, widersprechen auch Rechtsgeschäfte, die die Voraussetzungen der in Frage kommenden Bankrotthandlungen erfüllen könnten, offensichtlich der gleichmäßigen Befriedigung der Insolvenzgläubiger. Dies ist dem Anfechtungsgegner aufgrund der besonderen Interessenlage regelmäßig auch bekannt. Jedenfalls aber beruht

1713 Ausf. dazu oben unter 3. Teil A. III. c).

dessen Unkenntnis auf grober Fahrlässigkeit[1714], so dass die Voraussetzungen der evidenten Insolvenzzweckwidrigkeit erfüllt und damit die Rechtsgeschäfte über Anfechtungsansprüche nichtig sind. Aufgrund der Unwirksamkeit können Bankrotthandlungen letztendlich nur durch ein faktisches Unterlassen des Verwalters in Betracht kommen, entweder durch ein Unterlassen in Form der Erfüllung des nichtigen Vertrages oder durch ein rein tatsächliches Unterlassen der Geltendmachung eines Anspruchs.

II. Faktisches Handeln des Verwalters

Bei faktischem Handeln nimmt der BGH – insoweit dem Zurechnungsmodell von *Radtke*[1715] folgend – eine Zurechnung jedenfalls dann an, wenn eine Zustimmung des Vertretenen vorliegt.[1716] Indizielle Bedeutung könne zudem der Umstand erlangen, dass der Vertreter Interessen des Vertretenen wahrgenommen hat.[1717] Wenn aber an sich die Zustimmung des Vertretenen maßgeblich sein soll, kann es auf die indizielle Bedeutung des Handelns im Interesse des Vertretenen nur ankommen, wenn keine ausdrückliche Zustimmung des Vertretenen vorliegt, und damit der mutmaßliche Wille des Vertretenen zu bestimmen ist.[1718] Damit entfernt sich der BGH teilweise wieder vom Zurechnungsmodell. Dieses setzt die Wirksamkeit der Zustimmung voraus.[1719] Auf die Wirksamkeit

---

1714 Vgl. ausf. dazu oben unter 3. Teil A. III. d) cc).

1715 *Radtke*, GmbHR 1998, 361 (369); ders., JR 2010, 233 (238); ders., in: MüKo-StGB, § 283 Rn. 68; dem folgend mit ausf. Begründung *Brand*, Untreue und Bankrott in der KG und der GmbH & Co KG, S. 232 ff.; vgl. bereits ders., NStZ 2010, 9 (12 f.); allg. zust. *Kraatz*, ZStW 123 (2011), 447 (476 f.).

1716 BGH, Beschl. v. 15.05.2012 – 3 StR 118/11, BGHSt 57, 229 (238) Rn. 25; BGH, Anfrage-Beschl. v. 15.09.2011 – 3 StR 118/11, NStZ 2012, 89 (91); so bereits *Radtke*, JR 2010, 233 (237); *Hoyer*, in: SK-StGB, § 14 Rn. 81, der eine Zurechnung allerdings auch bei rechtsgeschäftlichen Handeln von der Zustimmung des Vertretenen abhängig macht; ausf. zu den verschiedenen zur Zurechnung bei faktischem Handeln vertretenen Theorien *Schünemann*, in: LK-StGB, § 14 Rn. 50 ff.; *Radtke*, in: MüKo-StGB, § 14 Rn. 58 ff.; *Brand*, Untreue und Bankrott in der KG und der GmbH & Co KG, S. 217 ff.

1717 BGH, Urt. v. 10.02.2009 – 3 StR 372/08, NJW 2009, 2225 (2227 f.) Rn. 23; BGH, Beschl. v. 10.01.2012 – 4 ARs 17/11, wistra 2012, 191 (191).

1718 *Hoyer*, in: SK-StGB, § 14 Rn. 81.

1719 *Radtke*, in: MüKo-StGB, § 14 Rn. 67 f.; Brand, Untreue und Bankrott in der KG und der GmbH & Co KG, S. 262; *ders.*, NStZ 2010, 9 (12); a. A. noch *Radtke*, GmbHR 1998, 361 (369).

stellt der BGH hingegen nicht ab. Der mutmaßliche Wille ist gerade zu bestimmen, wenn keine wirksame Zustimmung des Vertretenen vorliegt.[1720]

Allein auf den mutmaßlichen Willen des Schuldners abzustellen ist beim Insolvenzverwalter allerdings nicht interessengerecht. Nach dem vom BGH im Wesentlich zugrunde gelegten objektiv-funktionalen Zusammenhang bedarf es der Feststellung, ob sich das Handeln des Vertreters als Wahrnehmung der Angelegenheiten des Schuldners darstellt.[1721] Es geht bei der Zurechnung schließlich immer um eine abgeleitete Pflichtenübernahme.[1722] Diese soll nach dem BGH jedenfalls bei einer Zustimmung des Vertreters gegeben sein.[1723] Eine Wahrnehmung der Angelegenheiten des Schuldners scheidet indes unabhängig von einer Zustimmung des Vertretenen aus, wenn der Insolvenzverwalter Aufgaben wahrnimmt, die ihm allein kraft seines Amtes obliegen.[1724] Bei diesen originären Verwalterpflichten handelt es sich nicht um vom Schuldner abgeleitete Aufgaben, sondern um solche, die das Insolvenzverfahren mit sich bringt und die allein der Insolvenzverwalter wahrzunehmen hat. Dann stellt sich das Handeln des Vertreters nicht als eigenes Verhalten des Vertretenen dar, wie es für § 14 StGB erforderlich ist.[1725]

Dies trifft gerade auf die Ermittlung und Geltendmachung von Anfechtungsansprüchen uneingeschränkt zu. Der Schuldner ist unter keinen Umständen zur Insolvenzanfechtung berechtigt. Es handelt sich daher nicht um eine abgeleitete Befugnis, sondern um eine originäre Pflicht des Verwalters, die erst mit Verfahrenseröffnung begründet wird. Bei den originären Verwalterpflichten handelt der Insolvenzverwalter nicht konkret als Vertreter des Schuldners, sondern kraft seines Amtes im Interesse einer bestmöglichen Befriedigung der Insolvenzgläubiger. Die Interessen des Schuldners darf der Insolvenzverwalter im Rahmen seines Ermessensspielraums bei der Ermittlung und Durchsetzung von Anfechtungsansprüchen nicht berücksichtigen, wenn dadurch die Befriedigungsinteressen der Insolvenzgläubiger gefährdet würden. Auch bei der Insolvenzanfechtung gilt schließlich der das gesamte Insolvenzverfahren prägende

---

1720 Vgl. *Böse*, in: NK-StGB, § 14 Rn. 19.

1721 *Perron/Eisele*, in: Schönke/Schröder-StGB, § 14 Rn. 26a; *Valerius*, NZWiSt 2012, 65 (66); *Anders*, NZWiSt 2017, 13 (20); vgl. bereits *Tiedemann*, NJW 1986, 1842 (1844).

1722 *Anders*, NZWiSt 2017, 13 (20).

1723 BGH, Beschl. v. 15.05.2012 – 3 StR 118/11, BGHSt 57, 229 (238) Rn. 25

1724 Vgl. *Böse*, in: NK-StGB, § 14 Rn. 18; *Perron/Eisele*, in: Schönke/Schröder-StGB, § 14 Rn. 26a.

1725 Vgl. *Radtke*, in: MüKo-StGB, § 14 Rn. 68.

Grundsatz, dass der Insolvenzverwalter sein Handeln ausschließlich am Ziel der gemeinschaftlichen Befriedigung der Gläubiger auszurichten hat.[1726]

B. Zwischenergebnis

Eine Bankrottstrafbarkeit des Verwalters scheidet bei dem Unterlassen der Ermittlung und Durchsetzung von Anfechtungsansprüchen aus, weil der Insolvenzverwalter zwar gesetzlicher Vertreter des Schuldners i. S. d. § 14 Abs. 1 Nr. 3 StGB ist, aber bei dem Unterlassen nicht konkret als dessen Vertreter handelt.

1726 BGH, Urt. v. 09.09.1997 – IX ZR 14/97, BGHZ 136, 309 (312); BGH, Urt. v. 10.07.2014 – IX ZR 192/13, BGHZ 202, 59 (67) Rn. 25; *Schoppmeyer*, NZI 2015, 185 (186); *Huber*, ZInsO 2015, 713 (715); ders., NZI 2006, 162 (163 f.); *Flöther/Bräuer*, NZI 2006, 136 (142); dies., DZWIR 2003, 353 (354); ausf. von *Gleichenstein*, NZI 2015, 49 (49 ff.).

7. Teil: Zusammenfassung

Der Insolvenzverwalter oder Sachwalter kann sich einer Untreue sowie eines Bankrotts schuldig machen, wenn er pflichtwidrig die Geltendmachung werthaltiger Insolvenzanfechtungsansprüche unterlässt. Mit dem Anfechtungsrecht wird das Ziel verfolgt, vor Eröffnung des Insolvenzverfahrens sachlich ungerechtfertigt aus dem Vermögen des Insolvenzschuldners ausgeschiedene Vermögenswerte nach Verfahrenseröffnung zurückzuführen.[1727] Anfechtungsberechtigt ist der Insolvenzverwalter beziehungsweise im Eigenverwaltungsverfahren der Sachwalter.[1728] Die Insolvenzanfechtung dient im eröffneten Insolvenzverfahren dem Ziel der Mehrung der Insolvenzmasse.[1729] Übergeordnetes Ziel ist daneben, dass später anfechtbare Rechtshandlungen von vornherein unterbleiben sollen.[1730] Die InsO kennt verschiedene Anfechtungstatbestände mit unterschiedlichen Anfechtungsvoraussetzungen und unterschiedlich langen Anfechtungszeiträumen.[1731]

Da nur der Verwalter die Anfechtung unterlassen kann, kommt es entscheidend darauf an, wie der Verwalter bestellt wird, und wer Einfluss auf die gerichtliche Bestellentscheidung und nach der Bestellung auf den Verwalter selbst ausüben kann.[1732] Herausragende Bedeutung kommt insoweit dem Merkmal der Unabhängigkeit des Verwalters zu. Damit soll die Funktionsfähigkeit der Insolvenzverwaltung und das Vertrauen in die Ordnungsmäßigkeit des Handelns des Verwalters gewährleistet werden. Ausreichend für eine Ablehnung wegen fehlender Unabhängigkeit ist jede gegenwärtige oder vergangene, wirtschaftliche oder tatsächliche Verflechtung des Insolvenzverwalters mit dem Insolvenzschuldner oder den Insolvenzgläubigern oder einem der Insolvenzgläubiger. Täuscht der Insolvenzverwalter über seine fehlende Unabhängigkeit hinweg, kann das Insolvenzgericht den Verwalter aus dem Amt entlassen.[1733] Der Verwalter ist verpflichtet, dem Gericht jeden Sachverhalt anzuzeigen, der die Besorgnis der Befangenheit rechtfertigen kann, insbesondere Interessenkollisionen.[1734] Trotz

1727 Siehe 2. Teil D.
1728 Siehe 2. Teil D.
1729 Siehe 2. Teil D. I.
1730 Siehe 2. Teil D. II.
1731 Siehe 2. Teil E.
1732 Siehe 2. Teil F.
1733 Siehe 2. Teil F. II.
1734 Siehe 2. Teil F. III.

des Unabhängigkeitsgebotes können in verschiedenen Konstellationen einzelne Verfahrensbeteiligte den Verwalter von gebotenem Verwalterhandeln wie der Insolvenzanfechtung abhalten.

Das Prinzip der Gläubigerautonomie berechtigt die vom Insolvenzverfahren betroffenen Gläubiger zur Einflussnahme auf das Insolvenzverfahren. Allerdings können einzelne Gläubiger nur mittelbar über die Organe der Gläubigerautonomie Einfluss auf das Insolvenzverfahren ausüben. Das sind zum einen in vollständiger Zusammensetzung die Gläubigerversammlung, die in jedem eröffneten Insolvenzverfahren eingesetzt werden muss, und zum anderen in repräsentativer Zusammensetzung der Gläubigerausschuss, dessen Einsetzung im eröffneten Verfahren fakultativ ist, und schließlich der sogenannte vorläufige Gläubigerausschuss, dessen Wirkungskreis im Eröffnungsverfahren liegt.[1735]

Traditionell war der Einfluss der Gläubiger auf das Insolvenzverfahren und insbesondere die Ernennung des Verwalters gering. Der entscheidende Grund für den geringen Einfluss der Gläubiger wurde in der Sicherung der Unabhängigkeit des Verwalters erblickt. Kehrseite der Gläubigerautonomie ist schließlich stets, dass vor allem Großgläubiger bei Mehrheitsentscheidungen die Möglichkeit haben, das eigene Vermögen rechtsmissbräuchlich vor Korrekturen des Verwalters durch das Anfechtungsrecht einseitig zu schützen.[1736] Insbesondere mit dem ESUG[1737] wurde aber dennoch der Einfluss der Gläubiger auf die Bestellung des Insolvenzverwalters gestärkt. Vor allem sollte der Gläubigereinfluss auf das Eröffnungsverfahren ausgedehnt werden. Verbunden mit der Stärkung der Gläubigerautonomie sind häufig Interessenkollisionen, für deren rechtliche Bewältigung im Hinblick auf den Grundsatz der Gläubigergleichbehandlung die InsO kein hinreichendes Regelungskonzept enthält.[1738]

Daneben wurde mit dem ESUG die Bestellpraxis weiteren Änderungen unterzogen. Auch insoweit wurden die Einflussnahmemöglichkeiten der Gläubiger und damit die Möglichkeiten, den Verwalter zu einem Unterlassen der Anfechtung zu veranlassen, gestärkt.[1739]

Mit dem neu eingefügten § 56 Abs. 1 Satz 3 Nr. 1 InsO ist nun gesetzlich festgelegt, dass die Gläubiger und der Schuldner eine Person als Verwalter vorschlagen

---

1735 Siehe 2. Teil G. I.

1736 Siehe 2. Teil G. I.

1737 Gesetz zur weiteren Erleichterung der Sanierung von Unternehmen v. 07.12.2011, BGBl. 2011 I, 2582 ff.

1738 Siehe 2. Teil G. I.

1739 Siehe 2. Teil G. II.

können und dass die Unabhängigkeit davon unberührt bleibt. Durch dieses Verfahren haben einzelne Gläubiger und der Schuldner – wenn ein entsprechender Vorschlag zur Bestellung eines Verwalters führt – die Möglichkeit erhalten, mit dem Insolvenzverwalter in Bezug auf Anfechtungsansprüche Absprachen zu treffen, die dem Interesse der gesamten Gläubigerschaft entgegenstehen können.[1740]

Nach dem ebenfalls neu eingefügten § 56 Abs. 1 Satz 3 Nr. 2 InsO begründet allein der Umstand, dass der Verwalter den Schuldner vor dem Eröffnungsantrag in allgemeiner Form über den Ablauf eines Insolvenzverfahrens und dessen Folgen beraten hat, keine indiziellen Zweifel an seiner Unabhängigkeit. Durch eine dem Gericht verheimlichte Beratung kann der Verwalter daher nun in bestimmten Konstellationen eine Bestellung im schon vor Antragstellung betreuten Verfahren erhalten. Dann sind schwerwiegende Interessenkollisionen zu befürchten.[1741]

Daneben können Gläubiger durch die Teilnahme am vorläufigen Gläubigerausschuss nun gem. § 56a InsO erheblichen Einfluss auf die Wahl des (vorläufigen) Verwalters nehmen.[1742] Vor der Bestellung des Verwalters ist dem vorläufigen Gläubigerausschuss Gelegenheit zu geben, sich zu den Anforderungen, die an den Verwalter zu stellen sind, und zur Person des Verwalters, zu äußern. Von einem einstimmigen Vorschlag zur Person des Verwalters darf das Gericht nur abweichen, wenn die vorgeschlagene Person für die Übernahme des Amts nicht geeignet ist. Darüber hinaus hat das Gericht bei der Auswahl des Verwalters die vom vorläufigen Gläubigerausschuss beschlossenen Anforderungen an die Person des Verwalters zugrunde zu legen. Die Mitglieder des vorläufigen Gläubigerausschusses und damit praktisch zumeist einzelne Großgläubiger haben nun ein weitreichendes Bestimmungsrecht und können das gerichtliche Auswahlermessen erheblich einschränken. Interessenkollisionen sind insoweit geradezu vorprogrammiert. Auf Seiten des erfolgreich vorgeschlagenen Verwalters kann leicht eine die Unabhängigkeit beeinträchtigende Loyalitätsbindung entstehen, aufgrund derer der Verwalter gegenüber diesem Großgläubiger auf die Anfechtung verzichtet. Ein Verwalter muss geradezu befürchten, von Großgläubigern in Zukunft nicht mehr als möglicher Kandidat berücksichtigt zu werden, wenn er zu umfangreich Ansprüche gegen sie geltend macht. Aufgrund der geänderten Rechtslage sind verschiedene Szenarien missbräuchlicher

---

1740 Siehe 2. Teil G. II. 1.
1741 Siehe 2. Teil G. II. 2.
1742 Siehe 2. Teil G. II. 3.

Abhängigkeitsverhältnisse zwischen Verwaltern und Gläubigern bekannt geworden.[1743] Dazu zählen insbesondere sogenannte „Beauty Contests“[1744], der „Repeat-Player-Effect“[1745], das „Ping-Pong-Spiel“ beziehungsweise Tandem oder Team-Building[1746] sowie Family-and-Friends-Ausschüsse[1747]. Je stärker die Rechte der einzelnen Gläubiger sind, desto höher ist die Gefahr rechtsmissbräuchlicher Manipulationen des Verwalters. Insoweit ist mit der Stärkung der Gläubigerautonomie die Gefahr rechtsmissbräuchlichen Verwalterverhaltens stark gestiegen. Gerade bislang weniger erfolgreiche Verwalter sind als Bewerber für das Amt des Verwalters in Großverfahren letztendlich nun geradezu zwangsläufig darauf angewiesen, sich bereits möglichst frühzeitig mit den Großgläubigern zu arrangieren, um als Verwalter vorgeschlagen zu werden. Dadurch kann sich der Verwalter leicht zu einer rechtsmissbräuchlichen Klimapflege veranlasst sehen, durch die der Grundsatz der Gläubigergleichbehandlung mit der Verteilungsgerechtigkeit zugunsten einzelner Anfechtungsgegner gefährdet wird.[1748]

Die Gläubigerautonomie wirkt sich auch im eröffneten Verfahren aus, wenngleich in geringerem Maße. Zum einen können die Verfahrensbeteiligten Einfluss auf das Verfahren über die Teilnahme im Gläubigerausschuss, zum anderen über die Teilnahme an der Gläubigerversammlung ausüben. Auch wenn der Gläubigerausschuss nicht an der Bestellung des Verwalters mitwirkt, sind dem Gläubigerausschuss wichtige und teils sehr weitreichende Aufgaben übertragen. Dadurch wird dem Gläubigerausschuss die Möglichkeit eröffnet, das Insolvenzverfahren zumindest teilweise im eigenen Interesse zu steuern.[1749] Die Kompetenzen der Gläubigerversammlung gehen hingegen weit über diejenigen des Gläubigerausschusses im eröffneten Verfahren hinaus. Gem. § 57 InsO haben die Mitglieder der Gläubigerversammlung die Möglichkeit, mehrheitlich einen anderen Insolvenzverwalter mit der Folge der Absetzung des ursprünglich bestellten Insolvenzverwalters zu wählen. Absonderungsberechtigten steht dabei ein Stimmrecht in voller Höhe ihres Forderungsbetrages zu (§ 76 Abs. 2 InsO). Insbesondere dadurch wird es ermöglicht, dass teilweise wenige Großgläubiger trotz einer zahlenmäßigen Unterlegenheit die Gläubigerversammlung

1743 Siehe 2. Teil G. II. 3. c).
1744 Siehe 2. Teil G. II. 3. c) aa).
1745 Siehe 2. Teil G. II. 3. c) bb).
1746 Siehe 2. Teil G. II. 3. c) cc).
1747 Siehe 2. Teil G. II. 3. c) dd).
1748 Siehe 2. Teil G. II. 3. d).
1749 Siehe 2. Teil G. III. 1.

dominieren können. Jene können in besonders hohem Maß geneigt sein, abhängige Insolvenzverwalter bestellen zu lassen. Das gefährdet die Unabhängigkeit der Verwalter und kann leicht zur Benachteiligung anderer Gläubiger führen.[1750] Ein Insolvenzverwalter kann geradezu darauf angewiesen sein, das Wohlwollen des Gläubigers nicht mehr zu verlieren, um keine Umsatzeinbußen zu erleiden.[1751]

Der Bundestag hatte im Rahmen des ESUG beschlossen, die Bundesregierung zu verpflichten, die Erfahrungen mit der Anwendung des Gesetzes fünf Jahre nach dessen Inkrafttreten zu evaluieren.[1752] Die Evaluation hat durchaus missbräuchliches Verhalten der Verfahrensbeteiligten beziehungsweise Missbrauchsgefahren bei der Mitwirkung an der Bestellung eines Verwalters aufgezeigt.[1753]

Auch der Schuldner beziehungsweise bei juristischen Personen dessen Organe haben die Möglichkeit, in der Form Einfluss auf den Verwalter auszuüben, dass dieser die Anfechtung bestimmter Rechtshandlungen unterlässt.

In der Liquidation im Regelinsolvenzverfahren sind die rechtlichen Einflussnahmemöglichkeiten des Schuldners nach den gesetzlichen Bestimmungen zwar gering. Der faktischen Einflussnahme kommt aber eine darüber weit hinausgehende Bedeutung zu. Praktisch ist es häufiger der Fall, dass der Schuldner seinen Insolvenzantrag mit einem Vorschlag eines Verwalters versieht. Auch wenn der Vorschlag das Gericht nicht bindet, kommt es häufig zur Bestellung des vorgeschlagenen Verwalters. Damit sind die Einflussnahmemöglichkeiten des Schuldners auf den Verwalter erheblich und die Missbrauchsgefahren steigen. Insbesondere kann der Schuldner seinen Vorschlag davon abhängig machen, dass eine Anfechtung bestimmter Rechtshandlungen im eröffneten Verfahren unterbleibt.[1754]

Verfahrensbedingt sind bei der Eigenverwaltung die Einflussnahmemöglichkeiten des Schuldners wesentlich höher. Praktisch besonders bedeutsam im Hinblick auf Interessenkollisionen, die zu einem Unterlassen der Anfechtung führen können, ist der Umstand, dass sich der Schuldner seine Sanierungsberater frei aussuchen kann. Diese wiederum sind maßgeblich an der Wahl eines Sachwalters beteiligt, so dass der Schuldner über den Sanierungsberater mittelbar auch den Sachwalter beeinflussen kann.[1755]

1750 Siehe 2. Teil G. III. 2. b).
1751 Siehe 2. Teil G. III. 2. d).
1752 Siehe 2. Teil G. IV.
1753 Siehe 2. Teil G. V.
1754 Siehe 2. Teil H I. 1.
1755 Siehe 2. Teil H I. 2.

Im Schutzschirmverfahren kann das Gericht von einem Vorschlag des Schuldners zur Bestellung eines vorläufigen Sachwalters sogar nur abweichen, wenn die vorgeschlagene Person offensichtlich für die Übernahme des Amtes nicht geeignet ist. Damit sind die Einflussnahmemöglichkeiten des Schuldners auf die Bestellung des vorläufigen Sachwalters im Schutzschirmverfahren am höchsten.

Ein Unterlassen der Anfechtung kommt gegenüber Organen des Schuldners sowie anderen Anfechtungsgegnern insbesondere als Folge von Asset Protection-Strategien des Schuldners in Betracht.[1756] Unter diesem Begriff werden rechtlich zulässige präventive Maßnahmen zum Schutz von Vermögenswerten vor einer Haftung und einem sich daraus ergebenden Zugriff der Gläubiger zusammengefasst.[1757] Im Allgemeinen unterliegen alle Asset Protection-Maßnahmen der Insolvenzanfechtung. Eine sehr hohe praktische Relevanz bei Insolvenzen natürlicher Personen hat insoweit die Anfechtbarkeit von Prämienzahlungen sowie der Bezugsrechtseinräumung bei Lebensversicherungen.[1758] Um den Verwalter von der Anfechtung von auf Asset Protection-Strategien zurückgehenden Rechtshandlungen abzuhalten, kann der Schuldner seine Einflussnahmemöglichkeiten bei der Bestellung des Verwalters nutzen.[1759]

Ein Unterlassen der Anfechtung kommt immer dann in Betracht, wenn der Nutzen die damit verbundenen Risiken für den Verwalter übersteigt. An sich wird der Verwalter Ansprüche aus der Insolvenzanfechtung schon im eigenen Interesse durchsetzen. Insbesondere ist die Anfechtung für den Verwalter das bedeutendste Mittel zur Erhöhung der Insolvenzmasse. Da die Vergütung nach dem Wert der Masse berechnet wird, hat der Verwalter grundsätzlich ein erhebliches Interesse an der Geltendmachung von Anfechtungsansprüchen.[1760] Zudem erschöpfen sich die Konsequenzen eines strafrechtlichen Urteils bei Verwaltern nicht in der Verurteilung zu Geld- oder Freiheitsstrafen. Die Pflichtverletzungen können zum einen dazu führen, dass der Verwalter seinen Vergütungsanspruch verwirkt. Zum anderen können strafbare Handlungen zum Nachteil der Masse seine Entlassung aus allen laufenden Verfahren des Verwalters rechtfertigen.[1761] Die Auswahl eines Verwalters geschieht zudem zumindest auch im Hinblick auf dessen Ruf. Im Hinblick auf die Akquise neuer Mandate ist ein guter Ruf generell

---

1756 Siehe 2. Teil H II.
1757 Siehe 2. Teil H II. 2. a).
1758 Siehe 2. Teil H II. 2. b).
1759 Siehe 2. Teil H II. 2. c).
1760 Siehe 2. Teil I. I.
1761 Siehe 2. Teil I. I. 1. a).

ausschlaggebend nicht nur für die Bestellung als Verwalter, sondern auch für die Tätigkeit als Rechtsanwalt, Wirtschaftsprüfer, Steuerberater etc. Eine Verurteilung hat daher negative Auswirkungen auf die gesamten Tätigkeiten des Täters.[1762]

Vor diesem Hintergrund müssen auf Seiten des Verwalters gewichtige Umstände für ein Unterlassen der Anfechtung sprechen. Ein Motiv für ein Unterlassen kann zunächst das Interesse des Insolvenzverwalters an einer schnellen Beendigung des Verfahrens sein. Gerade in wenig lukrativen (Klein-) Verfahren kann der Verwalter ein Interesse an einer möglichst raschen Beendigung des Verfahrens haben, insbesondere, wenn nicht zu erwarten ist, dass die potentiell zu ermittelnden Anfechtungsansprüche in erheblichem Maße zu einer höheren Vergütung des Verwalters führten.[1763] Genauso kann der Verwalter ein Interesse an einer Kontaktpflege mit bekannten Gläubigergruppen wie Kreditinstituten, Versicherungen oder anderen institutionellen (Groß-) Gläubigern haben (sogenannte Klimapflege).[1764] Hat der Verwalter vor Verfahrenseröffnung Honorare für Beratungsleistungen erhalten, bestehen oftmals weitgehende Anfechtungsmöglichkeiten. Dann liegt es geradezu auf der Hand, dass der Verwalter geneigt ist, die eigenen Ansprüche zu sichern und zu optimieren. Da Sanierungsberater allgemein über erhebliche Einflussnahmemöglichkeiten verfügen, sind die Missbrauchsgefahren hier besonders hoch.[1765] Durch die Möglichkeit der Abwahl des Insolvenzverwalters seitens der Gläubigerversammlung kann sich der Insolvenzverwalter aus finanziellen Gründen gegebenenfalls veranlasst sehen, keine Maßnahmen gegen Gläubiger mit erheblichen Stimmrechtsanteilen zu ergreifen.[1766] Im Hinblick auf seine Vergütung kann es zudem für den Verwalter aufgrund der Degression der Vergütung sinnvoller sein, seine Arbeitskraft auf die Ermittlung derjenigen Anfechtungsansprüche zu bündeln, deren Realisierung mit der höchsten Vergütung verbunden ist. In massereichen Verfahren kann das zu einer Vernachlässigung der Insolvenzanfechtung führen.[1767]

Letzten Endes beruht die unterlassene Insolvenzanfechtung immer auf einem Interessenkonflikt. Problematische Interessenkollisionen entstehen für den Verwalter insbesondere, wenn sein rechtlich gebotenes Handeln sich nachteilig im

---

1762 Siehe 2. Teil I. I. 1. b).
1763 Siehe 2. Teil I. II. 2.
1764 Siehe 2. Teil I. II. 3.
1765 Siehe 2. Teil I. II. 3. a).
1766 Siehe 2. Teil I. II. 3. c).
1767 Siehe 2. Teil I. II. 3. d).

Hinblick auf seine eigenen (Vermögens-)Interessen auswirkt.[1768] Neben der Kollision mit Eigeninteressen treten in Insolvenzverfahren mit zahlreichen Verfahrensbeteiligten mit unterschiedlichen und häufig divergierenden Interessen häufig Interessenkonflikte zwischen einer ordnungsgemäßen Verwaltung und sachwidrigen Interessen von anderen Verfahrensbeteiligten auf, die auf bestimmten Wegen Einfluss auf den Verwalter ausüben können.[1769]

In Sanierungssituationen stellt sich ein besonderes Problem bei sogenannten personengebundenen Massedarlehen. Darlehensgeber machen die Gewährung von Sanierungsdarlehen dabei davon abhängig, dass eine bestimmte Person als Verwalter bestellt wird.[1770] Aufgrund der extremen Missbrauchsgefahren ist die Zulässigkeit dieser Darlehensbedingungen zwar abzulehnen.[1771] Unabhängig von der Zulässigkeit derartiger Vertragsgestaltungen haben oder hatten zumindest in der Vergangenheit Darlehensgeber aber die Möglichkeit, gezielt auf die Auswahlentscheidung des Gerichts Einfluss zu nehmen, und konnten so einen Verwalter bestellen lassen, der ihre Interessen am besten wahrt. Das Risiko, dass Verwalter in diesen Konstellationen die Interessen des Darlehensgebers überbewerten und auf eine Anfechtung verzichten, ist groß.[1772]

Ein weiteres Motiv für ein Unterlassen der Anfechtung kann darin bestehen, in anfechtbarer Weise vor Verfahrenseröffnung vom Schuldner gezahlte Geldstrafen oder Bußgelder nicht anzufechten. Schließlich führt die Anfechtung dieser Zahlungen zu einem Wiederaufleben der Zahlungspflicht und damit bei in Insolvenzverfahren naturgemäß fehlenden finanziellen Mitteln des Schuldners gegebenenfalls zur Anordnung der Ersatzfreiheitsstrafe oder der Erzwingungshaft. Will der Insolvenzverwalter den Schuldner vor dieser zusätzlichen Last bewahren, kann es aus menschlichen Gründen nachvollziehbar sein, auf die Anfechtung zu verzichten.[1773] Ein ähnlicher Konflikt entsteht, wenn der Insolvenzverwalter Zahlungen anfechten muss, mit denen der Schuldner vor Eröffnung des Insolvenzverfahrens hinterzogene Steuern nachentrichtet hat.[1774]

Insgesamt hat sich die Gefahr missbräuchlichen Verwalterhandelns in den letzten Jahren auch aufgrund der zunehmenden Konkurrenz unter Verwaltern

---

1768 Siehe 2. Teil I. II. 3. e) aa).
1769 Siehe 2. Teil I. II. 3. e) bb).
1770 Siehe 2. Teil I. II. 5. a).
1771 Siehe 2. Teil I. II. 5. b).
1772 Siehe 2. Teil I. II. 5. b).
1773 Siehe 2. Teil I. II. 6.
1774 Siehe 2. Teil I. II. 7.

vergrößert. Je höher die Konkurrenz unter den Verwaltern ist, desto eher können die Verfahrensbeteiligten rechtsmissbräuchlich auf den Verwalter einwirken.[1775]

Zur Sicherstellung der ordnungsgemäßen Abwicklung des Insolvenzverfahrens bestehen gewisse Kontrollmaßnahmen. Der Verwalter steht unter der Kontrolle durch das Insolvenzgericht und den Gläubigerausschuss. Es ist in Rechtsprechung und Literatur aber anerkannt, dass die Aufsicht einen hinreichenden Schutz zugunsten der Beteiligten eines Insolvenzverfahrens gegen Pflichtverletzungen des Insolvenzverwalters nicht gewährleistet.[1776] Daneben erlauben es Informationsrechte den Verfahrensbeteiligten, Entscheidungen des Verwalters kritisch zu hinterfragen. Zum einen haben die Verfahrensbeteiligten ein Recht auf Akteneinsicht; bei komplizierten und komplexen Verfahren sind Entscheidungen des Verwalters aber durch einzelne Verfahrensbeteiligte kaum überprüfbar. Schließlich müsste sich der Einzelne in die gesamten Unternehmensunterlagen Einblick verschaffen, was aufgrund des meist erheblichen Umfangs praktisch kaum möglich ist.[1777] Zum anderen kommen Auskunftspflichten in Betracht, die aber jedenfalls kein individuelles Auskunftsrecht eines Verfahrensbeteiligten zwecks Kenntniserlangung von Interessenkollisionen und einer unterlassenen Geltendmachung von Anfechtungsansprüchen zu begründen vermögen.[1778] Handlungen und Entscheidungen des Verwalters sind für einzelne Verfahrensbeteiligten daher kaum überprüfbar.[1779]

Zudem ist die Gerichtspraxis jedenfalls teilweise gekennzeichnet durch eine zu große Anzahl von Insolvenzgerichten, häufigem Personalwechsel sowie unzureichender Fortbildung. Teilzeit-Insolvenzrichter haben häufig nicht ausreichend insolvenzrechtliche Kenntnisse, um ihre Entscheidungen sachgerecht zu treffen. Insbesondere trifft dies auf die Eignungsprüfung und die damit verbundene Prüfung der Unabhängigkeit des Verwalters zu.[1780]

Rechtlich gelöst werden soll das Problem nachträglich auftretender Interessenkollisionen durch die Bestellung eines Sonderinsolvenzverwalters. Der Sonderinsolvenzverwalter tritt für den Bereich, in dem der Verwalter an der Amtsausübung gehindert ist, an dessen Stelle.[1781] Entscheidet sich ein Verwalter

1775 Siehe 2. Teil J. I.
1776 Siehe 2. Teil K.
1777 Siehe 2. Teil L. I.
1778 Siehe 2. Teil L. II.
1779 Siehe 2. Teil L. III.
1780 Siehe 2. Teil M.
1781 Siehe 2. Teil N.

aber dazu, pflichtwidrig auf die Anfechtung zu verzichten, wird der Verwalter stets auf eine Anzeige der Interessenkollision beim Gericht verzichten; der Verwalter wird in diesen Fällen gerade versuchen, die Aufdeckung der Interessenkollision zu verhindern. Die nur rudimentäre Beaufsichtigung des Insolvenzverwalters führt in diesen Fällen auch nicht mit ausreichender Sicherheit zur Aufdeckung der Interessenkollision, so dass das Gericht in tatsächlicher Hinsicht oft nicht in der Lage ist, Interessenkollisionen des Insolvenzverwalters vollständig zu beurteilen und die Verfolgung verfahrensfremder Interessen durch die Einsetzung eines Sonderinsolvenzverwalters zu verhindern. Auch die Bestellung von Sonderinsolvenzverwaltern ist mithin kein ausreichendes Mittel zur Verhinderung der unterlassenen Insolvenzanfechtung.[1782]

Bislang wurde als strafrechtliche Konsequenz der unterlassenen Insolvenzanfechtung § 266 StGB in allgemeinerer Form – ohne tiefergehende inhaltliche Auseinandersetzung – wiederholt in Erwägung gezogen. So könne in seltenen Fällen durch das Unterlassen der Anfechtung der Treubruchstatbestand der Untreue in Betracht kommen. Eine genauere Auseinandersetzung mit der Strafbarkeit von Insolvenzverwalter und Sachwalter insbesondere unter Berücksichtigung der insolvenzrechtlichen Hintergründe der unterlassenen Anfechtung steht daher noch aus.[1783]

Hinsichtlich rechtsgeschäftlicher Handlungen des Verwalters, etwa einem Kaufvertrag, Vergleich oder Erlass ohne angemessene Gegenleistung, steht zunächst eine Verwirklichung des Missbrauchstatbestandes der Untreue im Raum.

Mit der Bestellung zum Insolvenzverwalter beziehungsweise Sachwalter geht stets eine Verfügungs- und Verpflichtungsbefugnis einher.[1784] Aufgrund des umfassenden Übergangs der Verwaltungs- und Verfügungsbefugnis vom Schuldner auf den Insolvenzverwalter sowie der Übernahme der Insolvenzmasse ist zudem auch eine Vermögensbetreuungspflicht sowohl gegenüber dem Schuldner als auch gegenüber den Insolvenz- und Massegläubigern anerkannt.[1785] Genauso unterliegt auch der Sachwalter einer Vermögensbetreuungspflicht.[1786]

Erforderlich für eine Pflichtwidrigkeit ist bei der Missbrauchsuntreue stets eine wirksame Verfügung oder Verpflichtung des Insolvenzverwalters. In Bezug

1782 Siehe 2. Teil N. III.
1783 Siehe 2. Teil O.
1784 Siehe 3. Teil A. I.
1785 Siehe 3. Teil A. II.
1786 Siehe 3. Teil A. II.

auf eine Strafbarkeit des Insolvenzverwalters aufgrund für die Gläubigergemeinschaft nachteiliger Rechtsgeschäfte über Anfechtungsansprüche ist insoweit zunächst deren zivilrechtliche Wirksamkeit erforderlich.[1787]

Dem Insolvenzverwalter steht grundsätzlich ein weiter Ermessensspielraum zu. Die durch die wenigen Grenzen entstehenden großen Entscheidungsspielräume hat der Insolvenzverwalter aber unter Opportunitätsgesichtspunkten auszufüllen.[1788] Der Verwalter hat seine Befugnisse ausschließlich zur Verfolgung des Verfahrenszwecks zu nutzen. Insoweit ist die Rechtsmacht durch den Insolvenzzweck beschränkt.[1789] Handelt der Verwalter in besonders auffälliger Weise zum Nachteil der Masse und verstößt so gegen den Grundsatz der Gläubigergleichbehandlung, steht eine Nichtigkeit des Rechtsgeschäfts nach den Grundsätzen der evidenten Insolvenzzweckwidrigkeit im Raum.[1790] Nach der Rechtsprechung des RG sind Rechtshandlungen des Verwalters, welche der vornehmsten Aufgabe des Insolvenzverfahrens – der gleichmäßigen Befriedigung aller Insolvenzgläubiger – klar und eindeutig zuwiderlaufen, unwirksam; sie verpflichteten die Masse nicht.[1791] Dieser Rechtsprechung ist auch der BGH lange Zeit gefolgt.[1792] In der Literatur wurden hingegen die zum Missbrauch der Vertretungsmacht entwickelten Grundsätze herangezogen.[1793] Dieser Ansicht hat sich schließlich auch der BGH angeschlossen.[1794] Voraussetzung für die Unwirksamkeit ist danach außer einer Evidenz der Insolvenzzweckwidrigkeit, dass sich dem Geschäftspartner auf Grund der Umstände des Einzelfalls ohne weiteres begründete Zweifel an der Vereinbarkeit der Handlung mit dem Zweck des Insolvenzverfahrens aufdrängen mussten.[1795]

In der Literatur wird die neue Ansicht des BGH teilweise kritisiert.[1796] Diese Kritik vermag aber nicht zu überzeugen. Gegen die Bestimmung der evidenten Insolvenzzweckwidrigkeit nach rein objektiven Kriterien unabhängig von einer Kenntnis beziehungsweise fahrlässigen Unkenntnis des Anfechtungsgegners spricht insbesondere, dass die Abwägung zwischen den

1787 Siehe 3. Teil A. III. 1.
1788 Siehe 3. Teil A. III. 1. a).
1789 Siehe 3. Teil A. III. 1. b).
1790 Siehe 3. Teil A. III. 1. c).
1791 Siehe 3. Teil A. III. 1. c) aa).
1792 Siehe 3. Teil A. III. 1. c) bb).
1793 Siehe 3. Teil A. III. 1. c) cc).
1794 Siehe 3. Teil A. III. 1. c) dd).
1795 Siehe 3. Teil A. III. 1. d).
1796 Siehe 3. Teil A. III. 1. c) ee) bis gg).

Interessen der Gläubigergemeinschaft und denen des Geschäftsgegners zugunsten des Geschäftsgegners ausfallen muss, wenn der Geschäftsgegner aufgrund der besonderen Umstände des Einzelfalls die evidente Insolvenzzweckwidrigkeit auch bei Anwendung der im Verkehr erforderlichen Sorgfalt nicht hätte erkennen können. Bei Fehlen jeglichen Vertrauensschutzes müssten vernünftig agierende Geschäftspartner von allen aufgrund einer geringeren Gegenleistung riskanten Geschäften mit Insolvenzverwaltern Abstand nehmen. Schließlich bestünde stets das Risiko, die evidente Insolvenzzweckwidrigkeit nicht erkannt zu haben und das Geschäft im Nachhinein rückabwickeln zu müssen beziehungsweise vom Verwalter getäuscht worden zu sein, dennoch aber keinen Schutz zu genießen. Damit würde der Insolvenzverwalter weitgehend vom Geschäftsverkehr ausgeschlossen und könnte die Massegegenstände überhaupt nicht mehr ordnungsgemäß verwerten. Jedenfalls stiegen die Transaktionskosten für den Geschäftsgegner. Durch die gestiegenen Transaktionskosten könnte der Insolvenzverwalter wiederum einen geringen Verwertungserlös und damit eine geringere an die Insolvenzgläubiger zu verteilende Masse erzielen, so dass ein gewisser Vertrauensschutz durchaus auch dem Interesse der Gläubigergemeinschaft und dem obersten Ziel der bestmöglichen Befriedigung der Gläubigergemeinschaft entspricht.[1797]

Maßgeblich für die Bestimmung der Insolvenzzweckwidrigkeit ist daher zunächst, ob für die unterlassene Insolvenzanfechtung infolge eines Rechtsgeschäfts über den Anfechtungsanspruch eine ausgleichende Kompensation zur Masse erfolgt ist. Hat der Verwalter auf einen eindeutig bestehenden Anfechtungsanspruch ohne angemessene Gegenleistung ganz oder teilweise verzichtet, ist das zumindest in objektiver Hinsicht insolvenzzweckwidrig.[1798]

Zweite Voraussetzung der Insolvenzzweckwidrigkeit ist die Evidenz dieses Verstoßes. Evidenz liegt nur bei Verfügungen des Insolvenzverwalters vor, die dem Insolvenzzweck offenbar zuwiderlaufen, bei denen der Verstoß also unter allen in Betracht kommenden Gesichtspunkten für jeden verständigen Menschen offensichtlich ist. Dem Verwalter steht kein Ermessensspielraum bei der Verfolgung von sachwidrigen Eigen- oder Fremdinteressen zu. Soweit daher dem Verwalter, Dritten oder Verfahrensbeteiligten durch Rechtsgeschäfte des Insolvenzverwalters über Anfechtungsansprüche für einen verständigen Beobachter

1797 Siehe 3. Teil A. III. 1. c) ii).
1798 Siehe 3. Teil A. III. 1. d) aa).

ohne weiteres erkennbar Sondervorteile gewährt werden, führt dieser Verstoß zur Evidenz der Insolvenzzweckwidrigkeit.[1799]

Dritte Voraussetzung für die Unwirksamkeit eines Rechtsgeschäfts des Verwalters ist außer einer objektiven Evidenz schließlich, dass sich dem Geschäftspartner auf Grund der Umstände des Einzelfalls ohne weiteres begründete Zweifel an der Vereinbarkeit der Handlung mit dem Zweck des Insolvenzverfahrens aufdrängen mussten. Grundsätzlich trägt der Vertretene das Risiko eines Missbrauchs der Vertretungsmacht. Im Allgemeinen trifft den Geschäftsgegner keine besondere Prüfungspflicht, ob und inwieweit dem Vertreter im Innenverhältnis Grenzen seiner im Außenverhältnis unbeschränkten Vertretungsmacht gesetzt sind. Nur ausnahmsweise ist der Vertretene gegen einen erkennbaren Missbrauch der Vertretungsmacht im Verhältnis zum Vertragspartner geschützt, wenn der Vertreter von seiner Vertretungsmacht in ersichtlich verdächtiger Weise Gebrauch gemacht hat, so dass beim Vertragspartner begründete Zweifel entstehen mussten, ob nicht ein Treueverstoß des Vertreters gegenüber dem Vertretenen vorliegt. Das ist insbesondere der Fall, wenn sich nach den Umständen des Falles die Notwendigkeit einer Rückfrage des Vertragsgegners beim Vertretenen vor Vertragsschluss geradezu aufdrängte. Da der Insolvenzverwalter im Außenverhältnis keinen Beschränkungen unterliegt, sind insoweit die Grundsätze der Fälle der gesetzlich unbeschränkten Vertretungsmacht (z.B. §§ 50 Abs. 1, 126 Abs. 3 HGB, § 37 GmbHG, § 62 AktG) heranzuziehen, die mit einem besonderen Verkehrsschutz verbunden sind. Erhält der Geschäftspartner aber erhebliche Vorteile, ohne seinerseits eine entsprechende Gegenleistung erbringen zu müssen, hat er zumindest grob fahrlässig die evidente Insolvenzzweckwidrigkeit verkannt. Jedenfalls hätten sich dem Anfechtungsgegner ausreichend Anhaltspunkte für eine Nachfrage beim Verwalter aufdrängen müssen, was ebenfalls für eine grobe Fahrlässigkeit ausreichend ist.[1800]

Die evidente Insolvenzzweckwidrigkeit kann sich vor allem daraus ergeben, dass der Verwalter einem Interessenkonflikt unterliegt. Verfolgt der Insolvenzverwalter mit der rechtsgeschäftlich unterlassenen Insolvenzanfechtung Eigeninteressen, liegt bei Evidenz dieses Verstoßes gegen den Grundsatz der Gläubigergleichbehandlung Insolvenzzweckwidrigkeit sehr nahe. Eine Unwirksamkeit kommt zudem bei kollusivem Zusammenwirken des Insolvenzverwalters mit dem Zessionar oder Geschäftsgegner in Betracht. Gleichwohl ist ein kollusives Verhalten nicht Voraussetzung für die evidente Insolvenzzweckwidrigkeit,

1799 Siehe 3. Teil A. III. 1. d) bb).
1800 Siehe 3. Teil A. III. 1. d) cc).

da es ebenfalls ausreicht, dass der Geschäftsgegner die Insolvenzzweckwidrigkeit grob fahrlässig nicht erkennt.[1801]

Zunächst könnte daran gedacht werden, der Abtretung von Anfechtungsansprüchen generell aufgrund von Insolvenzzweckwidrigkeit die Wirksamkeit zu versagen. Durch eine Abtretbarkeit der Rückgewähransprüche aus Insolvenzanfechtung werden die Handlungsmöglichkeiten des Insolvenzverwalters – zugunsten der Insolvenzgläubiger – aber erweitert. Daher kann der Insolvenzverwalter im Grundsatz den Anfechtungsanspruch rechtsgeschäftlich verwerten, insbesondere verkaufen (§§ 453, 433 ff. BGB) und zur Erfüllung seiner vertraglichen Verpflichtung auf einen anderen übertragen.[1802] Genauso ist zur Beseitigung einer unklaren Rechtslage ein Vergleich (§ 779 BGB) mit dem Anfechtungsgegner, ein Erlass (§ 397 BGB) beziehungsweise ein Verzicht sowie die Annahme einer anderen als der geschuldeten Leistung an Erfüllungs statt oder erfüllungshalber (§ 364 BGB) zulässig, solange ein ausgewogener Ausgleich zur Masse erfolgt.[1803] Für den Sachwalter gelten im Eigenverwaltungsverfahren die gleichen Grundsätze.[1804]

Strafrechtlich relevante Rechtsgeschäfte über Anfechtungsansprüche sind in aller Regel wegen Insolvenzzweckwidrigkeit unwirksam, wenn der Insolvenzverwalter außerhalb des Verfahrens liegende Interessen verfolgt. Daher scheidet eine Untreuestrafbarkeit jedenfalls aus dem Missbrauchstatbestand mangels eines wirksamen Rechtsgeschäfts insoweit aus.

Eine von der rechtlichen Einwirkung auf den Anfechtungsanspruch zu unterscheidende Dispositionsmöglichkeit für den Verwalter liegt darin, die Geltendmachung des bestehenden Anfechtungsanspruchs schlicht zu unterlassen. Bei vollzogenen, wegen evidenter Insolvenzzweckwidrigkeit unwirksamen Rechtsgeschäften über Anfechtungsansprüche sowie bei der rein tatsächlich unterlassenen Geltendmachung von Anfechtungsansprüchen kommt der Treubruchstatbestand in Betracht. Als weitere untreuerelevante Handlung kommt die Übergabe fehlerhafter oder unvollständiger Anfechtungslisten an einen Nachfolgeverwalter in Betracht, wenn der Amtsvorgänger dadurch die Geltendmachung von Anfechtungsansprüchen durch den Amtsnachfolger erschweren oder verhindern will. Da die Vermögensbetreuungspflicht beim Missbrauchs- und beim Treubruchstatbestand einheitlich zu bestimmen ist, kommt es beim

1801 Siehe 3. Teil A. III. 1. e).
1802 Siehe 3. Teil A. III. 1. f).
1803 Siehe 3. Teil A. III. 1. g).
1804 Siehe 3. Teil A. III. 2.

Treubruchstatbestand auf eine untreuerelevante Pflichtverletzung des Insolvenzverwalters, die zu einem Vermögensnachteil bei demjenigen, dessen Vermögensinteressen er zu betreuen hat, an.[1805]

Das Pflichtwidrigkeitsmerkmal in § 266 Abs. 1 StGB wird grundsätzlich durch außerstrafrechtliches Recht ausgefüllt. Insoweit ist der Untreuetatbestand akzessorisch zur Gesamtrechtsordnung.[1806] Der Sorgfaltsmaßstab für Insolvenzverwalter ergibt sich insbesondere aus der zivilrechtlichen Haftungsnorm des § 60 InsO.[1807]

Als Verletzung der Vermögensbetreuungspflicht kommt in Bezug auf die unterlassene Geltendmachung von Anfechtungsansprüchen als Vorstufe die unterlassene Ermittlung der Ansprüche im Hinblick auf einzelne (potentielle) Anfechtungsgegner in Betracht. An der grundsätzlichen Pflicht zur Ermittlung von Anfechtungsansprüchen bestehen keine Zweifel; der Ermittlungsaufwand muss aber in einem angemessenen Verhältnis zum potentiellen Nutzen stehen.[1808]

Ist der Insolvenzverwalter seiner Pflicht zur Ermittlung der Anfechtungsansprüche nachgekommen, stellt sich im nächsten Schritt die Frage, welche Ansprüche der Verwalter bei deren Kenntnis geltend zu machen verpflichtet ist. Der Insolvenzverwalter hat die Chancen und Risiken eines etwaigen Prozesses gegeneinander abwägen und ist nur dann zum Einklagen von Ansprüchen zu Gunsten der Masse verpflichtet, wenn die Klage erforderlich ist, Erfolg verspricht und wirtschaftlich vertretbar ist.[1809] Sind diese Voraussetzungen erfüllt, muss der Verwalter den Anspruch durchsetzen. Dem Verwalter ist es zudem untersagt, insolvenzzweckwidrige Verträge über Anfechtungsansprüche zu erfüllen.[1810]

Liegt damit nach insolvenzrechtlichen Maßstäben eine Pflichtwidrigkeit im Sinne des § 60 InsO grundsätzlich vor, kommt eine Privilegierung nach den Grundsätzen zur Business Judgement Rule in Betracht. So scheidet nach § 93 Abs. 1 Satz 2 AktG eine Pflichtverletzung aus, wenn das Vorstandsmitglied bei einer unternehmerischen Entscheidung vernünftigerweise annehmen durfte, auf der Grundlage angemessener Informationen zum Wohle der Gesellschaft zu

1805 Siehe 4. Teil A.
1806 Siehe 4. Teil A. I.
1807 Siehe 4. Teil A. I. 1.
1808 Siehe 4. Teil A. I. 1. a).
1809 Siehe 4. Teil A. I. 1. b).
1810 Siehe 4. Teil A. I. 1. c).

handeln.[1811] Genauso ist bei unternehmerischen Entscheidungen des Verwalters der Ermessensspielraum durch die Business Judgement Rule konkretisiert. Speziell für den Insolvenzverwalter ist der Begriff der Business Judgement Rule allerdings durch den Begriff der Insolvency Judgement Rule zu konkretisieren.[1812] Auch unter Zugrundelegung der Insolvency Judgement Rule bleibt es aber bei einer Pflichtwidrigkeit bei der rechtsmissbräuchlich unterlassenen Ermittlung oder Geltendmachung von Insolvenzanfechtungsansprüchen. Bei der unterlassenen Ermittlung von Anfechtungsansprüchen steht dem Verwalter schon keine angemessene Informationsgrundlage zur Verfügung. Hat der Verwalter Anfechtungsansprüche ordnungsgemäß ermittelt und entscheidet sich aufgrund einer Interessenkollision rechtsmissbräuchlich gegen deren Geltendmachung, handelt er jedenfalls nicht zum Wohle der Gesellschaft, so dass eine Privilegierung ebenfalls ausscheidet.[1813]

Erforderlich für eine Pflichtverletzung im Sinne des § 266 StGB ist weiterhin, dass die verletzte Pflicht zu den Pflichten zählt, die als Vermögenbetreuungspflicht im Sinne des § 266 StGB einzustufen sind. Die Ermittlung und Durchsetzung werthaltiger Anfechtungsansprüche ist Kernbestandteil der Masseverwaltungspflicht aus § 148 InsO, so dass deren Verletzung einen Verstoß gegen seine Pflichten als Vermögensbetreuungspflichtiger bedeutet.[1814]

Umstritten ist, ob neben der strafrechtlichen Relevanz der Pflichtwidrigkeit ein besonderes Gewicht für eine untreuespezifische Pflichtverletzung erforderlich ist. Mittlerweile hat der BGH das Merkmal der sogenannten gravierenden Pflichtverletzung als Ausprägung der asymmetrischen Akzessorietät etabliert. Allerdings liege bei einem Verstoß gegen die Business Judgement Rule stets eine gravierende Pflichtverletzung vor.[1815] Während sich Teile der Literatur der Rechtsfigur der gravierenden Pflichtverletzung angeschlossen haben oder bereits zuvor eine Beschränkung auf evidente Fälle forderten, lehnen andere eine strafrechtsautonome Einschränkung ab.[1816] Eine Einschränkung auf gravierende Pflichtverletzungen vermag nicht zu überzeugen.[1817] Bei einem Verstoß gegen § 93 Abs. 1 Satz 1 AktG liegt damit stets eine Pflichtverletzung vor. Ist

---

1811 Siehe 4. Teil A. I. 1. d) aa).
1812 Siehe 4. Teil A. I. 1. d) bb).
1813 Siehe 4. Teil A. I. 1. d) cc).
1814 Siehe 4. Teil A. II. 2.
1815 Siehe 4. Teil A. III. 2. a).
1816 Siehe 4. Teil A. III. 2. b).
1817 Siehe 4. Teil A. III. 2. c).

das Unterlassen der Ermittlung von Anfechtungsansprüchen oder die unterlassene (gerichtliche) Geltendmachung von Anfechtungsansprüchen unter den oben genannten Voraussetzungen pflichtwidrig, liegt damit gleichzeitig eine Pflichtwidrigkeit im Sinne des § 266 StGB vor. Bei der Erfüllung nichtiger Rechtsgeschäfte über Anfechtungsansprüche sowie der Übergabe fehlerhafter Anfechtungslisten an einen Amtsnachfolger greift die Insolvency Judgement Rule hingegen nicht, so dass nach der Rechtsprechung und Teilen der Literatur das Merkmal der gravierenden Pflichtverletzung zu prüfen wäre. Dieses zusätzliche Merkmal ist indes abzulehnen, so dass es auch insoweit allein auf eine Pflichtverletzung auf der Ebene des Primärrechts ankommt.

Der Verwalter muss schließlich dem Vermögensinhaber durch diese Pflichtverletzung einen Vermögensnachteil als Taterfolg zugefügt haben.

Bei einem Vergleich des gesamten Vermögens vor und nach der pflichtwidrigen Handlung beziehungsweise Unterlassung des Verwalters unter wirtschaftlichen Gesichtspunkten ergibt sich ein Vermögensschaden, wenn die Verjährungsfrist abgelaufen ist und der Anfechtungsgegner die Einrede der Verjährung erhoben hat. Handelt es sich um einen solventen Anfechtungsgegner, liegen die Tatbestandsmerkmale einer Anfechtungsnorm vor und war die Forderung vor Erhebung der Verjährungseinrede einredefrei, ist die Masse insoweit um den Nennwert der Forderung gemindert und der Schaden kann genau beziffert werden. In der Regel verbleiben bei der Beurteilung der Begründetheit, Durchsetzbarkeit und Werthaltigkeit eines Anfechtungsanspruchs zum Zeitpunkt vor Erhebung der Einrede Unwägbarkeiten und gewisse Prognosespielräume. Diese sind bei der Feststellung und Bezifferung des Vermögensnachteils durch vorsichtige Schätzungen und unter Berücksichtigung des Zweifelssatzes durch den Tatrichter auszufüllen.[1818]

Erheblich schwieriger zu bestimmen ist dagegen das Vorliegen eines Vermögensnachteils, wenn die Verjährungsfrist noch nicht abgelaufen oder jedenfalls die Verjährungseinrede vom Anfechtungsgegner noch nicht erhoben worden ist. In dieser Konstellation kommt der Frage nach einem Gefährdungsschaden entscheidendes Gewicht zu.

Die Voraussetzungen und die Bewertung einer Gefährdungslage als schadensgleich beziehungsweise als konkreter Schaden sind weiterhin weitgehend ungeklärt. Nach dem BGH ist maßgeblich für die Annahme eines Gefährdungsschadens, ob unter Berücksichtigung der besonderen Umstände des Einzelfalles die Betroffenen bereits mit wirtschaftlichen Nachteilen ernstlich zu rechnen

1818 Siehe 4. Teil B. II.

haben und damit der Eintritt eines Schadens so naheliegend ist, dass der Vermögenswert allein aufgrund der Verlustgefahr gemindert ist.[1819] In jüngeren Entscheidungen hat der 2. Strafsenat des BGH zusätzlich eine Art überschießende Innentendenz gefordert. Erforderlich sei eine Billigung der Realisierung der Gefahr.[1820] Das BVerfG hat die Verfassungsmäßigkeit der Schadenskategorie des Gefährdungsschadens bestätigt, hält die überschießende Innentendenz aber nicht für erforderlich. Das BVerfG hat aber das sogenannte Bezifferungsgebot aufgestellt.[1821] Zunächst hat das BVerfG eine marktwertorientierte Bezifferung des Nachteils bei Gefährdungsschäden befürwortet. In zahlreichen Konstellationen liegen der Untreue indes komplexere Sachverhalte zugrunde, bei denen für bestimmte Vermögensdispositionen ein Marktwert nicht ohne weiteres ermittelt werden kann. In einer zweiten Entscheidung hat das BVerfG daher die Schadensbezifferung anhand von Bewertungsvorschriften des Bilanzrechts nach dem HGB ausdrücklich zur Konkretisierung des Marktwertes anerkannt. Maßgeblich sei insbesondere das Abschreibungsgebot in § 253 HGB.[1822]

Nach der höchstrichterlichen Rechtsprechung läge daher bei der unterlassenen Anfechtung ein Nachteil in Form eines Gefährdungsschadens vor, wenn aufgrund der besonderen Umstände des Einzelfalles die Verfahrensbeteiligten, die von der Anfechtung profitiert hätten, bereits aufgrund des bloßen Unterlassens vor dem (drohenden) Ablauf der Verjährungsfrist beziehungsweise der Erhebung der Verjährungseinrede mit wirtschaftlichen Nachteilen ernstlich zu rechnen hätten. Nach dem 2. und 5. Strafsenat des BGH müsste sich zudem der Vorsatz des Täters nicht bloß auf die Gefährdung, sondern auch auf den endgültigen Schadenseintritt bezogen haben. Vor diesem Hintergrund kann bereits die Entscheidung des Verwalters, auf die Geltendmachung werthaltiger Ansprüche zu verzichten, dazu führen, dass die künftige Geltendmachung der Ansprüche zumindest erheblich erschwert, häufig sogar unmöglich gemacht wird, so dass aufgrund der Wertminderung des Anspruchs bereits zu diesem Zeitpunkt ein Gefährdungsschaden vorliegt. Genauso kann ein Gefährdungsschaden anzunehmen sein bei der Übergabe fehlerhafter oder unvollständiger Anfechtungslisten an einen Nachfolgeverwalter, wenn dadurch die Geltendmachung von Anfechtungsansprüchen durch den Amtsnachfolger erschwert oder verhindert

1819 Siehe 4. Teil B. III 1. a).
1820 Siehe 4. Teil B. III 1. a) aa).
1821 Siehe 4. Teil B. III 1. a) bb).
1822 Siehe 4. Teil B. III 1. a) cc).

wird. Anhand der bilanzrechtlichen Bewertungsmaßstäbe kann der Gefährdungsschaden regelmäßig auch beziffert werden.[1823]

Mittlerweile ist der Gefährdungsschaden auch in der Literatur weitestgehend anerkannt. Recht verbreitet wird der Ansicht der höchstrichterlichen Rechtsprechung in der Literatur zugestimmt. Daneben werden aber im Schrifttum zahlreiche weitere Ansichten zur Konkretisierung des Gefährdungsschadens vertreten; es gibt mittlerweile geradezu eine unüberschaubare Vielzahl an Literatur zu diesem Thema.[1824]

Der Ansicht der Rechtsprechung des BGH ist grundsätzlich zuzustimmen, die überschießende Innentendenz indes abzulehnen. Die in der Literatur zur Konkretisierung des Gefährdungsschadens vertretenen Ansichten vermögen nicht in einem höheren Maße die Abgrenzung tatbestandsrelevanter von tatbestandsirrelevanten Vermögensgefährdungen zu fördern, und sind damit auch nicht besser geeignet, den Bestimmtheitsgrundsatz zu verwirklichen.[1825]

Ist die dreijährige Verjährungsfrist der Anfechtungsansprüche bereits abgelaufen, die Einrede der Verjährung aber noch nicht erhoben worden, so dass ein endgültiger Schaden noch nicht eingetreten ist, kommt es für die Bestimmung des Gefährdungsschadens entscheidend darauf an, wie wahrscheinlich es ist, dass der Forderungsgegner die Einrede der Verjährung in einem Prozess erheben würde und deren Voraussetzungen darlegen könnte. Mit Ablauf der Verjährungsfrist tritt regelmäßig ein Gefährdungsschaden ein. Forderungen sind gem. § 266 Abs. 2 lit. B Nr. II HGB Bestandteile des Umlaufvermögens und unterfallen als solches der Abschreibungspflicht nach § 253 Abs. 4 Satz 1 HGB. Je nach Bonität und Verität der Forderung ist anhand des Marktwertes ein Abschlag auf den Nennwert vorzunehmen und der Schaden gegebenenfalls durch Schätzung unter Berücksichtigung des in dubio pro reo-Grundsatzes zu ermitteln.[1826]

Ein Gefährdungsschaden kann aber auch bereits vor Ablauf der Verjährungsfrist eintreten. Entschließt sich der Verwalter, einen werthaltigen Anfechtungsanspruch nicht geltend zu machen, kann sich die Werthaltigkeit des Anspruchs durch rechtliche oder tatsächliche Durchsetzungsschwierigkeiten negativ verändern. In einer Bilanz begründete diese Wertminderung aufgrund der Abschreibungspflicht des § 253 Abs. 4 Satz 1 HGB eine Pflicht zur Wertberichtigung. Die konkrete Schadenshöhe ist abhängig von der Bonität und Verität

1823 Siehe 4. Teil B. III 1. a) dd).
1824 Siehe 4. Teil B. III 1. b).
1825 Siehe 4. Teil B. III 1. c).
1826 Siehe 4. Teil B. III 1. c) aa).

des Anfechtungsanspruchs. Insoweit ist unter Berücksichtigung des in dubio pro reo-Grundsatzes nach den handelsrechtlichen Bilanzierungsregeln eine Abschreibung auf den Nennwert der Forderung gegebenenfalls durch Schätzung vorzunehmen.[1827]

Der Vorsatz des Täters muss sich auf seine Pflichtenstellung, das Bestehen einer Vermögensbetreuungspflicht, die Pflichtverletzung sowie den Vermögensnachteil beziehen. Es gelten für die Feststellung des (bedingten) Vorsatzes bei der Untreue trotz teilweise widersprüchlich lautender Hinweise des BGH uneingeschränkt die allgemeinen Regeln.[1828] Unterlassen Verwalter aus sachwidrigen Eigen- oder Fremdinteressen die Geltendmachung von Anfechtungsansprüchen, handeln sie stets mit dem für § 266 StGB erforderlichen Vorsatz in Bezug auf die Pflichtverletzung.[1829] Dabei nehmen Verwalter den Eintritt eines Schadens billigend in Kauf. In materiell-rechtlicher Hinsicht scheitert die Strafbarkeit des Verwalters vor diesem Hintergrund regelmäßig nicht an dessen fehlendem Vorsatz. Vielmehr ist die Bestimmung des Vorsatzes bei der missbräuchlich unterlassenen Anfechtung zumeist allein in praktischer Hinsicht problematisch. Der strafprozessuale Nachweis des Vorsatzes der Pflichtverletzung sowie des Vermögensnachteils ist gerade aufgrund der in vielen Situationen umfangreichen Ermessensspielräume des Verwalters oft kaum zu führen.[1830]

Letzten Endes muss im Strafprozess zur Überzeugungsbildung des Gerichts eine Prognose erstellt werden, ob der Verwalter in einem zivilrechtlichen Anfechtungsprozess obsiegt hätte, der Titel hätte vollständig realisiert werden können, und der Verwalter trotz Kenntnis des werthaltigen Anspruchs pflichtwidrig auf dessen Geltendmachung verzichtet und damit der Insolvenzmasse vorsätzlich einen Vermögensschaden zugefügt hat. Der Tatrichter im Strafprozess muss also insbesondere nach § 261 StPO überzeugt sein, dass zum einen in einem Zivilprozess der Zivilrichter gem. § 286 Abs. 1 Satz 1 ZPO die Überzeugung erlangt hätte, dass der Anfechtungsanspruch besteht, und zum anderen, dass der Anspruch auch werthaltig war, insbesondere also ein zahlungsfähiger Anfechtungsgegner gegeben war.[1831]

Über die Möglichkeit der Durchsetzung eines materiell-rechtlichen Anspruchs entscheidet im zivilrechtlichen Anfechtungsprozess die Beweisbarkeit des

1827 Siehe 4. Teil B. III 1. c) bb).
1828 Siehe 4. Teil C.
1829 Siehe 4. Teil C. I.
1830 Siehe 4. Teil C. II.
1831 Siehe 5. Teil A.

behaupteten Anspruchs. Aufgrund der Geltung der Dispositionsmaxime können die Parteien alleine oder mit wechselseitiger Zustimmung über den Streitgegenstand und insoweit über Gang und Inhalt des Verfahrens frei verfügen. Gem. § 286 Abs. 1 Satz 1 ZPO hat das Gericht unter Berücksichtigung des gesamten Inhalts der Verhandlungen und des Ergebnisses einer etwaigen Beweisaufnahme nach freier Überzeugung zu entscheiden, ob eine tatsächliche Behauptung für wahr oder für nicht wahr zu erachten sei. Grundlage der Beweiswürdigung ist der gesamte Inhalt der Verhandlung. Jede Partei muss die Voraussetzungen der ihr günstigen Norm beweisen. Maßgeblich für die Überzeugungsbildung des Richters ist nach der objektiv-subjektiven Beweismaßtheorie die aufgrund eines (objektiv) hohen Wahrscheinlichkeitsgrades erlangte persönliche (subjektive) Gewissheit des Richters, die aber keine von allen Zweifeln freie Überzeugung voraussetzt.[1832]

Eine erhebliche Bedeutung kommt im Rahmen der freien Beweiswürdigung den Indiztatsachen für die Voraussetzungen eines Anfechtungsanspruchs zu. Der mittelbare (Indizien-)Beweis bezieht sich auf tatbestandsfremde Tatsachen, die sogenannten Indizien, Anzeichen, Indiz-, Beweis- oder Hilfstatsachen; in der Regel soll durch ihr Zusammenwirken das Gericht von dem Vorliegen tatbestandsfremder – ihrerseits zu beweisender – Umstände, die den Schluss auf das gesetzliche Tatbestandsmerkmal erlauben, überzeugt werden. Gerade dieser mittelbare Beweis spielt in Anfechtungsprozessen häufig – vor allem bei dem Beweis der subjektiven Tatbestandsmerkmale – eine zentrale Rolle. Die Beweisführung im Rahmen des Indizienprozesses folgt im Zivilverfahren den gleichen Regeln wie im Strafverfahren. Es kann ein also ein einheitliches Denkmodell zugrunde gelegt werden. Zunächst ist die gesuchte Haupttatsache zu bestimmen, sodann sind die dazu vorliegenden Indizien zu ermitteln, und im Anschluss daran ist festzustellen, welche Beweisrichtung die jeweiligen Indizien haben und ob sich dadurch die Wahrscheinlichkeit für die Existenz der Haupttatsache erhöht. Oftmals ermöglichen Indizien erst als Beweiskette oder Beweisring beziehungsweise in der Gesamtschau aus beiden dem Richter die Überzeugungsbildung.[1833]

Die besondere Problematik bei der Insolvenzanfechtung besteht darin, dass der Verwalter uneingeschränkt darlegungspflichtig ist. Das ist insofern problematisch, als Anfechtungsansprüche in der Regel auf komplexen wirtschaftlichen Tatbeständen beruhen, die der Verwalter ausermitteln,

1832 Siehe 5. Teil A. I.
1833 Siehe 5. Teil A. II.

dokumentieren und darlegen muss. Erforderlich für die Anfechtung nach einer der Normen der §§ 129 ff. InsO ist zunächst die Erfüllung der jeweiligen objektiven Tatbestandsmerkmale.

Die objektive Zahlungsunfähigkeit kann im Anfechtungsprozess entweder anhand der betriebswirtschaftlichen Methode durch eine Liquiditätsbilanz (§ 17 Abs. 2 Satz 1 InsO) oder durch das Vorliegen einer Zahlungseinstellung nach § 17 Abs. 2 Satz 2 InsO dargelegt werden.[1834] Schon der Beweis der objektiven Kriterien stellt den Insolvenzverwalter insoweit häufig vor erhebliche Probleme. Umso schwieriger ist der Beweis der subjektiven Kriterien. Die subjektiven Tatbestandsmerkmale der Anfechtung können – weil es sich um innere, dem Beweis nur eingeschränkt zugängliche Tatsachen handelt – meist nur mittelbar aus objektiven Tatsachen hergeleitet werden.

Die Kenntnis wird in verschiedenen Anfechtungstatbeständen der InsO vorausgesetzt. Das Gesetz verlangt hier stets positive Kenntnis der maßgeblichen Umstände.[1835] Teilweise ist die Kenntnis des Anfechtungsgegners von der Zahlungsunfähigkeit des Schuldners erforderlich. Diese ist ein subjektives Tatbestandsmerkmal. Da der Anfechtungsgegner in aller Regel keinen Einblick in die Liquiditätslage des Schuldners hat, gelingt der Beweis der positiven Kenntnis des Anfechtungsgegners von der Zahlungsunfähigkeit äußerst selten. Das kommt letztendlich nur bei Insidern in Betracht.[1836] Nach § 130 Abs. 2 InsO genügt für die Annahme der Kenntnis der Zahlungsunfähigkeit aber auch, dass der Anfechtungsgegner Umstände kannte, aus denen sich zwingend auf die Zahlungsunfähigkeit schließen lässt. Trotz der Vermutung des § 130 Abs. 2 InsO bereitet der Beweis der Kenntnis des Anfechtungsgegners von der Zahlungsunfähigkeit des Schuldners zumeist erheblich Probleme.[1837] Die Kenntnis der Zahlungsunfähigkeit kann vom Insolvenzverwalter häufig nur und jedenfalls mit dem geringsten Aufwand über die Kenntnis der Zahlungseinstellung bewiesen werden.[1838]

Vorsatz wird ausschließlich in § 133 Abs. 1 Satz 1 Hs. 1 InsO gefordert. Die Beurteilung des Vorsatzes richtet sich auch im Rahmen der Vorsatzanfechtung nach der Grundregel des § 276 Abs. 1 Satz 1 BGB. Es genügt bedingter Vorsatz.[1839] Ein Benachteiligungsvorsatz des Schuldners ist insbesondere bei

1834 Siehe 5. Teil A. III. 1.
1835 Siehe 5. Teil A. III. 2. a).
1836 Siehe 5. Teil A. III. 2. b).
1837 Siehe 5. Teil A. III. 2. c).
1838 Siehe 5. Teil A. III. 2. d).
1839 Siehe 5. Teil A. III. 2. e).

Kenntnis der eigenen (drohenden) Zahlungsunfähigkeit[1840] sowie der Zahlungseinstellung[1841] anzunehmen. Ein starkes Beweisanzeichen für den Benachteiligungsvorsatz liegt zudem vor, wenn der Schuldner dem Gläubiger eine inkongruente Deckung gewährt hat[1842], sowie bei Leistungen des Schuldners zur Abwendung einer unmittelbar drohenden Zwangsvollstreckung innerhalb der Drei-Monats-Frist vor dem Eröffnungsantrag.[1843] Zahlungserleichterungen gelten nach dem misslungenen § 133 Abs. 3 Satz 2 InsO mittlerweile hingegen nicht mehr als Beweisanzeichen für den Benachteiligungsvorsatz.[1844] Zudem kommen zugunsten des Anfechtungsgegners gegenläufige Beweisanzeichen in Betracht, insbesondere, dass die Rechtshandlung Bestandteil eines ernsthaften, letztendlich aber fehlgeschlagenen Sanierungsversuchs war.[1845]

Weiterhin setzt die Vorsatzanfechtung gem. § 133 Abs. 1 InsO voraus, dass der Anfechtungsgegner zur Zeit der Rechtshandlung des Schuldners dessen Gläubigerbenachteiligungsvorsatz kannte. Abgesehen von kollusivem Verhalten von Schuldner und Anfechtungsgegner zulasten der (künftigen) Insolvenzgläubiger kann der Nachweis der Kenntnis regelmäßig nur über Beweisanzeichen, insbesondere den Nachweis der Kenntnis der Zahlungsunfähigkeit oder Zahlungseinstellung, im Anfechtungsprozess gelingen.[1846] Auch der Anfechtungsgegner kann gegenläufige Indizien vortragen, die gegen seine Kenntnis von der (drohenden) Zahlungsunfähigkeit sprechen, insbesondere, dass die Leistungen des Schuldners aufgrund von Sanierungsbemühungen auf der Grundlage eines belastbaren Sanierungskonzepts erfolgt sind.[1847]

Die verschiedenen Anknüpfungstatsachen hat der Tatrichter gem. § 286 ZPO unter Würdigung aller maßgeblichen Umstände des Einzelfalls auf der Grundlage des Gesamtergebnisses der Verhandlung und einer etwaigen Beweisaufnahme zu prüfen.[1848]

Im Strafprozess ist für eine Strafbarkeit des Verwalters vom Gericht der Beweis zu erheben nach § 244 Abs. 2 StPO und die Überzeugung im Sinne des § 261 StPO zu bilden, dass die Voraussetzungen eines Anfechtungsanspruchs

1840 Siehe 5. Teil A. III. 2. e) aa).
1841 Siehe 5. Teil A. III. 2. e) bb).
1842 Siehe 5. Teil A. III. 2. e) cc).
1843 Siehe 5. Teil A. III. 2. e) dd).
1844 Siehe 5. Teil A. III. 2. e) ee).
1845 Siehe 5. Teil A. III. 2. e) ff).
1846 Siehe 5. Teil A. III. 2. f).
1847 Siehe 5. Teil A. III. 2. f) ee).
1848 Siehe 5. Teil A. III. 3.

vorgelegen haben, Bonität und Verität des Anspruchs gewährleistet waren, und der Verwalter trotz Kenntnis dieses werthaltigen Anspruchs pflichtwidrig auf dessen Geltendmachung verzichtet hat. Gem. § 261 StPO entscheidet im Strafprozess das Gericht über das Ergebnis der Beweisaufnahme nach seiner freien, aus dem Inbegriff der Verhandlung geschöpften Überzeugung. Die Überzeugung hat sich das Gericht allein anhand des Beweisstoffs, der in verfahrensrechtlich zulässiger Weise in die Hauptverhandlung eingeführt und somit zum Gegenstand der Verhandlung geworden ist, zu bilden. Für diejenigen Tatsachen und Erfahrungssätze, auf denen das tatrichterliche Urteil seinem sachlichen Gehalt nach beruht, gilt die förmliche Beweisaufnahme (Strengbeweisverfahren).[1849]

Im Strafprozess gilt der Untersuchungsgrundsatz. Das für die Überzeugungsbildung im Sinne des § 261 StPO erforderliche Beweismaß wird nach den gleichen Grundsätzen wie im Zivilprozess bestimmt.[1850] Im Strafprozess bestehen die unmittelbar entscheidungserheblichen Tatsachen (Haupttatsachen) in den Tatbestandsmerkmalen der Strafnorm, deren Verletzung durch den Angeklagten im Raum steht. Da das Gericht den tatbestandsmäßigen Geschehensablauf nicht miterlebt hat, kann das Gericht die Verwirklichung eines Tatbestandes durch einen Beschuldigten als zu beweisende Haupttatsache regelmäßig nur durch eine Rekonstruktion der Tat anhand der Beweismittel beweisen. So lassen Indizien – mit einem unterschiedlichen Maß an Wahrscheinlichkeit – einen Schluss auf die Haupttatsache zu.[1851] Entscheidend kommt es daher darauf, wie in einem Strafverfahren für die Überzeugungsbildung des Tatrichters gem. § 261 StPO ausreichende Beweismittel im Hinblick auf die Kenntnis des Verwalters von dem Bestehen werthaltiger Anfechtungsansprüche in die Hauptverhandlung eingebracht werden können. Erforderlich ist im ersten Schritt eine Prognose, ob der Anspruch (prozessual) hätte durchgesetzt und vollstreckt werden können. Im zweiten Schritt ist zu beurteilen, ob der Verwalter pflichtwidrig auf die Geltendmachung verzichtet, dadurch den objektiven Tatbestand des § 266 StGB verwirklicht hat, und sich auch sein Vorsatz auf dieses pflichtwidrige Verhalten bezog.[1852]

Im Strafprozess ist daher zur Bestimmung des Vorliegens eines werthaltigen Anfechtungsanspruchs zunächst nach zivilrechtlichen Maßstäben das Vorliegen der jeweiligen Anspruchsvoraussetzungen genauso zu bestimmen wie in einem

---

1849 Siehe 5. Teil A. IV.
1850 Siehe 5. Teil A. IV. 1.
1851 Siehe 5. Teil A. IV. 2.
1852 Siehe 5. Teil A. V. 1.

Anfechtungsprozess. Auch wenn sich eine schematische, allgemeingültige und umfassende Feststellung zu den notwendigen Voraussetzungen hierfür nicht treffen lässt, sind bei der Ermittlung von Anfechtungsansprüchen im Grundsatz die als punktuelle juristische Methode sowie die als zeitraumbezogene betriebswirtschaftliche Methode bezeichnete Vorgehensweise zu unterscheiden.[1853] Anhand dieser Methoden können Anfechtungsansprüche auch im Strafprozess ermittelt werden.

Im zweiten Schritt sind – wenn ausreichend Indizien zur Überzeugungsbildung des Gerichts dazu, dass der Anspruch in zivilrechtlicher Hinsicht durchsetzbar und werthaltig ist, ermittelt und in die Hauptverhandlung eingeführt wurden – Beweismittel für die Bildung der Überzeugung des Gerichts von der Kenntnis des Verwalters von diesem werthaltigen Anspruch und davon, dass der Verwalter dennoch pflichtwidrig mit Schädigungsvorsatz auf dessen (prozessuale) Geltendmachung verzichtet hat, in die Hauptverhandlung einzuführen.[1854]

Aufgrund des in dubio pro reo-Grundsatzes muss sich jeder nicht behebbare Zweifel an einer für die Überzeugungsbildung erheblichen Tatsache zugunsten des Angeklagten auswirken. Das Gericht darf den in dubio pro reo-Grundsatz aber erst anwenden, wenn es nach abgeschlossener Beweiserhebung und Beweiswürdigung nicht zu einer Überzeugung im Sinne des § 261 StPO gelangen kann. Auf einzelne Elemente der Beweiswürdigung ist der Grundsatz im Hinblick auf die Haupttatsache grundsätzlich nicht anzuwenden. Belastende Indizien müssen allerdings, um als Beweistatsache bewertet werden zu können, ihrerseits bewiesen sein.[1855]

Liegen Indizien für die Kenntnis des Verwalters von auf die Anfechtbarkeit hinweisenden Indizien einerseits und andererseits Indizien, die auf eine Interessenkollision hinweisen, vor, können diese Indizien als Beweiskette oder Beweisring dem Gericht die Überzeugung im Sinne des § 261 StPO vermitteln, dass der Verwalter aufgrund der Interessenkollision pflichtwidrig auf die Anfechtung verzichtet und vorsätzlich den Tatbestand des § 266 StGB verwirklicht hat. Vermögen die Indizien hingegen auch in ihrer Gesamtschau dem Gericht die erforderliche Überzeugung nicht zu vermitteln, ist der Verwalter freizusprechen.

Neben der Verwirklichung des Untreuetatbestandes durch die unterlassene Insolvenzanfechtung kann sich der Verwalter nicht gleichzeitig eines Bankrotts nach § 283 StGB schuldig machen.

1853 Siehe 5. Teil A. V. 2.
1854 Siehe 5. Teil A. V. 3.
1855 Siehe 5. Teil A. VI.

Bei den Sonderdelikten der §§ 283 bis 283c StGB kann tauglicher Täter nur der Schuldner sein. Hinsichtlich einer Strafbarkeit des Insolvenzverwalters nach § 283 StGB kommt es daher darauf an, dass der Schuldner § 283 Abs. 6 StGB erfüllt, der Insolvenzverwalter als einer der Handelnden im Sinne des § 14 StGB zu qualifizieren ist, bei der jeweiligen Handlung auch konkret als Handelnder im Sinne des § 14 StGB agiert, und seine Handlung als eine tatbestandliche Bankrotthandlung einzuordnen ist. Der BGH hat die Interessentheorie aufgegeben und stellt nun in Anlehnung an den objektiv-funktionalen Zusammenhang darauf ab, ob der Handelnde gerade in seiner Eigenschaft als vertretungsberechtigtes Organ, also im Geschäftskreis des Vertretenen und nicht bloß „bei Gelegenheit", tätig wird. Der BGH unterscheidet insoweit für die Zurechnung der Schuldnereigenschaft nach § 14 Abs. 1 Nr. 3 StGB zwischen rechtsgeschäftlichem und faktischem Handeln. Es ist daher wie bei der Untreuestrafbarkeit zwischen rechtsgeschäftlichem und tatsächlichem Unterlassen der Geltendmachung von Anfechtungsansprüchen zu unterscheiden.[1856]

Bei rechtsgeschäftlichem Handeln des Verwalters scheidet eine Bankrottstrafbarkeit aus, weil die Rechtsgeschäfte nach den Grundsätzen der evidenten Insolvenzzweckwidrigkeit nichtig sind.[1857] Bei faktischem Handeln nimmt der BGH eine Zurechnung an, wenn eine (mutmaßliche) Zustimmung des Vertretenen vorliegt. Eine Wahrnehmung der Angelegenheiten des Schuldners scheidet indes unabhängig von einer Zustimmung des Vertretenen aus, wenn der Insolvenzverwalter Aufgaben wahrnimmt, die ihm nur Kraft seines Amtes verliehen wurden. Dies trifft auf die Ermittlung und Durchsetzung von Anfechtungsansprüchen zu, so dass der Verwalter insoweit nicht konkret als Vertreter des Schuldners handelt und eine Strafbarkeit nach den §§ 283 ff. StGB ausscheidet.[1858]

1856 Siehe 6. Teil A.
1857 Siehe 6. Teil A. I.
1858 Siehe 6. Teil A. II.

Literaturverzeichnis

Achenbach, Hans/ Ransiek, Andreas/ Rönnau, Thomas (Hrsg.): Handbuch Wirtschaftsstrafrecht, 5. Auflage, Heidelberg 2019

Adam, Roman: Zweck des Insolvenzverfahrens und Spielraum der Verwaltung, DZWIR 2019, S. 1–9

Ders.: Betriebsfortführung und Gleichbehandlung der Insolvenzgläubiger, DZWIR 2007, S. 357–361

Adick, Markus/ Bülte, Jens (Hrsg.): Fiskalstrafrecht, Straftaten gegen staatliche Vermögenswerte, 2. Auflage, Heidelberg 2019

Ahrens, Martin/ Gehrlein, Markus/ Ringstmeier, Andreas: Insolvenzordnung, Kommentar, 3. Auflage, München 2017

Ahrens, Martin: Insolvenzrechtliche Hinweispflichten, Festschrift für Hans Gerhard Ganter zum 65. Geburtstag, hrsg. v. Berger, Christian/ Kayser, Godehard/ Pannen, Klaus, München 2010, S. 76–88

Albrecht, Anna H.: Zur Unmittelbarkeit des Nachteils bei der Untreue, GA 2017, S. 130–146

Ampferl, Hubert/ Kilper, Raik: Die Ermittlung der Zahlungsunfähigkeit in der Praxis, NZI 2018, S. 191–197

Anders, Ralf Peter: Zur Bestimmung der Grenze des Gesellschaftereinverständnisses bei der GmbH-Untreue, NZWiSt 2017, S. 13–22

Andres, Dirk/ Leithaus, Rolf (Hrsg.): Insolvenzordnung (InsO), Kommentar, 4. Auflage, München 2018

Antholz, Jan M.: Zur Notwendigkeit der Objektivierung des Gläubigereinflusses bei der Verwalterwahl, ZInsO 2012, S. 1189–1197

Antoni, Peter: Voraussetzungen der Entlassung des Insolvenzverwalters wegen Pflichtverletzungen, NZI 2015, S. 543–545

Arloth, Frank: Zur Abgrenzung von Untreue und Bankrott bei der GmbH, NStZ 1990, S. 570–575

Arzt, Gunther: Zur Untreue durch befugtes Handeln, Festschrift für Hans-Juergen Bruns zum 70. Geburtstag, hrsg. v. Frisch, Wolfgang/ Schmid, Werner, Köln, Berlin, Bonn, München 1978, S. 365–384

Bales, Klaus: Einflussmöglichkeiten von Banken bei der Auswahl des Insolvenzverwalters, BKR 2003, S. 967–970

Bartels, Florian: Die subjektiven Tatbestandsmerkmale von § 133 InsO, KTS 2016, S. 301–333

Ders.: Insolvenzanfechtung und Leistungen Dritter, Tübingen 2015

Bauer, Joachim: Insolvenzgläubiger als Einnahmequelle des Fiskus und der Sozialversicherungen?, ZInsO 2010, S. 1917–1921

Ders.: Die schleichende Wiedereinführung von Insolvenzvorrechten zugunsten des Fiskus und der Sozialkassen schreitet voran – § 28e Abs. 1 Satz 2 SGB IV n.F. als jüngstes Beispiel für Verstöße gegen den Gläubigergleichbehandlungsgrundsatz, ZInsO 2008, S. 119–125

Baumbach, Adolf/ Hueck, Alfred (Hrsg.): Gesetz betreffend die Gesellschaften mit beschränkter Haftung, 21. Auflage, München 2017

Baumert, Andreas J.: Widerlegung der Vermutung der Zahlungsunfähigkeit bei Zahlungseinstellung – offene Prozessfragen und IDW IDWPS S 11 Anm. zu BGH, NZI 2015, 511, NZI 2015, S. 589–593

Ders.: Zahlungseinstellung bei Bugwelle, NZI 2013, S. 919–922

Bea, Sylwia Maria/ Fischer, Nicolai: Aktuelle Fragestellungen bei der Gestaltung der anwaltlichen Beratung in der Eigenverwaltung, NZI 2019, S. 15–23

Beck, Siegfried/ Depré, Peter (Hrsg.): Praxis der Insolvenz, 3. Auflage, München 2017

Becker, Christian: Praxiskommentar zu BGH, Urt. v. 12.10.2016 – 5 StR 134/15, NStZ 2017, 227, NStZ 2017, S. 232–234

Ders.: Das Bundesverfassungsgericht und die Untreue: Weißer Ritter oder feindliche Übernahme? Zum Beschluss des BVerfG vom 23.6.2010 2 BvR 2559/08 = HRRS 2010, Nr. 656, HRRS 2010, S. 383–393

Ders.: Paradigmenwechsel in der Schadensdogmatik oder „Viel Lärm um nichts“? Zur aktuellen Kontroverse um die sog. „schadensgleiche Vermögensgefährdung“, HRRS 2009, S. 334–340

Becker, Udo: Insolvenzverwalterhaftung bei Unternehmensfortführung, Tübingen 2016

Ders.: Umfassendes Recht der Gläubigerversammlung zur Wahl des Insolvenzverwalters – Ein Plädoyer für mehr Gläubigerautonomie, NZI 2011, S. 961–967

Beckemper, Katharina: Anmerkung zu BGH, Urteil vom 6. 12. 2001 – 1 StR 215/01, NStZ 2002, 322, NStZ 2002, S. 324–326

Behn, Oliver/ Kühle, Ulrich: Liechtensteinische Lebensversicherung: asset protection zu Lasten der Erben?, ZEV 2014, S. 148–153

Beissenhirtz, Volker: ESUG-Evaluation – und nu?, ZInsO 2019, S. 180–184

Bender, Rolf/ Nack, Armin/ Treuer, Wolf Dieter (begründet und weitergeführt): Tatsachenfeststellung vor Gericht, Glaubhaftigkeits- und Beweislehre, Vernehmungslehre, 4. Auflage, München 2014

Berger, Christian/ Frege, Michael C./ Nicht, Matthias: Unternehmerische Ermessensentscheidungen im Insolvenzverfahren – Entscheidungsfindung, Kontrolle und persönliche Haftung, NZI 2010, S. 321–332

Berger, Christian/ Frege, Michael C.: Business Judgment Rule bei Unternehmensfortführung in der Insolvenz – Haftungsprivileg für den Verwalter?, ZIP 2008, S. 204–210

Berner, Hans-Joachim/ Köster, Malte/ Lambrecht, Martin: Fallstricke der vorläufigen Eigenverwaltung und des Schutzschirmverfahrens – Zugleich Plädoyer für einen differenzierten Umgang mit dem „vorgeschlagenen" Sachwalter, NZI 2018, S. 425–431

Bernsmann, Klaus: Alles Untreue? Skizzen zu Problemen der Untreue nach § 266 StGB, GA 2007, S. 219–237

Beulke, Werner: Wirtschaftslenkung im Zeichen des Untreuetatbestands, Festschrift für Ulrich Eisenberg zum 70. Geburtstag, hrsg. v. Müller, Henning Ernst/ Sander, Günther M./ Válková, Helena, München 2009, S. 245–270

Bieder, Marcus: Grund und Grenzen der Verfolgungspflicht des Aufsichtsrats bei pflichtwidrigem Vorstandshandeln, NZG 2015, S. 1178–1186

Biehl, Kristof/ Bograkos, Charis: Insolvenzanfechtung in masseunzulänglichen Verfahren – Zum Verständnis der »Benachteiligung der Insolvenzgläubiger«, DZWIR 2002, S. 139–142

Biermann, Frank: Die strafrechtlichen Risiken der Tätigkeit des (vorläufigen) Insolvenzverwalters, Baden-Baden 2008

Bisle, Michael: Asset Protection durch den Einsatz inländischer Familienstiftungen, DStR 2012, S. 525–527

Bitter, Georg: Zur Haftung des Geschäftsführers einer GmbH bei Anordnung der Eigenverwaltung, Anmerkung zu BGH, Urt. v. 26.4.2018 – IX ZR 238/17, ZIP 2018, 977, ZIP 2018, S. 986–988

Bittmann, Folker: Betrug und Untreue, wistra 2018, S. 425–427

Ders.: Untreue: Erkennbarkeit und Praktikabilität = mehr Rechtssicherheit – zugleich Besprechung zweier Entscheidungen des 5. Strafsenats des BGH, wistra 2017, 148 und wistra 2017, 153 –, wistra 2017, S. 121–127

Ders.: Aktuelle Problemfelder bei Betrug und Untreue – zugleich Anmerkung zu BGH, wistra 2013, 311 –, wistra 2013, S. 449–455

Ders.: Quantifizierung des Betrugsschadens und Untreuenachteils im Wege korrigierter ex-post-Betrachtung, NStZ 2013, S. 72–74

Ders.: Verschleifungsverbot, Quantifizierungsgebot (§§ 263, 266 StGB) und Pflichtwidrigkeit (§ 266 StGB), wistra 2013, S. 1–8

Ders.: Dogmatik der Untreue, insbesondere des Vermögensnachteils, NStZ 2012, S. 57–63

Ders.: Anfechtung als Schnittstelle von Strafvollstreckungs- und Insolvenzrecht, wistra 2011, S. 133–134

Ders.: Nochmals – Geldstrafen und Insolvenzanfechtung – Erwiderung auf Rinjes, wistra 2008, 336 ff. –, wistra 2009, S. 15–16

Ders. (Hrsg.): Praxishandbuch Insolvenzstrafrecht, 2. Auflage, Berlin, Boston 2017

Blassl, Sebastian Johannes: Bilanzierung von Vermögensnachteilen – Gefährdungsschaden, Vorsichtsprinzip und in dubio pro reo –, wistra 2016, S. 425–431

Blersch, Jürgen/ Goetsch, Hans-W./ Haas, Ulrich (Hrsg.): Berliner Kommentar Insolvenzrecht, InsO, InsVV, Internationales InsR, Steuerrecht, SchVG, ArbnErfG, 73. Ergänzungslieferung Stand: 09/2020, München 2020

Bock, Dennis: Strafrecht Besonderer Teil 2, Vermögensdelikte, Berlin 2018

Bönner, Maximilian: Unternehmerisches Ermessen und Haftung des Insolvenzverwalters im Vergleich mit anderen gesetzlich geregelten Vermögens-Verwaltern, Münster 2009 zit.: *Bönner*, Unternehmerisches Ermessen

Bork, Reinhard: Neues Insolvenzanfechtungsrecht: Verschärfung oder Entmachtung?, ZIP 2014, S. 1905–1909

Ders.: Die Unabhängigkeit des Insolvenzverwalters ist nicht disponibel, ZIP 2013, S. 145–149

Ders.: Die Zurechnung subjektiver Tatbestandsmerkmale in der Insolvenz, Festschrift für Karsten Schmidt zum 70. Geburtstag, hrsg. v. Bitter, Georg/ Lutter, Marcus/ Priester, Hans-Joachim/ Schön, Wolfgang/ Ulmer, Peter, Köln 2009, S. 143–155

Ders.: Haftung und Insolvenz, Festschrift für Hans Gerhard Ganter zum 65. Geburtstag, hrsg. v. Berger, Christian/ Kayser, Godehard/ Pannen, Klaus, München 2010, S. 37–52

Ders.: Verfolgungspflichten – Muss der Insolvenzverwalter alle Forderungen einziehen?, ZIP 2005, S. 1120–1124

Brand, Christian: Die Aufgabe der „Bugwellentheorie“ und die Auswirkungen auf das Insolvenzstrafrecht, ZInsO 2018, S. 689–694

Ders.: Anmerkung zu BGH, Urteil vom 12.10.2016 – 5 StR 134/15, NJW 2017, 578, NJW 2018, S. 582

Ders.: Abschied von der Interessentheorie – und was nun? – Besprechung von BGH, Beschl. v. 10. 2. 2009 – 3 StR 372/08 (NStZ 2009, 437), NStZ 2010, S. 9–13

Ders.: Untreue und Bankrott in der KG und der GmbH & Co KG, Zugleich ein Beitrag zum Gesamthandsprinzip, Berlin 2010

Ders.: Der Insolvenzverwalter als Amtsträger und Täter der §§ 331, 332 StGB, DZWIR 2008, S. 318–327

Brand, Christian/ Sperling, Christian: Strafbarkeitsrisiken im Gläubigerausschuss, KTS 2009, S. 355–374

Brand, Christian/ Vogt, Bianca: Betrug und Wissenszurechnung bei juristischen Personen des privaten und öffentlichen Rechts, wistra 2007, S. 408–415

Brand, Christian/ Wostry, Ttomas: Der Insolvenzverwalter als tauglicher Täter des § 299 Abs. 1 StGB bei „Schmiergeldzahlungen", ZInsO 2008, S. 64–69

Braun, Eberhard (Hrsg.): Insolvenzordnung (InsO), Kommentar, 8. Auflage, München 2020

Braun, Eberhard: Die Abwahl des zunächst bestellten Insolvenzverwalters in der InsO, Festschrift für Wilhelm Uhlenbruck zum 70. Geburtstag, hrsg. v. Prütting, Hanns/ Vallender, Heinz, Köln 2000, S. 463–500

Brinkmann, Moritz/ Jacoby, Florian/ Thole, Christoph: Überprüfung des Insolvenzanfechtungsrechts durch die Bundesregierung ergibt: Es fehlt an Fiskusprivilegien!, ZIP 2015, S. 2001–2002

Bublitz, Christoph/ Gehrmann, Philipp: Probleme des Betrugstatbestandes bei Nichtgeltendmachung von Forderungen, wistra 2004, S. 126–133

Buchalik, Robert: Handlungsbedarf nach der ESUG Evaluation?, ZInsO 2019, S. 1576–1582

Ders./ Hiebert, Olaf: Insolvenzanfechtung und Insolvenzplan, ZInsO 2014, S. 109–115

Buchholz, Momme: Anmerkung zu BGH, Beschl. v. 20.06.2018 – 4 StR 561/17, StV 2019, S. 36–38

Busch, Dörte: Der Insolvenzverwalter und die Überwindung der Massearmut, Köln 2005

Büttner, Holger: Keine Erzwingungshaft auf Betreiben eines Gläubigers im Insolvenzverfahren, Praxishinweis zu AG Dortmund, Beschl. v. 12.9.2017 – 729 OWi 107/17 [b], VIA 2017, S. 86–87

Cahn, Andreas: Die Wirtschaftliche Betrachtungsweise, Festschrift für Karsten Schmidt zum 70. Geburtstag, hrsg. v. Bitter, Georg/ Lutter, Marcus/ Priester, Hans-Joachim/ Schön, Wolfgang/ Ulmer, Peter, Köln 2009, S. 157–175

von Campe, Moritz: Insolvenzanfechtung in Deutschland und Frankreich: das neue Sach- und Kollisionsrecht (InsO und loi no 85-98), Köln 1996

Ceffinato, Tobias: Beweiswürdigung und Indizienkonstruktionen im Wirtschaftsstrafrecht, ZStW 2016, S. 804–823

Ders.: Legitimation und Grenzen der strafrechtlichen Vertreterhaftung nach § 14 StGB, Berlin 2012

Commandeur, Anja/ Schaumann, Michael: Neuere Entwicklungen im Insolvenzrecht, NZG 2012, S. 620–622

Cramer, Peter: Vermögensbegriff und Vermögensschaden im Strafrecht, Bad Homburg v. d. H., Berlin, Zürich 1968

Cranshaw, Friedrich L.: Gläubigerprivilegien versus Gläubigergleichbehandlung Zugleich ein Beitrag zu Ansprüchen des Kanzleiabwicklers gemäß § 55 BRAO im Insolvenzverfahren, ZInsO 2019, S. 1033–1050

Ders.: Erneute Vollstreckung einer Geldstrafe nach Anfechtung ihrer Zahlung durch den Insolvenzverwalter – Anmerkung zu LG Göttingen, Beschl. v. 19.1.2016 – 5 QS 3/15, jurisPR-InsR 7/2016 Anm. 2

Ders.: Grenzüberschreitende Anfechtungsklagen, ZInsO 2012, S. 1237–1246

Ders.: Abtretbarkeit des Anfechtungsanspruchs auf Rückgewähr – Anmerkung zu BGH, VU v. 17.02.2011 – IX ZR 91/10, jurisPR-InsR 17/2011 Anm. 3

Ders./ Knöpnadel, Ulf: Unternehmenssanierung zwischen Ökonomie und Recht – Teil 1, ZInsO 2016, S. 357–366

Cranshaw, Friedrich L./ Paulus, Christoph G./ Michel, Nicole (Hrsg.): Bankenkommentar zum Insolvenzrecht, Praxiskommentar zu allen für das Kreditinstitut als Insolvenzgläubiger relevanten Vorschriften der Insolvenzordnung, Band 2, §§ 120 – 359, 3. Auflage, Heidelberg 2017

Cyrus, Vera/ Köllner, Rolf E.: Strafbarkeitsrisiken des (anwaltlichen) Sanierungsberaters, NZI 2016, S. 288–294

Dahl, Michael/ Schmitz, Daniel: Das neue Insolvenzanfechtungsrecht, NJW 2017, S. 1505–1511

Dahl, Michael/ Linnenbrink, Frank/ Schmitz, Daniel: Der Referentenentwurf zur Reform des Insolvenzanfechtungsrechts – eine kritische Betrachtung, NZI 2015, S. 441–446

Dannecker, Gerhard/ Knierim, Thomas C. (Begr.): Insolvenzstrafrecht, 3. Auflage, Heidelberg 2018

Deckenbrock, Christian: Tätigkeitsverbote wegen nichtanwaltlicher Vorbefassung und ihre Sozietätserstreckung, NJW 2015, S. 522–527

Deiters, Mark: Organuntreue durch Spenden und prospektiv kompensationslose Anerkennung, ZIS 2006, S. 152–160

Dierlamm, Alfred: Neue Entwicklungen zur Untreue – Loslösung des Tatbestandes von zivilrechtlichen Kategorien?, StraFo 2005, S. 397–404

Dinter, Lasse: Der Pflichtwidrigkeitsvorsatz der Untreue, Zugleich ein Beitrag zur gesetzlichen Bestimmtheit des § 266 StGB, Heidelberg, München et al. 2012

Dörndörfer, Josef/ Neie, Jens/ Wendtland, Holger/ Gerlach, Karl-Heinz (Hrsg.): BeckOK Kostenrecht, 31. Edition, Stand 01.09.2020, München 2020 Zit.: *Bearbeiter*, in: BeckOK-Kostenrecht

Dreier, Horst (Hrsg.): Grundgesetz-Kommentar, Band III, Artikel 83–146, 3. Auflage, Tübingen 2018

Drukarczyk, Jochen: Unternehmen und Insolvenz, Zur effizienten Gestaltung des Kreditsicherungs- und Insolvenzrechts, Wiesbaden 1987

Eckardt, Diederich: Zur Abtretbarkeit anfechtungsrechtlich begründeter Ansprüche im Konkurs, KTS 1993, S. 585–609

Eggers, Tobias/ Reuker, Ulf: Zur Auswirkung einer Insolvenzanfechtung auf rechtskräftig abgeschlossene Strafverfahren, wistra 2011, S. 413–415

Ehrlers, Harald: Die besondere Verantwortlichkeit des (vorläufigen) Sachwalters, ZInsO 2015, S. 1417–1421

Ders.: Teilnahme und Nutzen einer Mitgliedschaft im Gläubigerausschuss, BB 2013, S. 259–264

Ders.: Die Risiken der Sanierungsberatung, ZInsO 2013, S. 105–119

Ehmann, Erik: Vorsatzanfechtung bei marktüblichen Austauschgeschäften nach der Reform der Insolvenzanfechtung – Erläuterung der verbleibenden Risiken und Vorschläge zur Anfechtungsprophylaxe, GWR 2018, S. 81–89

Erbs, Georg (Begr.)/ Kolhaas, Max (vorm. Hrsg.): Strafrechtliche Nebengesetze mit Straf- und Bußgeldvorschriften des Wirtschafts- und Verwaltungsrechts, hrsg. v. Häberle, Peter, 223. EL Januar 2019, München 2019

Erker, Astrid: Die Business Judgment Rule im Haftungsstatut des Insolvenzverwalters, ZInsO 2012, S. 199–204

Esser, Robert: Unternehmerische Fehlentscheidungen als Untreue Plädoyer für den Erhalt einer strafrechtlichen Wertungsebene, NZWiSt 2018, S. 201–208

Ders./ Rübenstahl, Martin/ Saliger, Frank/ Tsambikakis, Michael (Hrsg.): Wirtschaftsstrafrecht, Kommentar mit Steuerstrafrecht und Verfahrensrecht, Köln 2017

Fincke, Martin: Zum Begriff des Beschuldigten und den Verdachtsgraden, ZStW 95 (1983), S. 918–972

Fischer, Gero: Haftungsrisiken für Insolvenzverwalter bei unterlassener Inanspruchnahme gewerblicher Prozessfinanzierung, NZI 2014, 241–247

Ders.: Die Feststellung der Zahlungsunfähigkeit – Folgerungen aus der Rechtsprechung des IX. Zivilsenats, Festschrift für Hans Gerhard Ganter zum 65. Geburtstag, hrsg. v. Berger, Christian/ Kayser, Godehard/ Pannen, Klaus, München 2010, S. 153–168

Ders.: Gläubigerbenachteiligungsvorsatz bei kongruenter Deckung, NZI 2008, S. 588–594

Ders.: Bewirken Leistungen, die zur Erledigung des Insolvenzantrags führen, eine kongruente Deckung?, Festschrift für Hans-Peter Kirchhof zum 65. Geburtstag, hrsg. v. Gerhardt, Walter/ Haarmeyer, Hans/ Kreft, Gerhart, Recklinghausen 2003, S. 73–84

Fischer, Thomas: Strafgesetzbuch mit Nebengesetzen, Kommentar, 67. Auflage, München 2020

Ders.: Schätzungen in der Rechtsprechung des Bundesgerichtshofs, StraFo 2012, S. 429–433

Ders.: Strafbarer Gefährdungsschaden oder strafloser Untreueversuch – Zur Bestimmtheit der Untreue-Rechtsprechung – zugleich Besprechung von BVerfG, Beschl. v. 10.03.2009, 2 BvR 1980/07 –, StV 2010, S. 95–101

Ders.: Der Gefährdungsschaden bei § 266 in der Rechtsprechung des BGH, StraFo 2008, S. 269–277

Flaig, Dominik: Regierungsentwurf eines Gesetzes zur Verbesserung der Rechtssicherheit bei Anfechtungen nach der Insolvenzordnung und nach dem Anfechtungsgesetz, GWR 2016, S. 71–74

Fleischer, Holger: Reichweite und Grenzen der unbeschränkten Organvertretungsmacht im Kapitalgesellschaftsrecht, NZG 2005, S. 529–537

Flöther, Lucas F.: Vergütungsanspruch der Mitglieder des vorläufigen Gläubigerausschusses, Anmerkung zu AG Konstanz, Beschluss vom 11.08.2015 – 40 IN 408/14, jurisPR-InsR 12/2016 Anm. 4

Ders.: Die aktuelle Reform des Insolvenzrechts durch das ESUG – Mehr Schein als Sein?, ZIP 2012, S. 1833–1842

Ders./ Bräuer, Gregor: Die Abtretung künftiger Lohnforderungen in der Insolvenz des Arbeitnehmers – Wirksamkeit und Anfechtbarkeit der (Voraus-) Verfügung im Lichte des § 114 I InsO – Normanwendung zu Lasten der par condicio creditorum?, NZI 2006, S. 136–144

Dies.: Die Bedeutungslosigkeit des § 266 a Abs. 1 StGB als Vorrecht der Sozialversicherungsträger in der Insolvenz des Beitragsschuldners (§ 266a Abs. 1 StGB), Zugleich eine Besprechung des Urteils des OLG Dresden vom 16. 1. 2003 – 7 U 1167/02, DZWIR 2003, S. 353–361

Fölsing, Philipp: Die Auswahl des Sachwalters in der Eigenverwaltung, ZInsO 2012, S. 2272–2276

Förster, Karsten: Klartext: Ex und hopp?, ZInsO 1999, S. 625–627

Frege, Michael C.: Der Sonderinsolvenzverwalter, Köln 2008

Ders./ Keller, Ulrich/ Riedel, Ernst: Handbuch der Rechtspraxis, Band 3, Insolvenzrecht, 8. Auflage, München 2015 zit.: Frege/Keller/Riedel-InsO

Frege, Michael C./ Nicht, Matthias: Die Anwendung der Business Judgment Rule auf unternehmerische Ermessensentscheidungen des Insolvenzverwalters, Festschrift für Jobst Wellensiek zum 80. Geburtstag, hrsg. v. Flitsch, Michael/ Hagebusch, Alfred et al., München 2011, S. 291–304

Freitag, Robert/ Korch, Stefan: Die Angemessenheit der Information im Rahmen der Business Judgment Rule (§ 93 Abs. 1 Satz 2 AktG), ZIP 2012, S. 2281–2286

Fridgen, Alexander/ Geiwitz, Arndt/ Göpfert, Burkard (Hrsg.): BeckOK InsO, mit InsVV und EuInsVO, 21. Edition, Stand: 15.10.2020, München 2020 zit.: *Bearbeiter*, in: BeckOK-InsO

Frind, Frank: Die Übertragbarkeit der Grundsätze zum „anfechtungshindernden" Vertrauen im Regelinsolvenzverfahren auf das Eigenverwaltungsverfahren, ZInsO 2019, S. 1292–1299

Ders.: Die Reichweite der amtswegigen Tätigkeit des insolvenzgerichtlichen Rechtsanwenders – oder: „Prüfen statt Durchwinken!", ZInsO 2015, S. 231–241

Ders.: Die Notwendigkeit des rechtzeitigen und vollständigen „conflict check" und seiner Mitteilung durch Insolvenzverwalter/Sachwalter Zugleich Erläuterung der „Hamburger Leitlinien zu Reichweite und Durchführung des ‚conflict check'", ZInsO 2017, 375, ZInsO 2017, S. 363–370

Ders.: Etappensieg bei der Ablehnung der Bestellbarkeit von „juristischen Personen"?, NZI 2016, S. 156–158

Ders.: Wann ist (ein Ratschlag zur) Eigenverwaltung gerechtfertigt?, DB 2014, S. 165–170

Ders.: Der Aufgabenkreis des vorläufigen Sachwalters in der Eigenverwaltung – Eine Betrachtung aus insolvenzgerichtlicher Sicht, NZI 2014, S. 937–942

Ders.: Insolvenzanfechtung – unverzichtbarer Baustein zur gleichmäßigen Gläubigerbefriedigung und zur Stärkung der Ordnungsfunktion oder Instrument zur Gefährdung des Wirtschaftsverkehrs?, ZInsO 2014, S. 1985–1990

Ders.: Die Unabhängigkeit des (vorläufigen) Insolvenzverwalters/Sachwalters nach Inkrafttreten des »ESUG«, Festschrift für Hans Haarmeyer zum 65. Geburtstag, hrsg. v. Grote, Hugo/ Obermüller, Manfred/ Pape, Gerhard, Köln 2013, S. 39–63

Ders.: Aktuelle Anwendungsprobleme beim „ESUG" – Teil 1, ZInsO 2013, S. 59–64

Ders.: Der vorläufige Gläubigerausschuss – Rechte, Pflichten und Haftungsgefahren, ZInsO 2012, S. 1380–1387

Ders.: Der Einfluss von Selbstregularien der Insolvenzverwalter-Zusammenschlüsse bei der Auswahl, Aufsicht über und der Entlassung von Insolvenzverwaltern, NZI 2011, S. 785–791

Ders.: Die Gläubigermitbestimmung bei der Verwalterauswahl und das „Zeitkorridor-Problem", ZInsO 2011, S. 757–764

Ders.: Problemanalyse zum RefE „ESUG" – Teil 1, ZInsO 2011, S. 373–381

Ders.: Unabhängigkeit – kein Wert mehr an sich? – Die Auswahl und berufliche Stellung des Insolvenzverwalters nach den neuen Regelungsentwürfen zur Änderung der InsO, NZI 2010, S. 705–709

Ders.: Vom Insolvenzverwalter zum Insolvenzberater?, ZInsO 2010, S. 1966–1969

Ders.: Neue Gefahren für die Unabhängigkeit des Insolvenzverwalters, ZInsO 2002, S. 745–753

Ders.: Brauchen wir die „automatisierte" Verwalterauswahl? – Kritische Anmerkungen aus Sicht der Praxis –, ZInsO 2001, S. 481–486

Frings, Daniel/ Bernsen, Georg: Die Bestellung des Beraters zum Insolvenzverwalter?, NJW-Spezial 2012, S. 405–406

Frystatzki, Christian: Die Beurteilung des Vorliegens von Insolvenzeröffnungsgründen – Entwurf eines neuen Standards des Instituts der Wirtschaftsprüfer (IDW ES 11), NZI 2014, S. 840–846

Gaier, Reinhard: Verfassungsrechtliche Aspekte der Auswahl und der Abwahl des Insolvenzverwalters, ZInsO 2006, S. 1177–1183

Ganter, Hans Gerhard: Zwischenbilanz zur Insolvenzrechtsreform 2017, NZI 2019, S. 481–491

Ders.: Der Beruf des Insolvenzverwalters zwischen allen Stühlen?, NZI 2018, S. 137–144

Ders.: Anmerkung zu OLG Karlsruhe, Beschluss vom 12.8.2013 – 9 U 55/13, NZI 2014, S. 122–123

Ders.: Das personengebundene Massedarlehen, ZIP 2013, S. 597–604

Ders.: Vorsatzanfechtung nach fehlgeschlagener Sanierung, WM 2009, S. 1441–1452

Gähler, Sven Gerry: Der Gefährdungsschaden im Untreuetatbestand, Eine Untersuchung vor dem Hintergrund der neueren Entwicklung in der Rechtsprechung, Baden-Baden 2016

Gehrlein, Markus: Reichweite und Grenzen der Befugnisse von Gesellschaftern und Anteilseignern in der Regelinsolvenz, ZInsO 2017, S. 1977–1991

Ders.: Haftung von Geschäftsführern und Gesellschaftern im Rahmen der Eigenverwaltung, ZInsO 2017, S. 849–861

Ders.: Subjektive Merkmale der Insolvenzanfechtung, Festschrift für Hans Gerhard Ganter zum 65. Geburtstag, hrsg. v. Berger, Christian/ Kayser, Godehard/ Pannen, Klaus, München 2010, S. 169–188

Ders./ Born, Manfred/ Simon, Stefan: GmbHG, Gesetz betreffend die Gesellschaften mit beschränkter Haftung, Kommentar, 3. Auflage, Köln 2017

Geiser, Gordon: „Big Data" im Insolvenzverfahren, ZInsO 2017, S. 1185–1192

Geißler, Markus: Die Stellung und Funktion des GmbH-Geschäftsführers als Liquidator bei einem mangels Masse abgewiesenen Insolvenzantrag, GmbHR 2018, S. 1048–1058

Ders.: Die Zahlungsunfähigkeit und die diesbezügliche Kenntnis des Leistungsempfängers innerhalb der Deckungsanfechtung des § 130 InsO, ZInsO 2017, S. 297–307

Ders.: Rechtliche Fixpunkte und Fährnisse bei der Betreibung der Insolvenzanfechtungsklage, ZInsO 2016, S. 1401–1409

Gercke, Björn/ Julius, Karl-Peter/ Temming, Dieter/ Zöller, Mark A. (hrsg.): Heidelberger Kommentar, Strafprozessordnung, 6. Auflage, Heidelberg 2018

Gerhardt, Walter: Besondere prozessuale Zulässigkeitsprobleme für eine Anfechtungsklage wegen Gläubigerbenachteiligung, Festschrift für Karsten Schmidt zum 70. Geburtstag, hrsg. v. Bitter, Georg/ Lutter, Marcus/ Priester, Hans-Joachim/ Schön, Wolfgang/ Ulmer, Peter, Köln 2009, S. 457–468

Von Gleichenstein, Hans: Par conditio creditorum: Subsidiäre Verteilungsregel oder abstrakte Ausprägung des verfassungsrechtlichen allgemeinen Gleichheitssatzes?, NZI 2015, S. 49–55

Gottwald, Peter (Hrsg.): Insolvenzrechts-Handbuch, 5. Auflage, München 2015

Görg, Klaus Hubert: Gerichtliche Korrektur von Fehlentscheidungen der Gläubiger im Insolvenzverfahren, DZWIR 2000, S. 364–367

Graeber, Thorsten: Sind die Regelsätze das § 2 InsVV durch die Praxis anzupassen?, ZInsO 2019, S. 1590–1597

Ders.: Die Entwicklung der Verwalterauswahl unter der Insolvenzordnung, Festschrift für Heinz Vallender zum 65. Geburtstag, hrsg. v. Graf-Schlicker, Marie Luise/ Prütting, Hanns/ Uhlenbruck, Wilhelm, Köln 2015, S. 165–182

Ders.: Kein Konkurrentenschutz für Insolvenzverwalter, NZI 2006, S. 499–501

Ders.: Die Aufgaben des Insolvenzverwalters im Spannungsfeld zwischen Delegationsbedürfnis und Höchstpersönlichkeit, NZI 2003, S. 569–578

Ders.: Anmerkung zu LG Traunstein, Beschl. v. 25.09.2002 – 4 T 2064/02, DZWIR 2003, S. 258–260

Ders.: Die Unabhängigkeit des Insolvenzverwalters gegenüber Gläubigern und Schuldner – Eine „fundamentale“ Anforderung an Verwalter fremden Vermögens, NZI 2002, S. 345–351

Ders.: Die Wahl des Insolvenzverwalters durch die Gläubigerversammlung nach § 57 InsO – Die Macht der Großgläubiger im Verhältnis zur Aufsicht des Insolvenzgerichts, ZIP 2000, S. 1465–1474

Ders.: Zur gerichtlichen Beauftragung eines Sachverständigen zur Prüfung des Handelns eines Gesamtvollstreckungsverwalters, DZWIR 1999, S. 515–516

Graeber, Thorsten/ Pape, Gerhard: Der Sonderverwalter im Insolvenzverfahren, ZIP 2007, S. 991–999

Graf, Jürgen-Peter (Hrsg.): BeckOK StPO mit RiStBV und MiStra, 38. Edition, Stand: 01.10.2020, München 2020 zit.: *Bearbeiter*, in: BeckOK-StPO

Graf, Ulrich/ Wunsch, Irene: Bestellung eines Sonderinsolvenzverwalters der drohendem Interessenkonflikt des Insolvenzverwalters, DZWIR 2002, S. 177–183

Graf-Schlicker, Marie-Luise (Hrsg.): InsO, Kommentar zur Insolvenzordnung, 5. Auflage, Köln 2019

Grigoleit, Hans Christoph (Hrsg.): Aktiengesetz, Kommentar, München 2013

Gruber, Urs: Die neue Korrumpierungsgefahr bei der Insolvenzverwalterbestellung, NJW 2013, S. 584–586

Gulde, Volker: Die Anordnung der Eigenverwaltung durch das Insolvenzgericht im Eröffnungsbeschluss, Köln 2004 zit.: *Gulde*, Die Anordnung der Eigenverwaltung

Gundlach, Ulf/ Frenzel, Volkhard/ Strandmann, Jens-Uwe: Die Rechtsaufsicht des Insolvenzgerichts als Mittel der Begrenzung der Gläubigerautonomie, NZI 2008, S. 461–465

Haarmann, Wilhelm/ Weiß, Michael: Reformbedarf bei der aktienrechtlichen Organhaftung, BB 2014, S. 2115–2125

Haarmeyer, Hans: Darfs ein wenig mehr sein?, ZInsO 2016, S. 1605

Ders.: Der (vergütungsrechtliche) Normalfall der Insolvenz ist die Abwesenheit jedweder Normalität, oder „Wenn Du entdeckst, dass Du ein totes Pferd reitest, steig ab.“, ZInsO 2014, S. 1237–1246

Ders.: Anmerkung zu LG Stendal, Beschl. v. 22.10.2012 – 25 T 184/12, ZInsO 2012, S. 2210–2211

Ders.: Praxisbeispiel zur Vorbefassung eines Insolvenzverwalters – Zugleich eine Besprechung der Entscheidung des AG Mönchengladbach v. 11.8.2011 – 45 IN 130/10, ZInsO 2011, S. 1722–1726

Ders.: Die Zertifizierung von Unternehmens – Insolvenzverwaltern nach den Richtlinien des DIAI, NZI 2007, S. 635–638

Ders.: Nachrichten und Notizen aus der Praxis der Insolvenzordnung, ZInsO 1999, S. 563–564

Ders./ Mock, Sebastian: Insolvenzrechtliche Vergütung (InsVV), 5. Auflage, München 2014

Haarmeyer, Hans/ Huber, Michael/ Schmittmann, Jens M. (Hrsg.): Praxis der Insolvenzanfechtung, 3. Auflage, Köln 2018

Häsemeyer, Ludwig: Insolvenzrecht, 3. Auflage, Köln, Berlin, Bonn, München 2003

Hacker, Maximilian: Verabschiedung des Gesetzes zur Reform des Anfechtungsrechts, NZI 2017, S. 148–150

Häger, Ole/ Harig, Florian: Subjektive Elemente bei § 131 InsO sowie § 133 InsO – Zur Frage der Kenntnis von Inkongruenz beziehungsweise Rechtshandlung, ZInsO 2013, S. 1677–1680

Hammes, Dirk: Keine Eigenverwaltung ohne Berater? – Zu Risiken und Nebenwirkungen einer scheinbaren Selbstverständlichkeit, NZI 2017, S. 233–241

Haneke, Severin: Anmerkung zu BGH, Urteil vom 19.12.2017 – II ZR 88/16, NZI 2018, 204, NZI 2018, S. 209–210

Hannich, Rolf (Hrsg.): Karlsruher Kommentar zur Strafprozessordnung, Mit GVG, EGGVG und EMRK, 8. Auflage, München 2019

Hartwig, Tobias: Sondierung und strukturierte Verfolgung von Anfechtungsansprüchen, InsbürO 2010, S. 52–55

Harz, Michael/ Bornmann, Martina/ Conrad, Günter/ Ecker, Tobias: Zahlungsunfähigkeit, drohende Zahlungsunfähigkeit und Überschuldung – eine Betrachtung aus wirtschaftsforensicher Praxis –, NZI 2015, S. 737–743

Heese, Michael: Die Funktion des Insolvenzrechts im Wettbewerb der Rechtsordnungen, JZ 2018, S. 179–191

Ders.: Gläubigerinformation in der Insolvenz: Eine vergleichende Untersuchung des U.S.-amerikanischen und deutschen Rechts zur Verbesserung des Gläubigerschutzes im Insolvenzverfahren, Tübingen 2008 zit.: *Heese*, Gläubigerinformation

Hefendehl, Roland: Vermögensgefährdung und Exspektanzen: oder das scheinbare Schreckgespenst des Normativen, Dogmatik und Praxis des strafrechtlichen Vermögensschadens, hrsg. v. Fischer, Thomas/ Hoven, Elisa et al., Baden-Baden 2015, S. 77–88

Ders.: Auslaufmodell „Vermögensgefährdung“?, Festschrift für Erich Samson zum 70. Geburtstag, hrsg. v. Joecks, Wolfgang/ Ostendorf, Heribert et al., Heidelberg, München et al. 2010, S. 295–314

Ders.: Vermögensgefährdung und Exspektanzen, Das vom Zivilrecht konstituierte und vom Bilanzrecht konkretisierte Herrschaftsprinzip als Grundlage des strafrechtlichen Vermögensbegriffs, Berlin 1994

Von Heintschel-Heinegg, Bernd (Hrsg.): BeckOK StGB, 48. Edition, Stand: 01.11.2020, München 2020 zit.: *Bearbeiter*, in: BeckOK-StGB

Heinze, Meinhard: Das Verhältnis zwischen Insolvenzverwalter und Insolvenzgericht, Insolvenzrecht im Umbruch: Analysen und Alternativen Würzburger Arbeitstagung der Vereinigung der Zivilprozessrechtslehrer zum Referentenentwurf einer Insolvenzordnung, hrsg. v. Leipold, Dieter, S. 31 – 40, Köln, Berlin et al. 1991 zit.: *Heinze*, Insolvenzrecht im Umbruch

Helmrich, Jan/ Eidam, Lutz: Untreue durch Verzicht auf Schadensersatzforderungen gegen (ehemalige) Führungskräfte einer Aktiengesellschaft?, ZIP 2011, S. 257–262

Henckel, Wolfram: Insolvenzanfechtung, Insolvenzrecht im Umbruch: Analysen und Alternativen, Würzburger Arbeitstagung der Vereinigung der Zivilprozessrechtslehrer zum Referentenentwurf einer Insolvenzordnung, hrsg. v. Leipold, Dieter, S. 239 – 254, Köln, Berlin et al. 1991 zit.: *Henckel*, Insolvenzrecht im Umbruch

Ders.: Deregulierung im Insolvenzverfahren?, KTS 1989, S. 477–494

Henkel, Andreas: Vergütungswildwuchs und Verwalter-Bashing, ZInsO 2016, S. 2330–2336

Ders.: Die Voraussetzungen für die Anordnung der (vorläufigen) Eigenverwaltung, ZIP 2015, S. 562–571

Henssler, Martin/ Markworth, David: Praktische Probleme der Anwendung des § 133 I 1 InsO Arcandor-Urteile der OLG Dresden, München und Karlsruhe, NZI 2016, S. 986–990

Henssler, Martin/ Prütting, Hanns (Hrsg.): Bundesrechtsanwaltsordnung: BRAO mit EuRAG, Berufs- und Fachanwaltsordnung, RAVPV, Rechtsdienstleistungsgesetz, Mediationsgesetz, ZMediatAusbV und Partnerschaftsgesellschaftsgesetz, 5. Auflage, München 2019

Henssler, Martin/ Strohn, Lutz (Hrsg.): Gesellschaftsrecht, BGB, HGB, PartGG, GmbHG, AktG, GenG, UmwG, InsO, AnfG, IntGesR, 4. Auflage, München 2019 zit.: *Bearbeiter*, in: Hennsler/Strohn, Gesellschaftsrecht

Herdegen, Gerhard: Strafrichterliche Aufklärungspflicht und Beweiswürdigung, NJW 2003, S. 3513–3516

Ders.: Bemerkungen zur Beweiswürdigung, Beweisantragsrecht, Beweiswürdigung, strafprozessuale Revision: Abhandlungen und Vorträge, Baden-Baden 1995, S. 108–125

Hergenröder, Curt Wolfgang: Der Treuhänder im Spannungsfeld zwischen Gläubiger- und Schuldnerinteressen, ZVI 2005, S. 521–537

von Hertzberg, Catharina: Vermögensübertragung mit Hilfe eines Güterstandswechsels, RNotZ 2019, S. 245–259

Hess, Harald (Hrsg.): Kölner Kommentar zur Insolvenzordnung, Band 1: Vor § 1, §§ 1-55 InsO, München 2016

Ders.: Kölner Kommentar zur Insolvenzordnung, Band 2: §§ 56-128 InsO, München 2016

Ders.: Kölner Kommentar zur Insolvenzordnung, Band 3: §§ 129-216 InsO, München 2017

Hess, Harald: Kommentar zur Konkursordnung, 5. Auflage, Neuwied, Kriftel, Berlin 1995

Hiebert, Olaf: Die Verpflichtung des Insolvenzverwalters zur Wahl des sichersten Weges in Verjährungsfragen – ein Haftungsrisiko, ZInsO 2016, S. 141–143

Hill, Norbert: Insolvenzverwalterkanzleien im Wettbewerb unter Berücksichtigung der Gläubigerinteressen, ZInsO 2010, S. 847–851

Hillenkamp, Thomas: Zur Kongruenz von objektivem und subjektivem Tatbestand bei der Untreue, Festschrift für Manfred Maiwald zum 75. Geburtstag, hrsg. v. Bloy, René/ Böse, Thomas et al., Berlin 2010, S. 323–344

Hinrichs, Hauke: Konsequenzen der Vorgaben des BVerfG zur Figur des Gefährdungsschadens, wistra 2013, S. 161–167

Hirte, Heribert/ Vallender, Heinz (Hrsg.): Insolvenzordnung, Kommentar, 15. Auflage, München 2019 zit.: *Bearbeiter*, in: Uhlenbruck-InsO

Hirte, Heribert: Reform des Anfechtungsrechts, ZInsO 2017, S. 427–429

Ders./ Fontaine, Jacob: Offene Rechtsfragen als neues Beweisanzeichen im Rahmen von § 133 Abs. 1 InsO? Auswirkungen von offenen Rechtsfragen und entgegenstehenden, untergerichtlichen Entscheidungen auf Sanierungschancen – gleichzeitig Besprechung der Q-Cells-Entscheidung des LG Frankfurt/ M. vom 7.5.2015, ZInsO 2017, S. 1817–1824

Hoffmann, Jan Felix: Prioritätsgrundsatz und Gläubigergleichbehandlung, Tübingen 2016

Ders.: Vertragsbindung kraft Insolvenz? – Lösungsklauseln und Vertragsspaltungen im Kontext der §§ 103 ff. InsO –, KTS 2018, S. 343–380

Hofmann, Matthias: Die Haftung der Geschäftsleiter in der Eigenverwaltung der Gesellschaft: Praktische Auswirkungen der aktuellen höchstrichterlichen

Rechtsprechung – zugleich Bespr. BGH v. 26.4.2018 – IX ZR 238/17, ZIP 2018, 977, ZIP 2018, S. 1429–1435

Ders.: Die Vorschläge des DiskE-ESUG zur Eigenverwaltung und zur Auswahl des Sachwalters – Wege und Irrwege zur Erleichterung von Unternehmenssanierungen, NZI 2010, S. 798–805

Holzborn, Timo/ v. Vietinghoff, Petra (Hrsg.): Haftung und Insolvenz im GmbH-Recht, München 2013

Hölken, Helge: Anfechtbarkeit von Direktzahlungen bei inkongruenter Deckung – Cash Pool, Anmerkung zu BGH, Urt. v. 12.09.2019 – IX ZR 16/18 NZI 2019, S. 896–897

Ders.: Benachteiligungsvorsatz bei Vereinbarung von Ratenzahlungen (alte Gesetzeslage), Anmerkung zu LG Heilbronn, Urt. v. 19.06.2019 – Kn 10 O 272/18, jurisPR-InsR 13/2019 Anm. 2

Ders.: Zuschlag auf Verwaltervergütung aufgrund einer hohen Anzahl von Anfechtungsansprüchen auch bei nur zwei Anfechtungsgegnern, Anmerkung zu LG Hamburg, Beschl. v. 10.01.2019 – 330 T 84/18, jurisPR-InsR 9/2019 Anm. 4

Ders.: Gläubigerbenachteiligung durch die Gewährung zinsloser Darlehen, Anmerkung zu BGH, Urt. v. 15.11.2018 – IX ZR 229/17, jurisPR-InsR 3/2019 Anm. 1

Ders.: Die Nichtigkeit von Rechtshandlungen nach den Grundsätzen der evidenten Insolvenzzweckwidrigkeit im (vorläufigen) Regelinsolvenzverfahren und in der (vorläufigen) Eigenverwaltung, DZWIR 2019, S. 51–62

Ders.: Gläubigerbenachteiligungsabsicht bei auf der Grundlage eines vom Schuldner behaupteten Sanierungskonzepts geleisteten Zahlungen, Anmerkung zu BGH, Urt. v. 14.06.2018 – IX ZR 22/15, jurisPR-InsR 20/2018 Anm. 1

Ders.: Inkongruenz von Mietzahlungen durch Konzernunternehmen im Rahmen eines Cash Pools, Anmerkung zu OLG Stuttgart, Urt. v. 28.03.2018 – 3 U 168/17, jurisPR-InsR 18/2018 Anm. 4

Ders.: Übertragung einer vertraglichen Rechtsstellung als Mieter und Untervermieter einer Gewerbeimmobilie auf eine Schwestergesellschaft als unentgeltliche Leistung, Anmerkung zu BGH, VU. v. 01.03.2018 – IX ZR 207/15, jurisPR-InsR 10/2018 Anm. 4

Ders.: Berücksichtigung der Passiva II für die Liquiditätsbilanz, Anmerkung zu BGH, Urt. v. 19.12.2017 – II ZR 88/16, jurisPR-InsR 8/2018 Anm. 1

Ders.: Beweisanzeichen für das Vorliegen einer Zahlungseinstellung, Anmerkung zu OLG Hamburg, Urt. v. 20.09.2017 – 1 U 44/17, jurisPR-InsR 7/2018 Anm. 4

Ders.: Keine Divergenz zwischen BGH und BAG zur Frage der Entgeltlichkeit einer Leistung auf eine unerkannt nicht bestehende Schuld, Anmerkung zu BGH, Beschl. v. 12.09.2017 – IX ZR 316/16, jurisPR-InsR 2/2018 Anm. 2

Ders.: Anfechtbare Rückzahlung einer zusätzlich zu einer Beteiligung als Gesellschafter übernommenen typischen stillen Beteiligung, Anmerkung zu BGH, Beschl. v. 23.11.2017 – IX ZR 218/16, jurisPR-InsR 1/2018 Anm. 4

Ders.: Die Zahlungseinstellung im Eröffnungsverfahren und im Anfechtungsrecht, DZWIR 2018, S. 207–220

Ders.: Erzwingungshaft nach Eröffnung des Insolvenzverfahrens über das Vermögen des Betroffenen, Anmerkung zu AG Bamberg, Beschl. v. 14.09.2017 – 23 OWi 708/17, jurisPR-InsR 24/2017 Anm. 5

Ders.: Keine Auswirkung von Pflichtverletzungen im eröffneten Verfahren auf Vergütungsansprüche für das vorläufige Verfahren, Anmerkung zu BGH, Beschl. v. 21.09.2017 – IX ZB 28/14, jurisPR-InsR 23/2017 Anm. 3

Ders.: Beweisanzeichen bei der Vorsatzanfechtung, Anmerkung zu OLG Saarbrücken, Urt. v. 22.06.2017 – 4 U 96/16, jurisPR-InsR 19/2017 Anm. 3

Ders.: Kenntnis vom Gläubigerbenachteiligungsvorsatz bei einem kleinen Einzelunternehmen, Anmerkung zu OLG München, Urt. v. 20.12.2016 – 5 U 3172/16, jurisPR-InsR 17/2017 Anm. 3

Ders.: Anfechtbarkeit des Werthaltigmachens einer Pfändung, Anmerkung zu BGH, Urt. v. 01.06.2017 – IX ZR 114/16, jurisPR-InsR 16/2017 Anm. 1

Ders.: Haftung des Insolvenzverwalters für unternehmerische Fehlentscheidungen, Anmerkung zu BGH, Urt. v. 16.03.2017 – IX ZR 253/15, jurisPR InsR 15/2017 Anm. 1

Ders.: Keine anfechtbare unentgeltliche Leistung bei Zahlung auf irrtümlich angenommene Schuld, Anmerkung zu BGH, Urt. v. 20.04.2017 – IX ZR 252/16, jurisPR-InsR 14/2017 Anm. 2

Ders.: Keine Schenkungsanfechtung von Gesellschafterdarlehen, Anmerkung zu BGH, Urt. v. 13.10.2016 – IX ZR 184/14, jurisPR-InsR 6/2017 Anm. 2

Ders.: Verjährung des Anfechtungsanspruchs wegen grob fahrlässiger Unkenntnis des Insolvenzverwalters, Anmerkung zu BGH, Beschl. v. 15.12.2016 – IX ZR 224/15, jurisPR-InsR 3/2017 Anm. 2

Ders.: Schenkungsanfechtung im Dreipersonenverhältnis, Anmerkung zu BGH, Urt. v. 08.09.2016 – IX ZR 151/14, jurisPR-InsR 24/2016 Anm. 2

Ders.: Keine zeitliche Begrenzung für die Durchsicht vorläufig sichergestellter Unterlagen, Anmerkung zu LG Saarbrücken, Beschl. v. 20.09.2016 – 2 Qs 26/16, jurisPR-InsR 23/2016 Anm. 4 sowie Saarländisches Anwaltsblatt 1/2017 S. 19–20

Ders.: Darlegungs- und Beweislast des Gläubigers für Zahlungen aufgrund eines schlüssigen Sanierungskonzeptes, Anmerkung zu BGH, Urt. v. 12.05.2016 – IX ZR 65/14, jurisPR-InsR 16/2016 Anm. 3

Ders.: Anfechtbarkeit eines widerruflich eingeräumten Bezugsrechts einer Risikolebensversicherung, Anmerkung zu BGH, Urt. v 24.03.2016 – IX ZR 159/15, jurisPR-InsR 12/2016 Anm. 1

Ders.: Anfechtung wegen unentgeltlicher Leistung bei freiwilligen Spenden an Religionsgesellschaften in Form einer Körperschaft des öffentlichen Rechts, Anmerkung zu BGH, Urt. v. 04.02.2016 – IX ZR 77/15, jurisPR-InsR 6/2016 Anm. 2

Hölzle, Gerrit: Folgen der „faktischen Verwalterhaftung" für die Grundsätze ordnungsmäßiger Eigenverwaltung und den Nachteilsbegriff i.S.d. § 270 Abs. 2 Nr. 2 InsO, ZIP 2018, S. 1669–1675

Ders.: Praxisleitfaden ESUG, 2. Auflage, Köln 2013

Ders.: Anm. zu BGH, VU. v. 10.01.2013 – IX ZR 172/11, NZI 2013, S. 348–349

Ders.: Eigenverwaltung im Insolvenzverfahren nach dem ESUG – Herausforderungen für die Praxis, ZIP 2012, S. 158–164

Ders.: Die „erleichterte Sanierung von Unternehmen" in der Nomenklatur der InsO – ein hehres Regelungsziel des RefE-ESUG, NZI 2011, S. 124–131

Ders.: Existenzvernichtungshaftung, „Klimapflege" und Insolvenzanfechtung, ZIP 2003, S. 1376–1383

Ders./Pink, Andreas: Mezzanine-Programme und Gestaltungspotenzial der Sanierungseigenverwaltung im ESUG, ZIP 2011, S. 360–368

Horstkotte, Martin: „Unabhängigkeit" – the new battleground, ZInsO 2013, S. 160–162

Hosser, Marcus: Gläubiger- beziehungsweise Insolvenzanfechtung güterrechtlicher Verträge und Asset Protection, ZEV 2011, S. 174–177

Hotz, Dominik: Die Sanierung des Nürburgrings und ihre strafrechtlichen Folgen – zugleich Besprechung von BGH, Beschl. v. 26.11.2015 – 3 StR 17/15, ZWH 2016, S. 355–359

Hoyer, Andreas: Neuer Wein in alten Schläuchen?, Festschrift für Klaus Rogall zum 70. Geburtstag am 10. August 2018, hrsg. v. Stein, Ulrich/ Greco, Luís/ Jäger, Christian/ Wolter, Jürgen, Berlin 2018, S. 159–169

Ders.: Rechtlich anerkannter Tauschwert als Vermögenswert, Festschrift für Erich Samson zum 70. Geburtstag, hrsg. v. Joecks, Wolfgang/ Ostendorf, Heribert et al., Heidelberg, München et al. 2010, S. 339–353

Ders.: Der Konflikt zwischen richterlicher Beweiswürdigungsfreiheit und dem Prinzip „in dubio pro reo", ZStW 105 (1993), S. 523–556

Huber, Herwart: Unternehmenskrise und die besonderen Anforderungen der Rechtsprechung für eine Kreditgewährung, NZI 2015, S. 447–452

Ders.: Finanzierungsoptionen für ein Kreditinstitut im Insolvenzeröffnungsverfahren, NZI 2014, S. 439–446

Ders.: Großer Wurf oder viel Lärm um nichts?, ZInsO 2013, S. 1–11

Huber, Michael: Neues Anfechtungsrecht 2007 in InsO und AnfG, ZInsO 2017, S. 517–521

Ders.: Referentenentwurf eines Gesetzes zur Verbesserung der Rechtssicherheit bei Anfechtungen nach der Insolvenzordnung und dem Anfechtungsgesetz, ZInsO 2015, S. 713–721

Ders.: Der anfechtungsrechtliche Indizienprozess – am Beispiel der Kongruenzanfechtung rückständiger Lohnzahlungen an Arbeitnehmer, Festschrift für Hans Gerhard Ganter zum 65. Geburtstag, hrsg. v Berger, Christian/ Kayser, Godehard/ Pannen, Klaus, München 2010, S. 203–220

Ders.: Anmerkung zu BGH, Urt. v. 08.12.2005 – IX ZR 182/01, NZI 2006, S. 162–164

Ders.: Anmerkung zu BGH, Urt. v. 22.04.2004 – IX ZR 128/03, NZI 2004, S. 497–498

Ders.: Inkongruente Deckung und Vorsatzanfechtung, Festschrift für Hans-Peter Kirchhof zum 65. Geburtstag, hrsg. v. Gerhardt, Walter/ Haarmeyer, Hans/ Kreft, Gerhart, Recklinghausen 2003, S. 247–258

Ders.: Das Beweismaß im Zivilprozess, Köln 1983

Hüffer, Uwe/ Koch, Jens: Aktiengesetz, 13. Auflage, München 2018

Hüls, Silke/ Reichling, Tilman: Die Selbstanzeige nach § 371 AO im Spannungsfeld zum Insolvenzrecht, wistra 2010, S. 327–331

Jacoby, Florian: Zur Bedeutung des § 133 InsO im System der Insolvenzanfechtungsgründe, KTS 2009, S. 3–25

Jacoby, Florian/ Madaus, Stefan/ Sack, Detlef/ Schmidt, Heinz/ Thole, Christoph: Evaluierung: Gesetz zur weiteren Erleichterung der Sanierung von Unternehmen (ESUG) vom 7. Dezember 2011, abrufbar auf der Website des BMJV zit. *Jacoby/Madaus/Sack/Schmidt/Thole*, ESUG Evaluation

Dies.: Gesetz zur weiteren Erleichterung der Sanierung von Unternehmen (ESUG) vom 7.12.2011, Evaluation, Kurzbericht, ZInsO 2018, S. 2402–2409

Jäger, Ulrich: Gedanken zu einer Modifizierung des insolvenzrechtlichen Anfechtungsrechts – Zugleich Stellungnahme zum Gesetzentwurf der Bundesregierung vom 29.9.2015 „Entwurf eines Gesetzes zur Verbesserung der Rechtssicherheit bei Anfechtungen nach der Insolvenzordnung und nach dem Anfechtungsgesetz“, ZVI 2015, S. 401–412

Jaeger, Ernst/ Henckel, Wolfram/ Gerhardt, Walter (Hrsg.): Insolvenzordnung, Großkommentar, Band 1, §§ 1 – 55, Berlin 2004 zit.: *Bearbeiter*, in: Jaeger-InsO

Dies.: Insolvenzordnung, Großkommentar, Band 2, §§ 56 – 102, Berlin 2007 zit.: *Bearbeiter*, in: Jaeger-InsO

Jaeger, Ernst/ Henckel, Wolfram/ Gerhardt, Peter (Hrsg.): Insolvenzordnung, Großkommentar, Band 4, §§ 129 – 147, Berlin 2008 zit.: *Bearbeiter*, in: Jaeger-InsO

Dies.: Insolvenzordnung, Großkommentar, Band 5/1, §§ 148 – 155, Insolvenzsteuerrecht, Berlin 2016 zit.: *Bearbeiter*, in: Jaeger-InsO

Jarchow, Ingmar/ Hölken, Helge: Anspruchsdurchsetzung gegen Kommanditisten in Schiffs- und Fondsinsolvenzen – von insolvenzrechtlicher Anfechtung nach §§ 129 ff. InsO bis zur Rückzahlung von Ausschüttungen nach §§ 171, 172 HGB, ZInsO 2019, S. 1189–1198

Dies.: Überschussverteilung bei der Publikumskommanditgesellschaft, ZInsO 2019, S. 2441–2448

Jauernig, Othmar (Begr.): Bürgerliches Gesetzbuch mit Rom-I-, Rom-II-VO, EuUnthVO/HUntProt und EuErbVO, Kommentar, 17. Auflage, München 2018

Jensen, Thole: Grundfragen des Rechts der Gläubiger- und Insolvenzanfechtung unter besonderer Berücksichtigung der Anfechtbarkeit von Unterlassungen, Hamburg 2008

Jelinek, Wolfgang: Kompetenzverteilung zwischen Insolvenzverwalter und Insolvenzgläubigern, Insolvenzrecht im Umbruch: Analysen und Alternativen, Würzburger Arbeitstagung der Vereinigung der Zivilprozessrechtslehrer zum Referentenentwurf einer Insolvenzordnung, hrsg. v. Leipold, Dieter, Köln, Berlin, Bonn, München 1991, S. 22–30 zit.: *Jelinek*, Insolvenzrecht im Umbruch

Joecks, Wolfgang/ Jäger, Markus/ Randt, Karsten (Hrsg.): Steuerstrafrecht mit Zoll- und Verbrauchsteuerstrafrecht, Kommentar, §§ 369-412 AO; § 32 ZollVG, 8. Auflage, München 2015

Joecks, Wolfgang/ Miebach, Klaus (Hrsg.): Münchener Kommentar zum Strafgesetzbuch, Band 1, §§ 1–37, 4. Auflage, München 2020 zit.: *Bearbeiter*, in: MüKo-StGB

Dies.: Münchener Kommentar zum Strafgesetzbuch, Band 2, §§ 38–79b, 4. Auflage, München 2020 zit.: *Bearbeiter*, in: MüKo-StGB

Dies.: Münchener Kommentar zum Strafgesetzbuch, Band 5, §§ 263–358 StGB, 3. Auflage, München 2019 zit.: *Bearbeiter*, in: MüKo-StGB

Jung, Burkhard: ESUG-Evaluation: Die Sicht des Restrukturierers – Anpassungen im Bereich der Eigenverwaltung, KSI 2019, S. 17–22

Jung, Hendrike: Die nationale und internationale Gläubigeranfechtung nach deutschem und französischem Recht, Frankfurt am Main, Berlin et al. 2005

Jungclaus, Martin: Kongruenz von Vollstreckungserwerb und par conditio creditorum – eine (kleine) Lanze für den RegE vom 29.09.2015 zur Reform des Anfechtungsrechts, KTS 2016, S. 45–75

Ders.: Die Bestrafung des wachsamen Gläubigers – Eine Studie zur Überdehnung des in § 130 InsO gewährten Gutglaubensschutzes – zugleich ein Beitrag zur Debatte um die richtige Justierung des Verhältnisses von § 130 und § 133 I InsO, KTS 2014, S. 257–306

Jungmann, Carsten: Zur Pflicht des Insolvenzverwalters zur zinsgünstigen Anlage von Massegeldern, Kurzkommentar zu BGH, Urt. v. 26.06.2014–IX ZR 162/13, EWiR 2014, S. 563–564

Ders.: Die Business Judgement Rule – ein Institut des allgemeinen verbandsrecht? – Zur Geltung von § 93 Abs. 1 Satz 2 AktG außerhalb des Aktienrechts –, Festschrift für Karsten Schmidt zum 70. Geburtstag, hrsg. v Bitter, Georg/ Lutter, Marcus/ Priester, Hans-Joachim/ Schön, Wolfgang/ Ulmer, Peter, Köln 2009, S. 831–855

Ders.: Die Business Judgment Rule im Gesellschaftsinsolvenzrecht – Wider eine Haftungsprivilegierung im Regelinsolvenzverfahren und in der Eigenverwaltung, NZI 2009, S. 80–86

Kammel, Volker/ Staps, Christian: Insolvenzverwalterauswahl und Eigenverwaltung im Diskussionsentwurf für ein Sanierungserleichterungsgesetz, NZI 2010, S. 791–798

Kasiske, Peter: Mitarbeiterbefragungen im Rahmen interner Ermittlungen – Auskunftspflichten und Verwertbarkeit im Strafverfahren, NZWiSt 2014, S. 262–268

Kayser, Godehard: Meilensteine der BGH-Rechtsprechung zum Insolvenzrecht, ZIP 2020, S. 1481–1494

Ders.: Konsequenzen des neuen Anfechtungsrechts für die Rechtsprechung des BGH – Viel Lärm um nichts?, ZIP 2018, S. 1153–1161

Ders.: Schlaglicht Insolvenzanfechtung – notwendige Korrekturen bei der Anfechtung kongruenter Leistungen?, ZIP 2014, S. 1966–1970

Ders.: Vorsatzanfechtung im Spannungsverhältnis von Gläubigergleichbehandlung und Sanierungschancen, NJW 2014, S. 422–428

Ders.: Höchstrichterliche Rechtsprechung zum Insolvenzrecht, 6. Auflage, Köln 2012

Ders.: Von mittelbaren Zuwendungen, Leistungsketten und Empfangsberechtigten, Festschrift für Hans Gerhard Ganter zum 65. Geburtstag, hrsg. v. Berger, Christian/ Kayser, Godehard/ Pannen, Klaus, München 2010, S. 221–236

Ders./ Heidenfelder, Petra: Vom Konkurs des Konkurses zur Insolvenz der Insolvenz, ZIP 2016, S. 447–451

Kayser, Godehard/ Thole, Christoph (Hrsg.): Heidelberger Kommentar zur Insolvenzordnung, 9. Auflage, Heidelberg 2018

Jahn, Matthias/ Ziemann, Sascha: „Untreuestrafrecht 2.0" Theoretische und systematische Grundlagen der Dogmatik des § 266 StGB im Rechtsstaat, ZIS 2016, S. 552–563

Keller, Rolf/ Griesbaum, Rainer: Das Phänomen der vorbeugenden Bekämpfung von Straftaten, NStZ 1990, S. 416–420

Kempf, Eberhard: Bilanzorientierte Schadensfeststellung, Dogmatik und Praxis des strafrechtlichen Vermögensschadens, hrsg. v. Fischer, Thomas/ Hoven, Elisa et al., Baden-Baden 2015, S. 325–335

Keramati, Benjamin/ Hölken, Helge: Rechtliche Hürden in der Insolvenz einer Apotheke, NZI 2019, S. 833–839

Keramati, Benjamin/ Klein, Maximilian: Die unterlassene Anfechtung des Insolvenzverwalters als strafbare Untreue, NZI 2017, S. 421–427

Kesseler, Christian: Der Verstoß gegen das gemeinsame Gläubigerinteresse durch Wahl eines neuen Insolvenzverwalters durch die Gläubigerversammlung, DZWIR 2002, S. 133–138

Kiethe, Kurt: Die Grenzen der strafrechtlichen Verantwortlichkeit von Bürgermeistern – Zugleich Besprechung von BGH, Urteil v. 9. 12. 2004–4 StR 294/04, NStZ 2005, S. 529–534

Kilger, Joachim/ Schmidt, Karsten (Hrsg.): Insolvenzgesetze, KO/VglO/GesO, 17. Auflage, München 1997

Kindhäuser, Urs: Pflichtverletzung und Schadenszurechnung bei der Untreue (§ 266 StGB), Abhandlungen zum Vermögensstrafrecht, Baden-Baden 2018, S. 337–357

Kindhäuser, Urs/ Neumann, Ulfried/ Paeffgen, Hans-Ullrich: Strafgesetzbuch, Band 3, Besonderer Teil, §§ 232 – 357, 5. Auflage, Baden-Baden 2017

Gjnjum Kindl, Johann/ Meller-Hannich, Caroline/ Wolf, Hans-Joachim (Hrsg.): Gesamtes Recht der Zwangsvollstreckung, ZPO, ZVG, Nebengesetze, Europäische Regelungen, Kosten, Handkommentar 3. Auflage, Baden-Baden 2015

Kindler, Peter/ Bitzer, Fabian: Die Reform der Insolvenzanfechtung, NZI 2017, S. 369–377

Kirchhof, Hans-Peter: Münchener Kommentar zum Anfechtungsgesetz, §§ 1 – 20, München 2012 zit.: *Bearbeiter*, in: MüKo-AnfG

Ders.: Vorsatzanfechtung nach § 3 des Anfechtungsgesetzes im Vergleich mit § 133 der Insolvenzordnung, Festschrift für Hans Gerhard Ganter zum 65. Geburtstag, hrsg. v. Berger, Christian/ Kayser, Godehard/ Pannen, Klaus, München 2010, S. 237–246

Kirstein, Dirk: Ermittlung von Insolvenzanfechtungsansprüchen, ZInsO 2014, S. 1522–1540

Kirstein, Hans-Joachim: Die systematisch strukturierte Anfechtungsermittlung als Voraussetzung eines angemessenen Erfolges, InsbürO 2008, S. 213–222

Ders.: Ausführungen zur real existierenden Situation bei Eröffnungs- und Befriedigungsquoten in Insolvenzverfahren, ZInsO 2006, S. 966–973

Klein, Christian/ Thiele, Frank: Der Sanierungsgeschäftsführer einer GmbH in der Eigenverwaltung – Chancen und Risiken im Spannungsfeld der divergierenden Interessen, ZInsO 2013, S. 2233–2245

Klein, Franz (Begr.): Abgabenordnung, einschließlich Steuerstrafrecht, 14. Auflage, München 2018

Klemm, Michael: Anmerkung zu BGH, Urt. v. 12.12.2013 – 3 StR 146/13, NStZ 2015, S. 223–225

Klinck, Fabian: Insolvenzzweckwidrigkeit, KTS 2019, S. 1–28

Ders.: Die Begründung von Masseverbindlichkeiten durch den Schuldner im Eigenverwaltungs-Eröffnungsverfahren, ZIP 2013, S. 853–862

Ders.: Die Grundlagen der besonderen Insolvenzanfechtung: Gläubiger- und Vertrauensschutz im Übergang vom Prioritäts- zum Gleichbehandlungsgrundsatz, Berlin 2011

Knauer, Christoph (Hrsg.): Münchener Kommentar zur Strafprozessordnung, Band 3/2, GVG, EGGVG, EMRK, EGStPO, EGStGB, ZSHG, StrEG, JGG, G 10, AO, München 2018 zit.: *Bearbeiter*, in: MüKo-StPO

Kodek, Georg E.: Der insolvenzrechtliche Gleichbehandlungsgrundsatz in vergleichender Perspektive – eine Skizze, KTS 2014, S. 215–255

Köhler, Helmut: Vertragliche Unterlassungspflichten, AcP 190 (1990), S. 496–537

Koller, Ingo/ Kindler, Peter/ Roth, Wulf-Henning/ Drüen, Klaus-Dieter (Hrsg.): Handelsgesetzbuch, Kommentar, 9. Auflage, München 2019

Köllner, Rolf E./ Cyrus, Vera: Aktuelle strafrechtliche Fragen in Krise und Insolvenz, NZI 2018, S. 514–517

Dies.: Aktuelle strafrechtliche Fragen in Krise und Insolvenz, NZI 2017, S. 521–524

Köllner, Rolf E./ Mück, Jörg: Anfechtbarkeit von Zahlungen auf strafrechtliche Geldstrafe – kongruente Deckung, Anmerkung zu LG Göttingen, NZI 2016, 554, NZI 2016, S. 768–769

König, Dominik: Die Haftung bei der Eigenverwaltung, Tübingen 2015

Köster, Malte: Die Bestellung des Insolvenzverwalters, Eine vergleichende Untersuchung des deutschen und englischen Rechts, Baden-Baden 2005

Konecny, Andreas: Europäische Insolvenzkultur(en) – Kampf oder Harmonisierung? – Podiumsdiskussion beim Deutschen Insolvenzverwalterkongress 2007 in München, NZI 2008, S. 416–417

Knoche, Joachim P./ Biersack, Cornelia: Das zwangsvollstreckungsrechtliche Prioritätsprinzip und seine Vereitelung in der Praxis, NJW 2003, S. 476–481

Knospe, Armin: Scharfes Schwert oder harmlose Gerechtigkeitsregel? – Die insolvenzrechtliche Monstranz der Gläubigergleichbehandlung, ZInsO 2014, S. 861–876

Ders.: Der Insolvenzverwalter – weißer Ritter und edler Retter oder „raffgieriger Gebührenschneider" und „streitlustiger Plattmacher"?, Von der derzeitigen Chancenlosigkeit von Arbeitnehmern, Sozialversicherung und Fiskus im Gefüge der Insolvenzanfechtung, ZInsO 2009, S. 2276–2284

Ders./ Gellrich, Barbara: Notwendiger Korrekturbedarf im Recht der Insolvenzanfechtung aus systematischer Sicht der Gesetzlichen Sozialversicherung, NZS 2006, S. 303–311

Kopp, Thomas/ Schmidt, Johannes: Die richterliche Überzeugung von der Wahrheit und der Indizienbeweis im Zivilprozess, JR 2015, S. 51–59

Koppel, Andre: Feststellung des Zeitpunkts der Zahlungsunfähigkeit, ZInsO 2017, S. 74–78

Kraatz, Erik: Zur „limitierten Akzessorietät" der strafbaren Untreue – Überlegungen zur Strafrechtsrelevanz gesellschaftsrechtlicher Pflichtverletzungen im Rahmen des § 266 StGB anhand von Beispielen zur „GmbH-Untreue", ZStW 123 (2011), S. 447–484

Krause, Daniel M.: Anmerkung zu BGH, Urt. v. 21. 12. 2005 – 3 StR 470/04, StV 2006, 301, StV 2006, S. 307–311

Kreft, Gerhart: Vergleich über Anfechtungsansprüche, Festschrift für Karsten Schmidt zum 70. Geburtstag, hrsg. v. Bitter, Georg/ Lutter, Marcus/ Priester, Hans-Joachim/ Schön, Wolfgang/ Ulmer, Peter, Köln 2009, S. 965–979

Krell, Paul: Zur Bedeutung der „Drittnormen" für die Untreue, NStZ 2014, S. 62–66

Ders.: Der Eingehungsschaden bei Betrug und Untreue – Zugleich Besprechung von BGH, Urt. v. 20. 3. 2013 – 5 StR 344/12, NZWiSt, 2013, S. 370–379

Kruth, Claus-Peter: Die Qual der Vorauswahl – Feststellung der persönlichen und fachlichen Eignung von Insolvenzverwaltern durch das Insolvenzgericht, DStR 2017, S. 669–673

Kubiciel, Michael: Gesellschaftsrechtliche Pflichtwidrigkeit und Untreuestrafbarkeit, NStZ 2005, S. 353–361

Kulhanek, Tobias Oliver: Bilanzrechtsorientierung und Quotenschaden als Beispiele einer modernen Schadensdogmatik, NZWiSt 2013, S. 246–251

Kumpan, Christoph: Der Insolvenzverwalter als Interessenwahrer, KTS 2010, S. 169–194

Kutzner, Lars: Einfache gesellschaftsrechtliche Pflichtverletzungen als Untreue – Die Kinowelt-Entscheidung des BGH, NJW 2006, S. 3541–3544

Kübler, Bruno M./ Prütting, Hanns/ Bork, Reinhard (Hrsg.): InsO – Kommentar zur Insolvenzordnung, Werkstand: 86. EL Dezember 2020, Köln 2020

Lackner, Kristian/ Kühl, Karl: Strafgesetzbuch, Kommentar, 29. Auflage, München 2018

Lampe, Joachim: Erzwingungshaft bei insolventen Betroffenen im Bußgeldverfahren Anmerkung zu LG Potsdam, Beschl. v. 12.01.2016 – 24 Qs 52/15, jurisPR-StrafR 10/2016 Anm. 4

Lang, Dennis/ Beck, Julius: Insolvenzanfechtung und Gläubigerbenachteiligung – Welche Kriterien gelten für die Feststellung einer ausreichenden Insolvenzmasse?, ZIP 2020, S. 1650–1654

Laroche, Peter: Vollstreckung von Geldbußen wegen Ordnungswidrigkeiten in der Insolvenz, VIA 2014, S. 17–19

Laroche, Peter/ Pruskowski, Wolfgang/ Schöttler, Alexandra/ Siebert, Volker/ Vallender/Heinz: 30 Monate ESUG – eine Zwischenbilanz aus insolvenzrichterlicher Sicht, ZIP 2014, S. 2153–2166

Laufhütte, Heinrich Wilhelm/ Rissing-van Saan, Ruth/ Tiedemann, Klaus (Hrsg.): Leipziger Kommentar, Strafgesetzbuch, Großkommentar, Erster Band, Einleitung; §§ 1 bis 31, 12. Auflage, Berlin 2007 zit.: Bearbeiter, in: LK-StGB

Dies.: Leipziger Kommentar, Strafgesetzbuch, Großkommentar, Neunter Band, §§ 263 bis 283d, 1. Teilband, §§ 263 bis 266b, 12. Auflage, Berlin 2009 zit.: *Bearbeiter*, in: LK-StGB

Laumen, Hans-Willi/ Vallender, Heinz: Beweisführung und Beweislast im Insolvenzverfahren, NZI 2016, S. 609–619

Laws, Jutta: Gelistet, aber doch nie bestellt – was ist zu tun?, ZInsO 2006, S. 1123–1126

Leithaus, Rolf: Happy Birthday InsO!, NZI 2019, S. 1–6

Von Leoprechting, Gunter/ Ziechmann, Patrick: Entscheidungsprozesse im Insolvenzverfahren, Herne/Berlin 1999

Lent, Friedrich: Die Grenzen der Vertretungsmacht des Konkursverwalters, KTS 1956, S. 161–164

Liebhart, Christian: Die Gesamtwürdigung im Indizienverfahren, NStZ 2016, S. 134–138

Lissau, Uwe/ Hölzle, Gerrit: Die Möglichkeit der Bestellung eines Sonderinsolvenzverwalters als Bestandteil der Auswahlentscheidung nach §§ 56, 56a InsO, Festschrift für Klaus Pannen zum 65. Geburtstag, hrsg. v. Kayser, Godehard/ Smid, Stefan /Riedemann, Susanne, München 2017, S. 466–479

Lissner, Stefan: Zuschlag, Abschlag oder Fehlschlag? Über die den Regelsatz überschreitende Vergütung, ZVI 2016, S. 263–270

Ders.: Die Aufsicht über den Insolvenzverwalter – Teil 1, InsbürO 2016, S. 100–103

Ders.: Die Aufsicht über den Insolvenzverwalter – Teil 2, InsbürO 2016, S. 147–152

Ders.: Die Person des Insolvenzverwalters – Schicksalsfrage für die erfolgreiche Insolvenz?, BB 2014, S. 265–270

Löhnig, Martin: Treuhand: Interessenwahrnehmung und Interessenkonflikte, Tübingen 2006

Loos, Alexander: Die asymmetrische Akzessorietät der Untreue, Festschrift für Jürgen Wessing zum 65. Geburtstag, hrsg. v. Ahlbrecht, Heiko/ Dann, Matthias et al., München 2015, S. 275–282

Lorenz, Serkan/ Roth, David: Insolvenzanfechtung im Steuerstrafrecht: Geldstrafe, Geldauflage, Selbstanzeige, PStR 2011, S. 129–133

Lüderssen, Klaus: Gesellschaftsrechtliche Grenzen der strafrechtlichen Haftung des Aufsichtsrats, Festschrift für Ernst-Joachim Lampe zum 70. Geburtstag, hrsg. v. Dölling, Dieter, Berlin 2003, S. 727–742

Lüke, Wolfgang: Kein Bedarf an Insolvenzverwaltern, Anmerkungen zu OLG Koblenz ZIP 2000, 507, ZIP 2000, S. 485–489

Luttermann, Claus/ Vahlenkamp, Jörg: Wahrscheinlichkeitsurteile im Insolvenzrecht und internationale Bewertungsstandards (Ratingagenturen), ZIP 2003, S. 1629–1637

Maier, Klaus: -/+ Die neue Beweisvermutung des § 133 Abs. 3 Satz 2 InsO (RegE v. 29. 9. 2015): unpräzise, unrealistisch und untauglich!, ZInsO 2015, S. 2262–2266

Maier, Stefan: Aussage gegen Aussage und freie Beweiswürdigung, NStZ 2005, S. 246–251

Marotzke, Wolfgang: Das deutsche Insolvenzverfahren: ein Hort institutionalisierter Unverantwortlichkeiten?, KTS 2014, S. 113–154

Ders.: Freiwillige Forderungserfüllung, Zwangsvollstreckung und Vollstreckungsdruck im Fokus des Insolvenzanfechtungsrechts – Zugleich zur Notwendigkeit einer grundlegenden Neuordnung des Insolvenzanfechtungsrechts, DZWIR 2007, S. 265–282

Ders.: Gläubigerautonomie – ein modernes Missverständnis –, ZInsO 2003, S. 726–732

Ders.: Gläubigerautonomie – ein modernes Missverständnis, Festschrift für Hans-Peter Kirchhof zum 65. Geburtstag, hrsg. v. Gerhardt, Walter/ Haarmeyer, Hans/ Kreft, Gerhart, Recklinghausen 2003, S. 321–354

Martini, Torsten: Die Anfechtung der Zahlung der Vergütung des vorläufigen Insolvenzverwalters im Zweitverfahren, Frankfurt am Main, Berlin et al. 2014

Matt, Holger: Missverständnisse zur Untreue – Eine Betrachtung auch zum Verhältnis von (Straf-) Recht und Moral, NJW 2005, S. 389–392

Ders./ Saliger, Frank: Straflosigkeit der versuchten Untreue. Über die Richtigkeit dieser Entscheidung des Gesetzgebers und dogmatische Konsequenzen Irrwege der Strafgesetzgebung / Institut für Kriminalwissenschaften und Rechtsphilosophie, Frankfurt a. M. (Hrsg.), Frankfurt a. M., Berlin et al. 1999, S. 217–240

Matzen, Klaus: Die Unberechenbarkeit der Zahlungsunfähigkeit, Festschrift für Erich Samson zum 70. Geburtstag, hrsg. v. Joecks, Wolfgang/ Ostendorf, Heribert et al., Heidelberg, München et al. 2010, S. 401–422

Maurer, Frank/ Odörfer, Bernd: Strafrechtliche Aspekte der GmbH & Co. KG in der Krise (2), GmbHR 2008, S. 412–418

Meller-Hannich, Caroline: Ausgewählte Probleme der Eigenverwaltung – Vortrag bei der KTS-Tagung der Insolvenzrechtslehrer am 30.09.2016, KTS 2017, S. 309–331

Menn, Thomas/ Lissner, Stefan: Insolvenzrechtliche Vergnügungs-Verordnung? Zugleich Zustimmung zu Metoja, ZInsO 2016, 1613 ff., ZInsO 2016, S. 1618–1622

Meyer-Goßner, Lutz/ Schmitt, Bertram: Strafprozessordnung, Gerichtsverfassungsgesetz, Nebengesetze und ergänzende Bestimmungen, 62. Auflage, München 2019

Meyer-Löwy, Bernd/ Bruder, Florian: Beratung der Gläubiger einer GmbH in Krise und Insolvenz nach dem ESUG, GmbHR 2012, S. 432–439

Meyer-Löwy, Bernd/ Poertzgen, Christoph/ Sauer, René: Neue Rechtsprechung zur Insolvenzverwalterhaftung im Überblick, ZInsO 2005, S. 691–695

Meyer-Löwy, Bernd/ Ströhmann, Martin G.: Das Insolvenzverfahren in Sachen Dailycer oder: Wie viel Gläubigermitbestimmung ermöglicht das ESUG?, ZIP 2012, S. 2432–2435

Miebach, Klaus: Der Zweifelssatz in der neueren Rechtsprechung des BGH, NStZ-RR 2015, S. 297–303

Michalski, Lutz/ Heidinger, Andreas/ Leible, Stefan/ Schmidt, Jessica (Hrsg.): Kommentar zum Gesetz betreffend die Gesellschaften mit beschränkter Haftung (GmbH-Gesetz), Band I: Systematische Darstellungen, §§ 1-34 GmbHG, 3. Auflage, München 2017

Mitlehner, Stephan: Der Insolvenzverwalter, eine geeignete natürliche Person, § 56 InsO, NZI 2016, S. 248–251

Mitsch, Wolfgang (Hrsg.): Karlsruher Kommentar zum Gesetz der Ordnungswidrigkeiten, 5. Auflage, München 2018

Mock, Sebastian: Die Vergütung des vorinsolvenzlichen Sanierungsberaters, ZIP 2014, S. 445–454

Moderegger, Martin: Fragwürdige Verwalterauswahl beim AG – Insolvenzgericht – Hannover, NZI 2017, S. 241–246

Mohrbutter, Harro/ Ringstmeier, Andreas (Hrsg.): Handbuch Insolvenzverwaltung, 9. Auflage, Köln 2015

Momsen, Carsten/ Christmann, Boris: Untreue im Fall des Lastschriftwiderrufs durch den Insolvenzverwalter – Potentielle Strafbarkeitsrisiken für die Beteiligten, NZI 2010, S. 121–127

Muscheler, Karlheinz/ Bloch, Wolfgang E.: Abwahl des vom Gericht bestellten Insolvenzverwalters, ZIP 2000, S. 1474–1480

Müller-Michaels, Olaf: Anmerkung zu BGH, Urt. v. 12.10.2016 – 5 StR 134/15, BB 2017, 79, BB 2017, S. 81–82

Nack, Armin: Bedingter Vorsatz beim Gefährdungsschaden – ein „doppelter Konjunktiv"?, StraFo 2008, S. 277–281

Ders.: Revisibilität der Beweiswürdigung – Teil 1, StV 2002, S. 510–518

Ders.: Revisibilität der Beweiswürdigung – Teil 2, StV 2002, S. 558–565

Ders.: Indizienbeweisführung und Denkgesetze, NJW 1983, S. 1035–1037

Nepomuk, Lutz: Kommentar zu BGH, Urt. v. 12.10.2016 – 5 StR 134/15, NZWiSt 2017, 112, NZWiSt 2017, S. 119–120

Nerlich, Jörg/ Römermann, Volker (Hrsg.): Insolvenzordnung (InsO), Kommentar, 38. Auflage, München 2019

Neubert, Klaus: Das neue Insolvenzeröffnungsverfahren nach dem ESUG, GmbHR, 2012, S. 439–445

Ders.: Auswahl der (vorläufigen) Insolvenzverwalter/-verwalterinnen durch das Gericht, ZInsO 2002, S. 309–313

Nickert, Cornelius/ Nickert, Anne-Gret/ Kühne, Matthias: Prognosen im Insolvenzrecht, KTS 2019, S. 29–65

Niu, Lulu: Die objektive Bedingung der Strafbarkeit der §§ 283 ff. StGB, Hamburg 2013

Noll, Peter: Die Schätzung im Vermögensstrafrecht, Vortrag anlässlich der „Schadenstagung" vom 23./24.04.2015 in Baden-Baden, Dogmatik und Praxis des strafrechtlichen Vermögensschadens, hrsg. v. Fischer, Thomas/ Hoven, Elisa et al., Baden-Baden 2015, S. 313–323

Oberhammer, Paul: Zur internationalen Anfechtungsbefugnis des Sekundärverwalters nach Europäischem Insolvenzrecht, KTS 2008, S. 271–294

Von Oertzen, Christian/ Hosser, Marcus: Asset Protection mit inländischen Familienstiftungen, ZEV 2010, S. 168–174

Von Oertzen, Christian/ Ponath, Gerrit: Asset Protection im deutschen Recht, 3. Auflage, Herne 2018

Ogiermann, Eva Maria/ Weber, Johannes: Insolvenzstrafrecht in Deutschland – status quo und Perspektiven, wistra 2011, S. 206–213

Otto, Harro: Vermögensgefährdung, Vermögensschaden und Vermögenswertminderung, Jura 1991, S. 494–498

Pabst, Christoph: Materielle Insolvenz – Die retrograde Ermittlung der Zahlungsunfähigkeit, Frankfurt am Main 2013

Palandt, Otto: Bürgerliches Gesetzbuch mit Nebengesetzen, 79. Auflage, München 2020

Pape, Gerhard: 20 Jahre Insolvenzordnung – Kein Grund zum Feiern, ZInsO 2019, S. 57–63

Ders.: Erste Überlegungen zu den möglichen Konsequenzen aus der ESUG-Evaluation, ZInsO 2018, S. 2725–2735

Ders.: Anfechtungsrecht 2017 – Abschied von der Insolvenzrechtsreform auf Raten, ZInsO 2018, 296–306

Ders.: Vorauswahl und Bestellung von Insolvenzverwaltern im Lichte der Rechtsprechung des BGH, ZInsO 2017, S. 1341–1352

Ders.: Die Insolvenzzweckwidrigkeit von Rechtshandlungen des vorläufigen und des endgültigen Insolvenzverwalters/Sachwalters, ZInsO 2016, S. 2149–2157

Ders.: Entwicklungstendenzen bei der Eigenverwaltung, ZIP 2013, S. 2285–2294

Ders.: Eigenverwaltungsverfahren im Spiegel der Rechtsprechung nach Inkrafttreten des ESUG, ZInsO 2013, S. 2129–2138

Ders.: Gesetz zur weiteren Erleichterung der Sanierung von Unternehmen – Bemerkungen zum Regierungsentwurf v. 4.5.2011 (BT-Drucks. 17/5712), ZInsO 2011, S. 1033–1041

Ders.: Erleichterung der Sanierung von Unternehmen durch Stärkung der Eigenverwaltung, ZInsO 2010, S. 1582–1596

Ders.: Zahlungsunfähigkeit in der Gerichtspraxis, WM 2008, S. 1949–1957

Ders.: Akteneinsicht für Insolvenzgläubiger – Ein ständiges Ärgernis, ZIP 2004, S. 598–605

Ders.: Aufhebung von Beschlüssen der Gläubigerversammlung und Beurteilung des gemeinsamen Interesses nach § 78 InsO, ZInsO 2000, S. 469–478

Ders./ Schultz, Volker: Der Gläubigerausschuss im Eröffnungsverfahren und im eröffneten Insolvenzverfahren mit Eigenverwaltung des Schuldners, ZIP 2016, S. 508–514

Dies.: Die Pflichten der Mitglieder des Gläubigerausschusses im eröffneten Verfahren, ZIP 2015, S. 1662–1670

Pape, Gerhard/ Uhlenbruck, Wilhelm/ Voigt-Salus, Joachim: Insolvenzrecht, 2. Auflage, München 2010

Pauka, Benedikt: Anmerkung zu LG Potsdam, Beschluss vom 12.1.2016 – 24 Qs 52/15, NZI 2016, S. 653–655

Paulus, Christoph G.: Ausdifferenzierungen im Insolvenz- und Restrukturierungsrecht, JZ 2019, S. 11–18

Ders.: Insolvenzverwalter und Gläubigerorgane, NZI 2008, S. 705–710

Ders.: Rechtsprechungsüberblick zum Regelinsolvenzverfahren für die Jahre 2004 – 2006, Teil 1: Stellung des Schuldners/Allgemeine Vorschriften/Insolvenzverwalterbestellung, ZInsO 2007, S. 113–125

Ders.: Grundlagen des neuen Insolvenzrechts – Schuldner, Gläubiger und Insolvenzverwalter, DStR 2003, S. 31–37

Ders.: Die Rolle der Gläubiger im neuen Insolvenzrecht, DZWIR 1999, S. 53–60

Ders.: Die Gläubigerautonomie in der Insolvenzordnung, ZInsO 1999, S. 305–316

Paulus, Roman: Beurteilung von Scheingewinnen im Insolvenzrecht, ZInsO 2010, S. 315–323

Ders./ Merath, Friedrich: Die Person des Insolvenzverwalters in Zeiten von Großverfahren – eine rechtsvergleichende Untersuchung des deutschen und schweizerischen Rechts –, DZWIR 2012, S. 489–494

Peglau, Jens: Vermögensschaden, „Vermögensgefährdung" und die neuere verfassungsgerichtliche Rechtsprechung, wistra 2012, S. 368–371

Perron, Walter: Keine Unmittelbarkeit des Vermögensschadens, ausbleibender Gewinn als Nachteil – liegt der Untreue ein anderer Begriff des Vermögensschadens zugrunde als dem Betrug?, Festschrift für Wolfgang Frisch zum 70. Geburtstag, hrsg. v. Freund, Georg/ Murmann, Uwe et al., Berlin 2013, S. 857–873

Ders.: Bemerkungen zum Gefährdungsschaden bei der Untreue, Festschrift für Klaus Tiedemann zum 70. Geburtstag, hrsg. v. Sieber, Ulrich/ Danneker, Gerhard et al., Köln 2008, S. 737–748

Peters, Karl: Anmerkung zu BGH, Urt. v. 23.01.1974 – 3 StR 303/73, JR 1975, 34, JR 1975, S. 34–35

Petershagen, Jörg: Erzwingungshaft und Ersatzfreiheitsstrafe trotz Zwangsvollstreckungsverbot im Insolvenzverfahren?, ZInsO 2007, S. 703–705

Piel, Hannah Milena/ Albert, Joachim: Risikogeschäfte im Lichte der business judgement rule Unternehmensstrafrecht, Festschrift für Jürgen Wessing zum 65. Geburtstag, hrsg. v. Ahlbrecht, Heiko/ Dann, Matthias et al., München 2015, S. 209–222

Piepenburg, Horst: Die Masseunzulänglichkeit als Ersatz für die Zahlung im Rahmen einer strafbefreienden Selbstanzeige, Festschrift für Jürgen Wessing zum 65. Geburtstag, Hrsg. v. Ahlbrecht, Heiko/ Dann, Matthias et al., München 2015, S. 367–374

Pluta, Maximilian: Insolvenzaufrechnung und der Grundsatz der par conditio creditorum, Bielefeld 2009

Poertzgen, Christoph: Uneingeschränkte Haftung aus § 64 GmbHG bei unterlassener Insolvenzanfechtung?, ZInsO 2018, S. 1357–1361

Pollmächer, Frank/ Siemon, Klaus: Der Bundesinsolvenzverwalter für die InsO oder die unverbindliche Vorauswahlliste – You're not gonna make me lonesome when you go…, NZI 2017, S. 93–99

Ponath, Gerrit: Vermögensschutz durch Lebensversicherungen, ZEV 2006, S. 242–248

Preuß, Nicola: Reform der Insolvenzverwalterauswahl – verfassungs- und europarechtliche Rahmenbedingungen und justizorganisatorische Regelungsziele, ZIP 2011, S. 933–941

Dies.: „Missbrauch der Vertretungsmacht" des Insolvenzverwalters, NZI 2003, S. 625–632

Prütting, Hanns: Möglichkeiten und Grenzen der Vermeidung von Anfechtungsgefahren bei der Erarbeitung von Sanierungskonzepten, Festschrift für Klaus Pannen zum 65. Geburtstag, hrsg. v. Kayser, Godehard/ Smid, Stefan/ Riedemann, Susanne, München 2017, S. 289–301

Püschel, Christof/ Paradissis, Alexander: Die Staatsanwaltschaft als Insolvenzpolizei – eine Polemik gegen die Praxis der Ermittlungen ohne Verdacht, ZInsO 2015, S. 1786–1788

Puppe, Ingeborg: Durchgreifende Erörterungsmängel als Revisionsgrund, ZIS 2005, S. 320–322

Radtke, Henning: Die strafrechtliche Organ- und Vertreterhaftung (§ 14 StGB) vor der Neuausrichtung? – zugleich Besprechung von BGH v. 10. 2. 2009 – 3 StR 372/08, JR 2010 S. 267 ff. –, JR 2010, S. 233–238

Ders.: Einwilligung und Einverständnis der Gesellschafter bei der sogenannten GmbH-rechtlichen Untreue (II), GmbHR 1998, S. 361–369

Ders./ Hoffmann, Maike: Bankrott einer Handelsgesellschaft – Interessentheorie, Anmerkung zu BGH, Anfrage-Beschluss vom 15. 9. 2011 – 3 StR 118/11, NStZ 2012, 89, NStZ 2012, S. 91–94

Dies.: Gesellschaftsrechtsakzessorietät bei der strafrechtlichen Untreue zu Lasten von Kapitalgesellschaften? – oder: »Trihotel« und die Folgen, GA 2008, S. 535–551

Raebel, Bernd: Gläubigergleichbehandlung und Drittzahlungen im Anfechtungsrecht, KTS 2015, S. 285–313

Ders.: Folgenbeseitigung von Gläubigerbenachteiligungen, Festschrift für Hans Gerhard Ganter zum 65. Geburtstag, hrsg. v. Berger, Christian/ Kayser, Godehard/ Pannen, Klaus, München 2010, S. 339–349

Ransiek, Andreas: Anerkennungsprämien und Untreue – Das „Mannesmann"-Urteil des BGH, NJW 2006, S. 814–816

Ders.: Risiko, Pflichtwidrigkeit und Vermögensnachteil bei der Untreue, ZStW 116 (2004), S. 634–679

Ders.: Durchsuchung, Beschlagnahme und Verwertungsverbote, StV 2002, S. 565–571

Rattunde, Rolf/ Smid, Stefan/ Zeuner, Mark (Hrsg.): Insolvenzordnung, Band 1, §§ 1–147 InsO, 4. Auflage, Stuttgart 2018

Dies.: Insolvenzordnung, Band 2, §§ 147–359 InsO, 4. Auflage, Stuttgart 2018

Raum, Rolf: Wirtschaft, Markt, Liberalismus, Dogmatik und Praxis des strafrechtlichen Vermögensschadens, hrsg. v. Fischer, Thomas/ Hoven, Elisa et al., Baden-Baden 2015, S. 43–49

Rauscher, Markus: Aufgaben, Kosten, Nutzen des vorläufigen Gläubigerausschusses, ZInsO 2012, S. 1201–1204

Rechel, Hans-Peter: Die Nachfolge in der Insolvenzverwaltung – Rechtstatsachen und rechtstatsächliche Fragen der Fortführung des Insolvenzverfahrens nach Entlassung eines ungetreuen Insolvenzverwalters, ZInsO 2012, S. 1641–1658

Reh, Peter: Die Abwahl des Verwalters im Berichtstermin – Horrorvorstellung oder Gestaltungsmöglichkeit?, Festschrift für Helgi Heumann, hrsg. v. Forum Insolvenzrecht – das Insolvenzverwalter-Netzwerk, Dresden 2006, S. 229–234

Rein, Andreas: Die Akteneinsicht durch Gläubiger im Insolvenzverfahren, NJW-Spezial 2011, S. 661–662

Reiß, Roman: Das „Treueverhältnis“ des § 266 StGB, Ein Tatbestandsmerkmal zwischen Akzessorietät und faktischer Betrachtung, Baden-Baden 2014

Resch, Sarah-Maria: Business Judgment Rule und Insolvenzverwalterhaftung, Baden-Baden 2019

Reul, Adolf/ Heckschen, Heribert/ Wienberg, Rüdiger (Hrsg.): Insolvenzrecht in der Gestaltungspraxis, Immobilien-, Gesellschafts-, Erb- und Familienrecht, 2. Auflage, München 2018

Reus, Alexander/ Höfer, Silvio/ Harig, Florian: Voraussetzungen und Ablauf eines Eigenverwaltungsverfahrens, NZI 2019, S. 57–60

Richter, Hans: Überflüssiges (schädliches?) Bestrafen des wirtschaftlichen Scheiterns – Überlegungen eines Strafverfolgers zum Strafrecht als Steuerungsmechanismus in der Marktwirtschaft am Beispiel der aktuellen Reform des Insolvenzantragsrechts, wistra 2017, S. 329–335

Ders.: Strafbarkeit des Insolvenzverwaltersm NZI 2002, S. 121–130

Rinjes, Axel: Zur Anfechtbarkeit von Zahlungen auf Geldstrafen im Insolvenzverfahren, wistra 2008, S. 336–338

Robrecht, Friedrich H.: Zum klagbaren Anspruch des Rechtsanwalts auf Bestellung zum Konkursverwalter, KTS 1998, S. 63–66

Rogall, Klaus: Totgesagte leben länger! – Zur Aufgabe der Interessentheorie durch den BGH –, Festschrift für Hans-Ullrich Paeffgen zum 70. Geburtstag am 2. Juli 2015, hrsg. v. Stuckenberg, Carl-Friedrich/ Gärditz, Klaus Ferdinand, Berlin 2015, S. 361–378

Röhm, Peter M.: Zur Abhängigkeit des Insolvenzstrafrechts von der Insolvenzordnung, Herbolzheim 2002

Rosenmüller, Christoph/ Heitsch, Joachim: Verwaltervorschläge in Insolvenzverfahren kleiner und mittlerer Größe, ZInsO 2013, S. 754–760

Roth, Günter H./ Altmeppen, Holger: Gesetz betreffend die Gesellschaften mit beschränkter Haftung, Kommentar, 9. Auflage, München 2019

Römermann, Volker: „Zur Masseverwaltungspflicht gehört auch ein allgemeines Wertmehrungsgebot.“, Anmerkung zu BGH, 16.3.2017 – IX ZR 253/15, BB 2017, 1036, BB 2017, S. 1038–1039

Ders.: Ausschluss juristischer Personen vom Amt des Insolvenzverwalters, Anmerkung zu BVerfG, Erster Senat, Beschl. vom 12.01.2016 – 1 BvR 3102/13 (BGH), ZIP 2016, S. 321–331

Ders.: Zulässigkeit der Insolvenzverwalter-GmbH: Gute Argumente, schlechte Argumente – Besprechung von BGH vom 19.9.2013 – IX AR (VZ) 1/12 –, GmbHR 2013, S. 1249–1258

Ders.: Ein Jahr ESUG – Eine Bestandsaufnahme aus dem Blickwinkel der GmbH-Beratung –, GmbHR 2013, S. 337–345

Ders.: Die „Unabhängigkeit" des Insolvenzverwalters: Endlich Schluss mit der uferlosen Auslegung!, ZInsO 2013, S. 218–225

Ders.: Neue Herausforderungen durch das ESUG – ein Überblick, GmbHR 2012, S. 421–425

Ders./ von der Meden, Philip: Korruption in der Verwalterszene?!?, ZInsO 2015, S. 2267–2268

Römermann, Volker/ Praß, Jan-Philipp: Beratung der GmbH als Schuldnerin in Krise und Insolvenz nach dem ESUG, GmbHR 2012, S. 425–431

Dies.: Kollisionen der geplanten Neufassung des § 56 Abs. 1 InsO-E mit dem anwaltlichen Berufsrecht, ZInsO 2011, S. 1576–1581

Rönnau, Thomas: Einrichtung »schwarzer« (Schmiergeld-)Kassen in der Privatwirtschaft – eine strafbare Untreue?, – Dogmatik, Rechtsvergleich, Rechtstatsachen –, Festschrift für Klaus Tiedemann zum 70. Geburtstag, hrsg. v. Sieber, Ulrich/ Danneker, Gerhard et al., Köln 2008, S. 713–736

Ders.: Untreue als Wirtschaftsdelikt, ZStW 119 (2007), S. 887–924

Ders.: Anmerkung zu BGH, Urteil vom 21. 12. 2005–3 StR 470/04, NStZ 2006, 214, NStZ 2006, S. 218–221

Ders./ Hohn, Kristian: Die Festsetzung (zu) hoher Vorstandsvergütungen durch den Aufsichtsrat – ein Fall für den Staatsanwalt?, NStZ 2004, S. 113–123

Saffering, Christoph: Bestimmt oder nicht bestimmt? Der Untreuetatbestand vor den verfassungsrechtlichen Schranken – Anmerkung zum Beschluss des BVerfG vom 23. 6. 2010 – 2 BvR 2559/08; 105/09; 491/09, NStZ 2011, S. 376–379

Saliger, Frank: Die Nachteilsbestimmung bei der Untreue im Fall von Aktienkäufen, NJW 2019, S. 886–890

Ders.: Schutz der GmbH-internen Willensbildung durch Untreuestrafrecht?, Festschrift für Claus Roxin zum 80. Geburtstag am 15. Mai 2011, hrsg. v. Heinrich, Manfred/Jäger, Christian/Schünemann, Bernd et al., Berlin 2011, S. 1053–1072

Ders.: Die Normativierung des Schadensbegriffs in der neueren Rechtsprechung zu Betrug und Untreue, Festschrift für Erich Samson zum 70. Geburtstag, hrsg. v. Joecks, Wolfgang/ Ostendorf, Heribert et al., Heidelberg, München et al. 2010, S. 455–482

Ders.: Parteienuntreue durch schwarze Kassen und unrichtige Rechenschaftsberichte, NStZ 2007, S. 545–552

Ders.: Wider die Ausweitung des Untreuetatbestandes, ZStW 112 (2000), S. 563–613

Samson, Erich: Untreue durch Unternehmensspenden?, Non Profit Law Yearbook 2004, hrsg. v. Walz, W. Rainer/ Kötz, Hein/ Rawert, Peter/ Schmidt, Karsten, Köln, Berlin, München 2005, S. 233–243

Satzger, Helmut/ Schluckebier, Wilhelm/ Widmaier, Gunter (Hrsg.): StGB, Strafgesetzbuch, Kommentar, 4. Auflage, Köln 2019 zit.: *Bearbeiter*, in: S/S/W-StGB

Dies.: StPO, Strafprozessordnung mit GVG und EMRK, Kommentar, 3. Auflage, Köln 2017 zit.: *Bearbeiter*, in: S/S/W-StPO

Schäfer, Berthold: Die Wirkungen der Insolvenzeröffnung, Köln 2014

Schimansky, Herbert/ Bunte, Hermann-Josef/ Lwowski, Hans-Jürgen (Hrsg.): Bankrechts-Handbuch, 5. Auflage, München 2017

Schlaeger, Tobias: Rechtliche Maßnahmen einer Behörde gegen einen insolventen Schuldner, JA 2005, S. 544–546

von Schledorn, Christof: Die Darlegungs- und Beweiswürdigungspflicht des Tatrichters im Falle der Verurteilung, Regensburg 1997

Schlegel, Stephan: Die Eigenverwaltung in der Insolvenz, Berlin 1999

Schluck-Amend, Alexandra: Gläubigerstrategien in der Insolvenz, GWR 2013, S. 418–420

Schmidt, Andrea: Grundsätze der freien richterlichen Beweiswürdigung im Strafprozeßrecht, Frankfurt a. M., Berlin et. al. 1993

Schmidt, Andreas (Hrsg.): Hamburger Kommentar zum Insolvenzrecht, InsO – InsVV – VbrInsFV – Insolvenzstrafrecht, 7. Auflage, Köln 2019

Ders.: Privatinsolvenzrecht, Kommentar, Köln 2018

Ders.: Sanierungsrecht, Kommentar, 2. Auflage, Köln 2019

Schmidt, Karsten (Hrsg.): Insolvenzordnung, InsO mit EuInsVO, 19. Auflage, München 2016

Schmidt, Karsten: Konsistenzprobleme im gesellschafts- und insolvenzrechtlichen Pflichtenkreis, ZIP 2018, S. 853–858

Ders.: Anmerkung zum Urteil des BGH vom 19.12.2017, Az. II ZR 88/16 – Zur Verteilung der Darlegungs- und Beweislast in Bezug auf die Voraussetzungen der Zahlungsunfähigkeit, EWiR 2018, S. 179–180

Ders.: Insolvenzeröffnung mit Massekostenvorschuss – Vor einer neuerlichen Änderung des § 26 InsO, NJW 2011, S. 1255–1259

Ders.: Strafrecht, Ordnungswidrigkeitenrecht und Insolvenzverfahren, Festschrift für Erich Samson zum 70. Geburtstag, hrsg. v. Joecks, Wolfgang/ Ostendorf, Heribert et al., Heidelberg, München et al. 2010, S. 161–179

Ders.: Geschäftsführerhaftung gemäß § 64 Abs. 2 GmbHG bei masseloser Insolvenz, Bemerkungen zum Urteil des Bundesgerichtshofs vom 11.9.2000 – II ZR 370/99, GmbHR 2000, 1149, GmbHR 2000, S. 1225–1229

Ders.: Der Konkursverwalter als Gesellschaftsorgan und als Repräsentant des Gemeinschuldners – Versuch einer Konkursverwaltertheorie für heute und morgen –, KTS 1984, S. 345–400

Ders./ Uhlenbruck, Wilhelm (Hrsg.): Die GmbH in Krise, Sanierung und Insolvenz, 5. Auflage, Köln 2016

Schneider, Anne: Untreuestrafbarkeit von Kommunalbeamten wegen riskanter Finanzgeschäfte am Beispiel von Zinsswaps, wistra 2018, S. 281–286

Schneider, Hartmut: Münchener Kommentar zur Strafprozessordnung, Band 2, §§ 151–332 StPO, München 2016 zit.: *Bearbeiter*, in: MüKo-StPO

Schönfelder, Matthias: Wer schweigt, ist pleite – Irrungen und Wirrungen auf dem allzu weiten Feld der Vorsatzanfechtung, WM 2017, S. 11–16

Schönke, Adolf (Begr.)/ Schröder, Horst (fortgeführt): Strafgesetzbuch, Kommentar, 30. Auflage, München 2019

Dies.: Strafgesetzbuch, Kommentar, 26. Auflage, München 2006

Scholz, Christian M./ Hölken, Helge: Die Sondervergütung des Insolvenzverwalters für die Geltendmachung von Ansprüchen nach §§ 171, 172 HGB, ZInsO 2019, S. 293–299

Dies.: Deckung der Kosten des Insolvenzverfahrens (§ 54 InsO) durch die Subsidiäre Kostentragungslast bei der Geltendmachung von Ansprüchen nach §§ 171, 172 HGB durch den Insolvenzverwalter, ZInsO 2019, S. 1509–1517

Scholz, Philipp: Haftungsprivileg, safe harbor oder verbindliche Konkretisierung des allgemeinen Sorgfaltsmaßstabs?, AG 2018, S. 173–185

Schoppmeyer, Heinrich: Rechtssystematische Überlegungen zum Insolvenzanfechtungsrecht nach der Reform – 11 Thesen und eine Schlussfolgerung – Teil II –, WM 2018, S. 353–360

Ders.: § 133 Abs. 1 InsO versus §§ 130, 131 InsO – Ist die Deckungsanfechtung nur ein Unterfall der Vorsatzanfechtung?, ZIP 2006, S. 600–609

Ders.: Besondere und allgemeine Insolvenzanfechtung am Beispiel der Anfechtung von Zwangsvollstreckungen, NZI 2005, S. 185–194

Schramm, Edward: Untreue und Konsens, Berlin 2005

Ders.: Untreue durch Insolvenzverwalter, NStZ 2000, S. 398–402

Schröder, Jens-Sören/ Schulz, Kristina: Schutzschirmbescheinigung nach § 270b InsO: Anforderungen an die Person des Ausstellers, ZIP 2017, S. 1096–1103

Schultz, Volker: Die Haftung des Insolvenzverwalters, ZInsO 2015, S. 529–538

Schulz, Joachim: Sachverhaltsfeststellung und Beweistheorie, Köln, Berlin et al. 1992

Schumann, Ekkehard: Die Unabhängigkeit des Insolvenzverwalters als Integritätssicherung, Festschrift für Reinhold Geimer zum 65. Geburtstag, hrsg. v. Rolf A. Schütze, München 2002, S. 1043–1072

Schuhr, Jan C.: Mehraktige Vermögensdispositionen beim Betrug und die Grenzen des sachgedanklichen Mitbewusstseins, ZStW 123 (2011), S. 517–547

Schuster, Frank Peter: Erzwingungshaft bei Zahlungsunfähigkeit beziehungsweise Insolvenz des Bußgeldschuldners, NZV 2009, S. 538–541

Schuster, Michael/ Friedrich, Andreas: Die Akteneinsicht im Insolvenzverfahren, ZIP 2009, S. 2418–2424

Schünemann, Bernd: Identität des Schadensbegriffs bei Betrug und Untreue, Dogmatik und Praxis des strafrechtlichen Vermögensschadens, hrsg. v. Fischer, Thomas/ Hoven, Elisa et al., Baden-Baden 2015, S. 61–75

Ders.: Der Straftatbestand der Untreue als zentrales Wirtschaftsdelikt der entwickelten Industriegesellschaft, Festschrift für Wolfgang Frisch zum 70. Geburtstag, Hrsg. v. Freund, Georg/ Murmann, Uwe et al. Berlin 2013, S. 837–856

Ders.: Wider verbreitete Irrlehren zum Untreuetatbestand, ZIS 2012, S. 183–194

Ders.: Zur Quadratur des Kreises in der Dogmatik des Gefährdungsschadens, NStZ 2008, S. 430–434

Ders.: Der Bundesgerichtshof im Gestrüpp des Untreuetatbestandes, NStZ 2006, S. 196–203

Ders.: Die „gravierende Pflichtverletzung" bei der Untreue: dogmatischer Zauberhut oder taube Nuss?, NStZ 2005, S. 473–473

Seidl, Andrew: Dailycer: Wer schützt das Insolvenzverfahren vor dem Richter?, ZInsO 2012, S. 2285–2288

Siemon, Klaus: Der Verwaltermarkt in der Krise, NZI 2017, S. 741–748

Sievers, Jörg/ Fellechner, Stefan: Die unendliche Geschichte: Masselose Gesellschaft – Brotlose Liquidation oder ewiges Leben, Festschrift für Helgi Heumann, hrsg. v. Forum Insolvenzrecht – das Insolvenzverwalter-Netzwerk, Dresden 2006, S. 235–242

Siemon, Klaus/ Harder, Phillip-B.: Die Evaluation des Chapter 11 und des Deutschen Eigenverwaltungsverfahrens – Neujustierung des deutschen Eigenverwaltungsverfahrens nach Erfahrungen aus den USA?, NZI 2016, S. 434–440

Smid, Stefan: Insolvenzzweckwidrigkeit, Festschrift für Klaus Pannen zum 65. Geburtstag, hrsg. v. Kayser, Godehard/ Smid, Stefan /Riedemann, Susanne, München 2017, S. 691–712

Ders.: Verfügungen über den Insolvenzanfechtungsanspruch, ZInsO 2015, S. 1716–1724

Ders.: Im Focus: Beraterhaftung – Teil 2, ZInsO 2014, S. 1181–1189

Ders.: Im Focus: Beraterhaftung – Teil 1, ZInsO 2014, S. 1127–1143

Ders.: Kernbereich der Insolvenzverwaltung, DZWIR 2002, S. 265–273

Spickhoff, Andreas: Insolvenzzweckwidrige Rechtshandlungen des Insolvenzverwalters – zugleich ein Beitrag zur Reichweite und Dogmatik der Grundsätze des Mißbrauchs der Vertretungsmacht, KTS 2000, S. 15–36

Spindler, Gerald/ Stilz, Eberhard (Hrsg.): Kommentar zum Aktiengesetz, Band 1, §§ 1–149, 4. Auflage, München 2019

Sponagel, Maximilian: Gläubigerinformation im Insolvenzverfahren – Informationspflichten des Insolvenzverwalters gegenüber dem Gläubiger, DZWIR 2011, S. 270–276

Stamm, Jürgen: Zur Rechtsstellung des Insolvenzverwalters als Vertreter des Insolvenzschuldners, KTS 2016, S. 279–300

Stark, Gabriele L.: Die strafbefreiende Selbstanzeige gem. § 371 Abs. 1 AO im Rahmen von Mehrpersonenverhältnissen, Berlin 2018

Steffek, Felix: Präventionsdefizite im Insolvenzanfechtungsrecht – Zugleich ein Plädoyer für die Einführung einer Geschäftsleiter-Disqualifizierung nach englischem Vorbild, ZRP 2007, S. 228–230

Ders.: Das englische Recht der Insolvenzanfechtung – ein funktionaler Vergleich unter besonderer Berücksichtigung kapitalgesellschaftsrechtlicher Aspekte, KTS 2007, S. 451–484

Stürner, Rolf/ Eidenmüller, Horst/ Schoppmeyer, Heinrich (Hrsg.): Münchener Kommentar zur Insolvenzordnung, Band 1, §§ 1–79, Insolvenzrechtliche Vergütungsverordnung (InsVV), 4. Auflage, München 2019 zit.: *Bearbeiter*, in: MüKo-InsO

Dies.: Münchener Kommentar zur Insolvenzordnung, Band 2, §§ 80–216, 4. Auflage, München 2019 zit.: *Bearbeiter*, in: MüKo-InsO

Dies.: Münchener Kommentar zur Insolvenzordnung, Band 3, §§ 217–359 InsO (mit Art. 103a–110 EGInsO), Insolvenzsteuerrecht, 4. Auflage,

München 2020 zit.: *Bearbeiter*, in: MüKo-InsO

Dies.: Münchener Kommentar zur Insolvenzordnung, Band 4, EuInsVO 2000, Art. 102 und 102a EGInsO, EuInsVO 2015, Länderberichte, 3. Auflage, München 2016 zit.: *Bearbeiter*, in: MüKo-InsO

Swierczok, Artur M./ Kontny, Sandra A.: Das Akteneinsichtsrecht im Insolvenzverfahren nach § 4 InsO iVm § 299 ZPO, NZI 2016, S. 566–570

Tavakoli, Anusch/ Eisenberg, Claudius: Die GmbH und ihre Verbindlichkeiten in der Liquidation, GmbHR 2018, S. 75–85

Tiedemann, Klaus: Die strafrechtliche Vertreter- und Unternehmenshaftung, NJW 1986, S. 1842–1846

Theile, Hans: Konvergenzen und Divergenzen zwischen Gesellschaftsrecht und Strafrecht Das Merkmal der gravierenden Pflichtverletzung (§ 266 StGB) aus systemtheoretischer Sicht, ZIS 2011, S. 616–628

Theiselmann, Rüdiger (Hrsg.): Praxishandbuch des Restrukturierungsrechts, 3. Auflage, Köln 2018

Thilow, Hauke: Die Gläubigerbegünstigung im System des Insolvenzrechts, Zur Beschränkung des § 283c StGB auf inkongruente Deckungen, Baden-Baden 2001

Thole, Christoph: Problemfälle des Anwaltsrechts im Insolvenzverfahren und bei der Restrukturierung, NZI 2017, S. 737–741

Ders.: Die Vorsatzanfechtung von Beraterhonoraren für Sanierungskonzepte, Zugleich Besprechung LG Frankfurt/M. v. 7.5.2015 – 2-32 O 102/13, ZIP 2015, 1358 – Q-Cells, ZIP 2015, S. 2145–2155

Ders.: Das Reformgesetz zur Insolvenzanfechtung, ZIP 2017, S. 401–410

Ders.: Stimmverbote wegen Interessenkonflikten in der Gläubigerversammlung, Festschrift für Heinz Vallender zum 65. Geburtstag, hrsg. v. Graf-Schlicker, Marie Luise/ Prütting, Hanns/ Uhlenbruck, Wilhelm, Köln 2015, S. 679–700

Ders.: Die Disposition über Insolvenzanfechtungsansprüche im Regelverfahren und im Insolvenzplan, ZIP 2014, S. 1653–1662

Ders.: Die Kritik an der Ausdehnung der Vorsatzanfechtung auf dem Prüfstand, ZIP 2013, S. 2081–2088

Ders.: Gläubigerinformation im Insolvenzverfahren – Akteneinsicht und Auskunftsrecht, ZIP 2012, S. 1533–1542

Thomas, Heinz/ Putzo, Hans (Begr.): Zivilprozessordnung, FamFG, Verfahren in Familiensachen, EGZPO, GVG, EGGVG, EU-Zivilverfahrensrecht, Kommentar, 40. Auflage, München 2019

Tiedemann, Klaus: Die strafrechtliche Vertreter- und Unternehmenshaftung, NJW 1986, S. 1842–1846

Ders.: Generalklauseln im Konkursstrafrecht, KTS 1984, S. 539–571

Tolani, Madeleine: Insolvenzanfechtung gegenüber Dienstleistern mit besonderem Augenmerk auf die Auswirkungen des reformierten Bargeschäftsprivilegs gem. § 142 InsO, ZIP 2018, S. 1997–2008

Dies.: Richterliche Beweiswürdigung und Beweislastprobleme in Ansehung der reformierten Vorsatzanfechtung gemäß § 133 InsO, JZ 2018, S. 652–661

Trams, Kai: Die Haftung des Insolvenzverwalters, NJW-Spezial 2019, S. 149–150

Ders.: Die nahestehenden Personen des § 138 II InsO, NJW-Spezial 2018, S. 597–598

Ders.: Verwalterwahl nach ESUG – Revolution oder Sturm im Wasserglas?, NJW-Spezial 2012, S. 149–150

Ders.: Gläubigerversammlung: Rechtsstellung, Teilnahme und Kompetenzen, NJW-Spezial 2010, S. 405–406

Treuer, Wolf-Dieter/ Schönberg, Katrin-Elena/ Treuer, Thomas A.: Leitfaden zur Zeugenvernehmung, Vom Beweisangebot bis zur Bewertung der Zeugenaussage, München 2011

Trüg, Gerson: Praxiskommentar zu BGH, Urteil vom 28.05.2013 – 5 StR 551/11, NStZ 2013, 715, NStZ 2013, S. 717–718

Uhlenbruck, Wilhelm: Corporate Governance, Compliance and Insolvency Judgement Rule als Problem der Insolvenzverwalterhaftung, Festschrift für Karsten Schmidt zum 70. Geburtstag, hrsg. v. Bitter, Georg/ Lutter, Marcus/ Priester, Hans-Joachim/ Schön, Wolfgang/ Ulmer, Peter, Köln 2009, S. 1603–1623

Ders.: Gefährdet die Eigenverwaltung insolventer Unternehmen die richterliche Unabhängigkeit?, NJW 2002, S. 3219–3221

Ders.: Das Bild des Insolvenzverwalters – Der Versuch einer Orientierung im Widerstreit vielfältiger Interessen –, KTS 1998, S. 1–29

Ders.: Aus- und Abwahl des Insolvenzverwalters – Eine Schicksalsfrage der Insolvenzrechtsreform –, KTS 1989, S. 229–252

Ders./ Hirte, Heribert/ Vallender, Heinz (Hrsg.): Insolvenzordnung, Kommentar, 13. Auflage, München 2010 zit.: *Bearbeiter*, in: Uhlenbruck-InsO, 13. Aufl. 2010

Ulsamer, Gerhard/ Müller, Karl-Dieter: Steuerstrafrechtliche Konsequenzen der Entscheidung des Bundesverfassungsgerichts vom 22. Juni 1995 zum Vermögensteuergesetz, wistra 1998, S. 1–7

Urlaub, Jasmin/ Kamp, Britta: Die Vermeidung der Bankenhaftung bei der Vergabe von Sanierungskrediten, ZIP 2014, S. 1465–1472

Valerius, Brian: Anmerkung zu BGH, Beschluss vom 15. 9. 2011 – 3 StR 118/11, NZWiSt 2012, 62, NZWiSt 2012, S. 65–67

Vallender, Heinz: Aktuelle Entwicklungen des Regelinsolvenzverfahrens im Jahr 2018, NJW 2019, S. 1351–1356

Ders.: Die Zeit ist reif – Plädoyer für eine Berufsordnung für Insolvenzverwalter, NZI 2017, S. 641–648

Ders.: Die Eigenverwaltung in neuem Gewand nach dem ESUG, GmbHR 2012, S. 445–450

Ders.: Insolvenzkultur gestern, heute und morgen, NZI 2010, S. 838–844

Ders.: Interessenkollisionen und ihre Auflösung bei Ausübung des Amtes als Gläubigerausschussmitglied, Festschrift für Hans Gerhard Ganter zum 65. Geburtstag, hrsg. v. Berger, Christian/ Kayser, Godehard/ Pannen, Klaus, München 2010, S. 391–405

Ders.: Zur Vorauswahl und Bestellung des Insolvenzverwalters, NZI 2006, S. 489–494

Ders.: Par conditio creditorum ade?, NZI 2005, S. 599–602

Ders.: Abwahl des gerichtlich bestellten Konkursverwalters durch die erste Gläubigerversammlung: Anmerkung zu OLG Karlsruhe, Beschl. v. 05.08.1997 – 10 W 23/97, ZIP 1997, 1970, EWiR 1998, S. 73–74

Ders./ Heukamp, Anna: Regelungstendenzen zur Verwalterbestellung im französischen, österreichischen und deutschen Insolvenzrecht, NZI 2002, S. 513–521

Vallender, Heinz/ Zipperer, Helmut: Der vorbefasste Insolvenzverwalter – ein Zukunftsmodell?, ZIP 2013, S. 149–153

Van Marwyk, Markus: Vorsatzanfechtung der Beraterhonorare bei gescheiterter Sanierung – Zahlungsunfähigkeit, gegenläufige Indizien und Bargeschäft, ZInsO 2018, S. 1352–1356

Vill, Gerhard: Kann ein Rechtsanwalt, der zum vorläufigen Sachwalter bestellt wurde, mit dem Schuldner des Insolvenzverfahrens rechtswirksam Verträge zur rechtlichen Beratung im Insolvenzeröffnungsverfahren schließen?, Anmerkung zu OLG Dresden, Urt. v. 15.10.2015 – 13 U 1605/13, ZInsO 2015, 2273, ZInsO 2015, S. 2245–2248

Vogt, Verena: Massemehrung durch späte gerichtliche Geltendmachung von Anfechtungsansprüchen, NZI 2015, S. 830–832

Voigt-Salus, Joachim/ Sietz, Oliver: Bestimmt der wesentliche Gläubiger den besten Verwalter oder ist eine Lanze für den unabhängigen Verwalter zu brechen?, ZInsO 2010, S. 2050–2055

Vormbaum, Thomas: Probleme der Gläubigerbegünstigung – Zur Auslegung des § 283c StGB, GA 1981, S. 101–133

Vorwerk, Volkert/ Wolf, Christian (Hrsg.): BeckOK ZPO, 38. Edition, Stand 01.09.2020, München 2020 zit.: *Bearbeiter*, in: BeckOK-ZPO

Wachter, Matthias: Pflichtverletzung und Vermögensbetreuungspflicht bei der Untreue ZStW 2019, S. 286–318

Wagner, Markus: Zum Erfordernis einer „gravierenden“ Pflichtverletzung bei der Untreue – Überlegungen zu Legitimität, Anwendungsbereich und Inhalt eines umstrittenen Korrektivs, ZStW 2019, S. 319–362

Ders.: Die Akzessorietät des Wirtschaftsstrafrechts – Zugleich ein Beitrag zu Begriff und Wesen des Wirtschaftsstrafrecht, Heidelberg 2016

Wagner, Gerhard: Entwicklungstendenzen und Forschungsperspektiven im Zivilprozess- und Insolvenzrecht, ZEuP 2008, S. 6–31

Walter, Tonio: Die Beweislast im Strafprozess, JZ 2006, S. 340–349

Weber, Ulrich: Zum bedingten Vorsatz bei der vermögensgefährdenden Untreue – Bemerkungen zum Kanther-Urteil, Festschrift für Ulrich Eisenberg zum 70. Geburtstag, hrsg. v. Müller, Henning Ernst/ Sander, Günther M./ Válková, Helena, München 2009, S. 371–378

Ders.: Anmerkung zu BGH, Urt. v. 06.11.1986 – I StR 327/86, StV 1988, S. 16–18

Wegener, Burghard: Die Grundsätze der insolvenzrechtlichen Deckungs- und Vorsatzanfechtung am Beispiel der Insolvenz der Göttinger Gruppe, NJW 2010, S. 3607–3611

Weiß, Christian/ Joannidis, Alexia: Verteidigung von Steuerberater und Mandant gegen Anfechtungsansprüche des Insolvenzverwalters, NWB 2019, S. 1608–1612

Weitzmann, Jörn: Die ESUG-Studie: Ordnungspolitische Weichenstellungsentscheidungen ante portas, BB 2019, S. 521–525

Ders.: Der Gläubigerausschuss und seine Mitglieder, Aufgaben, Rechte und Haftung, Festschrift für Klaus Pannen zum 65. Geburtstag, hrsg. v. Kayser, Godehard/ Smid, Stefan /Riedemann, Susanne, München 2017, S. 758–770

Ders.: Die Transparenz des Verfahrens, Unabhängigkeit des Insolvenzverwalters und Unparteilichkeit des Gerichts sind wesentliche Säulen eines funktionierenden Insolvenzrechts, ZInsO 2017, S. 2491–2496

Wellensiek, Jobst: Ein Jahr Insolvenzordnung – Erste Praxiserfahrungen mit dem neuen Recht, BB 2000, S. 1–8

Ders./ Büteröwe, Volker: Sanierungsberatung und Regressrisiken, Festschrift für Klaus Pannen zum 65. Geburtstag, hrsg. v. Kayser, Godehard/ Smid, Stefan/ Riedemann, Susanne, München 2017, S. 319–331

Werner, Rüdiger: Asset Protection-Strategien: Übertragung von Vermögen auf nahestehende Personen, StBW 2014, S. 747–754

Ders.: Die Familienheimstiftung als Instrument der Asset Protection, ZEV 2014, S. 66–72

Ders.: Die Güterstandsschaukel, StBW 2011, S. 715–720

Wessing, Jürgen: Untreue durch Begleichung nichtiger Forderung – Die Telekom-Spitzelaffäre und ihre strafrechtlichen Auswirkungen, NZG 2013, S. 494–496

Ders.: Insolvenz und Strafrecht – Risiken und Rechte des Beraters und Insolvenzverwalters, NZI 2003, S. 1–12

Ders./ Krawczyk, Lucian: Der Untreueparagraf auf dem verfassungsrechtlichen Prüfstand, NZG 2010, S. 1121–1124

Westermann, Ann-Kristin: Die Auswahl und die Bestellung des (vorläufigen) Insolvenzverwalters im Widerstreit der Interessen von Gläubigern und Schuldner, Köln 2016

Weyand, Raimund: Wichtige Entscheidungen zum Insolvenzstrafrecht aus den Jahren 2016/2017, ZInsO 2017, S. 307–314

Ders.: Strafrechtliche Risiken für den externen Berater in der Unternehmenskrise – Erläuterungen anhand von praktischen Beispielen, ZInsO 2016, S. 1969–1973

Ders.: Aufträge an Sachverständige im Strafrecht, ZInsO 2014, S. 1934–1939

Ders.: Strafrechtliche Risiken in Insolvenzverfahren für Verwalter und Berater, ZInsO 2000, S. 413–420

Ders./ Diversy, Judith: Insolvenzdelikte, Unternehmenszusammenbruch und Strafrecht, 10. Auflage, Berlin 2016 zit.: Weyand/Diversy, Insolvenzdelikte

Weyland, Dag (Hrsg.): Bundesrechtsanwaltsordnung: BRAO, Berufsordnung, Fachanwaltsordnung, Partnerschaftsgesellschaftsgesetz, Recht für Anwälte aus dem Gebiet der Europäischen Union, Patentanwaltsordnung, 10. Auflage, München 2020

Wieser, Raimund: Erzwingungshaft wegen Geldbußen während Insolvenz- und Restschuldbefreiungsverfahren, DZWIR 2007, S. 72–74

Wimmer, Klaus (Hrsg.): Frankfurter Kommentar zur Insolvenzordnung, 9. Auflage, München 2018

Wimmer, Klaus: Gläubigerautonomie und Insolvenzanfechtung, ZIP 2013, S. 2038–2041

Ders.: Das Gesetz zur Verbesserung der Rechtssicherheit bei Anfechtungen nach der Insolvenzordnung und nach dem Anfechtungsgesetz, jurisPR-InsR 5/2017 Anm. 1

Ders.: Der Gesetzentwurf der Bundesregierung zur Verbesserung der Rechtssicherheit bei Anfechtungen, jurisPR-InsR 1/2016 Anm. 1

Ders./ Dauernheim, Jörg/ Wagner, Martin/ Gietl, Josef: Handbuch des Fachanwalts Insolvenzrecht, 8. Auflage, München 2018

Wittig, Arne: Das Sanierungsprivileg für Gesellschafterdarlehen im neuen § 39 Abs. 4 Satz 2 InsO, Festschrift für Karsten Schmidt zum 70. Geburtstag, hrsg.

v. Bitter, Georg/ Lutter, Marcus/ Priester, Hans-Joachim/ Schön, Wolfgang/ Ulmer, Peter, Köln 2009, S. 1743–1760

Wittig, Petra: Wirtschaftsstrafrecht, 4. Auflage, München 2017

Wohlers, Wolfgang: Die strafrechtliche Bewältigung der Finanzkrise am Beispiel der Strafbarkeit wegen Untreue, ZStW 123 (2011), S. 791–815

Wolter, Jürgen (Hrsg.): Systematischer Kommentar zum Strafgesetzbuch, Band I, §§ 1–37 StGB, 9. Auflage, Köln 2019 zit.: Bearbeiter, in: SK-StGB

Ders.: Systematischer Kommentar zum Strafgesetzbuch, Band V, §§ 242–302 StGB, 9. Auflage, Köln 2019 zit.: *Bearbeiter*, in: SK-StGB

Ders.: Systematischer Kommentar zur Strafprozessordnung, Mit GVG und EMRK, Band V, §§ 246a–295 StPO, 5. Auflage, Köln 2016 zit.: *Bearbeiter*, in: SK-StPO

Wüstenberg, Timm: Non liquet im Insolvenzverfahren, Zur Beweisführung und Beweislast im Spannungsfeld von Inquisitions- und Verhandlungsmaxime, Baden-Baden 2020 zit.: Wüstenberg, Non liquet im Insolvenzverfahren

Zabel, Karsten/ Pütz, Torsten: Beurteilung der Insolvenzeröffnungsgründe nach IDW S 11, ZIP 2015, S. 912–920

Zebisch, Thorsten/ Kubik, Alexander: Zur Frage der Bestimmbarkeit des Gefährdungsschadens – dem Grunde und der Höhe nach, NStZ 2017, S. 322–328

Zehetgruber, Christoph: Strafrechtliche Implikationen überhöhter Managervergütungen, wistra 2018, S. 489–495

Zenger, Ralph: Die Insolvenzanfechtung aus zivilrechtlicher Perspektive, Tübingen 2016

Zeuner, Mark: Durchsetzung von Gläubigerinteressen im Insolvenzverfahren, NJW 2007, S. 2952–2957

Ders.: Die Anfechtung in der Insolvenz, 2. Auflage, München 2007

Zimmer, Frank Thomas: Die Vergütung der Mitglieder des Gläubigerausschusses, Zugleich Besprechung von LG Aurich v. 6 3. 2013 – 4 T 204/10, ZIP 2013, 1342, ZIP 2013, S. 1309–1318

Zipperer, Helmut: 20 Jahre Insolvenzverwalterbestellung – Variable und Konstante, ZInsO 2018, S. 2613–2620

Ders.: Ist der Grundsatz der par conditio creditorum gerecht?, Festschrift für Heinz Vallender zum 65. Geburtstag, hrsg. v. Graf-Schlicker, Marie Luise/ Prütting, Hanns/ Uhlenbruck, Wilhelm, Köln 2015, S. 843–859

Ders.: Das Insolvenzspezifische – auf den Spuren eines Begriffs, KTS 2008, S. 167–194

Ders./ Vallender, Heinz: Die Anforderungen an die Bescheinigung für das Schutzschirmverfahren, NZI 2012, S. 729–735

www.ingramcontent.com/pod-product-compliance
Ingram Content Group UK Ltd.
Pitfield, Milton Keynes, MK11 3LW, UK
UKHW022106051026
15623UKWH00003B/710

9 783631 844175